目録

前言

黄帝陰符經是唐代以後在中國歷史上影響深遠的一部著作。歷代問世的對它的注釋將近一百種。儘管這些注釋出自不同的學術流派和宗教信仰，由於它在廣爲人們知曉的時候伴隨著神仙故事，所以它從唐代末年開始就一直被看作是道家的作品。近年來，有學者陸續發表了新的研究成果。日本學者山田俊目前正在開展新的研究計畫，比以前有了新的開拓。歷代注釋最近也幾次被彙集出版，成爲大衆讀物。不過，作爲一個來歷不明的典籍，陰符經還是有很多疑問，某些謎團或許永遠不能解開。

一、關於陰符的傳説

由於文獻記載的缺乏，我們對於黄帝陰符經的産生過程很不清楚。最早記録這部著作題目和内容的是公元六二四年成書的藝文類聚，它援引了陰符經文字。因爲唐代以後陰符經和道教的關係日益密切，所以，歷史上先後有人推測寇謙之或者楊羲等道士是作者。我目前祇能説它産生在唐朝以前。没有證據説它一定是哪個年代形成的。陰符經流傳的歷史是由不同時期的不同傳説主導的歷史。陰符經的著録始見於崇文總目，但是很多人願意把它和戰國時代的蘇秦聯繫起來。戰國策説蘇秦「夜發書陳篋數十，得太公陰符之謀」。史記也記載了這個故事，説蘇秦「得周書陰符，伏而讀之」。這些記載至今都在影響著人們對於黄帝陰符經産生年代的判斷，因此可以説，陰符經一直籠罩在神話的迷霧裏。由於我們無法找到今本陰符經問世的確鑿證據，所以，我們對於陰符經産生年代的推測往往不是學術性的考察，而多是信仰。人們的第一個信仰是認爲今本陰符經的來源上溯到蘇秦時代。隋書著録太公陰符鈐録、周書陰符，列入兵家類。歷史上有很多根據傳説填補失散文獻的事。隋書著録的這兩部書是否是如此的炮製品，我不能斷定。我們能夠確定的是蘇秦傳説告訴後人陰符指的是兵法。這個含義也可以在傳世兵書裏找到證明，那就是六韜中的八種陰符，而且是用武王和太公對話的形式描述的。顯然，「太公陰符」的傳説在持續發酵，衍生了這些後世現身的典籍，或許也可嚴格地説，是兵符而不是兵書。陰符的軍事涵義在很多唐朝詩人的作品中都可以見到，或表現爲兵符，或表現爲兵書。這些文獻裏説的陰符都不是我們今天見到的陰符經。陰符經至少也繼承了陰符的兵法的含義，所以它被説成是强兵戰勝之術，也因此纔有托名太公、諸葛亮和張良的注解。

目前的陰符經基本劃分爲三章。這個劃分和李筌的神話有直接關係。三章的主題分別是：神仙抱一演道、富國安民演法、强兵戰勝演術。我們會看到最初的含義被推到了最末的位置。這顯然是新興起的解説掩蓋了過去的教義。如果這樣理解，神仙的解説應該是最後出現的。如何理解第二個解説的出現呢？我現在還找不到充足的證據。陰符經可能曾經以治國方略的形象在社會上發生影響。兵法的教義和神仙的教義都有神話故事作背景。治國安邦的教義没有神話支持。按照漢書的解釋，縱横家的特徵是「權事制宜」，這也是和用兵的方略相通的。陰符的含義在蘇秦的故事裏就包含有政治謀略，衹是到了周書陰符纔得到一些發揮。初學記引周書陰符曰：「凡治國有三常，一曰君以舉賢爲常，二曰官以任賢爲常，三曰士以敬賢爲常。夫然雖百代可知也。」這段話證明陰符還有政治的含義。唐朝人把類似周書陰符的含義增添到陰符經之上。玄宗時代的馮用之把兵家和縱横家的謀略提高成爲治理天下的君主和大臣的政治理論。他寫了機論和權論兩篇文章，用了一些陰符經的文句。兩篇互爲表裏，並且對陰符經的思想有所發揮：「知機而不知權者，得於預謀，失於臨事。知權而不知機者，巧於臨事，拙於預謀。知機而知權者，帝霸之君也，王佐之臣也。自五帝既降，舍機權而能治天下者，未之有也。」馮用之列舉了許多歷史事件，講的是治理國家，没有談軍事。隨著時間的推移，兵符兵法的含義逐漸消磨掉了。政治學的討論引導陰符經走出兵法陰謀的舊時代，不過很快又被加以道教的包裝，所謂富國安民的討論很少。馮用之一類人的治國謀略在後來的道教注釋裏面被改造成了治國兼治身的教義。這也是陰符經社會形象轉變中的一個不甚爲明晰的情節。

陰符經既然題名黄帝陰符經，當然和黄帝有關係。這個關係是什麽時候建立的呢？他是因爲兵法還是因爲修仙和陰符經發生了聯繫？這兩個問題都不好解决。唐朝以前的黄帝神話没有黄帝得陰符的情節。我們現在能見到的黄帝得陰符經的神話要到晚唐。保存在雲笈七籤裏的軒轅本紀是關於黄帝神話的比較完整的文本。這個神話包羅了唐朝以前的元素，如玄女授兵符，也收羅了新出現的元素：「玄女傳陰符經三百言，帝觀之十旬，討伏蚩尤。」

至於對陰符經的神仙家性質的理解，世人多用李筌和驪山老母的故事做描述，根據的是神仙感遇傳和墉城集仙録。我希望能把時間再向前推，也希望讀者注意到黄帝的因素。大曆年間的錢起有詩云：「仙籙滿床閑不厭，陰符在篋老羞看。」這裏的陰符似乎和仙籙是對立著説的，我不敢把它作爲神仙家的例證，何况他在另外一首詩裏説道：「陰符能制勝，千里在坐决。」晚唐時候，陸龜蒙和皮日休的酬唱很明顯地反映了集仙録所宣布的三章論，而且他們顯然都知道黄帝和陰符經的關係。我們先看皮日休的奉和魯望讀陰符經見寄，云：「三百八十言，出自伊祈氏。上以生神仙，次云立仁義。玄機一以發，五賊紛然起。結爲日月精，融作天地髓。不測似陰陽，難名若神鬼。得之升高天，失之沈厚地。具茨云木老，大塊煙霞委。自顓頊以降，賊爲聖人軌。堯乃一庶人，得之賊帝摯。摯見其德尊，脱身授其位。舜唯一鰥民，冗冗作什器。得之賊帝堯，白丁作天子。禹本刑人後，以功繼其嗣。得之賊帝舜，用以平洚水。自禹及文武，天機荅然弛。姬公樹其綱，賊之爲聖智。聲詩川競大，禮樂山爭峙。爰從幽厲餘，宸極若孩稚。九伯真犬彘，諸侯實虎兕。五星合其耀，白日下闕里。由是聖人生，於焉當亂紀。黄帝之五賊，拾之若青紫。高揮春秋筆，不可刊一字。賊子虐其斯，姦臣痛於棰。至今千餘年，蚩蚩受其賜。時代更復改，刑政崩且陊。予將賊其道，所動多訾毁。叔孫與臧倉，賢聖多如此。如何黄帝機，吾得多坎躓。縱失生前禄，亦多身後利。我欲賊其名，垂之千萬祀。」詩中提到陰符經的前兩個主題，没有説兵法，因爲作者試圖就所謂「仁義」即朝代更替、帝王興衰發議論。這個政治論題本是陸龜蒙的讀陰符經寄鹿門子發起的，云：「清晨整冠坐，朗詠三百言。備識天地意，獻詞犯乾坤。何事不隱德，降靈生軒轅。口銜造化斧，鑿破機關門。五賊忽迸逸，萬物爭崩奔。虛施神仙要，莫救華池源。但學戰勝術，相高甲兵屯。龍蛇競起陸，鬥血浮中原。」「虛施神仙要」一聯顯然是來源於李筌的注本。我們看到詩句赫然有「戰勝術」，這不是驪山故事裏三章論的標準用語嗎？陸龜蒙（？—八八一）和皮日休（約八三八—約八八三）比杜光庭（八五〇—九三三）的年代要早，他們兩人的作品證明神仙感遇傳和墉城集仙録的説法不是杜光庭自己創造的。高似孫很看重這兩首詩，把它們收録在子略裏面。

兩位作者都説到了黄帝，而且認爲陰符經是遠古帝王的作品。「具茨」這個詞説明他們没有沿用玄女的神話。郡齋讀書志提到陰符經的出世説：「或曰受之廣成子，或曰受之玄女，或曰黄帝與風后玉女論陰陽六甲，退而自著其事。」廣成子的故事是莊子或抱朴子的線索。我們現在看到集注本裏有廣成子的注，而且也見到北宋以前的書引用廣成子的注解。這説明黄帝神話和陰符經的關係比李筌神話要更值得研究。黄帝和陰符經的關係最直接地來自陰符的兵符含義，人們把它和玄女授符的神話聯繫起來。當黄帝和陰符經的關係確立以後，纔可能啓發人們利用其他黄帝神話的資源。就目前能看到的廣成子乃至天真皇人的神話，都是講黄帝修道求仙的。這可以從陰符經三皇玉訣和黄帝陰符經夾頌解注看出。不過，廣成子神話從什麽時候成爲解釋陰符經資源的，還有待搜討文獻〔一〕。我們知道，夏禹治水的故事在靈寶五符序裏有了修仙長生的新情節，黄帝和玄女的故事是否也有類似的歷史軌迹呢？因爲兵符是演繹不出神仙説的，陰符經的神仙含義是對黄帝

〔一〕石墨鐫華記載宋初陰符經碑刻上有黄帝問廣成子的像，見該書第五卷。

神話的改造，還是借用了廣成子的故事？

李筌曾經成爲學者討論陰符經的中心論題，乃至朱熹認爲是李筌僞造了陰符經。李筌在道門内的著名並不在於他爲陰符經做注解，而是他和驪山老母的故事。我認爲許多討論過分注意李筌和陰符經的關係。實際上，無論李筌還是驪山老母都還有其他的神話故事和社會意義。人們知道李筌故事是個傳説，却仍然相信李筌是一個真實的歷史人物，從而一定要在兩個以他的名義流傳下來的注本中做出真僞的選擇。我注意到和李筌有關係的其它傳説故事，對於我們理解李筌這個人物有幫助。唐朝末年范攄雲溪友議裏有一段李筌的事迹，講了兩個故事，説：

李筌郎中爲荆南節度判官，集閫外春秋十卷。既成，自鄙之曰：「常文也。」乃注黄帝陰符經，兼成大義。至「禽獸之制在氣」，經年懵然不解。忽夢烏衣人引理而教之，其書遂行於世，僉謂鬼谷、留侯復生也〔一〕。筌後爲鄧州刺史，常夜占星宿而坐。過一夕三更，東南隅忽見異氣。明旦呼吏於郊市，如產男女者，不以貧富，悉取至焉。十餘輩，筌視之曰：「皆凡骨也。」重令於村落搜訪之，乃得牧羊村婦一子。李君慘容，

〔一〕原文下有小注云：「所謂玄龜食蟒，黄驄服虎，飛鼠斷猿，狼犺齧鶴，以小服大，皆得烏衣之旨，筌遂通其義也。」

曰：「此假天子也。」座客勸殺之，筌以爲不可，曰：「此幼雛必爲國盜，古亦有，然殺假恐生真矣。」則安禄山生於南陽，異人先知之也。

第一個故事和陰符經有關係。它和驪山老母故事的含義一樣，都是向李筌啓示經義。這個故事是關於李筌和陰符經的新神話，不過，沒有得到道門内部的發揚光大。第二個故事和陰符經沒有關係。在這個故事的傳説者眼裏，李筌是異人，顯然説明這時候李筌已經被神化。羅隱的羅昭諫集記載晚唐將軍高駢「以五彩箋寫太白陰經十道，置於神座之側」。雖然這部兵書沒有被列入正統道藏，但是，我們還是應該注意李筌神化以後如何被人們信奉。安禄山和高駢的故事都反映了在道教文獻裏看不到的李筌形象。李筌的神話傳説和李筌本人是否注解過陰符經是什麽關係呢？這是一個很有趣的題目，因爲我們目前衹在神話裏看到李筌注解了陰符經。集注本陰符經的注釋者衹有李筌是唐朝人，於是，人們不敢否認它的真實性。今人接受的李筌故事，一是説他注解了陰符經，二是説驪山老母告訴他陰符經的三章要義。如果我們要破解李筌神話，首先要論證李筌的注解和太公等注釋一樣是假托名義，其次我們要論證三章説并不始於李筌。皮、陸二人的詩歌給我們透露了一線希望。李筌的例子告訴我們，不必輕信一個真實人物的事迹，因爲它有可能是神話。陰符經的神話並不止步於李筌。後世的陰符經考異是在朱熹信仰基礎上形成的新的陰符經的神話歷史。

二、經文的歷史

關於經文，我認爲有三點需要注意：一，陰符經的傳本不同，主要表現在文句的不同；二，年代的久遠，目前的經文遠非原貌；三，在流傳過程中，經文當然會有增補，不過，就我們目前所見，後面的文句有些是注文竄入了經文。

現在我們能見到引用陰符經經文比較多的是唐玄宗時代馮用之的機論和權論，但是，看不到唐代留下的完整文本。據説，唐代的書法家歐陽詢和褚遂良都曾經書寫過黄帝陰符經的經文，不過，留下的刻石和拓片都難以確認年代。目前保存下來的經文有不同文本，基本分爲兩種，主要的區别是字數的不同。近人簡稱三百字本和四百字本。在北宋袁淑真的注本裏面還保留著對三百字本的記録，説明歷史上可能有過三百字本的經文。不過，我們要對袁淑真本的記録做分析。首先，這三百字是分爲三個章節的。其次，三個章節的經文數字分别是一〇五、九二、一〇三。根據神仙感遇傳的故事，陰符經「凡三百言，一百言演道，一百言演術，一百言演法。上有神仙抱一之道，中有富國安民之法，下有强兵戰勝之術」。這是一個教義系統的解説。從來没有一個文本恰好是每章百字，「百言」衹是約數。後世很多陰符經版本都是按照這個結構劃分章節的，就是遵照了這個神話故事的規定。即使四百字本，也幾乎都遵從了三章的結構，祇有少數版本列出第四章。

晚唐時期的陸龜蒙和皮日休關於陰符經的兩首長詩給了我們很多信息。一、他們讀到的經文有三百八十字，但是他們也説「三百言」。二、他們説道「上以生神仙，次云立仁義」，還説到「戰勝術」，顯然讀的是三章本。三、他們提到了「華池」，這是李筌的注釋裏的鍊丹術語。「三百言」顯然是沿襲了李筌神話的説法，是和三個章節聯繫的。三百八十言當然遠遠超出了三百字的篇幅，説明陰符經在流傳過程中有陸續增加的文字。一直到南宋還不斷有人提出陰符經經文的數字問題，説明傳本很多。在流傳的過程中，人們把所謂李筌傳本的文字和所謂張果傳本做了一個區别。李筌本結束句爲「我以時物文理哲」，後面的文字屬於所謂張果傳本。人們也習慣根據這個標志稱呼三百字本或四百字本。這祇是一個習慣的説法，不能用來斷定經文的時代先後。特别是明代以後那些文人的注釋，是作者憑著自己的喜好選擇了三百字或者四百字本。南宋時期已經有了「李筌所傳本」的説法，但没有看到張果傳本的説法。所謂李筌傳本是從神話故事來的，而張果還没有類似的神話。張果傳本或者四百字本的説法是一個簡單的分類，並不是説張果傳播了四百字本，而且第四部分的文字未必在唐代已經積累到一百個字以上。北宋學者提到第四部分的文字已經有一百一十四個字了。

對陰符經不同文本的最早記録見於太平廣記引録的孫光憲北夢瑣言，它指出黄承真的本子和流行本有較大不同。兩宋學者和明代學者對陰符經文本的討論比較多。明朝人王世貞看到的版本裏有「聖人不朽」這樣的話，不見於現存諸版本。世人最近百年來爭論比較多的是「地發殺機」。現在根據馮用之的引用可以得出結論説，早期的經文没有這句。不過，這句經文在後代的很多版本裏都出現。某些没有這句經文的注本在重印時候也被編者主觀地照搬後代的流行文本，造成經注不諧。另一個比較明顯的經文出入是「固窮」，目前還難以考察它是什麽時候出現的。

我們目前看到的不同版本首先是經文多少的不同。其次是編排形式的不同，例如有些版本不列出章名，而稱上中下篇，有些則附加「經曰」字樣。形式上的不同取決於注釋者的編排。經文的出入或者來自於注釋者的傳承背景，或者出於注釋者的主觀取捨，因爲我們會看到清末尹乾秀注本的經文異文顯然是没有來歷的。後世版本少見「律曆」一詞，是後世文人更喜歡用曆數解釋經文。

通行的所謂三百字本結束於「我以時物文理哲」。此後的文句和前面的文字風格迥異。這些文字當然是在流傳中增補的。清朝人徐文靖的管城碩記已經指出：「又有『陰陽相推而生變化』凡六十四字，疑後人注釋之語而誤入。」他的話一直没有得到重視。當然，我們目前的證據還很少。黄帝陰符經頌和夏元鼎的黄帝陰符經講義在經文中有「鳥獸之謂也」。查張果注「至靜之道，律曆所不能契」曰：「道之至靜也，律曆因而制之，不能叶其中，鳥獸之謂也。」陰符經頌和黄帝陰符經講義的經文都有這個句子，説明當時傳世經文已經是錯本了。陰符經頌更將「謂」字訛作「位」字。這個例子告訴我們，不要簡單地認爲陰符經的經文衹有被補充的可能性，還需要考察經注訛舛的因素。元陽子金液集引陰符經云：「爰有奇器，采氣爲之，鼎始生萬象。」這段話當然不被我們認爲是經文，但至少説明，引用者並不明確區分經文和注文。我們還可以從其他的引文看到，經和注都被引用者稱爲陰符經，而不特别標出是注文。

三、陰符經的注釋傳統

儘管後代學者對陰符經的經文提出了一些疑問，但實際上，陰符經在唐代以後主要是依靠注釋産生影響。我們現在能夠知道的最早的注釋是唐玄宗時代的吴筠引用的鬼谷子的注釋。可以説，陰符經的注釋在盛唐以前就在世上流傳了。從那以後一直到現代的道士任法融先生，都還在繼續著注釋陰符經的事業。早在元代，就有人編輯過近百種注釋的合集〔一〕。丁培仁教授增注新修道藏目録記録了七十一部陰符經的注釋或不同版本〔二〕。陰符經的身世是一個千古之謎，連同它的注釋也有很多謎團甚難解開。鬼谷子的注釋是講謀略的，屬於兵家傳統。在陸龜蒙的詩句裏，我們又看到了内丹的注釋。一〇四一年修成的崇文總目和一〇六〇年成書的新唐書分別記録了十四種和七種陰符經注釋。此前的舊唐書衹是在張果的傳記裏提到張果寫作過陰符經玄解〔三〕。陰符經及其注本遲至北宋纔在官方目録中出現，説明它在很長一段時間裏没有受到史家的重視。這不僅由於早期的注釋多是托名，也由於它們尚處在秘傳時代。到了崇文總目的時代，流傳在世上的注釋肯定多於被著録的本子。我們可以在道藏丹書的引文裏看到很多不知來歷的零星文句。

我們目前在文獻著録裏也看不到早期注本的單行本了。我們甚至找不到這些注釋有單行本的證據。現存張果的注釋在引用前世注解時顯然用的是集注本。分別署名李靖和韋弘的注解是單行本，但没有相關材料證實是否爲僞托。崇文總目記録了兩種集注本。

〔一〕劉因集注陰符經序，文淵閣四庫全書，第一一九八册，第五七〇頁。

〔二〕丁培仁增注新修道藏目録，巴蜀書社，二〇〇八年版。

〔三〕崇文總目和新唐書都記録張果寫作了兩部著作：陰符經太無傳和陰符經辨命篇。見文淵閣四庫全書第六七四册，第六〇頁。

第一種收入了十一家注釋。第二種有六家注釋：太公、范蠡、鬼谷子、諸葛亮、張良、李筌。顯然，除了李筌，其他幾家注釋都是假托古人。這幾個人的注釋一直以集注的形式流傳，就是明代正統道藏裏的七家集注本，增加了伊尹的注釋。南宋的樓鑰看過的集注本還是六家集注，而且注釋文字比今天看到的七家注本少很多。由於道藏本題下標明七位注者名字，所以被稱爲七家注本。因爲没有徹底調查存世的明代版本，所以，我不能斷言六家集注本已經消失。比樓鑰所見本多出的文字顯然是後人增補的。托名古人的注解文字很少，很難進行深入分析。這些假托名義可能反映了陰符經在不同的地域和團體那裏被罩上了不同的神話解釋。托名太公的注釋就是對蘇秦神話的揚棄，保留了兵法的含義。李筌神話和道士吴筠的引用説明，在盛唐以前陰符經屬於兵法權謀之書，和道教没有關係。我們也可以從這些文字看出它們有時間的先後。太公的注釋顯然具有權威性，因爲鬼谷子、諸葛亮和李筌的注釋都沿襲或發揮了太公的文字。

托名古人的注釋一般不再接受成書年代與流傳的考察。它們的現存文本是否原貌基本不被懷疑。從署名李筌和袁淑真的注疏裏可以看到，引自太公的注文在集注本裏是排在鬼谷子名下的。這是否爲不同版本的現象呢？張果注本似乎没有人提出過懷疑。既然皮日休時代陰符經有三百八十字的文本，我們如何解釋張果本的經文和注文的年代？

當然也會提出張果注本的真實作者的問題。學界目前沿續劉師培的考察，普遍認爲署名李筌的黃帝陰符經疏是抄襲了袁淑真的黃帝陰符經集解。最近有陳進國和山田俊做出了新的探索。陳進國肯定黃帝陰符經疏應該是李筌的作品〔一〕。山田俊對李筌和袁淑真的注疏文字作了詳細的對勘，他的研究方法和結論都給了我很多啓發〔二〕。我們要從更廣泛的歷史背景去考察這兩篇作品的產生過程。我初步的判斷是這兩篇文字之間沒有直接的聯繫，它們可能是某一個古本的傳本，李筌和袁淑真也因此都不是原始的作者。至於何以托名袁淑真，則或許有更複雜的歷史原因。對這兩個文本的考察不必急於得出結論。探索的過程中我們還會發現新的問題，有利於我們探討文獻流傳的多種可能性（詳參本書附録）。

正統道藏裏署名「崆峒道士鄒訢注」的黃帝陰符經注解一向被認爲是朱熹的作品。二○○二年，新編訂的朱子全書出版。王鐵在校勘這部著作的時候做出了重要貢獻。他指出，這部著作的注釋文字出於蔡元定之手。元朝人黃瑞節在編輯朱子成書的時候，將蔡氏文字和朱熹的評論編輯在一起。這個本子後來在很長一段時間裏署名鄒訢。清代初年，

〔一〕陳進國李筌黃帝陰符經疏的真僞考略，中國道教二○○二年第四期。

〔二〕除了本書列出的文獻，我還要特別感謝山田俊教授把他的多篇會議報告和初稿惠我拜讀。

它被冠以陰符經考異的名目，署名朱熹，成爲後代儒生注釋陰符經的典範。然而，蔡元定的注釋逐漸被人遺忘，在正統道藏裏的本子僅僅署名「蔡氏」。今天，我們已經看不到明確署名蔡元定的注釋本子了。蔡元定的注本甚至被新出版的古籍目録主觀地命名爲北宋蔡望的著作。本書没有收録正統道藏的蔡氏注本，主要是因爲他的文字已經被編入了朱子成書本。我無形中也是受到了朱熹權威的影響，似乎習非成是。本書没有廢止蔡元定注本的意圖，衹是由於黄瑞節的本子文字比目前所見蔡氏本完善。

托名古人的注釋成爲了陰符經注釋的典範，裏面的詞彙術語被後代的注家再做進一步闡釋。但是，這些注釋非常簡短，用詞玄奥。集注本中李筌的注釋開闢了新的風格，他的注釋不僅解説明白，而且引經據典，利用古代文獻和歷史故事進行説理。這樣發揮陰符經義理的做法在馮用之那裏就有了，然而在陰符經的注釋裏是從李筌注開始的。馮用之和李筌注的做法説明，陰符經在盛唐時期就走出了師徒秘傳的舊時代，開始成爲廣泛流傳的公共資源。李筌的注釋裏有兩段文字涉及道教。第一段文字是把神仙、房中、金丹和治國、兵法配合在一起解釋經文裏的「五賊」一詞。第二段文字談到了外丹燒鍊用到的原料。不過，李筌是用礦物之間的化學反應或物理反應説明萬物之間控制或被控制的現象，所以，李筌的注釋本身並没有宣傳道教的立場。然而，第一段注釋文字似乎可以被概括爲神仙、治國和强兵。如何解釋它與神仙感遇傳李筌故事的巧合是有待研究的。第一段文字裏的「神水華池」成爲丹書引用陰符經的常見詞彙，强化了李筌和陰符經在後代歷史中的道教形象。

馮用之和李筌引用諸子百家解説陰符經義理的做法對宋代的注釋産生了極大的影響。兩宋時期産生了很多新的陰符經注釋。明代道藏裏能夠確定爲兩宋時代寫作的陰符經注釋至少有八種。這八種注釋的思想内容可以分爲三個方面：内丹學、諸子學、心性學。引用諸子百家的注釋方式延續而且發揚了李筌的風格，成爲後代有普遍影響的注釋傳統。北宋的儒生蕭真宰和道士黄居真是這方面的代表。陰符經的經文吸收了論衡和列子裏的思想，所以，蕭真宰等人就迴溯到這些原典裏尋找新的思想資源。蕭真宰更引用了大量儒家和道家的經典闡述陰符經的思想。黄居真的注釋表明，道教人士也受到了這個影響。引用諸子的經典使陰符經逐漸被各種思想背景的人士接受，也促進了和其他思想流派及宗教派别的溝通，所以，我們會看到注釋裏有佛教思想的因素。從南宋開始，理學的因素會逐漸增多，不過，單純出於儒家理學立場的注釋似乎祇有胥元一的黄帝陰符經心法。理學對陰符經注釋的影響更多的是與禪宗的明心見性學説結合在一起。很多内丹色彩的注釋也有大量篇幅是在討論心性問題。儘管在宋元時期黄帝陰符經的道教色彩日益濃厚，但是，它仍然作爲公共資源被各種思想背景的知識分子所利用。目前，存世的明代以來的陰符經注釋有四十多種，内丹學派並不佔多數。這固然是道門對自己的注釋收集不夠完備，也説明諸子學派一直是陰符經注釋的主流。被認爲是朱熹寫作的陰符經考異是集注本和張果本以後流傳最廣的陰符經注釋。這個注本可能是又一次陰符經的神話運動。朱熹的聲望給陰符經的非道教身份以强有力的支持，鼓舞著諸子學派的注釋者們。内丹學的注釋流派當然也在社會上産生了深遠的影響，但在明代就基本上匯入諸子學派的大潮流中了。進入二十世紀，尹昌衡的注釋乃至最近幾十年的辯證法解釋更給陰符經的研究增加了相對主義的特徵。

四、陰符經和鍊丹術

陰符經進入道教當然要以吴筠的著作爲代表。吴筠引用了陰符經的經文和鬼谷子的注釋解説養生。被認爲是晚唐所出的玄珠心鏡注引用了李筌的注釋解説清静無爲的修行要義。雲笈七籤裏面還有幾篇服氣養生的經典引用了陰符經。這些著作都不看重李筌注釋裏的金丹説，而是和唐朝以前道教的養生修鍊方法聯繫比較密切，也因此没有受到研究陰符經的學者的重視。李筌的注釋裏兩次提及鍊丹術。他的注釋很受後人的看重。「神水」、「華池」這兩個詞語是被引用最多的，也幾乎成爲金丹術的代稱。陰符本來也是鍊金術的一個術語，表示文火。但是，目前我祇能説陰符經成爲道家的著作主要是李筌的注釋和神話故事造成的結果。

崇文總目塑造了陰符經社會形象。在道教内部，它主要還是和鍊金術相聯繫。這種聯繫一方面表現爲許多道士利用陰符經的原理或者格言解説鍊丹理論乃至技藝，另一方面表現在道士們用鍊丹理論解説陰符經的經文。彭曉是最早引用陰符經討論内丹的。他用「賊」和「盜」這兩個詞講述内丹是要把握天地陰陽的關係。他看到了陰符經和周易都是在討論陰陽問題。他也用内丹修鍊的方法解説了「神水」、「華池」。在彭曉之後，重要的内丹家張伯端的悟真篇給了陰符經極大的重視。悟真篇吸收了陰符經對三才關係的認識，主張天地盜人是順行，人盜天地是逆行。内丹追求的就是盜取天地精華以養生。張伯端還把「機」這個詞解釋成内丹修鍊的火候。由於悟真篇在内丹歷史上的地位，它推動了後代道士對陰符經的研究。我們還可以在很多道教經典裏看到對陰符經的引用，不過這對於陰符經的社會影響没有實際作用。比較受到道教以外學者重視的還是那些對陰符經的注釋。明代編輯道藏的時候收入了二十二部陰符經的注釋。這些注釋大部分出自道士之手。後世那些利用百家思想的注釋也多少受到了内丹的影響。這反映了内丹派注釋在歷史上的重要影響。

現在保留下來的陰符經注釋衹有李筌談到了外丹，但是，可能歷史上還出現過外丹的注釋。北宋楊在的外丹著作還丹衆仙論引述陰符經注説：「真鉛中有汞，名曰虎。」這個注釋不見於現存的黄帝陰符經注釋，是已經失散了的著作。現存最早的内丹注釋問世於北宋，而且有夏元鼎這樣的儒生的作品。北宋時期的内丹注釋還在嘗試階段，討論内丹的文字比重不大。黄帝陰符經頌有很濃厚的内丹色彩，但更像文學作品，不在乎是否符合經文。進入南宋，内丹的注釋有了比較大的進展，這是因爲當時的道教對儒教和佛教有了比較好的吸收，在理論方面有了比較熟練的表達。陰符經的内丹注釋有幾個特點：第一，對於很多經文做出了内丹的解釋，而且和傳統的解釋有重大的區别。例如對「五賊」的解釋大多失去了傳統的辯證法特徵。傳統的解釋强調五行之間的相互作用，但很多道士的注釋强調了五行對人身的傷害。道教的注釋進一步把「五賊」解釋爲發自人身的欲望。李筌以前的注釋對「五賊」和「三盗」的理解是不同的，但從張伯端開始，就把「賊」和「盗」解釋成相同的意思。道教的這些新的解釋是從内丹的需要出發的，最終形成了道教的解釋體系，塑造了黄帝陰符經在宋代以後的道教形象。第二，道教的注釋形成了一套特殊的語言。首先，它們對某些經文賦予了内丹的含義，例如日月可以是指鉛汞，三要可以是指三丹田。不同的作者在注解的時候會根據自己的理解賦予新的含義。早期的夏元鼎在這方面有比較大的貢獻。清代范宜賓的注釋甚至使用拆字法賦予經文雙修的含義。其次，這些内丹注釋大多遵循了周易參同契的易學原理，所以注釋中有很多易學語言。它們也根據易學原理賦予經文新的含義。例如，它們會把日月解釋爲月亮的運行並且配以八卦。一些注本使用消息卦來解釋「殺機」，認爲冬至是殺機發動的時候。内丹和易學的語言是道教注釋的主要語言。第三，道教的注釋傳統是有時代性的，同一個時代的注釋也有不同。這和當時的學術界的大背景有關係，也和注釋者個人的教團背景有關係。夏元鼎和劉處玄的注釋裏都有很强的佛教因素，但也有明顯的不同。北宋時期的注釋中内丹文字很少。南宋金元時期的注釋心性論述比較多，這當然是受到了理學和禪宗的雙重影響。心性説使注釋不再拘泥内丹修鍊的技術，而偏向説理。明代以後，不斷有人對經文提出新的解説，似乎不刻意遵循古人的傳統。注釋的不同風格和思想特徵説明，宋代以後陰符經在社會上是廣泛傳播的，進而纔會形成這些不同。

五、陰符經的整理説明

近年來，陰符經又逐漸得到許多學者的注意。本書的主要工作是收集了陰符經的歷代注釋。編者利用了收藏在國家圖書館和北京大學圖書館的刻本和抄本，使長期不在世上流傳的注本得以再次印行，方便讀者閲讀。編者對部分文字做了校勘。本書在每部著作的標題小注裏面對該著作的文獻著録和流傳做了介紹，也對使用的底本和校本做了説明。編者對某些著作的作者和成書年代表達了意見，希望得到同行的批評。

本書的編纂得到了出版社的鼎力協助，但限於編者學力，没有能夠全部收入存世的注本。編者向出版社和廣大讀者道歉。首先，某些注本的文字難以處理，例如邵穆生的黄帝陰符經竊注和范宜賓的陰符玄解，連同閔一得的陰符經玄解正義，内容多涉及雙修。其次，編者没有去尋找見於刊行目録中的幾部由地方圖書館收藏的注本，它們是花尚的道德陰符眼、宋葆淳的陰符經注、萬光緯的陰符經析義。編者認爲蕭天石道藏精華收録的滕雲山陰符經淺解和毛樹駿陰符經箋的版本來歷不明，暫時放棄。蒙文通先生的道書輯校十種對張清夜的陰符發秘做了校訂，可以作爲我們後學的範本。本書没有獨立的版本資源，衹好付闕。此外，中國叢書綜録著録的幾部著作不符合本書收録的注本標準，就不考慮了，如何看待這幾部書還需要從另外的角度去研究。

王宗昱

參考文獻

"The' Scripture of the Hidden Contracts'(*Yin-fu ching*): a short survey on facts and findings", Florian C. Reiter(常志静), *Nachrichten der Gesellschaft für Natur-und Völkerkunde Ostasiens* 136(1984): 75—83.

北宋陰符經諸注,山田俊著,二〇一二年十月發表於中日韓道教學術論壇。

寶刻叢編,陳思著,文淵閣四庫全書本。

初學記,徐堅著,文淵閣四庫全書本。

道家和道教思想研究,王明著,中國社會科學出版社一九八四年版。

道教經史論稿,李養正著,華夏出版社一九九五年版。

道書全集,閻鶴洲著,北京大學藏清刻本。

道藏輯要,北京大學藏清刻本。

道藏精華,蕭天石主編,自由出版社一九五六—一九九二年版。

道藏提要,任繼愈主編,中國社會科學出版社一九九一年版。

讀道藏記，劉師培著，道藏精華録本。
杜光庭道教小説研究，羅爭鳴著，巴蜀書社二〇〇五年版。
攻媿集，樓鑰著，文淵閣四庫全書本。
古今僞書考補證，黄雲眉著，齊魯書社一九八〇年版。
關於「黄帝陰符經」蔡氏注本和鄒訢注本作者的考證，陳茉著，宗教學研究二〇一三年第二期。
管城碩記，徐文靖著，文淵閣四庫全書本。
合刻三十家陰符經注釋，中國國家圖書館藏天啓刻本。
黄帝陰符經集注，常秉義點批，中央編譯出版社二〇一一年版。
金元全真道士詞研究，陳宏銘著，花木蘭文化出版社二〇〇七年版。
金元之代の道教，蜂屋邦夫著，東京大學東洋文化研究所一九九八年版；金鐵成等中譯本，齊魯書社二〇一四年版。
静修集，劉因著，文淵閣四庫全書本。
郡齋讀書志校證，孫猛著，上海古籍出版社一九九〇年版。
困學紀聞，王應麟著，文淵閣四庫全書本。

浪語集，薛季宣著，文淵閣四庫全書本。
李筌「黄帝陰符經疏」的真僞考略，陳進國著，中國道教二〇〇二年第四期。
劉處玄「黄帝陰符經注」的思想學説，强昱著，收入丁鼎主編昆嵛山與全真道——全真道與齊魯文化國際學術研討會論文集，宗教文化出版社二〇〇七年版。
劉處玄文集，白如祥輯校，齊魯書社二〇〇五年版。
劉處玄學案，强昱著，齊魯書社二〇一一年版。
劉一明學案，劉仲宇著，齊魯書社二〇一〇年版。
論李筌以盗機論爲内核的哲學思想，李剛著，收入李剛著重玄之道開啓衆妙之門——道教哲學論稿，巴蜀書社二〇〇五年版。
吕留良寶誥堂刻書考述，徐德明著，上海高校圖書情報學刊二〇〇一年第四期。
内丹解碼——李西月西派内丹學研究，霍克功著，人民出版社二〇〇八年版。
佩韋齋輯聞，俞德鄰著，文淵閣四庫全書本。
三洞拾遺，王卡、汪桂平主編，黄山書社二〇〇五年版。
石墨鐫華，趙崡著，文淵閣四庫全書本。
四庫採進書目，吴慰祖校訂，商務印書館一九六〇年版。

四庫提要辨證，余嘉錫著，中華書局一九八〇年版。

宋代に於ける陰符經の受容について，山田俊著，東方宗教二〇一四年第一二三號。

宋名臣言行録，朱熹、李幼武著，文淵閣四庫全書本。

Taoist Books in the Libraries of the Sung Period（宋代收藏道書考），Piet van der Loon（龍彼得），London: Ithaca Press，1984.

The Taoist Canon（道藏通考），ed. by K. Schipper（施舟人）and F. Verellen（傅飛嵐），The University of Chicago Press，2004.

唐淳黄帝陰符經注の思想と道教思想史上の位置，山田俊著，熊本縣立大學大學院文學研究科論集二〇一四年第七號。

太平廣記，李昉等著，文淵閣四庫全書本。

太平御覽，李昉等著，文淵閣四庫全書本。

唐代陰符經著述叙録，張固也、韓鋼著，收入張固也著唐代文獻研究，中州古籍出版社二〇一四年版。

唐文粹，姚鉉著，文淵閣四庫全書本。

文公易説，朱鑒編，文淵閣四庫全書本。

弇州續稿，王世貞著，文淵閣四庫全書本。

藝文類聚，歐陽詢著，文淵閣四庫全書本。

陰符經集釋，中國書店二〇一三年版。

「陰符經考異」作者非朱熹、蔡元定蠡測，楊燕著，泉州師範學院學報二〇〇九年第一期。

玉海，王應麟著，文淵閣四庫全書本。

藏外道書，胡道靜主編，巴蜀書社一九九八年版。

增注新修道藏目録，丁培仁編著，巴蜀書社二〇〇八年版。

正統道藏，涵芬樓影印本。

正統道藏編纂刊刻年代新考，虞萬里著，收入虞萬里著榆枋齋學林，華東師範大學出版社二〇一二年版。

中國古籍總目，中華書局、上海古籍出版社二〇一〇年版。

中華道藏，華夏出版社二〇〇四年版。

朱熹委托修書之舉隅，陳國代著，武夷學院學報二〇一二年第三期。

朱子成書，黃瑞節編，北京圖書館出版社二〇〇五年中華再造善本影印元刻本。

朱子全書，上海古籍出版社、安徽教育出版社二〇〇二年版。

朱子遺書，北京大學藏康熙刻本。

鬼谷子曰：天之五賊，莫若賊神。此大而彼小，以小而取大，天地莫之能神，而況於人乎！

筌曰：黄帝得賊命之機，白日上昇。殷周得賊神之驗，以小滅大。管仲得賊時之信，九合諸侯。范蠡得賊物之急，而霸南越。張良得賊功之恩，而敗强楚。

五賊在乎心，施行乎天。宇宙在乎手，萬化生乎身。

太公曰：聖人謂之五賊，天下謂之五德。人食五味而生，食五味而死，無有怨而棄之者也。心之所味也亦然。

鬼谷子曰：賊命可以長生不死。黄帝以少女精炁感之。時物亦然。且經冬之草，覆之而不死，露之即見傷。草木植性，尚猶如此，况人萬物之靈！其機則少女以時。廣成子曰：「以爲積火焚五毒〔一〕。」五毒即五味。五味盡，可以長生也。

筌曰：人因五味而生，五味而死。五味各有所主，順之則相生，逆之則相勝，久之則積炁，熏蒸人，腐五臟，殆至滅亡。代〔二〕人所以不能終其天年者，以其生生之厚矣。是

〔一〕據李筌黄帝陰符經疏「火生於木」至「謂之聖人」一句疏，此句出於太公注，作「廣成子以爲積火焚五毒」。

〔二〕「代」，四庫全書本作「後」。

以至道淡然，胎息無味。神仙之術百數，其要在抱一守中。少女之術百數，其要在還精采炁。金丹之術百數，其要在神水華池。治國之術百數，其要在清淨自化。用兵之術百數，其要在奇正權謀。此五事者，卷之藏於心，隱於神；施之彌於天，絡〔一〕於地。宇宙瞬息可在人之手，萬物榮枯可生人之身。黄帝得之先固三宫，後治萬國，鼎成而馭龍，上昇於天也。

天性，人也。人心，機也。立天之道，以定人也。

亮曰：以爲立天定人，其在於五賊。

天發殺機，龍蛇起陸。人發殺機，天地反覆。

范曰：昔伊尹佐殷，發天殺之機，克夏之命盡，而事應之。故有東征西夷怨，南征北狄怨。

太公曰：不耕，三年大旱。不鑿，十年地壞。殺人過萬，大風暴起。

亮曰：按楚殺漢兵數萬，大風杳冥晝晦，有若天地反覆。

天人合發，萬變定基。

〔一〕「絡」，四庫全書本作「給」。

良曰：從此一信，而萬信生，故爲萬變定基矣。

筌曰：大荒大亂，兵水旱蝗，是天殺機也。虞舜陶甄，夏禹拯骸，殷繫夏臺，周囚羑里，漢祖亭長，魏武乞丐，俱非王者之位，乘天殺之機也，起陸而帝。君子在野，小人在位，權臣擅威，百姓思亂，人殺機也。成湯放桀，周武伐紂，項籍斬嬴嬰，魏廢劉協，是乘人殺之機也。覆貴爲賤，反賤爲貴，有若天地反覆。天人之機合發，成敗之理宜然。萬變千化，聖人因之而定基業也。

性有巧拙，可以伏藏。

良曰：聖人見其巧拙。彼此不利者，其計在心。彼此利者，聖哲英雄道焉。況用兵之務哉？

筌曰：中欲不出謂之啓，外邪不入謂之閉。外閉内啓，是其機也。難知如陰，不動如山。巧拙之性，使人無間而得窺也。

九竅之邪，在乎三要，可以動靜。

太公曰：三要者，耳目口也。耳可鑿而塞，目可穿而眩，口可利而訥。興師動衆，萬夫莫議。其奇在三者，或可動，或可靜之。

筌曰：兩葉掩目不見泰山，雙豆塞耳不聞雷霆，一椒掠舌不能立言。九竅皆邪，不足以察機變。其在三者，神心志也。機動未朕，神以隨之。機兆將成，心以圖之。機發事行，志以斷之。其機動也，與陽同其波，五嶽不能鎮其隅，四瀆不能界其維。其機静也，與陰同其德，智士不能運其榮，深聞不能竅其謀，天地不能奪其時。而況於人乎！

火生於木，禍發必剋。姦生於國，時動必潰。知之修鍊，謂之聖人。

筌曰：火生於木，火發而木焚。姦生於國，姦成而國滅。木中藏火，火始於無形。國中藏姦，姦始於無象。非至聖不能修身鍊行，使姦火之不發。夫國有無軍之兵，無灾之禍矣。以箕子逃而縛裘牧，商容囚而蹇叔哭。

天生天殺，道之理也。

良曰：機出乎心，如天之生，如天之殺。則生者自謂得其生，死者自謂得其死。

天地，萬物之盜。萬物，人之盜。人，萬物之盜。三盜既宜，三才既安。

鬼谷子曰：三盜者，彼此不覺知，但謂之神。明此三者，況車馬金帛，棄之可以傾河填海，移山覆地。非命而動，然後應之。

筌曰：天地與萬物生成，盜萬物以衰老。萬物與人之服御，盜人以驕奢。人與萬物之上器，盜萬物以毀敗。皆自然而往。三盜各得其宜，三才遞安其任。

故曰：食其時，百骸理。動其機，萬化安。

鬼谷子曰：不欲令[一]後代人君廣斂珍寶，委積金帛。若能棄之，雖傾河填海，未足難也。食者，所以治百骸。失其時，而傷百骸[二]。動者，所以安萬物。失其機，而傷萬物。故曰：時之至間，不容瞬息，先之則太過，後之則不及。是以賢者守時，不肖者守命也。

人知其神而神，不知其神所以神也。

筌曰：人皆有聖人之聖，不貴聖人之愚。既睹其聖，又察其愚。既睹其愚，復睹其聖。故書曰：專用聰明則事不成，專用晦昧則事皆悖[三]。一明一晦，衆之所載。伊尹酒保，太公屠牛，管仲作革，百里奚賣粥，當衰亂之時，人皆謂之不神，及乎逢成湯，遭文王，遇齊桓，值秦穆，道濟生靈，功格宇宙，人皆謂之至神。

日月有數，大小有定，聖功生焉，神明出焉。

鬼谷子曰：後代伏思之，則明天地不足貴，而況於人乎。

[一]「令」，原作「今」，據四庫全書本改。
[二]「傷百骸」，原作「生百病」，據四庫全書本改。
[三]「悖」，原作「勃」，據四庫全書本改。

筌曰：一歲三百六十五日，日之有數。月次十二以積閏，大小餘分有定。皆稟精炁自有，不爲聖功神明。而生聖功神明，亦稟精炁自有，不爲日月而生。是故成不貴乎天地，敗不怨乎陰陽。

其盜機也，天下莫能見〔一〕，莫能知。君子得之固躬，小人得之輕命。

諸葛亮曰：天子〔二〕太公，豈不賢於孫、吳、韓、白？所以君子小人異之。四子之勇，至於殺身，固不得其主而見殺矣。

筌曰：季主凌夷，天下莫見凌夷之機，而莫能知凌夷之源。霸王開國之機，而莫能知開國之源。君子得其機，應天順人，乃固其躬。小人得其機，煩兵黷武，乃輕其命。易曰：「君子見機而作，不俟終日。」又曰：「知機其神乎！」機者，易見而難知，見近知遠。

瞽者善聽，聾者善視。絶利一源，用師十倍。三反晝夜，用師萬倍。

尹曰：思之精，所以盡其微。

良曰：後代伏思之，耳目之利，絶其一源。

〔一〕「莫能見」，原無，據四庫全書本及注文補。

〔二〕「天子」，四庫全書本作「夫子」。

筌曰：人之耳目，皆分於心而竟於神。心分則機不精，神竟則機不微。是以師曠熏目而聽耳，離朱漆耳而明目。任一源之利，而反用師於心，舉事發機，十全成也。退思三反，經晝歷夜，思而後行，舉事發機，萬全成也。

太公曰：目動而心應之。見可則行，見否則止。

心生於物，死於物，機在於目。

筌曰：爲天下機者，莫近乎心目。心能發目，目能見機。秦始皇東遊會稽，項羽目見其機，心生於物，謂項良〔一〕曰：「彼可取而代之。」晉師畢至於淮淝，苻堅目〔二〕見其機，心死於物，謂苻融曰：「彼勍敵也，胡爲少耶？」則知生死之心在乎物，成敗之機見於目焉。

天之無恩，而大恩生。迅雷烈風，莫不蠢然。

良曰：熙熙哉。

太公曰：誠懼致福。

〔一〕「良」，四庫全書本作「梁」。
〔二〕「目」，原作「曰」，據四庫全書本改。

筌曰：天心無恩，萬物有心，歸恩於天。老子曰：「天地不仁，以萬物爲芻狗。聖人不仁，以百姓爲芻狗。」是以施而不求其報，生而不有其功。及至迅雷烈風，威遠而懼邇，萬物蠢然而懷懼。天無威而懼萬物，萬物有懼而歸威於天。聖人行賞也，無恩於有功；行伐也，無威於有罪。故賞罰自立於上，威恩自行於下也。

至樂性餘，至靜性廉。

良曰：夫機在於是也。

筌曰：樂則奢餘，靜則貞廉。性餘則神濁，性廉則神清。神者智之泉，神清則智明。智者心之府，智公則心平。人莫鑒於流水，而鑒於澄水，以其清且平。神清意平，乃能形物之情。夫聖人者，不婬於至樂，不安於至靜。能棲神靜樂之間，謂之守中。如此施利不能誘，聲色不能蕩，辯士不能説，智者不能動，勇者不能懼。見禍於重關〔一〕之外，慮患於杳冥之内。天且不違，而況於兵之詭道者哉！

天之至私，

尹曰：治極微。

〔一〕「關」，原作「開」，據四庫全書本改。

用之至公。

良曰：其機善，雖不令，天下而行之。天下所不能知，天下所不能違。

筌曰：天道曲成萬物而不遺，椿菌鵬鷃，巨細修短，各得其所，至私也；雲行雨施，雷電霜霓，生殺之均，至公也。聖人則天法地，養萬民，察勞苦，至私也；行正令，施法象，至公也。孫武曰：「視卒如愛子，可以俱死。視卒如嬰兒，可與之赴深溪。愛而不能令，譬若驕子。」是故令之以文，齊之以武。

禽之制在炁。

太公曰：豈以小大而相制哉？

尹曰：炁者天之機。

筌曰：玄龜食蟒，鸇隼擊鵠，黄腰啖虎，飛鼠斷猿，蜍蛭嚌魚，狼犿〔一〕嚙鶴，餘甘柔金，河車服之〔二〕，無窮化玉，雄黄變鐵，有不灰之木，浮水之石。夫禽獸木石，得其炁，尚

〔一〕「犿」，雲溪友議引文作「犺」。

〔二〕「餘甘柔金，河車服之」，道樞引文作「榆甘柔金，河車伏汞」。李光玄金液還丹百問訣引文亦作「河車伏汞」。方以智物理小識記紫河車可以伏汞，丹方鑑源記榆甘子柔金。世通稱餘甘子。

能以小制大，況英雄得其炁，而不能淨寰海而御宇宙也？

生者，死之根。死者，生之根。恩生於害，害生於恩。

太公曰：損己者，物愛之。厚己者，物薄之。

筌曰：謀生者，必先死而後生。習死者，必先生而後死。鶡冠子曰：「不死不生，不斷不成。」孫武曰：「投之死地而後生，致之亡地而後存。」吴起曰：「兵戰之場，立屍之地，必死則生，幸生則死。」恩者害之源，害者恩之源。吴樹恩於越而害生，周立害於殷而恩生。死之與生也，恩之與害〔一〕，相反糾纏也。

愚人以天地文理聖，我以時物文理哲。

太公曰：觀鳥獸之時，察萬物之變。

筌曰：景星見，黄龍下，翔鳳至，醴泉出，嘉穀生。河不滿溢，海不揚波。日月薄蝕，五星失行。四時相錯，晝冥宵光。山崩川涸，冬雷夏霜。愚人以此天地文理爲理亂之機。文思安安，光被四表。克明俊德，以親九族。六府三事，無相奪倫。百穀用成，兆民用康。昏主邪臣，法令不一。重賦苛政，上下相蒙。懿戚貴臣，驕奢婬縱。酣酒嗜

〔一〕「恩之與害」，其他傳本或作「恩之與害也」。

音，峻宇雕牆。百姓流亡，思亂怨上。我以此時物文理爲理亂之機也。

人以虞愚，我以不虞愚。人以期其聖，我以不期其聖。

筌曰：賢哲之心，深妙難測。由、巢之迹，人或窺之。至於應變無方，自機轉而不窮之智，人豈虞之？以迹度心，乃爲愚者也。

故曰：沉水入火，自取滅亡。

良曰：理人自死，理軍亡兵。無死則無不死，無生則無不生。故知乎死生，國家安寧。

自然之道靜，故天地萬物生。

尹曰：靜之至，不知所以生。

天地之道浸，故陰陽勝。

良曰：天地之道，浸微而推勝之。

陰陽相推，變化順矣。

良曰：陰陽相推，激至於變，化在於目。

是故聖人知自然之道不可違，因而制之。

良曰：大人見之爲自然，英哲見之爲制，愚者見之爲化。

尹曰：知自然之道，萬物不能違，故利而行之。

至淨〔一〕之道，律曆所不能契。

良曰：觀鳥獸之時，察萬物之變。鳥獸至淨〔二〕，律曆所不能契，從而機之。

爰有奇器，是生萬象。八卦甲子，萬一訣也。**神機鬼藏。**

良曰：六癸爲天藏，可以伏藏也。

陰陽相勝之術，昭昭乎進乎象矣。

亮曰：奇器者，聖智也。天垂象，聖人則之。推甲子，畫八卦，考蓍龜，稽律曆，則鬼神之情，陰陽之理，昭著乎象，無不盡矣。

亮曰：八卦之象，申而用之。六十甲子，轉而用之。神出鬼入，萬明一矣。

良曰：萬生萬象者，心也。合藏陰陽之術，日月之數，昭昭乎在人心矣。廣成子曰：「甲子，合陽九之數也。卦象，出師衆之法。」出師以律，動合鬼神，順天應時而用，鬼神之道也。

〔一〕「淨」，四庫全書本作「靜」。

〔二〕「淨」，四庫全書本作「靜」。

黄帝陰符經注〔一〕

張果

序

陰符自黄帝有之，蓋聖人體天用道之機也。經曰：得機者萬變而愈盛，以至於王。失機者萬變而愈衰，以至於亡。厥後伊、吕得其末分，猶足以拯生靈，況聖人乎！其文簡，其義玄。凡有先聖數家注解，互相隱顯，後學難精。雖有所主者，若登天無階耳。近代李筌，假托妖巫，妄爲注述。徒參人事，殊紊至源，不慚窺管之微，輒呈酌海之見，使小人竊窺，自謂得天機也。悲哉！臣固愚昧，嘗謂不然。朝願聞道，夕死無悔。偶於道經藏中得陰符

〔一〕舊唐書張果本傳稱所作爲陰符經玄解，新唐書著録其所作有陰符經太無傳、陰符經辨命論。現存注本是否張果本人所作尚待考證。張果注解印行甚廣，都來自道藏。正統道藏内除了單行本外，還有雲笈七籤本。雲笈七籤所收文字優於單行本。本書經題取自正統道藏，文字取自雲笈七籤，並參校四庫全書所收録的清真館本雲笈七籤。張果，唐代道士，唐玄宗曾授予他銀青光禄大夫的散官銜，號通玄先生，唐書有傳，主要著作有道體論。

道旨。

傳，不知何代人製也。詞理玄邈，如契自然。臣遂編之，附而入注。冀將來之君子，不失

黄帝陰符經注

經曰：觀天之道，執天之行，盡矣。

觀自然之道，無所觀也。不觀之以目，而觀之以心。心深微而無所不見，故能照自然之性。性惟深微而能照，其斯謂之陰。執自然之行，無所執也。故不執之以手，而執之以機。機變通而無所繫，故能契自然之理。夫惟變通而能契，斯謂之符。照之以心，契之以機，而陰符之義盡矣。李筌以陰爲暗，符爲合，以此文爲序首，何昧之至也！

故天有五賊，見之者昌。

五賊者，命、物、時、功、神也。傳曰：聖人之理，圖大而不顧其細，體瑜而不掩其瑕。故居夷則遵道布德以化之，履險則用權發機以拯之。務在匡天地，謀在濟人倫。於是用大義除天下之害，用大仁興天下之利，用至正措天下之枉，用至公平天下之私。故反經合道之謀，其名有五。聖人禪之，乃謂之賊。天下賴之，則謂之德。故賊天之命，

人知其天而不知其賊，黄帝所以代炎帝也。賊天之物，人知其天而不知其賊，帝堯所以代帝摯也。賊天之時，人知其天而不知其賊，帝舜所以代帝堯也。賊天之功，人知其天而不知其賊，大禹所以代帝舜也。賊天之神，人知其天而不知其賊，殷湯所以革夏命也，周武所以革殷命也。故見之者昌，自然而昌也。太公以賊命爲用味，以取其喻也。李筌不悟，以黄帝賊少女之命，白日上騰，爲非也。

五賊在乎心，施行在乎天。宇宙在乎手，萬化生乎身。

傳曰：其立德明，其用機妙。發之於内，見之於外而已矣，豈稱兵革以作寇亂哉？見其機而執之，雖宇宙之大，不離乎掌握，況其小者乎！知其神而體之，雖萬物之衆，不能出其胸臆，況其寡者乎！自然造化之力，而我有之，不亦盛乎！不亦大乎！李筌等以五賊爲五味，順之可以神仙不死，誣道之甚也。

天性，人也。人心，機也。立天之道，以定人也。

傳曰：人謂天性，機謂人心。人性本自玄合，故聖人能體五賊也。

天發殺機，龍蛇起陸。人發殺機，天地反覆。

傳曰：天機張而不生，天機弛而不死。天有弛張，用有否臧。張則殺威行，弛則殺威亡。人之機亦然。天以氣爲威，人以德爲機。秋冬陰氣嚴凝，天之張殺機也，故龍蛇畏而蟄伏。冬謝春來，陰退陽長，天之弛殺機也，故龍蛇悦而振起。天有寒暄，德亦有寒暄。德刑整肅，君之張殺機也，故以〔一〕下畏而服從。德失刑偏，君之弛殺機也，故姦雄悦而馳騁。位有尊卑，象乎天地。故曰：天發殺機，龍蛇起陸，寇亂所由作；人發殺機，天地反覆，尊卑由是革也。太公、諸葛亮等以殺人過萬，大風暴起，晝若暝，以爲天地反覆，其失甚矣。

天人合德〔二〕，萬變定基。

傳曰：天以禍福之機運於上，君以利害之機動於下。故有德者萬變而愈盛，以至於王。無德者萬化而愈衰，以至於亡。故曰：天人合德，萬變定基。自然而然也。

性有巧拙，可以伏藏。

傳曰：聖人之性，巧於用智，拙於用力。居窮行險，則謀道以濟之。對强與明，則伏〔三〕義以退避之。理國必以是，用師亦以是。

〔一〕「以」，正統道藏本作「臣」。

〔二〕「德」，正統道藏本作「發」。

〔三〕「伏」，正統道藏本作「行」。

九竅之邪，在乎三要，可以動靜。

傳曰：九竅之用，三要爲機。三要者，機情性也。機之則無不安，情之則無不邪，性之則無不正。故聖人動以伏其情，靜以常其性，樂以定其機。小人反此。故下文云。太公謂〔一〕三要爲耳目口，李筌爲心神志，皆忘機也，俱失陰符之正意。

火生於木，禍發必剋。姦生於國，時動必潰。知之修鍊，謂之聖人。

傳曰：夫木性靜，動而生火，不覺火盛而焚其質。猶〔二〕人之性靜，動而生姦，不覺姦成而亂其國。夫明者見彼之隙以設其機，智者知彼之病以圖其利，則天下之人，彼愚而我聖。是以生者自謂得其生，死者自謂得其死。無爲無不爲，得道之理也〔三〕。天生天殺，道之理也〔四〕。

天地，萬物之盜。萬物，人之盜。人，萬物之盜。三盜既宜，三才既安。

傳曰：天地以陰陽之氣化爲萬物，萬物不知其盜。萬物以美惡之味饗人，人不知其

〔一〕「謂」，原作「爲」，據四庫全書本雲笈七籤改。正統道藏本作「以」。

〔二〕「猶」，原作「由」，據四庫全書本雲笈七籤改。

〔三〕「無爲無不爲，得道之理也」，正統道藏本作「無不謂得道之理也」。

〔四〕「天生天殺，道之理也」，此句正統道藏本爲經文。

盜。人以利害之謨制萬物，萬物不知其盜。三盜玄合於人心，三才靜順於天理。有若時然後食，終身無不愈；機然後動，庶類〔一〕無不安。食不得其時，動不得其機，殆至滅亡。

故曰：食其時，百骸治。動其機，萬化安。人知其神而神，不知其神所以神也。

傳曰：時人不知其盜之爲盜，祇謂神之能神。鬼谷子曰：彼此不覺謂之神。蓋用微之功著矣。李筌不知此文意通三盜，别以聖人愚人爲喻，何甚謬也。

日月有數，大小有定，聖功生焉，神明出焉。

傳曰：日月有準，運數也。大小有定，君臣也。觀天之時，察人之事，執人之機。如是則聖得以功，神得以明。心冥〔二〕理合，安之善也。筌以度數爲日月，以餘分爲大小，以神氣能生聖功神明，錯謬之甚也。

其盜機也，天下莫能見，莫能知也。君子得之固躬〔三〕，小人得之輕命。

〔一〕「類」，正統道藏本作「績」。
〔二〕「冥」，正統道藏本作「宜」，於義爲長。
〔三〕「躬」，四庫全書本雲笈七籤作「窮」，與注文一致。

傳曰：其盜微而動，所施甚明博，所行極玄妙。君子用之，達則兼濟天下，太公其人也；窮則獨善一身，夫子其人也。豈非擇利之能審乎？小人用之，則惑名而失其身，大夫種之謂歟？得利而亡義，李斯之謂歟？豈非信道之不篤焉？

瞽者善聽，聾者善視。絶利一源，用師十倍。三返晝夜，用師萬倍。

傳曰：瞽者善於聽，忘色審聲，所以致其聰〔一〕。聾者善於視，遺耳專目，所以致其明。故能十衆之功。一晝之中，三而行之，所以至也。一夜之中，三而思之，所以精也。故能用萬衆之人。李筌不知師是衆，以爲兵師，誤也。

心生於物，死於物，機在於目。

傳曰：心有愛惡之情，物有否臧之用。目視而察之於外，心應而度之於內。善則從而行之，否則違而止之。所以勸善而懲惡也。筌以項羽昧機，心生於物；以符堅見機，心死於物，殊不知有否臧之用。

天之無恩，而大恩生。迅雷烈風，莫不蠢然。

傳曰：天以凶象咎徵見人，人能儆戒以修德。地以迅雷烈風動人，人能恐懼以致福。

〔一〕「聰」，正統道藏本作「聽」。

其無恩而生大恩之謂也。李筌以天地不仁爲大恩，以萬物歸於天爲蠢然，與陰符本意殊背。

至樂性餘，至靜性廉。

傳曰：情未發謂之中，守中謂之常，則樂得其志而性有餘矣。性安常謂之自足，則靜得其志而廉常足矣。筌以奢爲樂，性以廉爲靜，殊乖至道之意。

天之至私，用之至公。

傳曰：自然之理微而不可知，私之至也。自然之功明而不可違，公之至也。聖人體之亦然。筌引孫子云「視卒如愛子，可以之俱死」，何也？

擒之制在氣。

傳曰：擒物以氣，制之以機。豈用小大之力乎？太公曰：豈以小大而相制哉？筌不知擒義之〔一〕，誤以禽獸注解，引云「玄龜食蛇，黄腰啖虎」之類，爲是悲哉！

生者，死之根。死者，生之根。恩生於害，害生於恩。

生者，人之所愛，以其厚於身太過，則道喪而死自來矣。死者，人之所惡，以其損於事

〔一〕「之」，正統道藏本無。

至明，則道存而生自固矣。福理所及謂之恩，禍亂所及謂之害。損己則爲物之所益，害之生恩也。箋引孫子用兵爲生死，丁公、管仲爲恩害，異哉！

愚人以天地文理聖，我以時物文理哲。人以虞愚，我以不虞。聖人以期其聖，我以不期其聖。

傳曰：觀天之運四時，察地之化萬物，無所不知，而蔽之以無知。小恩於人，以蒙自養之謂也。知四時之行，知萬物之生，皆自然也。故聖人於我，以中自居之謂也。故曰死生在我而已矣。人之死亡，譬如沉水自溺，投火自焚，自取滅亡。理國以道，在於損其事而已。理軍以權，在於亡其兵而已。故無死機則不死矣，鬼神其如我何〔一〕？聖人修身以安其家，理國以平天下，在乎立生機以自去其死，性者生之機也；除死機以取其生，情者死之機也。箋不瞭天道，以愚人聖人體道，愚昧之人而驗天道，失之甚也。

故曰：沉水入火，自取滅亡。

注在上矣〔二〕。

〔一〕「何」，正統道藏本於其下有「無生機則不生，天地其如我何」一句。

〔二〕「矣」，正統道藏本作「文」。

自然之道靜，故天地萬物生。

傳曰：自然之道，無爲而無不爲。動靜皆得其性，靜之至也。靜故能立天地，生萬物，自然而然也。伊尹曰：靜之至，不知所以生也。

天地之道浸，故陰陽勝。

傳曰：浸，微也。天地之道，體著而用微，變通莫不歸於正，微之漸也。微漸，故能分陰陽，成四時，至剛至順之謂也。

陰陽相推，而變化順矣。

傳曰：聖人變化，順陰陽之機。天地之位自然，故因自然而冥之，利自然而用之，莫不得自然之道也。

是故聖人知自然之道不可違，因而制之。

注在文上。

至靜之道，律曆所不能契。

傳曰：道之至靜也，律曆因而制之。不能叶其中，鳥獸之謂也。

爰有奇器，是生萬象。八卦甲子，神機鬼藏。

傳曰：八卦變異之伎，從是而生，上則萬象，下則萬機。用八卦而體天，用九疇而法地。參之以氣候，貫之以甲子，達之以神機，閉之以詭藏。奇譎之蕩自然〔一〕也。

陰陽相勝之術，昭昭乎進乎象矣。

傳曰：陰陽相勝之術恒微，而不違乎本明之信。可明，故能通乎精曜象矣。

〔一〕「自然」，四庫全書本雲笈七籤作「心目」。

黄帝陰符經疏〔一〕

少室山李筌疏

序

少室山達觀子李筌，好神仙之道，常歷名山，博采方術。至嵩山虎口岩石壁中，得陰符，本絹素書，朱漆軸，以絳繒緘之，封云：「魏真君二年七月七日，上清道士寇謙之藏諸名山，用傳同好。」其本糜爛，應手灰滅。筌略抄記，雖誦在口，竟不能曉其義理。因入秦，至驪山下，逢一老母，髽髻當頂，餘髮倒垂，弊衣扶杖路傍，見遺火燒樹，自語曰：「火生於木，禍發必剋。」筌驚而問之曰：「此是黄帝陰符上文，母何得而言？」母曰：「吾受此符三元六

〔一〕此書文獻著録初見於宋史。很多學者認爲此文來自袁淑真黄帝陰符經集解。本書認爲它們可能從一個共同的本子演變而來。本書以正統道藏本爲底本，與袁淑真黄帝陰符經集解相校，並參考其他文獻。山田俊的研究爲校勘提供了很多幫助。本書尊重原書署名，並不意味承認它是李筌的作品。

甲周甲子矣。謹按太一遁甲經云：『一元六十歲行一甲子。三元行一百八十歲，三甲子爲一周。』六周積算一千八十歲。年少從何而知！」筌稽首再拜，具告得處。母笑曰：「年少顴頰貫於生門，命輪齊於月〔一〕角，血腦未減，心影不偏，性賢而好法，神勇而樂智，是吾弟子也。然五十六年當有大厄。」因出丹書符，冠〔二〕杖端，刺筌口，令跪而吞之。曰：「天地相保。」乃坐樹下，説陰符玄義。言竟，誡筌曰：「黄帝陰符三百言，百言演道，百言演法，百言演術。參演其三，混而爲一。聖賢智愚各量其分，得而學之矣。上有神仙抱一之道，中有富國安人之法，下有强兵戰勝之術。聖人學之得其道，賢人學之得其法，智人學之得其術，小人學之受其殃，識分不同也。皆内出於天機，外合於人事，若巨海之朝百谷，止水之含萬象。其機張，包宇宙，括九夷，不足以爲大。其機彌〔三〕，隱微塵，納芥子，不足以爲小。觀其精微，黄庭八景不足以爲學；察其至要，經傳子史不足以爲文；任其巧智，孫、吴、韓、白不足以爲奇。是以動植之性，成敗之數，死生之理，無非機者。一名黄帝天機之書。九竅四

〔一〕「月」，雲笈七籤引神仙感遇傳作「日」。
〔二〕「冠」，雲笈七籤引神仙感遇傳作「貫」。
〔三〕「彌」，陰符經考異附録引文作「弛」。

肢不具，慳貪愚癡，風癇狂誑者，并不得聞。如傳同好，必清齋三日，不擇卑幼，但有本者爲師。不得以富貴爲重，貧賤爲輕，違者奪二十紀。河圖洛書云：『黄帝曰，聖人生，天帝賜算三萬六千七百二十，紀主一歲。若有過，司命輒奪算，算盡奪紀，紀盡則身死。有功德，司命輒與算，算得與紀，紀得則身不死長生矣。』每年七月七日，寫一卷藏諸名山岩石間，得算一千二百。本命日誦七遍，令人多智慧，益心機，去邪魅，銷灾害，出三尸，下九蟲。所以聖人藏之金匱，不妄傳也。」母語畢，日已晡矣。曰：「吾有麥飯，相與爲食。」因袖中出一瓠，令筌取水。筌往谷中盛水，其瓠忽重，可百餘斤，力不能制，便沉於泉，隨覓不得。久而却來，已失母所在，唯留麥飯一升。筌悲泣號訴至夕，不復見。筌乃食麥飯而歸，漸覺不饑。至今能數日不食，亦能一日數食，氣力自倍。筌所注陰符，并依驪山母所說，非筌自能。後來同好，敬爾天機，無妄傳也。

卷上　神仙抱一演道章

釋題：陰，暗也。符，合也。天機暗合於行事之機，故曰陰符。

觀天之道，執天之行，盡矣。

但觀天道而理，執天之道〔一〕，則陰陽動静之宜盡矣。

疏曰：天者，陰陽之總名也。陽之精氣輕清，上浮爲天。陰之精氣重濁，下沉爲地。相連而不相離。故列子禦寇謂杞國人曰：「天積氣耳，地積塊耳。自地已上，則皆天也。子終日行於天〔二〕，奈何憂乎天崩？」故知天地則陰陽之二氣。氣中有子，名曰五行。五行者，天地陰陽之用也，萬物從而生焉。萬物則五行之子也，故使人觀天地陰陽之道，執天五氣而行，則興廢可知，生死可察。除此之外，無可觀執，故言盡矣。

天有五賊，見之者昌。五賊在心，施行於天。宇宙在乎手，萬物生乎身。

天生五行，謂之五賊。使人用心觀執，奉天而行，則宇宙在乎掌中，萬化生乎身上矣。

疏曰：五賊者，五行之氣也，則金木水火土焉。太公注云：「聖人謂〔三〕之五賊，天下謂〔四〕之五德。人食五味而死，無有怨〔五〕而棄之者。」此五賊之義。所言賊者，害也。

〔一〕「道」，據袁淑真本，此字下當脱「而行」二字。
〔二〕「天」，據袁淑真本，此字下當脱「中」字。
〔三〕「謂」，原作「爲」，據袁淑真本改。
〔四〕「謂」，原作「爲」，據袁淑真本改。
〔五〕「怨」，原作「死」，據袁淑真本改。

逆之不順，則與人生害，故曰賊也。此言陰陽之中包含五氣，故云「天有五賊」。此者在天爲五星，在地爲五嶽，在位爲五方，在物爲五色，在聲爲五音，在食爲五味，在人爲五臟，在道爲五德。不善用之則爲賊。又賊者，五行更相制伏，遞爲生殺，晝夜不停，亦能盜竊人之生死、萬物成敗，故言賊也。見之者昌，何也？人但能明此五行制伏之道，審陰陽興廢之源，則而行之，此爲見也。如人審五賊，善能明之，則爲福德之昌盛也。又人能知五賊藏〔一〕者，何也？在其心，故曰「五賊在心」。心既知之，故使人用心觀執五氣而行，睹逆順而不差，合天機而不失，則宇宙在乎掌中，萬物生乎身上。如此則吉無不利，與道同遊，豈不爲昌乎？在仕宦之道，執仁義禮智信，則富貴榮華，豈不爲昌乎？在軍旅之道，明五行逆順，則戰取必勝，豈不爲昌乎？故曰「見之者昌」也。但因此五行，相生而用之，則爲道德，合於陽也；相剋之道，用之則爲賊害，合於陰也。故三教大師皆用理世，所立經教，祇言修善而稱道德，不令修惡而稱賊害也。故知善修道德者，道也，是陽之主也；陰惡賊害者，魔

〔一〕「藏」，袁淑真本無。

也，是陰之精。除此之外，百萬經教，虛廣故也〔一〕。故宣尼云：「一言以蔽之，曰思無邪。」又曰：「擇其善者而從之，其不善者而改之。」此則至道也，何必廣談修習歟？合道之體，不出此門，能知天地陰陽成敗之元者，皆在陰符首章而盡理矣。世人見文少而言近，自不閑其要妙，亦何在〔二〕三教經書廣博所陳也？故驪山母云：「觀其精理，黄庭八景不足以爲學；察其至要，經傳子史不足以爲文；任其巧智，孫、吴、韓、白不足以爲奇。」此之義也。

天性，人也。人心，機也。立天之道，以定人也。

言以立天定人，在乎五賊。

疏曰：夫人心主魂之官，身爲神之府也。將欲施行五賊者，莫尚乎心，故心能之。士〔三〕有所圖，必合天道。此則宇宙雖廣，觀覽祇在手中；萬物雖多，生殺不出於術内。故曰心正可以辟邪也。

〔一〕「虛廣故也」，袁淑真本作「虛廣其談」。
〔二〕「何在」，袁淑真本作「何啻」。
〔三〕「士」，袁淑真本作「事」。

天發殺機，龍蛇起陸。人發殺機，天地反覆。天人合發，萬變定機〔一〕。

天發殺機，公道也。人發殺機，私情也。龍蛇感公道而震，私情紊亂，天地而反覆。天人俱合於公道，則千變萬化，無不定矣。

疏曰：天含五氣，遞爲生殺，自然有之。天道生殺，皆合其機宜，不妄發動。陰陽改變，時代遷謝，去故就新，此天發殺機，皆至公也。乘天威殺之機，或龍或蛇，沉隱之類，皆能震起於陵陸，順天應時，暢達於其間，爲乘天之機，不失其宜也。「人發殺機，天地反覆」者，人是五行之子，須順五氣之生殺，任陰陽之陶運，何得擅自興其生殺乎？至如世間之法，殺人者死，殺生者罪，何也？爲非天之合殺彼人，奈何殺之乎？言人不合妄動殺機也。至如姦臣逆節，違背天道，反叛君親，恣行凶惡，損害於世，擅行屠戮，妄動殺機者，同〔二〕翻天作地，覆地作天，如此之大亂，爲逆天之大禍，是名「天地反覆」。此則人怨神怒，天將誅之，人共殺之，俱合其殺機，是名「天人合發，萬變定基〔三〕」。罰〔四〕叛

〔一〕「機」，宛委別藏本作「基」。
〔二〕「同」，袁淑真本作「有何」。
〔三〕「定基」一詞，袁淑真本均作「定機」。
〔四〕「罰」，袁淑真本作「伐」。

討逆，順天行誅，皆合天殺之機宜，愜至公之正道，則萬物咸伏，無敢妄動，名曰「定基」。君臣之道，貴其公正。若能動用合其天機，應運同其天道，此則人安其心，物安其體，五行安其位，嶽瀆安其靈，上施道德，下行仁義，災害不生，禍亂不作，天人靜默，名曰定基。

性有巧拙，可以伏藏。

人之巧拙，不可顯露。慎之擇善，無令患生也。

疏曰：人懷性智巧拙，賢愚悉共有之，但少而言之。人有少巧智辯慧，便馳騁顯露，不料得失，顯招其咎者，何也？爲不能隱密，不自誡慎，以致傾敗耳。故道德經云：「大辯若訥，大巧若拙。」其言隱密也。易曰：「君不密則失臣，臣不密則失身，機事不密則害成。」此之謂也。「可以伏藏」者，賢人君子，縱有巧智辯慧之性，博學多聞之才，動靜合其機宜，可不爲巧乎？常能隱伏藏匿，巨細用之，恐被嫉佞讒毁，反招其咎耳。況愚拙之人，自率於心，造次興動，不自藏隱，立招禍患。賢人養道育德，巧拙之性，俱隱伏於身心，然後内觀正性，外視邪婬，善則行之，不善則捨之，修身鍊行，而成聖人。外人焉能知我巧拙之性乎？皆謂我天然賢聖，不知我修而致之，故曰「伏藏」也。

九竅之邪，在乎三要，可以動靜。

言人九竅俱邪，皆能生患。在於要者，耳目口也。切使誠慎，無令禍生。

疏曰：南華云：「人有百骸，九竅五臟，體而存之。」人禀五氣而成形，頭圓足方，四肢五臟，三魂七魄，遞生邪正，互爲君臣。在身通流運動者，九竅也。邪正禍福之急者，在三要焉，即耳目口也。故道德經云「五色令人目盲，五音令人耳聾，五味令人口爽」，是也。道德之士，眼不視邪色，耳不聽邪聲，口不談邪事，所以〔一〕正事則視聽言談之，此名「動」也；涉其邪妄，悉不將心視聽言説，此名「靜」也。宣尼云：「擇其善者而從之」，此名「動」也；「擇其不善者而改之」，在此名「靜」也。孝經云「言滿天下無口過，行滿天下無怨惡」者，所緣身心靜正而無邪惡以致此也。但遇善即動，逢邪即靜，此則身無禍患，皆在耳目口之防慎。故云在乎三要耳，可以動，可以靜也。

火生於木，禍發必剋。姦生於國，時動必潰。知之修鍊，謂之聖人。

姦、火喻人之性，木、國喻人之身。使人治國安身，而令姦火不發，然後修身鍊行，以成聖人。

〔一〕「以」，袁淑真本作「有」。

疏曰：此一科言聖意興其喻也。爲上文九邪三要，動静之宜，切令戒慎，恐未能窮理盡性，故興此火木姦國爲令喻〔一〕，殷勤修鍊，以成聖人。木中有火者，喻人中有邪惡之性、五毒之火也。
太公注云「廣成子以爲積火焚五毒」，故知火者猛烈之氣。書云「火炎崑岡，玉石俱焚」矣。木中藏火，慎勿鑽研，火發則木焚矣。身中邪毒勿〔二〕縱，恣之則萬善俱滅，其身潰矣。「姦生於國，時動必潰」者，凡有國，則有姦臣賊子，包藏害心，思圖篡奪。苟欲富貴，如此之類不一，皆潛藏國中，人君不可知之。但君懷道德，臣效忠貞，時自雍和，天下寧泰，姦人徒有其心，無由妄敢興動，皆候其時合動。安得君道失，臣道喪，兵水旱蝗，征斂苛刻，人心變易，思亂怨上？當此之代，萬物皆有亂心，何況懷姦之人乎？又姦者不一，乘此隳敗之時，則諸姦競發，其國得不潰乎？此喻上之九竅三要巧拙動静也，言人有道德定慧，隱伏身心之中，諸邪婬穢僻，亦不能興耳；若邪競發，則身潰矣。故以姦火藏於木國，以喻邪正伏於身心。此喻〔三〕賢哲之士，通

〔一〕「令喻」，袁淑真本作「喻令」，文氣通順。
〔二〕「勿」，原作「忽」，據袁淑真本改。
〔三〕「喻」原作「唯」，據袁淑真本改。

詳其文，曉達明悟，精念至道，去惡存善，是名「知之修鍊，謂之聖人」。故曰「上有神仙抱一之道」。黄帝得之以登雲天，湯武得之以王天下。驪山母云「聖人學之得其道」，爲順天時，則内懷道德，外任賢良，知之修鍊，而成聖人，是得其道以升雲天，黄帝是也；「賢人學之得其法」，爲依五行之善正，不違天時，不逆地理，不傷財，不害物，富國安人，身爲賢明，乃得其法，道德之君堯舜是也；「智人學之得其術」，爲用天之道，分地之利，謹身節用，以養父母，仁義禮智信，忠孝君親，貞廉不失，保其禄位，是得其術，賢臣夔龍、伊尹是也；「小人學之得其殃」，爲將天道之氣，不習善之用〔一〕，以智巧辯慧之性，專事三反晝夜，煩兵黷武，陰謀屠害，苟求奢榮，傾奪於世，雖暫富貴，不思禍之將至，反招敗亡，延及後世，是得其殃也，禄山、思明篡逆悖亂之臣是也。聖母又言此文深奥，「若巨海之朝百谷」，含弘萬象，妙義靈也。

此神仙抱一演道章上，一百五言，使人明陰陽之道，察興廢之理，動用其機宜，然後修身鍊行，以成聖人，故曰「上有神仙抱一之道」。贊曰：天道應運，陰陽至神；察其機要，存亡在身；悟者爲正，迷則非真，知之修鍊，謂之聖人。

〔一〕「不習善之用」，袁淑真本作「不思習善之用」。

卷中　富國安人演法章

天地，萬物之盜。

天覆地載，萬物潛生，沖氣暗滋，故曰盜也。

疏曰：天地者，陰陽也。「陰陽」二字，洎乎五行，共成其七。此外更改於物，則何惑之甚矣！言天地萬物，胎卵濕化，百穀草木，悉承此七氣而生長。從無形至於有形，潛生覆育，以成其體，如行竊盜，不覺不知。天地亦潛與其氣，應用無窮，萬物私納其覆育，各獲其安。故曰：「天地，萬物之盜。」

萬物，人之盜。

萬物盜天而長生，人盜萬物以資身，若知分合宜，亦自然之理。

疏曰：人與禽獸草木，俱稟陰陽而生。人之最靈，位處中宮，心懷智度，能反照自〔一〕性，窮達本始，明會陰陽五行之氣，則而用之，周易六十四卦、六十甲子是也。故上文

〔一〕「自」，袁淑真本作「正」。

云「見之者〔一〕昌」也。人於七氣之中，所有生成之物，悉能潛取，以資養其身。故言盜則田蠶五穀之類是也。列子曰，齊國有國氏大富云：「吾善爲盜矣。天有時，地有利。吾盜天地之時利，雨澤之滂潤。吾陸盜禽獸，水盜魚鱉。吾始爲盜，一年而給，二年而足，三年大穰。自此以後，施及州閭。吾盜天地而無殃咎，若人〔二〕盜人之金帛，奈何無辜乎？」萬物盜天地以生成，國氏盜萬物以資身。但知分合宜，亦自然之理，此萬物人之盜也。

人，萬物之盜也。三盜既宜，三才既安。

既，盡也。三盜盡合其宜，則三才盡安〔三〕其任。

疏曰：言人但能盜萬物資身，以充榮禄富貴，殊不知萬物反能盜人，以生禍患。言上來三義更相爲盜者，亦自然之理。凡此相盜，其中皆須有道，愜其宜則吉，乖其理則凶。故列子〔四〕言：「盜亦有道乎？何適其無道也！見室中之藏，聖也。知可否，智

〔一〕「者」，原無，據袁淑真本補。

〔二〕「人」，疑爲衍文。

〔三〕「安」，原作「興」，據下文及宛委别藏本改。

〔四〕「列子」，以下文字實出於莊子。

也。人先，勇也。出後，義也。分均，仁也。人無此五德而能行盜者，未之有也。」此盜中之道也。嚮於三盜之中，皆須有道，令盡合其宜，則三才不差，盡安其任矣。皆不令越分傷性，以生禍患者也。

故曰：食其時，百骸理。動其機，萬化安。

言人飲食不失其時，則身無患咎；興動合其機宜，則萬化皆安矣。

疏曰：言人理性命者，皆須飲食滋味也。故左傳曰：「味與道氣〔一〕，氣以實志。」滋形潤神，必歸飲食。黄帝曰，人服飲食，必先五味五肉，五菜五菓，皆須調候得所，量體而進，熟則益人，生則傷臟。此食時之義也。故使飲食不失其時，滋味不越其宜，適其中道，不令乖分傷性，則四肢調暢，五臟安和，無諸疾病，長壽保終，豈不爲百骸理乎？故亢倉子曰：「冬飽則身温，夏飽則身涼。温涼時適，則人無疾疢。疫癘不行，得終其天年。故曰：穀者人之天也。天所以興王務農。王不務農，是棄人也。人既棄之，將何有國哉？」但三盜既合其宜，三才盡安其任，此皆合自然之理。然後須明君賢臣，調

〔一〕「味與道氣」，袁淑真本作「味以通氣」。

御於世，乘此既宜盡安之時，當須法令平正，用賢使能，仁及昆蟲，化被草木。舉動〔一〕皆合於天道之機宜，則陰陽順時，寰宇清泰，使萬民之類皆獲其安寧。此則動其機而萬化安，故云中有富國安人之法也。

人知其神而神，不知不神所以神也。

陰陽生萬物，人謂之神，不知有至道，靜默而不神，能生萬物陰陽，爲至神矣。

疏曰：神者，妙而不測也。易曰：「陰陽不測謂之神。」人但見萬物從陰陽日月而生，謂之曰神，殊不知陰陽日月從不神而生焉。不神者何也？至道也。言至道虛靜，寂然而不神。此不神之中，能生日月陰陽，三才萬物。種種滋榮，而獲安暢，皆從至道虛靜中來。此乃不神之中而有神矣。其理明矣。飲食〔二〕修鍊之士，明悟無爲不神之理，反照正性，而修無爲之業，存思守一，反朴還淳，歸無爲之道，玄之又玄，方證寂默而不神。此則不神而能至神，故曰明矣。

日月有數，大小有定，聖功生焉，神明出焉。

〔一〕「動」，原作「頭」，據袁淑真本改。
〔二〕「飲食」，袁淑真本作「欲令」。

日月運轉，不差度數，大小有定，方顯聖功之力生焉，神明之功出焉。

疏曰：日月者，陰陽之精氣也，六合之内爲至道也。日月度數大小，律曆之所辯，咸有定分，運轉不差。故云「日月有數，大小有定」。「聖功生焉」者，六合之内，賴此日月照燭，陰陽運行而生成萬物，有動植，功力微妙至於聖。故曰「聖功生焉」。「神明出焉」者，陰陽不測之謂神，日月晶朗之謂明，言陰陽至〔一〕神，日月至明，故曰「神明」。言天地萬物，皆承聖功神明而生育〔二〕，從無出有，功用顯著。故曰「神明出焉」。又言世間萬物，皆禀此聖功而生，大之與小，咸有定分，不相違越，則小不羨大，大不輕小。故莊子言，鵬鷃各自逍遥，不相健〔三〕羨。此大小有定之義。又言上至王侯，下至黎庶，各有定分，不相傾奪。上下和睦，歲稔時雍，名曰太平。故曰「中有富國安人之法」。

其盗機也，天下莫不能見，莫不能知〔四〕。君子得之固躬，小人得之輕命。

盗機深妙，易見難知。君子知積善之機，乃能固躬。小人務榮辱之機，而輕命也。

〔一〕「至」，原作「之」，據袁淑真本改。
〔二〕「育」，原作「有」，據袁淑真本改。
〔三〕「健」，原作「縺」，據袁淑真本改。
〔四〕「莫不能見，莫不能知」，袁淑真本作「莫不見，莫能知」。

疏曰：盜機者，重舉上文三盜之義也。假如國氏盜天而獲富，人皆見種植之機，不知其所獲之深理。何名爲盜機？緣己之先無，知彼之先有，暗設計謀，而動其機數，不知不覺，竊盜將來，以潤其己，名曰盜機。言天下之人咸共見此盜機，而莫能知其深理。設有智〔一〕者，小人君子所見不同，君子則知固躬之機，小人則知輕命之機。固躬之機者，君子知至道之中包含萬善，所求必致，如響應聲，但設其善計，暗默修行，動其習善之機，與道契合，乃至〔二〕守一存思，精心念習，竊其深妙，以滋其性，或盜神水華池，玉英金液，以致神仙。賢人君子知此妙道之機，修鍊以成聖人，故曰「君子得之固躬」矣。小人得之輕命者，但務營求金帛，不憚劬勞，或修才學武藝，不辭疲瘁，飾情巧智，以求世上浮榮之機，或榮華寵辱，或軍旅傾敗，貪〔三〕婪損己，或耽財好色。雖暫得浮榮，終不免於患咎。蓋爲不知其妙道之機，以致於此，故曰「小人得之輕命也」。

〔一〕「智」，袁淑真本作「知」。
〔二〕「至」，原作「致」，據袁淑真本改。
〔三〕「貪」，該字上當脱「或」字。

此富國安人演法章中，九十二言，皆使人取捨合其機宜，明察神明之道，安化養命，固躬之機也。故曰「中有富國安人之法」也。贊曰：天地萬物，陰陽四時，更相爲盜，貴合天機；聖功神明，非賢莫知，固躬輕命，審察其宜。

卷下　强兵戰勝演術章

瞽者善聽，聾者善視。絶利一源，用師十倍。三反晝夜，用師萬倍。

絶利者，塞耳則視明，閉目則聽審，務使身心不亂，主事精專也。

疏曰：言人眼貪色，則耳不聞正聲；聽婬聲，則目不睹正色。此視聽二徒〔一〕，俱主於心也。道德之士，心無邪妄，雖耳目聞見萬種聲色，其心正定，都無愛悦貪著之心，與無耳目不殊，何必在於聾瞽者哉？但心中納正，則耳目無邪；耳目無邪，則身心不亂；身心不亂則精思，舉事發機，皆合於天道，比之凡情，十倍利益。事皆成遂，何必獨在用師？他皆仿此。「三反晝夜，用師萬倍」者，上云身心正定，耳目聰明，舉事發

〔一〕「徒」，袁淑真本作「途」。

機，比常情〔一〕十倍，就中更能三思反覆，日夜精專，舉事發機，比常情萬倍，何必獨在用師也。論語云：「三思而後行，再斯而可矣。」使人用心必須精審，此之義也。所言師者，兵也。兵者，凶器。戰者，危事。處戰爭之地，危亡之際，必須三反精思，深謀遠略〔二〕。若寡於謀慮，輕爲進退，竟致敗亡。所以將此耳目精思，引以用師爲喻，切令修鍊，保護其身，非真用師也。道德之士，嫉惡如仇，知此耳目絕利之源，三反精思之義，深沉審細，理正居貞，誅鋤邪佞之賊，自固其躬，久久成道，則黄帝滅蚩尤是也。至如古今名將，孫、吴、韓、白，武侯、衛公，皆善用師，悉能三反晝夜，成功立事，以致榮華。然後〔三〕謂强兵戰勝之術以爲輕命之機，必也。黄帝得之，以登雲天；傅説得之，以處玄梠也。故上文云「君子得之固躬，小人得之輕命」。

心生於物，死於物，機在目。

心貪於物者損壽，目視無厭則意荒。但戒目收心，則無禍敗之患也。

〔一〕「情」，原無，據袁淑真本補。
〔二〕「略」，袁淑真本作「慮」。
〔三〕「後」，原作「終」，據袁淑真本改。

疏曰：道德之士，心不妄生，機不妄動，輒加於物情。而耽徇之人，取萬物資身養命者，亦天然之理。但不令越分乖宜，反傷其性。故亢倉子言「萬人操弓，共射一招，招無不中。招，垜也；亦云：招，箭人也。萬物彰彰，以害一生，生無不傷」〔一〕者，以養性命也。今代之惑者，多以性養物，不知休息。此言心生貪婪，爲物所盜，使人禍敗耳。家語云：「嗜欲無厭，貪求不止者，刑其殺之。」老子云：「知足不辱，知止不殆，可以長久。」所貴知足，適其中道〔二〕。不令將心苦貪於物，反傷正性，必害於人。故劉子云火林養鳥、温湯養魚之義，以生於物，死於物也。「機在目」者，言人動生妄心，加於物者，皆由目〔三〕睹而心生，故云「機在目」，欲令戒慎其目，勿令妄視邪婬之色，使心於物不生妄動之機，不撓其性，以固壽保躬也。

天之無恩，而大恩生。

天地生而不有，爲而不恃，長養萬物，不求恩報。而萬物感其覆育，自有恩生。

〔一〕此句，傳本亢倉子無，僅見於吕氏春秋本生篇。又，「招，垜也；亦云：招，箭人也」一句，原爲大字，據文義改作小字。
〔二〕「道」，原無，據袁淑真本補。
〔三〕「目」，原作「自」，據袁淑真本改。

疏曰：天地萬物，自然有之。此皆至道之所含育，不求恩報於萬物。萬物承天之覆育，自懷恩於天。故老子言：「生而不有，爲而不恃，長而不宰。」

迅雷烈風，莫不蠢然。

迅雷烈風，陰陽動用，人自懷懼，蠢然而驚。

疏曰：迅雷者，陰陽激搏之聲也。烈風者，莊子言：「大塊噫氣，其名爲風。」凡此風雷，陰陽自有，本不威人，人自畏之，莫不蠢然而動，懷驚懼也。此言道德之君，撫育萬靈，同天地之不仁，則大地人民，禽獸草木，皆自歸恩於君，感戴如天，各守其分，各安其業，無不逍遥也。明君但施其正令，以示國章。兆人睹其威命，如迅雷烈風，莫不蠢然而動，咸生恐懼之心，各自警戒，各自慎行也。以此治軍，則將勇兵强，上威下懼，必能誅暴定亂。故言「下有强兵戰勝之術」也。

至樂性餘，至靜則廉。

志〔一〕尚廉靜，則心無憂懼。情懷悦樂，則逍遥有餘。

〔一〕「志」，原作「至」，據袁淑真本改。

疏曰：至樂者，非絲竹歡娛之樂也。若以此樂，性〔一〕必無餘。故家語云：「至樂無聲，而天下之人安。」三略云：「有道之君，以樂樂人。」此言賢人君子，以心平性正，不欺於物，不徇於時，理國安家，無婬刑濫罰，不越國章，身無過犯，無所憂懼，自然心懷悦樂，情性怡逸，逍遥有餘。豈將絲竹歡宴之樂而方比此樂乎？至如古人鼓琴拾穗，行歌待終。故曰「至樂性餘」也。「至靜則廉」者，既不爲小人絲竹奢婬之樂，自保其無憂無事之歡，如此則不爲聲色所撓，而性靜情逸，神貞志廉也。亢倉子曰：「貴則語通，富則身通，窮則意通，靜則神通。」引此四通之體，義存乎一，故謂至樂至靜也。人能至靜，可致神通，是名「至靜則廉」也。夫將帥之體，貴其廉靜，杜其喧撓，賞罰不差。父子爲軍，心懷悦樂，性多餘勇，然可摧凶剋敵，功業必成。故曰「下有强兵戰勝之術」也。夫能棲神靜樂之間，謂之守中，六情不染，一景常然。

天之至私，用之至公。

天道幽隱，不可窺測，至私也。萬物生成，聖功顯著，至公也。

疏曰：天者，至道也。言至道包含萬類，幽深恍惚，無有形段，不可窺測，是名至私。

〔一〕「性」，原無，據袁淑真本補。

私者，隱匿之義也。能於杳冥之中，應用無窮，生成萬物，各具形體，隨用立名，乃至公也。公者，明白顯用，衆可觀之義也。此言道德之君，智慮廣博，包總萬機，智謀巧拙，進退可否，悉能私隱於深心，人不可得而窺之，是至私也；及其動用，觀善惡，察是非，施政令，行賞罰，顯然明白，爲天下之可觀，乃至公也。故曰「天之至私，用之至公」也。爲軍帥之體，能用心〔一〕隱密，機數難窺，取捨如神，威恩顯著，上清下正，將勇兵强，剋敵摧凶，功業盛茂。故曰「下有强兵戰勝之術」也。

禽之制在炁。

鵬摶九萬，積氣而升。蜩鳩搶榆，决起而上。皆能制氣進退而自由也。

疏曰：禽者，羽化百鳥之類也。炁者，天地陰陽之炁也。人之運動，皆以手足進退爲利。禽鳥運動，皆以翅羽鼓炁，心動翅鼓，無所不之，上下由之。況人最靈，不能善用天機〔二〕道德之炁，固躬養命，以致長生久視乎？若人善能制道德之炁，則遨遊太虚，禽鳥不足比也。爲軍帥之體，善用五行休王之炁，能知陰陽制伏之源，則摧凶剋敵，不

〔一〕「心」，原作「以」，據袁淑真本改。
〔二〕「天機」，袁淑真本作「天地」。

足爲難。故曰「下有强兵戰勝之術」者也。

愚人徇物而貪生，違生之理者促壽。賢人損己，以求道德。其妙者，固躬而不亡。

疏曰：此言人之在世，貪生惡死，皆自厚養其身，恐致滅亡也。鞠養身命，必須飲食衣服，此亦天然自合之理。故莊子言：耕而食，織而衣，其德不離；織而衣，耕而食，是謂同德。故知人生必資衣食之育養也。然在於儉約，處中則吉，若縱恣奢溢，過分則凶，而反害其生也。至若上古之人，巢居穴處，情性質朴，亦不知有長生短促〔二〕之理，任自然而逍遥，年壽長永。後代真源道喪，浮薄將興，廣設華宇，衣服紈彩，滋味肴膳，越分怡養，恐身之不康。殊不知，養之太過，役心損慮，反招禍患，爲促壽之根本。故曰「生者死之根」。「死者生之根」者，至如道德之士，損己忘劬，以求長生之術。或則餐霞服氣，辟穀休糧，心若死灰，形同槁木，世人觀之，必死之象，殊不知長生之根本也。故曰「死者生之根」也。夫將帥之體，能知幸生即死，必死而反生者，則全軍保衆，

死者，生之根。生者，死之根〔一〕。

〔一〕據注文，此處經文倒置。

〔二〕「短促」，袁淑真本作「短壽」，於義爲長。

爲良將焉。故兵術曰致兵於死地而反生。此是强兵戰勝之術也，莊子曰「方生方死，方死方生」也。

恩生於害，害生於恩。

君子免害〔一〕而感恩，恩生於害也。小人幸恩而起害，害生於恩也。

疏曰：此言人心嚮背，恩害互生也。本來無害亦無恩，因救害而有恩，則恩生於害。至如賢人君子，小有患難，得人拯拔，懷恩感激，終身不忘，是恩生於害也。至如小人，承君子之上恩顧〔二〕，身居榮禄，不能戒慎，終始保守，一朝恃寵失權，身陷刑網，不知己過，反生怨害，此曰「害生於恩」。道德之士，感天地覆育之恩，不幸至道生成之德，修善行正，反朴還元，則無害可生於恩，恩亦無由生於害，不將恩害以撓性，守静默以生淳和。至如恩害相生，寵辱更致者，小人之道也。爲將帥之體，不負皇恩，不驕榮寵，慎終如始，保守恩光，竭力盡忠，成功立事，恩亦無由生於害，害亦無由起於恩，以道德臨戎，有征無戰，豈不美哉！故云「下有强兵戰勝之術」也。

〔一〕「免害」，原作「勉善」，據袁淑真本改。

〔二〕「承君子之上恩顧」，袁淑真本作「承君上恩顧」。

愚人以天地文理聖，我以時物文理哲。

愚人見星流日暈，風雨雷電，水旱灾蝗，而生憂懼。殊不知，君臣道德，政理淳和矣，安撫黎人，轉禍爲福。以此時物文理哲，唯聖我知之者矣。故天地懸日月以照善惡，垂列宿以示吉凶，皆道德自然之理矣。愚人仰視三光，覩天文之變易，睹雷電之震怒，或寒暑不節，或水旱蟲蝗，恐禍及身，悉懷憂懼。愚人以此爲天地文理聖也。「時物文理」者，但君懷廉靜，臣效忠貞，獫鵲不喧，邊烽無燧，兆人康樂，寰宇寧泰，縱天地灾祥，無能爲也。聖我以此爲時物文理者。故家語云：「殷太戊之時，道缺法邪，以致夭〔一〕孽，桑穀忽生於朝，七日大拱。占者曰：『桑穀野木，合生於郊，今生於朝，國亡矣！』太戊恐懼，側身修德，思君臣之政，明養人之道。三年之後，遠方慕義，重譯而至十有六國。」則桑穀無能爲灾。夫子曰：「存亡禍福，皆在於己。天灾地妖，不能加也。」則妖禍不勝善政，怪夢不勝善行。又，堯遭洪水九年，湯遭大旱七載，兆庶和平，人無饑色。何者？爲君有道，政理均和，主信臣忠，百姓戴上，雖有水旱，不能爲灾也。水旱者，天地也。文理者，時物也。若明時物之理者，皆能轉禍爲福，易死而生。

〔一〕「夭」，原作「之」，據廖名春、鄒新明校點本孔子家語改。

故曰「我以〔一〕時物文理哲」。夫爲軍帥之體，日暈五色，星流四維，怪獸銜營，野鳥入室，以〔二〕天地文理示其灾祥。但能修政令，設謀慮，恩撫士卒，轉禍爲福，則敵何敢當？此乃「時物文理哲」也。故曰「下有强兵戰勝之術」也。

下章一百三言，皆使人深思靜慮，恩害不生，曉達存亡，公私隱密，開物成務，觀天相時，故曰「下有强兵戰勝之術」也。贊曰：絶利一源，三思反覆；徇物之機，生死在目；樂出安靜，恩生害酷；天地灾祥，時理爲福。

自然之道靜，故天地萬物生。天地之道浸，故陰陽勝。

良曰：天地之道浸微而唯勝者也。

陰陽相推，而變化順矣。

良曰：言陰陽相推激，至於自化，在於目乎！

是故聖人知自然之不可爲，因以制之。

亮曰：深矣，善矣！天人見之爲自然，英雄見之爲制，愚人見之爲化也。

〔一〕「以」，原作「有」，據經文改。

〔二〕「以」，袁淑真本作「此時」。

至靜之道，律曆所不能契。

鳥獸之謂也。

良曰：鳥獸之靜，曆不能機也。

爰有奇器，是生萬象。八卦甲子，萬一決也。神樞詭藏。

六癸，即玄女符也。

陰陽相勝之術，昭昭乎進乎象矣。

此七十言理盡不疏也。

黄帝陰符經集解〔一〕

朝散郎潭州長沙縣主簿袁淑真集解

序

黄帝智窮恍惚，思極窈冥，辯天人合變之機，演陰陽動植之妙。經云：「知之修鍊，謂之聖人。」所言黄帝得之以登雲天，信其明矣。黄帝闡弘道義，務欲救人，或恐後來昧於修習，乃簡集其要三百餘言，洞啓真源，傳示於世。賢人秘隱，實曰仙經。世人相承，俱謂兵法。此經文少而義博，詞近而理深。先儒數賢，并精注解，義終省略，使中士或存或亡。洎乎唐隴西李筌，尤加説釋，亦不立章疏。何以光暢玄文？驪山母云：「陰符三百言，百言

〔一〕此書初次著録見於通志，歷代著録書題不同，卷數也不同。現存最早版本爲正統道藏本，署名朝散郎潭州長沙縣主簿袁淑真。學界認爲袁淑真爲北宋人。本書認爲此文與所謂李筌的疏可能從一個共同的本子演變而來，則袁淑真並非真實作者。本書以正統道藏本爲底本，與李筌疏相校。本書校勘參考了山田俊的研究。

演道，百言演法，百言演術。」又曰：「上有神仙抱一之道，中有富國安人之法，下有强兵戰勝之術。」聖母發明三體，此乃三章顯然。儒流因循，然無分析。今輒叙三章之要義，以爲上中下三卷，各述其本，因義亦有等威，光〔一〕注略舉其綱宗，後疏冀陳其周細。非厠前賢之廣達，聊申後學之寡文耳。

卷上　神仙抱一演道章

經曰：觀天之道，執天之行，盡矣。

淑真曰：但觀天之道而理，執天之道而行，則陰陽動静之宜盡矣。天者，陰陽之精氣也。輕清者上浮爲天〔二〕。陰之精氣，重濁者，下沉爲地。天地相連而不相離，故列子禦寇謂杞國人曰：「天積氣耳，地積塊耳。自地已上，則皆天也。子終日行於天中，奈何憂天崩乎？」故知天地則陰陽之二氣。氣中有子，名曰五行者，陰陽之動用也，萬物

〔一〕「光」，疑作「先」。

〔二〕李筌本此句前文字爲「天者，陰陽之總名也。陽之精氣，輕清上浮爲天」，據此，則袁淑真本有脱文。

從〔一〕而生焉，萬物則五行之子也。故使人觀天地陰陽之道，執天之五氣而行，則興廢可知，生死可察。除此之外，更無可觀執，故言盡矣。

經曰：故天有五賊，見之者昌。五賊在心，施行於天。宇宙在乎手，萬化生乎身。

淑真曰：天生五行，謂之五賊。使人用心觀執，奉天而行，則宇宙在乎掌中，萬物生乎身上。五賊者，五行之氣也，則金木水火土焉。呂望注云：「聖人謂之五賊，天下謂之五德。人食五味而死，無有怨而棄之者。」此五賊之義也。袁氏曰：所言賊者，害也。逆之不順，則與人爲害，故曰賊也。此言陰陽之中包含五氣，故云「天有五賊」。此者在天爲五星，在地爲五嶽，在位爲五方，在物爲五色，在聲爲五音，在食爲五味，在人爲五臟，在道爲五德。不善用之，則爲賊也。賊者，五行更相制伏，遞爲生煞，晝夜不停，亦能盜竊人之生死，萬物成敗，故言賊也。人但能明五行制伏之道，審陰陽興廢之源，則而行之，爲見也。如此實〔二〕五藏，善能用之，則爲福德而昌盛也。又人能知五賊

〔一〕「從」，原作「纔」，據李筌本改。
〔二〕「實」，疑有誤，李筌本作「審」。

者，何也？在其心，故言「五賊在心」。心既知之，使人用心〔一〕觀執五氣而行，睹逆順而不差，合天機而不失，則宇宙在乎手中，萬物生乎身上。如此則吉無不利，與道同遊，豈不爲昌乎？在履官之道，執仁義禮智信，則富貴榮盛，豈不昌乎？故曰「見之者昌」也〔二〕。但能依五行相生而用之，則爲道德，合於陽也。相剋之道，用之則爲賊害，合於陰也。故三界天師〔三〕皆用理世，所立經教，祇言修善而稱道德，不令修惡而稱賊害也。故知善修道德者仙也，是陽之主也。陰惡賊害者，魔也，是陰之精。除此之外，虚廣其談也。故宣尼云：「詩三百，一言以蔽之，曰思無邪。」易曰：「出其言善，則千里之外應。言不善則違。」此其至道也，何必廣談修習者歟？合道之體，不在此間。能知天地陰陽成敗之原者，皆在此陰符首章而盡理矣。世人見文少而言近，不閑理要而義深，亦何啻三教經書廣博所陳也？故驪山母云：「觀其精理，黄庭八景不足以爲學；察其至要，經傳子史不足以爲文；任其巧智，孫、吴、韓、白不足以爲奇。」此

〔一〕「心」，原作「以」，據李筌本改。
〔二〕李筌本此句前有一段話，云「在軍旅之道，明五行逆順，則戰取必勝，豈不爲昌乎」，疑袁淑真本有脱文。
〔三〕「三界天師」，李筌本作「三教大師」。

其義也。

經曰：天性，人也。人心，機也。立天之道，以定人也。

淑真曰：言以立天定人，在乎五賊。夫人心主魂之官，身是神之府也。將欲施行五賊者，莫尚乎心，故心能之。事有所[一]圖，必合天道。此則宇宙雖廣，觀覽祇在手中；萬物雖多，生殺不出於術内。則明天地不足貴以遠厚，而況耳目之前乎？故曰：心正可以辟邪。

經曰：天發殺機，龍蛇起陸。人發殺機，天地反覆。天人合發，萬變定機。

淑真曰：天發殺機，公道也。人發殺機，私情也。龍蛇感公道而震起，私情紊天地而反覆。俱合於公道，則千變[二]萬化，無不定矣。天含五氣，遞爲生殺，自然有之。天道生殺，皆合其機，宜不妄動。陰陽變化，時代遷謝，去故就新，此天發殺機，皆至公也。乘天威殺之機，或龍或蛇，沉隱之類，皆能震起於陵陸。順天應時，暢達於其間，爲乘天之機，不失其宜也。「人發殺機，天地反覆」者，人是五行之子，須順五氣之生

〔一〕「所」，該字下原有一「此」字，衍。此句與李筌本有出入，可參校天機經。

〔二〕「變」，原無，據李筌本補。

殺，任陰陽之陶運，何得擅自興其生殺乎？至如世間之法，殺人者死，殺生者罪，何也？爲非天之合殺彼人，奈何敢殺之乎？言人不合妄動殺機也。至若姦臣逆節，違背天道，反叛君親，恣行凶惡，損害於世，擅行屠戮，妄動殺機者，有何？翻天作地，覆地作天，如此之大亂，爲逆天之大禍，是名「天地反覆」。此則人怨神怒，天將誅之，人共殺之，有失天地之聖君〔一〕。若天人俱合其殺機，則是名「天人合發，萬變定機」也。伐叛討逆，順天行誅，皆合天殺〔二〕之機宜，恆至公之正道，則萬物咸伏，無敢妄動，是名「定機」。君臣之道，貴其公正。若能動用合其天機，應用同其天道，此即天人合發奚爲由〔三〕。此則人安其心，物安其體，五行安其位，嶽瀆安其靈，上施道德，下符禮義，灾害不生，禍亂不作，天人靜嘿，名曰天機〔四〕。

經曰：性有巧拙，可以伏藏。

淑真曰：人之巧拙，不可顯露。愼言擇善，無使患生也。人懷性智巧拙，賢愚悉共有

〔一〕「有失天地之聖君」，李筌本無此句，疑爲衍文。

〔二〕「殺」，原無，據李筌本補。

〔三〕「此即天人合發奚爲由」，李筌本無此句，疑爲衍文。

〔四〕「天機」，李筌本作「定基」。

之，但少而言也。至如凡情之人，有少巧智辯慧，便馳騁顯露，不料得失，反招其咎者，何也？爲不隱密，不誡慎，以致於傾敗耳。德經曰：「大辯若訥，大巧若拙。」言隱密也。周易曰：「君不密則失臣，臣不密則失身，機事不密則害成。」由斯之謂也〔一〕。伏藏者，賢人君子，縱有巧智辯慧之性，博學多聞之才，動静合於機宜，可不爲巧乎？常能伏藏隱密，巨細用之，恐被嫉妒讒毁，反招其咎。况愚拙之人，自率於心，造次興動，不自藏隱，立招患咎。賢人養道育德，巧拙之性，俱隱於身，然後内觀正性，外鄙邪婬，善即行之，不善損之，修身鍊行，而成聖人。外人安能知我巧拙之性乎？皆謂我天然賢聖，不知修鍊而致之，故曰「可以伏藏」也。

經曰：九竅之邪，在乎三要，可以動静。

淑真曰：言人九竅俱邪〔二〕，皆能生患，在於要者〔三〕，耳目口也。今〔四〕誡慎，無令禍生。莊生云：「人有百骸，九竅六腑，體而存焉。」人禀五氣而成，頭圓足方，四肢五臟，

〔一〕「由斯之謂也」，李筌本作「此之謂也」。
〔二〕「邪」，原無，據李筌本補。
〔三〕「者」，原無，據李筌本補。
〔四〕「今」，疑作「令」。

三魂七魄，遞生邪正，互爲君臣。在身通流運動者，九竅也。邪正禍福之急者，在三要焉，即眼耳口也。道經曰「五色令人目盲，五音令人耳聾，五味令人口爽」是也。道德之士，眼不視邪色，耳不聽邪聲，口不談邪事，所有〔一〕正事則視聽言談之，此名「動」也；涉其邪妄〔二〕，悉不將心視聽言説，此名「靜」也。宣尼云：「擇其善者而從之」，此名「動」也；「擇不善者而改之」，此名「靜」也。孝經云「言滿天下無口過，行滿天下無怨惡」者，所緣身心正而無邪惡以致此也。但遇善則動，逢邪則靜，此則身無禍患，皆在眼耳口固慎。故云「在乎三要，可以動靜」也。

經曰：火生於木，禍發必剋。姦生於國，時動必潰。知之修鍊，謂之聖人。

淑真曰：姦、火喻人之性，木、國喻人之身。使人理國安身，令姦火不發，然後修身鍊行，而成聖人也。此一科聖意興其喻也。爲上文九邪三要，動靜之宜，切令誡慎，恐未能窮理盡性，故興此火木姦國爲喻，令殷勤修鍊，以成聖人。言木有火者，喻人身中有邪惡之性、五毒之火也。呂望注云「廣成子以爲積火焚五毒」，故知火者猛烈之氣，書

〔一〕「有」，李筌本作「以」。
〔二〕「妄」，原作「忘」，據李筌本改。

云「火炎崑崗，玉石俱焚」矣。木中有火，慎勿鑽研，火發則木焚矣。身中邪毒，慎勿縱，恣之則萬善俱滅，其身潰矣。「姦生於國，時動必潰」者，凡有此國，其中别有姦人賊臣包禍以思國也篡奪苟謀富貴〔一〕。如此之類不一，皆潛藏於國中，君不可知之。但君懷道德，臣效忠良，時和俗阜，天下寧泰，姦人縱有心，無由妄敢興動。皆候其時，合動始動。安得君道失，臣道喪，兵水旱蝗，征斂苛刻，人心變易，思亂怨上？當此之代，萬物皆有亂心，何况懷姦之人奈何不動乎？又姦者不一，乘〔二〕此隳敗之時，諸姦競發，其國安得不潰乎？此喻上之九邪三要巧拙動靜也。言人有道德定慧隱在身心之中，諸邪婬穢僻亦不能興動矣。若邪婬競發，則身潰矣。故以姦火藏於木國，喻邪正伏隱於身心。此喻賢智之士通詳其文，曉達明悟，精念至道，去惡存善，是「名知之修鍊，謂之聖人」。故曰「上有神仙抱一之道」。

又諸葛孔明云：「聖人藏之於心，陶甄天地，黄帝是也。」「賢人學得其法」，淑真曰：「爲五行之善政，不違天時，不逆地理，不傷時，不害物，富國安人，身爲賢明，乃得其

〔一〕此段文字李筌本寫作「姦臣賊子，包藏害心，思圖篡奪，苟謀富貴」。袁淑真文字有訛奪。

〔二〕「乘」，原作「來」，據李筌本改。

法。道德之君，堯舜是也。」「智人學之得其術」，淑真曰：「用天之道，分地之利，謹身節用，以養父母。仁義禮智信，忠孝君親，貞廉不失，保其禄位。是得其術，賢臣夔龍等是也。」「小人學之得其殃」，淑真曰：「爲將天道五行之氣，不思習善之用。以巧智辯慧之性，專事三反晝夜。煩兵黷武，陰謀屠害，苟求奢榮，傾奪於在世。雖暫得富貴，不思禍患將至，反招亡敗，延及後世，是得其殃。禄山、思明，古今篡逆悖亂之臣等是也。」聖母又言：「此文深奥，若巨海之朝百谷也。」

此神仙抱一演道章上，一百五言，皆使人明陰陽之道，察興廢之理，動用各得其宜，然後修身錬行，以成聖人矣。

卷中　富國安人演法章

經曰：天地，萬物之盜。

淑真曰：天覆地載，萬物潛生。沖氣暗滋，故曰盜也。天地者，陰陽也。「陰陽」二字，洎其五行，共成其七。此外更改於物，則何惑之甚矣！言天地萬物，胎卵濕化，百穀草木，悉承此七氣而生長。從無形而能生有形，潛自滋育，以成其體，如行竊盜，不覺不知。天地亦潛與其氣，應用無窮，皆私納其覆育，各獲其安。故云「天地，萬物之盜」也。

經曰：萬物，人之盜。

淑真曰：萬物盜天而生長，人盜萬物以資身，若知分合宜，亦自然之理也。人與禽獸草木，俱稟陰陽而生。爲人之最靈，位處中宮，心懷智度，能反照正性，窮達本始，明會陰陽五行之氣，則而用之，今周易六十四卦、六十甲子等是也。故上文云「見之者昌」也。人於此七氣之中，所有生成之物，悉能潛取，資養其身，故言曰「盜」，則田蠶之類是也。列子曰，齊國氏大富云：「吾善爲盜也。天有時，地有利。天地之時利，盜雨澤之滂潤。陸盜禽獸，水盜魚鱉。吾始爲盜，一年而給〔一〕，二年而足，三年大穰，自此已後，施及州閭。吾盜天地而無殃咎，汝盜人之金帛，奈何無事〔二〕辜乎？」萬物盜天地而生長，國氏〔三〕盜萬物以資身。但知分合宜，亦自然之理。此「萬物人盜」之義也。

經曰：人，萬物之盜。三盜既宜，三才既安。

〔一〕「給」，原作「急」，據李筌本改。
〔二〕「事」，李筌本無此字。
〔三〕「氏」，原作「民」。

淑真曰：既，盡也。三盜盡合〔一〕其宜，則三才盡安其位〔二〕矣。言人但能盜萬物資身，以充榮富，不知萬物反能盜人，以生禍患。言上來三義，更相爲盜者，亦自然之理者。凡此相盜，其中皆須有道，愜其宜則吉，乖其理則凶。故列子〔三〕云：「盜亦有道乎？曰：何適其無道也！見室中藏，聖也。知可否，智也。入先，勇也。出後，義也。分均，仁也。無此五德而成大盜者，未之有也。」此乃盜中之道。嚮於三盜之中，皆須有道，令盡合其宜，則三才不差，盡安其位矣。皆不令越分傷性，以生禍患也。

經曰：食其時，百骸理。動其機，萬化安。

淑真曰：言人飲食不失其時，則身無患咎；興動合其機宜，則萬化安矣。言人理性命者，皆謂〔四〕飲食滋味也。故左氏傳曰：「味以通氣，氣以通志。」滋形潤神，必歸飲食也。黄帝曰，人之服食，必先五味五肉，五菜五果，皆須調候得所，量體而進。熟則益人，生則傷臟。此食時之義也。故使人飲食不失其時，滋味不越其宜，適其中道，不令

〔一〕「合」，原作「食」，據李筌本改。

〔二〕「位」，李筌本作「任」。袁本下文亦云「三才盡安其任」。

〔三〕以下文字應出於莊子。

〔四〕「謂」，李筌本作「須」。

乖分傷性，則四肢調暢，五臟安和，不生疾患，長壽保終，豈不爲百骸理乎？故亢倉子云：「冬飽則身温，夏飽則身涼，時適則人無疾。人無疾，則疫癘不行。疫癘不行，則人得終天年。故曰：穀者，人之天〔一〕也。天是以興王務農。王不務農，是棄人也，將何有國哉？」但三盜盡合其宜，三才盡安其任，此皆合自然之理。然後須合明君賢臣，調御於世，乘此既宜盡安之時，當須法令平正，用賢使能，澤及昆蟲，化被草木。舉動皆合天道之機宜，則陰陽順時，寰宇寧泰，使萬化之類獲其安寧。此則動其機而萬化安。

經曰：人知其神而神，不知不神所以神。

淑真曰：陰陽生成萬物，人謂之神，不知有至道，靜嘿而不神，能生陰陽萬物之至神矣。神者，妙而不測者也。易曰：「陰陽不測之謂神。」人但見萬物從陰陽日月生，謂之神，殊不知陰陽日月從不神而生焉。不神者何也？至道也。言至道虛靜，寂嘿而不神。此不神之中，能生日月陰陽，三才萬物。敷榮而獲暢〔二〕，皆從此至道虛靜中

〔一〕「天」，原作「命」，據李筌本改。

〔二〕「敷榮而獲暢」，李筌本作「種種滋榮，而獲安暢」。

來。此乃不神爲至神矣。故道經曰：「窈窈冥冥，其中有精。恍恍惚惚，其中有物。」此乃至道不神之中而有至神之理明矣。欲令修鍊之士，明悟無爲不神之理，反照正性，修無爲之業，存思守一，反樸還真，歸無爲之道，玄之又玄，方證寂嘿而不神，然後能而不爲，是名不神而已也。故老子云：「道常無爲而無不爲。」此則不神而能至神矣。

經曰：日月有數，大小有定，聖功生焉，神明出焉。

淑真曰：日月運轉，不差度數，大小有定，方顯聖功之力生焉，神明之效出焉。日月者，陰陽之精氣也，六合之内爲至尊者也。日月度數大小，律曆之所辯，咸有定分，運轉不差。故云「日月有數，大小有定」。「聖功生焉，神明出焉〔一〕」者，言六合之内，賴此日月照燭，陰陽運行而生萬物，有動植，功力深妙至聖。故曰「聖功生焉」。「神明出焉」者，陰陽不測之謂神，日月晶朗之謂明，言陰陽至神，日月至明，故曰「神明」。言天地萬物，皆承聖功神明而生育，從無出有，功用顯著。故曰「神明出焉」。又言世間萬

〔一〕「神明出焉」，李筌本無。

物，皆禀此聖力〔一〕而生，大小有定，分不相逾，則小不愛大，大不輕小。故莊周云，鵬鷃各自逍遥，不相健羡。此大小有定之義也。又言，上至王侯，下及黎庶，各依定分，不相傾奪。上下和睦，歲〔二〕稔時和，名曰太平。故云「中有富國安人之法」也。

經曰：其盜機也，天下莫不見，莫能知。君子得之固躬，小人得之輕命。

淑真曰：盜機深妙，易見而難知。君子知積善之機，乃固躬。小人務榮辱之機，而輕命。盜機者，重舉上文三盜之義也。假如國氏盜天而獲富，人皆見〔三〕種植之機，不知所獲之深理。何名爲盜〔四〕機？緣己之先無，知彼之先有，暗設計謀，而動其機數，不知不覺，竊盜將來，以潤其己，名曰「盜機」。言天下之人咸共見此盜機，而莫能知其深理。設有知者，在小人君子所見不同，君子則知固躬之機，小人則知輕命之機。固躬之機若何？君子知至道之中包含萬善，所求必致，如響應聲，但設其善計，暗嘿修行，動其習善之機，與道契合，乃至守一存思，精以修習，竊其深妙，以謹其性，或盜神水華

〔一〕「力」，李筌本作「功」。
〔二〕「歲」，原作「俗」，據李筌本改。
〔三〕「見」，原作「是」，據李筌本改。
〔四〕「盜」，原無，據李筌本補。

池，玉英金液，以致神仙。賢人君子知此妙道之機，修鍊以成聖人。故曰「君子得之固躬」。小人輕命之機者，但務營求金帛，不憚劬勞，或修習才學武略，不辭勞苦，飾情巧智，以求世上浮榮之機，或奢華寵辱，或軍旅傾危，或貪婪損己，或在財色禍生〔一〕。雖暫得浮榮，終不免於患咎。爲不知其妙道之機，以致於此。故曰「小人得之以輕命」也。

此富國安人演法章，九十二言，皆使人取捨合其機宜，明察至神之理。此其安化養命，固躬之機也。故曰「中有富國安人之法」。

卷下　强兵戰勝演術章

經曰：瞽者善聽，聾者善視。絶利一源，用師十倍。三反晝夜，用師萬倍。

淑真曰：絶利者，塞耳則視明，閉目則聽審，務使身心不亂，主事精專也。言人眼貪視邪色，則耳〔二〕不聞正聲；耳貪聽邪聲，則目不睹正色。此視聽二途，俱主於心也。道

〔一〕「或在財色禍生」，李筌本作「或耽財好色」。
〔二〕「耳」，原無，據李筌本補。

德之士，心無邪妄，雖耳目聞見萬種聲色，其心正定，都無愛悦貪著之心，與無耳目不殊，何必在於聾瞽者也？但心納正，則耳目無邪；耳目無邪，則身心不亂；身心不亂，則思慮白；思慮白，則舉事發機，皆合天道，比凡情十倍利益。事皆成遂，何必獨用師也？他皆仿此。「三反晝夜，用師萬倍」者，言上之身正定〔一〕，耳目聰明，舉事發機，比常情十倍，就中更能三思反覆，日夜精專，舉事發機，比常情萬倍，何必獨用師也？宣尼云：「三思而後行，再斯而可矣。」使人用心必須精審，此義也。言師者，兵也。兵者，凶器。戰者，危事。處戰爭之地，危亡之際，必須三反精思，深謀遠慮。若寡於謀慮，輕爲進退，立見敗亡。所以將此耳目精思，别以爲師喻，切令〔二〕修鍊，保固其身，非真用師也。且道德之士，嫉惡如仇。敵者賊也〔三〕。賢人知此耳目絶利之源，三反精思之義，深沉審細，理正居貞，誅鋤邪佞〔四〕之賊，自固其躬，久久成道也，則黄帝滅蚩尤是也。至如古今名將孫、吴、韓、白、武侯諸葛、衛公李靖，皆善用師，悉能三

〔一〕「言上之身正定」，李筌本作「上云身心正定」。
〔二〕「令」，原作「今」，據李筌本改。
〔三〕「敵者賊也」，李筌本無。
〔四〕「佞」，原作「妄」，據李筌本改。

反晝夜，成功立事，是以致君堯舜之階，成身於榮華之地。然後謂强兵戰勝之術以爲輕命之機必也。黄帝得之以登雲天，傅説以處玄枵之望矣。故上文云「君子得之固躬，小人得之輕命」是也。

經曰：心生於物，死於物，機在目。

淑真曰：心貪於物者損壽，目睹無厭則意荒。但能誡目收心，則無禍敗之患也。是道德之士，心不妄生，機不妄動，輒加於物情。而耽徇之人，取萬物資身養命者，亦天然之理。但不令越分乖宜，反傷其性也。故亢倉子云「萬人操弓，共射一招，招無不中。招，垛也；亦云：招，箭人也。萬物彰彰，以害一生，生無不傷」〔一〕者，性命也〔二〕。今代之惑者，多以性養物，則不知休息也。此言心生貪婪於物，則反爲物所盜，使人禍敗也。故家語云：「嗜欲無厭，貪求不止〔三〕者，刑〔四〕其煞之。」老子云：「知足不辱，知止不殆，可

〔一〕此句，傳本亢倉子無，僅見於吕氏春秋本生篇。又「招，垛也；亦云：招，箭人也」一句，原爲大字，據文意改作小字。

〔二〕「性命也」，李筌本作「以養性命也」。

〔三〕「止」，原作「至」，據李筌本改。

〔四〕「刑」，原作「形」，據李筌本改。

以長久。」所貴知足，適其中道。不得將心〔一〕耽養於物，反傷正性，必害於人。此乃心生於物也。「機在目」者，言人動生妄心於物者，皆由目睹而心生，故云「機在目」。欲令誡慎其目，勿令妄視邪婬之色，使心於物不生妄動之機，不撓平和之性，以保壽固躬也。

經曰：天之無恩，而大恩生。

淑真曰：天地生而不有，爲而不恃，生長萬物，不求恩報。而萬物感其覆育，自有恩生也。天地萬物，自然有之。此皆至道之所含育，不求恩報於萬物。萬物承天之覆育，自懷恩於天地也。故老子云：「生而不有，爲而不恃，長而不宰也。」

經曰：迅雷烈風，莫不蠢然。

淑真曰：迅雷烈風，陰陽動用，人自懷懼，蠢然而驚也。迅雷者，陰陽擊搏之聲。烈風者，莊生云：「大塊噫氣，其名爲風也。」凡此風雷，陰陽自有，本不威人，人自畏之，莫不蠢然而動，懷驚懼也。言道德之君，撫育萬靈，同天地之不仁，則人民禽獸草木，皆自歸恩於君，感戴如天，各守其分，各安其業，無不逍遥也。明君但施其正令，以示國章。兆

〔一〕「心」，原作「以」，據李筌本改。

人睹其威令，如迅雷烈風，莫不蠢然而動，咸生〔一〕恐懼之心，各自警誡，修身慎行也。以此理軍，則將勇兵强，上威下懼，必能誅暴定亂。故云「下有强兵戰勝之術」也。

經曰：至樂性餘，至靜則廉。

淑真曰：志尚廉靜，心無憂懼。情懷悦樂，而逍遥有餘也。至樂者，非絲竹歡娱之樂也。若以此樂，性必無餘。故家語云：「至樂無聲，而天下之人〔二〕安。」三略云：「有道之君，以樂樂人。」此言賢人君子，以不顧〔三〕於物，不徇於財貨，則理國安家，無婬刑濫〔四〕罰，不越國章，身無過犯，無所憂懼，自然心懷悦逸，情性怡懌，逍遥有餘。豈將絲竹歡宴之樂而方作〔五〕乎？至如古人鼓琴拾穗，行歌待終。故曰「至樂性餘」也。「至靜則廉」者，既不爲小人絲竹奢婬之樂，自保其無憂無事之歡，如此則不爲聲色所

〔一〕「生」，原無，據李筌本補。
〔二〕「人」，原無，據李筌本補。
〔三〕「顧」，李筌本作「欺」。
〔四〕「濫」，原無，據李筌本補。
〔五〕「作」，李筌本作「比」。

撓，而性靜情〔一〕逸，神貞志〔二〕廉也。故亢倉子云：「貴則語通，富則身通，窮則意通，靜則神通。」此四通之體，義存乎至靜者也。人能至靜，可致神通，是名「至靜則廉」也。夫將師〔三〕之體，貴其廉靜，杜其喧撓，賞罰不差。父子爲軍，心懷悦樂，性多餘勇，然可摧凶剋敵，功業必成。故曰「下有强兵戰勝之術」也。

經曰：天之至私，用之至公。

淑真曰：天道是出〔四〕隱，不可窺測，至私也。萬物生成，聖功顯著，至公也。天者，至道也。言道包含萬類，幽深恍惚，無有形段，不可窺測，是名至私。私者，隱匿之義也。公者，明白顯用，能於杳冥之中，應用無窮，生成萬物，各具形體，隨用立名，乃至公也。此言道德之君，心慮廣博，包總〔五〕萬機，智謀巧拙，進退可否，衆可觀睹之義也。悉私隱於深心，人不可得而窺之，是至私也；乃至動用，觀善惡，察是非，施政令，行賞

〔一〕「情」，原無，據李筌本補。
〔二〕「志」，原作「至」，據李筌本改。
〔三〕「師」，李筌本作「帥」。
〔四〕「出」，疑作「幽」。
〔五〕「總」，原作「物」，據李筌本改。

罰，顯然明白，爲天下之可觀，乃至公也。故曰「天之至私，用之至公」也。爲軍將之體，能用心隱密，機必難窺，取捨如神，威恩顯著〔一〕，上清下正。明將勇兵强，剋敵摧凶，功業茂盛。故云「下有强兵戰勝之術」也。

經曰：禽之制在氣。

淑真曰：鵬摶九萬，積氣而升。鵰鳩槍榆，決起而下。皆制氣進退自由也。禽者，羽化百鳥之類也。氣者，天地元和之氣也。人之運動，皆以手足進退爲利。禽鳥運動，皆以翅鼓氣，以心進退，翱翔雲霄，人不如也。言鳥在空中，尚能乘制元和之氣，心動翅鼓，無所不之，上下由己。況人〔二〕最靈，不能善用天地道德之氣，固躬養命，以至長生久視乎？若人善能制道德之氣，則遨遊太虛，大羅兜率，禽鳥不足方也。爲軍師〔三〕之體，善用五行休王之氣，能知陰陽制伏之源，則摧凶剋敵，不足爲難。故云「下有强兵戰勝之術」也。

〔一〕「著」，原無，據李筌本補。
〔二〕「人」，該字下原有一「言」字，據李筌本删。
〔三〕「師」，李筌本作「帥」。

經曰：生者，死之根。死者，生之根。

淑真曰：愚人徇物以貪生，爲〔一〕生之理者，促壽也。賢人損己以求生，道德真妙者，固躬而不亡。此言人之在世，貪生而惡死，皆自厚養其身，恐致滅亡也。鞠育身命，必須飲食衣服，此亦天然自合之理。故莊周云：耕而食，織而衣，其德不離；織而衣，耕而食，是謂同德。故知人生資衣食之育養也。然在儉約；處中則吉，若縱恣奢溢，過分則凶，而反害其生也。至若上古之人，巢居穴處，情性質朴，亦不知有長生短壽之理，任自然之道，而年壽長永。及後代真源道喪，浮薄將興，廣設華宇，衣服紈彩，滋味膳肴，越分怡養，恐身之不康。殊不知，養生太過，役心損慮，爲促壽之根。故曰「生者死之根」也。「死者生之根」，至如道德之士，損己忘軀，不貪財，不徇物，以求長生之術。或則餐霞服氣，辟穀休糧，心若死灰，形同槁木，世人觀之，死之象也，殊不知此長生之根耳。故曰「死者生之根」也。夫將師〔二〕之體，能知幸生而必死，畢命而反生者，則全軍保衆，爲良將焉。故兵術曰致兵於死地而反生。此强兵戰勝之術也。

〔一〕「爲」，李筌本作「違」。

〔二〕「師」，李筌本作「帥」。

經曰：恩生於害，害生於恩。

淑真曰：君子免害而感恩，恩生於害也。小人辜恩而起害，害生於恩耳。此言人心嚮背，恩害互生。本來無害，元亦無恩，因救害而有恩，即恩生於害也。至如賢人君子，小〔一〕有危滯，得人濟拔，懷恩感德，終身不忘，是恩生於害也。至如小人，承君上恩顧，身居榮禄，不能保守恩德，誡慎始終，一朝恃寵失權，身陷刑網，不知己過，反生怨害之心。此辜恩而起害，故曰「害生於恩」也。道德之士，感天地覆育之恩，不辜至道生成之德，修行善政，反樸還源，則無害可生於恩，恩〔二〕亦無由生於〔三〕害，不將恩害撓性，守靜嘿以生真利。至如恩害相生，寵辱更致者，小人之見也。爲將師〔四〕之體，不負皇恩，不憍榮寵，愼終如始，保守恩光，竭力盡忠，成功立事，恩亦無由生於〔五〕害，害亦無由而起於恩，以道德臨戎，有征無戰。故云「下有强兵戰勝之術」也。

〔一〕「小」，該字下原有一「人」字，據李筌本刪。
〔二〕「恩」，原無，據李筌本補。
〔三〕「於」，原無，據李筌本補。
〔四〕「師」，李筌本作「帥」。
〔五〕「於」，原無，據李筌本補。

經曰：愚人以天地文理，聖我以時物文理哲〔一〕。

淑真曰：愚人見星流日暈，風雹雷霆，水旱災蝗，而生憂懼，不知有〔二〕道德政教淳和，安撫黎民，轉禍爲福。以此時物文理，惟聖我知之矣。「天地文理」者，天地懸日月以照善惡，垂列宿以示吉凶，皆道體自然之理也。言愚人仰視三光，觀天文之變異，睹雷霆之震怒，或寒暑不節，水旱災蝗，恐之反身〔三〕，悉懷憂懼也。愚人以此時物文理〔四〕。「時物文理」者，但君懷廉靜，臣效忠貞，獹鵲不喧，邊烽無燧，兆人安樂，寰宇清平，縱天地災祥，無能爲也。「聖我以爲時物文理」者，故家語云：「殷太戊之時，道缺法邪，以致之亡孽〔五〕，桑穀忽生於朝，七日大拱。占者曰：『桑穀合生於郊，今生於朝，恐朝亡矣。』太戊恐懼，側身修德，思先王之政，布養人之道。三年之後，遠方慕義，重譯而至十有六國。」則桑穀無能爲災。夫子曰：「存亡禍福，皆由人興。天災地妖，不能加也。」則

〔一〕「哲」，據注文，該字衍。
〔二〕「不知有」，李筌本作「殊不知君臣」。
〔三〕「恐之反身」，李筌本作「恐禍及身」。
〔四〕「愚人以此時物文理」，李筌本作「愚人以此爲天地文理聖也」。
〔五〕「以致之亡孽」，疑作「以致夭孽」。參見廖名春、鄒新明校點本孔子家語。

灾妖不勝善政，怪夢不勝善行也。又，堯遭洪水，湯遭大旱，皆積有歲年，兆庶和平，人無饑者。何也？爲君臣有道，政理均和，主信臣忠，百姓戴上，雖旱水不能爲灾也。水旱者，時物也。若明時物之理者，皆能轉禍爲福，易死爲生。故曰「聖我以時物文理」。夫爲軍體〔一〕，日暈五色，星流四維，怪獸衝營，野鳥入室，此時〔二〕天地文理示其灾祥。但能修政令，設謀慮，恩撫士卒，轉禍爲福，則敵何敢當？此乃時物文理也。故曰「下有强兵戰勝之術」。

章下一百三言，皆使人深思〔三〕静慮，恩害不生，曉達存亡，公私隱密，開物成務，觀天相時，故云「下有强兵戰勝之術」也。

經曰：自然之道静，故天地萬物生。天地之道浸，故陰陽勝。陰陽相推，而變化順矣。至静之道，律曆所不能契。爰有奇器，是生萬象。八卦甲子，神機鬼藏。陰陽相勝之術，昭昭乎進乎象矣。

〔一〕「夫爲軍體」，李筌本作「夫爲軍帥之體」。
〔二〕「此時」，李筌本作「以」。
〔三〕「思」，原作「恩」，據李筌本改。

黄帝陰符經注解〔一〕

綏德軍道民任照一注

序

道之所貴者書也，書之所貴者言也，言之所貴者意也。故大道無言，非立言無以明乎理；大象無形，非立象無以測乎奥。象之妙非言不宣，言之妙非學不傳。混元皇帝有言：吾學而得之，非得於自然也。意者未有不因學而能鑒道者也。蓋一真之妙，道體顯然。其不知者天地相遠，知之者豈離目前？蓋上真慈憫，垂元法於世中，撈攏群生。立教之言，言盡詮而理隱乎意也。黄帝陰符書三百餘言，直指人心，使諦觀天道與人道，有陰符契機之理。故言「觀天之道，執天之行，盡矣」。臣愚嘗覽後人注解，往往穿鑿，不究經旨，首尾

〔一〕此書見於通志著録，當於北宋問世。作者任照一，生平無考。本書文字取自正統道藏，參校明代合刻三十家陰符經注釋許之吉訂本。

言意，但分門臆説汗漫，使學者無所適從。臣愚不揆，謾有解釋。非敢僭符聖教，以光己説。蓋得至人一言，方敢注釋，以補萬分之一，待將來者矣。

黄帝陰符經注解

陰者，暗也。符者，合也。故天道顯而彰乎大理，人道通乎妙而不知。是以黄帝修陰符經，以明天道與人道。有暗合大理之妙，故謂之陰符焉。

觀天之道，執天之行，盡矣。

天運乎上，地處乎下，聖人位乎天地之中。而達爲三才者，有相通之用。緣有相通之用，故陰符經首言：「觀天之道，執天之行，盡矣。」觀則望而可見，執則取而可行。蓋陰符經三百餘言，首尾盡明天道始終動静之理，使學者執而行之，方盡進道之妙。故天道不觀則不見，人道不察則不知。是以人道與天道同根一炁，有陰符暗合修行之理，要在尋文而知乎根本。探微取妙，搜正遺邪，托日月而成功，即爲神人，由乎通微入妙之致也。微則與道爲一，妙則與神同體。莊子云：「其一與天爲徒，其不一與人爲徒。」即知天法與我法不異，我道與天道何殊？不可不察也。

天有五賊，見之者昌。五賊在心，施行乎天。宇宙在乎手，萬化生乎身。

天道本無賊人之心，以人心自不覺知。五行有逆順相返之炁，猶乎賊之盜也。要在學人繫心，五賊返爲我用。故天生天殺，造化萬物，莫不因五行爲用也。五行者，是陰陽之炁，散而爲五星，五星之炁散而爲五行，五行之炁散而爲萬物，萬物之炁聚而爲五味，五味之炁化而爲真一，真一散而五芽生，五芽生而五根成，五根成而五行具，五行具而五臟全。是以人有五臟，同天地之包五行。故天以五行之炁内人腹中五臟，日日有損，月月添衰。況性命四時推遷，身形寒暑銷爍，一臟有損，即有病生，五臟併枯，性命何在？以此察之，緣五星在天，或順或逆，賊殺人物，能見之者昌也。善見者，人因五行、五穀、五味而生，因五行、五穀、五味而死，即知五穀之炁是天之沖炁，地之土液。吾能食之以時，返盜物精，順其造化，上補泥丸，下填骨髓。世人若解返元，合於性命，即無五行相剋之虞，自然五臟不朽。雖使五賊施行乎天，吾以得之於心，藏之於用，返爲我有，則宇宙雖大，莫不在吾掌握；萬化雖廣，莫不在吾道身矣。

天性，人也。人心，機也。立天之道，以定人也。

盡人則同乎天，體天則同乎道。道與之生，一而不雜。人生而厚者，性也。復其性者，處其厚而已。即知天有性，性通人也；人有心，機同天也。是以人抱厥靈，本與天道心性相合。機務相符，根於一而已，由此立天之道，以定人也。且道通一體，性混一真，爲天地本，亦爲三才之元。天得一以清，地得一以寧，人得一以靈，即知天性同人，而人性同天也。機出一心，即知人心機天，而天心機人也。心性既同，則動合天機。心合天機，即知天藏機於混沌之内，即知混沌中藏天機也。天機者，天心也。混沌中玄機者，人心也。以心師心，能契道者，天機與我心同，而我性與天機合也。故天道人道，同根一源，是天人不相勝也。經云「立天之道，以定人也」，是已。

天發殺機，龍蛇起陸。人發殺機，天地返覆。天人合發，萬變定基。

天道純陽，以陰爲殺機。人道處陰陽之中，以陽爲殺機。故春生秋殺，是乾坤播大道之風，陽炁復而萬物漸生，陰炁騰而萬物漸壯。龍蛇是陰中有性之物，乘五月姤卦一陰始生之炁，隨而奔騰出陸者，是天道顯肅殺之機，自此而始也。人道求生，純陽即仙，純陰即鬼。善攝生者，能盜天機，乘十一月復卦一陽始生之炁，以動殺機，磨鍊陰滓，蕩除尸魄。故言天地反覆者，是天道人道用陰用陽有所不同，而用機之理同於一揆也。即知天道發機於返陰之初，以定萬變之基；即知人道發機於返陽之始，以定萬變之基。是天道人道合發，定基之理也。

性有巧拙，可以伏藏。

巧則蕩乎心，拙則昧乎性，是世俗巧拙之用也。故聖人之性，巧不露機，拙不昧性，而無馳騁於非道之務，動合天機，無不伏藏也。故天道即無巧拙之用而能長能久者，因本性不移，常守虚寂，合自然之道。萬物潛而自化，是以天有大美而不言，故無巧拙之用也。蓋自古高真，潛符天道，取合自然。惟聖人所以恃道化，而不任其智巧也，但韜迹隱智以密於外，澄心封情以定於内。道經云：「我愚人之心也，純純兮。」孔子曰：「吾與回言終日，不違，如愚。」純純兮，天機不張，而默與道契，兹謂大智。學者能通大智，與天同德，則道化可恃。而豈有事巧拙之性，能契天理者邪？故聖人抱一以守，不摇其精，即知伏藏之性，合於自然之道也。噫！世人之性，事巧之心，但馳騖於外，而患乎人所不知，患乎人所不見，是以失其性而漏乎神，縱乎心而蕩乎志，是不知伏藏之理者也。經云：「大巧若拙。」是巧得於性，而事拙於守中者矣。

九竅之邪，在乎三要，可以動静。

物誘於外，則心悦於内。聽視口鼻，神明出焉。慎汝内，閉汝外，不以通物爲樂。無得而引之，則樂天而自得。孰弊弊焉以物爲事邪？故九竅受邪，由乎心性之有動静，邪正之有交涉。心不正，則性返爲情，情爲用也。故動謂之心，静謂之性。方其動也，返性爲情，故萬變無常而不能静也。方其静也，返情歸性，故吾心常一而不能動也。是以心性相混，致有邪正交涉也。故學者三要，不可不知：心爲動静之要，情爲亂性之要，性爲樂道之要。知此三要，則不失本性。復其性而處厚也，故喜怒哀樂不能動乎心。或有所動，則發於自然。是不失吾心常一，而物不能引也；可以静則得於守廉，而萬變不能惑也。故學者動静之要，不可不察也。

火生於木，禍發必剋。姦生於國，時動必潰。知之修鍊，謂之聖人。

達士得機，指示後人，中有富國安民之道，取此爲理也。緣人之有心，心火受姦，耗損精炁，譬木中有火，禍發必剋。要在修鍊禁姦，然後能通神矣。故木者物也，陰中有陽，是木中藏火也。及乎陰木就焚，灰燼火滅，其何堪焉？故聖人立法，譬人之有身，包含道體，抑亦生死繫焉。道德經云：「吾有大患，爲吾有身。」故身譬國也，胸腹之爲室也，四肢之列猶郊境也，骨節之分猶百官也，神猶君也，血猶臣也，炁猶民也。所以安其國，各其炁，全其身也。爲國之姦者，九竅爲受邪之門，三蟲爲六欲之鬼，誘惑人心，交涉六情，以此爲身國之姦也。所以謂身譬國也，緣人之身抑亦物之象也，内感真一之炁，資養百骸，得全性命。儻心火不禁，一真耗散，尸魄姦生，天年數盡，是時動必潰之際也。要在禁制心火，修鍊陰滓，防未起之患，治未病之疾，用意於未然之前，使神自恬而心自灰，性自静而情自弭。豈不是知之修鍊，爲富國安民之法者哉？

天生天殺，道之理也。天地，萬物之盜。萬物，人之盜。人，萬物之盜。三盜既宜，三才

既安。

世之人莫不爲萬物所誘，盜乎性命也。要在學人返盜萬物精華，補填耗損，以守常道，則德全而神自恬也。故一炁含靈於混沌，是三才同乎一源也。道散則三才分判，元炁各存。天，陽也。地，陰也。陰返陽則萬物生，陽返陰則萬物死，是「天生天殺，道之理也」。天地施工於萬物，綿綿若存，或聚或散，是物無定體，而道存乎不二也。莊子云：「物無成無毁，復通爲一。」即知天地以陰陽還返之機，爲萬物之盜也。且物中最靈者人也，惟人同天地爲三才，抑亦根乎一炁，與天同德，亦爲萬物之盜也。惟萬物同人而生，以資人之所欲，引盜人之性情，抑亦爲人之盜也。即知人盜萬物以資生，萬物盜人以同死，天地盜萬物以歸根。是「三盜既宜，三才既安」，不失造化本末之妙也。

食其時，百骸理。動其機，萬化安。

學人既知能盜物精以資吾炁，要在食不失時，則用機自合造化。故食者是五穀之精也。所以爲精者，是天之沖炁，地之土液。食其時則資益五臟，散乎百骸，潤澤肌膚，即不失造化之本末也。是以隨日月之炁，復化爲太乙真水，上貫靈源。要在養舌下神水，流入肺，化爲唾，唾色白象金，心火來剋；流入心，化爲血，血色赤象火，腎水來剋；流入腎，化爲精，精者水也，脾土來剋。返上泥丸，其色黄，謂之黄芽。復流入鼎，烹之爲白雪，鍊之爲青金；復貫入心，洗滌心血；復流於炁海散化，補填骨髓。即知水盛則土多，土多則血强，血强則精溢，精溢則腦滿。是還精補腦之理，要在食其時矣。

人知其神而神，不知不神之所以神。

至幽而無形者，神也。合自然之體者，性也。應機接物者，情也。故神性本乎一體，情性分爲二用。獨知情之爲用者，往往事神在彼，而不知我能神而神也。知性通至幽而無形者，知神用在我，而不以彼神爲仰也。故學道者將全精神，欲達性命，則性命之源不可不知也。故命者性之本，而性其根也；精者神之母，而神其子也；精全則神王，盡性則至於命矣。故神恬則性靜，性靜則心和，心和則純素之道可守，而不失與神爲一也。能與神爲一者，精不離人而神不離炁也。神炁相合，則形全，而通乎無方之用。即知不神之神在我，而不在彼也。

日月有數，大小有定，聖功生焉，神明出焉。

日者，陽也。月者，陰也。陰陽者，道用也。故道用法於自然，所以日月之有常數，大小之有定分。大則莫大乎天地，小則不出乎人物。人物雖小，況萬物中人抱厥靈，蓋與天性相通，機用同一，小可以慕大道之體，聖功生而神明出矣。且人之生也，精受於天一而爲智之源，神得於天五而爲性之本，及其至也，可以入神，可以復命。即知人分雖小，可以慕天地之大而聖功生，達日月之數而神明出。傳曰：「學始乎爲士，終乎爲聖人。」彼學道者，日月之數不可不知，大小定分不可不察。且天道，一日一夜行三百六十五度，帶行日月。日其行遲，一日一夜行一度。月其行疾，一日一夜行十二度。日一年行一周天，月一月行一周天。一日有十二時，六時陽，六時陰。天降地騰，一日一合，五日象一元炁，一月有三百六十時，象一年火候。日月三十日一交，十五日一合。月至晦日隱，朔日又生，循環晝夜。聖功立而萬物生，神明出而萬物化。是以聖人以此取則修鍊，一月之間奪天地一年火候，以立聖功。經云：「三十輻共一轂。」即知一月有三旬，首尾二旬是用武火之時也，中間一旬月盛圓明，是用文火之時也。經云「首尾武，中間文」，此故也。又云：「藥成須藉月爲師。」又云：「高奔日月吾上道。」所以高真上聖體天道之盈虛，托日月之定數，以小慕大，與天同一而通乎大理。即知道無小大之間也，明矣。故莊子云：「其一與天爲徒，其不一與人爲徒。」故言大小有定，指乎天人之分同乎一而已。

其盜機也，天下莫不見，莫能知。君子得之固躬，小人得之輕命。

黄帝得皇人言爲道求生必由所生法，言道機也。達士稱下有强兵戰勝之術，理在此也。儻人能得機，要在固躬，不可縱情恣欲以輕乎命。抱朴子云：「善其術者能却走馬以補腦。」故事顯而理隱者，天下莫不見也。理有可盜而事有可棄者，天下莫能知也。理有可盜則非道不能取，故善爲盜者，可使由之，不可使知之，知則沖炁不降。機用貴密，而事無不濟。惟君子所以能固躬而得乎機矣。儻小人見理，用機行盜，則往往不能固躬，返〔一〕有所失，是輕命而窮及濫矣。故戰勝之術，理密機深。恐文繁不欲細解，但討太一固命金丹經訣，即知其詳矣。

瞽者善聽，聾者善視。絶利一源，用師十倍。三返晝夜，用師萬倍。

師者，範也。範者，正也。故正者道之常。惟正也，故能御萬變而獨立於萬變之上，是得心師一源之正者也。故先達得機之士，指示後人，稱上有神仙抱一之道，理在斯而已。是以瞽不善視，則專於聽也；聾不善聽，則專於目也。兩者能視聽之專，而與常人利於十倍者〔二〕，是得之於心師而利乎一源也。故聾瞽之微，緣三關外擁，內有所隔，尚能得利於一源，況道者三返晝夜，希夷視聽，專利一源，以心師心，豈不有萬倍之

〔一〕「返」，疑作「反」。
〔二〕「者」，原作「看」，據合刻三十家陰符經注釋改。

利乎？故學者抱真守一之道，要在歸根，可以長存。歸根者，復元炁之本也。莊子云：「通於一而萬事畢。」所謂致一則不二，抱一則不離，守一則不遷。惟其不二則能致一也，惟其不離則能抱一也，惟其不遷則能守一也。故守一之道，要在心不放逸，則性自靜而神自恬，德自全而道自集。蓋神仙抱一之道，始因黄帝見皇人曰：「博聞有真一之神，可得聞乎？」皇人大驚曰：「子在民間，安得聞此？」乃上皇主録首篇。恐文繁不欲具注，但討皇人三一圖經閲之，即知抱一守道之詳矣。

心生於物，死於物，機在目。

學人既習抱真守一之道，或起動念著物之心，要在當用目機，以禁乎動念也。且心者是一身之主，百神之帥。勞神疲思，莫不因心也。故心有動用之機，在物不能無惑，在意不能無著。是以心眼有相須之用，情性有取捨之機。故心因物動，則死於物而有所著；有所著則心源不一，神性變亂，焉能取萬倍之利乎？故善爲道者，心有所著則當用目機，禁乎心而百非自泯也。當泯心之際，勿覺心著，但瞑矇瞪目東瞻，能如嬰兒，則精神不去，心潔而清也。古詩云：「髭頭灑血眼如環。」是用機在目，而泯乎心有所著也。道經云：「善閉無關楗而不可開。」是心静而不著物者也。

天之無恩，而大恩生。迅雷烈風，莫不蠢然。

恩威之大，莫大乎天地。受賜之心，莫出乎人也。蓋天降沖和之炁，以資世人，不有乎間也。所以無間者，施惠大恩，及於萬類。惟容人之樂善，使通真達道，入於聖域。經云：「皇天無親，惟與善人。」即知道無親疏，亦無好醜，但人能通道，則道自通人。惟至者能受賜天之大恩，與天爲徒，雖使天道鼓陰怒肅殺之炁，張迅雷烈風之威，彼至者坦然無畏懼之色。由是乎視聽關於外，而心意鑰於内也。

至樂性餘，至靜則廉。

虚靜而不與物雜，道之體也。古之體道者，以内遊爲務，不以通物爲樂，樂其性而已。人樂其性者，非意之也，返一無迹，因其自然而已。故樂性則性無不餘，不與物雜則靜無不廉，是以樂天知命故不憂。性寂喜淡即無貪，則心不勞也。心不勞則神不漏，神不漏則情不動，而性至樂也。蓋至樂之性得乎至美之遊，而達乎至靜之境者，廉之致也。

天之至私，用之至公。

天道容善則至私也，用道平始則至公也。故天道私人而不私乎道，用道至公而不私乎物，是至公也。皇天無親，惟德是輔，是私人而不私道也。蓋世人之性，善惡相混，近善即善，近惡即惡，非本然也，蓋因習以性成而已。故學人之性，要在求訪明師，親近良友，專心剋志，方通入聖之門。天且不違，應感上靈，要在洗心剋己，不放道心，自有天神暗助，志不可退也。若尋訪師友，得其人則師事之；不得其人，則兀兀而行，身且安樂。性命之學不可忽也。

禽之制在炁。

天虛則炁浮，炁浮則禽因羽而制炁，飛而能上也。故學者要在虛其心而守乎靜，平其炁而恬乎神，則心自順而不姦，性自靜而不惑。是以神爲炁子，炁爲神母，神炁相合則真精不散，神安而形固，炁使之然也。蓋人之有身，物之象也。象同乎物，則生死繫焉，有時而盡也，要在炁壯則神全，炁衰則神敗。經云：「禽之制在炁。」禽者，擒也。擒乎心，制乎炁也。且禽能飛而上者，猶人之有炁，充實太虛，扶持天地，舉形而仙矣。良由心虛，則炁充大宇，與道集虛。虛室生白，是能養一炁，制使之然也。孟子云：「吾能養浩然之炁，塞於天地之間。」是深得制炁之道者也。

生者，死之根。死者，生之根。

造化密移，陰陽不測，生於神而死於形者，通一炁本於自然也。故生者造化之所始，死者陰陽之所變。蓋物無並盛，陰陽是也，即知萬物因陰陽以形，因陰陽以化。本經云：「天生天殺，道之理也。」故大道根乎一炁，運行日月。日月是陰陽之祖，互相交感，布炁生靈，陽炁返而萬物生，陰炁復而萬物死。即知生死之理，根於道源，若存若亡也。蓋人之道，抑亦生死所繫，根於一炁，感父母陰陽炁合而生也，陰陽數盡而死也。要在以陽鍊陰，陰滓盡而陽體就，一炁充而道自亨，則還元返本，歸根復命而至矣。

恩生於害，害生於恩。

以仁爲恩，害則隨之。故恩愛相生，是人之用情之本也。學道者往往爲恩愛繫累，中道而止，半塗而廢。始勤而終怠者，凡民之情，莫不然歟？所以自取害，而害生於恩也。要在切知一炁通靈，萬禍不侵，一身達道，七祖升天。能剋志進道者，恩及身而害不加我也。其昧者，恩愛之心不除，則恩及彼而害及我也。故恩愛之心滿，世人之惑也；榮辱之情舉，世人之貪也。噫，憂苦勞傷之害，何爲天下人之樂從而不爲害者？是恩愛厚而爲害之深根也。善爲道者則不然，以恬神爲樂，以寂寞爲榮，澡雪乎心，靜嘿乎志，所以恩不加彼，而害不及我也。

愚人以天地文理聖，我以時物文理哲。

日用資生，養命之物，是助道本根之靈液也。故人有賢愚，量有淺深。人賢則智見高明，量寬志大。人愚則慮淺識卑，出言必下。殊不知，天地文理法於自然，循流萬古，不變不遷，以常數爲定體。愚人者獨以此爲聖，而殊不察時物文理，人所日用而不知其詳也。故五穀者，是天下人之日用之物也。但世人務取乎飽食，而不究乎造化之本末也。蓋五穀盜天地造化而生，盜天地沖炁而實，即知五穀是天地真一之精，長茂成熟。人得食之，接炁延生，受脾胃磨，而精華靈液化爲太一真水，是五行之先號。又焉知五穀精炁是天地之靈液，日月之華英，五行之精髓，能資我生，能益我炁，能助我形，能延我命，能全我神，能通我聖？所謂「我以時物文理爲哲」者，其是之謂歟？

黄帝陰符經注〔一〕

虚靖大師賜紫道士臣黄居真注

序

臣聞冥冥之中，倏然吻合，不可以形言也。以形言之，上下殊勢，疑若有間，烏得而吻合哉？夫惟此以神與，彼以神受，通六極爲一炁，含萬象爲一體，統乾坤爲一物，化機一發，妙用潛該。孰爲彼？孰爲此？庸詎知天地之神非吾之神，吾之神非天地之神邪？昔之至人，動與神契，靜與神俱，動靜之中，間不容髮。故能與太空爲人，與造物者爲友，空性不壞。吾體亦然。體性無殊，是謂得道。與道相得，乃能物物。今古一息也，晝夜一照也。世之淺人，知神之神，不知不神之所以神，是以役於陰陽，囿於變化，恣睢轉徙，曾莫之悟。又豈知冥冥之中倏然吻合者哉？此西王母所以闡揚道樞，丁寧詳複，爲黄帝言之也。

〔一〕此書見於通志著録，當出於北宋，現僅存正統道藏内。作者黄居真，生平無考。

然而聖人之言隱而顯，曲而中。定觀諸妙，冥參真有；泛觀諸徼，默造深玄。以此退藏，何泥於虛？以此進爲，何拘於實？神仙抱一，富國安民，强兵戰勝，特戲事爾。然是道也，豈他求哉？取諸身而足。微西王母不能告黄帝此言，微黄帝不能受西王母此道。二聖相值，若合符節。又豈在諄諄問應之間邪？著之典常，以詔天下來世，故曰陰符云爾。

臣黄居真謹序。

黄帝陰符經注

觀天之道，執天之行，盡矣。

易曰：「觀天之神道，而四時不忒。」又曰：「終則有始，天行也。」天之道運而不積，故日月星辰繫焉；天之行健而不息，故四時萬物由焉。至人於其運者觀之，則與之相爲周流；於其行者執之，則與之相爲終始。消息盈虛，莫之或違；呼吸屈伸，未始有沴。静而與陰同德，動而與陽同波。夫如是，又何加焉？故曰：「觀天之道，執天之行，盡矣。」

天有五賊，見之者昌。五賊在心，施行於天。

人以木火土金水之炁以生，亦以金木土水火之炁以死。自至人觀之，生奚足悦？死奚足惡？生我者乃所以賊我也。知其機，識其變。金木未嘗相間，水火未嘗相悖，五者相得，混而爲一，則獨存而常全矣。何死生之足計哉？順之爲天，則毀之爲賊，咸其心之自取，而施行之則在天也。

宇宙在乎手，萬化生乎身。

闔户謂之宇，闢户謂之宙。宇宙爲至大矣，而不離吾掌握之間，可使之無陵歷之患，況其小者乎？職職而植，芸芸而動。動植之物爲至多矣，而不出吾百骸之内，可使之無夭閼之愆，況其寡者乎？

天性，人也。人心，機也。立天之道，以定人也。

天與人未嘗相離，唯至人爲然。全天之性曰人，得人之心曰機。天性盡矣，斯爲三才；心機明矣，斯爲物宰。靜而復本，則湛然常寂；動而應變，則斡旋無窮。以人發天，以天定人，則幽明潛通而變化見矣。若夫不能立天之道，則機之發也無已時，而心之出也，豈不殆哉？烏能相與於定乎？故曰：「立天之道，以定人也。」

天發殺機，龍蛇起陸。人發殺機，天地反覆。天人合發，萬變定機。性有巧拙，可以伏藏。

能變能化，機所爲焉。天以不言而成變化，機固大矣。立天者人，能無機乎？然有心之機非機之極，無心之機乃極機也。機動於此，化形於彼，咸其自然。故天發殺機，川可爲陸，陸可爲川。人發殺機，能天之不能載，能地之不能覆。天人之機至是極矣，故曰「殺機」。天人合發，三才乃安，而萬變以之而定焉。孰能逃吾之機乎？雖然，心生於性，機出乎心。巧者，人也。拙者，天也。冥心復性，雖機之大，可以伏藏。

九竅之邪，在乎三要，可以動靜。

耳之於聲，目之於色，鼻之於臭，口之於味，水穀之所化，皆陰陽之邪也。九者之中，其要有三，耳目口而已矣。夫耳之惑於聲也，目之惑於色也，口之惑於味也，其爲邪莫甚焉。聖人能使九竅，不爲九竅所使，故曰：「唯聖人爲能踐形。」動而邪不能勝，靜而邪不能入，動亦可，靜亦可。故曰：可以動，可以靜也。

火生於木，禍發必剋。姦生於國，時動必潰。

火固能剋木，方其爲水所制，則火不能用事；必待禍發，然後能剋也。姦固能潰國，方其爲正所勝，則姦不能用事；必待時動，然後能潰也。是知陰陽之沴，姦宄之作，亦有所待而後必焉。

知之修鍊，謂之聖人。

知天之所爲，知人之所爲。知靜而性，知動而機。知萬變之無窮，知九邪之有要。爰清爰靜，遊神之庭。惟元惟默，造道之極則。修之至於不與佞爲構，鍊之至於不與物相忤，恬淡平易，抱一而已。夫是之爲聖人。若能者，造化所不能移，天地所不能囿，至於富國安民，强兵戰勝，特其戲事耳。

天生天殺，道之理也。

陽一舒而萬物不得不生，陰一慘而萬物不得不殺。自生自殺，孰使之然？道之所理者如此。苟惟不能，則天之所以爲天亦小矣。然則天豈有心哉？咸其自取爾。故曰：「道之理也。」

天地，萬物之盜。萬物，人之盜。人，萬物之盜。三盜既宜，三才既安。故曰：食其時，百骸理。動其機，萬化安。

天地，形之大者也。天以炁資人物之始，地以形資人物之生。人與萬物不能逃乎覆載之間，相有以相成，相無以相廢，所不能獨立者也。且非其有而取之曰盜。天地不盜萬物，不能成變化之道。萬物不盜人，不能成蕃殖之效。人不盜萬物，不能成生養之功。何則？天地之大也，不有萬物爲之始終，則天或幾乎殆矣，故爲萬物之盜。萬物之多，不以人爲之佐理長養，則物或幾乎溺矣，故爲人之盜。人之所以靈，不有萬物爲之滋生榮養，則人幾乎夭矣，故爲萬物之盜。相盜乃所以相宜，故曰「三盜既宜」。如此，則天地人之三才所由立也。

人知其神，不知其不神所以神也。

神之用固妙矣，或得以議其狀；乃若不妙，則又神之至歟？易曰：「神也者，妙萬物而爲言也。」茲豈非人知其神之謂乎？又曰：「不疾而速，不行而至。」茲豈非不知不神所以神之謂乎？

日月有數，小大有定，聖功生焉，神明出焉。

日行速，日一周天。月行遲，月一周天；遲速有自然之度，不可逾也。夫物之不齊，物之情也。鯤〔一〕鵬之大，鷦鷯之小，各安其性命之情；小大有自然之量，不可易也。明乎自然之數，一乎小大之量，靜而聖王之功，妙而神明之機，於此得矣。

其盜機也，天下莫能見，莫能知。君子得之固躬，小人得之輕命。

天地盜萬物，以成變化之妙。萬物盜人，以成蕃殖之效。人盜萬物，以成長養之功。皆自然之機也。自然之機，爲神所運，孰主張是？孰紀綱是？意者其有機緘，而莫能自已。天下之人日用不知，烏睹其微？君子機與神契，靜合陰陽之妙，故能保其身。小人機與神違，動爲機變之行，故適所以輕其命。明乎盜機，則民安而國富矣。

〔一〕「鯤」，原作「鵾」，據文義改。

瞽者善聽，聾者善視。

用志不分，與神爲一。瞽者雖不能視，而聽亦多聞矣，奚必用目哉？聾者雖不能聽，而視亦多見矣，奚必用耳哉？耳能聰人，亦能使人聾。目能明人，亦能使人瞽。聖人視聽不用耳目，故聰明益廣。衆人視聽必用耳目，雖有之，何異於聾瞽也？豈非神之所寓果不在於耳目歟？

絶利一源，用師十倍。三反晝夜，用師萬倍。

飲食必有訟，故受之以訟。訟必由衆起，故受之以師。夫師之興也由於訟，訟之作也由於飲食。飲食亦小矣，而師實源於此。況利之大者乎？聖人不重興師而重貪利，誠能絶利一源，使千毛萬孔不作，則所積益厚矣。民豈得不安？國豈得不富哉？以此用師，一可以爲十，十可以爲百，百可以爲千，千可以爲萬，故曰「十倍」。是道也，知之未必能行，行之未必能守；苟行之篤，守之固，於晝夜間三返而不殆焉，則又萬倍於用師矣。又奚必勞吾之民，竭吾之財，以取彼之利，爲我之利者哉？自然不兵而强，不戰而勝也。

心生於物，死於物，機在目也。

聖人見道而不見物，故其心未嘗生，未嘗死。衆人見物而不見道，故其心生於物，死於物。夫聖人者，御天地於指掌，斡萬化於方寸，皆由精神之運，心術之動，故能物投如市，吾心如水，真機之發，不爲物惑矣。人則異是，見可欲而心亂，其爲機也亦淺矣。

天之無恩，而大恩生。迅雷烈風，莫不蠢然。

四時自爾推遷，陰陽自爾造化，天則無爲而無不爲耳。彼物之生成衰殺，咸其自取，天何恩焉？惟其無恩，故物莫能傷，此真所以爲大恩也。雖然，蠢蠢之物不能自生，必有所待。鼓之以雷，動之以風，莫不並作。

至樂性愉，至靜則廉。

天下有至樂無有哉？萬物皆備於我，反身而誠，樂莫大焉。則性分之内，曰不待於外也。世之奔競之流，目有見焉則生覬覦，心有樂焉則生歡欣。至人之樂則異於是，故曰「性愉」。夫吉凶悔吝，生乎動者也。動則未免乎有累，烏能廉哉？至人端居深眇之地，無一物之可用，無一物之不用，何嗛之有？故曰「大廉不嗛」。非至靜，烏能至此？

天之至私，用之至公。

大巧不爲，物物具足。雲行雨施，雷厲風飛，有心哉？物得以生，謂之德爾。故曰：「公公私私，天地之德。」飛者走者，動者靜者，咸其自取。萬物皆謂天之私我，使我有是。夫天豈物物而雕刻之哉？此之謂至公。

禽之制在炁。

水火有剋制而無熄滅，蓋炁之所感，不期然而然也。以形制形，小大不倫，則大者常勝，小者常弱矣。元龜食蟒，飛鼠斷猿，豈以形哉？炁服之也。

生者，死之根。死者，生之根。

生於此者，未必不死於彼。死於彼者，未必不生於此。至人者，出有無之表，離動靜之域，則生亦奚足悦，死亦奚足惡，尚何係累之有哉？根，猶木之有根。春夏爲先，方且生之；秋冬爲後，方且殺之。迨夫爲之根株而言之，則無生無殺矣。人之墮於有形，涉於有數，亦猶木之有根也。

恩生於害，害生於恩。

天地不仁，以萬物爲芻狗。聖人不仁，以百姓爲芻狗。夫至仁乃所以不仁，惟天地聖人爲然，豈弊弊然私予奪之權哉？然而天地方未判，聖人方未兆，又何仁與不仁之有？仁與不仁，亦自物觀之耳。

愚人以天地文理聖，我以時物文理哲。

氓氓蚩蚩，初無真識，由於陰陽，役於造化，但見其粲然有睹者爲天地之變，昭然有倫者爲天地之理，昧昧晦晦，不知所持。此故以天地文理爲聖也。至人則異於是：時之運也不窮，吾則因之而不違；物之生也無已，吾則順之而不逆，相交以成文，相錯以成理。故曰「我以時物文理哲」也。

黄帝陰符經解義〔一〕

開州助教蕭真宰解義

神仙抱一演道章

觀天之道，執天之行，盡矣。天有五賊，見之者昌。五賊在心，施行於天。宇宙在乎手，萬化生乎身。天性，人也。人心，機也。立天之道，以定人也。天發殺機，移星易宿。地發殺機，龍蛇起陸。人發殺機，天地反覆。天人合發，萬變定基。性有巧拙，可以伏藏。九竅之邪，在乎三要，可以動靜。火生於木，禍發必剋。姦生於國，時動必潰。知之修鍊，謂之聖人。天生天殺，道之理也。

注闕。

〔一〕此書見於通志著録，文中所引聖濟經於政和八年詔頒天下學校，故當成於北宋末。現僅存正統道藏内，且爲殘本。首章祇有經文。作者蕭真宰，生平無考。

富國安民演法章

天地，萬物之盗。萬物，人之盗。人，萬物之盗。三盗既宜，三才既安。

解曰：可以無而取之者傷廉，非其有而取之者爲盗。志動而次，見美而慕。分無欠餘，不足者羡。智不足則欺，財不足則盗。盗竊之行，誰責而可？非胠篋探囊發匱之盗也。列子曰：「有公私者亦盗也，亡公私者亦盗也。」「天地萬物不相離也，仞而有之者，皆惑也。」「蓋莫不有生，生生者未嘗終；莫不有形，形形者未嘗有。聲聲者未嘗發，色色者未嘗顯，味味者未嘗呈，皆無爲之職也。陰陽相照，相蓋相治；四時相代，相生相殺；五行更王，更廢更相，至於能宫能商，能出能没，能玄能黄，能甘能苦，能羶能香。」〔一〕孰使之也？則天地爲萬物之盗，人未麗乎物，而天地公盗之。物之數不止於萬，以數之多者，號而讀之也。人之所以爲貴者，以其爲物之靈也。與時轉徙，物無不備於我，我無不役於物，資之以生而有所養，徇之以死而有所歸，則萬物人之盗。人雖異乎物，而萬物公盗之。「東郭曰：若一身庸非盗乎？盗陰陽之和以成若生，載若

〔一〕以上文字及下文「東郭曰」一句轉述自列子，並非原文照録。

形，況外物而非盜哉？」迨夫盜「雲雨之滂潤，山澤之産育」，順其發陳，因其蓄秀，任其容平，乘其閉藏，自六化以推勝復婬沉虛實之因，自六變以知甘苦辛鹹酸淡之味，損盛益衰，捨逆取順，因物以有生，役物以有養，則人乃萬物之盜。物固不靈，而人常公盜之，則盜之有道，何時已也？

惟三盜既宜，則物各當其分，事各當其叙，隨時之用，各合於義，或養形以全生，或受中以立命。覺此而冥焉者，分陰陽於一德；知此而辨焉者，分陰陽於兩儀。故能兼三才之道，貫三極之妙，而天地人各得其道而安其所安，豈非真盜歟？老君論：「資財有餘者，是謂盜誇，非道也哉！」蓋偷頃刻之榮，矜身外之飾，豈知爲道者深根固本，用之不窮？夫天地之間，寇莫大乎陰陽。陰符之書，初以賊爲説者，蓋養性全真之道，在於無失其則而已。次以盜爲説者，蓋養生應變之理，在於各安其分而已。故孰爲寇也？孰不爲寇也？而皆不麗於天機之幾焉。夫知幾其神矣乎？學者於此，尤在慎思之。

故曰：食其時，百骸理。動其機，萬化安。人知其神而神，不知不神而所以神。

解曰：古之至人，相與交食乎地而交樂乎天，不以人物利害相攖，不相與爲怪。爲謀爲事，翛然而往，侗然而來。是謂衛生之經。若有不即是者，天鈞役之，不足以滑成也。況乃天地散精，動植均賦，炁味滋榮，無物不有。天食人以五炁，內藏心肺，故聲色彰明。地食人以五味，散養五宮，故炁味相成而神自生。食飲之常然，保生之至要，無非具陰陽之和也。脾胃待之，而倉廩備；三焦待此，而道路通；榮衛待此，以清以濁；筋骨待此，以柔以正。故春多酸，夏多苦，秋多辛，冬多鹹，所謂因其時而調之也。故曰「食其時」。方春木王，以膏香助脾；夏火王，以膏臊助肺。金用事，膳膏腥以助肝；水用事，膳膏羶以助心。所謂因其不勝以助之也。以子母有相生之道，亦炁同而相求；以夫婦有相養之道，亦相剋而相治。無過焉，無不及焉。凡百骸之有體而可窮者，無不適當於自然之理。惟其養陽以食，動靜以時，豐其源而嗇出，復其本以固存，吸新吐故以鍊藏，專意積精以適神，消息盈虛，輔其自然，保其委和，合彼太和，無差謬於遠近，默運轉於環中，任靈機之自發，無有入於無間，化入於無所化。百姓皆注其耳目，聖人皆孩之。孰不安於性命之情？故曰：「動其機，萬化安。人知其神而神，不知不神而所以神。」

夫陰陽不測之謂神。而神也者，妙萬物而爲言也。神而化之，使民宜之，不狎其所居，不厭其所生，人知神而神矣。至於方而不割，光而不耀，爲人已愈有，與人已愈多，使民甘其食，美其服，安其俗，樂其業，是烏知不神而所以神也？竊嘗考《論語》與《孟子》之終篇，皆稱堯、舜、禹、湯聖人之事業。蓋以謂舉是書而加之政，則其效可以爲此也。黄帝聖神，爲五帝之先，其臣莫能及，著書立言，獨明道德之意、理性之原，收斂事物之散，一歸於淳樸太古之風。舉其書以加之政，可以酬酢，可以祐神。其民淳淳，而謂帝力何以加於我，豈非此書之效歟？謹讀御製聖濟經，卷之序始於體真，終於審劑；章之序始於陰陽適平，終於致用協宜。是皆窮神知化，而合於黄帝之書，與老氏所謂「天之道利而不害，聖人之道爲而不爭」，其道一而已矣。則知所謂賊盜之機，皆其筌蹄也。善觀聖人之書者，得魚忘筌，得兔忘蹄。則迹出於履，履豈迹哉？

日月有數，大小有定，聖功生焉，神明出焉。

解曰：莊子曰：天地固有常矣，日月固有明矣。草木固有生矣，禽獸固有群矣。父子固有親矣，君臣固有義矣。夫婦固有別矣，長幼固有序矣。聖人之舉事也，莫不有時；其制物也，莫不有數。原天地之美，成萬物之理，辨上下於履，明庶政於賁，作樂崇德於豫，折獄致刑於豐，皆因其時數之宜也。蓋謂日昱乎晝，月昱乎夜，日者循星以進退，月者應日以死生，歲者總日月時而無所事也。洪範曰：「王省惟歲，卿士惟月，師尹惟日。」數者，一二三四是也。以數作曆，以曆知辰，以辰知星，以星知日，以日知月，以月知歲。歲月日時無易，至於家用平康，是日月有數，大小有定矣。何則？有時既定，則天下之事莫敢廢；有數既定，則天下之分莫敢逾。蓋堯舜所以同律度量衡，協時月正日，而天下治者，蓋取諸此。非大而化之之聖，裁成天地，迭用陰陽，安能坐進此道？故易曰：「神而明之存乎人。」

其盜機也，天下莫能見，莫能知。君子得之固窮，小人得之輕命。

解曰：通天下之志在窮理，同天下之德在盡性。窮理則休咎禍福昭然見於眇綿，使人皆避凶而嚮吉矣。盡性則彰善癉惡曉然示以好惡，使人履仁而蹈義矣。若虞機張，發而必中。所謂真機者，「吾不知誰之子，故曰象帝之先」，是天下莫能見，莫能知也。「若夫擁萌肇於未判，塞萬源於機上，含生反真，觸類藏邪，人僞未交，沖融不喪矣。逮至五行殺害，四節交擲，金土相親，水火相射〔一〕，洪雹縱横，雷震東西。天屯〔二〕見矣，化爲陽九之灾；地否閡矣，乃爲百六之會。吉凶互衝，衆示灾咎。履坦道者，幽人正吉；居肥遁者，無往不利。冒嶮巇〔三〕也，行必輿屍；涉東北也，喪朋悔亡。」奈何天下

〔一〕「相射」，疑作「結隙」。此段文字引自真誥。
〔二〕「屯」，原作「真」，據真誥改。
〔三〕「巇」，原作「墟」，據真誥改。

莫能見也？ 庸詎能高其目而見所不見哉？ 人生如幻化，寄寓天地間，暫聚焉耳。若營神注真者，與天地共寓在大無中矣。 若洞虛體元者，與大無共寄在寂寂中矣。 奈何天下莫能知也？ 庸詎能辨於物而命於物哉？ 桎梏於情累，甘心於虎口，猶執炬火以行逆風，愚而不釋，終必焚手； 貪欲柴內，終必焚和。 自非聖人，安能見所莫能見，知所莫能知？

惟君子得之則固窮者，蓋窮則變，變則通，通則久。 雖無所之，而冗以出，則何所不之哉？ 雖艮其身，而止諸躬，則何所不申哉？ 易曰：物不可以終窮，君子則能固之。自此而窮理，自此而窮神，則莫知其窮也。 小人得之則輕命者，小人不知天命而不畏也，殘生傷性，附贅垂疣，無所不至。 夫「天之命哲，命吉凶」，尚矣。 且「重爲輕根」，不可忽也。 夫「咎莫大於欲得，禍莫大於不知足」，聖人豈以身輕天下哉？ 洪範九疇，具載五福六極之道，以明休咎之證； 重其任而罰不勝，遠其塗而誅不至； 刑期無刑，以協於中； 「會其有極，以歸有極，」皆所以重民命也。 老君曰「吾言甚易知，甚易行，而天下莫能知，莫能行」者，淡乎其無味而已。 夫能去甚，去奢，去泰，則君子得之，乃可以固窮也。 若衆人熙熙，如享太牢，如登春臺，不明乎理，逐物生情，而有終身不返。安知所謂人之所畏不可不畏也？ 夫臨畏塗而不知戒者，皆所謂輕命也。 則君子小人辨矣。聖人知心術之爲患也，故辨夢鹿之蔽，覺病忘之失，解迷罔之疾，誑晉國之城，微燕國之悲，所以啓蒙惑於天下後世也。

强兵戰勝演術章

瞽者善聽，聾者善視。絶利一源，用師十倍。三反晝夜，用師萬倍。

解曰：昔魯侯聞亢倉子以耳視而目聽，遣厚禮致之，卑辭請問。對曰：「傳之者妄。我能視聽不用耳目，安能易耳目之用？」此曰瞽善聽，聾善視，是易所用矣。先王用人無棄才，司火以聾，司樂以瞽，是易所用也。聾，寵也，耳有所寵者聾矣。瞽，鼓也，目有所樂者瞽矣。故能專靜而不雜，致一而不二，乃能進乎其技。若市南之累丸，痀僂之承蜩，去堊於鼻端，遊刃於解牛，皆用志不分，然後能有所致。寓形於盜賊之間，困於偏傷之患者，志有所適，雖一該一曲，不無所容於世也。若乃炁合於心，神合於炁，則不用於耳目，亦無困於患也。焦螟群飛而弗觸，晝拭目者望之，弗見其形；蚊睫棲宿而弗覺，夜俯首者聽之，弗聞其聲。唯黄帝徐以神視，塊然見之，若嵩山之阿；徐以炁聽，砰然聞之，若雷霆之聲。此又見曉於冥冥，聞和於無聲。黜其聰明，亦無麗於形也。夫耳目之原，本乎水火，天一而地二，水精而火神，神徹之則爲聰明，物蔽之則爲聾瞽。精絶於耳，神且會之，既竭目力焉，精合於神，視之不可勝用也。神絶於目，精且聚之，既竭耳力焉，神藏於精，聽之不可勝用也。害之所至，而利且隨之；惡之所至，而善且繼之。豈非善其所善歟？夫善吾生者，乃所以善吾死。此言善聽善視，繼之以「絶利一源，用師十倍。三反晝夜，用師萬倍」，不可以形迹求也。

竊謂五賊三盜，皆出一源，猶河一而分九，道一而生萬，如水之善利萬物也，若乾之美利天下也。是以知未有化裁之有制焉，化而裁之，其利無窮矣。天地萬物之機，百骸九竅之會，用兵正奇之本，五行六子之運，皆發乎此，而無所逃也。用師其成心，則聖王之所原，抱之爲天下式者，以道之真治其身，以德之真普天下。舉之於事物之上，應天下之變，順天下之動，與夫佩方寸之印，提百萬之師，皆投機之會，收十倍之成功矣。即此三盜三才之要，而一反一復，一晝一夜，往來不窮於天地之間，存存而亡亡，始始而終終，本乎陽而反復乎下，本乎陰而反復乎上。往者，反也。來者，復也。此曰「三反晝夜」，與前所論「天地反覆」，其揆一也。則機之所會，用師其成心，含光萬象，化貸萬有，密囿萬形，并包萬善。舉而措之，收萬倍之全功矣，猶之太易之道，在六極之上而不爲高，在六極之下而不爲深。八卦之所以迭用柔剛於覆燾之中，而莫知其極者，孰使之也？凡所以使形者，其誰歟？嘗觀孫子之善論兵，而譬之率然。率然者，常山之蛇也，擊首則尾至，擊尾則首至，擊其中則首尾皆至。果有以使之也，明乎此，則十倍萬倍，一源三反之機，斷可識矣。

心生於物，死於物，機在目。

解曰：孟子曰：「惻隱之心，仁之端也。羞惡之心，義之端也。辭遜之心，禮之端也。是非之心，智之端也。」仁義禮智根於心。而心者，五官之所主，精神魂魄之所依，喜、怒、哀、樂、愛、惡、欲之自生焉，萬法之所自起，萬象之所自滅，寄於神則經緯萬方，寓於道則惟精惟一。聖人以心合炁，以炁合心，以心爲神明之舍，以炁爲善惡之馬。故養心以寡欲，養炁以浩然。解蔽惑於大患，捐桎梏於旦暮，以炁爲神母，以心爲炁主。用炁養神，炁因神生，神行而炁行，神住而炁住。心能住於炁，炁能住於心，不動有道，無來無去也，以直養之，勿擾勿攖也。夫心即是道，道即是心。昧者繕性於俗，逐物而不反；喪志於物，終身而莫悟，妄見可欲，心爲之憒亂焉。豈知心術之害？老君曰：「不見可欲，使心不亂。」唯聖人能知諸物化生於有無，皆非出乎真實。故萬態一視，而無取捨之心。若然，則心境常夷，物曷能亂之？所以不貴難得之貨，而使民無知無欲，是以生於憂患，死於安樂。列子曰：「生相憐，死相捐。」又曰：「太古之人知生之暫來，死之暫往。心動，不違自然所好也，故不爲名所觀〔一〕。性遊，不逆萬物所好也，故不爲刑所及。」生則異於賢愚貴賤，死則同於臭腐消滅。

由是推之，萬物死生之機皆在心，一身動靜之機皆在目，而機發於踵也。夫五藏皆有精，原於坎一，而爲陰中之陽；五藏皆有神，原於離二，而爲陽中之陰。精潛則神集也，神在乎内則潛於心，神發乎外則見於目。心目之橋運，猶形聲於影響，所以相應相使者，其誰歟？白鶂之相視，目運而心化。惟得意於形器之表者，錐末倒眥而不瞬，矢中目广呼旦切。而不睫。天下皆徇目之所欲見者，美之爲美，色之爲色矣。而目之已亡者，五色有以盲之，冥山且背而弗見，安能預乎黼黻之觀？故聖人蒿目以憂世之患。孟子曰：「胸中正則眸子瞭焉，胸中不正則眸子眊焉。」夫善惡之積乎心，而昏明之著乎目。其神且不能移易之，其機孰認乎出入也？宋人三世好行仁義，犢兩生白，反母之黧。問孔子，而俱告以吉祥。父子皆無故而繼盲。三年之後，獨以疾而免。楚攻圍已解，而疾俱復。然則善惡之積，昏明之著如此，則其機之神，非知其道者能視乎？若偃師之有所造也，瞬目而有招，立取穆王之剖矣。其合會復如初，廢其肝則目

〔一〕「觀」，一本列子作「勸」。

不視，廢其腎則足不行。且人之巧也，與造化同功如此，況以自然之目而有自然之機乎？黃帝之書云：「至人居若死，動若械。不以衆人之觀易其情貌，不謂衆人之不觀不易其情貌。獨往獨來，獨出獨入，孰能礙之？」豈非以機與目皆任之於自然？

天之無恩，而大恩生。迅雷烈風，莫不蠢然。

解曰：窈然無際，天道自會；漠然無分，天道自運。無私以成其私，無有以生於有。此無心於生，生自不窮；無心於化，化自不已。故其爲德也，廣矣大矣。天下誘然皆生，而不知其所以生；同焉皆得，而不知其所以得也。蓋因其心而有恩者小，惟出於無心，則大恩生於無恩。老君曰：「天地不仁，以萬物爲芻狗。」生而不責其報，妙而不有其功。故體天之行者，生而不有，爲而不恃，澤萬世不爲仁，整萬物不爲義焉。迨夫伐蘖牛山之美，戕賊栝棬之正者，皆殘生以傷性也。昔人放生示恩，悟有客之問者，曾不如鮑子之言：「天地與我並生，類也。類無貴賤，徒以智力相制相食。非天本爲人生物，爲蚊蚋生人也。」

然則有以害其生者誰歟？故鼓天下之動者莫如雷，化天下之動者莫如風。然則有以動之者其誰歟？且衆陽出而圍之，相薄以成雷。惟迅擊而上達，則利而爲雨，自子至卯，乘四陽而後發聲，方帝出乎震也，動必以時。是以屈者斯申，蟄者斯起，必待於迅者。蓋致一而上通，尚或乙之，惟迅乃得達其情也。大塊噫炁，本乎天作，凡動皆有所待，凡蟲皆因而化，前者唱于，隨者唱喁，作則萬竅怒號，吹萬不同，使其自已，方齊乎巽也，動以行權。是以甲者斯拆〔一〕，枯者斯榮，必待於烈者。蓋如火之烈，神之所藏，禮之所出也。至於春者，動之時本陽，産者以風化，感乎時者以雷奮，故謂之「莫不蠢然」也。而爲雷爲風者，又烏知其所以然而然者哉？易曰鼓舞萬物者，其爲雷風乎？鼓舞萬民者，其爲號令乎？聖人之御世，生殺予奪而有大恩，慶賞威刑而成大公者，亦何容心於其間哉？咸其自取之耶？

至樂性餘，至靜則廉。

解曰：天地一指，萬物一馬。孰爲封畛？孰判是非？果且有成與虧乎哉？故昭氏之鼓琴也。果且無成與虧乎哉？故昭氏之不鼓琴也。夫至樂無樂，至性無性。樂則生，生則烏可。已有生，故有性，有性故有虛。由中出者固靜，自陽來者固虛。樂天而至於知命，窮理以至於盡性。則一指一馬，無贅無疣；鳧短鶴長，不斷不續。自一性以推萬性，足而無欠，餘而無求。老君曰：「聖人無積。既以爲人己愈有，既以與人己

〔一〕「拆」，疑作「坼」。

愈多。」取之則不竭，貸之則不匱，而餘得於自餘也。是謂「至樂無餘」。夫性各有定，靜之則明，不交物而動，不即動而爭，宇泰發於天光，純白生於虛室，辨乎内外之分，定乎榮辱之境，視有所兼而不犯其隅，分有涯際而不侵其域。靜則平矣。莊子曰：「平者，水停之盛也。」平則各安其隅。又曰：「心靜，天地之鑒也。」鑒則自守其域，而廉出於自廉也。是謂「至靜則廉」。夫盡性以至歸根，反一以至復命。聖人得之，故清靜爲天下正。

天之至私，用之至公。

解曰：天道無私。而曰至私，何也？莫神於天。其運無積，覆冒下土，甫育群生。故芸芸者生，職職者陳。飛走潛伏，動植含靈，高卑小大，凡聖智愚，以形自包，以生自遂，莫不隨量而受之，斟酌飽滿，以足其欲而已。自形自色，任其自營，疑若有私也。夫通天下一炁，未有麗於炁而能外乎形之範圍。萬物一形，未有麗於形而能出乎炁之槖籥。雷以動之，風以散之，雨以潤之，日以照之，春生夏長，秋斂冬藏，無不盡其公。是無私乃所以至公也，無恩乃所以有恩也。聖人以其無私，故能成其私。所謂「公乃王，王乃天，天乃道」，惟道則無偏黨反側之患矣。

禽之制在炁。

解曰：定而存生謂之形，動而使形謂之炁。形立炁布，斡旋於中謂之神，故炁完則神生定矣。夫怒則炁上而不降，喜則炁緩而不收，悲則炁消而不息，恐則炁下而不升，思則炁結而不散。惟形與炁俱運於神之樞機。聖人於此制之有道焉，而物莫之與敵也。孟子曰：「至大至剛，以直養而無害，則塞乎天地之間。」豈與物相刃相靡，而交戰於欲惡之府？宰制群動，與天地覆載同功，陰陽造化同用。而其炁彌滿六虛也，猶之禽也，乘風鼓炁，展翅翮於太虛。或摶扶摇而上者九萬里，絶雲炁，負青天，何以異於聖人適於逍遥之遊也？夫「禽之制在炁」者，炁以陽爲主，禽不能亡去也。窮則變，而自榮至衛而成，乃可制焉。凡有所制者，皆有所麗，故制而用之謂之法。夫在我者，皆古之制也。彼騰躍而上下，不過數仞，而翱翔蓬蒿之間者，亦飛之至。孰使之而有制也？小大之辨，豈炁也哉？

生者，死之根。死者，生之根。

解曰：夫物芸芸，各歸其根。復命曰常，知常曰明。凡麗乎出入之機者，往來不窮，是謂道樞，在卦之體，則艮居東北是也。故能終萬物，始萬物。附本旁出，木恃以止，而位非正北焉。

恩生於害，害生於恩。

解曰：嘗推五行之理，有恩者必有害也，有害者必有恩也。試舉金父木子以爲諭。金父用則鋪以始之，木子用則鋪以成之。若金勝於木也，而木有所傷矣。木方反本，而後親焉。此恩生於害之類也。老君曰：「智慧出，有大僞。六親不和，有孝慈。」孝慈本出於自然。至德之世，人盡其性，民用和睦，孰分孝慈？澆淳一散，沽名於孝慈者，遂至六親不和。此害生於恩之類也。且大恩無恩，大公至私，恩害相仍，以閱衆甫。孰能出五賊三盜之機也？惟聖人本天之道，利而不害，能使兩不相傷，而德交歸焉。

愚人以天地文理聖，我以時物文理哲。

解曰：天有文，地有理。聖人觀察於俯仰之間，而一身之用備。惟民至愚而靈，至賤而貴。自凡入聖者，豈有間於富貴貧賤哉？書曰：「惟聖罔念作狂，惟狂克念作聖。」蓋誦堯之言，行堯之道，是堯而已。故曰：「愚人以天地文理聖」。「我以時物文理哲」者，蓋萬物皆備於我矣，則列敵度宜，以盡立我之義焉。物無非我之謂治矣，則去智與故，以應事物之理焉。是以則天之經，因地之義，上而日月星辰之文，下而山川草木之理，有東南之文，足以經緯萬方，通三才之理，足以化育群動，未嘗不本日之進退，以出我之度數焉。夫得隨時之義，以觀會通之變，然後其哲足以服衆，其口足以命物也。夫有浚哲，有秉哲，有作哲，有明哲。惟聖人乘時撫世，作則以哲，而原天地之美，觀萬化之原也，又何以加於我乎？我無爲而民自化，我好靜而民自正矣。且天有時，地有物。言天地者，指其形器之迹也。言時物者，指其運用之妙也。愚人示其迹，我則致其妙。堯之聰明文思，而以道治人。舜之浚哲文明，而以人事奉天。體此道以因其時，一而已。

竊原上篇首言「觀天之道，執天之行」，繼之以「五賊」，終之以「修鍊，謂之聖人」；中篇首言天地之盜，繼之以三盜三才，終之以「君子固躬〔一〕，小人輕命」；下篇首言「瞽者善聽，聾者善視」，終之「愚人以天地文理聖，我以時物文理哲」者，何也？蓋莫之爲而爲者，天也；莫之致而致者，命也。方其觀天而不助，則形體保神之初；而所以命之者，惡夫賊以傷其則也，而不及於地焉。修其真，鍊其性，皆所以順自然之天。非天下之至聖，孰能與此？父事天明，母事地察。奈何天下之人，不知戴履於高厚，而昧吉凶之迪逆？則分三盜以各盡其量，貫三才以總合爲一，而終有君子小人之辨矣。行法俟命，豈小人能之？惟君子則安時處順也。至於論善視善聽，而一源之利有十倍萬倍之殊，此愚聖之所以分也。使愚而達於聖，亦可以至修鍊。以我而用其哲，則「觀

〔一〕「固躬」，前面經文和注釋作「固窮」，不一致。

天之道，執天之行」，盡矣。猶老子之書，始於「道可道」，而終於「爲而不爭」是也。三篇之義，正若譬之率然者也，首尾之相應如此。又若孫子之論兵而曰：「微乎微乎，至於無形。神乎神乎，至於無聲。」所以散宜生以軍中疑懼，必假於卜。太公謂腐草枯骨，無足問之。卜以安衆情，筮以决衆惑。散宜發機於前，太公成機於後。投機之會，聖人未嘗一，而皆有始始終終之道焉。

昔之解者，分神仙抱一、富國安民、强兵戰勝之異。嘗觀太公之告武王曰：「凡兵之道，莫過乎一。一者，能獨往獨來。黄帝曰：『一者階於道，幾於神，用之在機，顯之在世〔一〕，成之在君。』」太宗謂靖曰：「讀千章萬句，不如悟之一句。」蓋通於一，萬事畢。自古自今，生天生地，捨此何以哉？夫既得其母，以知其子，則推五行之循環，觀四時之變通。典墳所宗，仙聖所宅。凡知之所不能與，思之所不能至，自非極深而研幾者，安能總其鉗轄，撮其樞要，而統宗元之會，造妙徼之門也？唯天下之至神，然後能寓衆妙所寄，見朝徹之獨，而得其闔闢關鍵之原，則有之以爲利，無之以爲用，不知其盡也。

一本「哲」字下續一百一十四字，非也。

〔一〕「世」，據四庫全書本六韜，疑作「勢」。

黃帝陰符經注〔一〕

給事中沈亞夫注

序

夫陰符三百言，旨歸一也。世人多罔測玄奥，談道兵法人事者，非耶。太玄曰：「陽推五福以類升，壽富康寧，好德終命。陰幽六極以類降。」凶短折疾，憂貧惡弱。聖人敷演，天一地二，三生萬物。稟一炁而生，是以修心合性，修性合炁，炁合虛無，虛無合體。然後執天行道，觀象法言，測三要之奥文，鍊五行之正炁。陶甄日月，潛運坎離，察陰陽造化之權，通天地發生之理。經曰：「日月有數，大小有定，聖功生焉，神明出焉。」大哉！深窮妙旨，洞測真源，得之則長生，失之則輕命。有以見「演道」、「演法」、「演術」三字，古聖賢秘而存焉。乃天機密也，不

〔一〕此書見於通志著録，當出於北宋。作者沈亞夫，生平無考。序言所引經文與正文經注不同，或非出於同一作者。本書文字取自正統道藏，校以道藏輯要本。

可輕泄。

今略注解，用導精微，直貴無文，易明大意。上則神仙抱一演道。夫演道者，還丹抱一之門，運炁走朝泥丸。如炁丸轉上朝天也。人之元炁走於首，爲之「道」字。仙經曰「長生不老，還精補腦」，太清玉訣曰「若到河車地，黄金滿我家」，是也。中則富國安民演法。夫演法者，中去邪欲之心，上朝淳坎之水，爲之「法」字。是心爲帝王，坦然得一，正其法度，富國安民也。太清玉訣曰「若到褐河津，造白色藏真」，是也。下則强兵戰勝演術。夫演術者，木生火，離中虚，是水也，坎中實，是火也。是以中心行真水真火，相伏爲之「術」字也。太清玉訣曰「若到紫精丹，不死亦不難」，是也。

演道篇第一

觀天之道，執天之行，盡矣。

君子仰觀天道，運行不息，合法順動，固其性命，乃保毓天數，盡矣。

天有五賊，見之者昌。

天有五賊，五行也。日者，火也；火生於木，木克土。月者，水也；水生於金，金克木。見五行相賊相生，是爲寒暑。故曰：予仰視天文，盜五行順逆，得其次序，則天命昌延，乃長生之大本。

五賊在乎心，施行於天。

天有五星，人有五臟，應眼耳鼻舌心。心者，五賊之首，是以觀於五星，經緯萬象，内外相成，執天之道行矣。

宇宙在乎手，萬化生乎身。

君子曉達真源，譬天地在乎手，造化生乎心，知萬物禀一炁，生萬物之身也。

天性，人也。人心，機也。立天之道，以定人也。

天命之謂性，人也。人心機變，測造化之功，定行天道無差失也。

天發殺機，龍蛇起陸。

三陽之月，陰陽交泰，水火相賊，乃天發殺機。有雷霆風雨振動，龍蛇出蟄，萬彙發生，見生殺之權，備矣。

人發殺機，天地反覆。

凡人心不可動，動則吉凶悔吝生焉。天地非反覆。天者，聖人也。地者，臣道也。反覆者，順逆也。六順六逆不常，則乃爲之反覆。聖人不動心，則順天之命。小人逆行機，則不盡天數矣。

天人合發，萬變定機。

聖人合天道機衡，當無差變，乃定其心機，是故守一。

性有巧拙，可以伏藏。

夫人巧拙之性，坎離之象。巧則既濟，拙則未濟，故伏藏於丹田。丹田者，精炁之元也。

九竅之邪，在乎三要，可以動靜。

人身之九竅也，心正則九邪不能入。三要者，陽之正數也。三三如九，陽炁足，則動靜無姦邪可入。

火生於木，禍發必剋。姦生於國，時動必潰。知之修鍊，謂之聖人。

火生於木。陽炁之盛，則戒之在鬥，戒之在欲，勿令姦賊生焉。君子修身鍊行，然後治國安民，聖賢之人也。

演法篇第二

天地，萬物之盜。萬物，人之盜。人，萬物之盜。三盜既備，三才既安。故曰：食其時，百骸治。動其機，萬化安。

三生萬物，含正陽之炁。一炁盜受，七日來復，乃三才得一而備。人既盜萬物之始，日用而不知。知之者長生，形骸無變，萬化自安也。

人知其神，不知其不神所以神也。

人之有三萬六千神光，故多欲，則耗竭精神，故不神也。易曰：「陰陽不測之爲神。」抱一存神，所以神也。

日月有數，小大有定，聖功生焉，神明出焉。

日則火之精，晝夜行一度。月則水之精，晝夜行一十二度半。是故君子盜水火之數，小大運動，乃有殊聖之功也，神光出焉。

其盜機也，天下莫能見，莫能知。君子得之固躬，小人得之輕命。

故賊盜天機，造化運動，愚者莫能見，莫能知。君子得之歸真，小人逆之亡命。

演術篇第三

瞽者善聽，聾者善視。絶利一源，用師十倍。

瞽聾善聽視，則絶利根源。人能專一心，而中道不廢，十倍之功不可及也。

三返晝夜，用師萬倍。

君子專心，反覆晝夜，三陽之時，行用不闕，乃過師之功萬倍也。

心生於物，死於物，機在目。

心既灰而目不外視，生死絶念，乃忘其機也。

天之無恩，而大恩生。

天之不言，日月無私。人能盜餌精華，得不死之術，恩無極則是大恩生也。

迅雷烈風，莫不蠢然。

專一志而慤〔一〕乎不拔，故蠢然而不動也。

至樂性餘，至靜則廉。

性和則包荒有餘，心清則萬化平廉。

天之至私，用之至公。

天垂象，人能盜而行之，至私也。天之造化，無偏無黨，乃至公也。

禽之制在炁。生者，死之根。死者，生之根。

人因炁而生，因炁而死。萬物因地而生，因地而死。人若能擒制，得天地正炁，乃長生不死之根也。禽者，擒縱也。

〔一〕「慤」，疑作「確」。

恩生於害，害生於恩。

萬物春生夏長，恩也。秋殺冬藏，害也。人因婦人而生，乃恩也；因婦人死，是害也。

愚人以天地文理聖，我以時物文理哲。

天文，地理也。天時，地利也。象天體制者聖，順時變動者哲。愚者不能察天時人事。若能合天地化育，與時設教，乃聖人賢哲也。道者靜之本，靜者天之機。動則觀其變，變則察其象。故造化動靜，陰陽相推，是以合天運數，不可差忒。太玄曰：「夜則測陰，晝則測陽。」乃聖人通達玄理，固蒂性命，潛機不宰，至論無窮。今談兵法人事者，豈不遠哉？〔一〕

〔一〕此段小字在正統道藏本爲雙行小字，在道藏輯要則爲單行另排。或與序文同出一人。

天機經 解陰符也。〔一〕

敘曰：有其〔二〕機而無其人者敗，有其人而無其道者敗。故易曰：「即鹿無虞，惟入於林中。君子幾，不如舍。往，吝。」故聖人觀其時而用其符，應其機而制其事，故能運生殺於掌内，成功業於天下者也。易曰：「君子藏器於身，待時而動。」是以聖人保之於靈臺，以觀機變，卷之則自勝，舒之則勝人，察之則無形，用之則不極。易曰「陰陽不測之謂神」，而陰符象之矣。故聖人不測之符，陶均天下而無所歸怨矣。夫天爲地主，道爲德君。故聖人奉地而法天，立德而行道，舉天道而爲經首，明地以奉之。易曰「乃順承天」，待時而動。是故聖人將欲施爲，必先觀天道之盈虛，後執而行之，舉事應機，則無遺策。易曰：「後天而奉天時。」

〔一〕崇文總目和通志均著録有陰符天機經，未知是否此書，無作者記録。有學者認爲此書即郡齋讀書志著録的天機子。現存最早文本見於雲笈七籤卷十五。本書以正統道藏内雲笈七籤所收天機經爲底本，參校四庫全書内雲笈七籤以及正統道藏内單行本。

〔二〕「其」，原無，據四庫全書本補。

昌

夫聖人法地而奉天，立德而行道。居天地道德之間，建莫大之功者，未有不因五賊而成也。五賊者，其一賊命，其二賊物，其三賊時，其四賊功，其五賊神。皇帝王霸，權變之道也。是以聖人觀其機而應之，度其時而用之。故太公立霸典而滅殷朝，行王風而理周室，豈不隨時應機，驅馳五賊者也？故聖人立本於皇王之中，應機於權霸之内，經邦治身，五賊者備矣。則天下望風而從之，竭其性命，而無所歸其恩怨也，乃謂之曰有道之盜，無形之兵。嗚呼，寇莫大焉！五賊在心，擒縱在手。治身佐世，莫尚於斯。經云「見之者昌」，不亦宜乎？

身

術曰〔一〕：夫人心，身之主，魂之宫，魄之府。將欲施行五賊者，莫尚乎心。事有所圖，必合天道。此則宇宙雖廣，覽之祇在於掌中；萬物雖多，生殺不離於術内。則明天地不足貴以遠以厚，而況耳目之前乎？

〔一〕「術曰」，正統道藏單行本無此二字。

機

夫殺機者，兩朝終始之萌，萬人生死之兆，處雲雷未泰之日，玄黄流血之時。故天之爲變也，則龍出於田，蛇游乎路。此爲交戰之機，故曰「龍蛇起陸」。人之爲變也，則春行秋令，賞逆罸忠。此爲顛墮之機，故曰「天地反覆」。天人之機同時而發，雖千變萬化，成敗之機定矣。

藏

夫仁者必有勇，勇者不必有仁；智者能愚，愚者不必能智。故聖人時通則見其巧而建其功，時否則見其拙而昧其迹。故孔明序曰：「太公八十，非不遇也，蓋審其主焉。」嗚呼！性命巧拙之時，識達行藏之勢，可以觀變察機，運用五賊。所以然者，夫聖人所以深衷遠照，動不失機，觀天料人，應時而作。故易曰：「知進退存亡而不失其正者，其惟聖人乎！」

静

夫九竅者，在天爲九星，在地爲九州，在人爲九竅。九竅之氣不正，故曰受邪。受邪則識用偏，識用偏則不可發機觀變。故九竅之急，在乎三要，太公曰耳目口也。夫耳目口者，心之佐助也，神之門户也，智之樞機也，人之禍福也。故耳無聰不能別其音，目無明不能見其機，口無度不能施其令。夫三要不精，上不能治國，下不能治家，況兵者乎？懸人之性命，爲國之存亡，靜動之間，不得無事，豈可輕而用之？

人

夫火生於木，火發而木焚；國生於姦，姦深則國亂。亦猶蠹能作蠹，蠹成則殺其身；人能生事，事煩則害其命。非至聖不能修身鍊行，防之於未萌，治之於未亂。夫十圍之木起於拱把，百仞之臺起於足下，治小惡不懼，必成大禍。嗚呼！木不相摩，火無由出；國無亂政，姦無由生。有始有終，是非不動。能知之其惟聖人乎！

安

萬物盜天地之精以生成，人盜萬物之形以御用，萬物盜人之力以種植。彼此相盜，各獲其宜，俱不知爲萬物化。故能用機者，法此三事，以道之盜而賊於物。物亦知爲盜之道。所以然者，貴得其時也，貴得其機也。故曰合其時而食則百骸治，應其機而動則萬化安。乖時失機，則禍亂生也。

神

老君曰：「功成不有，爲而不恃。」此全生立德之本也。夫小人者，貪其財則以身徇利，愛其名則以力爭功，矜炫神迹而求神名，物共嫉之，必喪其命。欲益招損，是不神矣。

夫君子建大功而不恃，防小禍於未萌，退己進人，推能讓物，物共戴之。故不奪其利，自發神智；不能爭物，物共讓之；不居其後，爲損招益。是以至神矣。故老君曰：「爲者敗之，執者失之。」誠哉言也！

聖

假如千年一聖，五百年一賢，應日月之數所生，而大小之人定矣。夫大人出世，應明德而建聖功；小人當時，則廢正綱而生禍亂。故太公説於西伯，知人望而已歸周；劉琨表於琅琊，識天時而未離晉。陵母自死，知明主之必興；括母不誅，見趙軍之必敗。故天道人事，賢者可以預知。佐非其人，夷於九族。故易曰：「長子帥師，開國成〔一〕家。小人勿用，必亂邦也。」

命

夫成敗之道未形，死生之機未發，小人能見，君子能知。則易見而難知，見近而知遠也。夫見機者則趨時而就利，皆不保其天年；知機者則原始而要終，固必全其性命。

〔一〕「成」，四庫全書本和正統道藏單行本均作「承」，合於周易原文。

倍

瞽者善聽，神不離於耳。聾者善視，心不離於目。其爲聽也，神則專耳。其爲視也，心則專目。耳之與目，遞爲用師。當用之時，利絶其一。心之所主，則無事不精，猶有十倍之利，何況反覆？以此用之三思，精誠一計，順時隱顯，應機行藏，以此用師，固萬倍之勝利。

物

夫人之心，無故不動。生之與死，緣物而然。物動則心生，物靜則心死。生死之狀，其惟物乎？

目

目者神之門，神者心之主。神之出入，莫不遊乎目。故見機者莫不尚乎目，能知機者莫不尚乎心。

蠢然

夫道不爲萬物而生春，萬物感春氣而自生；秋不爲萬物而殺，萬物感秋氣而自殺。其爲生也，不恃其恩，不求其報，故其恩大矣。其爲殺也，不恃其威，不求其懼，其威大矣。凡物，取而得之者小，不取而得之者大。故聖人不取。夫君王有道無道，則人民治亂之機；歌謠或樂或哀，則時年豐儉之兆。時人不能省察，天地乃降徵祥，或五雲騰起，七曜變行，皆因國風，是以然矣。且宋君失德，熒惑守心，及乎謝愆，退之三舍。用今儔古，皎在目前。以彼喻斯，豈勞心術？故智者悟於人事之初，而愚者晦於星象之後矣。

生

老君以無爲有母，靜爲躁君。夫靜者，元氣未分之初，形於元氣之中，故能生天地萬物。亦猶人弘靜，其心不撓，則能生天下萬物也。

勝

勝，浸長也。天地之道，各自浸長。天則長陽也，地則長陰也。陰陽相招，一晝一夜，遞爲君臣，更相制勝，故曰陰陽相勝。夫開國用師，必侵天道，亦猶金火相交，而非交不伏也。天且弗違，而況於人乎？

順

易曰剛柔相摩而生變化。變化不慝，故曰順也。夫人之育身治性，尚不可逆時爲之，而況經邦佐世之雄哉！

契

至聖之道，窈然無爲。無爲則無機，無機則至靜。夫律曆之妙，動則能知。體既虚無，莫得施其管術，亦猶兵者不失其機，不露其釁。雖有智士，從何制焉？

象

奇器者，陰陽之故，能生萬物，亦猶人心能造萬事象矣。進前，象狀也。八卦六甲，鬼神機密之事，剛柔相制之術，昭昭乎前列其狀矣。

黄帝陰符經解〔一〕

同知建隆觀事賜紫道士保寧大師臣蹇晨解

序

夫人生天地之間，禀形者父母，受炁者陰陽，載萬物者身也。然身與道應於物，幽契乎人心者，唯陰符而已。昔庖犧氏没，神農氏出，黄帝作書契，使倉頡觀鳥獸之形與天地之儀，運用萬物之象，制爲文字。鬼神泣其大道裂，於是乎道一變至於事，事一變至於機。而機之用也，上有道德治國之行，中有全身保命之術，次有霸業安邦之理，備而無遺。當是時也，黄帝始祖，道家者流，欲廣真風，得元女三百餘言，復繫以一百餘字，總萬化之機權，統群靈之妙用，藏微隱妙，該天括地。其經簡，其義深，理歸於自得者也。

〔一〕此書見於通志和子略，均記爲蹇昌辰著，現僅存正統道藏本。作者爲北宋道士。序言署蹇昌辰，但是經題下署「同知建隆觀事賜紫道士保寧大師臣蹇晨解」，據劉師培考證，應爲蹇昌辰。丁培仁求實集對蹇氏道士有考察。

竊嘗考諸家注解，理各異端，義執偏見，徒知陰符爲黄帝之法言，非元女之所授。然觀内傳所載云：黄帝得元女授陰符經義，能内合天機，外契人事。則三百言實元女之所授，而百言乃黄帝之演釋者也。故辭要而旨遠，義深而理淵。觀其「爰有奇器，是生萬象。八卦甲子，神機鬼藏。陰陽相勝之術，昭昭然進乎象矣」，知此則陰符之義盡矣，後世不可以加諸。昔者，孔子之講易而繫其辭，則易之道無餘藴。誠書不盡言，言不盡意，復何言哉？臣所以輒删諸家舊解，創爲新注，所顯證用，貴無錯焉。且黄老設教，道貴集虚，高言廓論，離世異俗，不誘塵俗之耳目，唯露聖賢之腹心，玩志者得其衆妙，博物者造其至微，制自三皇，道敷萬代，益聖主之謀，資賢臣之用。上至秦漢，下及隋唐，將相名臣，高真逸士，箋注者不勝其數矣。今陰符之用，妙在天機。苟造乎心，豈云小補？

蹇昌辰謹序。

陰符經事迹

昔西王母降於王屋山，授帝兵法，用戰蚩尤於涿鹿之野，以剪滅妖孽，除天下害。然後治邦國，立社稷，分土地，封諸侯，五行定，巨盜除。王母再遣元女，授帝秘訣一十九章，陰符三百餘言。至於金丹玉篆之文，寶符飛空之術，入火履水之法，無不備焉。黄帝乃建迎仙之宮，修登真之要，出靈章秘書以廣道教，施之則六合之内無不濟也。自洞庭跨火龍上升，群臣葬劍履於巴山，具史明矣。傳示此經，使後世體而行之。故仁者見之謂之仁，智者見之謂之智。悟之者，大抵在乎序道法術，以顯仁藏用。覽之者，理歸自得者也。

神仙抱一演道章

惜精保炁，神則存焉。得道不死，名曰仙焉。是故神仙之道，應人如谷神，老氏所謂「谷神不死」是也。人之所存者神，所過者化。抱一者，則萬物負陰而抱陽，故謂之道生一。設數僅萬億兆，而皆自一之起。此章欲浩博該備，如水中月，無不現矣。故標章上。

觀天之道，執天之行，盡矣。

天道運而無所積，故萬物生。是故物有象而可觀，道無形而可得，是物既自得矣。而知天之所爲，默而應化，是執天之行爾。行也者，不住之相，是道之循環如樞，始得其環中，故應無方。天也者，廣大悉備，包總群靈，以虛爲守，以寂爲宗。使人心若太虛，觸物合道，不凝滯於物而不動也。人既虛己以待物，則物莫不應焉。是物我兩忘，乃契妙用也。有受道之質，則毋意毋必，毋固毋我，動合神機，左右逢其源，是聖人無爲無不爲矣。夫如是，則全之盡之也。由此觀之，觀者觀其心，非目之觀也；執者執其心，非手所執也。無觀無執，天道得矣。

天有五賊，見之者昌。

設物之理，是賊功、賊巧、賊時、賊物、賊命，皆天之所爲，非人之所能爲也。然大禹賊功，公輸賊巧，孔聖賊時，范蠡賊物，老彭賊命。故賊者，取也。是五子善天機，而爲内聖外王之道。且五賊者，譬而言之，在天則爲五星，在地則爲五嶽，在人則爲五臟。該而言之，總五賊之術内，在道曰仙，在儒曰元。遠取之則外物也，近取之則内欲也。中主内欲，心役外見。雖居山林而不内息者，名曰坐馳，且喪其天真，是不識五賊之藴，而生内熱，擾其胸中，莊子謂焚其天和爾。夫人之性好尚不同，在彼非此，處此非彼，各滯偏見，不能應於無方。故見之者則大全之士，動必識機，故能役物，不爲物役也，與道爲主宰，不逐物遷。則五賊之喻，以譬之前境。心既見之，則在我提挈之内。善用之則爲五德，不善用之則爲五賊，故爲昌也。

五賊在乎心，施行於天。

彼五賊之用，施於天地人間，未嘗不在焉，止於心而已矣。故道在物，心在身，道不爲物遷，心不爲身動，則確乎其不可拔。是有道之人，制治於未亂，保邦於未危。一機動則百神隨，天之遠耶？何其至耶？是念之所至，以應於天，又奚遠近乎哉？此言心之運者如此。

宇宙在乎手，萬化生乎身。

輕清者天，重濁者地，宇宙乃上下之至極。何宇宙之所在而手能執耶？老氏謂「執大象，天下往」。手者，掌握天地，輪次陰陽，顧大道推移，如運之掌上，誠「宇宙在乎手」也。神仙亦曰：「有人識得造化機，手摶日月安爐裏。」如扣妙門，憑乎匠手。此言幽遠，文不可顯。萬化者，物之總名。而云「生乎身」者，蓋身者生之質，惟人萬物之靈，身鍾天地之炁，空中四大，無不蘊焉。首圓象天，足方象地，中和乃身。身亦一天地也，列子謂「天地，空中一細物」。豈不以萬化生乎身耶？觀其身，則萬化之生可知矣。

天性，人也。人心，機也。

富與貴，是人之所欲。貧與賤，是人之所惡。人之性也，好生而惡死，就利而去害，皆賦之天也。如人求一理，悟一法，成一事者，由習而得之。故天資之性，未有不求而得，心懷遠望，修其身而就之。鄙之者謂之妄想，殊不知妄想乃致道之梯也。故天之性，人使之爲也；人之心，機使之爲也。人所居，靜則心也，動則機也。況天機一發，則可以坐進此道，又豈可與剪剪者言哉？方其人可知矣。

立天之道，以定人也。

天道靜而人道動，動而與陽同德，靜而與陰同波。寂然不動，感而遂通者，聖人以虚受人，則能返照也。人道易動而難靜，能知其靜，乃應於天。老氏所謂「歸根曰靜，靜曰復命」，謂定然後能應，則窮理盡性矣。故立天道以法人。人若知天之默默，故能體變化而去塵垢，心若明鑑，應物無窮，與天道同遊，於人道又奚遠者耶？

天發殺機，龍蛇起陸。人發殺機，天地反覆。天人合發，萬變定機。

天人之道遠而應近。與時偕行者，是應天順人。如不得時而動，終莫能會機契運也。且夫域中四大，至高者天，尚不敢擅發於人，恐龍蛇之起陸。故龍隱於水，蛇藏於澤，不藏而交相於陸，是彰天之發也。人不得天時而動，則天地晦冥，陰陽錯序，變晝爲夜，以示人之擅發。故天得人而行，人得天而動。若人識機以時而動者，雖鬼神莫敢測其情，陰陽莫敢知其奥，發號施令，必不徒然，是謂合發。人之運心合道，默契天真，則三才定其位，五老舉其功。如古之八百諸侯，同會於孟津之上，豈不謂天人合發乎？治道者無以因循而舍之，考稽古以用之，積功行以求之，則不失其志。且靜而聖，動而王者，是道合乎人天。天且弗違，而況於人乎？此天人合發之時也。

性有巧拙，可以伏藏。

巧拙之性在乎人，可以屈，可以伸。見機而作，藏器於身，待時而動，使人見其顯而不見其隱。蓋有自得之場，而能全身遠害，以亡後悔者也。道德之人又何加焉？故曰：「國之利器，不可以示人。」則大巧若拙，不厭深藏，返而用之，則爲貴矣。

九竅之邪，在乎三要，可以動靜。

前賢以視聽、食息、大小爲九竅，以設三要，戒其動靜，不失其真。蓋人之炁，散太虛則無形，聚身中而應事，以爲動靜之宜。然一身之主，唯心有九竅，故謂之心之邪在乎三要。故治炁養心之士，身要正，意要直，心要平，乃制心之三要，非耳目口鼻之九竅爲之三要也。動靜於人，炁使之然。持其志，無暴其炁；正其心，無思其邪。故詩三百，一言以蔽之，是曰思無邪。此誠得内養其天真也。

火生於木，禍發必剋。姦生於國，時動必潰。知之修鍊，謂之聖人。

夫木生火，反自剋。人生事，反自賊。故火木之喻，在人爲無明，乃畜積怒炁，不自調制，内焚天和，而致於殂也。若之人識自然爐鼎，修之身，其德乃真。是人能體天法道，使國無姦臣，身無僞行。而近聖之徒，猶迷而失之。望聖之人，何胡越之遠哉？

天生天殺，道之理也。

物之儻來曰生，物既去矣曰死。生者春之萌芽，死者秋之零落。人之有生，一炁而聚之。人既有死，一炁而散之。則物與人，來去死生，未嘗息焉。是道之所理而致於斯。

萬物興廢，人有起滅，然天地陰陽必然之理也。生死代謝，凡聖共知，故不昧靈原，隨物遷徙，則同乎象帝之先，又孰擬議乎誰氏之子哉？蓋生殺之常，猶寢猶覺，自古以固存。

富國安民演法章富國者，資身也；安民者，息欲也。

天地，萬物之盜。萬物，人之盜。人，萬物之盜。三盜既宜，三才既安。

天地育萬物也，或生或殺。萬物又盜天地，而不生不殺。人盜萬物，而生而殺。人又盜萬物以資養。是天地人遞相交取而成三才者，輪轉和合也。故天地萬物與人而成其變化，故曰「三盜既宜，三才乃安」。

故曰：食其時，百骸理。動其機，萬化安。

食者，接炁也。機者，天時地利也。食失其時則百骸病，機輕於事則言必危。萬化者，萬國也。主上明，萬國安。人心和，萬緣息。蓋養生之道與治世之機彼此一也。

人知其神而神，不知不神而所以神。

神者，妙用無方，人不得而知之。彼神而自不知其神而神，則人與神是有無也。人有而無也，神無而有也。有無無有，是人與神而共之，總出心之蘊也。潛天而天，潛地而地，惟心神其能耶？是誠之至則神感人，故神無方也。在物感物，在人感人，具一切萬法。在在處處，目擊而道存，是神之所爲矣。

日月有數，大小有定。聖功生焉，神明出焉。

日者，月之積。月者，年之積。紀期十二月爲一歲。是日窮於次，月窮於紀，定三百六十日爲一終。年或大小盡，以增減陰陽消息之數。故五歲再閏，以補周天之闕。於是聖功神明以之生，以之出。故人之生，有貴賤賢愚之不等。唯得道者，能逃甲子之數。甲子者，天地之總目。聖功陶焉，神明鑄焉。次爲萬物之靈，使君臣、父子、夫婦、萬物盡歸於倫序。謂一千年而生聖，五百年而生賢，豈不係神聖之陶鑄乎？荀子謂「天地生君子，君子治天地」，如論道經邦，燮理陰陽者，非人能之，是聖與功、神與明之所爲也。

其盜機也，天下莫能見，莫能知。君子得之固躬，小人得之輕命。

機者，得失之變。使天地萬物人理，爲之否泰、興亡、損益、可否、盛衰，皆機之變也。故盜機者，是奪造化於胸臆，拈宇宙在掌中。故人不測其由而成其功業者，機使之然也。上爲衮職，中爲臣道，下爲家節，施之於三才，無不濟矣。大與天地同表，細與毫髮分形，不湛不寂，不濁不皎，所謂磨而不磷，涅而不緇，乃機之妙也。如此世之物，有象而可觀，人得而見之。盜之機無朕兆，人莫得而知之，故機事不密則害成。君子得之固躬者，得其機也。小人得之輕命者，失其機也。世之人鄙俚蔽性，而不知盜機之用也。所以固躬輕命，在君子小人而顯之。

强兵戰勝演術章 兵者，固國之本，可使强，不可使弱。以戰則勝，是强敵者也。主有三軍之威，不施以安天下。立太平之基，在兵之强，兵之能。遇敵則勝，此國之兵也。人之兵者，則不然。老氏以人之兵，謂「佳兵者，不祥之器」，非君子之器。不得已而用之，恬淡爲上。用兵之機，要在勝而不美。而美之者，是樂殺人者，不可得志於天下。是人兵之輕敵也。輕敵者，幾喪吾寶。不善戰者，而失其真源。大軍之後，必有凶年者也。黄庭内景云：「長生至慎房中急，如何死却令神泣？」此道是賊命之術，惟黄帝、老彭爲善得也。身兵臨陣，恐帥易動，故言以喪禮處之。以道言之，可制治於未亂，保邦於未危。戰罷陰魔，珠珍滿室。故曰：「金玉滿堂，莫之能守。」體道之者，人兵在身，可宜知也。

瞽者善聽，聾者善視。絶利一源，用師十倍。三返晝夜，用師萬倍。

聾瞽之輩，雖偏失耳目之不全，而致於無聽之以聲，非視之以目，惟内聽之於心，神專一也。故云絶利一源，而致十倍。若更三思，可敵萬倍。今人六根具，十相足，以視聽，終莫能全其耳目，而弗若聾瞽之用心真矣。師者，衆也。衆人雖備耳目，而皆外失於視聽。彼之人不足於耳目而聾瞽乎？彼人以内得之於心，是忘耳目而視聽乎？故至人用心若鑑，瑩然而外塵，不私容物，而無私也。

心生於物，死於物，機在目。

居中虚以治五官者，心也。惟心者爲萬法之源，有生之時，不若未生之時。何哉？有生者因心之所役，以致於見利而動，覩名而念，爲財而競，睹色而思。皆物之役人心，使不得盡其天算，而中道至於夭亡。由此觀之，是人因心而有生死，未生則無有此也。老氏謂「爲腹不爲目」，使内觀無外視，免景動於心也。至乎達法成聖，悟道成真，捨此心，又何達悟乎？「機在目」，蓋人之心居内，以應物於外也。

天之無恩，而大恩生。

璇璣斡運，大道元虚，無一物而加於恩，自以恩矣。故萬物職職，皆從無爲。植而恩者，化物之功。物之有功，以成於大道之序。天何言哉？四時行焉，萬物生焉是矣。

迅雷烈風，莫不蠢焉。

雷風迅烈，天地之剛炁使其然也。夫風雷者，天神之威以震動，驚乎妄作，使之其令以行乎上，亂不敢作於下。且夫作德心逸日休，作僞心勞日拙。使其聞雷霆之聲，而僞者未嘗不介臆〔一〕焉，休者坦然而無慮。是雷風之動，人莫不懼焉。發聲之初，蠢動含

〔一〕「臆」，疑作「意」。

靈，皆蘇變化矣。

至樂性餘，至靜則廉。

性者心之生，性餘則至樂。靜者性之本，至靜則行廉。放之而不執者，則無著物於動靜，以害其生。人之所貴，在於至廉，而不在於至樂。故至樂則神清而且靜，以爲受道之本，故清靜爲天下正道之用矣。

天之至私，用之至公。

天道遠而至私，物可容也。人道近而至公，物無逃也。可容者惟天之所爲，不可逃者是公之所理。統而言之，至私至公，在反掌之間乎？放之於道，則天之可違。使之於人，惟公不可庇。何哉？道以善而用之，故成其私。公以刑而理之，故不可避。使至公不加於民，則人道闕矣；至私不容於天，則物理闕矣。道之以公私之用，是善惡之教化也。故君得之而盡君道，臣得之而盡臣道，然後可以移風易俗；治道之士，得之私可以運於心者，是謂曲則全也。

禽之制在炁。

二足而羽謂之禽。禽者心，爲朱雀也。人之有炁，則喜怒哀樂取捨使之也，皆是心之不能善制，至乎毗於陽則喜，毗於陰則怒。嘗試論之，炁果可制乎？炁者所適，善惡之馬也，或人曰意馬也。是皆炁之用，唯其心之運。故善炁之士，既調伏心，可知也。是治炁養心之道得矣，故喜怒不變其容，榮枯不易其操。乃主宰已定矣，又誰毁誰譽乎？不逐其物遷，是制情之至也。

生者，死之根。死者，生之根。

生死在人，如晝夜不息。此生者死之本，有生必死。死者又爲生之本，死既去矣，必又生焉。如是出没，溺於六道，何有不生生不死死乎？死生果有議耶？無有哉！蓋古聖人棄之於六合之外，論而不議。今夫不生生者，脱此形骸而去，得道成真，寂然靈源，同於虚空，證入無爲，出三界外，與諸真列位，又何生乎？既生必死，又不死者，率逍遥之性，納沆瀣之精，吸風飲露，辟穀餐霞，堅固色身，積三千功，累八百行，功成行滿，一旦輕舉，飛遊大羅，與真仙會。是色身而去，又何死死乎？死必有生，是有無休止。老氏謂：「吾有大患，爲吾有身。及吾無身，吾有何患？」蓋言不生生而不死死。人之道則不然，是不出生死之路，以致於輪迴。

恩生於害，害生於恩。

施人曰恩，殘人曰害。此恩害顛倒。任道之人，先勞其筋骨，枯槁其性，以動爲静，用晦而明，此去道則一間耳。故久寓寂寞，而身登聖人之閫域者，是害生恩也。恩生於害者，言人富貴之際，縱其所爲，因其所欲，而不知修身。身既脱去，神聖不與提挈，散入諸趣，可不傷乎？故恩害二途，不可不察也。

愚人以天地文理聖，我以時物文理哲。

茅塞之徒，倥侗顓蒙，聰明不開，謂之愚。愚人之性，不博物，不知道，不率教，以謂天地何物也？文理何道也？故見之爲聖，則罔知於何故。「我以時物文理哲」者，是知人則哲。又，哲，智也。既知人，則己可知矣。己可知，則博物辯道，定是與非，是智之使用也。機謀籌策，靡不在焉。圖富貴則富貴，圖長生則長生。是時物文理皆在我之彀中，屬我指撝之内，道之能乎哉？奪其時物文理以爲哲，是道德之全矣。

黄帝陰符演章此之演章，黄帝之所述也。然陰符辭約而旨遠，義深而理淵。續其旨歸，演釋經意，使後世之學者觀其辭，則其經旨思過半矣。

哲人以愚虞，我以不愚聖。人以期其義〔一〕**，我以不期其聖。**

士有道而晦迹，謂大智若愚。故和同天人之際，使之無間者也。是修混沌氏之術。人

〔一〕「義」，疑作「聖」。

内藴賢哲之心，外肆愚俗之路，以遁世爲不材之木，使終其天年。此哲者之所見也。「我以不愚」，是黄帝辭，以譏斯人之輩恐没世而無名稱焉。故大冶造物，爲蒼生而降靈，使之爲賢爲哲，沛澤利世。今放而不仕，得非高尚乎？老氏所謂「功成名遂身退，天之道也」。聖人期其天生聖人繼，賢人以輔之。如高宗夢得説，是高宗耶？是傅説耶？自天使其然哉？「我以不期」者，蓋體自然之道，欲心與天數合，必無苟進，動必合時。於是乎，賢不晞愚聖，不期物我也者，是執天之道，使陰陽鬼神莫能得而知之。

沉水入火，自取滅亡。

陰中之陽曰火，陽中之陰曰水。火則離也，水則坎也。今玄牝之門，是謂天地根。亦人倫之紀，男女之序。欲性不可除，止在於有節。故水火之喻，則鉛汞之合，虎龍之媾，任用稍荒，幾喪吾寶矣。

自然之道静，故天地萬物生。

我無爲而民自化，我好静而民自正，此自然之道也。夫天地者，萬物之父母，不以生爲生，而况於萬物乎？萬物者，輔道之總名。而道體自然之情狀，故萬物生焉。

天地之道浸，故陰陽勝。

天施地生，其益無方。天道以静，地道以動。動静失常，陰陽錯序。今至大者天地，尚不能盈溢，而人豈可以逾矩矣？

陰陽相推，變化順矣。

天地之二炁曰陰陽，推遷於萬物。故其變化者，是順陰陽之循環也。今旦暮之徙，剛柔之行，死生代謝，寒暑迭遷，凡物流動，人之常情，未嘗有一物而出乎陰陽之度數。但六極冥冥，皆被其陶鑄矣。

是故聖人知自然之道不可違，因以制之。

自然之道，不與群物偶。故聖人知其不可違者，因其常數也。所以人法地，地法天，天法道，道法自然，豈更有違其自然之道也哉？

至靜之道，律曆即不能契。

道之至靜，律曆即不能契，是度數也。人在五行術內，不造其機，豈可以超凡入聖也？人若達於至道，豈可以律曆而測乎？自然之道，虛心實腹，方可語於道之涯約。若機械稍在於胸中，去道一何遠哉？

爰有奇器，是生萬象。

奇器者，是受生之質。言道與之貌，天與之形，爰有則，夙有其靈明也，萬象則一身備矣。

八卦甲子，神機鬼藏。陰陽相勝之術，昭昭然進乎象矣。

八卦甲子，神之機，鬼之藏。機藏之用，唯鬼神而能之。故道之爲萬化也，無一物而不備，無一人而不全。八卦甲子，天地之機權，神鬼之妙用，故望之無際，處之無中，居不有方，出而無體，乃陰符之盡理矣。重言陰陽相勝之術者，此賊命之機，後世籛鏗、容成氏之所得者是矣。昭昭，則明明也。進乎象者，是大過卦中九五，枯楊生華之義。若契會卦炁，抽添之象，消息之微，識鼎器之法，保精運炁，則能使陰陽相勝。老氏所謂「古之善爲士者，微妙玄通，深不可識」，此言要道也。然後進退用其爻，動靜合其卦，故離得陽以兆形，坎得陰以成體。是之謂一陰一陽之謂道，繼之者善也，成之者性也。則陰符妙義，非高真上仙之資，其孰能與於此？玩之者可以心知，不可言告，故百姓日用而不知者是矣。

黄帝陰符經頌[一]

元陽子頌

神仙抱一演道章上

觀天之道，執天之行，盡矣。

在天垂象化元精，至道沖和在杳冥。得一觀天無別行，太陽元旨盡分明。

故天有五賊，見之者昌。

惠覺心通九一光，五星衆會入離鄉。若教浮世因修得，黄帝徒誇五賊昌。

五賊在心，施行乎天。

[一] 通志著録元陽子作頌陰符經，未知是否此書。元陽子當是托名。金晶論曾引用此中詩句，或出於北宋。以其中禪宗故事推測，不早於南宋。歷史上出現過不止一種陰符經頌，也有不同時代的人號稱元陽子。元陽子或者是本書作者的别號，或者是作者假托了唐代的元陽子寫了這部著作。目前所見其他署名元陽子的作品和黄帝陰符經頌風格迥異。本書文字取自正統道藏，參校道藏輯要本。

五賊剋伏轉天關，次第分飛證九還。咫尺金華門豁啓，淮南王採不爲難。

宇宙在乎手，萬化生乎身。

妙手能搏日月光，出身萬象卦牙黄。道之宇宙無瑕謫，不悟焉知坎裏陽。

天性，人也。人心，機也。

天利人和宇宙同，人心至感道機通。靈元豈是無情物，得路焉知成有功。

立天之道，以定人也。

天一陽光顯照西，木三青氣以爲妻。水銀不是真鉛力，坎子如何認得圭。

天發殺機，龍蛇起陸。

天補將軍丙化權，龍蛇出陸罷潺湲。太清海變蓬萊島，鎮在庚辛位獨尊。

人發殺機，天地反覆。

人興殺氣布炎宮，猫鼠交馳不見蹤。既濟往來龍虎見，坎離翻覆定難窮。

天人合發，萬變定基。

人天定迹合雙弦，進退輝光曉夜遷。萬變既通神室內，本基剛定一丹田。

性有巧拙，可以伏藏。

積德圓成大辨音，智愚人法兩機沈。目前雲路道非遠，拙解應難爲得心。

九竅之邪，在乎三要，

有鼎防姦應八門。密封三要制陽魂。復爻運轉通消息，申得功成直至坤。

可以動靜。火生於木，禍發必剋。姦生於國，時動必潰。

木生真火禍成恩，轉體剛金位更尊。法象不全仁義亢，路元何處覓姦門。

知之修鍊，謂之聖人。

仙骨能通上下真，知之重顯不凡身。鍊鉛若得流珠住，太陽應力助於人。

富國安民演法章中

天生天殺，道之理也。

赤髓生來降白天，遇陽與殺却歸鉛。水銀一味仙家禄，住火應知不偶然。

天地，萬物之盜。

天地元開覆載門，森羅萬象液乾坤。可憐造化區區盜，五賊交横曉夜奔。

萬物，人之盜。

人求地利顯多同，興廢焉知造化功。恍惚有鉛何不盜，悠悠虚過百年中。

人，萬物之盜。

饑食寒衣養色身，不知浮幻盜心神。何如究取陰符理，免被榮枯賺殺人。

三盜既宜，三才既安。故曰：食其時，百骸理。動其機，萬化安。

三盜同元入兑宫，四時遭遇賴金公。仙桃美熟延筋骨，百怪機關速命通。

人知其神而神，不知不神而所以神也。

功道由來立紀綱，有神須假法威光。白金晦迹誰能測，太一知來助聖皇。

日月有數，大小有定。聖功生焉，神明出焉。

魂魄靈蹤九一興，復還交媾定相應。聖功漸覺香氣郁，神裏來宫必上昇。

其盜機也，天下莫能見，莫能知也。

萬萬神機功覆元，人人盡見莫能詮。積陰居解陰知悟，石火光中得遇蓮。

君子得之固窮，小人得之輕命。

道士防姦鍊鼎心，刀圭變老旋填陰。愚夫小利天宫法，輕命唯崇點化金。

强兵戰勝演術章下

瞽者善聽，聾者善視。絶利一源，用師十倍。

視聽行師絶利源，華池截頸削姦煩。採鉛百日仙鄉近，立降流珠封子桓。

三反晝夜，用師萬倍。

日月年開曉夜光，剋時三濟幾相當。筭來萬倍功成歲，顯是長生太上皇。

心生於物，死於物，幾〔一〕在目。天之無恩，而大恩生。迅雷烈風，莫不蠢然。

目分萬望掌乾坤，對境心崇不二門。泄在蠢然恩在己，物標生死住陽魂。

至樂性餘，至静則〔二〕廉。

畢功瀟灑離囂喧，任意遨遊逸道源。守訥固閑廉已静，一鑪丹飯壽千年。

天之至私，用之至公。禽之制在氣。

天之制禽飛入神，舉之功用未惟新。卯生金玉潛通碧，戌亥爲良火要津。

生者，死之根。死者，生之根。

有生根死死爲神，殺汞成丹活得人。若離五行應不盜，未通元理卒難陳。

恩生於害，害生於恩。

月魂恩生胞在離，又憑庚氏奪金姿。當從害上恩生惠，特地全由五兆龜。

〔一〕「幾」，道藏輯要本作「機」。
〔二〕「則」，道藏輯要本作「性」。

愚人以天地文理聖，

從凡入聖歷崎嶇，道合乾坤法有無。衮芥投峰〔一〕還自住，了知元會不同愚。

我以時物文理哲。

四時薄氣在陰陽，神水曾清轉醴漿。平地有鉛鉛豈錫，但窮天理妙斟量。

自然之道靜，故天地萬物生。

二儀交泰氣調和，物象雕鐫似琢磨。動靜全由烏兔力，易元我在石人歌。

天地之道浸，故陰陽勝。

地昇天降理元珠，入妙還同水躍魚。陽動陰消神自聖，日魂月魄昧來無。

陰陽相推，而變化順矣。

相生相剋互包藏，變化鉛飛石鍊鋼。否極泰來歸順矣，眼前誰不是陰陽。

是故聖人知自然之道不可違，故因而制之。

神仙制氣指元機，金石陰陽不可違。惠用一門先聖易，自然鼎道合天機。

〔一〕「衮芥投峰」，典出禪宗故事，當作「滚芥投鋒」。

至靜之道，律曆所不能契。鳥獸之位〔一〕也。爰有奇器，是生萬象。

全陽至靜道沖虛，本末寧教律曆拘。槖籥既無藏鳥獸，彼中方有混元圖。

八卦甲子，神機鬼藏。

離頭坎水巽金精，兑入龍宫震玉清。甲會丙壬乾鬼藏，庚辛機艮必坤成。

陰陽相勝之術，昭昭乎進乎象矣。

姹女求媒欲住顔，黄君聽聖直臨軒。相攜同入金華頂，盡日乾坤掌内閑。

回顧塵凡好忖思，進程有路會仙岐。但求已上陰符理，天道分明有見知。

〔一〕「位」，夏元鼎黄帝陰符經講義作「謂」。

黄帝陰符經講義[一]

雲峰散人夏元鼎宗禹撰

朝散郎權發遣興化軍州事樓昉撰

序

班孟堅志漢藝文，録兵書四種，以權謀言者十三家，以形勢言者十一家，以陰陽言者十六家，以技巧言者亦十三家。雖門分户析，各專其一，然血脉未嘗不相爲貫也。孟堅之言曰：「權謀者，以正守國，以奇用兵，兼形勢，包陰陽，用技巧者也。」然則四家實一家也。雖然，孟堅以形勢、陰陽、技巧總之以權謀，吾獨以權謀、形勢、技巧總之於陰陽。蓋天地之間

[一] 此書千頃堂書目著録爲「陰符經注三卷」，或爲另一傳本。作者夏元鼎，字宗禹，號雲峰散人、西城真人，永嘉人，南宋學者，出入三教，著作還有紫陽真人悟真篇講義。本書文字取自正統道藏，校以四庫全書本。本文校讀得到周學農教授幫助。

一陰一陽而已矣。權謀則有縱閉矣，形勢則有離合矣，技巧則有翕張矣，而所以爲之縱閉、離合、翕張者，陰陽之變化也。故曰一陰一陽之謂道。范蠡之謀吴也，精察於贏縮蚤晏之節，而推極於稻蟹之無種，然一鼓而俘之，既以此謀人之國，亦以此自謀其家。所謂後人發先人，至趍時若猛獸鷙鳥者，非陰陽之用乎？而權謀、形勢、技巧固行乎其間矣。古文〔一〕善爲兵者，未有不通乎陰陽者也。風后之握奇，武侯之八陣，李衛公之孤虚鳥占，特其著者爾。抑又有進此者。張留侯親屈圯上〔二〕之膝，受書於老人。蘇長公深排之，以爲安知秦之世無隱君子者。吾亦以爲秦之世安知無神仙者，子房蓋偶有所遇耳。

陰符經黄帝所著，文詞古奥奇澀，讀者尚不能句，況敢下一注脚子乎？夏君宗禹自浙來閩，手一編示予，則所著講義也。夏君少從永嘉諸大老遊，而竊獨好觀此書，然未盡解也。他日之上饒，嘗默禱曰：「未登龍虎榜，先登龍虎山。」夜感異夢，後遇至人於祝融峰頂，若有所授者。復取是書讀之，章斷句析，援筆立成，若有神物陰來相助。此豈模擬料度如世之箋傳義疏云爾哉？是必有油然自得而默契者矣。雖然，兵與神仙未易言也。言兵

〔一〕「文」，四庫全書本作「人」。

〔二〕「上」，原作「下」，據四庫全書本改。

則流於詭譎變詐，言神仙則流於恍惚誕謾。神仙豈自外求哉？清明在躬，志氣如神，則神仙即兵。通乎神仙則知兵，通乎兵則知神仙矣。种明逸終身隱華山，而累世爲名將。姚平仲京城小不利，或者以爲遁去不死也。特吾儒之所謂神仙者，固在此而不在彼耳。讀夏君之書者，又當以是觀之。

寶慶二年秋八月中浣謹書。

卷之一

經曰：觀天之道，執天之行，盡矣。

天命之謂性，率性之謂道。道也者，非可仰求於冥漠之表也。天道在吾身，我能盡其觀之之妙，則目擊道存，至道不繁矣。要當執天之行，須臾不離。於十二時中，一語一默，一呼一吸，陰開陽闔，西没東升。風雲發泄於七竅，坎離交會於元宮。天以是道而運行乎萬化，我以是道而操履於一身。寒暑同其往來，日月與之交合。乾健以之不息，日用自然無窮。不知我之爲天，而天爲之我也〔一〕。所謂我命在我不在天，其以是

〔一〕「而天爲之我也」，四庫全書本作「而天之爲我也」。

乎？謂之盡矣，不可以有加矣。

天有五賊，見之者昌。

五賊者，五行也。人稟五行於天，天有五賊於人，是豈天不仁耶？非也。五〔一〕行顛倒，大道生焉，順則成人，逆爲丹用。如金木必欲交并，水火必欲既濟；土旺四季，而復以剋水爲功。是五行相賊，道之玄奥。世人安得見此理乎？故見之者昌。亦誠則明，明則著，虚室生白，充實而有光輝之妙也。既曰觀天之道，又曰見天之昌〔二〕，聖人揭大道以示人，昧者當面蹉過。惜哉！

五賊在心，施行於天。

五行五賊，其理幽微。心爲天君，實能主宰。此施行於天，皆在吾心之用。蓋心即天也，天即心也。人能即一心之天，以竊造化之妙，即動静陟降，在帝左右，而施行之際，未知其孰爲天孰爲心也。

宇宙在乎手，

〔一〕「五」，原無，據四庫全書本補。

〔二〕「見天之昌」，四庫全書本作「見之者昌」。

手爲三關之要，學道者當知所先矣。黄庭經曰：「口爲心關精神機，足爲命關生地扉，手爲人關把盛衰。」得非以手者能按天象方隅，推五運六氣？握固以養和，彈指以攝化，診視以知陰陽之候，訣〔一〕目以通鬼神之靈，無一而不在手也。宇宙六合，廣大無際，苟得玄妙，其猶示諸掌乎？參同序曰「運六十四卦之陰符，天關在掌」，是也。

萬化生乎身。

人之一身，一天地也，有陰陽升降，有烏兔出没，有潮候往來，有風雨明晦，有雷電轟閃，有雲氣吐吞，有山河流峙，有草木榮枯，動静語默，闔闢變化，無一不與天相似，信乎萬化所由生也。然有道者萬化生，無道者萬化息，生者與天爲徒，而息者與鬼爲鄰也。可不自愛乎？

天性，人也。人心，機也。立天之道，以定人也。

天人一心，機道同轍。自六欲七情有以奪其性真，則業識火熾，不知其孰爲天，孰爲人，又孰爲機，孰爲道也。上聖洪慈，闡明奥旨，謂性即天也，天即人也。至理渾融，不可致詰，必得其機而應之，則自然吻合。是機也，豈世俗機巧變詐之爲乎？非也，乃

〔一〕「訣」，四庫全書本作「抉」。

機緘之運，不疾而速，機關之應，若合符節耳。人能明此之機，心同造化，自然機應不失，則天道立矣，人道定矣。固非曰捨人道而別立天道，亦非曰先立天道而後定人道也。蓋人道即天道，天道即天機，天機即天性。所謂存其心，養其性，所以事天也。

天發殺機，龍蛇起陸。地發殺機，星辰隕伏。人發殺機，天地反覆。天人合發，萬化定基。

三才異位，生殺同機。然殺者乃所以生之，而生者乃所以殺之也。且陰疑於陽必戰，其血玄黄，是殺機之所寓也。況三陽交泰，萬彙咸亨。天發殺機，下除陰邪之炁，則雷轟電掃，天威赫然，龍蛇蟄藏，不容不起陸於陽盛之時。地發殺機，上承陽剛之運，則湧泉起浪，黄河逆流，北斗杓躔，不容不旋伏於陰陽交勝之際。人識此機，則潛奪造化，旋乾轉坤，翻天覆地，使地天交而爲泰，生殺定而爲功。太白真人歌曰：「五行顛倒術，龍從火裏出。五行不順行，虎嚮水中生。」反覆之機也。雖然，天地與人列爲三才，生殺與機同於一氣。孟子曰，我善養吾浩然之氣，充塞乎天地之間。亦豈捨吾身之外而別有天地可充塞乎？故知一氣之運，非以在天者有餘，而在人者不足。天人合發，不差毫釐。機緘默應，變化萬端。丹基一定，大道滋生矣。

性有巧拙，可以伏藏。

形色，天性也，而技巧出焉。伏藏，待時也，而天機寓焉。有是性則有是機，非曰終於伏藏而無所用心也。所謂懷材養浩明時，正金丹之秘旨也。或謂陰鉛主伏，陽汞主飛，聖人伏陽汞以鍊陰魄，故有大巧若拙之用。非也。殊不知黄帝專言巧拙者在性，伏藏者待時，蓋以性則合於玄元，而鉛汞則拘於形質。苟此性靈明，陽魂日盛，巧拙莫蔽，伏藏待時，天機一應，則天性見矣。此正洞賓謂「七返還丹在人，先須鍊己待時」也。知待時之説，則知伏藏巧拙之性矣。

九竅之邪，在乎三要，可以動静。

人身九竅，上七下二，無非邪穢。學道者審此，必攝乎三要，然後動静，有無邪之思。三要者何？耳目口是也。參同契云：「三寶固塞勿發揚。」「三者既關鍵」，「動静不竭窮」。人能謹此三要，則天下之聲萬變，而坎之聰不爲所奪；天下之色萬變，而離之明不爲所蔽；天下之味萬變，而兑之納不爲所亂。自然清明在躬，志氣如神，動静之間，一循天理之正，雖萬邪不能干矣。九竅之邪，何有於我哉？此正「非禮勿視，非禮勿聽，非禮勿言」之道，豈異端乎？

火生於木，禍發必剋。姦生於國，時動必潰。知之修鍊，謂之聖人。

木能生火，終於自焚。國若生姦，終於召亂。此勢所必致之患。學道者知之，使火生於木而木不焚，姦生於國而國不亂，譬猶飲食男女，人之大欲存焉，固不可以其姦邪而屏絶之也。苟縱是欲，則何所不爲？惟以道而制之，則火木相生，不爲禍而爲福；姦邪雖動，不爲邪而爲正。豈非聖人修鍊之道乎？所謂居塵不染，出死入生者也。然木火相生，於五行爲最盛；人身五行，視木火爲盛衰。如真元不虧，則木火熾然，潛應天機。常人縱之以傷生，是輕命恣姦也。聖人鍊之以成道，是返歸正也。苟真元衰敗，則木火滅矣，天道缺矣，人道遠而鬼道近矣。哀哉！

卷之二

經曰：天生天殺，道之理也。

氣應黄鍾，萬物萌動，此天生也。律中夷則，則萬物揫斂，天之殺也。然天既生之而復殺之，何也？蓋有生殺之理存乎其間。何以知生？人能充是道於吾身，密參造化，則春生秋殺，陰陽代謝，不在一年之運，而十二時中，自可以奪天之妙用，而得道之妙理矣。

天地，萬物之盜。萬物，人之盜。人，萬物之盜。三盜既宜，三才既安。

天道好生，地道好長。人爲萬物之靈，萬物爲人之用。烏可以爲盜耶？得非天地不仁，以萬物爲蒭狗，是天地盜萬物而不使之長榮矣。五色令人目盲，五音令人耳聾，五味令人口爽，是萬物盜於人而不使之永茂矣。斧斤之入山林，數罟之入污池，五穀六畜〔一〕，烹飪食啗，是人爲萬物之盜而不使之長生矣。雖然，三盜之暗相銷鑠，潛互斲喪，不知不覺，而榮枯生死，莫可致詰。在天地萬物不足以爲害，而在人者深所以爲害也。何以明之？天地賊萬物而覆載者常存，萬物賊於人而生成者不絶。至於人賊萬物，本資以養生也，而反不能長生，乃爲萬物所盜，哀哉！世人能深明此理乎？苟能明之，自然知所修爲，守護三寶，愛養靈珠，存三守一，精氣神全，赫赤金丹，輝光充實，天地萬物何能爲盜於我哉？惟其昧於此也，乃以人生天地間，必資於萬物；萬物利於人，必資於天地，其理固宜也。惟其以爲宜也，則必安之而不以爲異也。聖人憂之，故曰「三盜既宜」。豈其宜耶？是悲其互相戕賊而無有終窮也。「三才既安」，豈其安耶？是憐其鼎分列位而安於相賊也。深所以憫世人之不明乎道，不能超脱乎造化之表而出死入生，棄枯就榮，與天地萬物相爲終始者也。吁！此黄帝所以成金丹而登天，後賢亦拔宅而上升者相踵也。三盜何加損於有道哉？

故曰：食其時，百骸理。

〔一〕「畜」，原作「蓄」，據四庫全書本改。

人之有生，四大假合，肢節百骸，精神血氣，非食啗不能充養。苟失其時，非徒無益，而反害之。況金丹大道，其採亦有時，取亦有日，其甘如飴，其大如橘，食之登仙，金筋玉骨。此其血化爲膏，膏化爲氣，氣化爲神，飛升金闕，奚止百骸理而已乎？

動其機，萬化安。

天地造化，深不可測。機緘默運，人身同之。苟得其機，則動罔不吉。萬化雖衆，安而不危。儻失其機，則危殆必矣。何安之有？

人知其神而神，不知而所以神〔一〕**。**

神之爲用大矣哉。然有隱有顯，有藏有露，聖凡自此分也。世人但知施設注措，言語文章不求而得，不思而中，以爲我之神也。殊不知業識忙忙，應酬萬變，逐物忘返，無須臾寧。吁！焰烈者膏竭，芬郁者本枯，自速其盡而已。何者？以其顯露甚也。惟聖人内觀反聽，塞兑含流，隱藏於中，鬼神莫測。故恍恍惚惚，若無知也，而其中有物焉；杳杳冥冥，若不神也，而其中有精焉。此不神其神，乃所以爲至神。非有道者，其孰能與於此？

〔一〕「不知而所以神」，四庫全書考證稱其所據本原文爲「不知其所以神」。

日月有數，大小有定。聖功生焉，神明出焉。

日爲太陽，月爲太陰。太陽火魂，太陰水魄。水火二象，昭著陰陽，何有數耶？蓋天有三百六十五度四分度之一，日晝夜行一度，月晝夜行十二度〔一〕有奇。日行遲，故一歲一周天。月行速，故一月一周天。遲速相蕩，陰陽相須，故有大盡小盡，其數一定而不易。人之一身亦有日月，亦有度數，其周天之運不在一年。蓋蹙年成月，蹙月成日，於十二時中，自然陰陽升降，魂魄相生。吾有聖功之用，必使之烏兔交合，龍虎交媾，鼓之以雷霆，潤之以風雨，虚室生白，入於無何有之鄉，混合迴風，得於片餉工夫之際。謂之神明出者，不知其因神而明者〔二〕，因明而神也。無中有乃玄中之玄，有中無乃妙中之妙，變化萬端，淵不可測，昭徹萬象，洞無所蔽。是謂神明，不可思議也。雖然，與天地合德，日月合明者，即此道也。今人但能誦之於口，而曾不踐履於身，反以神仙爲怪誕，哀哉！其行尸行厠，自謂富貴快樂，不知夢幻泡影，深可悲傷之也。

其盜機也，天下莫能見，莫能知。君子得之固窮，小人得之輕命。

〔一〕「十二度」，四庫全書本作「十三度」。

〔二〕「者」，四庫全書本無。

盜機之喻妙矣哉。盜者何？不可測知也。機者何？不可禦遏也。夜半負之而去，此盜也，人孰知之？若虞機張，此機也，人孰遏之？然此盜此機，能通三才造化，得陰陽闔闢，一氣流行，機緘自應，百姓日用而不知，惟學道者得之以固窮。非曰特守貧窮也，凡其浮雲富貴，不事肥甘，樂清虚，從淡泊，即固窮之義也。「小人得之輕命」，非曰事刀兵也，凡其御房採戰，嗜酣聲樂，飫〔一〕酒食，逞財氣，即輕命之謂也。雖然，固窮輕命既有君子小人之分，而盜機之發亦何私於有無也？特君子明此機而用之以固窮，小人昧此機而用之以輕命耳。此理幽玄，非盟誓不傳，故曰「天下莫能見，莫能知」。

瞽者善聽，聾者善視。絶利一源，用師十倍。三返晝夜，用師萬倍。

瞽者無明，聾者不聰。聰明既黜，視聽何善之有？非此之謂也。人以耳目爲生，反以耳目爲累。聲色亂於前，視聽動於中，知何者爲主也？惟瞽者目所不睹，則心專於聽，而粉白黛緑者不能雜也。聾者耳所不聞，則心專於視，而娃哇〔二〕鼓吹者不能奪

〔一〕「飫」，原作「飲」，據四庫全書本改。
〔二〕「娃哇」，原作「淫娃」，據四庫全書本改。

也。此用志不分，乃凝於神之妙也。絶利一源，則心無二用，專氣致柔而已。三反〔一〕晝夜者，乃三宫升降上下，往來無窮也。用師十倍萬倍者，乃精神折衝，使邪魔外道、非心惡念有不戰而屈之理也。夫以棄絶於利欲，精一於本源，萬累消忘，無思無慮，精誠純篤，一念不差，此寂然不動之境也。而晝夜之間，三宫反覆，陰陽升降，符節不爽，循環無窮，此感而遂通之妙也。吁！此道非見之踐履，驗之日用，則曷與言哉？雖然，十倍萬倍，其效猶有淺深。何也？蓋黜聰明，墮肢體，槁木其形，死灰其心，雖可以定静而入道，而弊有釋氏空寂之偏，不能運化，終爲陰靈苦爽鬼而已，其效故止十倍也。若夫絶利一源，而復能三返晝夜，自然守真抱一，升降三宫，晝夜循環，靡有暫息，天人胥契，機應若神，不可擬議。此與天地合德，日月合明，其效實無敵也，非用師萬倍而何？昔魯侯問耳視目聽之道於亢倉子，對曰：「傳之者妄矣，我能視聽不用耳目，不能易耳目之用。必使體合於心，心合於氣，氣合於神，神合於無，其有介然之色〔二〕，唯然之音，雖遠在八荒之外，近在目睫之間，皆莫能逃吾視聽矣。」世人儻知亢

〔一〕「反」，四庫全書本作「返」。
〔二〕「色」，原作「有」，據四庫全書本改。

倉子之視聽，則知黄帝聾瞽之視聽也玄妙哉。

心生於物，死於物，機在目。

心目相關，生死相因，物機相應，曾無間斷也。人生爲萬物之靈，日與萬物交際。一念之起，隨念生於物。一念之滅，隨念死於物。然心非自生於物也，其機在目耳。心非自死於物也，其機亦在目耳。使當時黑白不分，妍醜不别，則心同太虚，何由能生死也？惟機關在目，觸之而動，一睹美色，則倏然生愛，一見惡色〔一〕，則倏〔二〕然增惡。故愛之而欲心生，是此心生於物也；惡之而欲心死，是此心死於物也。原其所自，豈是心之本然哉？皆其機之在目也。故上聖有内觀之經，仙家有簾目之法。儒之非禮勿視，釋之清淨眼根，其旨深，其則不遠矣。雖然，瞽者亦有嗜欲，豈機專在目耶？故曰心目相關。

卷之三

經曰：天之無恩，而大恩生。迅雷烈風，莫不蠢然。

〔一〕「色」，原無，據四庫全書本補。

〔二〕「倏」，原作「悠」，據四庫全書本改。

天何心哉？ 四時行焉，百物生焉。 然必風雪凝冱，冰霜凜冽，而後萬物有歸根復命之理，是天之無恩而大恩生矣。 況迅雷烈風發於春夏而百嘉暢茂，凡蠢動含靈莫不戢然遂其生理，所謂猛火烈焰之中，乃金寶成就之地。 學者體此，當明殺機反覆，害裏生恩，造无上之玄元，爲天人宗匠也。

至樂性餘，至靜則廉。

情有悲歡，性則至樂，欲有動作，道則至靜，此仙凡所由分也。 學者求道，先當以性天爲樂，不使一毫窮通得喪累於其中，則恬〔一〕淡無爲，廉於持養，自然心與道契。 彼其七情六欲，悲歡無常，動觸禍機，日裏塵網，無有出期，何性之可樂？ 何靜之可廉歟？

天之至私，用之至公。

天道無私，然於金丹也，若有所私。 天心有私，然於大道也，若無所私。 何以言之？ 人稟賦於天，一點靈明真覺之性，三昧無爲自然之火，先天太一含真之精，無大無小，無貴無賤，無仙無凡，皆獲具足，是天無所私也。 然而有道者，陰陽升降不失其時，日月交合不差其候，呼雷喚雨，振風閃電，真能旋乾轉坤，驅龍伏虎，聖功生焉，神明出

〔一〕「恬」，原作「甜」，據四庫全書本改。

焉，有不可思議之妙。無道者反是，陰陽失升降之期，日月無交合之候，雷電風雨自視何有〔一〕？一身所存，不爲飯囊酒甕，則爲藥肆娼房。是天果私於有道，而不私於無道耶？吾見其有道者，長生住世，雖數盡而飛仙；無道者，疾病纏綿，速與草木俱腐。是天之至私者乃所以極其至公者也。可不警歟？

禽之制在氣。

萬物有生，皆禀一氣。禽若至微，飛行太空。雖知六翮所鼓，衆羽所扶，儻非一氣之充，則亦廢而不舉。學者知之，則保嗇元和，培養神氣，使之至大至剛，充塞天地而後已。詩不云乎？「鳶飛戾天，魚躍於淵」，氣作之也。夫亦近取諸身，遠取諸物乎？

生者，死之根。死者，生之根。恩生於害，害生於恩。

欲通造化，當知生死之根。欲明大道，當識恩害之義。是理也，捂五行造化，金丹大道，何以明之？且金生於巳，死於子，子爲水鄉，而金能生水。然則金豈真死耶？木生於亥，死於午，午爲火地，而木又能生火。水土生於申，死於卯，卯爲木位，而水又能生木。是生者死之根，死者生之根也。然而生死之根固然，而恩害之義却異，惟金火之造化，不

〔一〕「雷電風雨自視何有」，此句文字有誤，待考。

可以生死論也。龍虎上經曰：金火者，真藥也。丹術著明，莫大乎金火。且火生於寅，死於酉，酉爲金鄉。其火但能剋金，豈能生金耶？况酉爲金旺之鄉，而火爲就死之地，既不能剋之爲害，而金反以生旺爲恩。然金亦豈能自生？要必資於所生。惟土能生金，而火却又生土，若无戊己不成丹者也。嗟夫！五行相生相剋，至理幽微，學者罕知。况金丹一説，祇是喜談樂道，曾不深究玄旨，再當一一分辯，以詔將來。且内外二丹不出五行造化，獨不曰水火木土之丹，而特曰金丹者，何也？蓋天一生水，坎爲水宫，水爲萬物之母，修真者必當先於坎宫留心也。然坎宫之水，豈能自生？惟金能生之，是元始先天之氣從金化生。古歌曰：「用鉛不用鉛，須嚮鉛中作，及至用鉛時，用鉛還是錯。」蓋鉛爲金母，金爲水母，水爲丹母，其相生相成之義如此。然大道不以相生爲用，而以相剋爲功，豈非以金能剋木，木歸於盡；木能剋土，土極於虚；土能剋水，水混於空；水能剋火，火終於滅？火雖剋金而金曾不壞，煙消焰盡，金體愈堅。參同契曰：「金入於猛火，色不奪精光。」豈非害生於〔一〕恩，恩生於害乎？此其所以謂之金液還丹，謂之長生不死，謂之返本還源，惟只水中金一味而已。若肝心脾肺腎，精津氣血液，其形質全

〔一〕「於」，原無，據四庫全書本補。

不相干，其性命却又相干。其理雖有可言，其道則不可言。蓋有攢簇，有合和，有藥物，有火候，有真凡，有賓主。聖人傳藥不傳火，不遇真師莫强猜，非歃血盟天，劃沙文地，不許妄授。違者殃及九祖，禍先一身。張平叔傳非人，三遭責罰，可不鑒歟？

愚人以天地文理聖，我以時物文理哲。哲人可以虞愚，我以不愚。聖人其期，我以不期。

聖愚賢哲，同一初耳。自其心有廣狹，則所造有分量。且天地時物咸有文理，其法象著明，無内無外。人能仰觀俯察，則克念而作聖，克明而作哲。然由愚而哲，由哲而聖，皆自心之廣狹推之。故愚能以天地文理之大，存於仰觀俯察之間，雖至於聖可也；吾而梏於時物文理之小，察於日用常行之間，僅止於哲而已。聖哲既分，純疵異念。愚人既聖，在釋謂之直超彼岸，見性成佛；在道謂之一得永得，平地登仙。一念之迷，既純於愚。一念之覺，自純於聖。惟哲人則不然，其初若汲汲於明道，而終則復悠悠而慢道。苟不加防虞之力，則出入無時，操存捨亡，又將入於愚而不自覺矣。我之所希者聖，其可以僅哲而復愚乎？故我以不愚。非特不愚而聖也，亦豈特至聖而已也？蓋聖人其期猶有限量之可名，是猶梏於天地文理之用也。我乃離形去智，與道合一，而獨超於萬物之表，是豈可得而期哉？此大而化之之謂聖，若難造矣。而聖而不可測知之謂神，即金丹之大道也。論至於此，則曰愚，曰聖，曰哲。始也，以天地時物之文理而入道。終也，忘天地時物之文理而得道。譬之五行造化，萬象森羅，皆道之用；文字語言，瓦礫稊稗，皆道之寓。凡三千六百門中，一一踐履，真積力久，月无忘其所能，固以限期爲驗。如顏子之亞聖，不違仁於三月之久，其餘則日月至焉而已爾。若夫孔子之集大成，文王之順帝則，上下與天地同流者，何以期限爲哉？彼修空寂者曰：鐃君經萬劫，終是落空亡。何謂不可期也？殊不知身經劫火雖云壞，道若虛空能壞無？異哉！金丹大道，肇於太極，成於无極，用於有窮，妙於无窮。不可以凡俗語，當共神仙子細推也。

没水入火，自死亡兵。

水火有焚溺之患，刀兵有殺伐之威。不待智者，皆知所畏避也。今乃求没於水，願入於火，樂斃於兵，曾不病風喪心，亦非形格勢禁，其事深可憫惻。何也？彼酒色財氣，乃水火刀兵之異名，入皆焚溺，自盡於中，曾不知懼。且嗤學道者徒清修齋戒，縱與彭、聃同年，亦謾孤苦一世，曷若我酒色爲樂乎？噫！飛蛾撲燈，難以遮護，特爲長歎息而已。

自然之道靜，故天地萬物生。天地之道浸，故陰陽勝。陰陽相推，變化順矣。是故聖人知自然之道不可違，因以制之。

太上曰：「萬物芸芸，各歸其根。歸根曰靜，靜曰復命。」又曰：「致虛極，守靜篤，萬物並作，吾以觀其復。」且至虚至静，體疑於陰，萬物從何而生？然陰不極則陽不生，静不極則道不見。況大道無形，生育天地，大道无名，長養萬物。儻不法於自然，處於至静，則天地萬物决不能生。人以一身參天地萬物之用，得不知所謂静乎？惟其心猿意馬，日放縱於利欲之場，視天地萬物生成之理，於己何哉？況天地之道若〔一〕浸潤焉，自一陽而浸至於六陽，自一陰而浸至於六陰，皆以漸而長，未有驟而進也。故陰陽相推，皆順自然之理。惟聖人知其然也，則无爲中有爲，至動中至静，使天地萬物因静而生。非有道者，孰能知之？

至静之道，律曆即不能契。鳥獸之謂也。

律曆之法，推算天紀，有七十二候，有二十四氣，有四時八節，有晦朔弦望，皆度數不可違也。然治曆明時，推步纖悉，疑非自然无爲之理也。惟聖人道極至静，心同太虚，陰陽升降，運化自然，曾無一毫造作。若律曆之多事，得非鳥獸之謂乎？蓋鳥獸者，烏兔也。烏兔者，日月也。日月者，水火也。水火者，陰陽也。陰陽者，天地也。天地者，清静无爲，自然之大道也。大道者，即窮理盡性以至於命之學也。性命者，即長生

〔一〕「若」，原作「君」，據四庫全書本改。

不死，金丹之方也。

爰有奇器，是生萬象。八卦甲子，神機鬼藏。陰陽相勝之術，昭昭然進乎象矣。

大哉道乎？至哉言乎？陰符聖經皆黄帝闡道秘言，予輒不揆，解釋其義，妄泄天機。載觀末後數語，總括始終，亦猶乾坤之彖辭，備六十四卦之大義，其探賾索隱，鈎深致遠，未易揣摩，猗歟休哉！敢再拜熏染而詳明之。且金丹大道，其於一身，有奇器焉，非必鑄冶也。偃月之爐，太一之竈，无内无外之鼎，至靈至聖之藥，是生萬象，皆出自然。洞賓謂「一粒粟中藏世界，三升鐺内煮山川」，豈虛語乎？故以八卦言之，則坎離爲本；以周天言之，則子位〔一〕爲先。其機之神也，則妙用無方。其鬼之藏也，則隱顯莫測。陰勝陽，則水火爲既濟。陽勝陰，則日月爲合璧。金烏有搦兔之功，木龍有伏虎之德。龜蛇交頸，蚌蟜含珠。懸象昭昭，殆不可掩。得非充實而有光輝之謂大，大而化之之謂聖，聖而不可測知之謂神者乎？是道也，即吾儒分内事也。昧者謂金丹爲異端曲學，是猶坐井觀天而曰天小者，豈天之罪哉？

〔一〕「位」，原無，據四庫全書本補。

圖說卷之四

内三關

性不遷情第一關

氣不化精第二關

神不外馳第三關

弱者德之柄，損者道之基

人能常清淨，天地悉皆歸

正心誠意，專氣致柔

閑邪存誠，懲忿窒慾

外三關

耳不婬聽第一關

目不妄視第二關

口不欺心第三關

非禮勿視，非禮勿聽

非禮勿言，非禮勿動

耳目口三寶，固塞勿發揚

直人潛深淵，浮游處規中

雲峰曰：誰能出不由户？何莫由斯道也？蓋户者，關也。有關而後行於正道也。儻無關，則有猖狂妄行之患，放僻邪侈之習矣。故曰：内有三關，以性爲主，以神氣爲宗，所謂常收歸裏，不放出外者是也；外有三關，以口爲樞，以耳目爲鍵，所謂九竅之邪，在乎三要者是也。此皆日用常行，中庸大道之道也。夫道若大路然，人豈不由之哉？其初也，婦人女子皆可與知。及其至也，雖聖人亦有所不知。故曰：「可欲之謂善，有諸己之謂信，充實而有光輝之謂大，大而化之之謂聖，聖而不可測知之謂神。」是神也，豈非靈明妙用，顯化通神？即金丹之秘旨矣。

日月聖功圖說〔一〕

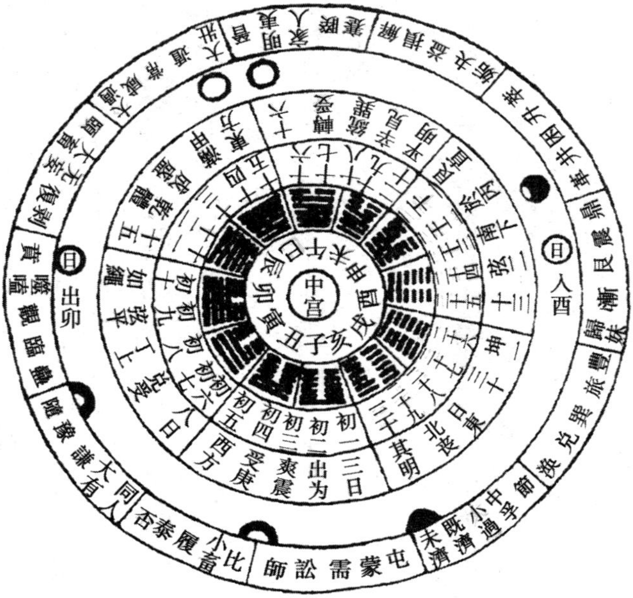

〔一〕圖中錯誤較多，據四庫全書本改。

雲峰曰：天地之道，一陰一陽。元氣配合，萬物生焉。懸象著明，莫大乎日月。日〔一〕者太陽真火，象應東南，從木而生，外應春夏，發生萬物。月者太陰真水，象應西北，從金而長，肅殺萬物。此二者乃天地生殺之機，故稱曰水火，曰坎離，曰鉛汞，曰龍虎。其他異名不勝數，皆日月之號也。聖人觀天之道，察其盛衰，明其幽隱，將日月二氣劃〔二〕成八卦，以日之火爲二，月之水爲一。自一二既分，卦氣以別，故變之爲六十四。上十五日，坤☷生震☳，而變兑☱，兑變成乾☰，乾氣圓滿，懸照東方，金水温温，金氣既足，自生真水。下十五日，乾損成巽☴，巽復成艮☶，艮損成坤☷，乾坤乃合，日月相交。至精至微，不可思議。雖人物鬼神，推至異類，毫髮不能隱。大哉日月，天地之體也！夫人能窮日月之聖功，則晦朔弦望，體天法象，可以與天地日月同其運用，豈不能超凡入聖，出死入生者乎？

奇器萬象圖說

雲峰按：陰符經曰：「爰有奇器，是生萬象。八卦甲子，神機鬼藏。」大哉言乎！人之

〔一〕「日」，原無，據四庫全書本補。
〔二〕「劃」，四庫全書本作「畫」。

一身即一奇器也，萬象皆備，神鬼護持，可謂至貴。太上曰「人身難得，中土難生，假使得生，正法難遇」，是也。平叔曰：「先立乾坤爲鼎器，次將烏兔藥來烹。」豈捨吾身之外而求乾坤於冥漠之表，取烏兔於日月之宫乎？是知奇器在乎身，萬象備於我，凡二儀、三光、四象、五行、八卦、九宫、十干、十一曜、十二支、二十四氣、周天六十甲子，皆備於人之一身。苟能仰觀俯察，與天地陰陽同其造化，則機緘密契，鬼神莫測，三才並立，長生久視，仙道豈遠哉？

三教歸一圖説

雲峰曰：三教殊途同歸，妄者自生分别。彼謂釋道虚无，不可與吾儒並論，是固然也。自立人極、應世變言之，則不侔。至於修真養性與正心誠意之道，未易畦畛也。惟禪宗一門，脱空異甚。思欲破其迷妄，每未得其要領。一日，專扣蒙庵聰老，請問宗性傳燈大意如何，辨答不已。大要謂法身即虚空，虚空即法身。且叮嚀俾予參省，特燒香秉燭，以三寶證明。頃間茶罷，忽唤行童代事〔一〕，抽身同往後架。出則洗手剔甲，再整方袍，請予歸座，却道「老僧頗饑，相伴湯餅」。予因難之曰：「適間見教虚空法身，法身虚空，今又饑渴難免，分别觸淨，猜人不得，於虚空事還作麽生？」蒙庵愕然，無語

〔一〕「代事」，四庫全書本作「伏侍」。

儒	天生烝民 有物有則	視聽不用耳目，卒未能逃耳目之用，必使心合於氣，氣合於神	充實而有光輝之謂大，大而化之之謂聖，聖而不可知之之謂神
釋	圓覺真如 與生俱生	若以色見我，以音聲求我，是人行邪道，不能見如來	圓陀陀，光爍爍，明了了，活潑潑，如百千燈光，無壞無雜
道	有物混成 先天地生	視不見我，聽不得聞，離種種邊，名爲妙道	出入定中神自在，圓光明處莫思焉。存無守有常爲樂，永劫教君達聖仙

可答。及到方丈，見有雪竇語録，乘時閱之。中有僧問智門〔一〕和尚如何是般若體？云：「蚌含秋月。」僧云：「如何是般若用？」云：「兔子懷胎。」非惟把定世界，亦乃安

〔一〕「問」，周學農認爲當作「門」。

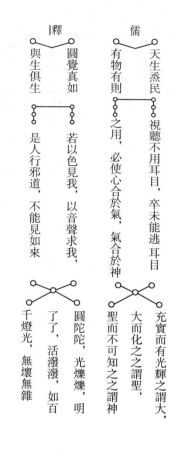

貼邦家。若能善於參詳〔一〕，便請丹霄獨步。」僧云：「如何是佛嚮上事？」云：「柱杖頭挑日月。」又祖師問南泉和尚云：「摩尼珠人不識，如來藏裏親收得。如何是如來藏？」南云：「與爾往來者是藏。」師云：「不往不來者亦是藏。」師云：「雪上加霜。」師云：「如何是珠？」南云：「草裏漢。」南云：「嶮！百尺竿頭作伎倆，不是好手。這裏著得個眼，賓主互换，便能深入虎穴。若不恁麼，縱饒師祖悟徹去，也是龍頭蛇尾漢。」予遂指示蒙庵，略露一斑，以救其病。渠當時大悟，再還炷香於予。信知三教等無差别，本來面目只是一個，但服色不同耳。故詳録此，以詔天下明眼君子。

先天後天圖説

雲峰曰：先天者太極，未判混成，孰爲陽？孰爲陰？自道生一，則其體已露，其用已萌。故一爲數奇，爲卦乾，純陽之象也。後天者，鴻濛剖破，析〔二〕一爲二。二〔三〕爲數耦，爲卦坤，純陰之象也。乾坤既異，陰陽既分，運化不同，何以爲道？惟金丹之妙，反

〔一〕「若能善於參詳」，原作「若善能於參詳」，據四庫全書本改。
〔二〕「析」，原作「柝」，據四庫全書本改。
〔三〕「二」，原作「一」，據四庫全書本改。

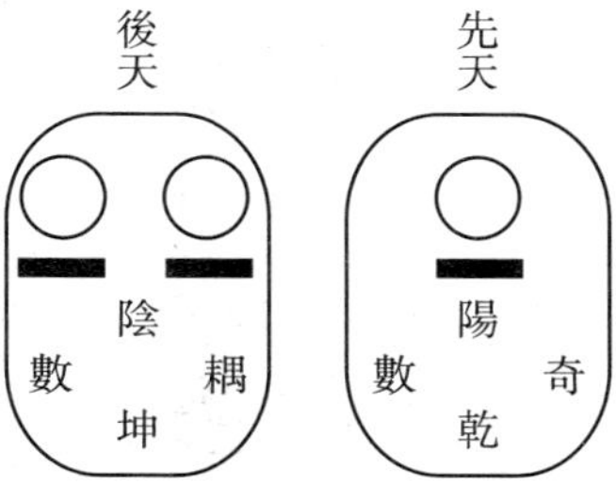

本還源，尋根摘蒂，守雌抱一，去陰取陽，不以乾坤之異而求其同，不以陰陽之分而求其合。故異者分者爲後天，而同者合者實先天也。先天者，乃元始祖氣，本來面目。後天者，乃臭腐神奇，四大假合者也。達人大觀，苟知吾身是幻，惟道是真，則迴光返照，下手速修，尤〔一〕太遲矣。

〔一〕「尤」，四庫全書本作「猶」。

上下鵲橋圖說 一名曲江烏橋

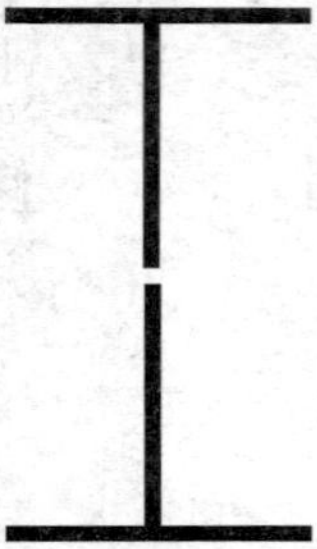

雲峰曰：呂洞賓沁園春云：「曲江上，看〔一〕月華瑩淨，有個烏飛。」蓋烏即鵲也。曲江，即有橋也。日中有三足烏，烏屬酉，酉屬金。烏是西方之金精，日中之陽魂，乃能飛於曲江之上，是鵲能度登仙之橋也。然橋必分於上下，何也？蓋氣脉相通，能度下橋，必能度上橋矣。能度者則爲仙，不能度者則爲凡矣。釋氏之繫馬樁、繫驢橛者，亦此意也。但其守死善道，塊然面壁，不能使烏飛鵲度，故落第二義也。然其祖法不然，奈後世子孫迷錯耳。其詳見三教歸一圖說。

〔一〕「看」，原無，據全唐詩補。

七十二候圖説

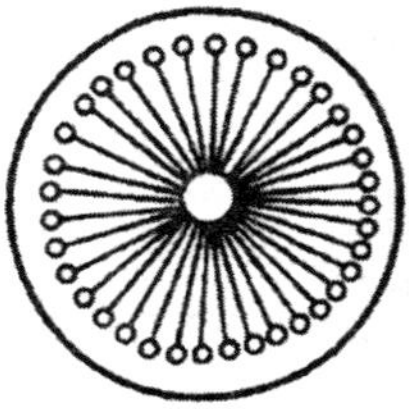

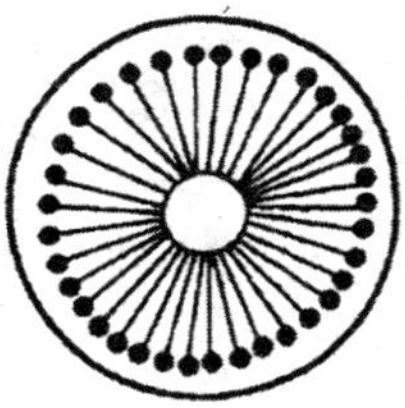

雲峰按：元始秘言曰：「恍恍惚惚，火中生神。杳杳冥冥，水中生精。火炎昇上，七返生神。水流就下，六化生精。七六變化，上下相成。精神往來，妙體含真。神七變生真火，精六化生真水。七六十有三之妙數，無出天地之水火。故天候三十六陽而生火，地候三十六陰而生水。合七十二候，而周天之數足矣。」仙經曰：「天上三十六，地下三十六。太玄無邊際，妙哉大洞經。」然不言五行而專言水火，何也？蓋水火者，日月也。陰符經曰：「日月有數，大小有定，聖功生焉，神明出焉。」人能仰觀俯察而得其火候之秘，則與天地合德，日月合明，可謂平地登仙矣。

五行生成圖說

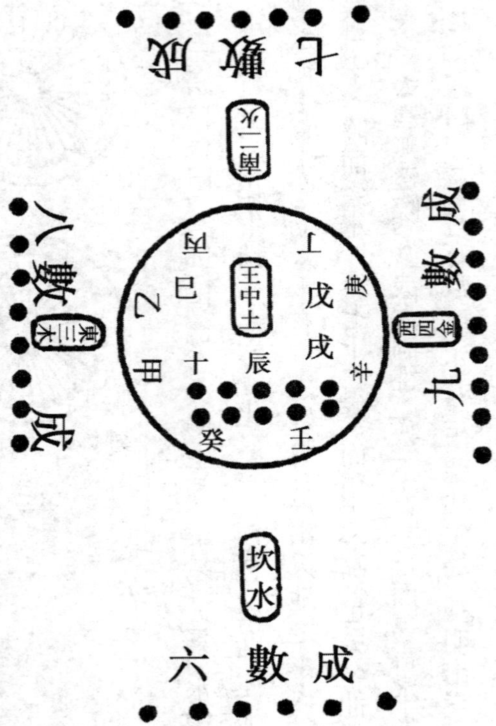

雲峰曰：太極分而生兩儀，天地是也。天地既有形名，難逃度數。故天一生水，地二生火，天三生木，地四生金，天五生土。是五行造化彌綸天地之經，則五氣推遷，寒暑往來，周天度數，可得而明矣。故以三十六日甲，三十六日乙，而木之氣數足矣。三十六日丙，三十六日丁，而火之氣數足矣。三十六日戊，三十六日己，而土之氣數足矣。三十六日庚，三十六日辛，而金之氣數足矣。三十六日壬，三十六日癸，而水之氣數足矣。合五七三十五而計之，則得三百五十日又零二五一十日，通前共三百六十日，則一年十二月之度數無差。其他天度之零，可以積閏而推，所以陶成萬彙，造化群生〔一〕。夫人爲萬物之靈，獨昧於五行之運，徒見晝夜循環，四時代謝，而不知五行造化實主宰之。玄哉妙哉！

雲峰入藥鏡箋序

左史直院舍人朝請大夫留元剛撰

東〔二〕嘉夏宗禹，奇偉俶儻之〔三〕晝策，從事制幕，轉徙邊徼。數奇不耦，浩然遊方，訪飛升還返之術。冥〔四〕參默授，會稡箋解，謁予書之。

〔一〕「群生」，原無，據四庫全書本補。
〔二〕「東」，四庫全書本作「永」。四庫全書考證稱其所據本原文亦作「東」。
〔三〕「之」，四庫全書本作「以」。
〔四〕「冥」，原作「宜」，據四庫全書本改。

昔蘇東坡謂：「安期生世知其爲仙者也。然太史公曰：『蒯通善齊人安期生，生以策干項羽，羽不能用，欲封此兩人，兩人終不肯受，亡去。』每讀此，未嘗不廢書而歎。仙者非斯人而誰爲之？故意戰國之士，如魯仲連、虞卿，皆得道者歟？」虞卿不忍魏齊，間行去趙，困梁失相，窮愁著書。蒯通説信不聽，陽狂爲巫，逃亨〔一〕客參。自序其説，是得爲知道耶？必也不肯仕宦，好持高節，辯魏客帝秦之害，罷燕將聊城之守。壽以金而辭，則曰：「所貴於天下之士者，爲人排患釋難，解紛亂而無取也。即有取者，是商賈之事，而不忍爲也。」欲爵之而逃，則曰：「吾與富貴而詘於人，寧貧賤而輕世肆志焉。」嗟乎！有若魯仲連而後可以爲仙也。安期生附載之史傳，旁見雜記，似誕不經。「應如魯仲連，抵掌吐長虹。難堪踞牀洗，寧挹扛鼎雄。事既兩大繆，飄然籥〔二〕遺風。乃知經世士，出世或乘龍。」斯得之矣。

宗禹所釋金丹三書，超軼世外，固異八篇雋永，刺譏權變，是將爲魯仲連、安期生書。彼虞卿、蒯通，説士耳，又安足與二子並言哉？

〔一〕「亨」，通「烹」。
〔二〕「籥」，原作「爾」。

寶慶丙戌小雪後五日，清源齊雲山人序。

雲峰續記

「夏雲多奇峰」，晉人得意句也。予以幻質托此幻號，誠畫蛇之足，續凫之脛〔一〕也。或者乃以效顰太史公之好奇，而竊詩人之巧語，以自表耳。噫，夏爲四時，雲爲一氣，峰從何來？奇從何有？出岫無心，從龍無迹，爲霖爲旱，起風起雨，千奇百怪，變化莫測，皆非予之所志也。得非以天一以清，地一以寧？

時維朱明，炎帝持衡。好風自南，烈〔二〕日如蒸。火傘熾張，金石流凝。是雲非氣，是峰非形。洞洞天君，聚精會神。明堂丕闡，端拱紫庭。赫奕丁公，鍛錬金晶。崑崙勃郁，玉井泓澄。太一竈煖，偃月鑪熒。徊風混合，霹靂鏗轟。上通天竅，下徹玄冥。羅衛四獸，左右六丁。周天數足，九轉飛升。雲峰此時，曷獨奇名？淵哉大道，天地德并。元始祖炁，陰陽未分。孰爲重濁？孰爲輕清？鴻濛剖判，生天地人。上覆下載，人爲最靈。運化亭

〔一〕「脛」，原作「頸」，據四庫全書本改。
〔二〕「烈」，原作「盾」，據四庫全書本改。

毒，劫劫長存。烏飛兔走，懸象雙明。弦望晦朔，一遇三旬。胡然九夏，雲獨峰呈。庚將三伏，火必西〔一〕奔。金丹玄妙，以火爲神。雲騰火氣，峰幻神形。烹坎離髓，奪乾坤精。陰邪潛消，純陽乃成。天地相畢，出死入生。雲峰之奇，不可思議。非夫真一，孰抉其秘？或者無語，徒驚曰異。乃知儒失之拘，釋失之滯。道等太虚，中有根蔕。天地廣大，道能生之。萬物散殊，道能長之。日月東西，道能運之。是雲爲峰，道實得之。吾見其一真不動，擒縱百靈，一氣周交，生成萬有。不知其雲者峰乎，峰者雲乎？故七返九還者，此雲峰也；八歸六居者，亦此雲峰也；玄珠成象者，此雲峰也；而真人出現者，亦此雲峰也。玄哉妙哉，是豈詩句之奇可得而形容哉？

斗城夏元鼎記。

雲峰自序

動亂爲業根，靜定爲藥鏡，此崔公之法言也。豈非以人之有生，四大假合，涕唾精津血氣液，無非陰邪；酒色名利貪嗔癡，無非紛擾？惟一藥鏡之靜定能攝伏之。何謂藥？

〔一〕「西」，原作「西」，據四庫全書本改。

「丹砂木精，得金乃并」是也。何謂鏡？靈明真覺，迴光返照是也。故聖人以神道設教，以日月爲易；仙道以神明爲宗，以日月爲丹；釋氏之杖挑日月，宗性傳燈者，皆是物也。崔公慈悲接物，善於托喻。故吕洞賓謂：「因看崔公入藥鏡，令人心地轉分明。」信爲天人之師也。

予三閱藏教，凡得藥鏡七本，其文各不同。此經總二百四十三字，言簡理當，如太上之秘奥，春秋之正經，微顯闡幽，探賾索隱，靡有餘義，真金丹之樞轄也。偶菖節，過八寶，憩於彭忠甫左塾，因其炷香問道，謾爲下一注脚，以貽當世明眼君子。并寄豫章靈源子胡季轍、天台元漠子王和甫，皆學仙弟子也。

夏元鼎序。

後序

修職郎新處州州學教授王九萬撰

李鄴侯七歲能文，讀書萬卷已，乃衣道士衣，學神仙學，若將終身。惟懶殘勘破，曰：「無多語，領取十年宰相。」其後侯謀人國，智略輻〔一〕輳不下張子房。世言方外士必遺世絶

〔一〕「輻」，原無，據四庫全書本補。

物，然歟否耶？意有道者特以此爲陳迹，而非所以迹耳。

永嘉夏雲峰，少由童子郎振策場屋，遍從諸大老遊。長，出入兵間，以功得賞，驅馳於山東、河北。登日觀〔一〕拜孔林，以充大其胸中浩然之氣。視世間物無足當其意，遂棄官學道。一日，出所注三書，使下走望洋嚮若是也。烏足以知之然？竊聞先訓，九萬之曾王父殿撰公諱子獻，宣和間嘗偕呂元直丞相、霍安國尚書，三人銜命漕燕。是時降虜郭藥師、劉舜仁、張令徽輩包藏不測，三使者同銜上章乞棄燕，忤大閹譚稹，各落職不得去。黠虜愈張，三使者極力堤虞，每夕不寐。曾王父因是得以神守氣之術，其後壽八十九，無疾而終前一日，尚呼燈作小楷以復李伯紀丞相。中間顏夷仲門下嘗問〔二〕以書，曾王父爲言：人知氣爲體之充，而不知以神御氣，則神與氣相離而不相守，非養生之善者。夫以神御氣者，在於正心誠意，宴坐而數出入息。蓋息者，氣也。數之者，神也。氣猶馬，神猶馭，以神馭氣之出入而不相離，則可以長生矣。莊子曰：「真人之息以踵，衆人之息以喉。」夫息不於喉，而在丹田氣海中。能不以思欲干其神，不以蹶趨動其氣，綿綿然數之，以至於不可勝數，自

〔一〕「覲」，原作「歡」，據四庫全書本改。

〔二〕「問」，原作「間」，據四庫全書本改。

淺而之深，自粗而之微，自有而入於無，則和氣充塞於頂踵之間，不知氣之爲神，神之爲氣，其妙有不容言者矣。是幾於坐忘者歟？至其助以經伸按摩之術，自亦無害，在乎不倦而已。晦翁先生嘗曰：此胎息法也。然亦參同契之緒餘耳。又孰若雲峰金丹三書超然自應，顯化通神，靈明妙用者哉？

雖然，雲峰發身於童子，而得道於衡山，又十餘年頡頏兵間，其與鄴侯之事異世同轍。今聖天子寤寐，不凡之士共起治功。雲峰其以鄴侯之心爲心，爲國家了中原而後訪子房，未遲也。

寶慶丁亥，武夷山人序。

陰符經三皇玉訣〔一〕

序

軒轅黄帝製

朕詔文武百官同理國事，有護國岐師出班奏表：「有奇怪鳥獸，銅頭鐵額，坐高三丈，兩翅如刀，飛騰遮蔽，日月皆昏，在地吞石揚沙，江河枯乾，又傷害人民性命甚多，天下無治。」遂詔文武百官，車駕親出，觀天下人民痛傷，視見蚩尤，果有怪鳥難治。朕前去至一大山，夜見紅光紫霧，白炁青霞，圍繞不散。再詔文武，盡視皆見。岐師奏言：「此山有名，號〔二〕天壇第一洞天，上臨玉清元始之宫。」朕親駕到山，有一石洞，不知深淺，差勇猛壯士

〔一〕此書托名軒轅黄帝作，或出於北宋。關於它的最初記録見於侯善淵上清太玄集援引。引文與今本有異，應是不同傳本。目前存世的幾個印本都出於正統道藏。本書文字取自正統道藏，校以閻鶴洲道書全集本和四庫全書存目叢書影印的明代抄本。

〔二〕「號」，原作「虚」，據道書全集本改。

名重山，身長三丈五尺，使入洞内，用燭火前去，經三日三夜方出。重山奏言：「中有大石匣，金甲神人八員守定，各執斧鉞，仗劍喝云：不得到此。」重山奏畢，朕發心燒香，上奏三清，願臣有分，開取石匣，不避凶吉，要知天地秘密，天機之事。焚香告禮三清，朕遂同入洞。亦有紅光繞定，不見金甲神人。朕於石匣見一卷經，號曰元始天尊混元三皇玉訣陰符經，即將經出洞，焚香拜禮，上謝三清。開看見字不常，盡是天文篆書，三百餘字，分爲三卷，上卷天皇，中卷地皇，下卷人皇，上卷按神仙抱一之道，中卷按富國安民之法，下卷按强兵戰勝之術。與天地陰陽萬物爲祖宗，治國齊家持身不死之道，皆從此經。乃青陽秀炁自然結成文，每字方圓一丈。朕復回皇都，再集文武百官，議此經事之理。盡言不知此義理，不曾聞此經出處。

朕遂行宣文天下名山洞府，恐有玄妙高士、并世賢人，深曉經義之事，曾收此經者，便許奏呈解義。如通此陰符經義者，朕賞金賜命。天下盡無此經，豈通道理？朕遍訪名山洞府修道之士，盡拜爲師，求長生之路，要解此經之義，絶無人知義理，盡是旁門小法。自此四十餘年，入道身衰，皓髮如銀，道也難成。朕聞崆峒山有一高聖先生廣成子，妙道深玄。朕車駕親詣，自心屈弱，膝行肘步，禮拜侍立，告求廣成子先生指教：「臣自石室中得陰符經一卷，不曉義理，在世盡不通曉此經。今遇先生，感天不忘，要通此經之妙道。」廣成子先生言：「此經者，是上天所秘，在世洞天隱此經一卷，鎮天下妖魔龍神精怪，當與世上有德行之人。遇此經者，修長生之路，復升天道，永世流傳天下通道有緣之人。此經要知義理，天下莫能知。見今峨嵋山有一高聖天真皇人，深曉經義理。」廣成子同去侍見天真皇人，朕問此陰符經，天皇、地皇、人皇，陰陽造化，治國、治家、治身，長生不死，復升於天界，如何修道？朕聞高聖廣成子先生説，高聖天真皇人答。朕當時深曉陰陽造化成道之理。

朕道成升天之日，恐後人通道修真者，憑何經文。朕乃留此經，遍行於世，復隱此經一卷於崆峒山，又留九宫八卦，分陰陽五行，奪造化，動天機，入室登壇，九宫局式，璇璣立斗時，分候節炁，金木生殺，擇真至寶，取時造化，内鍊輕清化神純陽之體，返金靈之虎變，赫火龍虚，騰炎天之上，入聖朝元之道，集成文序。又分造化陰陽，日月爲象，天地爲父母，八卦爲子孫，太一行乾坎艮震巽離坤兑，天發殺機，移星易宿，九宫之圖。如後人獲遇此經者，不得輕泄不信之人。若傳下愚之人者，墮九玄七祖入輪迴，永不得出期，後殃及子孫也。

卷上

黄帝問曰：「陰符者，何也？」廣成子曰：「此陰符二字，上可通天，下可察地，中可化生萬物，爲人最尊。陰者，暗也。符者，合也。古之聖人，内動之機，可以明天地造化之根，至道推移之源，性命之本，生死之機。知者可究合天地之機，操運長生之體。故曰陰符也。」

黄帝曰：「上有神仙抱一之道者，何也？」天真皇人曰：「夫神仙抱一之道者，上天所秘，世人不可得之。神仙抱一者，乃是太一含真之炁。太一者，乃是北極太淵之源，乃虚無鍊神之道，上天所秘，世人不可得知。子在人間，安曉此語？一者，天炁也。人將太一真炁與我真炁相濟，更要知天時，受天炁，接人炁，人炁接天炁，與天炁相接而不死也。人若包含太和真炁，久而鍊之，乃爲大丹純陽也。陽者天道，故神炁合道，乃爲神仙抱一之道也。」

黄帝曰：「中有富國安民者，何也？」廣成子曰：「富國安民者，乃鍊炁之道也。凡人將真精鍊成神胎，名曰胎仙。故聚而成形，散而成炁，故與道相通。道者養炁，養炁者保神，合於大道。故曰真炁相濟，久而用火，鍛鍊成丹。若能全精炁，鍊作純陽，故乃成丹換形，萬神皆安。國中有寶，故曰富國安民也。」

黄帝曰：「下有强兵戰勝者，何也？」天真皇人曰：「强兵戰勝者，乃真炁戰退陰炁也。鍊體純陽，金筋玉骨，鶴體松形，謂之純陽，故得不死。以身爲國，以心爲君，以精爲民，以形爲爐。首者，鼎也。精滿於腦，故用火鍛鍊成丹。因精髓見火。火者，陽炁。息者，風也。以風吹火久鍊，形神俱妙。故曰：鍊神之道，存心於内，真炁自然，沖和不死。故曰：鍊百關，精髓純陽也。九竅炁定下關，精炁不泄者勝也。」

黄帝曰：「天皇者何也？」廣成子曰：「天皇者，先天之前，五劫開化，混沌之始也。天皇一炁，聖化萬象，主天聖玉虚聖境明皇之祖炁也。」

黄帝曰：「地皇者何也？」天真皇人曰：「地皇者，天皇一炁下降於地，地炁受之，二炁相合，主生化金光之炁，乃是洞神真境真皇之祖炁也。」

黄帝曰：「人皇者何也？」廣成子曰：「人皇者，在天地之間，虚無至理，爲天皇一炁、地皇一炁，太空虚中相合，化金木五星爲中宫，合乾坤八卦保護化神，乃仙境主中元人皇之祖炁也。」

黄帝曰：「『觀天之道，執天之行，盡矣』，何也？」天真皇人曰：「觀天者，乃丹陽之炁，純陽之物，精炁運而不絶，升沉往還，周時復始，包含萬象，乃青陽之炁。天地者，陰陽之精，天炁下降，地炁復升，升而復降，人在其中而不知其理。天之陽精爲日，地之陰精爲月。日月運而不休，寒暑煎而無息。凡人不知身内亦有天地之炁，天炁昇降有時。人知者，觀天之道，執天之行，盡矣。」

黄帝曰：「何謂不知？」廣成子曰：「頭以象天，清陽之本。足以象地，濁陰之源。人能内含天地之道，與天地齊年。人身中有真陽之炁，藏於陰精之内。精炁者，真炁之母。真炁者，精炁之子。常將子母相守，故不死。復歸其源爲人，不知時日。天樞之上，天元一炁主之。天樞之下，地元一炁主之。天樞之中，陰陽真源主之。人用天時混元正一之炁，上下無窮，與天地齊年。乃觀天之道，執天之行，盡矣。」

黄帝曰：「人用者何也？」天真皇人曰：「聖人存精養炁以保形神，人不知者，貪欲亡精，用心失神，勞形散炁，更不能使其神炁合道，不知天地之昇沉，日月之運轉，故死也。以其分受日月之炁，若能觀此天地，與我同耳。爲人不知天地之理，陰陽之旨，若合地天之體則至矣。此乃人之用也。」

黄帝曰：「『天有五賊，見之者昌』，何也？」廣成子曰：「天受一炁，内含五星之正炁，而禀清濁之源。地受一炁，故生二儀，復昇於天。造化以成三元，布列四時，中有五炁推運，共成五行。五賊者，則五行之正炁也。人能賊天地之炁，奪陰陽之造化，混三元之返覆，復四門之往來，一炁皆同，故成道也，乃五賊也。」

黄帝曰：「天有五賊，如何用也？」天真皇人曰：「五賊者，是五炁也。長養萬物，生殺之機權，造化之本始。天以五炁聚而成形，散而爲風。子能知道之源者藏於身中，分而滿於體內，精炁與天炁相濟，久而鍊成丹，是五行之正炁也。天炁下降，地炁受之而不相離，人在其中，五炁之内，若能賊之，故不死也。吾今二十萬二千歲矣，皆因知五賊造化返復之理也。吾今傳受五賊之理，子與吾皆同，子若不知五賊之理，故有死矣。若能從吾之言，賊天地五星之炁，則不死也。乃五賊之理也。」

黄帝曰：「『五賊在心，施行於天』，何也？」廣成子曰：「人身中亦有五行之正炁。五行正炁者，五臟之炁也。五臟之炁者，五賊也。水得其一者，人腎屬於水，未生之前，道爲之本。先生左腎，象北方大淵之源，造化之本，爲青陽之炁，號曰青龍，屬木。次生右腎，屬金，内有真精，主五行之正炁，號曰白虎，乃是白元君一炁。二腎内生白脉二條，上湧朝元，通靈陽之宫，復降下通於巽坤，中有五炁，聚四時，合於乾艮，出天甲，入戊己之内，乃道生神之始。人按天時，相接天地之炁，頭圓象天，足方象地，中理五炁，聚而入於絳宫，達於筋骨，昇而朝於鼎内，復降湧泉，入於中黄之宫，混合萬神。故青陽至首，群陰皆散。更用五行正炁，内濟共一鼎，鍊成丹，故不死矣。乃施行於天也。」

黄帝曰：「『宇宙在乎手』，何也？」天真皇人曰：「宇宙者，天地也。陰陽，萬物之本，受陰陽而成形。陰者地炁，陽者天炁。天炁下降，地炁受之。地炁上騰，天炁接之。天炁地炁相交，陰陽感契，萬神生化成象。上古聖人，把握天地陰陽造化之元機。機者在於用，知者得而守也。守者，道也，而不死也。故曰『宇宙在乎手』也。」

黄帝曰：「宇宙在乎手者，如何用也？」廣成子曰：「天地交合，宇宙不散内〔一〕，造化生神，立陰陽神機，則成大道。大道者，無爲也。無爲則命不亂，命不亂則神不移，神不移則精不散，精不散則炁不絶。更以道炁通行而固身，若運於精火相隨，鍛錬成金丹者，乃自然也。吾知宇宙之機運，而連連行之，合於天地之作，勿令放也。久而神自朝元，故不死矣。乃宇宙在乎手者也。」

黄帝曰：「『萬化生乎身』者，何謂也？」天真皇人曰：「萬化者，神也。精不散而神不離。神室者，萬神聚會之鄉，在崑崙之中，五炁聚於内。人能將真精炁結成神胎，朝於鼎上，故曰至聖。萬神皆聚而爲一。凡人移精失炁而不能保神，是不知生身之法。生身之法，陰陽之道。故曰『萬化生乎身』也。」

黄帝曰：「何者生身之法也？」廣成子曰：「從一炁所生，而不知一炁之造化，一生二，二生三，三生萬物。人受一炁，化成三炁，神炁精。此乃生身之法也。」

〔一〕「内」，疑爲衍文。

黄帝曰：「一者，何也？」天真皇人曰：「一者，天地之根，陰陽之祖，萬物之首，乃生神也。子能知真一之炁，而萬物自生則不死，故曰一也。」

黄帝曰：「『天性，人也。人心，機也』，何也？」廣成子曰：「天以斗運爲機，人以心爲機。心者，神也。神機合道，乃鬼神不測。人未生之時，先受一炁爲命，然後父母二炁相合，故乃成形。胎元生神，故爲性之源。人能澄心，如天地動機，故同天地。乃因性靜，心機合道，故曰『天性，人也。人心，機也』。」

黄帝曰：「人心機者，如何用也？」天真皇人曰：「人心者，機本也。人能存心守神，而不忘機用。心者，百神之元也。安心者，養性也。是以聖人安其心而抱元含真。含真者，安性也。以心爲性，以炁爲命，炁絶則命亡，皆亂於性也，失其炁，故死矣。若人如天炁澄清，故不失於性也。性不失則炁不散，炁不散則命不亡，命不亡則形不滅也。天地者，性命之本也。故曰『天性，人也。人心，機也』。」

黄帝曰：「『立天之道，以定人也』，何也？」廣成子曰：「天道者，清陽之炁也，故以純陽爲本。人能含造化純陽之體，如天地之陽而不棄也。人受一正之炁，體養萬神純陽之理。故曰『立天之道，以定人』也。」

黄帝曰：「立天之道，如何用也？」天真皇人曰：「天道者，人之本也。父母者，人之始也。人能留形於本，而不失於始，調神合道，故曰『立天之道』也。」

黄帝曰：「如何留形不失於始也？」廣成子曰：「人不憂愁思慮，而不失其本。去疾病勞苦，而不失於始也。失其本者，自亡其命。失其始者，形還下土。若人能心靜無欲而存神炁，不失其始者，知理也。」

黄帝曰：「『天發殺機，移星易宿』，何也？」廣成子曰：「天之母者太易，内藏陰陽二炁，日月也。日月未分，聖化生神，神名太一之首。日月又分爲陰陽，陰陽分其五太。五太者，五帝。五帝又分八卦，八卦朝於中聖，化爲九宫，乃是太一之神宫。立其五斗，内有中斗，日月星奇，北斗受機，斡運陰陽。陰爲機者死，陽爲機者生，陰陽合機爲之道。太一將生殺之機，周遊八卦，移星易宿。返陰爲陽，乃長生。返陽爲陰殺者，死也。天之四時造化，八卦循環。人身中亦有，爲人不知，爲陰而殺乃死，展轉輪迴，失其人身。人能致修者，道也。故曰『天發殺機，移星易宿』也。」

黄帝曰：「何謂不失人身？殺機不死者，何也？」天真皇人曰：「太一鎮在九宫，出入有時。召太陽君回入陽殿，四時移換，八卦朝元，萬神都聚，殺陰返陽，排列星辰，歸其金闕之内，聖境太清，正陽白元君也。若人知此天發殺機，能將太一真炁，隨機應化，返八卦純陽，復歸乾坤之祖炁，使合混沌九天生神之章，乃爲天道，永得長生，依此造化爲真人也。故曰『天發殺機，移星易宿』也。」

黄帝曰：「『地發殺機，龍蛇起陸』，何也？」廣成子曰：「沖和一炁，發者動也，故天運不絶。殺機者，變化也。龍者，天炁也，風也。蛇者，地炁也，火也。人能運精炁，上下往來，奪之造化，故玄機。若去六欲，動於機權，如天地之體。人在其中，有真陽之精炁，名曰蛇，上通天元之炁，呼吸而上下相應，地動之機起而離陸。故曰『地發殺機，龍蛇起陸』也。」

黄帝曰：「人身中如何用？」天真皇人曰：「臍下一寸三分者，炁海也，中有真精一合。按於地土中有二經通於腦。腦中有府，名靈陽之府，有二穴，左曰太極之穴，右曰沖靈之穴。上通天炁，下至海源，故曰呼吸。天炁下降，地炁上騰，二炁相接，則養真精，名曰龍，青陽之本。下者爲蛇，則元炁也。二炁相交成藥，久鍊成丹，故不死也。乃陽神超於身外，乃人身中地發殺機，龍蛇起陸也。」

黄帝曰：「『人發殺機，天地返覆』，何也？」廣成子曰：「人發殺機者，去六欲七情，靜則靜於情意，動則動於神機，内用神炁，上下相合。守於神者，陽炁也。頭圓象天，足方象地。天地返覆，乃陰陽昇降。人之返覆，呼吸徹於蔕耳，一吸天炁下降，一呼地炁上升，吸者天炁，呼者地炁。我之真炁相接也，人能下運地炁至天上，故曰『人發殺機，天地返覆』也。」

黄帝曰：「『天人合發，萬變定基』，何也？」天真皇人曰：「天生萬物，人爲萬生一物之首也，故天地相合而長養萬物。人能用精炁相合而萬神皆喜，天地故不棄而相逐，神在其中。神者，乃天道也，而好清。若濁而神散，不合天道。上古聖人，固精養神，存炁養精，合於天道，乃爲真人。天有一炁，地有二儀，中有三光，四時共備，五行相列，六合相生，七政爲機，八卦乃同，九宫布滿天地。五斗璇璣，人亦有之。人能受天地一炁，相和諸神，配合兩儀，大丹乃成，一炁上下，無窮四時。中有一炁，播於中土，五行顛倒，内六陽上朝金闕，七真常居體内，八卦共起元宫。三光混混，白雪飄飄，七政功成，黄芽内長，九宫貫串萬象，乃合天道。故曰『天人合發，萬變定基』也。」

黄帝曰：「『性有巧拙，可以伏藏』，何也？」廣成子曰：「天性不可亂，神炁若亂，故不知所以神。伏藏者，性如朗月，自然通道。巧者内使天機，外事不可入，故伏智藏神也，乃同天道。拙者爲人不知，自有神炁合道。縱心信意生情，一任散失神炁，不明天地造化，亂認陰陽，故有死也。乃『性有巧拙』也。」

黄帝曰：「性有巧拙，如何伏藏用也？」天真皇人曰：「性者，神也，不可動也。故神定炁和，元炁自降。伏者不貪嗜慕慾，藏者藏於神光。炁入絳宫，萬神聚會之鄉，伏藏而不動，萬神不散。故曰：伏藏神定造化，久鍊成道，乃性巧不拙也。」

黃帝曰：「『九竅之邪，在乎三要，可以動靜』，何也？」廣成子曰：「九竅者，心有九竅，内藏九炁，上者三清之炁，中者三皇之炁，下者本元之炁，乃精炁神也。出入有時，混而爲一，外通耳目口鼻，陰中也，三要者，神炁與精相合，玄牝玉户，上通於天，下通於地，中通三皇之祖炁，乃三要之道也。動靜，耳目口鼻也。目觀則心動，耳聽則神移，口談則炁散，鼻馥則精髓化爲陰濁之水。若故令靜而不動，則心中二竅，左曰玄，右曰牝，下入炁海，上通泥丸，此真炁相通，故使神炁動機，玉户自閉，穿脊膄，過三關，而朝北極，陽宫動而保養真神。上古聖人云：動則動於神機，靜則靜於心意。精炁神，是三要也。故曰『九竅之邪，在乎三要』也。」

黃帝曰：「『火生於木，禍發必剋』，何也？」天真皇人曰：「木去其火則不灰，人去其惡性則不死。木中有火，火發必焚其真炁，乃成煙燄，即上昇而歸天，火鍛木爲灰燼而歸土。凡人性惡爲火，火出則神散，神散則炁離，炁離則身死，真陽之炁歸於天，濁陰之質歸於土。謂火從木生，即以水救之，即不灰。人起火性，以柔而救之，即身不壞。人之火發，而萬神皆散，故死也。人能制火，禍不能剋，乃成大道。故曰『火生於木，禍發必剋』也。」

黄帝曰：「『姦生於國，時動必潰』，何也？」廣成子曰：「國中有姦，久而破國。身中有邪，久而亡身。國去其姦則邦寧，人去其情即身安。去姦者，六欲七情三尸也。人能制姦邪者，成其大道也。故曰『姦生於國，時動必潰』也。」

黄帝曰：「如何得安身也？」天真皇人曰：「萬物盜太虛真炁。人腹中有蟲，盜萬物之炁，而名虰蟲。虰蟲者，化爲佞蟲〔一〕。佞蟲者，賊我之魂魄，亡我之神炁，散我之精血，死我之形也。人能知陰陽造化，起真火鍊陰邪之姦，故殺虰蟲〔二〕，不令爲害，故得身安，返成大道也。」

黄帝曰：「『知之修鍊，謂之聖人』，何也？」廣成子曰：「上古聖人用神機測天地陰陽，昇降有時。要知火候之數，下火依時。戊己宮内，本始生神之母也。知者復歸其母，勿令放失。更受天炁爲青陽之首，合地炁真陰之母。我之神炁精在其中，五炁皆全，心静無欲，用火鍛鍊，鍊成純陽，造化成道，魄返陽魂，情陰盡滅，松形玉骨，百關無漏，上達於天界，乃爲真人也。故曰『知之修鍊，謂之聖人』也。」

〔一〕「佞蟲」，道書全集本作「佞蠱」。

〔二〕「蟲」，原作「蠱」，據明抄本改。

卷中

黄帝曰：「天生天殺，道之理也。」天真皇人曰：「天生者，人歸元道，正發復昇，生也。内合天作，至道生真，遁隱在世。其人能測，聖機内明，外通天地，故知者不死也。天殺者，爲人不信天道，任意損失精神炁，故害物，不過天數而死，殺也。故曰『天生天殺，道之理也』。」

黄帝曰：「天生天殺，如何用也？」廣成子曰：「爲人修道，不知天時，歸根復始，錯認根源，故死也。若人知天時真炁，歸根復命，要知造化者，乃有虚無真源，陰陽合一，爲五行正炁也。乾坤相勝，要知進退，乃無生死。夫人道爲本，若不知生殺者，是謂補不足而損有餘，道之理也。故曰『天生天殺』也。」

黄帝曰：「『天地，萬物之盜。萬物，人之盜。人，萬物之盜。三盜既宜，三才既安』，何也？」天真皇人曰：「天以一炁而長養萬物。天地炁散，萬物盜之。萬物炁散，人以盜之。人知盜萬物之真炁養形，更知昇降，順天時，接天炁，奪之造化，長生不死，乃人盜萬物之天炁，故成道也。人不曉造化者，爲萬物復盜人之炁，即因五穀而生，即因五穀而死，乃人被萬物復盜之而死也。」

黄帝曰：「人盜萬物，如何不死？」廣成子曰：「人受沖和之炁而生，故不死也。既稟受，有情欲而死也。若能存一炁，故保神。天以一炁而生萬物，更與陰陽相和，五穀共備，人乃實腹强骨，不失精炁神，故不死也。三盜既宜者，人能盜天地萬物之炁，以通神明，與天地相宜，三才以安。人之精神與天地同，而好清靜。是以聖人恬淡虚無，真炁存元，精神内守，豈得死也？故食飽者而傷於精血，太勞者而散於神炁，心起情欲者，萬物豈得不盜之也？故止飲食而身自輕，止思慮而神自靈，止嗜欲而神自清，故乃得道也，何勞外求？故曰『三盜既宜，三才既安』也。」

黄帝曰：「『故曰：食其時，百骸理』，何也？」天真皇人曰：「上古聖人，食天炁而有時，自然百骸調暢。引太和真炁注於身田，即五臟清涼，六腑調泰，關節自通，精神以安也。食時奪其造化，乃成大道也。故曰『食其時，百骸理』也。」

黄帝曰：「元炁通百關，如何用也？」廣成子曰：「天炁柔弱，穿筋透骨，養神安精，皆使關節通流。豈不知理炁者人之本始也，本始者天炁也？故百姓日用而不知。炁之昇降，陰陽往還有時，受之一炁，長養萬物，若靈芝逢冬不死。如人得道不死，乃元炁通百脉關也。」

黄帝曰：「『動其機，萬化安』，何也？」天真皇人曰：「神機内用，千變萬化，自然成道。故機者，開其天關，玉户自閉。而火發天關，錬髓純陽，乃火相從，久錬而成丹，故曰機也。萬化者，炁結成神，朝歸於金闕，自然安神安身，久而不死也。機者，密也。人運機而化身無窮，內外通，神道合。故曰『動其機，萬化安』也。」

黄帝曰：「『人知其神而神，不知不神而所以神』，何也？」廣成子曰：「人知外象有吉凶之兆，即禱而信求其應，不知自己身中有神，外可通天地，內可修錬成道，顯自己陽神通聖，何勞外求？因精生炁，精者炁之母，神者炁之子，此爲三寶，錬成真人，乃謂神仙。故曰『所以神』也。」

黄帝曰：「『日月有數，大小有定。聖功生焉，神明出焉。其道機』，何也？」天真皇人曰：「日月者，陰陽至精也。故運而致數，周遊天下，寒暑相兼。六十日爲一周，四周爲一備，剋天地之意也。定於日月，周遊於道，故曰出入日月，在於數中。數者，一也，一者炁也。炁結而成神，神明自出。神明者，陽精也，無不鑒而無不照也。是以聖人窮日月之交合，神明出焉。知天地之造化，奪陰陽之機權，故生神也。而出幽入冥，故數在一而成人也。而道者，無爲也。機者，心機也。善能發陰陽之造化，入於無窮之數，此道無爲之正也。機者，發也。聖人得之機權，九陽六陰，合其一者，日月有數，大小有定也。」

黄帝曰：「『天下莫能知，莫能見』，何也？」廣成子曰：「爲世人貪慕嗜慾，而好欲縱婬亂者，爲不知天道而亡其機，昧其精而奔其神也。莫能知者，天道機密，陰陽不知也。不識造化，所爲不知者，亡精神，散血炁，焉得知也？欲要知者，靜心養性〔一〕，固炁保神靈，而自知道也，見其神也。故曰『天下莫能知，莫能見』也。」

黄帝曰：「『君子得之固窮，小人得知〔二〕輕命』，何也？」天真皇人曰：「是以聖人窮於大道，可通天地陰陽之理者，固其命也。聖人得知，固其炁，不失其精也。精炁相合而生成大藥，皆因知造化，鍊神不散，固炁通神也。凡小人不知性命之本，而不得保精神，乃亡其身命。故不守其神而婬於世，乃失其精神，輕其命而不自保，故死也。君子久而行之，可以固窮。小人輕其命也，常以輕神失命亡其身。故曰『君子得之固窮，而小人輕命』也。」

黄帝曰：「『瞽者善聽，聾者善視』，何也？」廣成子曰：「視秋毫者，不見泰山。聽嘹嘹者，不聞雷霆。善聽者非耳聰也，察音聲者而自殺之。善視者非目明也，察色者

〔一〕「養性」，明抄本作「養神」。
〔二〕「知」，道書全集本作「之」。

而自殺之。瞽者不見日月之光，察聽陰陽交合，久而行道，得長生也。聾者不聞雷霆，察通日月往還，久而行道，得久視也。夫視者內見其機，聽者內聞其聲。此兩者，合道也。故曰『瞽者善聽，聾者善視』也。」

卷下

黄帝曰：「『絶利一源，用師十倍』，何也？」天真皇人曰：「絶名棄利，元炁自守。絶巧棄智，盜賊無有。絶於聲色，更用元炁，抱一守中，勝貴人十倍。太上用大道，至於天下爲聖師，藏火於中源，久而不動，動而自然合於大道焉；用智巧，故離其慾，而勝師十倍。故曰『絶利一源，用師十倍』也。」

黄帝曰：「『三返晝夜，用師萬倍』，何也？」廣成子曰：「三返者，三元也。天元真炁居首，靈源真炁居中，本源真炁居下。是以精炁者，師也。心者，君也。形者，爐也。用精日夜遇三元，上下無窮，而用之兼倍。精神元炁不散，形體不衰，而通於晝夜。晝則日用而明陽〔一〕，得夜炁內，動陰炁於外。陽炁者，精神之本也。陰炁者，敗我之形

〔一〕「明陽」，道書全集本作「陽明」。

也。若能精神遇三元之祖炁，上下混而爲一，如師使之萬神，俱其一化，其神晝夜不停，陰魄俱消，三陽獨居於内，久而神自朝元，故不死也。故曰『三返晝夜，用師萬倍』也。」

黄帝曰：「『心生於物，而死於物』，何也？」天真皇人曰：「用心者，意動也。意動則神移，神移則炁散，炁散則命亡，故死也。心正者，是神定也。制者則心正，一炁之源，内動之機，萬化皆通。心亂則萬神皆廢，故去情意則萬神不失於物也。故曰『心生於物，而死於物』也。」

黄帝曰：「『機在目』，何也？」廣成子曰：「道之遠者在八化〔一〕之外，近在眉睫之間，大則包含天地，細則貫串眉毛，神機内動，目睫飛鉛。故神機在目，爲其間有神室内動之機在目而明也。非常景通道，見陰邪自滅。真境返正，見陽神於天道。故曰『機在目』也。」

黄帝曰：「『天之無恩，而大恩生』，何也？」天真皇人曰：「以天道而化下方，萬物自然生，乃大恩生也。不可以色慾縱其心，而使其意亂，則邪恩生，故有死也。安其心

〔一〕「八化」，侯善淵上清太玄集引作「八荒」。

以保其神，自然流通。豈不知烏不染而自黑，鶴不浴而自白，蛛不教而成網，燕不招而自來？如此自然恩生。故曰『天之無恩，而大恩生』也。」

黄帝曰：「『迅雷烈風，莫不蠢然』，何也？」廣成子曰：「迅速如雷霆，陰陽正炁也。人能食風炁，用陰陽之炁，上下精炁，蠢然而已。行道運動，陰陽神炁内交，真精上移而入於腦中，復降迅速如風雷，三元布滿，而百骸火飛，鍊陰而返純陽，是以聖人速了道也。内修真，體自妙，如瑞草受陰陽沖和之炁，故不死，莫不蠢然也。」

黄帝曰：「『至樂性餘，至静則廉』，何也？」天真皇人曰：「至樂於神者，陰陽之本也。至者，定也。定於心意，陰陽自合。至静則廉也。目不觀於色，而神不移其炁，内保自然，至樂於天真也。去其慾，静其心，定其意，守其神，抱一至静而入新换舊，乃達於道。聖人致性命，合於天道，志剛則廉也。故曰『至樂性餘，至静則廉』也。」

黄帝曰：「『天之至私，用之至公』，何也？」廣成子曰：「天乃清陽之炁，至私者，暗發也，則生於萬物。人在其中，復正神也。若能收藏元炁，補養天真，更能善用其功而成道也，謂之至公。精炁固身，知者依時運用，上入泥丸，下入海源，會於中宫，以接元炁，度元關，朝金闕，三田相灌，百節俱通，周身火發，久而鍊之，得成仙矣。故曰『天之至私，用之至公』也。」

黄帝曰:「『禽者制在炁』,何也?」天真皇人曰:「禽者,烏也。烏者,心炁也,故飛騰而有時。炁者,虚無之發。人能致其炁,久鍊爲仙也。禽者,南方火也。人能致其道,使真炁久而如禽飛在太空,人能擒收在中元,鍊成正陽,乃得爲飛仙矣。故曰『禽者制在炁』也。」

黄帝曰:「『生者,死之根。死者,生之根』,何也?」廣成子曰:「生巧者,死於命。人能定心,除六慾七情者,神定道生也。若心生慾情性巧者,神散命亡,死之根本也。心死永得復生,乃生死之根也。」

黄帝曰:「『恩生於害,害生於恩』,何也?」天真皇人曰:「聖人恩生於道,凡人恩生於情。亡其身,害其命也,損有其餘而補不足。有餘者,心有情慾;補不足也,精神散也。縱心起慾色,是恩中生害,而亡其神也。若能澄心不倦,其神自明,是害中生恩。苦志修心而不亂,則害忘也,保其神也,故乃成道。和快於心,滅於歡樂,而保精神,忘情無慾,至此爲聖人也。故曰『恩生於害,害生於恩』也。」

黄帝曰:「『愚人以天地文理聖,我以時物文理哲』,何也?」廣成子曰:「凡人知有天地文理,言聖人外像,不知我自有天地陰陽,我藏也。陰陽者,鬼神不測之法也。天地通大小幽冥之理,愚人所作,不知我與天地陰陽時物皆同耳。天地之理,聖人之機也，至道之苗，萬物之本，陰陽之宗，故變化無窮，乃至於道。至精，我之有也。道之自然，萬物有物，我爲哲也。陰陽之非勝，奈我同而勝也。勝者，我之神也。神者，至道之源也。故我靈而陰陽同聖。天地也，二炁結而萬物皆同，神炁超時，聖於大道也。吾曉大道包含天地，明哲盡矣。旨真之理，我自然聖化三清也。」

黄帝稽首再拜：「謝聖君指教愚昧，臣方曉大道。」聖君遂駕雲鶴昇空而去，黄帝回輦而還都矣。

黄帝陰符經注〔一〕

金陵道人唐淳注

序

深達天機者，乃能説天道之妙。未造聖域者，烏能釋聖人之經？何哉？蓋聖人之言遠如天，非探賾索隱者，豈能知哉？如黄帝陰符經者，章纔止一二，字不過於三百，言雖約而旨益遠，文雖簡而意彌深，或以富國安民爲修鍊之術，或以强兵戰勝爲養攝之方，包羅乎天地，總括乎陰陽，視之無色，聽之無聲，冥冥然孰〔二〕察其精真，杳杳然莫窮其微妙。自非内外虚朗，表裏玲瓏，能提挈乎天地，把握乎陰陽者，先剖析而注解之，孰能窺其壼奥，測其

〔一〕作者唐淳，生平無考。山田俊認爲成書於一一五〇至一一七〇年之間。本書以正統道藏本爲底本，校以中國科學院圖書館藏天啓刻本。標點參考天啓刻本。

〔二〕「孰」，原誤作「熟」。

涯涘矣？然注此經者，不啻十數家，得聖人之微旨者，唐公一人而已。公諱淳，號金陵道人，不知何代人也。於是乃述己所聞，依聖意而解之，傍引諸書而證之，使後來觀者，視其經，則雖至深而至遠；求其注，則誠易見而易知。一字所説，如燈之破暗；一言所解，若龜之決疑。非唐公素識有無之源，深窮造化之端，達乎天機，造乎聖域，安能爲此耶？邇來瑩然子周至明，實今之好事者，因遊崆峒，感黄帝故事，慨然有兼善之心，懇求此本，鏤板印行，庶修真者亦得淘真而去僞，入聖而出凡，握陰陽乎掌上，撮日月於胸中，真古人之用心也。求予爲序。予欲不言。蓋有美不揚，友之罪也。於是援毫而書之，以繼公之好事耳。

時正大己丑，濩澤孟綽然序。

神仙抱一演道章

夫神者，在目爲視，在耳爲聽，在舌爲言，在鼻則聞香，在手則拳握，在足則行。晝則爲想，夜則爲夢。呼則來，遣則去。在心爲志，言爲文章。無質之間，聚散無迹。入則爲情狀，出則爲虚無。散則宇宙九夷無所不至，隱然則微塵芥子無所不入。存乎丹田，出世爲神仙；若昏昧，爲下鬼而有餘。神，散者意，聚者氣，氣行則神行，氣聚則神聚。易曰：陰陽不測之謂神。又曰：神在丹田，氣結爲胎。真氣不散，神明自來。故神炁相守，豈不爲長生之道？神是炁之子，炁是神之母。道經曰：「既知其子，復守其母。」淳曰：子母相守，神仙之道。施真人曰：神炁若不散，保爲長生人也。仙者，遷也，凡人爲神仙。仙字，人傍著山。凡人修鍊，性如山嶽，神氣不動不摇，故人傍著山也。夫神仙二字，得道之人稱也。喻人稱郎字者，爲有財寶見之稱也。抱者，包藏之意也。一者，道也。故言抱一者，演道章上是也。

觀天之道，執天之行，盡矣。

觀者，觀也。上音官字，下音貫字。仰者觀，俯者觀。觀者，六門之觀想也。釋氏云：攝景歸心謂之觀想。故謂之六門之鎖閉，内不出，外不入，名觀行法。仰者，觀也。觀者，見也。觀見天道，北斗直下，太一真君炁也，名曰太一。陰真君曰：太一含真炁是也。凡書云：畜之爲元精，施之爲萬靈，含之爲太一，放之爲太清。太一直下，真一運行。太一直上，北斗直符。斗者爲柄，但觀北斗月建。以天道觀，正月建寅，道在寅是也。周而復始，運行不絶。一氣升降，日月流行。五星六曜，森羅萬象，無不運行。故曰五日一候，十五日一氣，四十五日一節，九十日一季。春生夏長，秋收冬藏，發生萬物。天上天下，仙宫人世，胎卵濕化，一根一苗，一枝一葉，一花一子，有情無情，皆受道炁而所産也。故萬物内外，莫不是道也。故見天道運行，又觀人道不别於天道也。

人道太一兩腎，堂間中黄，上赤下黑，左青右白，其包五行混元，一點真一之道，名曰太一。太一者，水之宗號。北斗直符者，心之七竅也。日月者，心腎也。人無日月，以心腎爲日月。天無心腎，以日月爲心腎。五星六曜，五臟六腑，森羅萬象者，是皮毛骨節，三萬六千精光神也。道經云：「不出户，知天下也。」河上公曰：人身喻似天地之用也。又將自己太一運行，日月循環，直得真心火下降，腎水上騰，水上火下，五臟百脉生津氣，津液血神，自然通流。五行四象八卦，萬神自歸大道。百骸九竅，自得通靈。手握太一，性命固窮。若是依天道運行，豈不與天地齊壽矣？故曰：「執天之行，盡矣。」是故聖人指天道喻人，觀天道之運行，執天之行，無不成神仙者矣。

天有五賊，見之者昌。

得賊則昌，失則亡。七賢云五星、五嶽、五臟、五方、五賊。五賊五行之義，洪儒珍重之，言無不包也。淳曰：天地用五行，遞相爲剋伐，相生相投也。天之五賊，木水金土火。地之五賊，金木水火土。見聖人言，天之五賊逆行，陰陽顛倒相返也。地之五賊，隨地順行，故人有生死矣。若見天賊，隨天賊而運用〔一〕，故人祇有生而無死也，故曰

〔一〕「用」，天啓本作「行」。

且見地之五行，金生水之類也。天之五行則不然也，即水生金也。且見水氣上騰，化爲雲在天。上天屬金，雲氣上騰至天，故曰水來生金。子見母，現本形，化爲雨也。易曰「雲行雨施，品物流形」，是天道逆行也。且見地之五行，木生火。天之五行則不然也，火生木也。在人則爲氣，在天則爲太陽真氣。發生萬物，則是陽氣入木，枝葉發生，熏蒸萬物，木石皆榮，故曰火生木也。豈不是天道乎？故聖人指天之道，要人體天法道。人則不會逆行。若要長生，須行顛倒法。如何是五行顛倒法？但取心火發於腎水，水見火化爲氣，其氣上騰至於肺，肺屬金，是水生金也。其水化爲金液，此是金液來入肝。肝者，木也。心者，火也。火來生木，肝臟榮旺，目生光明，其黑白自分明。木得火之性，金得水之情，南方火來生東方木，北方水來生西方金。四象二儀，復配入戊己土，故云五行不順行。四象合入中宮，名曰五行顛倒術。太白真人曰：「五行顛倒術，龍從火裏出。五行不順行，虎向水中生。」真一子曰：「此二十字，少則少焉，妙則妙焉，是謂泄天地互用之機。」陰真君曰：「北方正炁號河車，東方甲乙成金砂，朱雀調運生金華，金華生天地寶。」人會此言，合至道内外，同於天地，道志鍊其精，修爲神丹，點化四大，輕舉飛昇，豈不爲神仙之道乎？故曰：「見之者昌。」

「見之者昌」矣。

五賊在心，施行於天。

「五賊在心」者，五行真炁也。以心爲主動，則五行隨之，故曰「五賊在心」也。施行於天，則並用其心，須依天道。一切善惡由心造。凡有施爲，且合天爲道。心有作用，合天之五賊而運用施行也。

宇宙在乎手，萬化生乎身。

「宇宙在乎手，萬化生乎身」者，此神仙下手修鍊之處。賢聖匠手，陰陽權柄也。陰陽者，日月也。日爲龍，月爲虎。日爲汞，月爲鉛。日爲離，月爲坎。日爲火，月爲水。日爲陽魂，月爲陰魄。日爲炁，月爲精。日爲性，月爲命。權握宇宙者，性命在乎手也。我命在我，不在天也。在天爲日月，在人爲精氣。天以日月運轉，人以精氣運行。呂真人曰：有人問我修行法，遥指天邊日月輪。魏伯陽參同契載歌曰：「聖人奪得造化意，手扶日月安爐裏。微微騰倒天地精，攢簇陰陽走神鬼。日魂月魄若人識，識者便是神仙子。鍊之餌之千日期，身既無陰那得死。」素問上古天真論曰：「余聞上古真人提挈天地，把握陰陽，呼吸精氣，獨立守神，肌肉若一，故能壽比天地，無有終始。」張夢乾曰：「攝乾坤於掌上，聚散三辰；握日月於襟前，捲舒八景。」道德經云：「深根固蒂，長生久視之道。」其日月在心腎，其心好動，其神好泄，漏其精華。是故聖人制伏心不動，權握腎不泄，以至無漏堅固，故身輕，乃長生久視，豈不爲神仙？ 下手修鍊之處，心腎相交，精炁逆流，萬化生乎身。 故曰：神仙作用之機，變下鬼爲神仙，救死人爲活人，是宇宙在乎手矣。

天發殺機，龍蛇起陸。

此是三百字。 內元「天性，人也。 人心，機也。 立天之道，以定人也」一十六字，是杜光庭加此文理也。 淳曰：天發殺機者，秋三月也，西方金氣生，霜降，能殺萬物也。 金能剋木，龍蛇入蟄，萬物可殺。 道德經云：「天地不仁，以萬物爲芻狗。」龍蛇起陸者，春三月也，萬物發生，天地發陳，龍蛇起陸。 秋殺春生，道之理。 春泰卦，秋否卦，春生秋殺，天地否泰之義也。

人發殺機，天地返覆。

「人發殺機」者，莫大於不孝，罪在不赦，故天地返覆也。 修殺者，運一氣而升騰，三尸自死，殺滅九蟲，造化金丹，純陽爲體，故名殺機。 天地返覆者，造化一氣，故令死者返生，故陰陽天地返覆。

天人合發，萬變定基。

天人者，一氣也。 合發者，升騰一陽初動也。 萬變者，萬物變化也。 定基者，萬物皆炁運動也，名曰定基也。

性有巧拙，可以伏藏。

法性本一，根性不同也。且甘草甜，黄蘖苦，本即一氣一根，性各差互。人有巧拙之性，可以隱密伏藏。易曰：「君不密則失臣，臣不密則失身，機事不密則害成。」由此言之，道也，稟五行而生，故知五行之性情，各逐五行而用事，皆在隱密伏藏也。劉子曰：「山狚見巧，終必招殃。」山狚者，猿也，善能避箭。楚王出獵，山狚繞樹，王見巧，令養由基射猿。由基欲射，山狚抱樹而啼，知由基善射，莫能避也，必見死也。故曰因巧招禍。人雖至巧，不能得死者，非天巧也耶？

九竅之邪，在乎三要，可以動静。

九竅在心，心有七竅三毛，内隱二竅，藏陰陽之所，一孔爲陰，一孔爲陽，以爲輔弼。帝若乃心王也，故心有九孔也。三要者，耳目口也。目可視其色，耳可聽其聲，口可納其味。心之九竅，受其聲色口爽，故令納邪。可以動乎？在三要也。目不視邪色，耳不聽邪聲，口不爽邪味，心竅不納邪，可以静也。老君曰：「澄其心而神自清，自然六欲不生，三毒消滅。」夫人分七十五等，上二十五等，中二十五等，下二十五等。上中下分爲九品，上等上品心有九竅，中等上品心有七竅，下等上品心有五孔。至下等下品，心實無竅，名曰愚，何異蠢物乎？三要之説，乃防於心，此動靜死生之門户也。

火生於木，禍發必剋。

火生木者，天道逆行也。木生火者，地道順行也。禍發必剋者，地道順行也，木罰而自焚；天道逆行者，木旺而自榮。夫人身之道，順地之用事，順行則死；用天之道，逆行則生。夫人身爲木，自發火心。無明不覺，敗壞其身，及事至禍發必剋，此則愚人也。若夫聖人，以身爲木，以心爲火，焚其源，修鍊其身，暗换形質，而成聖人矣。

姦生於國，時動必潰。

婬邪惑心，氣動神散也。時動必潰，神氣離乎身，心潰散也。老子曰：「以身爲國，以精氣爲民。」民散則國離。

知之修鍊，謂之聖人。天生天殺，道之理也。

遭遇聖人，得傳口訣，知修鍊之法。子午下功，勤而行之，以鍊凡胎濁骨。獲無窮之壽，謂之聖人。

富國安民演法章中

老子曰：「以身爲國，以精氣爲民。」衆神爲萬姓。淳曰：精能養形，氣能養神，精氣神爲壯之道也。可能運精鍊形謂之富國，存神保氣謂之安民。聖人外指家邦爲喻，以身爲國。一身之内，鍊精氣以修大道。老母曰：甘酒珍饌，伐性之戈矛也。婬聲美色，破骨之斧鋸。不覺敗壞其身，故民散國離。演法者，演教法也。章者，明也。

天地，萬物之盜。萬物，人之盜。人，萬物之盜。

「天地，萬物之盜」者，萬物盜天地之氣養形。「萬物，人之盜」者，人盜萬物養其性命，故立身活形也。「人，萬物之盜」者，不測萬物情性，返被萬物盜人也。蓋萬物之情性者，鍊穀之法也。人之所食，不宜大飽。鍊穀之法，五日一候，内使火數鍊穀，如彈上九竅，眼如蜂窠。鍛鍊大便退滓之法，太陽白雪〔一〕如白膏所結也。小便之法，四十九日可以小便中溺出朱砂也。故曰：「天地又被萬物之盜，萬物又被人之所盜，人又被萬物盜之。」有此三盜，不能出離。人能奪萬物之精氣運用，而鍊穀腸胃如酥酪，運元氣而絶粒，出離萬物。乃令絶食，非也。老母曰：「天地盜萬物，盜萬物使人不得常榮盛，而有衰朽。萬物盜人，使不得常少壯，而有老死也。人盜萬物，使不得常存。」有此

〔一〕「白雪」，原無，據天啓本補。

三盜，皆不覺不知，互相盜其精氣，是盜其形也。日日〔一〕不可闕乏，則饑寒疾病生矣。如盜精氣者，勤而行之，則太和充溢，芳華鬱暢，百脉皆榮，三關流潤矣。故不能善用盜者，返被萬物之盜也。故能善盜其形，賊其精，鍊其氣，以保長生。

三盜既宜，三才既安。

天地盜萬物，萬物盜人，人盜萬物，皆合宜也，不得過分。如失其此道者，先當伐矣。

故曰：食其時，百骸理。動其機，萬化安。

「食其時，百骸理」者，飲食知時，百脉自安。飲食失時，五臟不和，靈物受病，百骸不理也。動其機，萬化安，天機運也。呂真人曰：天機深遠，下手速修猶太遲。天機者，臍下一寸三分也，聖人下手養胎仙之處。楊氏注難經云：「臍下腎間動氣者，丹田也，人之性命也。丹田者，性命之本。」道士思神，比丘坐禪，皆聚真氣於臍下，良由此也。丹田有神龜，呼吸真氣，非口鼻而呼吸也。口鼻是氣之出入門户也，丹田爲氣之本源，聖人下手之處，收藏真一所居。故曰：胎息，炁也。「動其機」者，機，心也。施真人曰：心爲使炁，神養成胎。「萬化安」者，老母曰：食者非貪飲食，所食者，盜萬物之精炁。

〔一〕「日日」，天啓本作「日月」。

蓋形能食其味，神能食其氣也。若以時而食，其形則動其機以用精，則萬化安也。

人知其神而神，不知不神而所以神也。

人知有陰陽禍福之神，不知自己身中有出入神也，能爲了其生死也。人則知手足舉動之神也，不知天機發動，用之至神也，故曰神中神也。人則知口鼻内出入之氣，不知丹田有真一之氣，故曰氣中之氣也。人則知五穀之精，不知本來有真一之精，故曰精中精也。老君曰：精中有精，氣中有氣，神中有神，是我自然之道也。老母曰：人則知祭祀之神，不知自己身有三萬六千道精光神，能爲出世之神也。

日月有數，大小有定。聖功生焉，神明出焉。

天地之數五十有五。大衍之數五十，其用四十有九。五行之數，水一，火二，木三，金四，土五，此是生數。又有成數，水六，火七，木八，金九，土十。數者，三十輻也。三十輻者，水一，火二，木三，金四，金木水火共十數；土無正形，隨四季而旺，在四方各五數，四五二十，更加十數，共三十輻，一月之用也。如是之運動也，天地作數，人之氣，此月數之用也。日數者，九九之數，令人從冬至一日，數九九八十一日，是太陽之數也。五日一候，十五日一氣，四十五日一節，九十日一季。月有圓缺，萬物生成，各有定分，故大小曆皆有定分。「聖功生焉，神明出焉」，修行之士若依日月之數，抽添運用，補接增加，日遠死途，漸至生路。既脱凡軀，修鍊真形，神形俱妙，豈不爲神仙乎？

其盜機也，天下莫能見，莫能知。

天地萬物，遞相爲盜，莫能見之矣，是賊盜天地之機也。「天下莫能見」者，是盜賊之無色，聽之無聲，搏之無形，呼之無名，故天下莫能見也，莫能知也。窮一炁之造化，觀萬物之發生，故莫能知也。化書云：「仰寥廓而不見其迹，處虚空而亦無聞，神明且不遠，君子常正其心。」顔子曰：「仰之彌高，鑽之彌堅，瞻之在前，忽焉在後。」明恍惚不可爲形象也。淳曰：恍惚者，有無也。故聖人明有無之源，窮造化之端，修之則形成而有象。故謂之「莫能知，莫能見」也。

君子得之固窮，小人得之輕命。

君子小人，各正性命也。君子得其性命，固窮其性命。恐有無常至，故悟其性，養其命，乃得延年，則長生矣。小人得其性命，不能守，皆亡其命，失其性，甘酒婬荒志猛，不固其性命，故曰輕命也。易曰：「君子與天地合其德，與日月合其明，與四時合其序，與鬼神合其吉凶。」君子者，外修陰德，内鍊心神，固窮養命，以保性命，乃君子也。凡小人舉止，不合陰陽日月，不顧性命王法，而自稱我强，暗中昧其神道，内無寸真，外行不仁，隔宿無恩，常懷荆棘，天地不容，陰公奪功奪算，然有壽，而殃於子孫。故曰小人作也，故輕其性命也。

强兵戰勝演術章下

夫强兵戰勝者，百萬人戰十萬人，十人打一人，豈不易强兵戰勝也？君子思而詳之，非兵法也。袁叔真人曰：夫用兵者，雄豪入戰，乃獲其勝。使黄公三略，吕望六韜，孫子十三篇，以少敵多，以寡敵衆，以弱敵强，迴敗作勝。此三兵法也，豈用師衆而敵寡者也？淳曰：聖人將修行喻兵法可以治亂，直指一心喻夫爭勝，心不動，則百邪無所入。性濁則氣亂，生路遠矣。心静則道生，神仙自來。李沖曰：强兵者，大道天師，萬化之主，降魔劍氣。若達此道，貪嗔癡毒，六賊無明，神鬼不祥，妖僞陰魔，一齊潰散，獨見至尊。是太古玄道，謂之强兵。古聖之立法，要降魔治亂，教化天下清静，豈是鋭武强兵，亂役生靈，殺害性命，招冤引業，禍累子孫，爲强兵戰勝者也？章言孫、吴、韓、白，皆得强兵戰勝之術，凡攻戰之法，兵强陰謀，詭詐，以命煞命，神鬼之行，豈達陰符旨趣哉？古聖人旨趣哉？攝養之方，是謂强兵戰勝。

瞽者善聽，聾者善視。絶利一源，用師十倍。三反〔一〕晝夜，用師萬倍。

「瞽者善聽，聾者善視」者，淳曰：著其聲色也。聲色兩忘，絶利一源，修行加其十倍。運養固性，則能專一。至於精神用師者，使兵也。又師者，兵也，衆也。如此言之，則文理可否，言不合道也。李沖曰：師者，非兵之稱也。大道真一，無上至尊，元始之君，群士道教文名，背境嚮心觀用師十倍。三反者，晝夜用師萬倍。淳曰：三反者，神氣精也。神返氣，心使神，神使心也。氣返精，精，火也。火返下，水上騰，既濟相反，運則度過尾閭，通腦後脊骨腎脉之間，上行夾脊、雙關、風府、泥丸、百會穴、明堂、洞房、鼻柱骨，流入丹田，復行神龜尾閭，流而不絶，血化爲膏。此是神仙般運精氣入泥丸之處也，則用師萬倍矣。逍遥子曰：「一迴滿來一迴舉，便與神仙爲伴侣。」朗然子曰：「有人通得泥丸穴，何必區區鍊大丹。」又云：「夾脊雙關至頂門，修行徑路此爲根。」上生經曰「其水上湧，遊於梁棟之間」者是也。

心生於物，死於物，機在目。

「機在目」者，袁叔真人曰：心者，欲之源。目者，色之根。目主見，心主知。心苟不

〔一〕「反」，天啓本經文與注文均作「返」。

知，目不能辨，由此言之耳。淳曰：目見一物，無因不動。心着一物，無所不隨。真心不灰，靈物受病，散蕩真元，蓋不能死於物也。「機在目」者，其目有漏，黑白不分，神光昏昧，此人有死無生。死於物者，得道之人也。目主見而心不動，神氣運行，而精炁不泄，此人有生無死。機在目者，黑白分明，其精無漏，神光自明，機在目也。古云：活水銀養死人，死水銀養活人。水銀在人主精。醫書云：「心重十二兩，藏精計三合。」故靈物在心。其精死而水銀乾，經云死於物。故曰：「死水銀養活人」，乃真人也。「活水銀養死人」，修行之士，精氣不能結，水銀不能乾，此乃死人也。故水銀活則人死也。凡鍊神仙者，人也。

天之無恩，而大恩生。

天本不施恩，合時而運動。真氣升騰，萬物發生。萬物承天之大恩而長久矣。

迅雷烈風，莫不蠢然。

陰陽發泄，天地氣交，至精施行，自然有聲，萬物蠢然而生。人之修行無別也。子午下功，陰陽作，結成精。坎離氣交，水火既濟，自然有聲，如迅雷烈風者。至精發泄，而作其聲。陰消陽純，翱翔雲霄，豈不爲神仙？取用合陰陽，皆是至精所作也。老母曰：

人修鍊陰陽之炁，氤氳如風之行，如雷之聲。故能通流，淘清去濁，五臟生津，百骸調暢也，真一之道存矣。

至樂性餘，至靜則廉。

「至樂性餘」者，樂天之道也。靜者，歸根也，故曰靜廉者道也。樂者天之性，以至於命也。老母曰：外無所求，内無所惑，至樂之道也。至樂，最樂也。本性無餘，凡性得至真靜，此則有餘。凡人以子孫歡娱之樂者，非聖人之樂也。非山爲靜，非市爲鬧。聖人悟性，則養命爲靜，得一則爲廉。亢倉子曰：「貴則語通，富則身通，窮則意通，靜則神通。」此四通之義也。

天之至私，用之至公。

天之曲成萬物，隱密藏機也，故曰至私。「用之至公」者，生成萬類，各得其道也，名曰至公。正也，以公正萬物。

禽之制在氣。

聖人將飛禽翱翔，喻如羽客者。飛禽乘一氣而上青霄，人不如也。人爲萬物之靈，不能制伏道德之氣，固窮養命。如善用道德之氣者，如龍换骨，如蛇退皮，如蟬脱殼，人則修鍊换形，飛入大羅，上登雲漢，不亦難乎？以至九天之上，盡是從凡入聖。玉皇聖語曰：是以九天上卿司命真君，抱純粹之精，得混元之氣，方可超凡入聖。修行之士，若將混元之氣，修鍊純粹之精，盡成極陽之體，而作神仙，豈是難乎？凡有所學，不見者如隔萬里山水之外，大小亦然。明聖人制伏之源，奪天地造化之功。假令水至冬寒而結成冰，非冷之至也，遇朔風乃結。朔風者，北風也。至夏月不畏其熱，畏南風能消其冰後化爲水也。夫人真精要結成丹者，使北方腎氣朔風也，其精結成丹藥，要化真一之精。南方心火，化精爲氣，熏蒸四大，純陽流注，人無死生矣。老母曰：飛禽身遊虛空之中者，憑其氣。況人爲萬物之靈，能修養鍊自己者，盡成純陽之體，氣遂能入金石而無礙，行日月而無影，豈不能變形證果，御氣遊玄哉？

生者，死之根。死者，生之根。

心貪名利，厚養其家，貪婬好色，廣畜資財。人見爲生道，我見是死之根。「死者生之根也」，夫人不貪非利，知分合宜，榮枯待命，自守一心，常懷君子之行，拔危拯苦，不害物命，克己安仁，積精全神，死者生之根也。「生者死之根」，根死即生，生死由根。根者，心與腎也。心生者死，心死則生。心是神之根也，腎是氣之根也。心死則性寂，腎死則命存。心活則性貪，腎活則精漏。切在固守根源，乃得長生久視也。

恩生於害，害生於恩。

天地以陰陽二氣恩生於萬物，不知萬物情性反盜天地之氣。故曰「恩生於害」也。天施恩害，秋殺春生。故曰「害生於恩也」。大小亦同，内外無别。道者，本恩害也，修之則壽長，輕之則命短矣。

愚人以天地文理勝〔一〕，我以時物文理哲。

「愚人以天地文理勝」，人皆觀星象，以文理知吉凶禍福、存亡得失之事，故理聖。人全不知自己之生死者，愚人也。「我以時物文理哲」者，但觀一物而知盛衰，見一物而曉生死，在乎掌握，我命在我。反視一物而知大道，察一物而知吉凶，故能生死在乎掌握。我命在我，反老還少，出生入生，故我以時物文理哲矣。淳曰：略以瑣見導注斯經，然不立章句，且光暢其文云耳。

〔一〕「勝」，天啓本經注均作「聖」。

黄帝陰符經心法〔一〕

蜀潼川六虚散人胥元一注

卷上　發明天理章

經曰：觀天之道，執天之行，盡矣。

欲造陰符之道，便向「觀」字上下工夫，更莫别生解會。猛着精采，默默自觀。忽然觀見吾之自觀者，即使前聖後聖，鉗口結舌，無言可道，陰符之學畢矣。其或未然，請向下文究取。何以故？觀，視也，察也。天者，自然也。道，理也。執，持也。行，踐履也。謂學道者觀視天道自然之理，以參吾自然之性。得之者，持之於日用常行，踐履純熟，須臾無離陰符之旨，至矣，盡矣，無復加矣。此一經之總標，其如天道之理，備載下文。

〔一〕作者胥元一，生平無考，其老子注佚文見於一二九六年成書的道德真經集義。本書文字取自正統道藏。

天有五賊，見之者昌。

天之道，一氣而已，其變則爲五行。不曰五行而曰五賊者，以之形容天道。視之不見，聽之不聞，運行於兩儀之間，推移寒暑，遷變古今，造化品物，趨新失故，疇覺之哉？故曰：「天有五賊。」見則明也，昌則盛也。謂觀天道於一氣，有五行之變；推吾道於一性，有五常之用。所謂五常之用者，亦無形無聲，非陰非陽，能仁能義，善圓善方，出入無時，莫知其鄉。明之者，其五常之德，光輝日盛也。故曰：「見之者昌。」

五賊在心，施行於天。

五賊者，天之道也。在心者，謂天道在人心也。天道在心，即心是道耳，至哉言乎！「五賊在心」，蓋聖人恐後世之學觀天有五賊，必求之於天之天，而莫知求於心之天。言至如此，其着力爲人發明天性之意，可謂切矣。人能畢力於五賊在心，直下承當，如曾子聞「吾道一以貫之」，而曰「唯」。一「唯」之外，更無他疑。領解孔子之意，豈不快哉？如或未然，恰須於「五賊在心」專精研味，至有所得，始知日用云爲皆吾心天發見，別無他雜，不亦施行於天乎？內觀經曰，聖人「教人修道即修心也，教人修心即修道也」，祇多箇「修」字。孟子曰：「盡其心者，知其性也，知其性則知天矣。」聖人之言，如此之易簡，如此之直截，如此之明白，學者何疑焉？

宇宙在乎手，萬化生乎身。

通玄經曰：「四方上下之謂宇，往古來今之謂宙。」萬化，乃萬物變化也。手身，指自己也。人能於五賊在心，信得及，明得徹，雖四方上下之廣闊，往古來今之迢遠，萬物變化之無窮，一一皆從自己心地流出，更不由他也。孟子曰：「萬物皆備於我。反身而誠，樂莫大焉。」此之謂也。

天性，人也。人心，機也。

人生而靜，天之性也。故曰：「天性，人也」。性離乎靜，動而曰心。心者，一身之君，萬化之機要也。故曰：「人心，機也」。大通經曰：「靜謂之性，心在其中矣。動謂之心，性在其中矣。」「性」之一字，學者莫祇作紙上語會，須是反己而參，使真有得處，始不負此生之學。若然者，反本還元，超凡入聖，豈虛言哉？否則，機械智巧日載於心，與物相刃相靡，滑夫天性，流爲世俗之妄，致使日用不知，懸若天地，誰之過歟？

立天之道，以定人也。

立者，剛正不倚也。天之道，天性之道也。定，鎮靜也。人，則人欲之心也。夫天性之道，學至廓然無我，何人欲之有哉？未至乎此，恰須用力操存，資之以剛正不倚，爲一身主。鎮靜其人欲之心，使不得萌，則九竅四肢無由妄作，一身内外咸得安寧。故曰：「立天之道，以定人也。」若其性無剛正之質，懦而無立，動則徇夫人欲之私，放辟邪侈，無不爲矣。如此求安靜於天下者，未之有也。

天發殺機，龍蛇起陸。人發殺機，天地反覆。

殺，言威也。龍蛇，謂蟄藏之大者。起陸，出於地也。反覆，則顛倒也。天之威殺，雷霆也。時當靜，則潛伏其機，寂寂然，人莫知其所藏。時當動，則應時發機，無私無欲。虩虩然，驚震群品。覺寤蟄藏，出離幽昏，各遂通暢，物被其恩也。人之威殺，心神之妙用也。其未發，則與天冥一，鬼神莫能窺，況於人乎？物有所感，私欲乃萌，喪夫天理之醇，肆以虎狼之毒，人受其害，物被其擾。故聖人歎之曰：「人發殺機。」「天地反覆」者，謂人心之動，何得與天地之道顛倒之至如此。

天人合發，萬變定基。

天者天道也，人則人心也。定，不動也。基，本也。天之道，應時發機，無私無欲，萬物被恩也。人之心於應事接物，亦主之以無私無欲，即天人合發矣。若然者，事物之來，如懸鏡高堂，雖千變萬化，鑑而不辭。其湛然圓明不動之本，未嘗有所擾。若有毫分之欲留其中，則入人發殺機，惡可與至萬變定者歟？

性有巧拙，可以伏藏。

本元正性，寂然未動，湛若太虚，安有巧與拙？經曰「性有巧拙」者，言夫習性之性也。夫習成之性，巧於書數者，則拙於射御；善於陶冶者，則不能於繩墨。故聖人祝之曰：「可以伏藏。」伏藏者，謂勿自顯耀也。如自顯耀其所能者，必肆於誇眩。睹所未能者，必欲於跂求。誇眩則喪德，跂求則費真，二者兼妄。復以湛然正性，感而遂通，幾於道耳。

九竅之邪，在乎三要，可以動静。

人之身，上下具有九竅，以通神明之德，猶宅之户牖也。其司治亂死生之要者三，曰耳目口。耳則聞聲，目則見色，口則言辯。因以動其心，萌其欲，徇其情，亡其性，九竅於是乎邪矣。雖然，生於人也，耳不可聽乎？目不可視乎？口不可言乎？若曰不可，人非土木，安得不可乎？故經曰「可以動静」。可以動静者，是教後學於斯三要或有所感，察其可以聽而聽之，可以視而視之，可以言而言之。如不可者，勿聽勿視勿言也。若然者，九竅之邪無由而萌，三要之用可以動静也。孔子曰：「非禮勿視，非禮勿聽，非禮勿言，非禮勿動。」如斯而已矣。

火生於木，禍發必剋。姦生於國，時動必潰。知之修鍊，謂之聖人。

木之生火，火炎而木燼。國之生姦，姦盛而國亂。理之固然也。人之生，本然正性，湛然清靜，與天理混一。逮乎耳目外通，欲惡内起，情生性隔，氣散精亡，未及天年，遽取死壞。何異木之生火，國之生姦？聖人垂是教者，意欲後學觀此，除情遣欲，愛氣嗇神，寂淡無爲，朝夕不二。如此之修，如此之鍊，乃至功夫圓熟，頓悟性真，反本還元，超凡入聖，乃聖人之道也。故曰：「知之修鍊，謂之聖人。」

卷中　開示養生章

天生天殺，道之理也。

天者，自然無爲也。豈有意於生殺？蓋物之生，物之死，時至自然也。然則一生一殺，春秋代謝，古往今來，天道之常理。人之生亦一物矣，生死之理與物奚殊？知此，於生何忻？於死何惡？委之自爾，浩然大寧，公於養生也。若然者，可與樂天道之常，遊死生之外矣。

天地，萬物之盜。萬物，人之盜。人，萬物之盜。

天地，萬物之父母也。子生，由父母之氣而有之。故曰：「天地，萬物之盜。」夫物盜天地而生，人盜萬物而養，萬物盜人力而成。此三才相生、相養、相成之正理。且物盜天地之氣而生，竊雨露之潤而長，隨其大小，各盡性分。至乎成之熟之，無不充足。其萬物盜天地也如此。人之有生，先需以養。養之之要，貴賤貧富，各安命分。盜物取精，以養其生，若彼萬物之於雨露，適足而已。無使容心於分外之欲，則内無所喪，外無所擾，身心安靜，氣血沖和，得永天年，無中道夭，可以階深根固柢，長生久視之妙，豈特養形而已哉？若違命越分，縱欲貪饕，勞擾精神，日夜不休者，是愛一黄雀，以隋侯之珠彈之，不亦迷乎？通玄經曰：「古之樂道者，食足以充虚接氣，衣足以蓋形禦寒。不貪得，不多積。清目而不視，靜耳而不聽，閉口而不言，委心而不慮。」無所樂，無所苦，無所喜，無所怒。萬物玄同，無是無非。

三盜既宜，三才既安。

宜者，天地以生養萬物爲宜，萬物以成遂蕃息爲宜，人以安分適足爲宜。三者不失其宜，則三才皆得其安矣。若天不時雨，地不生物，天地之不宜也。禾麥不實，胎卵不育，萬物之不宜也。違命越分，縱欲貪婪，内擾神氣，外傷人和，人情之不宜也。學者當取其所宜，去所不宜，内則得心神安靜，外則得人事和悦，萬物蕃息，灾凶不作，樂太平之治乎！

故曰：食其時，百骸理。動其機，萬化安。

夫食，乃人之養形者，貴在當時，則五臟充和，百骸康健，樂其性命之情。過不及，病矣。此結前三盜之宜，以申動機之義，若是而已矣。夫人心寂然未動，湛若太虛，何所謂之機乎？一念纔萌，未形乎外。此人所不知，己獨知之者，而謂之機也。人之生，處世立身，養生應事，有所不免者，惡得不動其機？然體前三盜之宜，使養生無過分之欲，臨事無私己之利。事物之來，雖千萬即因而應之，毫分無所留。若然者，寂然不動之本，曷嘗有擾哉？故曰：「動其機，萬化安。」儻有毫分之欲滑其機，則萬緒擾擾，撥置無暇，彼焉得須臾之空，而反顧寂然不動之本乎？求其須臾寂然猶不可得，況及萬化之安歟？此與夫失饑傷飽奚以異也？

人知其神而神，不知不神而所以神也。

人者，世俗人也。神即鬼之見靈響者。世俗之人，不知性命之正，安分適足，動輒妄生其心，貪慕分外，憂懼禍患，致禱鬼神，諂求餘福，乃知其神而神者。夫豈知有吾之不神而所以神者乎？且吾之神，雖視之無色，聽之無聲，與天地合其德，日月合其明，亘古今而不二，歷生死而常存，日濟動用，千變萬化，用之不勤，是謂微妙，是謂至神。死生大矣，而不得與之變，而況禍福之所介乎？孔子有疾，子路請禱於上下神祇。子曰：「丘之禱久矣。」此之謂也。關尹子曰：「惟聖人能神神而不神於神。」通玄經曰：「心者身之主也，神者心之寶也。」易曰：「神也者，妙萬物而爲言也」，「不疾而速，不行而至」。學者精思之，必自得之矣。

日月有度，大小有數。聖功生焉，神明出焉。

此正精思探妙工夫之證驗，學者當加意焉。夫日，太陽也，一歲一周天。月，太陰也，一月一周天。此日月有度也。三十日大盡，二十九日小盡。此大小有數也。自冬至一陽生，積四十五日立春，三陽交泰，草木萌動，故曰「聖功生焉」。逮至驚蟄，乾陽浸長，坤陰退消，卦入大壯，雷乃發聲，故曰「神明出焉」。其在冬之先，萬物歸根，神明隱伏，幽幽冥冥，莫見其狀。喻夫至神未明，滯於昏暗，如處極陰，無所睹見，觸塗皆礙，俾觀聖功生物之理，盜爲進修之方，致虛守靜，以探吾不神而所以神者。日往月來，孳孳於是，如雞抱子，暖氣相續，積功不間。一旦忽有省覺，即一陽來復也。易曰：「復其見天地之心乎！」心既覺悟，退藏於密，夙夜精持，神明日盛，知用光亨，乃君子道長之時，非聖功生焉乎？精持既久，工夫純熟，神知圓明，豁然無滯，縱横自得，左右逢原，逍遥變化之場，獨立萬物之上，非神明出焉乎？學至乎此，其功極矣，可以友天地，參造化，蹈水火，御飛龍，遊乎四海之外，入乎至神矣。夫盜物養生，盜之小者。盜歲時之光，成吾修學之功，盜之大者也。故次之曰「其盜機也」。

其盜機也，天下莫能見，莫能知。君子得之固窮，小人得之輕命。

「其盜機也」者，舉夫盜物之機也。機之爲言，微小而爲至要者。人之動止施爲，皆由是發。此豈難知難見？而曰「天下莫能見，莫能知」，何也？蓋天下人貪生生之厚，切於物欲，蔽其所發之機，是以莫能見莫能知。人能移物欲之心，以求其機，孰云不見？是機也，君子得之固窮，小人得之輕命。得則一也，而有君子小人者，自其所禀有清濁之殊，所習有善否之異，是故君子小人名矣。其所習善者，安處素分，養生適足，固守天和，不易以俟盡。如顔子一簞食，一瓢飲，在陋巷，人不堪其憂，顔子不改其樂。此君子得之固窮也。習之不善者，肆情縱欲，違仁背義，苟貪無耻，不顧危亡。如盜跖横行天下，强暴侵凌，不顧父母兄弟，取死東陵。此小人得之輕命也。噫！人之性均受之天，本無間於君子小人。由其盜機之動，善與不善，以致君子小人相去若是之遠，可不擇焉？

卷下　勝欲復命章

瞽者善聽，聾者善視。絶利一源，用師十倍。

瞽者目不見色，其心專於耳，故聽聰。聾者耳不聞聲，其心專於目，故視明。利者，耳目之用。人之所欲者，亦利也。師，兵也。十倍者，萬倍之一十也。夫聾瞽亡耳目之利，而得善聽善視之能者，心專志一也。譬學道者若彼聾瞽，專心至志，固塞聰明之利，斷絶私欲之源，使耳目虚閑，心室空静，日漸天理勝而人欲亡，功比用師克勝，獲其十倍者。乃養神之初階，入道之漸門也。學者不可止是爲足，更須勉力進步，圖造其極矣。

三反晝夜，用師萬倍。

三即三要也。反，復也。晝夜，謂連續無間也。夫聽則逐聲，視則徇色，言則誇辯，此世俗之所尚。終年不知反者，悲夫！經曰「三反晝夜」者，謂反耳之聽於無聲，反目之視於無色，反口之辯於無言。三者既反，一性獨存，兢謹自持，晝夜無間，人欲不得入，邪氣莫能干，涵養日深，天理純熟，還元返本，復命歸根。以比用師克勝，功極萬倍。誠養神之至妙，造道之至極也。參同契曰：「耳目口三寶，固塞勿發通。真人潛深淵，浮游守規中。」此之謂也。

心生於物，死於物，機在目。

目者，一身之户牖，三要之最先，其官司視。心靈寓之則能見，見則愛，愛則欲得。私欲一萌，流而不反，故心喪於物也。古之至人，目豈不視物耶？蓋其視物也，直過而已矣，何心死於物之有哉？老子曰：「不見可欲，使心不亂。」非不視也，但不見有可欲者耳。張真人曰：「見物便見心，無物心不見。」此語極妙。何哉？夫見物便見心，見心則不見物也。人能於見物處見得自心，端的盡天地間皆是自心顯見處，更無覆藏也，何者爲物耶？

天之無恩，而大恩生。迅雷烈風，莫不蠢然。

萬物芸芸，皆禀於天，而天未常有所與，天之無恩也。不責報於萬物，萬物自感戴於天，天之大恩生也。然則天固不有其恩，時或變作迅雷烈風，震動萬物。天之妙用，莫不顯然。陰符之教，以觀天之道爲旨。此言天之無恩者，蓋欲王者觀之，愛養萬民而不以爲仁。民自耕而食，織而衣，安其居，樂其俗。而天下治學者觀之，芻狗形骸，秕糠利禄，外身以養生，忘知而守德，形全精復，與天爲一，不亦大恩生乎？至如日用常行，視聽喜怒，性之妙用，發見無隱，又何以異乎迅雷烈風之變歟？嘗試言之，雷風，天地之神氣，陰陽之妙用。其未發，鬼神莫知所藏。其發之，迅疾猛烈，萬物無不震動。喻人之神氣，於晦藏蒙養一念不動，雖離朱、師曠莫測其音容；於視聽喜怒之作，昭然而不可掩。人能於一念未動，具正信心，開智慧眼，照了無疑，即許爾知得雷風所藏；更能於視聽喜怒之作，肯自領解爾之迅雷烈風，大機大用，莫不蠢然。到此，誠陰符學中真丈夫也。

至樂性餘，至靜則廉。

至樂者，非榮華適意，乃復性之樂也。夫榮華之樂，儻來者也，樂未已，哀又繼之，豈爲至乎？復性之樂淡然，常若其樂有餘，故曰「至樂性餘」。有如鄙人棄鄉土，離六親，流於他國，久之不歸。一旦反身到家，得見父母兄弟妻子，團欒言笑，其樂不可勝言。而況復性之樂，久迷塵俗，沉淪苦海，豁然省悟，形累頓釋，反真元始，忘生忘死，忘古忘今，其樂又何可勝言？莊子曰「至樂無樂」，此之謂也。夫廉者莫善乎至靜。至靜者，心無所欲也，無所欲則誠廉耳。如未達乎至靜，雖汲汲潔己爲廉，此有欲廉之心，豈至廉乎？莊子曰：「使廉士守藏，不如閉户而全封，以其無欲故也。」〔一〕

天之至私，用之至公。禽之制在氣。

天道默默，至私也。四時行焉，至公也。喻天命之性，湛寂常存，爲人之至私者也；動則形諸眼耳鼻口身意，爲見聞齅言覺觸思慮之用。若四時之行，無有偏愛，乃性本之至公也。推夫性本之公，施諸家國天下，孰有不公者歟？雖然，此既其文，未既其實也。未若反己於中，豁然自得，人莫得而知之者，此又吾至私之至也。得至則無我矣。

〔一〕此文當出於文子。

我尚且無，又安有人情偏愛之私哉？ 若然者，誠性存存，應待平等，老吾老以及人之老，幼吾幼以及人之幼，天下可運於掌上，奚俟推性之公歟？ 若夫未明天性之私，又不能推性公之用，心所存者，人欲而已。其於徇私縱欲，使氣剛强，能不如是者寡矣。聖人愛人，常善救人。故於「用之至公」，次之曰「禽之制在氣」，以勉未悟，俾知縱欲使氣爲性之害，當孳孳用力禽制，令私欲之心不動，剛强之氣不作，反之於虚，復以湛然正性，豈不善乎？ 若一念之欲不已，一忿之氣不息，喪性傷和，殃身及親，反爲氣之所制，誰之過歟？ 孟子曰：「持其志，無暴其氣。」老子曰：「心使氣曰强，物壯則老，是謂不道。不道早已。」

生者，死之根。死者，生之根。

生者人之所悦，死者人之所惡。心務悦生，過爲榮養，以養傷生，故悦生者乃致死之根也，故曰「生者死之根」。百念灰死，寂淡無爲，全性保真，不虧其身，故心死者爲保生之本也，故曰「死者生之根」。昔廣成子住崆峒山，修身千二百歲，其形未嘗衰，即此道也。謂黄帝曰：「至道之精，杳杳冥冥。至道之極，昏昏默默。無視無聽，抱神以静。形將自正，必静必清。無勞汝形，無摇汝精，身乃長生。」此保生之要也。至論則不然，性無生死，出則爲生，入則爲死。夫何故且生於此者，必死於彼然後有生於此？ 若無死於彼，焉得有生於此哉？是故此生以彼死爲根，此死復爲彼生之根也。生而復死，死而復生，出機入機，如環無端。孰能於死生出入，究其與生死同出同入，未嘗生未嘗死者？明之則根絶矣，獨立而不改矣。莊子曰：「已外生矣，而後能朝徹，朝徹而後能見獨，見獨而後能無古今，無古今而後能入於不死不生。」今焉得朝徹之人，共其語此哉？

恩生於害，害生於恩。

盈嗜欲，長好惡，世謂之有益於生也。孰知欲勝則天性亡矣，害莫大焉？故曰「恩生於害」。黜嗜欲，屏好惡，世謂之無益於生也。孰知欲去而天性全矣，恩莫大焉？故曰「害生於恩」。由是觀之，君臣父子之間，兄弟朋友之聚，恩害之理，胡可定也？如陰陽然，晴晦然，未有絶〔一〕而不雜，常而不變者，惟道爲然。體道者淡漠虚靜，反身未生，坦坦然樂之無極矣，恩害何干於我哉？學未及此，恰須於得寵思辱，居安慮危，庶幾恩不失而害不及。至於養生君子，衽席之上，飲食之間，恩害相生之理，尤切於是，可不謹耶？莊子曰：「愛馬者，以筐盛矢，以蜃盛尿。適有蚊虻僕緣，而拊之不時，則

〔一〕「絶」，疑作「純」。

缺銜、毀首、碎胸。意有所至，愛有所亡。」此之謂也。

愚人以天地文理聖，

愚人者，謂其無真知也。夫無真知之者，惟仰觀天文，俯察地理，博窮經史，深究陰陽，謂盡聖人之道。孰知天地文理，經書子史，聖人之緒餘，魚兔之筌蹄也？觀流而亡源，執末而棄本，窮年不反，不亦愚乎？故曰：「愚人以天地文理聖。」孔子五十有一而未聞道，乃南之沛，見老聃。老聃曰：「吾聞子北方之賢者也，子亦得道乎？」孔子曰：「未得也。」老聃曰：「子惡乎求之哉？」孔子曰：「吾求之度數，五年而未得也。」老聃曰：「子又惡乎求之哉？」孔子曰：「吾求之陰陽，十有二年而未得也。」老聃曰：「然。」以是觀之，天地文理，陰陽度數，皆可學可致者。不傳之妙，得之於心，聖人之道也。桓公讀書於堂上，輪扁斲輪於堂下，釋椎鑿而上，問曰：「敢問公之所讀何言耶？」公曰：「聖人之言也。」輪扁曰：「聖人在乎？」公曰：「已死矣。」曰：「然則公之所讀者，古人之糟粕也。」夫嗜糟粕而自謂之真味者，何足與言心之微妙哉？

我以時物文理哲。

道在近而求諸遠則不得。反求之近於己，則日用常行，事事物物，道無不在。彼不知此，而以天地文理爲聖而求之。雖得，則天地文理也，己何與焉？是以聖人推己所達，而欲達諸後學，故曰：「我以時物文理哲。」夫時物者，言時間所睹之物也。文理者，言時間所感之事也。哲，智也。物有巨細，事有輕重，此時物文理也。感而應之，於巨細輕重之別，是非文理之斷，非吾本性真知與之發見，孰能與於此哉？聖人以此垂教，發明後世，俾玩味者覺悟本性真知，返本還元。至於目擊道存，活潑潑處。噫，此豈特黄帝而已哉？百姓日用悉皆如此，但知之者鮮矣。人能於應事感物悟得，是本性真智發見，了無疑貳，可與黄帝並駕，登天遊霧也。或曰：「應事感物而謂黄帝之道，不亦陋乎？」子默默然，其叩之不已，子不得已而語之曰：「人之妍醜，鑑而後知，不鑑則不知也。心之微妙，感物而見，無物則心不見也。聖人明乎心之妙，於日用不可須臾離。故於切近者言之，示人入處，使人於日用目擊，易於曉悟，猶登高者必自下，行遠者必自邇。子何疑焉？」東郭子問莊子曰：「道何在？」莊子曰：「道無不在。」東郭曰：「期而後可。」莊子曰：「在螻蟻。」東郭子曰：「何其下耶？」莊子曰：「在稊稗。」東郭子曰：「何其愈下耶？」莊子曰：「在瓦礫。」東郭子曰：「何其愈甚耶？」莊子曰：「在屎尿。」夫東郭子問道之所在，莊子如是答之，非時物文理乎？中庸曰：「詩云鳶飛戾天，魚躍於淵，言其上下察也。」且鳶與魚，非時物乎？戾天躍淵，非鳶魚之文理乎？上下察者，非其人本性真智發見於俯仰之間者乎？於此而能察之者，其惟子思子乎？又禪家自初祖達磨西來，不立文字，直指人心，見性成佛。繼後得其傳者，出世接人，指示參學，或喝，或棒，或豎指，或拈拂，或云「庭前柏樹」，或云「露柱燈籠」，或曰「明明百草頭，明明祖師意」，或曰「青青翠竹，盡是真如。鬱鬱黄花，無非般若」，乃至神通妙用，運水搬柴。以此等發揚宗旨，豈不是時物文理乎？自古迄今，其徒領解者不可枚數。但近學者，知時物文理之論，而莫悟其言時物文理者。噫！言有宗，事有君。時物文理，聖人假借以示心法之妙。學者當自得其宗與君，不可擬議爲時物文理之辯，始契黄帝之心於自心耳。否則，黄帝已乘龍去也，癡人徒爾候攀轅。

人以虞愚，我以不虞。

虞，度也。夫真智未明，執滯文理，臆度聖人之道，迷背自真，愚癡之至也，故曰「人以虞愚」。「我以不虞」者，帝謂我日用應機，皆自本性真智，依理發見，不假他學，何臆度之有？誠直指之至言也。

聖人以期其聖，我以不期其聖。故曰：沉水入火，自取滅亡。

聖，博通也。期，會也。人謂聖人博通，刻意於經書文理，多知博識，會其聖人之道。故曰：「聖人以期其聖。」夫道不可以知，知不可以識。識其可，多知博識，而會乎其忘物遺人、豁然自得者爲然乎？ 我以不期其聖者，帝謂我非有心博通以會其道，祈爲聖人。聖也者，人與之名也。我尚非有，況其道乎？ 道且强名，而況聖人乎？ 若以有心博通而要其聖，乃徇名而棄實，逐末而喪本，猶沉水入火，惡得不喪其生？ 故曰：「沉水入火，自取滅亡。」夫水火本利於人，其所以害人者，人自投之非道，豈水火之罪歟？ 經書，聖人留傳以覺未覺。奈何後學好其文者昧其質，識其粗者亡其精？ 窮聰明，竭知慮，夜以繼日，講習不倦，惟資談説譊譊，意在過人，以干名禄。矯情僞行，絶滅真理，非自取滅亡之類乎？ 苟能學以爲己，於經書窮理盡性，聖人於我何加焉？ 若然者，經書子史，何棄之有？

自然之道靜，故天地萬物生。天地之道浸，故陰陽勝。陰陽相推，而變化順矣。

自然靜者，道之所本也；動則生天地，分陰陽，相推相蕩，生克五行，變化萬物，無有窮盡。孰主張是耶？ 自然之道也。西升經曰：「自然生道。」道生一，一生二，二生三，三生萬物。易曰：「易有太極，是生兩儀，兩儀生四象，四象生八卦，八卦定吉凶。」聖人言乎此者，其有無謂乎？ 蓋人之生性，亦若是矣。嘗試言之。關尹子曰：「性者，心之未生也。」心之未生，靜也，與自然之道冥一。心之一動，萬法齊彰，大而天地，小而微塵，方圓曲直，隨變仕化，罔有終極。此須是自信得及，則窮理盡性，聖學之能事畢也；信稍不及，則有不信，雖聖人亦無如之何矣。

是故聖人知自然之道不可違，因而制之。至靜之道，律曆所不能契。

律者，律呂陰陽也。曆，乃算數之術也。聖人何以大過人？知天地有自然之道，人有自然之性，物有自然之用，皆不可離。是故設教制禮立法，垂之萬世，使君臣父子，兄弟夫婦，不失其序，萬物不失其用，各正性命，保合太和。非故爲之，皆因其自然而然也。至靜之道，即自然之道也。無聲無臭，視之不得見，聽之不得聞，惟誠明默識者解乎此，豈律曆之所能契哉？

爰有奇器，是生萬象，八卦甲子，神機鬼藏。陰陽相勝之術，昭昭乎進乎象矣。

奇器者，自然之別稱，太極之易名，人心之異號。莊子謂之獨化也。夫萬象、八卦、甲子，盡從奇器流出。故曰：「爰有奇器，是生萬象，八卦甲子。」聖人於此更名垂教者，以祈後世之學御末而知本，反流而復元。人能於此目擊萬象，八卦甲子，不作他見，領解自底，奇器則至矣。否則，於萬象八卦甲子未兆究之，得則爲幸賀也。「神機鬼藏」，言奇器之妙用也。且神者陰陽不測，鬼者視聽莫得，矧其機與藏者乎？蓋推美奇器之用，窅眇幽深，難測難見之如此。陰陽，則動靜之謂也。相勝之術，即相推也，相推則勝負見耳。考陰勝陽則偏乎靜，陽勝陰則偏乎動，適中則爲和。如動得其中，無往不利；動失其中，無往不凶。動也者，禍福係乎此，生殺在其中。是理也，雖窅眇幽深，難測難見，其動若日之昇，天下之象無不顯著者。故曰：「昭昭乎進乎象矣。」進，昇也。聖人終此，告人以慎動。人能於將動之先，明白奇器，發之事業，如鏡之照形，月之印水，非特人理無過失之患，亦乃見吾本性，真智皎然，無昧於動，始不負聖人之教也。雖然，與君話盡青城好，不自登臨未必真。

黄帝陰符經注〔一〕

姑射山太玄子侯善淵注

序

大道無方，窮之彌遠。至真不宰，測之彌深。玄微衆妙，孰可期之？曰黄帝陰符經焉。陰者，内著陰靈之性。符者，外契純一之真。至真則上通三要之正，其正則下伏九竅之邪。然則死生之理，其機在目。曰不爲聾瞽，故得觀天之道；神明出焉，是謂執天之行。爰夫經義者，聖功必盡於此矣。

〔一〕一一四五年秘書省續編到四庫闕書目著録太玄子注陰符經一卷，未知是否此書。作者侯善淵，號太玄子，金代姑射山道士。毛麾爲太上老君説常清静經注作序稱他爲「驪山侯公先生」，或是驪山人。正統道藏收録其著作六種。本書以正統道藏本爲底本，標點參考中國科學院圖書館藏天啓刻本。四庫全書提要稱：「末有『人以愚虞』以下一百一十四字注較他本頗有文義，而傷於簡略。」依此，現存本或爲殘本。

黄帝陰符經注

陰符者，性合純一之道也。

觀天之道，

神變適清陽之炁者是也。

執天之行，盡矣。

德與天通，其機盡於此矣。

天有五賊，見之者昌。

五行不順，必賊其命。五神通眐，見之者自昌。

五賊在心，施行於天。

天之五賊，本在於心。心通五神，施行於天。

宇宙在乎手，

靈樞運變，如挈天地之機也。

萬化生乎身。

萬神通化，體道爲身。

天性，人也。人心，機也。

人心與天性同德，故爲心之機也。

立天之道，以定人也。

天道无爲，獨立不改。人道相通，以定其心。

天發殺機，龍蛇起陸。

龍蛇亦受天地之性。起陸者，施天地生殺之機也。

人發殺機，天地反覆。

人行誅戮，天覆地反，故天人合發其機也。

天人合發，萬變定基。

人性與天性契同，善惡變化，无不定其基址。

性有巧拙，可以伏藏。

巧拙之性，皆從道化，无不伏藏其理。

九竅之邪，

耳不聰而目不明，精之妄施，焉得其正乎？

在乎三要，

一者太始之元，二者遍昱之通，三者胎光之凝。三一之政，是謂至道之要也。

可以動靜。

靜則大道寂然無心，動則神用感而通玄。

火生於木，禍發必剋。

木中隱火，禍發則灰燼其形。人之有性，无明則自喪其真。

姦生於國，時動必潰。

治身不正，其神散亡。

知之修鍊，謂之聖人。

知存亡，不失其正，則善養元神，上合虛無之道。是謂聖人之德也。

天生天殺，道之理也。

生因天之生，死因天之殺。生殺之機，本道之至理也。

天地萬物之盜，

物盜天地，所從其化。

萬物，人之盜。

人盜萬物，所計其生。

人，萬物之盜。

物極自反，復盜於人。

三盜既宜，三才既安。

遞互相盜，自合其宜。天地人倫，自安其分。

故曰：食其時。

故神用不失其節也。

百骸理，動其機，萬化安。

百關之正，動合其機。一真通變，萬化自安。

人知其神，

祈於外化，背失正宗。

而神不知，

本真實，有日用不知。

不神所以神也。

非爲外聖，自己天真。

日月有數，

躔度依時，明而合數。

大小有定。

至神通道，定合其宜。

聖功生焉，

元神顯化，至道生焉。

神明出焉。

目無疵病，身外有身。

其道機也，

神明出化，乃盜天地之機也。

天下莫不見，

率化之性，皆明至道之中矣。

莫能知。

日用而不悟其理也。

君子得之固窮，

君子悟之，固親其理。

小人得之輕命。

小人悟之，不專其理。背理頤生，自輕其命矣。

瞽者善聽，

神光不明，善暗其聰。

聾者善視。

塞耳不聰，善眎其明。

絶利一源，

不貪外貨，專守一源之道。

用師十倍。

守一無雜，師資十倍之功。

三反晝夜，

神明象帝，至道相通。三一混元，晝夜不失其正。

用師萬倍。

三一晝夜無虧，師資萬倍之功也。

心生於物，

見物情遷，神不居妙。

死於物，

心有所著，轉於生死。

機在目。

目爲五神之户牖，開闔有生死之機。

天之無恩，而大恩生。

天施惠愛，不以仁恩。物之從化，而大恩生矣。

迅雷烈風，莫不蠢然。

怒雲暴風，無不蠢然，承天地大恩而生矣。

至樂性餘，至靜則廉。

天施惠愛物，性至樂有餘。靜則靜安常道之中，廉則廉用神變之至也。

天之至私，用之至公。

天之玄德无私，故能成其私者。無用不在於此，故能至其公矣。

禽之制在炁。

神真羽化，承天地正炁者哉？

生者，死之根。

入生之死，乃出死之生也。

死者，生之根。

入死之生，乃出生之死也。

恩生於害，

道施恩德，物性爲害。害及恩生，則福兮禍所伏。

害生於恩。

物性從化，承德之恩。恩及害生，則禍兮福所倚。

愚人以天地文理聖，

以，用也。文，善美也。若人用天地善美之理。理，猶正也。正達无爲，妙通玄化，從凡入聖，是謂至真。

我以時物文理哲。

睿執者以用時物，善正其哲。哲猶智也。然聖用時物，焉入其機？未嘗至於聖矣。

人以虞愚，我以不虞。聖人以期其聖，我以不期其聖。故曰：沉水入火，自取滅亡。自然之道靜，故天地萬物生。天地之道浸，故陰陽勝。陰陽相推，而變化順矣。是故聖人知自然之道不可違，因而制之。至靜之道，律曆所不能契。爰有奇器，是生萬象。八卦甲子，神機鬼藏。陰陽相勝之術，昭昭乎進乎象矣。

黄帝陰符經注〔一〕

長生子劉處玄注

序

陰符真經三百餘字，言簡而意詳，文深而事備。天地生殺之機，陰陽造化之理，妙用真功，包涵總括，盡在其中矣。昔軒轅黄帝萬機之暇，淵默沖虚，獲遇真經，就崆峒山而問天真皇人廣成先生，得其真趣，勤而行之。一旦鼎湖乘火龍而登天，斯文遂傳於世。後之修仙慕道者，而能默識玄機，深造閫域，往往高舉遠致，躡景升虚，不爲不多矣。數千載之間，爲之注解直説者，曾無一二，皆辭多假諭，傍引曲説，真源弗露，使夫學者困於多岐，以至皓

〔一〕作者劉處玄（一一四七—一二〇三），字通妙，號長生子，萊州人。金代道士，全真道早期重要人物。受母親影響，幼年好道。二十歲時成爲王重陽弟子，在萊州地區發展全真教團。著作有仙樂集等。本書文字取自正統道藏，標點參考了强昱劉處玄學案以及白如祥輯校的劉處玄文集。

首區區，勞而無功，愈窮而愈惑，半途而止者，不可勝紀。遂指仙經爲虚語，深可憫也。神山長生劉公真人，教法令器，師席宏才，學貫古今，心遊道德。乃覃思研精，探賾索隱，爲之注解，坦然明白，易知易行，以利後人，可謂慈憫仁人之用心也。濟南畢守真命懌作序，欲廣傳於四方，爲學者之指南。而學者詳覽斯文，可以寤疑辯惑，皆能擺脱塵網，直詣真遊，逍遥於混茫之域矣。

明昌辛亥二月既望，寧海州學正范懌德裕序。

神仙抱一演道章上

觀天之道，執天之行，盡矣。

觀者，五眼圓明也。明其天眼、慧眼、法眼、道眼、神眼，五光明徹，則五藴歸空，見其天道也。天中復有天外天。在地之上清炁，天也。至高八萬四千里，高天也。在人身，各受天之一炁。炁有厚薄，沖和則生賢聖，逆而散則沉下鬼。道者，天地萬物之外，虚無之體。在人身瞥見，亘容以虚心，則至性與道相洽也。執者，守真而不僞，悟正而不邪。天者，天生於萬物也。天生萬物，天生成，不收亦不取。濟十方三界萬民，亦不望其報。祇要一切衆生，悟天之道，理盡而明矣。要人萬事不憎不愛，如天之平等。人之有情，悟天之無情，便是報天之恩也。若不依天理，縱濁惡邪婬，多病夭壽，死沉地獄受苦。盡則墮於傍生，失其人身。若依天之道，常善則炁和，常清則明性，常忘情則保命，常無染則明道，常不犯天條則無罪。不修世福，抱道全其真福。不殢傍門小法，頓明無爲萬法。所以三界無拘，盡矣。

天有五賊，見之者昌。

「天有五賊」者，天無賊，非世之盜賊，亦非人之六賊，却是甚賊也？天有五方正炁，在人身中，爲神之母也，周天十二時中，自然抽添運轉，至妙無窮，謂之無中有。天地傳陰陽秀炁，生於萬物。人食五穀養形，滓穢沉於水火。五穀之精在人身中，保而爲命也。命得性而久，性得命而壽。命者，北海之烏龜也。丁翁常抱，則成形也。五賊者，真陽也。天之真陽見，其真陰五賊盜其北海之寶。寶之者昌，如萬物，人之盜也。

五賊在心，施行於天。宇宙在乎手，萬化生乎身。

「五賊在心」者，五行顛倒也。在心，則真水上升也。逆則心竅不通，腎水下行，死路也。世之不達聖人之道，不行道之人，皆如此。古之悟道賢達之士多異説，世人各執所見，分別高低。正能容邪，邪多謗正。邪法，余觀恰似螢蟲之耀。正道有似日月之光，夜暗則微光且顯。若見日月之光輝，照遍十方三界，豈見螢耀也？聖人掌握宇宙，陰陽變通，地天交泰。萬化生乎身，萬化成形也。萬物之中，唯人一物，至尊至貴也。奪造化，内修身外之身，謂之得道。通萬化，外救物，哀衆生。悟金枷玉杻，石火風燈，世之夢幻。遠濁惡，而近於清善。外應人道，内行太上、祖佛之真趣，萬法歸一。混世而性如蓮出水，謂之全其德。此乃上仙，萬化之明達也。

天性，人也。人心，機也。立天之道，以定人也。

人之天性，各有善惡巨微，所慕文武道俗，貴賤高下。人之性，自古至今，投胎换殼，販骨更形，如蟻巡環，未曾暫止。人心之機，日常萬變，各有巧拙，正邪深淺，慈毒孝逆，寬窄長短，清濁賢愚，愛憎是非。察其心機，則知人性也。「立天之道」，天之道，愚〔一〕不知天之恩大，春温夏暖，秋凉冬寒，四時而變態，生成萬物，濟於人世。富貴者錦衣美膳，貧賤者糲食粗衣，各各如意。道生於物，朴散以爲器，妝點人間，如花似錦，萬民歡樂。「天之道以定人也」，賢者明天道之理，暗行天道，不言而善應。夷德不令人知，洪禧不望人報。人若依此行天之道，其德以定，濟於人也，内懷通達之慧。人要萬化俱明，萬法俱通，萬物無私，萬塵無染。性通於命，命通於天，天通於道，道通於自然。内全其

〔一〕强昱劉處玄學案認爲此處脱「人」字，可備一說。

道，外全其德，謂之賢聖。

天發殺機，龍蛇起陸。人發殺機，天地反覆。

「天發殺機」者，暖極則變涼，涼變金風。金變於朔氣，萬木凋零枯落，龍蟠巨海，蛇蟄邃窟。冬至一陽生，漸生和氣。至春分，萬物生萌，龍蛇起蟄於陸地。「人發殺機」者，人性乃純陽之靈耀也。人心，總所愛欲，於世之萬物之〔一〕有，〔二〕戀火宅，恩愛七情，爭名競利，所迷酒色財氣，種種歡愛所著，無有盡期。念念欲情，皆屬於陰也。性著於陰，下則腎海金龜泄，上則重樓玉汞消，魂迷魄散，真性無主。外陰旺，則内陽衰，逐物死沉下鬼。人若頓明至道，悟徹萬物之有，謂之陽殺其陰。性如皓月，心清似天，萬里無雲，自然光顯森羅萬象。人發殺機，散盡群陰，自然魂清魄靜。陰陽顛倒，天地反覆，造化生成，三丹而結，出天地之殼，蜕形，顯身外真身。

天人合發，萬變定基。

天人者，人性通於天也。合發，則心盡於物也。人通徹人間世夢，明知榮枯寵辱，成敗

〔一〕「之」字有誤，待考。
〔二〕此處標點遵用蜂屋邦夫先生的研究。

禍福，哀樂生死，古今之常事也。人通天理，真榮而不枯，真寵而不辱，真成而不敗，真福而不禍，真樂而不哀，真生而不死，明道之常也。道常而通萬變，定其性之基本也。至性通極無物，萬變自然萬通。如上善，方圓曲直，萬派清通於江河淮濟，入巨洋而混成歸一，謂之深通。

性有巧拙，可以伏藏。

古之悟道之人，内性善巧，方便哀人。外如惡拙，可以伏藏，内光隱而不顯也。河上公云：「如美玉處石，似明珠在蚌蛤。」禽之異，巧鶯能語，鐵籠拘囚；拙鳩訥聲，萬枝縱横。所以世人僞巧則生萬禍，真拙則生於清福。故天不言而自然變通，天無情而自然不老。人要明於天道，忘言則窮造化之妙，忘情則明亘古之容。人之所欲，多巧則多慾，多情則多患。忘世斷情，則乃樂道保命之要。

九竅之邪，在乎三要，可以動靜。

九竅，九通之陽徑。未通者，九陰之邪扃也。人心方寸，空虛内有靈明。上人心有九竅，中人七竅，下人五竅。心無竅，謂之愚人。邪陰生，性濁。陽耀降，神清。「在乎三要」，天光有日月星，地寶有金玉珍，道通有鉛汞真，可以動靜。天動則三光照，地靜則三寶通，妙明則三靈結。動者，動於形也。靜者，靜於性也。古之賢隱，混世而不動心，居山而不著靜。形明有，有動中。靜通無，無靜中。喧〔一〕動靜俱忘，則得道之常妙也。

火生於木，禍發必剋。姦生於國，時動必潰。知之修鍊，謂之聖人。

火生，人之心，日常觸處，不萬變之惡〔二〕。於木者，乃人性也。念發無明火，則焚其木之性也。「禍發必剋」，違吉而凶，喪福而禍也。剋者，殺於真也。「姦生於國」者，太上經云：「不以智治國，國之福也。以智治國，國之賊也。」佞詐人生於國難，以萬民無事也，時動則必潰散也。愚者非理亂於世，必遭刑法也。不以智治國，以無事治天下，太平民安也。「知之修鍊」，非燒五金八石之修鍊，修性命則達理，通玄三教，謂之悟道。常救物哀世，知天恩而謂之積德。自黃帝之悟，道有此陰符經。周時金輪王悟，釋有此金剛經，自成佛之後，號釋迦牟尼佛。金剛經三十二分，言其道要，除我相、人相、衆生相、壽者相。無四相，心上無萬愆也，如天無雲，性如朗月，自現圓明正性也。性者，如樹之根也。身者，如人之形也。萬法者，如樹枝葉也。陰符經造化之趣，如開花結

〔一〕「喧」，强昱以爲當作「須」。

〔二〕「不萬變之惡」，此句有誤。

子也。世人學道，謂不能盡通其理，各分別執根梢枝葉；開花結子，各執自是他非。有四相心未除，謂之傍門也。

富國安民演法章中

天生天殺，道之理也。天地，萬物之盜。萬物，人之盜。人，萬物之盜。三盜既宜，三才既安。

「天生天殺」者，春温和炁，天生於萬物。至秋深，金風動，萬物枯槁，天殺也。生殺道理，天無情而自然也。「天地，萬物之盜」，天地四時而變通，造化生成萬物，萬物之中所藏，天地陰陽之秀炁。萬物所盜，秀炁也。「萬物，人之盜」，人所盜萬物之精，奪天地之秀炁也。泯欲念，清静保守命也。「人，萬物之盜」，人所欲，萬物之華景，眼觀五色，耳聽五音，舌餐五味，醉飽腥羶，縱邪生婬喪命，樂極則哀。人若棄世而悟無情，則外物不能所盜也。「三盜既宜」，所盜無窮，至寶造化成形，世之萬斛珠珍，難以酬價買也。「三才既安」，歸依三聖教，明三乘，玄悟三皇，上運三光，倒推三車，耕透三田，周天三火，爐結三丹，神現三陽，升上三天，真而不朽，生而不滅。盡於物，道也。真與道同體，則安也。

故曰：食其時，百骸理。動其機，萬化安。人知其神而神，不知不神而所以神也。

「食其時」，饑時遇美膳而不愛，逢糲食而不嫌也。不殺生食膻腥，亦不修齋餐瑩素，但饑時不論粗細。困時睡，閑時唱，快時吟。要坐則坐，要卧則卧，要住則住，要行則行。放四大，無拘自在，則百骸理也。十二時中對萬景，祇要真心常湛然。動者，不可動於心也，内現寶光，應物動於形。機者，聖人、賢人、君子謂之智，將軍謂之計，常人謂之機，小人謂之脱空。聖人爲智大理深，世人不能盡明其理，懷妙智，口應常機。信者聽，善者從。萬通闡化，頓悟則安静，道生也。人知其神而神，世人祇知地祇陰神而神也，以木雕泥捏神爲神。愚者不知，凡造一分愆過，則天降一分禍患。殺害豬羊，廣燒錢馬祈禱。有病則求安，有禍則求福。不知不神而所以神也，不知天上陽道至神，各分方位，暗察人間善惡。世人造善三年，不經千日而降吉祥。人若造惡千日，不經三年而降禍患。世人不知萬物之中，最靈最通者，自己元神，有通天徹地輝耀。古之賢聖，盡是悟道修真，從凡入聖。西天一佛，至二十八代佛，未修行時，都是衆生。爲六根清淨，五眼圓明，泯四相，名爲佛。佛者，人之性也。性者神，性是神，神是性，祇是異名。釋門性，除四相謂之佛；道門神，忘四相謂之仙。

日月有數，大小有定。聖功生焉，神明出焉。

「日月有數」，夏至晝六十刻，漸減，一陰生也；冬至晝四十刻，漸添，一陽生也。卯時東海日生，西時西山日墜。清靜經云：「大道無情，運行日月。」日者，慧光運而抽添有數。月者，人之命也。男子十六歲，全其二八真金。若不悟無情，三年減一兩，至八八六十四卦盡，則腎海枯竭也。多欲則未卦盡而夭壽，節減欲則益壽延長。盈而虧則人死，圓而不缺則人生。「大小有定」，大者道也，道大包含天地；小者微也，論微之妙，入於毫芒。運而天地不能量，用而鬼神不能見，自然有定於方寸。「聖功生焉」，天之道也，天大恩生，濟人養形；道聖功生，救人修真。「神明出焉」，隱而神遊於三宮，顯而神通於八表。

其盜機也，天下莫能見，莫能知。君子得之固窮，小人得之輕命。

「其盜機也」，萬物之機。所盜天地之炁，天下莫能見。天大恩生，莫能知。愚者祇知自能養其身，不知天垂恩而養萬民。春種秋收，夏結冬藏，應時霜雪雨露，滋榮萬化。世之知天恩者，性通明達也。「君子得之固窮」，窮通道，則天地通；天地通，則萬化通；萬化通，則神通；神通，則應機萬變。抱一無離而闃然，頤真返朴。「小人得之輕命」，小人得時，欺謾天地，不敬賢聖，不遵國法，不仁不義，自强他弱，害物傷人，愆極則天報。君子重性，得通賢聖。小人輕命，失墮傍生。

强兵戰勝演術章下

瞽者善聽，聾者善視。絶利一源，用師十倍。三反晝夜，用師萬倍。

「瞽者善聽」，人之目乃五臟之看窻也，通風則覩於外物也。如紙席僻風相隔，似瞽者不能見外物也。外景不入於中，則空中有真響亮，善聽無聲之聲也。「聾者善視」，但世之俗氣到耳，則如聾也；道念到耳，則聞邪言者，亦如聾也。正理擇其善者，耳竅通也，似鑿壁透，外光入於中也。視無物之物，乃明恍惚之妙也。「絶利一源」，忘貪而清平也，亦泯利貯財，損有餘而惠不足也。「用師十倍」，至閴明〔一〕有十倍功；利物愛人，有十倍福。「三反晝夜」，一反上元賜福，氣降而清也；二反中元赦罪，神異而靈也；三反下元解厄，命通，陰變爲陽也。「用師萬倍」，世人興販物貨，萬苦千辛，更廣有利者，難取一倍利。悟道修真，全其性命，得無窮福壽，住仙宮寶所，受天上富貴。譬喻人之求福利，則及萬倍，便海變桑田，永居不夜之鄉。真樂，何至祇萬倍利也。

心生於物，死於物，機在目。

〔一〕「至閴明」，三字有誤。

心生於物，著於物外也；死於心，死則通於靈物也。世求生，則性歸死路；達道則守死神，遊生路。道與俗，生與死，路異相違也。「機在目」，外目視於物，心動於機也。利而有害，貪而有爭也。慧目視靈物，明於天機。知道要妙，物我俱泯也。俗機益於己，損於人。道機損於己，益於人也。

天之無恩，而大恩生。迅雷烈風，莫不蠢然。

「天之無恩」，布炁生物而不有。「而大恩生」，萬物生成也。萬物不得天地之炁，不能造化成形。天大恩生，若無恩者，天不望其報也。人恩惠，見其有者，望其報也。天恩與人恩異也。迅雷鳴則甘雨降，天地生萌。烈風動則浮雲散，萬里天青。「莫不蠢然」，蠢動含靈，胎卵濕化，莫不總受天之一氣生，何況萬物之無情之物？

至樂性餘，至靜性廉。

常樂道性之無餘，厭身世之有餘。我無喜，則無憂。人有歡，則有愁。悟恬淡，得之真常；迷聲色，失之幻夢。「至靜性廉」，至靜則盡於物也。性廉如蓮，不著於水也。達道之人，居塵不染，在欲無欲。磨開寶鏡，應物之形影何礙？有一等不達中邊悟道之螢耀，認至靜，棄有著無，有取捨之妄想。分別高下，誇得道之妙，世之如麻也。按太上道德經云：「善言不美，美言不善。」正道真言不美，邪法僞傳多美。管見之明愛其美，所以著於邪，不能達大道也。

天之至私，用之至公。

天施恩，不令下知，至私也；生成，濟於人世，至公也。人之有道，如石中藏玉，世之肉眼未見其珍，頻磨頻琢，異日功成，現身外之身，朴散成於大器。人之無道，似蠹木之樹，天眼有日見，用斧用鋸，片時朽爛，諕得魂飛魄散，濁性永墮幽冥。修道哀世，苦盡甘來。造惡福謝，萬禍臨身。天意順者逆行，逆者順行。君子之上賢達，崇於道德天報，預至私，盡至公。小人之下匹夫，競於色財天報，先至公，終至私。

禽之制在氣。

禽之制，百禽異勝者，南山赤鳳也，通輕清之炁，性靈則乘風入於九霄。在〔一〕炁，〔二〕濁則沉地，清則昇天，因下濁而上清。烏龜吸乾北海，吐輕清元炁八百一十丈，乃九九之陽數也。禽之三寸，沖和與元炁相接不散。炁通神，神通道，道通自然。

生者，死之根。死者，生之根。恩生於害，害生於恩。

〔一〕「在」字有誤，强昱以爲當作「其」。

〔二〕此處標點遵用蜂屋邦夫先生的研究。

「生者死之根」，世之求生之厚，利多則害身，入於死路也。「死者生之根」，抱道不求生，德多則全身，入於生路也。迷者晝貪世寶，夜喪内珍。悟者坐忘世夢，卧守内真。「恩生於害」，七情恩憐於僞，六賊暗害於真。「害生於恩」，害生者，慧劍斷愛欲也；於恩者，達道知天恩也。轂食則人無害，鶉居則情無恩。

愚人以天地文理聖，我以時物文理哲。

「愚人以天地文理聖」，愚者喪命，告天求安，日常積愆，禱聖求福。賢者知保命，則自神靈，無罪則道福洪。人濁惡，天地降其禍。人清善，聖賢賜其禧。大地衆生，總造業不改。禱聖賢，萬禍難免。中華女男，都崇真有志。不祈天地，善福常侵。「我以時物文理哲」，我以周天十二時窮萬物之變，文俊顯萬華，理明顯萬通，哲極闡萬化，自然清靜無爲也。自然，道也。清者，天也。靜者，地也。無者，性與道體同也。爲者，施恩不望其報也。萬物造化，與人造化無異也。天地運炁，物通變也。玉鼎烹鉛，則金爐鍊汞也。七返通靈，九還丹結。姹女離宮，則嬰兒坎户也。龜蛇蟠繞，則龍虎咆哮也。前朱雀行，則後玄武隨也。金翁守庚辛，則黄婆伴甲乙也。巨海撈金，則崑山鑿玉也。黄芽長，則白雪生也。玉花開，則金蓮結也。三光照，則七寶明也。二八無虧，則六三無缺也。金木間隔，則水火相逢也。恍惚之中，則隱顯難測也，道之用也。

黄帝陰符經集解〔一〕

赤松子、子房真人張良、太極左仙翁葛玄、西山真人許遜、正陽真人鍾離權、純陽真人吕巖、華陽真人施肩吾、至一真人崔明公、海蟾真人劉玄英、清虚真人曹道沖

鍾離真人曰：黄者中央之色，帝者君主之名。中以統於五行，帝以治於萬物。陰者性之宗，符者命之本。此陰符之旨，内以修身，外治家國，包羅天地，總御群方。古今得道仙真，皆因此義以至於无爲矣。

〔一〕此書目前存世有兩個版本。其中，道藏輯要題爲黄帝陰符經十真集解。兩個版本的差别主要是人物的名號不同。這部作品假托了十個神仙和道教人物的名義。我們可以通過詞語迺至詩句的重複使用推測，這些文字可能出於同一個作者。我們目前還没有發現表明它問世年代的文獻記載。由於青霄樂這個曲牌出現得比較晚，所以，本書的成書大約要到金元之際。此次整理，以正統道藏爲底本，校以道藏輯要本及合刻三十家陰符經注釋白雲霽訂本。目前還有其他刻本和抄本存世。

張子房頌曰：要知天五是中黄，帝君元始法中王。仙真盡達陰符理，治國修身入聖鄉。

曹真人青霄樂云：心爲君主象中黄，神用无私帝道昌。陰是性宗鉛可貴，録名天寶命符陽。經垂法教開方便，普濟群迷作巨航。只候行成功滿足，十洲仙島是家鄉。

卷上　神仙抱一演道章

吕真人曰：天一生水，地二生火，在人謂之精。神生於道，形本生於精。守而勿失，與玄爲一，則精神合而不離矣。以精集神，以神御炁，鍊神合道，與天長久。故道經曰：「抱一能无離乎？」又曰：「抱一爲天下式。」昔廣成子誡黄帝曰：「无勞汝形，无摇汝精，少思寡欲，迺可長生。」此即神仙抱一旨歸也。

葛仙翁頌曰：混沌玄黄啓肇生，扶持造化立乾坤。學人要覓長生道，太一含真即是真。

崔明公臨江仙云：一炁靈根爲命祖，專心抱守玄真。杳冥之内隱元精。至人先務本，本立道基成。蚌裹藏珠川景媚，石中藴玉山榮。地天長久爲何因？都緣懷道德，亘劫自清寧。

觀天之道，執天之行，盡矣。

鍾離曰：大道无形，視聽不可以見聞。大道无名，度數不可以籌算。資道生形，因形立名。名之大者，天地也。即天地上下之位，而知大道之高卑。即陰陽終始之期，而知大道之前後。冬至則地中陽升，五日一候，三候一炁。經六炁而至春分，是時陽升入陽位。又六炁而之夏至，迺陽升到天；太極而生陰，陰以杳冥，抱陽而下降。夏至則天中陰降，經六炁而至秋分，是時陰降入陰位。又六炁而之冬至，迺陰降到地；太極而生陽，陽以恍惚負陰而上升。升降不失其道，是以天地長久。惟人也集靈以生，資道而立，體天法道，調運陰陽，以心腎方合天地上下之位，用炁液比陰陽升降之儀，將一日效一年，使一時象一月，養命按法，下功依時，陰陽交合，不失其道，亦當與天地齊其堅固，而同得長久矣。執者，持也。觀天持法，依令而行，萬事皆畢。故曰：「觀天之道，執天之行，盡矣。」

赤松子頌曰：天道无言運四時，雲行雨施物咸資。洞觀玄象依天令，體此修真合聖機。

劉海蟾亭前柳云：天道乾元，覆蔭无偏，列宿瑩高懸。冬至陽生地，夏中液降於天。烏兔精華往復，迺行運虛璇。體道觀天名照了，四時八節要精研。作用日爲年。進火中宵子，有時添汞抽鉛。鍊就金丹大藥，方號神仙。

天有五賊，見之者昌。

赤松子曰：五賊者，五行也。在天爲五星，在人爲五臟。於眼爲五色，於耳爲五聲。以至鼻之五香，舌之五味，身之五觸，心之五毒，皆曰五賊。賊者，害也。此五行之炁，各懷生殺。順則吉，逆則凶。天時，順則四序調和，安寧豐泰；逆則兵饑水旱，蝗疫爲災。人有五賊，只在於心。心正則柔和，慈善真清，行之則吉。心亂則剛戾，狠〔一〕疾婬濁，行之則凶。見者，覺也。覺了明悟，則身心康寧。故曰：「天有五賊，見之者昌。」

劉海蟾頌曰：五賊縱橫遍萬方，木金水火及中央。剪除戎馬妖氛息，見之天下永寧昌。

崔明公蘇幕遮云：五賊機，无形影。苦惱蒼生，遞代相吞併。一藏虧時一藏勝。戅壞形軀，只爲陰多盛。脾旺時，當補腎。貪欲无明，欺妬都除泯。照見皆空亡五蘊。性命延昌，堅久如天永。

五賊在心，施行於天。

〔一〕「狠」，道藏輯要本作「狼」。

子房曰：五賊，謂賊命、賊物、賊功、賊時、賊神是也。此五賊在心，杳无形迹，覺而悟之，名爲照了，自然神定炁和，无諸滯礙，施行法象，與天同然。

宇宙在乎手，萬化生乎身。

劉海蟾曰：先觀天道，次明五賊，作用施行，契合天命。雖宇宙之大，不離掌握；萬化雖衆，亦生乎身。

吕真人頌曰：心鏡澄清瑩且明，施行功業契天星。剛柔宇宙存乎掌，萬化生成只在身。

施真人卜算子云：心鏡澄澄瑩，五賊皆除泯。天道行時即使行，保命也，如天永。宇宙乾坤柄，掌握文明定。萬化生成只在身，抱一功神聖。

天性，人也。人心，機也。立天之道，以定人也。

崔明公曰：天性人心，本乎一也。天道虚无湛然，人心本源同此。經以天性喻於人心，指使人心合於天機也。立天之道者，陰陽也。立人之道者，仁義也。仁義忠信，樂善不倦，是謂天爵。先修天爵以積其行，次體天道以累其功。功之至妙，无若抱一也。

子房曰：經言「天性，人也。人心，機也」，而不曰「人心，天也」者，蓋明萬物皆出於機，皆入於機也。

許真人頌曰：皇天本性化生人，天性人心一體靈。善行果圓功滿足，南宫標列是仙名。

葛仙翁西江月云：大道无形无相，生天生地生人。人心天性體同靈，恬淡无爲真本。上士體天行道，道成豈懼朝昏。善功圓滿吉祥臻，七祖超騰妙境。

天發殺機，龍蛇起陸。人發殺機，天地反覆。

子房曰：天道生殺者，皆合其機，非妄動也。殺謂以陽隨陰，機謂適時而變。如春分之時，四陽發生，二陰衰弱，即天道宣行號令，雷迺發聲。聲震徹重泉，驚蘇萬物，使一切龍蛇蟄藏之類，皆起於陸。此則「天發殺機」也。愚人不知天道，恣發狂機，貪利干名，傾人害物，則天道報應，灾殃禍亂及於身，是謂「天地反覆」也。

劉海蟾曰：自「天性人也」至「以定人也」，道之常也。自「天發殺機」至「天地反覆」，道之變也。常者所以守剛柔而立，變者所以運陰陽而適時也。

施真人頌曰：雷聲虢虢動天威，驚蟄龍蛇萬物齊。此是玄機真造化，能明此道合希夷。

許真人頌曰：人發狂機禍立生，傾危都爲虐生靈。悲思喪國亡家者，金谷章華尚未醒。

呂真人臨江仙云：晷運推移從復卦，四陽令届春分。天威鼓物以雷霆。龍蛇皆起陸，藏蟄盡蘇驚。下士豈知天道意，狂謀利禄營營，坑人損物害生靈。餘殃不可逭，顛覆自危傾。

天人合發，萬變定基。

許真人曰：天得一以清，人得一以生。天人用機，造化无異。故曰「天人合發」。既合道機，與天相契，則萬種塵緣皆息於心。故曰「萬變定基」也。

性有巧拙，可以伏藏。

曹道沖曰：大巧莫巧於造化，而莫知所爲，豈不似拙？經曰「性有巧拙，可以伏藏」，老子曰「大巧若拙」，與此義同。

施真人曰：惟聖人發機，合於天道，自然萬變息於心基。是以窮理盡性，與道合真。故曰：「方而不割，廉而不劌，直而不肆，光而不耀。」「无譽无訾，无是无非。一龍一蛇，與時俱化。一上一下，以和爲量。行於萬物之上，遊於道德之鄉，胡〔一〕可得而累耶？」蓋歸根復命之源也，故「性有巧拙，可以伏藏」也。

〔一〕「胡」，原作「故」，據莊子改。

鍾離真人頌曰：天人合發定心基，復命歸根盡性時。隱迹韜光修道德，伏藏元火守柔雌。

呂真人望江南云：天道密，造化四時行。或躍在淵當卯月，括囊无咎應秋分。曆象甚分明。人體此，合發契天星。日用卦爻明刻漏，萬緣不染息心神。功滿赴蓬瀛。

九竅之邪，在乎三要，可以動靜。

葛仙翁曰：三要者，眼耳口也。動靜不失其時，其道光明。故曰「非禮勿視，非禮勿聽，非禮勿言」也。五千言云：「五色令人目盲，五聲令人耳聾，五味令人口爽。」夫視聽言，人之先也，故在九竅之中，惟三要焉。此三者，可以養人，可以害人。養人者原於靜，害人者域於動故也。蓋動者人之爲，靜者天之質。人爲之謂僞，天質之謂真。

張子房頌曰：九竅邪風觸正神，三關牢閉得全真。澄心遺欲求玄理，得悟殷勤莫住程。

葛仙翁漁家傲云：妙理玄玄玄復奥，聖人制法垂言教。體道觀天爲照了。明三要，聞邪勿遣相侵惱。塞兑關扃修内寳，色聲五味都忘了。視聽言皆合聖道。除機巧，隨時動止方知好。

火生於木，禍發必剋。姦生於國，時動必潰。知之修鍊，謂之聖人。

施真人曰：上文説九邪三要，動靜之宜，切令戒，恐未能窮理盡性，故再舉火木姦國之喻，令殷勤修鍊也〔一〕。夫性之有情，如木中有火，出於性而賊性。火生於木，而害木。惟聖人者，達性命之源，明天人之道，外能鍊形，内能修性。鍊形所以嗇精，修性所以養神。故道之真足以治身，緒餘足以治國家，土苴足以治天下。是以修之身，其德迺真；修之家，其德迺裕；修之天下，其德迺長；修之國，其德迺普。自中以及外，自近以及遠，修是玄風，无所不至矣。故曰「知之修鍊，謂之聖人者」也。

曹真人頌曰：木爲真性火爲情，欲火炎時礙性真。惟有聖人修鍊得，國无顛險木无焚。

許真人頌曰：軒黄成道日，説破度迷津。國木如真性，姦火喻邪情。情亡姦火滅，性慧欲情薨。君心修鍊正，身安國泰寧。

葛仙翁滿庭芳：心動神疲，情澄性適，妙門開啓玄關。火生於木，灾發慎礸研。水蓄冰而礙水，田存棘也妨田。玄元教，閑邪正幻，安樂自逍然。觀天，明五蘊，知之修鍊，去世何難。遣群魔消盡，復本還源。補兑成乾事畢，妙因果周圓。尋真悟，三千行滿，

〔一〕山田俊指出此段文字類似袁淑真集解和李筌疏。

丹就去超凡。

卷中　富國安民演法章

鍾離真人曰：富者足備之稱，安者康寧之義。身如家國，心比父君。君正則天下普安，心靜則萬神皆裕。一身之中，靈備萬物。精炁血脉，臟腑魂魄，皮膚毛髮，比同兆民。君主无事，則民庶均安。知足忘貪，則是名真富。故道德經云：「知足者富。」又云：「愛民治國，能无爲乎？」又曰：「爲无爲，則无不治矣。」又曰：「我无爲而民自化，我好靜而民自正，我无欲而民自朴，我无事而民自富。」此迺安民富國之法旨也。

張子房頌曰：高上玄都號玉京，壺中天地寶无垠。道然知足爲天富，政治民淳國泰寧。

施真人玉堂春云：閬苑蓬瀛，華胥諸妙境。玉堂金馬，寶城華郡，兆庶安寧。達此玄風只在身。身比邦家，心如君父敬。心正无邪，精神安靜。知足忘貪，斯名真富盛。可謂壺中別有春。

天生天殺，道之理也。

赤松子曰：天之生殺，皆合道機，非妄動也。蓋天地之專精爲陰陽，陰陽襲精爲四時，四時〔一〕之散精爲萬物。天有五行之炁，隨時應令，逐序遷移。春夏以陽和之炁生養萬物，秋冬以陰寒之炁肅殺萬物，此皆自然之理，至公之道。故云「天生天殺，道之理」也。

天地，萬物之盜。萬物，人之盜。人，萬物之盜。三盜既宜，三才既安。

劉海蟾曰：天地〔二〕與萬物之生成，盜萬物以衰謝。萬物與人之服御，盜人以驕婬。人與萬物之工器，盜萬物以毀敗。

許真人曰：萬物盜天地而生成，不知天地反盜萬物而衰老。人盜萬物以資財而充富貴，不知萬物反盜人以勞役而致禍患。

葛真人曰：有盜不可非道而盜也。上文三義，更相爲盜，自然之理。人能窮理悟真，合道而盜。順其宜而宜，乖其理則凶。是以三盜各得其宜，三才悉安其任也。

故曰：食其時，百骸理。動其機，萬化安。

施真人曰：「故曰」者，相續之義，先明天地生殺之理，次知三盜合道之機。三盜悉合

〔一〕「四時」，原无，據淮南子補。

〔二〕「天地」，原无，據道藏輯要本補。此段文字來自集注本。

其宜，三才各安其任，然後食時骸理，動機化安也。

曹道沖曰：凡理性命，必先飲食五穀五果五味，皆須調倏得所，量體而進。熟則益人，生則傷臟。此迺食之理。故使飲食不失其時，滋味不乖其節。只令中道，不可越常。如此，則百骸俱理，五臟安和，无諸疾病，壽數永長。故曰「食其時，百骸理」也。

張子房曰：凡物色惡者，非炁之正。臭惡者，非炁之和。烹飪失節者，非水火之既濟。不時而成者，非生炁之具全。聖人於此四者，特有不食之戒。是以内經言「食飲有節，起居有常，不妄作勞」，是謂知道。故君子飲天和以潤神，食地德以滋形也。

崔明公曰：道經云：「衆人皆有以，我獨頑且鄙。我獨異於人，而貴求食於母。」此者食時之深旨也。「食其時，百骸理」，人道之用也。「動其機，萬化安」，天道之體也。

張子房頌曰：三盗相因遞代偷，食時骸理炁和流。金砂五内如風雨，不礙皇家作貴侯。

鍾離真人滿路花云：人人皆有道，迷者不知源。天生天殺，理妙中玄。樞星斗畧，運逐時遷。澄心忘愛欲，順序調神慧，通覺性靈圓。既三才三盗宜安，富國豈爲難？食時骸固理，鍊丹田。无妨市井，不礙作朝官。綿綿胎息炁，養嬰兒，任從烏兔往然。

人知其神而神，不知不神而所以神。

崔明公曰：專用聰明則事不成，專用晦昧則事皆悖。一明一晦，是謂陰陽。一陰一陽，道之理也。

吕真人曰：衆人以聲色威顯爲神，聖人以杳杳〔一〕虚寂爲道。道者，神也。人但遇雷電之威，風雨之猛，心生畏警而謂神。不知此天地萬物，皆自希夷虚寂中來，是不神而所以神也。

鍾離曰：神者，妙而无方，陰陽不測之謂也。但知萬物從陰陽而生長，殊不知陰陽自不神而生焉。不神者，至道也。虚寂者，无爲也。故曰不神。此不神之中能生陰陽日月，三才萬物，是不神而所以神也。

子房曰：道常无爲而无不爲，以其无爲，是名正道。是以杳杳冥冥，其中有精；恍恍惚惚，其中有物。此迺至道不神之中而有至神之理。

子房頌曰：人盡知神故使神，神離飛散似風雲。不神自化留年樂，方知大道復歸根。

赤松子小重山云：壤壤垓垓利與名，竭聰傾智力，漫營營。摇精損炁敗元神。形神善，財命兩誰〔二〕親。大道坦然平。无爲爲妙用，用爲昏。查冥之内隱神精。除玄覽，

〔一〕「杳杳」，道藏輯要本作「杳冥」。

〔二〕「誰」，合刻三十家陰符經注釋作「難」。

方始見圓明。

日月有數，大小有定。聖功生焉，神明出焉。

鍾離曰：日月，陰陽之精華，六合之中，爲至尊也。積日爲月，積月爲歲，行歷周天，各有度數；盈昃進退，亦有大小。此則日月有數，大小有定也。

吕真人曰：日月相推而明生，寒暑相推而歲成。有温涼寒暑，春夏秋冬，則天地長養。萬物皆因此道造化生成，豈不爲聖功神明乎？

許真人曰：凡胎卵濕化，金石草木，天地萬物，生育之理，皆從无入有，功迺顯著。世間萬物，皆禀此聖功而生。故大與小咸有定分，不相逾越，則大不輕小，小不羡大。是以鵬鷃各自逍遥，不相健羡也〔一〕。

劉海蟾曰：見迺謂之象，形迺謂之器。以象言者，日月也。以形言者，大小也。有象然後有數，故曰「日月有〔二〕數」。有形然後有位，故曰「大小有定」。人爲三才之靈，法陰陽升降之宜，則日月運行之數，聖功滿足，神登太虚。修證在人，高卑隨行者也。

〔一〕此段文字參取了李筌黄帝陰符經疏。
〔二〕「有」，原作「相」，據道藏輯要本改。

曹真人頌曰：日月升沉數，乾坤變易爻。聖功神自去，大小悉安巢。韓信甘超胯，陶潛愧折腰。浮華與清淡，鵬鷃各逍遥。

張子房頌曰：長天日月數難藏，坤嶺初交始見光。造化只憑弦望得，神功功積鎮茫茫。

施真人滿庭芳云：真汞真砂，天庭至實，事須著意存收。五行全處，嬰奼兩綢繆。數倚三天二地，陰陽會，九六同舟。精華媾，温温鼎器，无漏理深幽。剛柔，分卦象，調媒火侯，方便連留。待聖功功畢，國富民優。變易離虚坎滿，純陽就，則有歸頭。神明出，高卑有定，隨行列仙儔。

其盜機也，天下莫能見，莫能知。君子得之固躬，小人得之輕命。

許真人曰：此重舉上文三盜之義。凡盜必合其道，不可非道而盜也。天有時，地有利，吾乘天地之時利，山澤之産育，以生吾木，植吾家，如作田之類，孰不爲盜耶？然如是也，人皆不知盜機之理。君子小人，志炁不同。君子得之，委分固躬。小人得之，强謀輕命。

劉海蟾曰：君子知至道之中，包含萬善，所求以和，所習以善。凡所運動，皆設善機，與道合契。迺至精思守一，竊其微妙以資〔一〕其性。或盜神水華池，玉英金液，以致神仙。賢人君子知此妙道之機，故曰「君子得之固躬」。小人即窺弄其機，迺輕其命。恒習惡行，恒蓄巧機，但務營求金帛，不念艱辛。或修學武藝，豈辭疲倦？飾情巧智，以求生於浮華之機。所以煩兵毒武，則軍旅敗亡；望貴攀高，則榮消辱至。或貪婪損己，或財色禍生，雖然最〔二〕得榮華，不免其咎患。蓋爲不知妙道之機，以至於此。故曰「小人得之輕命」也。

葛仙翁曰：至道无形，故天下莫能見；妙機无數，故天下莫能知。理於賢人，故君子得之固躬；亂於不肖，故小人得之輕命。

葛仙翁頌曰：賢人窮理合虛无，得悟乾坤造化爐。下士只爭名與利，郊原丘塚是前途。

呂真人行香子云：妙道玄微，達者人希。任聰明，難見難知。杳冥公主，恍惚容儀。隱真精，藏物象，號天機。大人窮理，秘守三奇。下愚夫，逐景昏迷。貪婪財色，舉動

〔一〕此段文字多見於李筌黄帝陰符經疏。「資」作「滋」。
〔二〕「最」，李筌黄帝陰符經疏作「暫」。

非爲。喪精神，輕性命，可來癡。

施真人訴衷情云：大人君子性和平，不與物爲爭。唯有下愚无識，蝸角競虚名。虚妙理，載真經，富安民。杳冥公主，恍惚深藏，悟者仙成。

卷下　强兵戰勝演術章

鍾離真人曰：强者，康健之稱。兵者，禦戎之器。德經曰：「益生曰祥，心使炁曰强。」易曰：「天行健，君子以自强不息。」言體天德純陽之道，統御群生，以心爲主，以炁爲兵。君主无爲，无不治矣。此迺清静无爲之道。以道降魔，罔有不克。故曰「强兵戰勝」。

吕真人曰：聖人立法，本要除邪治亂，理國安民，豈在施籌運略，講武興師，驅役生靈，殺害性命，招凶積孽，禍殃子孫？且如孫、吴、韓、白，用陰毒之機，鬼賊見解，白骨丘山，血流河海，致使群生長撓，帝王多憂，豈爲功臣大略乎？故五千言曰：「以智治國國之賊，不以智治國國之福。」又曰：「夫佳兵者，不祥之器。」是以陰符列爲下篇。

施真人頌曰：善行无迹號强兵，禦寇除戎即是兵。對境忘心呼戰勝，如斯修治國安榮。

曹真人青霄樂云：心爲君將炁爲兵，慈作旌旗慧作營。戒鼓定籌仁義甲，儉恭糧草德安寧。温良謙慎乘車馬，忠信清廉號令行。孝悌善和排列陣，魔軍一擊便歸盟。

瞽者善聽，聾者善視。絶利一源，用師十倍。三反晝夜，用師萬倍。

崔明公曰：瞽聽聾視，緣專一也，是以稱善。但能專一精誠，舉事用機，十全利益。就中更能三思反覆，經晝歷夜，又比常情利益萬倍。

赤松子曰：師，心也。凡百舉止，皆起於心。心神精一，罔有不遂。

海蟾子頌曰：瞽聽聾觀必至誠，一源絶利聖人情。用時晝夜明三反，精血相交藥自成。

曹真人蘇幕遮云：瞽祛明，聾滅聽。絶利行師，十倍通神聖。萬法不離方寸〔一〕。謹守天和，即此爲修真。但虛心，神必靜。虛靜之中，道炁來歸正。三反明時先務本。精血相交，丹藥憑鉛汞。

心生於物，死於物，機在目。

張子房曰：生死之機在於物，成敗之機見於目。

〔一〕「萬法不離方寸」，按詞譜，此句疑有脱文。

許真人曰：道德之士，心不妄生，機不妄動。下愚之徒，貪婪萬物，欲資於身，反被萬物所盜，而傷正性。是心生於物，死於物也。

葛仙翁曰：知足不辱，知止不殆，可以長久。愚人動生妄心，加於萬物，皆因目覩而心生，故曰「機在目」也。

赤松子曰：「機在目」者，令人戒慎其目，勿妄視也。故太上曰「不見可欲，使心不亂」，是也。

張子房頌曰：心生萬物景牽纏，富貴貪求孽火煎。心主杳冥神不散，自然道體合先天。

崔明公臨江仙云：心起心生因物景，忘機景物皆泯。經云塞兑閉其門。聖人言句妙，達者自延齡。吾家玄道，知之者貴，家安國修身〔一〕。帖然烹錬守神精。悟來機在目，心目兩俱明。

天之无恩，而大恩生。

張子房曰：天无心而恩於萬物，萬物有心而歸恩於天。故五千言曰：「天地不仁，以

〔一〕此處斷句參考合刻三十家陰符經注釋本，未遵格律。

萬物爲芻狗。聖人不仁，以百姓爲芻狗。」謂[一]施而不責其報，生而不有其功。

許真人曰：於无心是謂无恩。惟清靜者，物不能欺，則曰「大[二]恩生」矣。

張子房頌曰：天炁无恩不化生，三田留得變瓊珍。陰陽醖造升天藥，此是无恩生大恩。

葛仙翁西江月云：自己天真謹守，无心即是无恩。順行陶鑄結爲形，返本還源是本。在欲无恩不化，三田變作瓊珍。无恩何以大恩生，一粒金丹壽永。

迅雷烈風，莫不蠢然。

張子房曰：迅雷烈風，威遠而懼邇，萬物莫不蠢然而畏之。天本不威，物而自懼而歸。天下一如聖人。行賞也，无恩而有功；行罰也，无威而有罪。賞罰自立於上，威恩自行於下也。

許真人曰：洊雷震，君子以恐懼修省。隨風巽，君子以申命行事。

施真人曰：至如軍旅，若能如此，上威下懼，必能定亂除邪。故曰「下有强兵戰勝之

[一]「謂」，原作「爲」，據道藏輯要本改。
[二]「大」，原作「天」，據道藏輯要本改。

術」。

赤松子頌曰：風雷鼓動應時行，造化爭馳萬物生。兵令信行依法則，剪除凶暴得安寧。

曹真人白鶴子云：時假風爲馭，全憑雷作輪。宣揚天號令，壯觀兩精神。震徹重泉脉，驚回萬谷春。何當用威武，一技〔一〕靜邊塵。

至樂性餘，至靜則廉。

張子房曰：機在目。

赤松子曰：性，陰也。樂則奢餘而陰盛，靜則正廉而神清。

葛仙翁曰：夫聖人者，不婬於至樂而愛於至靜。能棲神於靜樂之間者，謂之守中。夫如是，則勢利不能誘，聲色不能蕩，辯士不能説，智者不能動，勇者不能懼。見福〔二〕於重關之外，慮患於冥冥之内。天且不違，而況於兵之詭道哉？

施真人頌曰：至樂无如至靜心，不沾塵垢去奢婬。功成行滿金丹畢，方表陰符旨

〔一〕「技」，合刻三十家陰符經注釋作「掃」。

〔二〕此段文字來自集注本。「福」作「禍」。

趣深。

吕真人蘇幕遮云：守虚柔，安正性。養育陽魂，却在心源静。浩炁沖和神必聖。以道除邪，萬景皆消泯。此兵行，陰魄殞。法陣慈幢，往吉來還勝。不比凡情用機幸。引孽招冤，枉把生靈損。

天之至私，用之至公。

張子房曰：天地氤氳，是至私也。萬物化生，是至公也。

吕真人曰：天下有始，以爲天下母，是至私也。既得其母，以知其子。既知其子，復守其母，是至公也。

赤松子曰：天地生成萬物。萬物負陰，至私也；而抱陽，至公也。明公私之道者，其知神之所爲也。

鍾離真人頌曰：天地氤氳象至私，生而不有至公時。用之至公用南北，使之神聖使東西。

吕真人望江南云：通大道，天地悉皆通。有用用中无作用，无功功裏有神功。升降永无窮。玄與牝，造化合真空。天地合時甘露降，法機幽顯若私公。還返是朝宗。

禽之制在炁。

曹真人曰：虚化神，神化炁。炁强者制物，而弱者制於物。故曰「禽之制在炁」也。

許真人曰：禽鳥尚能乘制清虚之炁，心動翅鼓，翱翔於雲霄之間，上下盡中於己，況人爲最靈而不修乎？若能善用天機道德之炁，固躬保命以致長生，而非難矣。

施真人曰：炁者，生之元也。善攝生養炁者，雖至强之兕虎，至堅利之甲兵，吾足以勝之，而況於至物乎？

海蟾子頌曰：禽制先須伏虎龍，自然萬物總依從。先生訣與通靈術，攢捉陰陽掌握中。

崔明公滿庭芳云：魂魄東西，精神南北，此中別有玄玄。道无形迹，分剖略微言。血是朱砂汞寶，精爲物，神水銀鉛。交加處，中宫匹配，恩愛結因緣。崑山，通碧海，先鍊己，返本還元。遇明珠九曲，絲蟻能穿。採得蟾宫兔髓，憑師匠，和合烏肝。當禽制，三千行滿，高步赴蓬山。

生者，死之根。死者，生之根。

曹真人曰：謀生者，先生而後死。習死者，先死而後生。

張子房曰：謀生者，景物牽纏，勞神役炁，貪求榮富，孽火焚燒，殃極禍踵，不死何俟？習死者，心冥冥兮无所知，神怡怡兮无所之，炁熙熙兮无所爲。萬慮不能感，求死不可得。長生之門，於斯可致。

葛仙翁頌曰：生門死户少人知，運用抽添在坎離。二八消時陽炁長，九三榮處定精微。

崔明公白鶴子云：若覓神仙道，先當識本根。心生神必散，境滅慧還清。天地爲爐鼎，陰陽作炭薪。鍊成无上藥，功滿去朝真。

恩生於害，害生於恩。

鍾離真人曰：恩者害之源，害者恩之流。

吕真人曰：本因恩炁而生，不能慎守天真，漂浪愛河，流吹欲海，是恩中生害，害生於恩也。

許真人頌曰：當時恩炁本身生，非理施恩害却生。謹守慎終能若始，還丹修就鬼神驚。

赤松子臨江仙云：夫婦深誠相眷戀，常流認此爲恩。誰知恩裏害還生。欲亡〔一〕恩自滅，恩滅害无根。子嗣源因恩結，恩多反害身形。能修恩炁養成珍。三千功行畢，朝

〔一〕「亡」，合刻三十家陰符經注釋作「忘」。

禮玉宸尊。

愚人以天地文理聖，我以時物文理哲。

張子房曰：天文者，日月星辰，雷雨風雲也。地文者，山海金石，草木鱗羽也。愚人見景星祥雲，清風甘露，醴泉嘉穀，麟鳳芝蘭，皆爲喜悦。或覩日月薄蝕，四時乖序，彗星妖曀，水旱災蝗，驟雨狂風，天昏地震，惕然畏懼，恐禍及身。觀此天地文信，以爲教化，省慎悛修，自凡之聖。故曰「理聖」。

劉海蟾曰：軒轅氏製陰符將畢，先舉愚人用天地文理之成聖，然後自謙之曰：我以時物之文理之作哲，謂後其身而身先也。

許真人曰：時物文理〔一〕者，人事也。言不必觀視天文玄象，但常以善道隨時應物，縱有災怪出現不爲害。

赤松子曰：理於賢人，亂於不肖。體天法道，合節依時。以此理修，革凡作〔二〕哲，陰盡純陽，真道迺畢。

〔一〕「理」，原无。

〔二〕「作」，原作「有」，據道藏輯要本改。

鍾離真人頌曰：玄象高明示吉凶，愚迷悛理亦成功。但隨時物行真善，日月无窮道自通。

吕真人滿庭芳云：大道昭然，明休咎吉凶，懲警凡夫。悟來悛省，修慎即无虞。禍福惟人自召，觀世物，方顯榮枯。臨機應，常行德善，殃厄永消除。陰符，然義簡，文微旨密，提挈迷愚。放神光煒煒，照燭昏衢。抱一丹成國富，民安泰，神樂清虚。强兵勝，純陽錬就，飛步入玄都。

黄帝陰符經注[一]

林屋山人俞琰玉吾叟解

序

蘇爲淛右甲郡，士林先輩，盛德如石澗翁者遠矣，今難其人矣。翁平生讀易有見有得，故能守恬淡，不炫耀，壽考以終。是經所解，發明朱夫子所未盡言者。使夫子復起，不易之矣。况繼志如子玉，力學如孫楨，天之報施，固未艾也。子玉以是示予，俾序篇端。予焉敢僭，披誦累日，感歎滋深，敬書數語以酬之，亦故交之情有不能自已焉耳。予老矣，言之豈足乎於人哉？言之豈足乎於人哉？

[一] 此書著録見於千頃堂書目。作者俞琰，字玉吾，號全陽子、林屋山人等。吴縣人。南宋學者。南宋亡後，隱居著述，延祐初年尚在世。有席上腐談及易學著作多種。本書以正統道藏本爲底本，標點參考中國科學院圖書館藏天啓刻本。

至正八年十月望日眉山師餘敬書。

黄帝陰符經注

觀天之道，執天之行，盡矣。

自然而然者，天之道也。左旋右轉，而晝夜弗停者，天之行也。中庸云「誠者天之道」，又云「至誠無息」。誠則真實無妄，而純乎天理之自然也。無息則瞬有養，息有存，而須臾不間斷也。人能觀天之道而存其誠，執天之行而自强不息，則與天爲徒矣。「盡矣」云者，「觀天之道，執天之行」八字，言簡意盡，而無以加也。

天有五賊，見之者昌。五賊在心，施行於天。

五賊，五行也。朱紫陽曰：「天下之善由此五者而生，惡亦由此五者而有，故即其反而言之曰五賊。」愚謂天之五行，水火木金土是也。人之五行，視聽言貌思是也。天之五行在天，可得而見。人之五行在心，可得而見乎？人能見其所易見，又能見其所難見，則無所不見矣。故曰：「見之者昌。」何以謂之在心？視思明，聽思聰，言思忠，貌思恭，而心之官則思也。何以謂之施行於天？風雨暘寒燠是也。

宇宙在乎手，萬化生乎身。

人能動其機，以奪天地之機，則天地之造化在我矣。故曰：「宇宙在乎手，萬化生乎身。」邵康節觀易吟云：「一物其來有一身，一身還有一乾坤。能知萬物備於我，肯把三才別立根。天向一中分造化，人從心上起經綸。天人安有兩般義，道不虛行即在人。」此之謂也。

天性，人也。人心，機也。

人生而靜，天之性也。故曰：「天性人也。」機動於中，人之心也。故曰：「人心，機也。」

立天之道，以定人也。

人能立其誠，而不爲人欲之所移，則天者定而人亦定矣。故曰：「立天之道，以定人也。」

天發殺機，龍蛇起陸。地發殺機，星辰隕伏。人發殺機，天地反覆。

天發殺機於上，則龍蛇應之而起陸。地發殺機於下，則星辰應之而隕伏。人發殺機於中，則上下皆應之而天地反覆。權謀知術之士知此理，則譬以恒山之蛇，擊其首則尾應，擊其尾則首應，擊其中則首尾俱應。修鍊之士知此理，則以首爲天，腹爲地，心爲人，其法潛神於內，馭呼吸之往來，上至泥丸，下至命門，使五行顛倒運於其中。降則金水合處而與土俱降，升則木火爲侶而與土俱升，上下往來，無窮無已，是爲吾身之天地反覆。二家之説，雖各言其志，理則暗合。蓋仁者見之謂之仁，知者見之謂之知，而其理一也。不然，此書何以謂之陰符？愚觀老子之書云：「谷神不死，是謂玄牝；玄牝之門，是謂天地根。綿綿若存，用之不勤。」此言修鍊也。又云：「治大國若烹小鮮。」又云：「佳兵者，不祥之器。」蓋亦兼言治道，不專言修鍊之一端也。如子華子、關尹子、文子、列子、莊子，皆然。或者執於一偏而專言其一，謬矣。詹谷注此經，乃以御女採戰之穢術爲强兵戰勝，則又謬之甚焉者也。

天人合發，萬化定基。

天之機與人心之機相應，其動也，彼此相符，是爲天人合發。天人合發之機，非知道者，孰能知之？知其機而不妄動，則萬化之本定矣。故曰：「天人合發，萬化定基。」修鍊者知此天人合發之機，遂於中夜靜坐，凝神聚氣於丹田。片餉之間，神入氣中，氣與神合，則寂然不動，逮夫亥之末，子之初，天地之氣至，則急採之；未至，則虛以待之，不敢爲之先也。

性有巧拙，可以伏藏。

人有知有愚，故其性巧拙不同。若夫大知若愚，大巧若拙，則其性伏藏於内而弗爲人所窺。故曰：「性有巧拙，可以伏藏。」

九竅之邪，在乎三要，可以動靜。

邪即人欲。人欲熾則天理滅，此君子所以防閑其邪也。竅有九而要者三，耳目口是也。君子動則非禮勿視，非禮勿聽，非禮勿言，動而誠也；靜則無視無聽，而謹窒其兑，靜而誠也。君子動亦誠，靜亦誠，動靜皆誠，無往不可。故曰：「九竅之邪，在乎三要，可以動靜。」

火生於木，禍發必剋。姦生於國，時動必潰。知之修鍊，謂之聖人。

火生木中，火發則木爲之焚。故曰：「火生於木，禍發必剋。」姦生國中，姦動則國爲之破。故曰：「姦生於國，時動必潰。」修鍊之法，藏心於淵，美厥靈根，安則火無炎上之患，猶木雖藏火，而不爲火所剋也。閑其邪而存其誠，則猶國雖藏姦，而不爲姦所潰也。故曰：「知之修鍊，謂之聖人。」

天生天殺，道之理也。

有春雨之發生，則有秋霜之肅殺。此乃天道之當然，理之自然而然者也。

天地，萬物之盜。萬物，人之盜。人，萬物之盜。三盜既宜，三才既安。

天地養萬物，亦害萬物，故曰「天地，萬物之盜」。人養萬物，亦害萬物，故曰「萬物，人之盜」。萬物養人，亦害人，故曰「人，萬物之盜」。不言其養而言其害，蓋亦即其反者而言之也。若夫三者各得其宜，則天地位焉，萬物育焉。故曰：「三盜既宜，三才既安。」

故曰：食其時，百骸理。動其機，萬化安。

時謂天地之時。吾能食其時，而與天地合，則百骸理。機謂人心之機。吾能動其機，而與天地合，則吾身之萬化安。

人知其神之神，不知不神之所以神。

神者，陰陽不測之謂，妙萬物而爲言者也，非世俗所謂靈怪也。愚者燭理不明，而惑於靈怪奇詭之説，則謂之神。若夫日月之運行，四時之推移，萬物之變化，則習以爲常，乃謂之不神。抑孰知不神之所以神哉？愚嘗聞之隱者云：天虚空，而其狀與雞卵相似，地局定於天中，則如雞卵中黄。地之上下四圍，蓋皆虚空，而虚空處即天也。地所以懸於虚空而亘古不墜者，天行於外，晝夜旋轉，而無一息停也。天北高南下而斜轉，故北極出地三十六度，南極入地三十六度。黄道周匝於天腹，日月則行於虚空之中，而晝夜不離黄道。隋書謂日入水中，妄也。水由地中行，不離乎地。地之四表皆天，安得有水？謂水浮天載地，尤妄也。冬至之日，晝則近南極而行，在天之南方，而陽氣去人甚遠，故寒；夜則潛於地底之虛空處，而陽氣正在人之足下，所以井泉溫。夏至之日，晝則近北極而行，正在人之頂上，而陽氣直射於下，故熱；夜則潛於地外，在北方之虛空處，而陽氣不在地底，所以井泉冷。萬物春而生，夏而長，由地底太陽之氣自下而蒸上也。秋而收，冬而藏，由太陽之氣去地底以漸而遠也。此理昭然，而昧者自不知耳。至如鳥獸蟲魚，胎生卵生，濕生化生之殊，草木之開花結實，白者白，紅者紅，大者大，小者小，百姓莫不見其然而皆不知其所以然。故曰：「人知其神之神，不知不神之所以神。」

日月有數，大小有定。聖功生焉，神明出焉。

日月其神矣乎？日月之運行，一寒一暑，寒往則暑來，暑往則寒來，厥亦神矣。非聖人其孰能明之？神而明之，其功蓋在於聖人也。夫日一日行一度，一期行三百六十五度四分度之一而周天。月一日行十三度有奇，二十八日而周天，則又行兩日乃與日會而合朔。二十七日而周天，則又行三日乃與日會而合朔。故曰：「日月有數，大小有定。」聖人慮百姓不知日月之有數，而春耕秋獲之失時也，遂爲之治曆明時，以閏月定四時成歲。凡三年一閏，五年再閏，十九年七閏而爲一章，則至朔必同日，其數蓋一定而不可易也。聖人贊天地之化育，而其功如此，使百姓咸知日月之神，而其理昭然如此。故曰：「聖功生焉，神明出焉。」

其盜機也，天下莫能見，莫能知。君子得之固躬，小人得之輕命。

機之未發也，隱而不露，孰能見？孰能知？故謂之「盜機」。是機也，君子得之以固躬，君子知命而不妄動也。小人得之以輕命，小人不知命而妄動也。

瞽者善聽，聾者善視。絶利一源，用師十倍。三反晝夜，用師萬倍。

瞽者目無所見，而其耳善聽。聾者耳無所聞，而其目善視。一而專也。學道之士，有能絶去利欲之私，而用志不分，則其功用十倍於衆矣。人苦不自反耳。若能謹守耳目口之三要，而晝夜存其誠，則其功用又萬倍於衆矣。

心生於物，死於物，機在目。

心因物而動，是生於物也。逐物而忘返，是死於物也。心者神之舍，目者神之牖。目之所至，心亦至焉。其機蓋在於目也。

天之無恩，而大恩生。迅雷烈風，莫不蠢然。

天之於物也，任其自然，雖謂之無恩可也。至於鼓之以雷霆，潤之以風雨，普天之下，蠢動含靈，咸被其澤，豈非無恩之中而有大恩乎？

至樂性餘，至靜則廉。

知者樂，樂則知命而無所憂，故其性有餘裕而不迫。仁者靜，靜則定而無所欲，故其性廉潔而不貪。

天之至私，用之至公。

天道至公而無私也。人但見一物之生，一物之長，遂以爲天之至私；而不思日月所照，雨露所及，凡飛潛動植之類，莫不各正性命，而保合太和，此則天之至公也。天曷嘗獨私於一物哉？

禽之制在氣。

春則倉庚鳴，孰使之鳴？秋則鴻雁來，孰使之來？「禽之制在氣」，故也。

生者，死之根。死者，生之根。恩生於害，害生於恩。

生謂萬物之動，動極則復靜，是生者死之根也。死謂萬物之靜，靜極則復動，是死者生之根也。恩謂天之生物，害謂天之殺物。有秋冬之收藏，則有春夏之生長。有春夏之敷榮，則有秋冬之雕落。故曰：「恩生於害，害生於恩。」

愚人以天地文理聖，我以時物文理哲。

「愚人以天地文理聖」，聖則不可得而測也。既以爲不可測，則不復窮其理。雖以之爲聖，不知其所以聖也。「我以時物文理哲」，哲則可得而知也。知者窮其理以致其知，則天地雖聖，吾亦得而測之，況時物乎？夫時物之文理，即天地之文理也。不知天之文，但觀天之時宜，不知地之理，但察地之物情，何必索之高遠哉？終篇又有百餘字，或以爲注文，或以爲本文。如云「天地之道浸，故陰陽勝」，謂天地間陽盛則勝陰，陰盛則勝陽，如水之浸物，蓋以漸也。朱紫陽雖以爲注文而不解注，然答門人之問則深取其說，愚故併及之。

陰符經考異〔一〕

蔡元定原注
黃瑞節補編

陰符經三百言，李筌得於石室中。云寇謙之所藏，出於黃帝。河南邵氏以爲戰國時

〔一〕這篇文字是元代人黃瑞節在蔡元定的注解基礎上輯録朱熹以及其他學者文字加工而成的，收入他編輯的朱子成書。書中注明：「唐李筌述，西山先生蔡元定季通解，晦庵先生朱熹元晦校正。」它在後代的流傳過程中逐漸被當作朱熹的作品。明代傳本使用朱熹的化名鄒訢，收入明代道藏時題爲黃帝陰符經注解。康熙年間的朱子遺書出現了陰符經考異這個題目，作者也直接署名朱熹。本書鑒於這個本子的巨大影響，收入本書時仍然使用陰符經考異這個題目，僅爲反映流傳過程。作者及編輯者署名爲本書擬定。文字根據中華再造善本影印的元代刻本朱子成書，參考康熙本朱子遺書以及上海古籍出版社與安徽教育出版社二〇〇二年出版的朱子全書。序言和三百字經文的注解是蔡元定所作。其他文字是黃瑞節編録的諸家解説以及他本人的説明。本書不再另收道藏內的蔡氏注。蔡元定（一一三五—一一九八年），字季通，號西山先生，建州人。南宋儒者，曾經向朱熹學習。他的一些作品也被後世誤傳爲朱熹的作品。黃瑞節，南宋學者，江西安福人，生平不可詳考，元朝統一南方以後他閉門不出。

書，程子以爲非商末則周末。世數久遠，不得而詳知。以文字氣象言之，必非古書。然非深於道者不能作也。大要以至無爲宗，以天地文理爲數。謂天下之故，皆自無而生有。人能自有以返無，則宇宙在手矣。筌之言曰：「百言演道，百言演法，百言演術。」道者，神仙抱一。法者，富國安民。術者，强兵戰勝。而不知其不相離也。一句一義，三者未嘗不備。道者得其道，法者得其法，術者得其術。三之則悖矣。或曰：此書即筌之所爲也，得於石室者僞也。其詞支而晦，故人各得以其所見爲説耳。筌本非深於道者也。是果然歟？吾不得而知也。吾恐人見其支而不見其一也，見其晦而不見其明也。吾亦不得而知也。是果然也，則此書爲郢書，吾説爲燕説矣。淳熙乙未長至日序。

唐李筌曰：「某至嵩山，得黄帝陰符經。後魏太武帝太平真君二年，上清道士寇謙之藏諸名山，用傳同好。後入秦國，至驪山，逢一老母，授以陰符玄義，誡某曰：『黄帝陰符三百餘言，百言演道，百言演法，百言演術。參演其三，混而爲一。上有神仙抱一之道，中有富國安民之法，下有强兵戰勝之術。聖人學之得其道，賢人學之得其法，小人學之得其訣〔一〕。聖賢愚智，識分不同，皆内出天機，外合人事，若巨海之朝百谷，止水之涵萬象。其機張，則

〔一〕「訣」，朱子遺書本作「術」。

包宇宙，括九夷，不足以爲大。其機弛，則隱微塵，藏芥子，不足以爲小；視其精微，黄庭八景不足以爲玄；察其至要，百家子史不足以爲學。任其智巧，孫、吴、韓子不足以爲奇。是以動植之性，成敗之數，死生之理，無非機者也。』」唐張果曰：「陰符自黄帝有之，其文簡，其義玄，數家注解，互相隱顯。某於道經中得陰符傳，遂編附入注云。」

按：二家皆尊嚮是書，而其説自不能合。張後李出，一切以李爲非是。然張亦未爲得也。姑舉「陰符」二字之義。張果云：「筌以陰爲暗，以符爲合，昧之至也。」而其自爲説曰：「觀自然之道，無所觀也。不觀之以目，而觀之以心。心深微而無所〔一〕見，故能照自然之性。其斯之謂陰。執自然之行，無所執也。不執之以手，而執之以機。機變通而無所繫，故能契自然之理。其斯之謂符。」終篇大率如此。又有驪山老母注，往往後之人之托，語意殊淺。間引張解，則知其又出張後也。今悉不敢引之以入附録云。

邵子曰：「陰符經，七國時書也。」○伊川程子曰：「陰符經何時書？非商末則周末。若是，先王之時，聖道既明，人不敢爲異説。及周室下衰，道不明於天下，才智之士甚衆，既不知道所趨嚮，故各自以私智窺測天地，盜竊天地之機。」又曰：「老子甚雜，如陰符經却不

〔一〕「所」，據張果本，該字下脱「不」字。

雜。然皆窺天道之未至〔一〕者也。」○朱子曰：「陰符經恐是唐李筌所爲，是他著力去做。何故？祇因他説起，便行於世。」又曰：「閭丘次孟謂陰符經所謂『自然之道靜，故天地萬物生。天地之道浸，故陰陽勝。陰陽相推，變化順矣』此數語，雖六經之言無以加。」〔二〕又曰：「閭丘主簿進黄帝陰符經傳，恐非黄帝作。唐李筌爲之。聖賢言語自平正。」又曰：「注陰符經者，分爲三章，上言神仙抱一之道，中言富國安民之法，下言强兵戰勝之術。又有人每章作三事解釋。後來一書史竊而獻之高宗，高宗大喜。」○巽齋歐陽氏曰：「周衰，道術裂，能爲書者各爲書。正言者或駁不純。此書獨用反言，而合於正，卒莫知何人作也。程子謂非商末則周末。以愚觀之，商自帝乙前多賢君，亂獨受爾。先王之道未散，下無特爲書者。周末文敝，百家競出。雖大道既隱，而實各有所聞。邵子專指此爲戰國時書，宜可信。然非戰國嘗爲人用者也。意者，山林之士之作與？亦大奇矣。」

按：邵子、程子所云，終是先秦以前文字。朱子雖疑其爲筌所爲，然每引而進之。蔡氏學朱氏者也，故當爲一家之説云。○又按：陰符經傳、注、疏凡三十八部，五十一卷，其

〔一〕「至」，通行本二程遺書作「盡」。

〔二〕按朱子語類，此句後有云：「先生謂如他閭丘此等見處，儘得。」疑黄瑞節援引時遺漏。

目載夾漈鄭氏藝文略。

上　篇

觀天之道，執天之行，盡矣。

道分而爲天地，天地分而爲萬物。萬物之中，人爲最靈，本與天地同體。然人所受於天地，有純雜不同。故必觀天之道，執天之行，則道在我矣。言天而不言地者，地在其中也。

天有五賊，見之者昌。五賊在心，施行於天。宇宙在乎手，萬化生乎身。

五賊，五行也。天下之善由此五者而生，而惡亦由此五者而有。故即其反而言之曰五賊。五賊雖天地之所有，然造天地者亦此五者也。降而在人，則此心是也。能識其所以然，則可以施行於天地，而造化在我矣。故曰「見之者昌」。

朱子曰：陰符「説那五個物事在這裹相生相剋，曰『五賊在心，施行於天』。用不好心去看他，便都是賊了。五賊乃言五性之德。『施行於天』，言五行之氣。陳子昂感寓詩亦略見得這般意思。」

按：陳詩詞旨幽邃，朱子以爲見得陰符意思，須溪劉氏以爲極似參同契，蓋皆有見。

若但於詩之内求之，不知所謂云。

天性，人也。人心，機也。立天之道，以定人也。

天地之所以爲性者，寂然至無，不可得而見也。人心之所稟，即天地之性。故曰「天性，人也」。人之心自然而然，不知其所以然者，機也，天之所以動，地之所以静者也。此機在人，何所不至？爲堯舜，爲桀紂，同是機也。惟立天之道以定之，則智故去而理得矣。

天發殺機，龍蛇起陸。人發殺機，天地反覆。天人合發，萬化定基。

殺機者，機之過者也。天地之氣一過，則變異見而龍蛇起陸矣。人之心一過，則意想生而天反地覆矣。天人合發者，道之所在，天意人情所同然。天序有典，天秩有禮，人之大倫是也。西方之學，以此爲世綱而絶之。然而不能摇者，以萬變之基一定而不可易也。

按：唐褚遂良得太極丹真人所注本於長孫趙國公家，以其書爲非一人之言。如首二句注云「聖母、岐伯言」，次四句注云「天皇真人言」，以下皆然。間有與諸本不同者，如云：「天發殺機，移星移宿。地發殺機，龍蛇起陸。人發殺機，天地反覆。」諸本逸「移星移宿地發殺機」八字，當以褚氏本爲正。

須溪劉氏云：「天人合發，草昧之運也，合則定。」

性有巧拙，可以伏藏。九竅之邪，在乎三要，可以動靜。

聖人之性與天地參，而衆人不能者，以巧拙之不同也。惟知所以伏藏，則拙者可使巧矣。人之所以不能伏藏者，以有九竅之邪也。竅雖九，而要者三，耳目口是也。知所以動靜，則三返，而九竅可以無邪矣。目必視，耳必聽，口必言，是不可必靜。惟動而未嘗離靜，靜非不動者，可以言動靜也。

火生於木，禍發必剋。姦生於國，時動必潰。知之修鍊，謂之聖人。

火生於木，有時而焚木。姦生於國，有時而必潰。五賊之機，亦猶是也。知之修鍊，非聖人孰能之？修鍊之法，動靜伏藏之説也。

中篇

天生天殺，道之理也。

生殺者，道之降而在氣，自然而不可逃者也。

天地，萬物之盜。萬物，人之盜。人，萬物之盜。三盜既宜，三才既安。

天地，生萬物而亦殺萬物者也。萬物，生人而亦殺人者也。人，生萬物而亦殺萬物者也。以其生而爲殺者也，故反而言之，謂之盜，猶曰五賊云爾。然生殺各得其當，則三盜宜。三盜宜，則天地位，萬物育矣。

故曰：食其時，百骸理。動其機，萬化安。

天地萬物主於人。人能食天地之時，則百骸理矣；動天地之機，則萬化安矣。此爲盜之道也。時者，春秋早晚也。機者，生殺長養也。

須溪劉氏曰：「食其時，猶列子所謂盜天地之和。」

人知其神之神，不知不神之所以神。

神者，靈怪不測也。不神者，天地日月，山川動植之類也。人知靈怪之爲神，天地日月，山川動植，耳目所接，不知其神也。

日月有數，小大有定。聖功生焉，神明出焉。

日月者，人不知其神也。日之數，大運三百六十日。月之數，小運三百六十辰。天地變化，不外乎三百六十。聖功之所以生，知此而已。神明之所以出，由此而已。

其盜機也，天下莫能見，莫能知。君子得之固躬，小人得之輕命。

盜機者，即五賊流行天地之間，上文所謂日月之數也。見之知之，則三盜宜而三才安矣。然黄帝、堯、舜之所以得名得壽，蘇、張、申、韓之所以殺身赤族，均是道也。「民可使由之，不可使知之」，至哉言乎！

下篇

瞽者善聽，聾者善視。絶利一源，用師十倍。三返晝夜，用師萬倍。

瞽聽聾視，用志不分也，一可以當十。三返者，即耳目口也。返者，復其初也。晝夜者，陰陽之運。三者既返，則超乎陰陽之運而通晝夜，一死生矣。一可以當萬，易所謂神武而不殺也。

朱子曰：「瞽者善聽，聾者善視，則其專一可知。絶利一源者，絶利而止守一源。絶利者，絶其二三。一源者，一其本源。三返晝夜者，更加詳審。豈惟用兵，凡事莫不皆然。『倍』如『事半古之人，功必倍之』之『倍』。」又曰：「三返晝夜之説，如修養家子午行持，今日如此，明日如此，做得愈熟愈有效驗。」○須溪劉氏曰：「三返祇是三省。」

心生於物，死於物，機在目。

心因物而見，是生於物也。逐物而喪，是死於物也。人之接於物者，其竅有九，而要有三。而目又要中之要者也。老聃曰：「不見可欲，使心不亂。」孔子答「克己」之目，亦以視爲之先。西方論六根六識，必先曰眼曰色者，均是意也。

天之無恩，而大恩生。迅雷烈風，莫不蠢然。

無恩之恩，天道也。惟無恩而後能有恩，惟無爲然後能有爲。此用師萬倍，必三返而後能也。

按：褚氏本此下有「制在氣」三字。

至樂性餘，至淨〔一〕性廉。天之至私，用之至公。禽之制在氣。

至樂者無事，故性餘裕，而能先天下之憂。至淨者無染，故性廉潔，而能同天下之患。此三返之道，無爲之至也，若不拔一毫者之所爲也。然天之道至私，而用之至公，是至樂至淨乃所以有爲也。惟物亦然。物之可取者謂之禽。萬物之相制伏，彼豈有爲於其間？蓋氣之自然也。虎豹之於麟，鷹隼之於鳳，非以其才之搏與鷙也。此三返晝夜所以能至於一當萬也。

按：褚氏本無「禽之制在氣」五字。

生者，死之根。死者，生之根。恩生於害，害生於恩。

生死恩害，道無不然。此霜雪之殘所以有至恩，雨露之滋所以有至忍也。極而論之，

〔一〕「淨」，正統道藏蔡氏注作「靜」。

則有無動靜之機，未嘗不相與爲往來。故正言若反也。

愚人以天地文理聖，我以時物文理哲。

人見天有文地有理，以爲聖也，不知其所以聖。我以時之文物之理，而知天地之所以聖。天文有時，地理有物。哲，知也。以天地之常言之，其道固如是。自變者言之，亦如是也。此觀天之道，執天之行，至於通乎晝夜，而與造化同體，動靜無違也。

須溪劉氏曰：「時物粗近也。」

按：驪山老母注本與蔡氏本「我以時物文理哲」爲書之末句。褚氏本與張氏注本其下有二十一句，百一十四字。朱子所深取者，政在此内。今取褚氏本爲正。

人以愚虞聖，我以不愚虞聖。聖人以奇其聖，我以不奇其聖。沉水入火，自取滅亡。

按：張氏注本云：「人以虞愚，我以不虞。聖人以期其聖，我以不期其聖。故曰：『沉水入火，自取滅亡。』」

自然之道靜，故天地萬物生。天地之道浸，故陰陽勝。陰陽相推，而變化順矣。

朱子曰：「四句極説得妙。靜能生動。便〔一〕是漸漸恁地消去，又漸漸恁地長。天地

〔一〕「便」，朱子語類作「浸」。

之道便是常恁地示人。」又曰：「『浸』字最下得妙。天地間不陡頓恁地陰陽勝。」又曰：「『天地之道浸』，這句極好。陰陽之道無日不相勝，衹管逐些子挨出。這個退一分，那個便進一分。」又曰：「若不是極靜，則天地萬物不生。浸者，漸也。天地之道漸漸消長，故剛柔勝。此便是吉凶貞勝之理。陰符經此等處特然好。」

是故聖人知自然之道不可違，因而制之。至靜之道，律曆所不能契。爰有奇器，是生萬象。八卦甲子，神機鬼藏。陰陽相勝之術，昭昭乎進乎象矣。

高氏緯略曰：「蔡端明云柳書陰符經，書之最精者，善藏筆鋒。余觀此書，非唯柳氏筆法遒結，全不類他書，而此序乃鄭瀚之作，尤爲奇絕。其曰『雷雨在上，典彝旁達，浚其粹精，流爲聰明』，四句精絕，不似唐人辭章。至曰『磻溪之遇合，金匱之秘奥，留侯、武侯，思索其極』，尤足以發陰符之用也。」

按：書末數語，引而不發，頗似深秘。「奇器」、「萬象」，不知何所指。『八卦甲子，神機鬼藏』，殆所謂術也，在人默悟而善用之云。

又按：鶴山魏氏曰：李嘉猷「博通經子百氏而深於易。晚得專氣致柔之説，以陰符、參同博考精玩，篤信不懈」。然則知道者固合是二書與易同用云。

黄帝陰符經夾頌解注〔一〕

南昌修江混然子王道淵注

序

天法人，人法天，陰符之所以作也。昔黄帝慕道懇切，故往崆峒山拜廣成子而問至道，授以返還長生之訣。後於峨嵋山又拜皇人，授以五芽三一之文。秘而修之，而登上仙。憂道後世恐失其真，遂述陰符經三篇，分爲上中下，以按三才而明精氣神，各有極趣之妙。又恐人不知返還之理，故首言以「觀天之道，執天之行，盡矣」，此所以爲陰符經三篇之綱目。知天道必知人道，知人道必知丹道，知丹道必知其陰陽動静之機，知其機必知其内外返還

〔一〕作者王道淵，元末明初人，名玠，字道淵（有記作「道原」者），號混然子，生卒年不詳。正統道藏收録王道淵本人著作和整理的經典注釋以及前人文集共計七種。本文有正統道藏和道藏輯要兩個版本。本書以正統道藏本爲底本，校以道藏輯要本。

之理。知其理，采鉛汞不失其時，運符火不失其候。經中所謂「絶利一源，用師十倍。三返晝夜，用師萬倍」，此又示人以修真之要，在乎收拾身心，一定不移之志。次則用抽添工夫，而不可間斷。全真之道別無他也，一要精全，二要氣全，三要神全，收視則神真，返聽則精真，緘言則氣真。了此三全三真，自然混融於中，真火鍛鍊，結成金胎，十月工足，陰盡陽純。當此時，脱胎神化，變現無方，超出生死之外，永爲金剛不壞之身，此所以爲還丹者也。余謂是經文簡而意奥。或有不明其説者，著於傍求而外其道。於是乎不愧僭狂之罪，將先師所授秘訣遂逐段釋其文意，而又述頌總證，剖露玄機，以俟後之同志。非敢爲是，可以爲初學者一助云爾。

混然子王道淵序。

卷上

夫陰符者，一陰一陽之謂也。太極未判之始，溟溟涬涬，遼〔一〕廓無光，純一陰炁而已。陰因之極，一陽生於中，便分奇偶。陽動陰靜，兩儀判焉。人生其中，三才立焉。

〔一〕「遼」，道藏輯要本作「寥」。

三才既立，萬物生焉。生萬物者，道也。成至道者，人也。聖人所以達天地，施德化，修性命，定人物，此陰符所以作也。以世法言，萬物皆有形，曰陰。萬物皆有性命，曰符。萬物皆有自然之道，曰經。以道用言，人之四大，一身皆屬陰，唯一點祖炁居天心，屬陽，是曰命蒂。性與命合曰符。符者，契合也，分開兩箇，勘合渾淪。「陰符」二字，身心也，性情也，水火也，神氣也，鉛汞也，龍虎也，動靜也，乃爲修丹之根本，養道之淵宗。凡作丹妙用，每遇日中、冬至之時，則當閉關。外則運陽火於東南，而復退陰符於西北。存北方不行，正萬物藏形之時也。於此時，含光内燭，真氣熏蒸，片晌之間，混融磅礴，陰氣消化，陽氣日新。此立成丹基之胎。久久純熟，自然精氣輕清，如熱雲旋轉。華池津液，脉絡之來，澆灌靈根，結成還丹。是謂陰符之道也。經之爲言徑也，人人共行之徑路也。丹經云：「處處緑楊堪繫馬，家家有路到長安。」

頌曰：太極未分渾是陰，一陽動處見天心。陽舒陰慘相符合，大道生生德化深。

觀天之道，執天之行，盡矣。

觀者，仰觀於天也。仰見其天道，日月運行，風雲變化，鼓之以雷霆，潤之以雨澤。一暑一寒，一來一往。此天道運化以行鬼神，所以生物之大功也。至如在天星象，北辰居其天中，寂然不動，而衆星拱之，隨斗標晝夜，旋轉周天。此天向一中分造化也。北斗屬水，水得六數，何以有七星？南斗屬火，火得七數，何以有六星？此水火互交，自然之道也。是以聖人見天道如此，返求於身觀之。我身即天地，故執天以行之也。人之一呼一吸，即乾坤闔闢也。水上昇，火下降，即日月運行也。鼓吾身之槖籥，即風雲變化也。吸神觀心，鍊精化氣，逆上泥丸，即鼓之以雷霆也。浩氣沖虛，神水流注，即潤之以雨澤也。進陽火，退陰符，即一暑一寒，一來一往也。此執大化運行於身，無不與天道同也。密户之左，生門之右，中虛一竅，空玄不動，萬神朝會之宗，即北辰居其所，而衆星拱之也。天一生水，從地而升，地二生火，從天而降，水中藏火，火中藏水，即北斗屬水而七星，南斗屬火而六星，丹家所謂「龍從火裏出，虎向水中生」是也。學人能知此數説，不可着在文字上猜度，要明未畫以前，造化此箇微意。當求真師口訣，而後可知。夫修丹之道，一要明鼎器端的，二要攢簇藥物真全，三要運符火烹鍊得法。戒定性智，絶利清源，行住坐卧，綿綿若存。如此勤而修之，未有不成道者也。老子曰：「谷神不死，是謂玄牝。玄牝之門，是謂天地根。綿綿若存，用之不勤。」丹經云：「一馬自隨天變化，六龍長駕日循環。」張紫陽云：「先把乾坤爲鼎器，次摶烏兔藥來烹。」邵子故曰：「天人焉有兩般義，道不虛行只在人。」豈不是「觀天之道，執天之行，盡矣」哉？

頌曰：觀天之道運無窮，故執樞機合聖功。顛倒這些消息子，乾坤都入黍珠中。

天有五賊，見之者昌。五賊在心，施行於天。

五賊者，乃五行之氣也，在天地爲水火木金土，在人爲心肝脾肺腎，又爲精神魂魄意，又爲眼耳鼻舌身。人之一點元靈，父母未生已前，甚是分明。始因父母生我之形，此靈入竅，被形所梏。人爲赤子之時，性無不善。蓋因年漸長成，習染各異。眼耳鼻舌被色聲香味所觸，而心貪愛，意馬馳騁。於是流浪苦海愛河，迷亂真性，耗其靈根，失其至寶。此所以被五賊所害。世人不得真道者，爲此也。尹真人曰「天物怒流，人事錯錯然」，正謂此也。學人若能勘破浮華幻相皆非我有，唯一靈真性是我本來面目，從今去，不被幻軀所役，把已往貪愛之心，盡底掀翻，但虛其心，實其腹，弱其志，强其骨，動靜之間，以性爲主人，以五賊爲家臣，君無爲而正信於内，臣有爲而營運於外，内外合心，君臣混一，自然三花聚鼎〔一〕，五氣朝元，異骨成親，欣樂太平。金剛經云：「凡所有相，即是虛妄。若見諸相非相，即見如來。」豈不是「天有五賊，而見之者昌」歟？了真子曰：「酒是良朋伴是花，嶺頭時駕紫河車。可憐金虎一聲嘯，吹散青天五彩

〔一〕「鼎」，道藏輯要本作「頂」。

霞。」豈不是「五賊在心，施行於天」者乎？學人宜於此詳味。

頌曰：五行之氣結成形，罩却生前一點靈。五賊若能歸主宰，施天自有道光明。

宇宙在乎手，萬化生乎身。

以道用言，有道之人，一心能制五賊。遇五賊攻心，我則把定三關。天機不動，外施金母之功，簇三千六百正氣，回七十二候之要津，行道一息，能奪一年之節候。是以昇陽施化，出古超今，皆在吾掌握之中矣。古人所謂「我命在我，不在於天」、「天地小我，我大天地」、「皇天不遠，大藥非遥」，誠哉言也！若得真傳口訣，運行符火於一身，如取囊中物爾，靜則爲金丹，動則爲霹靂。以世法言，一君正位，萬臣咸歸，則天下山河，人民賦貢，莫不皆奉其主所有。衣冠禮樂，刑法制度，莫不皆由君出。道用與世法，即同一體。且如天下清平，人民樂化，雖有甲兵，無所陳之，用文而偃其武也；忽遇寇賊生發，便當建侯行師而討平之，用武而後其文也。魏伯陽故曰：「首尾武，中間文。」老子曰：「吾何以知天下之然哉？以此。」豈不是「宇宙在乎手，萬化生乎身」哉？

頌曰：有道之人固本源，經天緯地量玄玄。一拳握定陰陽領，運化風威遍大千。

天性，人也。人心，機也。立天之道，以定人也。

天賦命於人謂之性，人心發用謂之機。性即天也，心即性也。是以聖人觀天之道，明天之性，執天之行，運心之機。夫立天之道者，一陰一陽也；定人之道者，一仁一義也。以世法言，天生於人，唯人得其全體，道必假人以行之。天性妙理，無非在於人心。心所以能包含天理，一動一静，分明發露天之機也。聖人大觀天下，以謂人人同體，箇箇同真。於是制言行，施教化，立天道，定人倫，布告天下，使人人知其有君臣、父子夫婦、長幼朋友，三綱五常之理，率性修道，盡敬其身。中庸云「天命之謂性，率性之謂道，修道之謂教」，是也。以道用言，天性常主於静，人心常欲於動，静則養性，動則復命，復命曰常，返常合道。是立天之道，以定人也。老子曰：「故常無欲以觀其妙，常有欲以觀其徼。此兩者同出而異名，同謂之玄。玄之又玄，衆妙之門。」孔子云：「一日克己復禮，天下歸仁焉。」如斯之謂也。

頌曰：天性人心理一同，機關動静道相通。乾坤上下君臣合，萬國民安樂歲豐。

天發殺機，移星易宿。地發殺機，龍蛇起陸。人發殺機，天地反覆。天人合發，萬化定基。

形而上者謂之天，形而下者謂之地，鍾秀而生謂之人。天地人三才而各有機。天以斗爲機，地以雷爲機，人以心爲機也。「天發殺機，移星易宿」者，此謂乾坤運化，斗柄推遷，晝夜不停其機，諸星宿隨其旋轉。此陰陽造化，自然之理也。夫周天三百六十五度四分度之一，諸星宿皆有行其度次。至如行此一度已滿，必移過别宫，度而行之。

餘度亦然。是以滿而必至於反，反而必復於初。此氣數反常合道之理也。「地發殺機，龍蛇起陸」者，此言地道厚載，龍蛇蟄藏，時因陰極而陽生於下，陽漸長而壯，雷動發聲，從地而起，龍蛇聞雷之聲，乘陽而起。此所以地發殺機，龍蛇起於陸也。「人發殺機，天地反覆」者，此謂覆即復也。三才之中，唯人最靈。是以聖人觀天之道，執天之行，審地之理，法地之用。夫惟用是用，返本還元以復之。效天地之道，以修其真也。天之星宿，即我身之斗柄也。地之龍蛇，即我身之水火也。凡作丹之用，不過斡天罡而旋轉斗柄，顛倒陰陽而既濟水火。當鉛見癸生之時，便以神呼氣歸鼎，握固天罡，以旋斗標。此法〔一〕天機，移星易宿也。流戊土而化火，逼逐金精，逆上泥丸。此法〔二〕地機，龍蛇起陸也。乾坤交姤〔三〕之罷，一氣流通，直入黄庭而止，産箇驪珠，似月之圓，發真火鍛鍊，結成金丹。此人發殺機，天地反覆也。張紫陽所謂：「捉將坎位中心實，點化離宫腹裏陰。從此變成乾健體，潛藏飛躍總由心。」丹經云：「人心若與天心

〔一〕「法」，道藏輯要本作「發」。
〔二〕「法」，道藏輯要本作「發」。
〔三〕「姤」，道藏輯要本作「媾」。

合，顛倒陰陽只片時。」老子曰：「致虛極，守靜篤。萬物並作，吾以觀其復。」譚景昇化書所言「得天地之綱，知陰陽之房，見精神之藏，則數可以奪，命可以活，天地可以反覆〔一〕」，正謂此也。「天人合發，萬化定基」者，天乃指性而言也，人乃指命而言也。總而言之，作丹有時，時至神知。當此時採取，則藥物應機。施工一息之頃，能定萬化之基，只用半箇時辰，而得還丹。度人經乃曰：「璇璣玉衡，一時停輪。河海靜默，山嶽藏雲。天無浮翳，四氣朗清。土皆作碧玉，無有異色。」豈非天人合發而萬化定基者乎？

頌曰：旋斗歷箕回五常，龍蛇起陸會乾陽。半時反復施刑德，萬化都歸一粟藏。

性有巧拙，可以伏藏。九竅之邪，在乎三要，可以動靜。

人之一點真靈謂之性，百事通曉謂之巧，諸般不能謂之拙。所以巧者多智，拙者多愚。此二者過猶不及，皆不得其中庸之道，正孔子所謂：「智者過之，愚者不及。」蓋爲人生於天地之間，風土不同，禀受自異，故氣質有差耳，是以性有巧有拙。聖人故於此示人。得其巧者，不可逞於巧。得其拙者，不可縱於貪。巧與拙可以伏藏於心，自然復

〔一〕「覆」，原作「復」，據道藏輯要本改。

於本性而不妄矣。苟有不藏於心，巧者弄於巧，拙者妄於貪。如是之人，未有不陷於害者也。老子曰：「人多伎巧，奇物滋起。法令滋彰，盜賊多有。」故聖人絶聖棄智，絶巧棄利，大巧若拙，大辯若訥。豈不是伏藏者也？「九竅之邪，在乎三要，可以動靜」者，此言九竅，人之首有九宫，乃曰九竅。本來天性，於泥丸所居，故曰性門，又曰髓海。髓海滿而精神全暢，髓海消而精神耗竭。首之九宫，其名不一，今略言之。泥丸之宫，爲百關總會之穴，乃萬神朝集之宫。諸星森羅，日月運轉，無非於此處撥動機關而旋斗柄。此人法天地，合象如此。凡人性於日用之間，下連於心。心有七孔二毛，亦曰九竅，以應上天北斗七星，左輔右弼。此乃有象之心。若言天心在人身，天地正中，混洞空玄，實無形象。聖父聖母所付一點真陽之氣，居此天心，是爲元始祖劫性君，寄體於此。陽得九數，故乾元用九，是爲九竅，合之爲一，散之則九。所以人心一念動處，北辰即知。是故聖人於此經中，垂戒學人，平日二六時中，可以虚心静性，保氣惜精。凡遇邪攻九竅，便當運三要以復之。夫惟三要有内三要，有外三要。内之三要者，精氣神也。外三要者，眼耳口也。眼爲神之門，耳爲精之門，口爲氣之門。視之不息，則神從眼漏。聽之不息，則精從耳漏。言之不息，則氣從口漏。逐於外而失於内，心爲形役。是「九竅之邪，在乎三要」者也。若能收其視，返其聽，緘其言，當施工發越之際，牢閉三關，飛意存神，於兩腎中根，鍊精化氣，上補泥丸以腦。腦補完而金液生，鍊氣下化於神。神復全而真火旺，發神火以鍊虛。虛室受陽而生白，結成靈胎，神明開慧。此鍊還丹真工夫也。須用口傳心授，大要識時通變，當靜以養性，當動以修命，性命雙修，吾道長存。豈非「可以動靜」者耶？魏伯陽曰：「眼耳口三寶，固塞勿發通。真人潛深淵，浮游守規中。」即經中所謂「三返晝夜，用師萬倍」是也。

頌曰：巧拙都忘遠客塵，回光返聽內全神。三般大藥燒成寶，占斷陽臺一段春。

火生於木，禍發必剋。姦生於國，其動必潰。知之修鍊，是謂聖人。

火之爲言，忿也。姦之爲言，慾也。所謂「火生於木，禍發必剋」者，以俗人言之，凡因事觸心，即生忿，火性上炎，神怒氣發，與人鬥爭，却不知離中之神被無明火盡焚之矣。「姦生於國，其動必潰」者，此言國猶身也，身隨幻變，眼因色媚，神領在心，情慾交蔽，陽即下奔，動之必潰，却不知坎內真精被姦，盡潰之矣。如是之人，直至死而後已，豈知修鍊者哉？是以聖人明天地陰陽符候之理，反求於身行之。木旺則火生，金旺則水生。卯酉二八之月，宜當沐浴。凡遇火生於木，則當存性而懲忿也，故禍發而必剋。當姦生於國，我則閉門而窒慾也，流意回坤，故動之而必潰。尹真人故曰：「惟其來干者，皆攝之以一息，則變物爲我。」易卦云：「復其見天地之心乎！」所以「知之修鍊，是謂聖人」也矣。

頌曰：野戰防危要識時，龍爭虎鬥兩奔馳。片時風掃浮雲盡，露出蟾光一片輝。

卷　中

天生天殺，道之理也。

以世法言，天生陽也，天殺陰也。一陰一陽之謂道，一生一殺之謂理。天生於春，萬物發生於陽，天之仁也。天殺於秋，萬物收斂於陰，天之義也。陰陽消長，道之理也。是以聖人觀天之道，執理於心。以無爲而化天下之民，聖人之仁也。以五刑而齊天下之法，聖人之義也。仁義體用，聖人之道也。以道用言，凡遇身中冬至之時，則當閉關靜定，飛意化火，鍊精爲氣，督進陽火，從太玄宫提上南宫，此天生之理也。至此已往，陽極而虧，故一陰生於五陽之下，則當斂陽而退陰符。從玉山上京下重樓，送至坤位而止，發武火鍛鍊，烹陰爲陽，此天殺之理也。運用一身，綿綿若存，豈不是道之理也？邵子曰：「乾遇巽時觀月窟，地逢雷處躡天根。天根月窟閑來往，三十六宫都是春。」如斯之謂也。

頌曰：陽龍陰虎兩盤旋，生殺天機理自然。鍊出一丸真種子，壺中春滿道綿綿。

天地，萬物之盜。萬物，人之盜。人，萬物之盜。

「天地，萬物之盜」者，此謂天地生萬物，萬物之性命，莫不由乎陰陽運化結成其形。舉心動念處，天地皆知。作其善者，鬼神護佑。作其惡者，雷霆典刑。此天地所以盜萬物也。「萬物，人之盜」者，此言萬物之生，與人並作。人身之内生八萬四千蟲，今略言之，内則五臟被蟯蛔所食，外則皮膚被蚤蝨所攻。譚景昇化書所謂：「谿虹者，腹中之蟲也，搏我精氣，鑠我魂魄，盜我滋味，而有其生。」此萬物所以盜人也。「人，萬物之盜」者，此言人爲萬物至靈，一心包含萬物之理，師天地而知運化，師蜘蛛而結網罟，師蜜蜂而立君臣，師拱鼠而製禮，師鳴鳳而作樂，師螻蟻而設兵陣。聖人能取萬物之理以致一身，此人所以盜萬物也。總而言之，天地人物之生，皆在大化之中，形形相盜，物物相欺，無非陰陽五行之氣使之而然也。唯有道者了明三盜，超出陰陽之外，則無三尸所盜之害也。學者宜玩味焉。

頌曰：天地人同萬物生，一家一竅各含靈。形形相盜陰陽化，悟者超凡入太清。

三盜既宜，三才既安。

此承上云三盜之義。於此故云「三盜既宜」者，此所謂有道之人，一性覺照，萬理貫通，自能勘破一身四大是陰陽五行之氣假合而生，我則不被形縛。但密行符火以鍊形神，神凝氣結，是謂金丹大藥，自能殺滅三尸之蟲。既得三盜絶滅，自然三才安矣。邵子所謂：「既知萬物備於我，肯把三才別立根。」張紫陽故曰：「追二氣於黄道，會三性於元宫。」神全不思睡，氣全不思食，精全不思慾。工夫至此，何患乎三才不安矣？

頌曰：三盜三才備一身，心君轉物各歸根。乾坤定位邪魔伏，萬國清平荷聖恩。

故曰：食其時，百骸理。動其機，萬化安。

此又承上云「三才既安」之義。於此故曰「食其時，百骸理」者，此言學人平日大要，調和五臟，飲食不可失其時。苟無失其時，則通身三百六十骨節，血氣周流，無處不暢，而病患自不生。既得其身體康泰，可以棲神抱氣，常住中田，依時取華池玉液之漿，澆灌靈根，其苗自秀。老子故曰「天下有道，却走馬以糞」，「我獨異於人，而貴食母」，是也。「動其機，萬化安」者，此言遇一陽初動之時，便當轉斗柄之機以復之，行道一次，則通身萬神暢快。純陽真人金丹詩曰：「獨處乾坤大象中，從頭歷歷運元功。縱横北斗心機巧，顛倒南辰膽氣雄。鬼哭神哀金鼎裂，雞飛犬化玉爐空。云何俗子尋常覓，大道希夷妙莫窮。」丹經曰：「子細思量是妙哉，朝朝自勸紫霞杯。若將地魄精擒縛，自有天魂祝壽來。」此之謂也。

頌曰：修真飲食要調停，一氣沖和五臟清。金液鍊形神火鍛，通身毫孔放光明。

人知其神之神，不知不神之所以神。

神之爲言靈也，性也。人之靈性，虛明無象，在父母未生已前，不有其始，居父母已生之後，不有其終，至靈至聖，至幽至微，包含衆體，總廓萬靈，不生不滅，不方不圓。白紫清真人故曰「此神不是思慮神，乃與元始相比肩」，是也。此一節言學人平日修養工夫，先以明性爲主。心地之中常宜清静，不可容一毫私欲罣礙於心，亦不可着相求玄。若纔舉箇意思，神便不是神了。經曰：夫人神好清而心擾之。此神全體之妙，在乎心空無物，淵默含真，與太虚同其體，與日月同其明，凡應事接物之間，以性隨機轉應，自然三界圓通。此所以不知不神之所以神也。張真人曰：「視之不可見其形，及至呼之又却譍。」金剛經云：「世人以色相求我，以音聲求我，是人行邪道，不得見如來。」斯言盡矣。

頌曰：一點元靈是至神，神知神處便非真。人能了悟神虛體，朗朗真空不挂雲。

日月有數，小大有定。聖功生焉，神明出焉。

此承上云明性之體，於此故發明修命之用。既得性住，必復命關。若能性命雙修，方得形神俱妙。夫修命之訣，學人可以觀天之道。日月運行而有冬夏二至，陰陽停半而有卯酉二分，積日成月，積月成歲。是以日月有數，而小大有定。豈不聞日屬陽，月屬陰，月本無光，借日之光？每月晦朔，太陰與太陽同宫交會，月至此時黑而無光。月自初二初三離日漸遠，日射光於月，生明而小，魂漸長，魄漸消，至初八日夜，光平上一半，乃曰上弦；自此已往，至十五日夜，月與日相望，光明圓滿而大，至此魂極而魄生。十六、七日以下，魄長魂消，月光漸減，至二十三日夜，光平下一半，乃曰下弦；自此退至三十日夜，月光盡而又還晦矣。周而復始，循環無窮。此天道運化，自然而然。是以大修行人，體此之理，運周天火候於一身。所言日月者，精神也，水火也，鉛汞也，性情也。當作丹之時，以神合氣，主固於内，飛神出在寅方，至申時進火，如日射光於月，漸漸生明而壯。流精化氣，直入泥丸，如月與日對望。繼此陰生，用青女傳言，退符下入坤宫，日月合璧，結成還丹。丹始結而小，功深漸養而大。故謂「日月有數，小大有定」也。勤採勤收，時烹刻鍊，真胎鬱秀，智慧開通。故曰：「聖功生焉，神明出焉。」

頌曰：日月周天數往來，功施梵氣結靈胎。從微至著神超聖，火裏栽蓮朵朵開。

其盗機也，天下莫能見，莫能知。君子得之固躬，小人得之輕命。

此承上云運行日月於一身，故得聖功生而神明出。於此故云「其盗機也」者，此箇「盗」字非世人竊盗之盗，乃運周天符火之法，一息工夫能奪天地一年造化。丹經云：「五行不〔一〕順行，虎向水中生。五行顛倒，龍從火裏出。」行此道者，天地不能拘，甲子管不得。是以大修行人乃天地外一賊爾。張紫陽所謂「工夫容易藥非遥」，豈非「其盜機也」哉？這箇盜機至簡至易，是謂無狀之狀，無象之象，是以「天下莫能見，莫能知」也。君子之人得之，謙恭退隱，抱朴存真，絶聰棄智，惟德爲身，損之又損，混俗同塵，來者即應，無喜無嗔，未嘗顯己之有道，此所以得之固躬也。老子曰：「我有三寶，保而持之，一曰慈，二曰儉，三曰不敢爲天下先。」又曰：「上德不德，是以有德。」是也。小人之人若得此道，便要逞弄，不能伏藏，自是自大，自顯自長，自伐自矜，欺人侮法，全無忌憚，薄德薄行，人皆忌之。如是之人，未有不陷於害而輕於命，如龐涓之流是也。經曰：「自見者不明，自是者不彰，自伐者無功，自矜者不長」，「强梁者不得其死」。孔子故曰：「小人反中庸，小人無忌憚也。」豈虚言哉？學人宜於此詳察。

頌曰：燒山符子盜天機，大象希形道隱微。君子得之身退守，小人一得便胡爲。

〔一〕「不」，原無，據道藏輯要本補。

卷下

瞽者善聽，聾者善視。絶利一源，用師十倍。三返晝夜，用師萬倍。

瞽者，無目之稱。聾者，不聽之謂。以世法言，人雖兩目皆瞽，耳却善能於聽；兩耳雖聾，眼却善能於視。此謂世人貪心不止，隨竅所漏，逐於外而失於内。此乃凡夫之人，貪着其事，故設此喻，以爲學者之戒。今以道用言，大修行人聖智圓通，神機無礙，眼亦能聽，耳亦能視。吁！夫視聽之妙，非在眼耳，而實在神機之視聽也。「絶利一源，用師十倍」者，此言以誠性爲體，絶去利欲，清心一源，自得其虚靈不昧，終不及行武鍊之工夫，故云「用師十倍」之力也。乃形容修性之工夫，縱得寂然不動，猶屬陰神。豈若修命，三返晝夜，而有回陽换骨之妙乎？其三返有二説：外三返乃眼耳口，内三返乃精氣神也。二六時中，外則回眼光，凝耳韵，緘口氣，晝夜返顧於中，不可須臾間隔；内則混成三寶，不可蹉過天機。當鉛見癸生之時，便當懸黍珠於空玄之中，握固不動，飛神沉下海底，鍊精化氣，迫逐度上南宫，補離作乾。繼此已往，鍊氣化神，直下黄庭而止。巽門雙開，大火鍛鍊，片餉之間，鍊神還虚，虚空朗朗，復其性初。此乃性命雙修之道。度人經云：「中理五氣，混合百神。十轉回靈，萬氣齊仙。」丹經云：「不刻時中分子午，無爻卦内定乾坤。」是以行道一次，則諸天遥唱，萬帝設禮。修丹之力，其功莫大。三返晝夜，得非用師萬倍者乎？

頌曰：瞽聽聾視妙心通，絶利清源十倍功。大藥三般返晝夜，神施萬化道無窮。

心生於物，死於物，機在目。

以世法言，衆人之心被形所役，終日業識紛紜，一心未嘗離物。心生於物，即死於物矣。其機在於兩目。凡物現前，目必先見。見愛動心，意識外逐。日積月增，作下死根。莫非皆從眼界之漏也。老子曰：「人之生，動之死地」，「民之輕死，以其求生之厚。」心難制伏者，因機在目也。以道用言，大修行人端心清静，唯道爲身。凡遇心生於物之時，舉六通力，放大金光，照無極世界，運北斗南辰以復之，是得物死而我道興隆，其機實在於天目。流意提吸，回旋之妙也。此須口傳，未敢顯露。川老注金剛經云：「金剛脚踏地，旛竿頭指天。要知端的處，北斗面南看。」是也。

頌曰：心生於物死於物，機應分明在目中。十轉回靈歸竅妙，神凝氣住道興隆。

天之無恩，而大恩生。迅雷烈風，莫不蠢然。

「天之無恩，而大恩生」者，此言天以生物爲心。四時運化是自然之理，豈有意施恩哉？蓋因萬物之生，妖正並作。妖反害於正，是不得已大恩生焉。故用雷霆以申其令，揚烈風而播其威，使萬物畏伏皈正。其有妖物不改過者，雷霆滅其形，風刀碎其體，去一害而安衆。天威昭鑒，豈容其私？此天無恩而大恩所以生。大恩生，而迅雷烈風，莫不蠢然神妙，鼓舞而作，頃刻遍滿虛空，變化不可測也。聖人亦體天道而行，以安天下之民。民淳樂化，無恩可施。其或有悖逆爲民害者，不得已建侯行師，陳甲兵以伐之，去一暴而安善良。亦如迅雷烈風，振其威嚴，示之强梗，順於正命。此聖人無恩而大恩所以生焉。此皆以世法釋。若以道用言，修丹之功亦同此理。當其心空性靜之時，形忘物忘，亦無恩可施。因其有陰陽二氣，動靜不常，而有分合之兆。時遇陰魔侵犯，我則正位中原，飛神攝〔一〕召陽雷電母，擲火奮迅迴烈風，掃蕩中山之陰。一息冥情，莫不蠢然，暢然而若醉。此大恩生而施造化之功，結成還丹之妙也如此。

頌曰：天本無恩恩大生，沖虛一氣怒流行。雷轟風烈蠢然作，造化由來不順情。

至樂性餘，至靜性廉。天之至私，用之至公。禽之制在氣。

至樂者，神全也。至靜者，精全也。此所謂神全不生忿，性樂有餘裕矣。精全不思欲，性靜有廉潔矣。老君授于吉太平之要，曰：夫人，天付之神，地付之精，中和付之氣。

〔一〕「攝」，道藏輯要於該字下有一「氣」字。若然，則此句可斷作「飛神攝氣，召陽雷電母」。

人能寶精去欲，固氣愛神，內則身得長生，外則國致太平。況有諸內，必形於外？了性則身清靜，了命則丹圓成。性命雙全，自然「至樂性餘，至靜性廉」也。「天之至私，用之至公」者，此言天與萬物，唯天得其造化之大。以其不自生，是以能長且久，故能成其私。此天所以得之至私也。及其發用，大運流行，無物不被其澤，此天所以用之至公也。聖人體天道而修真，比之衆人，而亦得之至私。及其用於事也，無一夫不被其德，豈不至公乎？「禽之制在氣」者，此設喻之辭。禽即心也，神也，火也，南方朱雀也。此警示學人大要，專心制氣，以氣爲藥物，以神爲符火，採取依時，烹鍊合法，自然陰氣化爲陽氣，識神化爲真人，混融一片，骨換身輕，如禽鳥翱翔太空，皆得制氣之理。故仙人號曰羽客。施肩吾曰：「氣是添年藥，心爲使氣神。能知行氣主，便是得仙人。」此之謂也。

頌曰：氣固神和樂有餘。虛心清儉養真軀。丹成自與天長久，身若禽飛上太虛。

生者，死之根。死者，生之根。恩生於害，害生於恩。

生死恩害，此四者陰陽反復，彼此對待之理。有生即死，有死即生。有恩即害，有害即恩。此氣數之然也。以衆人言，貪生之厚，心被物迷，即造下死之根矣。若能死心守分，絕利清源，即得生之根矣。古人所謂：貪他的着他的，失便宜得便宜。是以聖人於此覺照分明。凡心生於物，心即死之。心既能死，道即生之。尹喜真人故曰：「聞道於朝，死心於夕。」金剛經云：「不應住色生心，不應住聲香味觸法生心。應無所住而生其心。」老子曰：「生之徒十有三，死之徒十有三。」夫何故我得彼失乃得生，彼得我失乃入死？學者可不慎歟？「恩生於害，害生於恩」者，此言恩中有害，害中有恩，正道德經所謂「禍兮福所倚，福兮禍所伏」。文始經亦曰：「天下之理，恩或化爲仇，仇或化爲恩。」此理屬於事而言。不聞譚景昇化書云乎：「侯者人所貴，金者人所重。衆人封公，而得侯者不美。衆人分玉，而得金者不樂。是賞不可妄行，恩不可妄施。由爲爭奪之漸，即爲死亡之基。」此皆世法釋。若以道用言，道由魔顯，魔因道化。當性天雲起之時，我則登引群真，轉輪而復禮，豈不是恩生於害乎？苦海波翻之際，我則昇玄同化而歸尊，豈不是害生於恩乎？

頌曰：心生有欲死之根，心死無爲道自存。恩若妄施招禍害，害窮仍復見於恩。

愚人以天地文理聖，我以時物文理哲。

「愚人以天地文理聖」者，此言愚人，非是言愚蠢之愚。蓋爲有等學人，因聰明所障，被文理所拘，竟不肯低下參訪至人，窮究自身天地造化之理，只於外面尋紙上之文，億度天地文理，快説快道，他遂以此爲聖。吁，何其愚之甚也！以有道者觀之，反爲愚人也。「我以時物文理哲」者，此謂有道之人，能大觀天地，以四時之文，萬物之理，總歸我身，明徹爲哲〔一〕。如犧皇仰觀俯察，旁觀鳥獸之文，近取諸身，遠取諸物，始畫八卦，造書契。又如黃帝之廣參，孔聖之多學，豈非由哲而至聖乎？近有注本多於此止。余按褚遂良得太極丹真人所注本及與張果老人注本，其下皆有二十一句，百一十六字，極說得妙。今當以太極丹真人、張果本爲正。諸本逸去，皆後人傳注之誤爾，即非結經之義。

頌曰：愚人外面論虛空，執理拘文性不通。豈識我家真妙用，朝朝日出嶺頭紅。

人以愚虞聖，我以不愚虞聖。人以奇期聖，我以不奇期聖。故曰：沉水入火，自取滅亡。

「人以愚虞聖」者，此謂有等參禪學道之人，起頭不遇真師所授。他平日只以頑空爲性，諸經不去參究，惟守一塊肉心。灰心槁木，死捉箇念頭不放出去，不貪不求，他以此爲聖。殊不知，癡猫守於空穴，而終不得於鼠也。又如鑽冰求火，而終不得於火也。

「我以不愚虞聖」者，此言大修行人，必須參拜明師，開發竅妙，廣通諸經，究竟玄奧。何云是性？何云是命？性如何修？命如何鍊？參去參來，直至到那參不得處，方是

〔一〕「哲」，道藏輯要本作「晢」。

不愚。到此之時，只用一箇「損」字來受用。諸緣損盡，以至無爲，自然智慧生明，道沖靈應。我故以不愚虞聖也。豈不聞大舜之聖每好問而好察邇言？大禹聞一善言則拜，顏子得一善則拳拳服膺而弗失。以三聖之道，莫非好學而得。以今人之資，不學可乎？度人經云「乃當洞明至言」是也。「人以奇期聖」者，此言有等學人，不求正法，唯務異端，傍門小法，奇怪之術，以惑後人，如巫炎等尚泥水丹法，擇美女爲爐鼎，以三峰爲採戰，金鎗不倒爲固濟，提吸女精，作黄河逆流爲丹頭，以多入少出爲行火。如此謬術，大亂正宗。又有等以手爲雌雄劍，取女癸爲丹頭。又有等休妻絶粒，潄津運氣，摩擦搐縮，吸日月精華，燒茅弄火。如斯等類，何啻千門？他以此奇而期聖也。丹經故曰：「道法三千六百門，人人各執一爲根。豈知些子玄微處，不在三千六百門。」金剛經亦曰：「一切有爲法，如夢幻泡影，如露亦如電，應作如是觀。」是也。「我以不奇期聖」者，此言得道之士，常以無事取天下，内則存真養素，外則隨事應機，國土清平，無爲而樂，魔兵忽生，攝情一息，自然而然，無理至理。此所以不奇而期聖也。「故曰：沉水入火，自取滅亡」者，此當有二説。以弄奇術者言，自迷正宗，喪失真道，耗其靈根；如是之人，將身蹈其湯火，日取滅亡也。若以有道者言，當作丹之時，則行戊己之門，以戊土下沉於水府，捉坎陽去補離陰，成乾之後，以己土退符，流珠復還神室，火鍊混融，塵垢盡淨，覺身忘〔一〕如一太虛，洞妙無際。此所以「沉水入火，自取滅亡」。尹真人述説經臺詩云「心昧玄言沉地府，性通妙語合天心」，是也。

頌曰：愚人只〔二〕會弄頑空，用術爲奇性自蒙。我以無爲清靜道，黄金鍊出滿爐紅。

自然之道靜，故天地萬物生。天地之道浸，故陰陽勝。陰陽相推，而變化順矣。

「自然之道靜」者，此謂天道流行，四時宣氣，本自然而靜，所以天地萬物生。聖人體天道而行，亦自然而靜，以無事定天下，所以四海萬民樂無名之朴。老子故云「行不言之教」，「我無爲而民自化，我好靜而民自正」，是也。「天地之道浸，故陰陽勝」者，此言天氣不下降，地氣不上昇，上下不通，故天地否，遂成孤陰寡陽。二氣偏陷，五星失度，日月相刑，四時不調，寒暑失節，冬天震雷，夏月飛雪，赤旱洪漂，萬物耗竭，此天地之道浸，故陰陽勝也。彭真人曰：陽火過刻〔三〕，水旱不調，凝冬變爲大暑也。陰符失節，寒暖相侵，盛夏反爲濃霜也。金宫既砂汞之不萌，一鼎則蟲螟之互起。大則山崩地

〔一〕「忘」，道藏輯要本作「心」。

〔二〕「只」，原作「六」，據道藏輯要本改。

〔三〕「刻」，道藏輯要本作「度」。

圯，金虎與木龍沸騰。小則雨暴風飄，坎男共離女奔逸。此之謂也。「陰陽相推，而變化順」者，此言陰陽有離合之妙，水火有既濟之方，採藥依時，運符合刻，自然陰陽相推而變化順。是得形神俱妙，與道合真也。

頌曰：自然道靜物生全，陰錯陽差便屬偏。會得陰陽顛倒用，回童返老壽齊天。

是故聖人知自然之道不可違，因而制之。至靜之道，律曆所不能契。爰有奇器，是生萬象、八卦、甲子。神機鬼藏，陰陽相勝之術，昭昭乎進乎象矣。

「是故」者，乃轉語之辭。於此故總結陰符經三篇內旨之意。「聖人」者，有道德之尊稱也。「知自然之道不可違」者，此言我既知大道是自然之理，則當守我自然之道不可違，而豈別求於他也？「因而制之」者，此謂我身之神氣如龍虎之難調習，必須因時運轉，逆回土釜而制伏之。學人能領悟此意，可以鍊還丹矣。「至靜之道，律曆所不能契」者，此言工夫鍊化之後，自然真空朗徹，如萬里無雲之狀。當此時，形忘物忘，性靜杳無名象，難描難寫，豈律曆所能契耶？「爰有奇器」者，此謂三寶混合，養成靈丹，貫石透金，變化自在，是爲無名之器，豈非奇器者乎？大修行人有此奇器，運用大化如指掌，是生萬象、八卦、甲子矣。「神機鬼藏，陰陽相勝之術，昭昭乎進乎象」者，此言神機剛烈，鬼自伏藏，陰盡陽純，脱胎神化。自此移神，上居泥丸之宮，正要脚踏實地，子細保養。迸破天門，陽神欲出，勿可輕縱。直待存惜如孩童，力健能走，然後可以出神。故曰陰陽有相勝之術。内功已就，外行圓成，自然感帝君飛詔來徵，則身乘雲軿，鶴駕霞光，繚繞天香馥鬱，上升玉京金闕，隨其功行而與仙官，豈不是昭昭乎進乎象矣？如軒轅黄帝於巴山，與後宫及群臣七十二人乘龍而飛昇。又如舜帝於蒼梧何侯之家，五老捧詔而飛昇。又如漢之天師張道陵，晉之許旌陽、葛仙翁，皆同妻子白日飛昇，爲金闕之臣。神仙之學，誠有驗也。古今得道者奚止萬千之數焉？學者不可以神仙爲荒唐而生退心，大要信得，及更求明師口授，勤行修鍊，無二爾心，自有天仙保舉，必登仙翁之品，不虚言也。

頌曰：胎仙養就脱陰符，朝拜高尊入玉虚。進象昭昭神變化，鸞翔鳳翥駕雲車。

黃帝陰符經測疏〔一〕

淮海潛虛陸西星測疏

序

陰符經者，軒轅氏之書也。昔者軒轅氏得道於廣成子，作陰符、龍虎二經，所謂性命之宗，三元之道，則論之備矣。老氏祖之而言道德，伯陽擬之而作參同，言言一旨，等趣不殊，誠入道之津梁，登真之梯筏也。

蓋嘗論之，道一而已，生天生地，生人生物，同一道之所爲。其以可知可見者而言，則天地人物皆形而下者也。形而下者謂之器，故天地人物會有變滅而不能久。以其不可知

〔一〕此書著録見於千頃堂書目。作者陸西星（一五二〇——一六〇六），字長庚，別號有潛虛子等，揚州人。科場失意，棄儒入道，爲嘉靖間内丹大家，被尊爲東派祖師。生平見於嘉慶重修揚州府志。柳存仁有英文陸西星傳。明史著録其作品八種，著名者有南華真經副墨。孫楷第等學者認爲陸西星是封神演義的作者。本文在明史著録爲陰符經測疏。本書文字取自民國初年鄭觀應等人捐印的方壺外史。

不可見者而言，則所以爲天地人物之根者，又皆不受變滅，超然獨存者也。聖人知其如此，故嘗修之以善其身，能使形神俱妙，而與道爲之合真焉。故曰：性以道全，命以術延。此聖修之能事，而性命之極致也。道則道也，而以術言者，何也？曰：術者，道法之巧者也。此經曰：「性有巧拙，可以伏藏。」又曰：「其盜機也，天下莫能知，莫能見。」又曰：「陰陽相勝之術，昭昭乎進於象矣。」蓋言術也，夫人物之生也，既落於後天，則不能以無身；既囿於氣數，則不能無生死。若乃等身世爲飄瓦，幻死生如夢蝶，此乃得道者之言，而非體道之事也。故莊、列之談，識者擬之空中之樓閣，使人可望而不可攀。老子曰：「九層之臺，起於累土。千里之行，始於足下。」古之君子真造而實詣，下學而上達。欲以延命却期，非術不能也。易〔一〕曰一陰一陽之謂道，百姓日用而不知。不知者，謂不知其術也。若乃識互藏之精，審合發之信，得盜機之巧，明相勝之理，則其於術也幾乎！故曰「君子得之固躬」，有以也。

星也寡昧，於道罔聞。獨以因緣遭際，得蒙聖師提挈，指以性命根宗，三元機要。一旦茅塞頓開，豁無疑滯，乃取黄老之書竊而讀之，反覆紬繹，質以師授之言，參互考訂，似有迎

〔一〕「易」，原誤作「翼」。

刃而解者。乃知庖丁之目無全牛，其肯綮者得而批導者，熟也。星於暗昧之中略具隻眼，不敢自私，妄意述之篇章，垂之竹帛，破諸説之支離，作一經之斷案。有志之士得吾書而讀之，性命之宗或其有悟，而吾聖師垂教萬世之意亦庶幾其不孤矣乎？若夫道聽而塗説之，則星之棄於德也久矣。

時隆慶元年歲次丁卯春三月望後二日，淮海潛虛子陸西星長庚書於安宜舟中。

上篇

觀天之道，執天之行，盡矣。天有五賊，見之者昌。五賊在心，施行於天。宇宙在乎手，萬化生乎身。天性，人也。人心，機也。立天之道，以定人也。天發殺機，移星易宿。地發殺機，龍蛇起陸。人發殺機，天地反覆。天人合發，萬化定基。性有巧拙，可以伏藏。九竅之邪，在乎三要，可以動靜。火生於木，禍發必剋。姦生於國，時動必潰。知之修鍊，謂之聖人。

一陰一陽者，天之道也。一動一静者，天之行也。人能觀天之道，執天之行，則道自我出，命自我立，而聖修之能事畢矣。夫道生天地，天地生萬物。而萬物之中，惟人也得陰陽五行之秀而最靈。五行之氣交勝互盜，而萬物之生殺莫不由之，是天之五賊也。

是五賊也，順之則人，逆之則仙。人患不能見之，能見之，斯能轉而用之矣。苟能洞曉陰陽，深達造化，實見其理之如是也。逆轉殺機，以善其身。舉水以滅火，以金而伐木。其心之施行，與天道天行無不吻合，則鉛汞同爐，三五歸一，自然懷胎結嬰，而宇宙在乎手，萬化生乎身矣。所謂「見之者昌」，意蓋如此。是知「天性，人也。人心，機也。立天之道，以定人也」。何謂「天性人也」？人受天地之中以生，負陰而抱陽，沖氣以爲和，人之性即天之性也。性本無生，乘氣機以有生。人心之機即氣機也，故曰「人心，機也」。知此機之在人心，與天地相爲流通，則可觀天之道，執天之行，竊其機而逆用之矣。然是機也，生殺互藏，禍福倚伏，如下篇所謂「生者死之根，死者生之根。恩生於害，害生於恩」。機之用可易言哉？故天發殺機則移星易宿矣，地發殺機則龍蛇起陸矣，人發殺機則天地爲之返覆矣。殺機即生機也，以其生死互根，故反言而曰殺。「移星易宿」，言氣序之遷也。「龍蛇起陸」，言氣機之動也。此五賊擅之以盜物者也。「天地返覆」，言陰陽之交泰也。此吾人轉之以修身者也。此天地人之至玄至妙者。吾得而施行之，則天人合發，而萬化之基定矣。所謂顛倒陰陽，旋斡造化，劈鴻濛而再造，超形器以獨運者，則非天下之至神至聖，至巧至妙者，孰能與於此哉？故「性有巧拙，可以伏藏」。九竅之邪，在乎三要，可以動靜」。何謂「性有巧拙，可以伏藏」？

聖神之所謂道者，非於百姓日用之外别有所加也，特巧耳。是故識互藏之精，知動靜之妙，竅合發之機，逆而用之，以伏藏於一身之中。人之一身凡有九竅，而九竅之三要，又伏藏之關鍵也。三要者，耳目口三寶也。是三者，人皆知動而不知靜，故常失之於動，而有邪婬之害。聖人則知其可以動靜也，而常守之以靜。務使神氣相守，抱一無離，如此則伏藏之巧可施，而五賊之在心者各得其制，而不婬溺於九竅之邪矣。苟爲不然，則物誘於外，情熾於中，九竅之邪一時交作，是猶火生於木，而禍發必剋，姦生於國，而時動必潰也。雖有伏藏之巧，將安所施哉？然則知之而能修鍊者，非聖人，吾誰與歸？

中篇

天生天殺，道之理也。天地，萬物之盜。萬物，人之盜。人，萬物之盜。三盜既宜，三才既安。故曰：食其時，百骸理。動其機，萬化安。人知其神之神，不知不神之所以神。日月有數，大小有定。聖功生焉，神明出焉。其盜機也，天下莫能見，莫能知。君子得之固躬，小人得之輕命。

上篇言觀天之道，執天之行。此篇遂言天道太始太素之先，渾淪一炁而已，是謂無極之真，無名之始。聖人不得已，而名之曰道，無所謂生與殺也。及夫具而爲太極，分而爲陰陽，變合而爲水火木金土，於是生剋嗣續，循環無窮。而物生其間，莫不順其生殺之氣，以長養休息。是天生天殺，乃道之理也。理謂條理，渾淪之分也。故「天地，萬物之盜。萬物，人之盜。人，萬物之盜」。何以故？天以陰陽五行化生萬物，而一舒一慘，萬物莫不由之以生死焉，故曰「天地，萬物之盜」。萬物之於人也，絢之以五色，和之以五音，滋之以五味。吾人不知其爲吾之盜也，往往背覺合塵，貪著其事，用以竅鑿太朴，迷失真宗，而大命隨之，老氏所謂「五音令人耳聾，五色令人目盲，五味令人口爽」，釋氏所謂愛欲者輪迴之本，生死莫不由焉，故曰「萬物，人之盜」。人知萬物之能盜人，而不知人亦能盜萬物，顧所以轉而用之者。何如？如賢者則時食以養生，至人則資炁而育氣，皆盜萬物之類也。是三盜者，非有心以相戕相賊也，一順其自然而已。其生也無恩，天地之委和也。其死也無怨，天地之委蜕也。是三盜亦既安，而三才亦既宜矣。故曰「食其時，百骸理。動其機，萬化安」。時謂萬物生熟之時，機謂陰陽生殺之機。言三才之相盜也，其相安相宜蓋如此，故人知其神之神，而不知不神之所以神。「不神之所以神」者，謂如三才之相盜也，皆夫人耳目聞見之所習焉，而不以爲神者。「不知其事則顯，其機則微，謂之曰盜」，則其潛消默奪之妙，夫固有不見其朕，莫知其然者矣。是乃所以爲神也。故夫日月有數，人所知也；大小有定，人所見也。而「聖功生焉，神明出焉。其盜機也，天下莫能知，莫能見焉」，此不神之所以神也。「日月有數」，言交會之有期也。「大小有定」，言陰陽之有類也。天地間可知可見者，惟此而已。而神聖之功，神明之化，皆由此出。蓋亦不過一機之相盜焉耳。然而其盜機也，天下莫不知，而天下莫能知。天下莫不見，而天下莫能見。何耶？神聖之事，百姓日用而不知也，其惟體道之君子乎！君子者，得是機而用之，則能盜物而不盜於物矣。深根固柢之道也，長生久視之術也，故曰「得之固躬」。小人無德，則雖得是機，適以滋荒長亂而已。言妄作招凶，命寶輕弄也，故曰「得之輕命」。「盜機」二字乃陰符一經之骨髓，其妙用則不外乎明日月之數，識陰陽之類而已。所謂「觀天之道，執天之行，盡矣」，噫嘻，可易言哉？

下　篇

瞽者善聽，聾者善視。絶利一源，用師十倍。三返晝夜，用師萬倍。心生於物，死於物，機在目。天之無恩，而大恩生。迅雷烈風，莫不蠢然。至樂性餘，至靜性廉。天之至私，用之至公。禽之制在氣。生者，死之根。死者，生之根。恩生於害，害生於恩。愚人以天地文理聖，我以時物文理哲。人以愚虞聖，我以不愚聖。人以奇其聖，我以不奇其聖。沉水入火，自取滅亡。自然之道靜，故天地萬物生。天地之道浸，故陰陽勝。陰陽相推，而變化順矣。是故聖人知自然之道不可違，因而制之。至靜之道，律曆所不能契。爰有奇器，是生萬象。八卦甲子，神機鬼藏。陰陽相勝之術，昭昭乎進於象矣。

用志不分，乃凝於神。瞽者善聽，聾者善視，志不分而神且凝也。今之足以奪吾志者，獨唯利耳。不知貪利之源，生於有我。人惟執有我相，則凡可以適己自便，而利其身圖者，無不爲矣。此喪志之大者。苟能絶去好利之一源，則不見有我，而己私克矣。用師之功，將不十倍於昔乎？一晝一夜之間，而能三自返焉，則功愈密矣。用師之功，將不萬倍於昔乎？所以然者，鍊己持心，學道之首務也。其心本無生，觸境而生。苟或不能忘健羡，去貪著，無見於道，而惟見於物焉，則心有所住，而太虚之體反爲物所凝滯而死矣。故曰「心生於物，死於物」。然而心之生死雖繫於物，而其所以生，所以死，其機又在於目也。蓋人心之神常遊於目，凡所以遇物而生情者，皆目爲之牖也。故老子曰：「不見可欲，使心不亂。」學道之人晝夜三返，而又知關鍵於目，則庶乎内者不出，外者不入，而可凝於神矣。「天之無恩而大恩生」，何以故？恩者，有心結人之謂。天無心也，迅雷烈風，莫不蠢然，何恩之有？而天下之言大恩者歸焉。故夫無心於恩，而恩自歸之，此天之所以爲大也。學道之人亦如是焉，則心無所住，而可以無生死於物之患矣。故至樂者性之餘者也，至靜者性之廉者也。何以故？心不逐物，則無求自足，而性常有餘，故樂；心不逐物，則不愛不求，而性常廉，故靜。既樂且靜，則吾心之天定，而可以與無恩者等矣。「天之至私，用之至公」，何以故？天之無恩而大恩生，大恩若私也，無恩實公也。故曰：「天地之常，以其心普萬物而無心。」夫其心普萬物也，若物物而仁之也。然實非物物而仁之也，一氣以爲之胚腪焉耳，故曰「用之至公」。彼其一元之氣，震蕩無垠，而凡夭喬蠕動，胎卵濕化，萬有不齊之物，莫不賴是以生畜長養。觀於「禽之制在氣」，斯可見矣。是天之私而公也。何謂「禽之制在氣」？制，猶伏也。禽鳥得氣之先，當其生畜長養之時，雄則守之，雌則翼之，常使温燠之氣緜緜不絶，然後時至氣化而㲉生焉。專氣之妙，有如此者。故觀諸物理，而吾人胎息之法因可類推。胎息經云：「胎從伏氣中結，氣從有胎中息。」老子曰：「載營魄抱一，能無離乎？專氣至柔，如嬰兒乎？」使其不知伏藏之法，關鍵之要，而日以其心生死於萬物之中，則神氣不能以相守，欲望成道，不亦遠乎？「生者死之根，死者生之根。恩生於害，害生於恩」，何以故？凡世之所言生死恩害者，皆判然相反而不相連，乃世締〔一〕也。以道言之，生死互根，恩害互藏，在乎知者轉而用之。心生於物者徇象，因之以喪心；情迷於境者貪著，乃生夫三毒。是「生者死之根」也，人道也。若也心若寒灰，而渾消於煨燼；念如泥絮，而永絶於飛揚，則心死而神活矣。是「死者生之根」也，仙道也。今人但知恩之爲恩，而不知生於害者爲至恩；但知害之爲害，而不知生於恩者爲至害。是故驕婬縱欲，則樂極以哀生；逆轉殺機，則蓮生於火焰。老子所謂「禍兮福所倚，福兮禍所伏。正復爲奇，善復爲妖。民之迷，日固久矣」。彼氓蚩蚩，烏足以識此哉！故「愚人以天地文理聖，我以時物文理哲」，何以故？愚人不能洞曉陰陽，深達造化，獨以天地文理自矜自聖，而不知天地文理皆象形之糟粕。以是爲道，非所喻也。「以時物文理」者，識互藏之精也，明合發之信也，知不神之神也，得盜機之巧也，觀天之道而執天之行也，是哲人之事也。然雖不敢以聖自居，而聰明睿智，非天下之至聖，誠不足以語此。且天地文理，皆象形之糟粕。苟求其故，愚者可知也。而人以爲聖，是以愚虞聖矣。虞之言，度也。若夫時物文理，則舉世不能殫其學，非聖哲不能也。故我以不愚聖焉。聖固不愚也，無乃奇乎！故人以奇其聖，而不知其不奇也。

〔一〕「締」，疑作「諦」或「緣」。

故我以不奇其聖焉。蓋凡謂之奇者，必有其巧絶過人之事。而聖人之所謂道者，非於百姓日用之外別有所加也，不過識互藏之精，盜其機而逆用之耳。何奇之有？且夫百姓日用之事，喻如水火，而沉水入火自取滅亡者，比比皆是也。此人道也。若也於世締水火之中，而超然遠覽，悠然獨得者，仙道也，長生久視之術也。是道也，夫豈有所矯揉造作而爲之哉？一自然而已矣。以自然之道言之，靜故天地萬物生，學道而能知夫靜，則於萬物並作之時，而有以觀其復矣；浸故陰陽勝，學道而能知夫浸，則於一陽初動之微，而有以得其信矣。浸者，漸漬不驟之意。易曰：「臨，剛浸而長。」夫陰之勝陽，與陽之勝陰，皆自漸進。故知道者，於其漸焉圖之。是故陰陽相推而變化順，皆自然之道也。聖人知自然之道之不可違也，因而制之。制，亦伏藏之意。制之者，觀天之道，執天之行，盜機逆用，以修其身也。若夫「至靜之道，則律曆有所不能契」，何以故？至靜之道，無爲之道也。知自然之道之不可違，因而制之，則有爲之法也，陰陽相勝之術也。無爲則性之宗也，有爲則命之竅也。無爲則先天也，無極也，玆時也。方體不落，名相兩忘。故至靜之道，律曆有所不能契。邵子曰「思慮未起，鬼神莫知」，意蓋如此。有爲則後天也，太極立而陰陽判矣。是故命由此立，法由此出，皆形而下者也。形而下者謂之器，是故聖人因而制之。「爰有奇器，是生萬象。八卦甲子，神機鬼藏」，夫曰萬象，則靈蠢聖凡皆從此器而生；曰八卦，則乾坤離坎皆因此器而名；曰甲子，則亥子晦朔，此器有合符之時；神機鬼藏，則恍惚窈冥，此器有變化之妙。如是，則律曆可契，而伏藏之巧可施矣。聖人言之至此，大段分明。末復繼之以辭曰「陰陽相勝之術，昭昭乎進於象矣」，言吾之所謂術者非他也，乃陰陽相勝之術也。道不外乎陰陽，故術亦不外乎陰陽之相勝。以是知道即術也，術即道也，但有有爲無爲之分，先天後天之辨耳。然而無爲固妙，有作爲基。聖人以術示人，以象進人，可謂體物不遺，上下兼盡矣。奈之何百姓日用而不知？猶執是器而問人曰：「斯器也，何器也？」噫！不知器，焉知道乎？昧也久矣。

後序

陰符經，世本有三皇玉訣，乃今翰林江浦石公淮所序者。首言蚩尤大鳥，荒唐無稽。妄擬於天真皇人，而石公信之。所分上篇神仙抱一之道，中篇富國安民之旨，下篇强兵戰勝之術，固已支離破碎，大失經旨。而兵家者流，又竊其八卦甲子、神機鬼藏之説，以爲兵機，不根甚矣。陰符經固古之丹經也。

至有宋，文公先生以豪傑之才，天人之學，亦嘗深味乎其言。而觀其所述，似亦未能究其精微之蘊者。彼其盤桓武夷，與紫清仙翁特相友善，而談不及此。豈其大道之要，雖賢達如文公，抑亦有未易聞者耶？至其感興之詩，將欲脱屣以從神仙，而復有偷生逆理之恐，公於是乎大有不慊於其心者矣。夫天道天行，非天理耶？經言「觀天之道，執天之行」，而公顧謂之逆天。以是知公之意，或有所指。而紫清之於是經，信於公未嘗有一言之及也。且夫乾坤槖籥，離坎構精，造化以之而生物，吾人以之而作丹，其理一也。得其一，故宇宙在乎手，而萬化生乎身。其言盜機逆用，非偷生逆理之謂也。逆理則獲罪於天矣。有獲罪於天而可以長生久視者乎？或謂有生有死，天道之常。而神仙者流，欲以長生獨存，公之感蓋有以也。審若兹，則公之言天乃氣數，非理道也。且夫天地人物，凡囿於氣數之中者，終有變滅而不能久。苟無道以主之，則逝者如斯，而淪澌以盡矣。易曰「先天而天弗違」。古之至人所以提挈陰陽，綱紀造化，超然形氣之外，而不爲二五之所陶鑄者，非與道合真故耶？經曰「君子得之固躬」，其言得者，得於道也；得於道，天且弗之違矣，何逆之有耶？

予既讀是經，而觀公之所注，慨然深歎夫知言之難。意謂賢如文公，尚不能無疑貳於其説，而篤學如江浦，則又信非所信，而真贋爲之不分。則是經之在萬世，其將何時而明耶？星才非穎脱，光借隙窺，非敢自附於知言之列，而作者之意或有以得其萬乙。然後竊取是書，僭而疏之。凡我好道之倫，與星同志者，苟能玩索而有得焉，則星也就正之意不孤，而承教有日矣！

是歲七月望後五日，潛虚子序。

黄帝陰符經闡秘〔一〕

浙杭武林益元道人陳楚良著

上篇

觀天之道，執天之行，盡矣。

此篇爲上百言，演道也。易曰：「乾爲天爲首。」故知天者，衆人所共戴也。首者，人所各有，而爲一身獨戴之天也。天有自然至静之道，在人之首。人能定止其心目，而静觀之云云，久久不懈，則天人合同而化，人之壽命可與天俱長而無限量矣。天有至誠無息之行，在人之身。人惟不遷其心志，而堅執之云云，久久不已，則天人混融爲一，人之氣脉可與天同運而無消歇矣。觀天道者識定止，執天行者務健毅。陰符經三篇

〔一〕作者陳楚良，號益元道人，杭縣人。明代醫生，生卒年不詳。著作有武林陳氏家傳仙方佛法靈壽丹方，自序作於萬曆十六年。本書文字據北京大學藏本。

大旨，祇在二句中盡之矣。

天有五賊，見之者昌。五賊在身，施行於天。宇宙在乎手，萬化生乎身。

觀天之道者，當何如哉？必求五賊之難見者見之耳。見之即當擒獲之，駕馭之，使不復爲賊，而盜吾身之寶。吾反盜其所盜者，以益吾身之寶。是見非徒見也，而見之者昌也。要之，五賊原不在天也，天亦未嘗有此五賊也，祇在吾之一身耳。吾施心目之力以求之，使無所逃。賊必不能隱居於身，而乃上行，以登於天矣。天乃吾身固有而獨戴者也。賊既登天，勢不得下，即當從天以求之。於是明我都天之一目，以窺其齊日角之命輪。賊入輪中，理無可出，又無可遁，不得已而化成五光，爍爍然行於天，而圓陀陀見於前矣。其光垂芒射，及乎下田。下一之神，厭處污暗，性好樓居，乘此光芒之接引，而奔入中田。中一之神，亦好樓居，遂偕下一，以奔上田。上一之神，乃與中一下一之神，共樓而居，同鼎而食，各治其所當治者。上一之神即天帝也，升居端拱於尊高無極之鄉，乃委中一之神兼攝己政，以統在上之三寶，而關鍵其五光。是上一之神無所爲，得中一之神兼統，而安其所也。此謂以五賊之在身者，施行於天也。自心及膻中，以至兩手，中一之所治也。膻中爲臣使之官，喜樂出焉。觀天道者，不自知其手之舞之者，謂手有六合之宇，往來之宙在也。中一之神安其職也。身至兩足，下一之所治也。觀天道者，身不期潤而自潤，足不知所以蹈而自蹈者，謂其身有萬化生之也。下一之神安其職也。此所謂「觀天之道」也。

天性，人也。人心，機也。立天之道，以定人也。

執天之行者，當何如哉？人生而靜，天之性也。天性至仁，而能生物，故以物之能生者比之，當如果核中所含之人〔一〕同也。核埋於地，人自發生，久之成樹，漸由拱把，以至干霄。不加戕賊，壽可量乎？故學道者，不可不靜養其天性也。物感而動，人之心也。人心至忍，而能殺物，故以物之專殺者比之，當與弩弓中所藏之機同也。機藏於弩，觸之斯發。矢之所及，物無不傷，爲害如此。人心叵測，殆尤甚焉。故學道者，不可不務死其人心也。

天之形雖包於地之外，天之氣常行於地之中。人在氣中，如魚在水中，皮膚外即天也。天之理具於心，而其氣周乎身，眉目間即天之道也。道，猶路也。聖人立此格天之路，卓然在兹，使衆由之，所以定人志向，必止於斯。當堅執之，而不可遷也，勿更想他處也。此所謂「執天之行」也。

〔一〕「人」，疑作「仁」。

天發殺機，移星易宿。地發殺機，龍蛇起陸。人發殺機，天地反復。天人合發，萬化定基。

此承上節「人心，機也」而申言之，謂夫事之因感而發，物之待觸而動者，謂之機。不獨人心有機也，在天地亦自有機矣。天地以生物爲心者，宜乎無所用其殺也。殊不知殺所當殺者，而當生者始得遂其生也。故曰：「隕霜不殺，物之灾也。」時乎冬至，一陽生而天寒，斗柄指虚宿。是星宿移易，而天發殺機也。此時草木畏寒，而當殺者殺矣。時乎驚蟄，四陽生而地暖，雷始發聲。是龍蛇起陸，而地發殺機也。此時百蟲盡出，而當殺者殺矣。惟人獨不然也，誠爲天地間之至靈至貴，而超出於物者，所以能萬化生身，而宇宙在手也。故其心目之殺機一發，即能旋乾轉坤，易否爲泰，而天地反復矣。夫機由人發者，尚能反復天地如此，人能以心契天，而天人合發其機也，則其功化之神聖，又何可勝言乎哉？天人合發之妙，上古聖神緘口而不易談者，誠萬劫難聞之秘也。愚豈敢直言以盡泄耶？姑論其理耳。

據玉皇心印經云，「聖日聖月，照耀金庭」。驪山姥云：「命輪齊乎日角。」聖日者，手足太陽之脉也，在六氣屬寒水脉。又有受太陽之照映而爲明者四，名曰手足陽明，在六氣屬燥金。四金聚入命輪，故指命輪之中爲金庭也。太陽陽明共八脉，聚居命輪之中。而夾八脉之傍者，有兩目在焉。目屬離卦，離爲日爲目，干納六己於六爻，故又指命輪中爲離己之位也。夫燥金可磨爲鏡者，裏暗而表明；寒水鑒形如鏡者，內明而外暗。斯二者得離火照映之，而光入其中。雖黑夜虛室，能生白矣。人發殺機，獨見獨知，而他人莫能見莫能知者，實本於此。夫機發則符見，符雖無文，而冥中有靈，能默召坎宮六戊之神，流入命輪，以就己而受符火之照映，聖月於是乎生矣。聖日在人，聖月在天，此謂天人合發其機也。人日天月，合而爲明，是曰神明。神明臨吾之前，則五符八禄亦聚吾之前。吾得採取而吞之，此謂食其時也，百骸能自理矣。百骸既理，則吾身爲萬化之基本者，有不定且安哉？何謂萬化？經云「故天地萬物生」，又云「是生萬象」。夫物必有象，象必有物。物而不化，是外物也，非身內物也。惟其能化，故能生身。有功斯有化，積功漸久，其化漸多，不啻百千而已也，故曰「萬化」。

性有巧拙，可以伏藏。九竅之邪，在乎三要，可以動靜。

此因「天性，人也。人心，機也」而申言之。欲人人靜養其天性而務死其人心也，謂夫人之稟氣清者，其性巧；稟氣濁者，其性拙。學道者不必論其性之巧拙也，皆可伏藏其情以靜性，不可縱恣其性以任情也。

人之精氣神，俱從九竅邪妄中漏泄去了，故身不久存也。欲延生者，必當禁絕九竅之邪妄，使得其正焉。其道在乎耳目口三要路處用功耳。以愚而守，以默而待，使正氣漸充，而邪妄自絶。如此則動亦可也，靜亦可也。自然之動，動亦靜也。天道不離乎身矣。又有以鼻口爲三要者。鼻二竅通天氣，口一竅通地氣，亦通，功效同也。

火生於木，禍發必剋。姦生於國，時動必潰。知之修之，謂之聖人。

人心腎中之元氣爲君火，生於肝之乙木。三焦命門中之元氣爲相火，生於膽之甲木。火木之精，皆聚於目。人運火符，亦賴於目。木燥火炎，則木被火焚，而火之禍發矣。禍及於目，則目必受剋而喪明矣。人當預以華池神水防之。惜乎，人未能先知也！聖人作易，以離火之文明者比聖哲，以坎水之污濁者比姦賊。水泉之生於山谷，與姦賊之生於人國同也。水泉出谷之始，其流尚細。姦賊入國之初，其黨未多。是其時未能動也。及水積而盈科，姦聚而滿朝，是其時勢盛大而能動矣，孰能制御之哉？水將洶湧泛濫，必至土崩而山谷潰矣。姦賊肆志妄爲，必至民散而人國潰矣。惜乎，人未能先知也！苟能先知其禍，而早識其時，預自修習，以防其發動，而免於剋潰焉。斯人也，不得謂爲入火沉水之愚人也，誠可謂爲觀天道、執天行之聖人矣。

中篇

天生天殺，道之理也。

此篇爲中百言，演法也。先言其道理之自然者。云時乎春夏，萬物生焉，天生之也。時乎秋冬，萬物殺焉，天殺之也。惟人爲物之靈者，必生而幼，幼而少，少而壯，壯而老，老而死，與天地間之萬物同其生殺焉。此誠天道自然之理也，人皆順之而已矣。抑孰知至人有法，能逆盜天地萬物，以自生其身乎？

天地，萬物之盜。萬物，人之盜。人，萬物之盜。三盜既宜，三才既安。

天地以寒暑燥濕而盜萬物，萬物以聲色氣味而盜人，人以耳目鼻口而盜萬物。夫天地萬物，皆無心之盜也。惟人爲有心者，自當守其一以處其和，用物取精，毋太過焉。此謂三盜宜而三才安，天地位而萬物育矣。

此節承上篇知修之聖人，而申言其能盡人物之性，可以贊化育而參天地也如此。

故曰：食其時，百骸理。動其機，萬化安。

黄帝演法之秘奥，自此一節始，特加「故曰」二字以起之，云：「我聞廣成子之言曰：我守其一以處其和，故千二百歲而形未嘗衰。」夫廣成子，至人也，所以有法，能默識其時而採食之，故百骸能自理也；先知其機而發動之，故萬化能自安也。是有法能盜天地萬物，以自生其身者，所以有壯盛而無老衰，不與兩間之萬物同生殺也。此節之大意如此，愚願再詳言之。

何謂時？凡陰陽二氣之運行，有逆必有順，有消必有長，有盈必有虛，有升必有降，有往必有來，是之謂時。即九天玄女透天門之法，亦以時也。一日十二時，惟八時有禄有符，四時爲庫，以藏八禄。人禀其符，而禄可干也。賊竊其符，而禄可盜也。故天之賊星，常隨禄符之後而不離者，其心常欲竊符，以盜四庫中之禄也。時乃有炁無形，而流行於天地間者，人何以能食之耶？即山姥所稱貫丹符於杖端，而令吞之者是也。候其符見，即知其時至矣。時至而符見，吾即採取其符而吞之。符之吞，即時之食也。吞符入命門。命屬乾與庚，陽金也。理能下生左腎之癸水，癸生膽之甲木，甲生心之丁火，丁生胃之戊土，戊生肺之辛金，辛生膀胱之壬水，壬生肝之乙木，乙生小腸之丙火，丙生脾之己土，己生大腸之庚金，庚生右腎之癸水，癸合胃之戊土，而化成三焦，命門之相火矣。命門主榮血，以華其肌肉。三焦司衛氣，以温其體膚。故其陽氣常有餘，性最猛悍，迅疾如龍如雷。故其火之發也，非水所能勝者。俄頃間周流身首四肢三十七經脉，諸絡之隧道無不盡到焉，遇邪則逐之，遇虛則補之；有寒則温之；有風，有濕，有熱能發爲汗以散之；有痰涎，有停飲，能導之下行而出於小便；有積久之老痰在膈上者，能逐之而出於口鼻，在膈下者，從大便中出也。百骸能自理者如此。百骸既理，則其心目之神愈靈矣。故所伏藏之機，感之即發，觸之即動。每每天與人相合而發焉，功久化多，積百千而至萬萬，化生身而身自安矣。此篇所演之法，不神而所以神者，有如此夫！

人知其神之神，不知不神之所以神。

天下之人好高欲速，不肯循序漸進，而行遠自邇，升高自卑。但知聖人性巧心靈，一志於道，便能與道爲一，混融無間，知機得機，而爲神之神也。不知凡民性拙心蠢者，反能絶聖棄智，以靜制動，收召萬靈。始雖不神也，而終之所以神者，存乎其人焉。學道貴不厭，而德成於有恒也如此，衆人豈知之乎！

日月有數，大小有定。聖功生焉，神明出焉。

在天之日月，雖至高至遠而至神也，尚有數可算而預推，以得其薄蝕晦朔弦望之期矣。此謂人知其神之神也。日月在天，而爲明之大者。人目在首，而爲明之小者。天人不易之象，大小一定之理，孰不知其大而在天者能神，小而在人者宜不神也？及其用人目以運符，則蒙以養正而聖功生焉；用人目以動機，則天人合發而神明出焉。此謂不神之所以神者，而人豈能知乎？

其盜機也，天下莫能見，莫能知。君子得之固躬，小人得之輕命。

天地人物，任其自然相盜，故人物皆有死期。獨人爲至貴，而其心目至神至靈，預能密察造化之機，而勉力逆持其柄，暗竊陰陽之炁，擒五賊，吞五符，理百骸，安萬化，以自生其身焉。但此法爲甚秘也，惟至人能自見之，自知之，而天下莫能見，莫能知也。使君子而得此法焉，必能朝乾夕惕，戰兢自持，而固存其此身矣。小人不當得此法者，而幸得之，必輕弄命寶，信口直談，妄泄天秘，天必怒之，而死期速至，是自輕其命也。此法乃不神之所以神者，不可不擇人，而使其得也如此哉。

下篇

瞽者善聽，聾者善視。絶利一源，用師十倍。三返晝夜，用師萬倍。

此篇爲下百言，演術也。法之巧者謂之術，故其詞多藴奥，必性巧者能知之。驪山氏云：「顴骨貫於生門。」耳目鼻皆顴骨所貫者，俱可謂爲生門也。況其間之氣脉，彼此各相交通，彼損必此益，彼益必此損。故目之瞽者必善聽，損明以益聰也；耳之聾者必善視，損聰以益明也。抑孰知道之至精至極者，在杳冥昏默之中，而聰明無可用耶？苟知其術矣，雖瞽者亦善視，聾者亦善聽。聽視不以耳目，而以心也。人能棄絶聽視之利，而使耳目從心，以定於一，如水在源頭，而其流派未分者然；果能此術矣，必用力專而積功多，功當勝過於泛用衆力而無益者十倍矣。更能三要皆返，而晝夜精進，聾聽瞽視，塞兑閉息，無間斷焉；果能此術矣，必用力專而積功多，功當勝過於泛用衆力而無益者萬倍矣。用力不離乎己身，此謂君子之固躬也。此謂不神之所以神而進於神之神也。

又一説，甚泄天秘，所以洪陽公、虞䁐子皆不言也。晝觀聖月，而返晝欲如夜。夜觀聖日，而返夜欲如晝。「三」如「南容三復白圭」之「三」，循環反復不已也。不已其功，功故萬倍。躬行者自知之，勿泄。

心生於物，死於物，機在目。

目統心火之神，肝木之魂。是肝木能生心火，而魂爲神之母也。故目與物交，則魂逐於物，而神火生焉。是心生於物也。目不交物，則魂自歸肝。魂木不能生神火，而心死矣。心不自死也，而死於杳冥昏默中之一物焉。心死則神愈活矣。生死之機，不在心而在目，故目當内用以觀天，不當外用以觀物也。人之心不逐物，故無去來。因目與物交，遂有生死。若能轉移這個生死機關，神運氣隨，衹在當面前之靈犀一點，黍米一珠，視必可久，而生必可長矣。靈犀一點，上通於天；天人之合發者，此也。黍米一珠，包括萬類；萬化之定基者，此也。此誠萬劫難聞之秘也，惟聖者能知之修之。

天之無恩，而大恩生。迅雷烈風，莫不蠢然。

天之日月在天，人之三目在首。惟聖人能知首，爲吾人一身獨戴之天也，遂從而天之。天本無私恩也，而吾心自有事於天焉。觀其道而顧諟不他，執其行而自强不息，專且久焉。吾雖不望其有恩也，而恩之大者，自天生矣。九竅之邪，無所容而自却；三要之謹，極其靜而自動。此謂不神之所以神者。而徵驗之來也，如雷迅風烈，孰能測之禦之哉？夫迅雷烈風，皆天威也，而非恩也。凡植物之被其鼓撼者，莫不蠢蠢然滋長發榮焉爾矣，豈非無恩而大恩生乎？吾身之百骸理，萬化安，而不自知其由於心目致然者，其理亦猶是已。書經注云：「蠢然者，動而無知之貌。」

至樂性餘，至靜性廉。天之至私，用之至公。禽之制在氣。

此因上百言演道之篇有曰「天性，人也」，又曰「性有巧拙」，故復申言其性，而謂性之巧者不如拙也。拙者能伏藏其性，以守其無恩之天，既專且久。而天之大恩如威者生矣，使吾心中蠢然萌至樂焉。至樂在中，而不發於外，是能收斂其將發之情，而增益其未發之性也。性不其有餘乎？性既能有餘矣，必能培補其命之不足，而可使壽無疆矣。此不亦樂之至乎？

人生而靜，天之性也。衆欲不染，性之廉也。廉者，寡欲之謂也。人能常守至靜，雖至樂之大可欲者，亦不使其有焉。是自足於内，而無求於外也。性其廉矣哉！靜之至也。

人皆以天爲天，而吾獨以首爲天。人不知而吾自知也，私於己而未公於人也。天之非至私乎？及其用力於天也，止於觀其道而執其行，不望其有恩而大恩生。吾可知，而人亦可與知也。吾可能，而人亦可與能也。用之非至公乎？即老子所謂「無私能成其私」也。龍從火内出，虎向水中生。禽之最難制伏者，莫龍虎若也，術在靜三要之氣以制之耳。三要之氣靜，則禽必受制而亦靜矣。此謂不神之所以神者，而人未能知也。

生者，死之根。死者，生之根。恩生於害，害生於恩。

人情莫不好生惡死，避害趨恩。孰知生死互爲其根，而恩害自相生耶？如耳聽目視，鼻嗅口談，生者然也。人或縱欲無節，以逞生者之樂，久必病患交作，而死期至矣。生豈不爲死之根乎？無視無聽，不嗅不談，死者然也。人能寂寞無爲，以學死者之靜，久必骸理化安，而生可長矣。死豈不爲生之根乎？

人以得利爲恩，失利爲害。靜三要以絶利，似乎有害而無恩矣。孰知無恩而大恩自生，如雷迅風烈而物皆蠢然焉。非恩生於害乎？資衆利以取樂，似乎有恩而無害矣。莫謂無害而大害必生，如沉水入火者，而自取滅亡焉。非害生於恩乎？人能真知此術者，而學死以延生，求恩不避害，庶幾乎仙矣。

愚人以天地文理聖，我以時物文理哲。

此因中百言演法之篇有曰「君子得之固躬」申言之，以覺愚人，而使其學爲君子也。謂夫我見人之愚者，反不安於卑近，而專欲求望高遠，羨慕聖人。恒以明天文，察地理，而上律下襲焉者，爲聖人之能事而願學焉。是用心於外而遺其内，衒能於人而後其身。故欲聖而反愚，求神而反不神也。我則不如是矣。不敢望爲參天地之聖人也，但願爲一能保身之哲人焉。用功不離乎身中，以愚而守其時至符見耳，以默而待其符見物生耳。符雖無文，而文在符中，可吞也。物必有理，而理具物中，能化也。功久化多，積百千而至萬萬。化生身而身存，是我獨能以時物之文理固其躬矣。我豈不得謂爲能保身之哲人乎？黄帝之自謙者如此，及其道成，而騎龍升天，形神永存，誠可謂爲壽敝天地之至人矣，奚啻一哲人而已哉！

人以愚虞聖，我以不愚虞聖。人以奇其聖，我以不奇聖。沉水入火，自取滅亡。

此因中百言演法之篇有曰「人知其神之神，不知不神之所以神」而申言之，謂夫至道無爲無不爲者也。雖聖人修道，亦必以有爲始，而人不能見也。人不能見，必以意虞度其聖者，曰：道必先有知，而後能有爲也。今不見其能有爲矣，斯人得非愚而無知者歟？不敢謂其爲聖矣。衆人不知不神之所以神者，宜乎其以愚虞聖也。我則能知其神之神者，豈敢以愚虞聖哉？不必虞，而能自信其聖之不愚矣。

聖人成道，必以無爲爲終，而人始知也。人既能知，必以詞稱美其聖者。曰：道必先有爲，而後能無爲也。今既知其能無爲矣，斯人得非奇而非常者歟？當益信其爲聖矣。衆人但知其神之神者，宜乎其以奇稱聖也。我則能知不神之所以神者，豈敢以奇稱聖哉？不稱奇，而先自知其聖之非奇矣。

人既以無爲爲愚以虞聖，復以無爲爲奇以美聖，足知衆人之見道不真，而通道不篤也。故其爲道也，非墮頑空，則落妄想矣。是虛費精神，日趨鬼道而無益也。不猶沉水入火者，滅亡由於自取耶？水火本日用養人之物，苟用之不當，反能殺人。如此，小人學道而輕命者，亦猶是歟？

自然之道靜，故天地萬物生。天地之道浸，故陰陽勝。陰陽相推，而變化順矣。

經文上篇首言「觀天之道」以始之，至此申言天道之體用，以起下文而終之也。謂夫天道之自然者，無聲可聞，無臭可嗅，惟有光可觀，而以靜爲之體也。天下之理，凡主靜者，必生動；立體者，必發用。動用皆出於自然，故天地萬物，亦皆在於吾道自然中生矣。道光上徹而生天，下徹而生地。地天交泰於其中，而生萬物。萬物成萬化，而萬化生吾身也。豈有一毫勉强乎哉？

天地覆載之道，靜而有常。自開闢以來，陰陽之消長乎其間者，皆徐徐然有漸而無驟，如以水浸物焉。浸其物之乾極而堅實者，必須若棄若忘，積日深久，乃能表裏透徹而皆潤。此誠可比天地之以道浸陰陽也。故陰陽之受其道之浸者，必自微而少，自少而壯，自壯而老，至老而變，變復爲少壯，而更相勝焉。有勝必有負，負者必推勝者以自代，而變化因之矣。如物當陰變而生者，必賴陽化以成之；陽變而生者，必賴陰化以成之，而彼此皆相順也。豈有一毫悖戾乎哉？此天地自然至靜之道，人不能知，惟聖人能知之也。

聖人知自然之道不可違，因而制之。至靜之道，律曆所不能契。爰有奇器，是生萬象，八卦甲子，神機鬼藏。陰陽相勝之術，昭昭乎進乎象矣。

此承上節「自然之道靜」而申言之。謂夫經文上百言演道之篇有云「知之修之，謂之聖人」，我故謂惟此知修之聖人，能知天道之自然者。具體於人心，懸象於人目，而與生俱生。故知人之心目，必不可違自然之道，而離其體象於須臾也。聖人因而用術以制之，使無可違。術在靜其三要，制目制心。心目受制，則道亦受制，而其體象不離心目矣，違可得乎？上節既云「自然之道靜」，故知自然之道即至靜之道也。人心不易靜，術在靜其三要以靜之。三要之氣息愈靜，則百骸之氣脉愈動，往來疾速，頃刻周天，如迅雷烈風之忽至，而莫能測莫能禦焉。豈伶倫、容成之律曆所能契哉？何也？伶倫葭灰之琯，一月一應，候也；容成璇璣之衡，三五度數，殊也。惟人身中一陽之火生，而不待子之半；一陰之符見，而不待午之中。豈緹室所排之琯能契乎？聖日聖月，照曜金庭。五炁朝元，倏爾攢簇。豈玉衡所齊之政能契乎？非獨如斯而已也，雖盡天下至巧之技，亦皆無有能契之者矣。吾乃求之於吾身，獨戴之天，爰有神器之奇而不偶者，始能與吾身至靜之道相契而合焉。

奇器者，即驪山姥所稱之符，而謂爲「命輪」者是也。輪爲奇象，奇圓圍三。其爲器也，中有天目人目在焉。天目一而人目二，是所圍者三也。器非奇而何哉？奇器中之正中，即天道也。人以天目觀天，而萬象於是乎生矣。萬象者，即經文所謂萬物萬化也。物必有象，象必有物，物必能化。物而不化，是外物也，非身内物也。惟此奇器中所生之象，神易而無方無體，誠爲在我之身内物也。伏羲所畫之八卦，大撓所作之甲子，皆奇器所包括，而可爲萬象中之象也。神有機，而發動者爲陽。明鬼無形，而伏藏者爲陰暗。陰鬼陽神，在八卦甲子中，各皆相半而得其平也。故我之演其術而爲法之巧者，無他焉，亦欲使陰陽相勝其任而得其平，以不神之所以神者示人耳。人但知其神之神，而不知天道之不神而神者，其術在陰陽間也。人欲知其術者，安可捨陰陽而求乎？如陽抱陰而勝其任矣，是陰附陽而濟之以暗，斯明者不得爲皎皎；陰抱陽而勝其任矣，是陽附陰而濟之以明，斯暗者不爲冥冥。夫皎皎以爲明者，是傷魄而嫌於無陰也；冥冥以爲暗者，是傷魂而嫌於無陽也。陰寡陽孤，而不勝其相抱附之任，兹非能保合以全其太和者，將見奇器中之萬象不生矣。故欲見其象之生者，有術焉。其惟天人混合，顯晦適均，而委其志於昭昭然明之小者乎？小明中有靈犀一點，上通於天，黍米一珠，包含萬類。時可食而能令百骸理者，此也。機可動而能令萬化安者，此也。斯可與進乎奇器中所生之象矣。不獨見乎象，而能進乎象。聖人知修之功，造詣至此，則天道不待觀，而常在目也；天行不待執，而常在身也。陰符經所演三篇之大旨，在此奇器所生之象中盡之矣。此誠萬劫難聞之秘也，惟聖人能知之修之。

道教典籍選刊

陰符經集成

下

王宗昱　集校

中華書局

陰符經疏略〔一〕

浙嘉郡武原王文禄疏略

序

俯仰宇宙，變態靡恒；兀坐層樓，沉思寧寂。疏廣成子，又疏陰符經，皆嘉靖癸亥夏五望也。何略乎？欲詳而莫考爾。

初，予髫齡，得黄帝陰符經三篇誦之，上曰神仙抱一演道章，中曰富國安民演法章，下曰强兵戰勝演術章，殆寓言也。或曰玄女暨廣成子授，世遠莫知云。少室山人李筌，於嵩山虎口岩石壁中，素絹朱書緘縉，緘曰：「大魏太平真君二年七月七日，上清道士寇謙之

〔一〕作者王文禄（一五〇三年生），字世廉，號沂陽子，浙江海鹽人。嘉靖辛卯舉人，以後科場失意。傳世著作甚多，如廣成子疏略、胎息經疏略。其生平家世可參考今人葛文玲海沂子校注釋論。本書文字取自叢書集成影印的百陵學山。

藏。」抄記未喻，入秦，驪山逢老姥，口授玄義。黃山谷、黃東發疑筌僞撰。閭丘主簿進呈，謂非黃帝不能撰。永徽五年，敕褚遂良寫一百二十卷。予因疏而深討之，始信非黃帝不能撰也。夫筌與遂良，唐人也。陰符文氣雄勁，非唐格，義玄而句鏗，峻達過素問，豈筌能撰？設筌撰，遂良何不疑？且素問亦疑戰國人撰。然參究三才之原，發前聖之未發，戰國寧有是人乎？疑之者妄爾，故曰信非黃帝不能撰也。黃帝曰：「廣成子之謂天矣。」予曰：「黃帝其天乎？不然何善言天至此也。」

經曰符，符曰陰。陰，暗也。符，合也。參同契曰天符，曰日符，曰合符行中。蓋陽爲命，陰爲符，人身曰火符。經中言修鍊，進退符火也。曰陰符，殆此。郝伯常曰：「陰符三百餘言，理無不備。」聖人發其機而藏於密者也。凡道術、治體、數學、兵家、志士、處士、養生，得之各底於成，其體則靜，其用無窮，然後知至言必簡也。

予勉爲疏，尚慮有遺。示江右劉曉山，曰：「請梓之。」予曰：「未也。」曰：「理一而已，何歉乎？」曰：「非也。通志略、文獻通考載諸家注頗多，元趙素且集數十家注，豈無一得乎？非詳考，未敢梓也。」於是數訪藏書家，弗得。淡泉鄭公謂予曰：「默泉吴年兄有道藏經，可問之。」甲子春仲至嘉禾，扣默泉公。公諾，明發檢借三函，總名洞真玉訣，注陰符凡三十五家，攜歸，並晝夜誦畢，返，舊見頓新。成美盛心，曷諼也！又參驪山義及西谷釋證潤焉。予所獨得迂見，若先後天之分合、五賊之名、蛇龍之殺機、巧拙之擬、木火國姦之喻、食時動機之微、盜機之得、樂靜之根、雷風禽制之氣、知仁勇之配、演章之發揮、脉絡接承、首尾照應，諸家未之及也。此書殆出廣成子，治身爲先，抱神守一爲要，觀天執天不外也。嘉禾知玄學。西谷始朱姓，諱綬，字文佩，楚左史。釋雖未瑩，義則多闡。先康毅君嘗稱曰：「耄齡童顔，仙如也。」默泉公嗜玄，匹西谷云。噫！功利浮雲，太虚至靜。夫人宜早悟焉可也。

是歲孟夏吉，海鹽沂陽生王文禄世廉撰。

神仙抱一演道章

一爲道樞。抱，不二也。神仙，全真云。演，廣喻也。

觀天之道，執天之行，盡矣。

天，一氣也。先天後天，一也。虚無故神，凡地載者，莫不包也，故統曰「天」。一陰一陽曰「道」，陰陽相推曰「行」，目見曰「觀」，手持曰「執」。身心體悟，非可拘於手目也。曰「盡矣」，觀執之外無餘藴焉。觀天道若悟先天，執天行若體後天。此二句大綱，「天」字該貫也。

天有五賊，見之者昌。五賊在心，施行於天。宇宙在乎手，萬化生乎身。

天數五，地數五。宇宙萬化，不外五數。賊，盜也，五賊即三盜盜機也。心即天身之主也。在心，心與天通也。見即觀，施行即執。體悟盜機，則宇宙萬化在手，生身與天一也，故曰「昌」。宇指天地，宙指古今，化指變，萬指極數。五賊，一曰五行，一曰命物時功神，一曰耳目口鼻身。

天性，人也。人心，機也。立天之道，以定人也。

性者，人心中天命也。道者，率性也。機者，性之神應不測也。心、性、機、道，天人一也。立兼觀，執中不倚也。人能盡心知性，溯殺機，盜生機，立天道，所以定人。

天發殺機，龍蛇起陸。人發殺機，天地反覆。天人合發，萬化定基。

機，即前心機及後盜機。陽生陰殺，互根也，一氣耳。龍蛇，陰盛閉蟄，陽盛起陸；蛇變龍伏，藏陸中，若閉蟄然；靜極，純陽起陸也。夫閉蟄，伏藏殺機也；起陸，生機也。生機根殺機，欲盜生機，先溯殺機。發之，發殺機所以盜生機也。龍蛇性拙，故曰「天發」。人能抱神以靜，即閉蟄伏藏，陰盡陽純，地天交泰反覆也，沖舉若起陸然。人性巧，故曰「人發」。人發即天發也，故曰「合發」，天人一也。宇宙萬化本乎心，故曰「定基」。基以合發而後定也。發者，心發之也，借龍蛇喻修鍊，陳摶好睡五龍蟄法云。

一本增「移星易宿，地發殺機」，非也。一本「龍蛇起陸」下接「地發殺機，星辰隕伏」，蓋星乃下土人物之氣凝之，曰「地發」，亦天也。

性有巧拙，可以伏藏。

承前言人性巧，龍蛇性拙。拙若愚，巧若哲，性一也，質殊耳。可以伏藏，無不可化也。至公而自私也。

九竅之邪，在乎三要，可以動靜。

人身九竅通心竅也。三竅尤要，目耳口也。九竅之邪，由三竅入。動靜生死之門也，故曰「要」。必無視無聽，塞兑不言，慎内閉外，動亦靜，靜亦靜，則邪不入而純陽也。

一指精氣神爲内三要。

火生於木，禍發必剋。姦生於國，時動必潰。知之修鍊，是謂聖人。

火生於木，猶姦生於國。禍發必剋，猶時動必潰。火姦喻邪情，木國喻真性，剋潰喻邪情亂真性也。夫木生火，國生姦，生者恩也。火剋木，姦潰國，剋潰害也。即害生於恩。禍發，發火過烈也。時動，動姦非時也。亢則害，大貞凶也。能知而反之，木息火不剋，國化姦不潰。承乃制，小貞吉也。即復性除情，伏藏動靜，致中和也，故曰「知之修鍊，是謂聖人」。聖，誠而明，無不知也。

此章猶知以知之。

富國安民演法章

國民以法制，富安保治也。演，廣喻云。

天生天殺，道之理也。

生殺本天，指道之理。陰陽消長，自然條理也。起後逆盜，殺中之生耳。

一本無此句，一本此句在前章。

天地，萬物之盜。萬物，人之盜。人，萬物之盜。三盜既宜，三才既安。

盜，賊也。虛無中巧竊，莫能見知，猶五賊盜機也。天地人物，三才本一氣也。三才相巧竊，故曰「三盜」。人者，天地之心，萬物之命也。食時動機，盜竊真氣。三盜盡宜，則三才盡安矣。既，盡也。

故曰：食其時，百骸理。動其機，萬化安。

前「盜」字已含食時動機意，「故曰」二字原前也。時，天時也；食天時所以順人時，貴食不爽時。機，殺機也；動殺機所以逆生機，貴動不違機。時機互根也。岐伯曰：天食人五氣，地食人五味。五氣入鼻藏心肺，五味入口藏腸胃。味養氣，氣和成津液，生神。味陰也，氣陽也。人知食味，而不知食氣。氣機動於子時，守中調息，食時動機也。骸理化安，指其驗云。

人知其神而神，不知不神而所以神也。

人知陰陽不測謂神，不知陰陽從虛無生此混沌，所以開闢，即不神之所以神也。臭腐化神奇亦此。

日月有數，大小有定。聖功生焉，神明出焉。

離爲日，納坤，陽中陰也。坎爲月，納乾，陰中陽也。大爲陽，小爲陰，周天遲速有定數也。日月合，坎離交，陰陽升降，坤乾成泰。聖功神明，由顯甚微也，故次曰「其盜機」，貴心悟而自得焉。

其盜機也，天下莫能見，莫能知。君子得之固躬，小人得之輕命。

「其」字承前「聖功」、「神明」來。惟虛無律曆不能契，天下莫能見知也，故曰「盜機」，所以見者昌，知修鍊者聖。夫機，一也，曰心，曰殺，曰盜，曰神，陰陽不測也；人，一也，曰君子，曰小人，愚哲不移也；得，一也，曰固躬，曰輕命，見知不同也。君子屬陽而明，食時動機，骸理而化安，形神俱妙，故曰「固躬」，所以立命也；小人屬陰而暗，違時昧機，逞能而傲世，至喪吾寶，故曰「輕命」，原無忌憚也。嘉君子之自得，戒小人之幸得云。

一作「固窮」，蓋得深誘淺，無物能攖，大行不加，窮居不損也。此章猶仁以得之。

强兵戰勝演術章

兵戰以術詭，强勝戡亂也。演，廣喻云。

瞽者善聽，聾者善視。絶利一源，用師十倍。三返晝夜，用師萬倍。

瞽聾絶聲色之利，一視聽之源，故曰瞽善聽，聾善視。惟絶利而一源，則神專而氣猛，故曰用師十倍。返，復也，三返猶三復也。晝夜，舉一日也。每日三返，功不息也。萬倍，大進於十也。萬、十、三皆起於一，故貴抱一。

心生於物，死於物，機在目。

目者，心神之竅，生死之機，觸物之速也。閉目則神内守，開目則神外馳。應物無住則心生，逐物易移則心死。物，一也，心機由目，而生死分焉，是以覩見。瞽皆指目，三要目尤要。

天之無恩，而大恩生。迅雷烈風，莫不蠢然。

天普萬物而無心，生殺皆道之理，何恩之有？萬物併育而不相害，非大恩而何？觀迅雷烈風，震盪萬物，若無恩矣，而萬物莫不蠢然萌動焉，即大恩生也。夫雷風，氣也，皆天也。以見龍蛇起陸，禽之制，一氣感耳。

一本有「制在氣」三字。

至樂性餘，至靜性廉。

樂，性之感而和也；至樂，和之至，故餘裕，至樂無樂也。靜，性之寂而清也；至靜，清之至，故廉潔，至靜無靜也。性一也，至一也，樂靜互根也，惟靜故樂。葛玄曰：「棲神於靜樂之間者，謂之守中。」

天之至私，用之至公。

「至私」承前「大恩」；天無私曰「至私」，栽培傾覆，若私而實公也。繼曰「至公」，承前「無恩」；曰「用之」，即用以見體也。皆天也。

禽之制在氣。

禽飛空，氣制也。承前雷風，皆氣也。氣，純陽之氣，天氣也，故上升。養氣貴靜，靜則樂，沖舉猶禽飛空然。前喻龍蛇，此喻飛禽，氣、機一也。一曰禽，擒也，擒乎心而制乎氣也，一曰鸇隼擊鵠，一曰日烏，一曰朱雀，一曰候雁，皆未安也。

一本無此句。

生者，死之根。死者，生之根。恩生於害，害生於恩。

陽生陰死，生恩死害，相根不斷也。修鍊者貴斷生死恩害之根，而超於生死恩害之外，可也。沈亞夫指春夏物生爲恩，秋冬物死爲害；人因婦人生爲恩，因婦人死爲害。葛玄指生門死户，抽添坎離。當警悟云。

愚人以天地文理聖，我以時物文理哲。

愚聖哲猶前巧拙。君子小人，習遠質殊，性一也。夫哲，知也。愚，不哲也。聖，至哲也。愚非真愚也，自恃而愚也；以天地文理外象自聖，乃愚也，非聖也。人，彼也，外之也。我，自謂也。以時物文理謙言哲，即知修鍊之聖也，非止於哲也。夫文理，一也。時物者天地之時物也，一也。此猶勇以强之。

驪山老姥本止此。内傳載黄帝受玄女陰符經三百二十四言。後百十六言，黄帝演章。

人以愚虞聖，我以不愚虞聖。人以奇期聖，我以不奇期聖。故曰：沉水入火，自取滅亡。

承前「愚人以天地文理自聖」，故不能知聖愚常也，卑之也。奇，異也，高之也。虞，度也。期，必也。夫聖，一也，猶水火之不變也。愚虞以常度而過卑，奇期以異必而過高，失中也。自聖而不知聖，畫而不可與進也，猶沉入自取，於聖何干？我以時物文理哲，故不虞。愚亦不奇，期得中也。以故知聖也能自得師，非沉入之比也。

一本無「故曰」，「取」訛「死」，「滅」訛「兵」。

自然之道靜，故天地萬物生。

渾沌曰壞劫，渾沌後曰空劫。鴻濛一氣，自然也，至靜而已，强名曰道。靜極生動，分陰分陽。天地開闢，萬物生，曰成劫；開闢後，渾沌前，曰住劫。四大劫循環無端，猶生者死之根，死者生之根。此先天自然之道也，靜也。

天地之道浸，故陰陽勝。陰陽相推，而變化順矣。

天地開闢後，陰陽之氣屈伸消長，如水潤下，而有上激，即浸與勝也。由是勝負相推，吉凶生大業，而變化順矣。夫浸，漸漬相生也。勝，競爭相剋也。相，互也。推，猶浸也。順，猶推也。此後天自然之道也，靜也。

是故聖人知自然之道不可違，因而制之。至靜之道，律曆所不能契。爰有奇器，是生萬象。八卦甲子，神機鬼藏。陰陽相勝之術，昭昭乎進乎象矣。

「是故」，轉原三章之旨，而結於聖人之身也。「奇器」，自然之道總名也，猶橐籥谷神，玄牝至靜，虛無莫能見知，律曆不能契也。「八卦甲子，神機鬼藏」，陰陽萬象，條目别名也。惟聖人道合自然，能知先天而天不違，因而制之；後天而奉天時，觀之執之。主靜守中，返乎自然至靜之道也。術者，道之巧法也。律曆者，法之巧也。尚不能契焉，則至靜之道誠極妙矣。修鍊之術，曷外乎靜也？童嬰，陽勝陰也。精通，陰勝陽也。陽衰則老，陽絶則死。究死根，發殺機，抱神以靜。養純陽，返老還童。貴早握奇器而修鍊也。

右陰符經疏略，雖成於數日，欲梓則數月未敢也。蓋詞奥而義玄，不易窺測。自癸亥夏五，至甲子春三，無時去手，閲而有悟即增之，稿凡百餘易。幸默泉吴公慨借詳考，始無遺疑。殆予心專之感也。覽者勿忘同臻至道之自云。

海鹽沂陽生王文禄跋。

注解陰符經〔一〕

張位注解

序

天地間道理氣化，盈虚消長，自然密移。人與物並育陰陽，五行之内生且死焉，而不自覺也。粤自元始，混沌之氣積久，而兆闢闔，分二氣，布五行。有是形，必有所以形其形。有其色，必有所以色其色。超然獨存，若爲真宰焉。發生爲德，收藏爲刑。盈極必虚，消處便息。蓋循環無端，乾坤所爲不毁者，恃此機耳。萬物紛紜，都從長養茂盛，而後老朽。一受成形，如風怒竅，氣激而鳴，氣消而歇。賦受多寡，自爲長短。殫智極力，必竭斯已。此

〔一〕此書著録見於千頃堂書目。作者張位（一五三八—一六〇五年），字明成，號洪陽，江西新建人。明史有傳。隆慶年間進士，官至禮部尚書、文淵閣大學士。罷官後隱居南昌，與湯顯祖等交遊。勤於著述，存世有問奇集、發音録等。本書文字取自三洞拾遺影印的新刊道書全集，校以蕭天石道藏精華排印本玄宗内典。新刊道書全集本題爲張洪陽注解陰符經，本書參取此題。

人世生死盛衰之常也。上古至人，通造化之機，達盈虚之故，法天體道，歸根返源，剗削浮華，秘嗇韜斂，葆其未竭，補其將敝，握化機而退藏，我之元氣不爲造化所奪，而反逆竊生生之氣，以歸於身。精聚神凝，根深蔕固，始以有形而合無形，復化有象而還無象，超出陰陽五行，翱翔於蜉蝣埃壒之外。乃上古所傳入聖出世之學，而陰符經所爲作也。

篇中先伏五賊，次動盜機，末乃死裏求生，法天地，制陰陽，爲術如此。蓋天地以氣交無情，故造化常存不老。人物以情交耗氣，故性命生滅無休，緣造化至静，人苦〔一〕不静，造化自然，人心便不自然。陰，暗也。符，合也。觀其道，執其行，暗合天道，無餘術矣。是書大意，要從五行陰陽而返還太極，先能以有合無，方可以無制有。萬物皆出於機，皆入於機，故始終不離「機」字：曰殺，曰伏，曰無，曰恩，曰不神，曰絶利，無之以爲用也；曰盜，曰食，曰動，曰返，曰制，有之以爲利也。總歸至静自然，不涉一毫矯强造作焉。

夫陰符、道德，世傳黄老書。是雖未必其果爲軒轅，諦玩詞義簡奥，其出上古無疑。予夙好此書，竊不自量，據生平所得一注脚，以俟知者。大抵世人之患愚者不及，知者過之。味焉則不能符，鑿焉則不可符。安得主静道人、自然居士，而與之語陰符之旨也哉？

〔一〕「苦」，原作「若」，據道藏精華本改。

洪陽張位序

上篇

觀天之道，執天之行，盡矣。

天道者，化機之宰也。天行者，氣機之運也。君子乾乾夕惕，兢兢法天，能執而不能觀者不明，能觀而不能執者不定。諺有之：「識得破，忍不過。」觀而能執，至矣盡矣。

天有五賊，見之者昌。五賊在身，施行於天。宇宙在乎手，萬化生乎身。

五行各一其性，便雜揉不齊。莫非陰陽變合所爲，同出於太虛，而卒歸於物欲也。血氣心知，百般作弄，氣散於上，精漏於下，神之所存幾何？若看得它破時，不被牽引遮瞞，則靈臺潔淨，自作主宰，可與元化相出入矣。故學道以去情識爲先。蓋鏡爲塵昏，水因泥濁，必須刮磨澄定，本體方露。奈此塵根識蘊，都從生身受氣時帶來。超升墮落，祇在一念。迷者往往誤賊作子，認假成真。若能精通照徹，即此離此，轉情爲慈，轉識爲智，返流全一，無私合天，火坑變爲法界，妖魔伏爲眷侶。天地〔一〕之大，我之所

〔一〕「地」，原闕，據道藏精華本補。

維。萬物之衆，我之所持。一切由心造也。豈非宇宙在手，萬化生身乎？

天性，人也。人心，機也。立天之道，以定人也。

人爲萬化之靈，是乃天之所爲性也。機爲發動之始，是乃人之所爲心也。一念未萌，何物能撓？意動情移，邪正分歧。若能剛健中正，常伸不屈。暨立未發之時，念念不移，久久凝定，心通造化，人一天矣。此所謂「執天之行」也。

天發殺機，移星易宿。地發殺機，龍蛇起陸。人發殺機，天地反覆。天人合發，萬化定基。

天地以生生爲心，而其生處又常在殺處，用以節制盈溢，而爲生息之根也。陰極而息，斗柄指子，是天發殺機之時。陽極而消，昆蟲盡出，是地發殺機之時。至陽赫赫，遂於大明之上；至陰肅肅，入於杳冥之門，是顛倒乾坤，人發殺機之時。若人知發殺機，能與造化符合，則常盈常息，精神充旺，萬化基本，可定於此矣。

性有巧拙，可以伏藏。九竅之邪，在乎三要。可以動靜。

學道雖在人力，亦視根基夙植如何。上智氣清垢少，故入道易。下愚氣濁累多，故入道難。微妙玄通之士，斂伏潛藏。冥頑昏躁之人，遇觸便動。這個精神湧溢，都從九竅邪妄中漏泄。而九竅中最緊關，又在耳目口三處，要路堤防。若能緘聰明，斷言語，以愚而用，以默而守，則可動可靜，而道不離身矣。

火生於木，禍發必尅。姦生於國，時動必潰。知之修之，謂之聖人。

這個賊我的物件，就是生我的物件。如木之有火，國之有姦，待時而發耳。世明知之，苦不斷決。若能用法制伏著他，使常生我，而不爲賊。既知之，又能修之。觀天道，執天行，便是聖人也。

中篇

天生天殺，道之理也。

陰陽爲炭，萬物爲銅。寒暑晝夜，一翕一放。故萬物非欲生，不得不生。萬物非欲死，不得不死。草木有春榮，便有秋枯。人生有少壯，便有老死。若祇有生無殺，將見人物充塞，無安頓處。故生死者，天道自然之理也。

天地，萬物之盜。萬物，人之盜。人，萬物之盜。三盜既宜，三才既安。

宇宙間祇有這些氣候，天地人物，相吞相盜，以定三才。故天地以寒暑往來而盜萬物，萬物以聲色臭味而盜人，人以耳目口鼻而盜萬物。彼此相制，氣得其平，然後三才各安其所也。若禀得强盛，用物弘而取精多，天地鬼神亦隨他轉動。異人生而世運衰，異寶出而物力耗，因被它占奪氣候大耳。

故曰：食其時，百骸理。動其機，萬化安。

常人任天地萬物相盜，而生且死。至人盜天地萬物，而死且生。二氣運行，有盈有虛，有升有降，這叫做時。將盈將虛，將升將降，這叫做機。採之曰食，發之曰動，可以生身，可以達化矣。

人知其神之神，不知不神之所以神。

曰食曰動，似有所爲，要皆自然而然，不可以存想搬運而成者。世人學道，便求得法，都是紐揑作怪，播弄精魂，無益有損也。一切伎倆智術，鎮之以無名之朴，情虛恬淡，寂冥無爲，以靜制動，以逸待勞，可以追魂攝魄，收召萬靈。斯不神之神也，妙萬物而爲言矣。

日月有數，小大有定。聖功生焉，神明出焉。

前所謂時也機也，一順造化自然，合日往月來之數，小往大來之運，升降盈虛，分毫不爽。循此而行，聖功可生。行此不已，神明斯出。

其盜機也，天下莫能見，莫能知。君子得之固窮，小人得之輕命。

夫天地人物相盜，有生有死。我獨默察其機，而逆持其柄。是暗竊陰陽之氣，以生我身。其術秘矣，誰見之，誰知之哉？但得道易，守道難。防臧多凶，恃强必敗。君子得此，兢兢保守以固其窮。小人得此，妄作胡爲而輕其命。

下篇

瞽者善聽，聾者善視。絶利一源，用師十倍。三返晝夜，用師萬倍。

人之精神，祇要向外，散亂不聚，求道何益？若肯用功，反向裏邊，其益無方，所謂「人能常清靜，天地悉皆歸」也。故説「爲道日損」。這邊損得一分，那邊便有益十分矣。三要之中，耳目尤切。瞽善聽，絶明而益聰。聾善視，絶聰而益明。能絶去利欲，或耳或目，一源之中，勝如用衆力十倍也。三返，三要皆返也。倘若内視、反聞充塞，兼此三要，晝夜精進，常不間斷，勝如用衆力萬倍矣。蓋此用力不離己身，非外爍也。

心生於物，死於物，機在目。

耳目口三寶，閉塞勿發通，固至要也。然默運天經，尤有要焉。心不逐物，本無去來，祇因物交，隨有生死。若轉移這個生死機關，神運氣隨，祇在阿堵中靈犀一點，有不傳之秘也。

天之無恩，而大恩生。迅雷烈風，莫不蠢然。

人爲有情，遂被物轉，本源生機，日斫日亡。天有無恩於物，而實爲大恩澤處。試看迅雷烈風，震感激蕩，似爲傷殘之具。而陽氣蘇暢，甲者坼〔一〕，萌者茁。動植之物，莫不蠢蠢然而發生。豈非無恩而大恩生者乎？

至樂性餘，至靜性廉。天之至私，用之至公。禽之制在氣。

此道全在至靜無私，方能韜蓄元精，方能氣盛化神。故人性至樂者多散亂，常似有餘；人性至靜者多收斂，常似清廉。此雖保身自私之術，然不可私意求之，一如天道，雖私亦公，即老子無私能成其私之説也。彼禽鳥至微，凡相制伏必以氣勝。又如演禽厭勝，以氣相制。若非至靜，安能制動？若非至公，安能制私？真靜忘私，根本完固。蓋氣不充盛而能制人者，未之有也。

生者，死之根。死者，生之根。恩生於害，害生於恩。

人祇爲有恩愛，所以難離生死。死裏求生，害裏求恩。此道法也。莊子曰：「殺生者不死，生生者不生。」吕公曰：「生者不生，死者不死。人能已生而殺生，未死而學死，則仙矣。」嗚呼！孰肯忘生而割恩愛者乎？

愚人以天地文理聖，我以時物文理哲。

〔一〕「甲者坼」，原作「甲者折」，據道藏精華本改。

天人一也。天有文，地有理。我這個消息之時，陰陽之物亦有文理，與天地一般。世苦不能明其故耳。愚人看天文地理則以爲至神至聖，我但以時物文理而自明於身，何以異於天地乎？蓋世祇知造化玄妙，不知我身中所具，亦與造化同運並行。「能知萬物備於我，肯把三才別立根」，正合此意。

人以愚虞聖，我以不愚虞聖。人以奇其聖，我以不奇其聖。沉水入火，自取滅亡。 其當作奇。

天然氣機，發有定候。但能審知消息，關鍵低昂，斯聖功也。若當面錯過，任意妄爲，這等也差，那樣也錯，不會鑽研，輕弄命寶，非惟無益，反招凶禍矣。夫道無爲而無不爲也。人見無爲，則以愚而虞度於聖，不知聖非愚也。人見有爲，則以奇而歸美於聖，不知聖非奇也。或墮頑空，或落存想，虛費精神，日趣鬼道，不猶沉水入火，自取滅亡耶？蓋水火本日用之物，用之不當，反能殺人。

自然之道靜，故天地萬物生。天地之道浸，故陰陽勝。陰陽相推〔一〕，而變化順矣。

自然之道，祇在至靜而漸進。蓋靜極自然生動，一闔一闢，天地萬物皆從此出。這動靜相生之際，慢慢地生長將來，又慢慢地收藏將去，從微至著，不驟而浸。浸如水之浸

〔一〕「推」，原作「催」，據注文改。

物，逐漸方透。由是陰陽之精，互相爲勝。一陰一陽，相推相代，而爲晝夜寒暑，因以成變化而行鬼神也。若萌一念躁急，可與坐進此道者爲誰？

聖人知自然之道不可違，因而制之。至靜之道，律曆所不能契。爰有奇器，是生萬象，八卦甲子，神機鬼藏。陰陽相勝之術，昭昭乎進乎象矣。

陰陽互藏之時，升降盈虛，進退以漸，俱出自然，不可違拂。聖人審知其候，默運其機，逆而修之，採盈濟虛，防盈隘度。是乃把握乾坤，因而制之之術也。雖似有爲，其實忘情絶念，常清常靜之道也。此至靜之道，陰陽變化，總括包羅，律曆象數，尚不能契，真太奇也。爰有奇異之器，窅然無形，能生萬象，八卦可畫，甲子可排，神妙之機，鬼怪之藏，悉所包括。陰能勝陽，陽能勝陰，冥會潛運，爲術甚秘，昭昭乎超於形器色象之表也。此道至矣，非至人其孰能知之？

陰符經注〔一〕

抱獨居士呂坤注

注陰符經題辭

陰符經必非黄帝語，然亦非漢、唐以後人所爲。其言洞造化精微，極天人奥藴，契性命指歸。帝王得之以御世，老氏得之以養身，兵家得之以制勝，術數家得之以成變化而行鬼神，縱横家得之以股掌人群，低昂時變。自有陰符以來，注者不啻百家，要之不出三見，曰儒，曰道，曰禪。倚於一，則三見皆邊也。夫玄金在鎔，萬物可鑄。謂秤錘是鐵則可，謂鐵是秤錘則不可。是書也，譬江河之水，惟人所挹。其挹也，惟人所用。經深矣，而解之者又

〔一〕作者呂坤（一五三六—一六一八），字叔簡，一字心吾或新吾。寧陵人。明史有傳。曾任山西巡撫，後稱疾辭官。明代著名思想家。著述甚豐，多有傳世，代表作爲呻吟語。本書文字取自北京大學藏康熙本呂新吾雜著，題目爲本書擬，標點參考了二〇〇八年中華書局出版的呂坤全集。

深，則道愈晦。夫道無淺深，惟得其深者能淺。挹水者，挹之波面與挹之九淵之下，無兩般也。何必索隱探玄，而後入理窟耶？余注此經，無所倚著，不儒，不道，不禪，亦儒，亦道，亦禪，而總歸之淺。非有意於淺，言淺即言深也。愧余不能淺耳。倘讀者謂余遺深，則又有以深言注深注者，而陰符愈不可解，又烏取一千七百則陳爛葛藤哉！

萬曆己酉，寧陵抱獨居士呂坤題。

陰符經

符者，合也。以片竹書約信而分之，我執其半，而以半付之人。如欲取信，則執我以合彼。彼此符合，分毫不差，則以信以從。陰陽無獨生獨成之理，必相符而後成化。然陰主而陽賓也，陰體而陽用也，陰發而陽行也。陽不主符，陰執其符以符陽。陽發散六合，張弛群動。陰握其機緘，妙其斡旋。陰一分，陽亦一分。陰十分，陽亦十分。此理勢之必然，萬事萬物不能外者也。陰不符陽，則爲死陰而萬有息。陽不根陰，則爲狂陽而萬物窮。要其宗旨，不出「靜」之一字。工夫祇在「守靜篤」三字。經者，萬世不易之常道也。

上篇

觀天之道，陰。**執天之行，**陽符。**盡矣。**凡陽皆是陰之符。後仿此。

天道於穆，不可窺測。然四時行，百物生，天之行也。執所行以觀其道，底蘊竭盡而無餘矣。

天陰。**有五賊，**子能令母虛。**見之者昌。**天之符。**五賊在心，**人之陰。**施行於天。宇宙在乎手，萬化生乎身。**人之符。

五賊，五行也。五行盜天之道，而成氣質以化生乎萬物，而天之元氣從此耗矣，故謂五賊。五賊發育乎萬物，萬物得五賊之氣，無不昌遂暢達。人心具此五賊，得金則爲剛斷，得木則爲慈仁，得水則爲智慧，得土則爲厚重，得火則爲奮揚。以之而施行於天下，將所謂「見之者昌」之物縱横捭闔，無不由己，所謂成變化而行鬼神者，故曰「宇宙在乎手，萬化生乎身」。此聖人裁成輔相參贊調燮之工夫。

天陰。**性，人也。人心，機也。**陽。**立天之道，**陰。**以定人也。**

宇宙在手，萬化生身，乃天地所性乎人者。才情本無不善，但在手生身，乃人心之機，爲之運動。運動於善，則爲生機，位天地，育萬物。運動於不善，則爲殺機，違理逆天，傷人害物。故必立天之道，還性之初，而人機始定，有善而無惡矣。

天發殺機，移星易宿。地發殺機，龍蛇起陸。人發殺機，天地反覆。天人合發，均。**萬化定基。**

天之道，好生而惡殺。天之氣，有生而有殺。是殺機也，不惟人有，天地亦有之。星宿繫乎天，本有定位也；天之殺機一發，則彗孛爲灾，隕下逆行。龍蛇藏於幽，陸所罕見者；地之殺機一發，則山崩水溢，龍蛇不安其位矣。人之殺機一發，則翻天覆地，山河動摇。星宿龍蛇反覆，皆極狀臲卼不安之象，舉一以見其餘耳。皆三才之偏氣，過甚之惡道也。三才之殺氣何可無？天無霜雪雷霆，地無枯萎消滅，人無五刑五兵。則有長養而無收藏，萬物或幾乎息矣。是生機亦殺機也。蓋三才獨發則獨勝，獨勝則偏恣而萬化失所。天人合發則相持，相持則調和而萬化定基矣。

性有巧拙，可以伏陰。**藏。九竅之邪，**不伏。**在乎三要。可以動静。**陰。

巧拙者，人之智慧，惟伏則可藏之。伏則巧者智深而人不能窺，拙者隱短而人不能見，皆伏之利也。世人多不能伏者，何也？蓋人有九竅，主暢發而不能伏，多趨於邪而不軌於正。鼻兩竅，大小便兩竅，未爲要也。而耳目口，此五竅者，尤爲三要，其害爲大，何也？伏者静而不動，藏天下之道者。此三邪者，可以動吾之静，如之何能伏？

火生於木，邪陰。**禍發必克。**邪符。**姦生於國，**邪陰。**時動必潰。**邪符。**知之修鍊，**陰。**謂之聖人。**

動生於靜，害靜者動也。火生於木，焚木者火也。姦生於國，潰國者姦也。皆殺機也，皆邪也。蚤見其機微而憂其必至，修之而去其萌芽，鍊之而化其强横，是之謂伏。非聖不能。

中　篇

天生天殺，道之理也。

萬物盜天地之氣以生，天地亦殺之以自還其氣，乃斯道自然之理。由不得天地，無可奈何。

天地，萬物之盜。萬物，人之盜。人，萬物之盜。不宜則爲殺機。**三盜既宜，三才既安。**

暗利其有曰盜，明害其生亦曰盜。不能使之常生而不免於殺，故曰「天地，萬物之盜」。人資萬物以生，是人者，萬物之盜。亦因萬物而死，是萬物者，人之盜。夫三者相盜，道之理也；不相盜，則萬化息矣。惟其相盜也，無大過，無不及。生之也非所以恣欲，乃所以養陽。殺之也非所以爲厲，乃所以養陰。是曰「三盜既宜」，乃相有而不可相無，相害也而實相利。三才何不安之有？

故曰：食其天地。**時，百骸治。動其**萬物。**機，萬化安。**是謂三盜既宜。

此摘舉人盜天地萬物而言之。「食其時」，順萬物生長收藏之宜，適二氣寒暑風雨之節。「動其機」，如因其勢而利導，觸其欲而我求。我操欛柄，彼就牢籠，忘勞樂死，奔命走僵而不自知，非强之也。萬化何不安之有？

人知其神陰。**之神，**符。**不知不神**陰。**之所以神。**符。

「之神」者，造化之功用，可見可聞，費也，盈天地之間皆是也。「不神」者，造化之機緘，視之而不見，聽之而不聞，隱也，鬼神亦不自知也。

日月有數，大小有定。不言不爲，陰也。**聖功生焉，神明出焉。**際天蟠地，符也。

有數有定者，萬古如斯。不言不爲，莫知其然而然，似不神矣。聖人之參贊調變，由此生焉。神明之變化生成，由此出焉。乃知神之所神者，不神之子也。

其盜機也，天下莫能見，莫能知。君子得之固躬，小人得之輕命。

盜機在靜，獨見獨知，形神兩忘。顧人所得何如耳。君子得之，吸日咽月，飲露餐霞，盜之宜者也，故身輕體健而固躬。小人得之，恃襲取助長之陰，恣有恃無忌之陽，故輕命。此舉一隅之説也。

下篇

瞽者善聽，聾者善視。絶利一源，用師十倍。三返晝夜，用師萬倍。

精神之用，一則純，二則雜。目不以兩視而明，耳不以兩聽而聰。況耳而兼目之用，目而兼耳之能，心分甚矣，其何能神？瞽無視，一心在耳，故善聽。聾無聽，一心在目，故善視。目所欲視，耳所欲聽，皆外誘之利也，其源則在耳目以招之。是耳目者，利之源也。若瞽若聾，以絶其外誘之源，則外者不入矣。外不入，則心不昏於耳目之欲矣。師，衆也。衆人之昏於耳目者，我十倍用之而彼不覺矣。若再能返視之明，返聽之聰，返口之言，閉目，闞耳，塞兑，收萬動以歸元，運一心之妙用，動念則鬼神獨知，忘念則鬼神不知。晝夜如斯，瞬息不斷其功，歲月如斯，頃刻常伏其意，則舉世昏昏昧昧之衆可萬倍用之。惟我操縱，惟我死生，而彼不覺。此陰符之至妙至妙者也。「用師」舊作「用兵」，説甚淺。「用兵」尤宜於是，但不止用兵。起居食息，動静語默，處事接人，皆是物耳。

心不陰。**生於物，死於物，機在目。**

此三語舊注甚明。心見物而動情欲，是生於物也。逐物而喪本心，是死於物也。耳目口雖爲三邪之要，而邪之魁，其機則在目焉。故四勿首視，六根先眼。此道家之大賊，一身之首惡也。

天之無恩，陰。**而大恩生。**符。**迅雷烈風，**符。**莫不蠢然。**陰。

乾元資始，恩莫大焉。然無意施恩，故大恩生。天無爲也，天不知也。迅雷烈風，豈非天之所生乎？天固蠢然若不聞者，故曰天地無心而成化。

至樂陽。**性餘，**動而外暢。**至靜**陰。**性廉。**靜而内斂。**天之至私，**陰。**用之至公。**陽。**禽之制**陰。**在氣。**

至樂者，動之極也。泰然自適，故其所欲常餘於性之外，舉天下之大不滿其意欲。至靜者，收斂約束。此心之外，一無所欲，故常廉於性之内。性廉之所畜近私，一用而天下享其利。至誠無息所徵，博厚高明之業是已。天斂眹兆於沖漠，密入無内，元氣獨含，非至私乎？及其用也，以美利利天下，溥天率土，皆其發育之功，何至公如之？其靜者，天地萬物之所以養其用也。人可不制其至樂之餘，養其至靜之廉乎？老子寶嗇，至私之謂也。至私之功，不外於至靜。至靜也者，所以成其私也。萬物皆至樂之物，好動而少靜。其動也莫非氣也。天主氣，本乎天者親上。禽性飛揚，皆氣之所爲。然其生也在氣，所恃以爲生者，在制其氣。禽動則舒翼，靜則瞑目，息則迴頸而藏喙。語云：蜂腰雀脛，嚴冬不凍。此制氣以養其内之證也。皆所謂至私至靜者也。

生者，死之根。死陰。**者，生之根。恩生於害，**陰。**害生於恩。**陰。

受胎之日，便時時向死邊走。絶氣之後，便日日向生邊來。動植之物，莫不皆然。仇恨深，易爲恩，一反而交深。情濃豔，難爲怨，一絶而義斷。勢窮理極，無往不復。人情物理，莫不皆然。

愚人以天地文理聖，我以時物文理哲。

天地文理，形氣之粗也，愚人便謂天地之聖神。時物文理，化育之細也，我猶謂天地之智慧。曰聖曰哲，便非陰矣。總之，言顯設於法象，昭著於見聞者，都是克周不窮之用，非發微不見之神，何足以語聖哉？有文，必有所以文文。有理，必有所以理理者。則天地之聖，不在文而在陰矣。

人以愚虞聖，我以不愚聖。人以奇其聖，我以不奇其聖。故曰：沉水入火，自取滅亡。

愚虞，愚者之料度也，便自謂聖。我以聰明睿智，懸觀坐照，不愚爲聖。人以索隱行怪，好奇爲聖。我以安常履平，庸德庸行，不奇爲聖。愚虞者，暗於知而自是。以奇者，險於行以自高。昧自然之理，皆敗道也。與沉水入火何異？自取滅亡耳。不愚則内睿，不奇則外韜，所謂陰也。

自然之道靜，陰。**故天地萬物生。**符。**天地之道浸，**陰。**故陰陽勝。**符。**陰陽相推，而變化順矣。**

道本自然，不假作爲。至子而天自開，至丑而地自闢，至寅而萬物自生。道不著力，靜以俟其自消息自變化耳。然天地之所以成變化而行鬼神者，不外「陰陽」兩字。陽盛則勝陰，陰盛則勝陽，自然之勢也。大暑之冰雹，陰矣，豈能勝積陽之炎焰而常伸肅殺之威？隆冬之煦日，陽矣，豈能奪積陰之栗烈而驟迴温燠之氣？惟暗寓消長之機，默養乘除之運，循序漸進，待勢窮理極，方來者進，成功者退，不求勝而自然相勝耳。相勝則寒往暑來，相推而變化順矣。

是故聖人知自然之道陰必符。**不可違，因而制之。至靜之道，**神不知鬼不覺。**律曆所不能契。爰有奇器，**至靜之道在先天太極之內，陰也。**是生萬象。八卦甲子，**有象之象，孰顯設是？**神機鬼藏。**無象之象，孰洩漏是？**陰陽相勝之術，**象之無象，孰斡旋是？**昭昭乎**是陰之至，亦符之至也。**進乎象矣。**

自然之道，至靜之道也，陰也，天地不能違，聖人亦不能違，必養其陰，乃以裕符。衆人違此自然之道，日在陽動之中，喪其陰靜之本。聖人因而制其一切妄動，令之養其至靜。此「制」字，應前禽之制在氣「制」字，此是養陰極妙之作用。止念息機，三返晝夜，靜極必動，誠之不可揜如此夫。

皆以至靜之道，制其躁動之心。是至靜也，幽深玄冥，淵乎其淵。律曆足以契天地之氣運，而不能契至靜之妙境。夫是之謂奇器。奇器猶言妙物，乃天地萬物之母也，實生萬象，顯而八卦甲子，微而神機鬼藏。陰陽相勝之術，莫不由之以出。樞紐造化，旋轉乾坤，始雖無象也，而畜極所符，昭昭乎進乎象，而象不足以盡之矣。極贊天地至靜之妙用，所謂陰符也。而聖人養靜之道，在其中矣。

雜說

陰符經，天載之玄秘，三教之心傳也。易傳、道德、清靜三經皆從此出。以儒家見解，固爲膚庸。以釋氏見解，尤爲幻誕。蓋此經乃有用之實學近儒，玄同之奥論近釋，實非儒非釋也。陰而符之天下，天地也，聖人也。陰而符之身，仙也，佛也。不符，養陰之道也。符，用陰之道也。天道體陰而用陽。故曰：「天何言哉，四時行焉，百物生焉。」天不言，以行與事示之而已矣。是道也可以長生，可以涉世，可以安天下，可以貫幽冥。

靜專，天之陰也，動直則符矣。靜翕，地之陰也，動闢則符矣。專者至一而不二，翕者合衆以爲一。

陰不靜，則蕩漾而不翕聚。水冰脂凝，皆靜也。愈靜則陰愈斂，愈斂則陰愈富。一符於陽，其暢不可當也。

得了一陰，不怕萬陽。役使萬陽，祇握一陰。

一陰一陽，分數正等，多一毫不得，少一毫不得，有一毫陰，便有一毫陽。你讓我不得，我讓你不得。

符者，如一之謂也。天地之動靜一，聖人之表裏一。此自然之符也。賢者養陰以裕陽，故曰「和順積中，英華發外」，德潤身，心寬體胖，粹面盎背。小人無陰而襲陽，色取仁，著其善，畢竟無符，終致敗露。姦人厚貌深情，閃爍啜賺，陷人於機阱而猶感其恩，得人之利益而又貽之害。誠不可揜，究竟要符。惟兵也者，動於九天之上，藏於九地之下，形在彼，意在此，悅其意，賊其身，詐術詭道，期於必勝而已。究竟也要符，故可一而不可再。

發揚處克塞天地，凝定處妙入塵沙，此是儒家陰符。有氣底死人，陽間底真鬼，此是玄家陰符。

篇中七個「機」字，皆在陰陽之界，故曰「機者，動之微」。生死出入關捩，動靜倚伏邊際，全在此字上。

做工夫祇在養陰，陰之又陰，自然陽之又陽。陽無分毫作用，全不在陽上照管。此正是中庸首章末章宗旨。

陰符經解〔一〕

焦竑

上篇

觀天之道，執天之行，盡矣。天有五賊，見之者昌。五賊在心，施行於天。宇宙在乎手，造〔二〕化生乎身。天性，人也。人心，機也。立天之道，以定人也。天發殺機，龍蛇起陸。人發殺機，天地反覆。天人合發，萬化定基。性有巧拙，可以伏藏。九竅之邪，在乎三要，可以動靜。火發〔三〕於木，禍發必克。姦生於國，時動必潰。知之修鍊，是謂聖人。

〔一〕此書著録見於千頃堂書目。作者焦竑（一五四〇—一六二〇），字弱侯，號漪園、澹園。江寧人。明史有傳。萬曆十七年狀元，官至翰林院修撰。明代思想家，深諳佛學。著作宏富，存世有焦氏筆乘和諸子注釋多種。本書文字根據叢書集成影印的寶顏堂秘笈本，校以中國科學院圖書館藏天啓刻本。經文句讀遵用天啓刻本。

〔二〕「造」，天啓本作「萬」。

〔三〕「發」，天啓本作「生」。

天之道無心也，天之行無爲也。觀而執之，則心無其心，行無其行，豈復有餘事哉？天，一也，而分爲五行。五行，盜天氣者也，然分之而五則賊，攢之而一則昌。非見之疇能一之，能一之則五行在我，不以心運，而以天行，生天生帝，自本自根。宇宙在其掌握，造化皆其枝葉矣。此古至人化人爲天，攝情歸性之道也。所謂天性非他，人是已。所謂人心非他，機是已。人生而靜，了不可名。其可名者，心之動，機也。動而忘反，漸離其天，惡乎定？立天之道，以定人者，泝而上之，知動出於不動，爲出於不爲也。動出於不動，則無動。爲出於不爲，則無爲。人一天矣，情一性矣。故曰「五行順行，平地火坑。五行顛倒，大地法寶」。順行爲生，顛倒爲殺。此殺機也。在龍蛇爲蟄，在人爲靜。人知飛騰起陸者，龍蛇之神，不知蟄乃所以起也。故曰「天發殺機，龍蛇起陸」。人知旋轉天地者人之能，不知靜乃所以動也。故曰「人發殺機，天地反覆」。我歸其根，天復其命，此天人合發也，而萬化定基焉。是立天定人在此伏藏間耳，此豈人所不可能哉！性有巧拙，皆可伏藏，何也？五賊在人，散於九竅，九竅之邪，由三要入。三要者，耳目口也。鄉也，自無而跖有可。今也，自有而跖無亦可。其動其靜，皆在我耳。然是靜也，離動求靜，遠於千里；轉動爲靜，祇在一塵。故火生於木，反以焚木。姦生於國，反以潰國；動生於靜，反以害靜。誠知動之所自生，如火生於木，姦生於國也。而修之鍊之，就其出門，便求歸路。即事物並作之内，造混沌未鑿之先，則子母玄同，徼妙合一。雖遏燎原之勢，弭蠹國之姦，有不難者。顧其觀而執之者，何如耳？

中篇

天生天殺，道之理也。天地，萬物之盜。萬物，人之盜。人，萬物之盜。三盜既宜，三才既安。故曰：食其時，百骸理。動其機，萬化安。人知其神之神，不知不神之所以神。日月有數，大小有定。聖功生焉，神明出焉。其盜機也，天下莫能見，莫能知。君子得之固躬，小人得之輕命。

有生必有殺，有殺必有生，不能使之然，不能使之不然，皆天之理也。至人立生殺之先，而竊其妙機。處其殺，不處其生，故名曰盜。雖然，三才皆盜也。何者？天地人物，靡非一氣。天地分人物之有，物分人之有，人分物之有，虚無之中，如巧相竊者。故易曰：「作易者其知盜乎？」蓋易也者，生生而不窮，用之而益有，如盜他人之物然，亦此意也。三才皆盜，而人爲獨妙。人能盜造化之機，處其殺，不處其生，則三盜宜，三才安矣。盜即下「食其時，動其機」之謂。時者，丹家所謂活子時。詩云「前後際斷處，一念不生時」，是也。食如「龜書食墨」之「食」，言與之適相當也。機指殺機而言。「動其機」，老子所謂「反者道之動」也。食其時，識未萌也，而百骸理；心有天遊，六鑿不相攘矣。動其機，情盡冥也，而萬化安；天德出寧，雲行而雨施矣。時之無作，機之未動，含元自歸。我尚不立，無神也，乃百骸萬化，自理自安，則不神而神矣。夫月掩日而光昏，度月而日耀；日對月而明奪，違對而月朗。此其小大之數有一定者。故月之有明，日假之也，日近而明自虧；百骸萬化之有累，識生之也，識去而累自已。然則聖功之出於無聖，神明之生於不神也，復奚疑哉？嗟乎！此機甚微，不易見，不易知也。見之者昌，知之修鍊者聖。以之固躬，特其餘事耳。苟非其人，至於輕命者，往往有之。蓋大道之體，荒兮未央；小器小根，難於湊泊。故觀空以歸真也，而昧者以蕩心；體無以遺照也，而謬者以喪檢。此君子受之，爲不器之大道；小人竊之，爲無忌憚之中庸也。

下篇

瞽者善聽，聾者善視。絶利一源，用師十倍。三反晝夜，用師萬倍。心生於物，死於物，機在目。天之無恩，而大恩生。迅雷烈風，莫不蠢然。至樂性餘，至靜性廉。天之至私，用之

至公。禽之制在氣。生者，死之根。死者，生之根。恩生於害，害生於恩。愚人以天地文理聖，我以時物文理哲。

瞽善聽，聾善視，以其絶聲色之利，一視聽之源。故十倍衆力，乃其理也，況學道者乎？人能自晝而夜，三要皆反。視不以色，視於無形。聽不以聲，聽於無聲。味不以味，味於無味。反流全一，六用皆廢。斯人也，上合太初，而不見太初之無；下合群物，而不見群物之有。以之握造化之柄，透生死之關，倍於衆力有萬萬者。不然，種種色相，認以爲實，一得一失，生死隨之。此生於物、死於物者也。生死也，由於見可欲。三反也，成於觀天道。得喪之機，實在於目。三者之中，目爲尤要矣，順爲恩，逆爲害，順爲生，逆爲死。晝夜三反，害之死之，非恩之也。然迅雷烈風，天若無恩，而萬物得之，蠢然而動，是大恩生於無恩也。人能逆我欲流，反窮流根，至不生滅，其於復性，奚難之有？夫枯槁者以寂滅言性，不知至樂性餘，不爲靜縛也；流易者以和樂言性，不知至靜性廉，不爲動轉也。葛玄曰：「棲神於靜樂之間者，謂之守中。」蓋得此意此理。至公不離至私。百姓之日用者，即道也。在禽而制之，以氣耳。禽，古「擒」字。易「以從禽也」，左氏「不禽二毛」，皆作「禽」。蓋心有是非，氣無分別。心有是非，故老子不欲以心使氣；氣無分別，故陰符欲以氣制心。氣制心則太浩常存，情根内廢。雖萬境交馳，一念不作，如畫馬牛，如幻男女，夫誰爲撓哉？老子云：「專氣致柔。」莊子云：「無聽之以心，而聽之以氣。」靈均云：「一氣孔神。」張平叔云：「真土擒真鉛，真鉛制真汞。」皆指此而言。故曰：「生生者不生，殺生者不死。」又曰：「生生者不生，死死者不死。」人能當生而不生，未死而先死，則長生矣。嗟乎！死生恩害，相爲循環。衆人常處其生，處其恩，此以天地文理求聖於迹也，逐其子者也。聖人常處其死，處其害，此以時物文理求哲於心也，守其母者也。順逆少分，聖愚霄壤，乃其性豈有異哉？降本流末，而本未嘗喪；散樸爲器，而樸未嘗離。一能反本還樸，復歸其初，則性道即此而在矣。

人以愚虞聖，我以不愚虞聖。人以奇期聖，我以不奇期聖。故曰：沉水入火，自取滅亡。自然之道靜，故天地萬物生。天地之道浸，故陰陽勝。陰陽相推，而變化順矣。是故聖人知自然之道不可違，因而制之。至靜之道，律曆所不能契。爰有奇器，是生萬象。八卦甲子，神機鬼藏。陰陽相勝之術，昭昭乎進乎象矣。

夫愚人以天地文理求聖，不知聖者也。故卑之以「愚虞聖」，以聖人之無爲也，不知無爲非愚也；高之以「奇期聖」，以聖人之無不爲也，不知無不爲非奇也。夫聖人無爲而無不爲也，知性而已矣。不知性者降本流末，懵於首尾之長無，妄執其中之暫有，憎愛棲心，爲水爲火，有窮萬世而不悟者。此蓋執象之過，不知其有進於象者故耳。何者？象初一自然也，自然一靜也。無生有，有生天地。萬物浸浸然積漸而生，自一陰以至於三陰，三陰則勝陽，自一陽以至於三陽，三陽則勝陰。陰復生陽，陽復生陰，陰陽相推，變化自順，所謂物以順而生也。聖人知無自而然，然不可違，無靜而靜，靜乃至靜，靜以制動，動亦非動，所謂道以逆而成也。夫至靜之道，括萬象而非象，涉群數而非數，鬼神不能窺，巧曆不能算，非奇器而何？故兩儀也，八卦也，六十甲子也，萬象也，大小多寡，相推相成。而求其所以相推所以相成者，卒不可得。神機鬼藏，象而非象，斯象帝之先者也，故曰「昭昭然進乎象矣」。知其進乎象，則形數悉空，狂馳頓歇，天地不能爲之囿，陰陽不能爲之灾，火宅轉爲蓮池，昏波化爲彼岸，一息之間，迴超萬古，視彼沉水入火、自取滅亡者何如哉？

此古聖人復性之學，而解者率以有爲之邪術圂之，或辱以爲强兵制勝之書。以彼情量之見，測性天之微，宜其不相中也。余因園廬之多暇，覈玄玄於道流，慨古微言日就湮没，輒疏此以灑之。世有知言者，當不必後之子雲已。

萬曆丙戌秋，秣陵焦竑弱侯題。

陰符經解〔一〕

臨川湯顯祖

天道陰陽五行，施行於天，有相變相勝之氣，自然而相於生，生而相於殺。生爲恩，殺爲害，害爲賊。五賊在人九竅中，日日有損，愚人目光外惑，不能觀見。若能觀而見之，則當數倍用師，禽執此賊。雖使五賊施行於天，吾以攝之於心，運之於掌。所以觀而執之，天機也。天機者，天性也。天性者，人心也。心爲機本，機在於發。天機發在斗。斗者，天之目也，受天機，幹〔二〕天行。陰爲機者死，陽爲機者生。地機發在雷，則龍蛇氣流。龍蛇者，地之氣也。天地殺機，即其生機。天地交合，宇宙不散。人在其中，因能見此五賊，發而制

〔一〕作者湯顯祖（一五五〇——一六一六），字義仍，号海若，又号若士，臨川人。明代著名劇作家，明史有传。萬曆十一年進士，後辭官隱居著述。他的陰符經解有不同版本。本書文字取自説郛，校以天啓本快閣藏書和四庫全書存目叢書影印的天啓刻本玉茗堂全集。

〔二〕「幹」，疑作「干」。

之，靜則潛於恩門，動則轉於害機，精氣往來，起於命蔕，推反陰陽，交割天地，所謂宇宙在手，萬化在身，可以定機〔一〕，可以定人。天機定也。夫內使天機者，外事不可入。性有巧拙，可以伏藏。伏藏爲機，伏藏爲巧。盜洩吾機，常在九竅。伏藏爲真，流露爲邪。能知三要，則可動靜。三要者，三盜也。三盜者，五賊也。木中有火，火出則木死。國中有姦，身中有邪，知而鍊之，火爲我用，賊爲我禽，謂之聖人。聖人何知？知天之道。生以殺之，天道自然也。故天地以五賊盜萬物，萬物以五賊盜人，人以五賊盜萬物。一氣混成，三才互吞，以成宇宙，以生萬物，所謂三要也。三要相盜，出入九竅。人大形能食味，神能食氣也。食失時，靈物受病。故食天地萬物以時，則養不屈。人心，機也，動天地萬物以機，則動不危。故曰：「知三要者，可以動靜。」似乎不神，而有所以神，何也？所謂食之時，不出日月之時；動之機，不離萬物小大之機。日月在於數中，小大定於象中，律而倪之，歷而步之，非有神奇也。然而食之理骸，動之他〔二〕安。聖由此功，神由此明，則不神而神。聖人以此盜天地萬物，而不爲天地萬物盜矣，謂之盜機也。人莫能見，見之者昌。人莫能知，知而修

〔一〕「機」，快閣藏書和玉茗堂全集作「基」。

〔二〕「他」，快閣藏書本作「化」。

之，謂之聖人。君子竊其微妙以資性，小人窺弄其機以輕命。君子何以固躬？流露其身，則身非固器矣。故聾者精絶於耳，則合於神，視之不可勝用也；瞽者神絶於目，則藏於精，聽之不可勝用也。九竅之巧，第絶其一原，視聽功力，已自十倍。矧倒握天機，三反晝夜，動静其中，三十六時，能食其時，能動其機，禽賊之師，固當萬倍矣。此中死生，全係於心。心以物生，則神不居妙；心於物死，則精可合明。生死機關，全在目精也。夫目在九竅中，最爲巧利。盜之所影，邪之所禪，絶利藏巧，宜自目先。反精自照，五賊可見。因而制之，聖功在根，神明此運也。若不轉自機關，必在情中生死。是故天性之人，迅風烈雷，大發殺機，以開生氣，百骸萬化，鼓動欣然。所謂害氣生恩，美哉樂哉，樂則似其性中有餘。巧絶物死，至静也，静則似其性廉。夫至静之性，乃天性也。天道害而生恩，公而成私。故迅風烈雷者，天氣之機也。五賊無時，禽之在氣機。蓋目〔一〕者，人之星宿也，持轉易之關，故曰「機在目」；氣者，人之龍蛇也，存伏藏之用，故曰「制在氣」。明於二〔二〕在者，可以三反，可以反覆天地矣。五賊成禽，此真宇宙在手矣。故夫生死相根，恩害一門，生者死之，死者生

〔一〕「目」，原作「日」，據快閣藏書改。
〔二〕「二」，原作「三」，據快閣藏書和玉茗堂全集改。

之，恩者害之，害者恩之，乃爲反覆天地，聖功也。人知神之爲神，故以天文星宿地理蛇龍之類爲聖。我知不神之所以神，故以時文物理爲哲。日月有數，時之文也。小大有定，物之理也。食其時，動其機，知之哲也。是故藏巧絶利，不可以愚虞；目機氣制，不可以奇期。有愚與奇，不名自然。道不自然，有害無恩。沉水入火，非愚則奇也。夫水火，五賊之交也。制之不以自然，小人得之輕命矣。夫禽制之法，豈有奇哉？自然則靜，不自然則動，動則死，靜則生。自然而靜者，浸也。浸而生者，推也。浸以推，浸以移，因浸以勝。陰陽之制，自然也。知之者聖人，因而制在氣。靜，相生也。浸，相勝也，不使其心，不作其機，密而用之，潛而還之。至靜之行，非有律曆也。靜中若動，奇器生焉。奇者，獨露之機。器者，運功之象。是生八卦，甲子循環，律曆陰陽之用，皆三十六矣。日月有數，小大有定。五賊生死其中，三反上下其際。其盜機也甚，伏藏也甚。日以勝相生，以生相勝，不禽而禽，無制而制。萬象之先，自然之内也。昭昭乎，其以時物文理哲乎！故曰：「觀天之道，執天之行，盡矣。」天之道自然，天之行浸。故不知浸以自然，則不能行八卦甲子；不能行八卦甲子，則不知三反晝夜；不知三反晝夜，則不能天地反覆。然則雖見五賊，不得禽之爲用；不爲用，則姦生而禍克矣。夫惟聖人昭昭乎見而制之，故有昌無亡。

陰符經注解〔一〕

松陵莊元臣忠甫氏注

觀天之道，執天之行，盡矣。

二氣五行，天之道也。盈虛消息，天之行也。觀天之道爲我之道，執天之行爲我之行。屯蒙復垢〔二〕，與時循環，而和神繕性之事畢矣。

天〔三〕有五賊，見之者昌。五賊在心，施行於天。宇宙在乎手，萬化生乎身。天性，人也。人心，機也。立天之道，以定人也。天發殺機，龍蛇起陸。地發殺機，星辰隕伏。人發殺機，天地反覆。天人合發，萬化定基。

〔一〕作者莊元臣，字忠甫，號鵬池主人。四庫全書總目記載他是歸安人，但是他的著作曾自署松陵（今屬蘇州）人。明代學者，隆慶年間進士。著作有三才考略、叔苴子等。本書文字採自中國國家圖書館藏抄本莊忠甫雜著，該書原爲嘉業堂舊藏。

〔二〕「垢」，疑作「姤」。

〔三〕「天」，原作「人」，據注文改。

金賊木，木賊土，土賊水，水賊火，火賊金，互爲子母，亦互爲賊殺，故曰五賊。五賊隱則潛天潛地，五賊見則生人生物，故曰「天有五賊，見之者昌」。人稟五材以成身，其金可以召金，其木可以召木，其水可以召水，其火可以召火，其土可以召土，呼吸顧盼，皆可提挈天地，搏捖陰陽，惟得道者能之，故曰「五賊在心，施行於天」。宇宙在乎手，萬化生於身」。流行於兩間，與稟藏於胸膂者，毫無差繆，故曰「天性，人也」。天地之道雖大，而總持斡旋，必以人心爲宰，故曰「人心，機也」。奠天之樞者，始於奠心之樞，故曰「立天之道，以定人也」。人定而天隨之矣。五賊之用隱，則殺機伏而萬物靜。五賊之用顯，則殺機發而變化行，故曰「天發殺機，龍蛇起陸。地發殺機，星辰隕伏。人發殺機，天地反覆」焉。何哉？物非殺則不能生也。木殺土而後成春，火殺金而後成夏，金殺木而後成秋，水殺火而後成冬。人殺五穀以爲養，殺材木以爲居，殺魚豕以爲羞，而後人得以生。萬物皆然。故殺機者生機也，五賊者五子也。

性有巧拙，可以伏藏。九竅之邪，在乎三要，可以動靜。火生於木，禍發必克。姦生於國，時動必潰。知之修鍊，謂之聖人。

五賊在心，同一性也。而强者當抑，弱者當扶。故暴者必欲伏之，奔者必欲藏之。巧者有餘，拙者不足，故曰「性有巧拙，可以伏藏」。九竅者，性之户牖。然惟眼鼻與口爲三要，以其可動可靜，樞機自我，非若餘竅之不受令於心者也。故曰「九竅之邪，在乎三要，可以動靜」。五賊在心，其最難伏藏者惟火。火生於木，可以焚和，如姦人之能亂國。故聖人制機於九竅，巧運於三要，使邪伏而不得動，火衰而不得炎。故曰「火生於木，禍發必克。姦生於國，時動必潰。知之修鍊，謂之聖人」。

天生天殺，道之理也。天地，萬物之盜。萬物，人之盜。人，萬物之盜。三盜既宜，三才既安。故曰：食其時，百骸理。動其機，萬化安。

天有所生，必有所殺，不殺則不得生。其殺之者，即所以盜之也。天取百物之精氣，以成象於天，故曰「天地，萬物之盜」。萬物取人之材力，以發生於兩間，故曰「萬物，人之盜」。人取萬物之膏脂，以養其形神，故曰「人，萬物之盜」。三者互相盜，互相生，互相成，故曰三盜既宜，三才既安。人之盜天地萬物也，必有所以食之。食之妙莫如食時。時其日月，時其朝夕，時其動靜。而服食其氣，則可使靈根壯而元神肥，故曰「食其時，百骸理」。聖人專氣致柔，斂之不出於方寸，運之則塞乎兩間，故曰「動其機，萬化安」。

人知其神而神，不知不神而所以神。日月有數，大小有定。聖功生焉，神明出焉〔一〕。**其盜**

〔一〕「神明出焉」，原闕，據注文補。

機也，天下莫能見，莫能知。君子得之固躬，小人得之輕命。

聰明睿智，人之神也。人不自神，食其時，故神。百姓日用焉而不知，故曰「人知其神，不知不神而所以神」。日月之晦朔弦望有數，盈虛消息之大小有定，時由此食，神由此生，天下皆往資焉而不自知，惟君子知寶而存之，小人則昧而喪之，故曰「日月有數，大小有定」。聖功生焉，神明出焉。其盜機也，天下莫能見，莫能知。君子得之固躬，小人得之輕命」。

瞽者善聽，聾者善視。絶利一源，用師十倍。三反晝夜，用師萬倍。

人必有所不用，而後能成其大用。故瞽者必善聽，聾者必善視，人能閉欲除想，專精於取盜時物，則一日可收十日之功，故曰「絶利一源，用師十倍」。若能三晝三夜，收反氣機，息息不停，心心不斷，則一日可收萬日之功，故曰「三反晝夜，用師萬倍」。

心生於物，死於物，機在目。

人同處日照月臨之下，或以之生，或以之死，惟其能盜與不盜之異也。能盜者，目攬而心受。不能盜者，目逃而心浮。故曰「心生於物，死於物，機在目」。

天無恩，而大恩生。迅雷烈風，莫不蠢然。至樂性餘，至靜則廉。天之至私，用之至公。

迅雷烈風，莫不蠢然畢動，此天地無恩之恩也。然天之恩，豈惟迅雷烈風哉？人當其樂時，則其取於物也常有餘，當其靜時，則其取於物也常不足。有餘不足，人自爲多寡。而天至和之氣，自常公於宇宙之間，不以多取而虧，不以不取而盈。此所謂之大恩也。

禽之制在氣。

天地至和之氣，不可見見聞聞。人以其無形而難知，則謂盜之者未必有福，失之者未必有禍。然觀禽蟲莫不以氣相制，如蛇畏鯽且〔一〕，鯽且畏蛛蜘，象畏鼠，虎畏駮。小服大，弱服强，則形不能相制，而氣執其權也。然則氣雖無形而能爲形之君，審矣。彼盜氣於天地者，何謂無益哉？

生者，死之根。死者，生之根。恩生於害，害生於恩。

飲食男女，生之樂也，而殘生損性必由之；是死根於生，而害生於恩也。恬淡苦約，死之鄰也，而長生久視必由之；是生根於死，而恩生於害也。

愚人以天地文理聖，我以時物文理哲。

陰陽五行，此天地之文理也；人之生能禀陰陽之秀，載五行之全，不汩於遊氣之紛擾，

〔一〕「鯽且」，疑當作「蝍蛆」。典出齊物論。

則愚者可聖矣。盈虚消息，此時物之文理〔一〕也；我於有生之後，能順其盈虚，體其消息，食天之和，飲地之德，則聖功生而神明出，昏可哲而凡可仙矣。

〔一〕「理」，原作「物」，據經文改。

陰符經解〔一〕

石頭菴和尚如愚解

序

夫道，一而已，裂而爲陰陽，爲修養，爲兵伐，爲刑名。觀天之道，幾乎息矣。余謂有天道而後陰陽見，陰陽見而後修養得，修養得而後兵伐可治，兵伐治而刑名屬矣。使天道不得而能修齊治平者，是今日適越而昔至，神禹不能焉。辟夫江河淮濟歸王乎海，海出則異，入則同。同異其水性然乎？地形然也。地者，坤之質而陰之至，其色尚黄。黄者，色之中而符之極。太史公紀軒轅有土德之瑞。莊子稱帝問道於廣成子。後之人或葬橋山，或乘

〔一〕此書著録見於千頃堂書目。作者如愚，字藴璞，號石頭和尚，江夏人。生卒年無考。少年時曾爲儒生，出家爲僧後曾住衡山、金陵等地寺廟，仍與袁宗道等人交遊。千頃堂書目和四庫全書著録他的著作多種。本書文字根據藏外道書影印本，題目取自千頃堂書目。

龍而上仙，弓有烏號，地有鼎湖。孝武所以輕萬機，棄妻子，甘心乎脱屣。文不雅馴，儒者不傳。是非無定，其中央之混沌歟？製陰符者於是乎鑿竅而重言之矣。且夫百家九流是儒，儒是仲尼。仲尼不是術，雖正而不傳。製陰符者盍曰陽曰陰？盍曰仁曰賊？盍曰生曰殺？殺之所以生，賊之所以仁，陰之所以陽，正言若反，與道契矣。仲尼復生，余知是是。何也？道一而已矣。暇日取爲弟子談，隨談而筆之。弟子輩請序之。異日有觀天道者，當復是是。然歟？非歟？余無辯。

時萬曆庚子冬日，石頭庵僧如愚書於高淳講肆。

陰符經

陰者，對陽而言，暗也。符者，對離而言，合也。凡陽則明，明則離。陰則暗，暗則合。謂天道人心本無言象，不可顯而明之；明之於道轉遠，祇可默契心知。老子曰：「多言數窮，不如守中。」今欲使人默契心知，守中而暗合。不得無言，是言則符。合道妙之常法，故曰經。

上篇

觀天之道，執天之行，盡矣。

天之道，自然也，先天也，體也，靜也。天之行，變化也，後天也，用也，動也。觀與執屬人，約工夫而言也。先天自然之體無象，非澄心寂照，約事而觀之，不知也。後天變化，寒暑往來，生殺貴賤之功用有形，不即虛無執持以修之，不得也。人能即體而用，即後而先，即動而靜。天之道雖無象，我得即有形而測度未始之妙。天之行雖有形，我得處無爲而安排有始之竅。是先天而天不違，後天而奉天時。觀之與執，工夫至此，無以加矣，故曰盡矣。

天有五賊，見之者昌。五賊在心，施行於天。宇宙在乎手，萬化生乎身。

此釋上文「觀」與「執」之義。五賊者，木火水金土也。謂之賊者，言天道藏之無紀，廢之無朕。爲五行合陰陽，而盜泄於有爲有象之中。吾人欲觀先天無象之道，必由五行而推至陰陽。見陰陽開合寂然不動處，則心寬體胖，明德新民由我，自然天地位而萬物育矣。豈不昌乎？故曰「見之者昌」。「見」字即上文「觀」字。「五賊在心」二句，又爲人指出賊之巢穴，使人好下手以執天之行也。謂五賊雖合天道，而施行生殺，其實機在吾心。故天有春夏秋冬，而人有喜怒哀樂。要知四時品物流行之機，即在吾心七情已發未發之中。「宇宙在乎手」者，上下四方曰宇，古往今來曰宙。既知賊在心，則執賊者爲手。以手能執物，以喻吾心能信此道，允執厥中而不遺。故一掌之間定八卦，配干支，吉凶消長，曲指而算，迎數而知，豈不宇宙在乎手耶？「手」字即上文「執」字。既知其宇宙在手，則千變萬化，轉退爲進，就吉去凶，由我趣避。豈不萬化生乎身哉？故君子修身家齊而國治，篤恭而天下平，道之不遠人矣。

天性，人也。人心，機也。立天之道，以定人也。

此釋成上文也。天之性，即人之心。此天有五賊，所以在心。人之心，即是天之機。此五賊所以施行於天。宇宙在乎手，所以依人而立天生殺之道。萬化生乎身，所以遵天而定人綱常之理。是寒暑往來，尊卑高下，總屬吾心之天機。豈天道不即吾心可覼？天行不即吾手可執乎？

天發殺機，移星易宿。地發殺機，龍蛇起陸。人發殺機，天地反覆。天人合發，萬化定基。

此根「人心，機也」之「機」字來，而發明三才生殺總機於人心。蓋上文立天定人是生機，有生必殺，殺乃方生。是道之理，自然之妙，故此明殺機。又上三節皆明天與人，而未明其地。此足以地，以成三才足。地在人後者，以人在天地之中故也。三才之殺機，天以象觀，春夏生，秋冬殺，星宿隨時而移易其位。地以形觀，龍蛇或伏於水，殺機動，則伏者起而水者陸矣。人統天地，天地好生而惡殺，故殺機動則天地爲之反覆。天人合發者，謂三才皆有殺機，然不可偏發。偏則有死無生，三才失位，造化生生之理幾乎息矣。必欲天人合發，則殺者爲生之機，而化者反爲定之址。如是則死者無怨，而生者無怍，故曰「萬化定基」。

性有巧拙，可以伏藏。九竅之邪，在乎三要，可以動靜。火生於木，禍發必剋。姦生於國，時動必潰。知之修之，謂之聖人。

此承上文，謂三才雖有殺機，而人物各有其性。性雖有巧拙之不同，皆可以即性而伏藏其形，以避其鋒。伏藏不出九竅，九竅之邪正，又在耳目口，爲伏藏之三要。三要可動可靜，伏藏巧拙者，吉凶於是乎見。巧者伏藏於靜，九竅之正，如火生於木，靜則木資火之暖氣以生。拙者伏藏於動，九竅之邪如火，雖生於木，動則木受火之燒性以必剋，禍孰大焉！如姦生於國，人主正靜，則國資其姦材而爲治；人主邪動，則姦人得藉其國柄而潰散其神器。是善惡福禍，治亂興亡，在吾人之心機天性，動靜多寡，以成其利害之小大。人能於心性動靜之機，知之明，修之正，不爲識情關鎖，則雖有榮觀，燕處超然，而肯以身輕天下哉？故曰：「知之修之，謂之聖人。」初以「觀」、「執」字發之，中以「性」字「心」字貫之，末以「知」、「修」字結之，一篇脉絡眼目，昭然可見。

中　篇

天生天殺，道之理也。

前明生殺之機主乎人心之天，此言天人之生殺非故作妄爲，實道之理所當然也。人能達生殺屬天之道理，則生爲時來，死爲順去。安時而處順，有如冬著襖，夏脱衫，哀樂不能入矣。

天地，萬物之盜。萬物，人之盜。人，萬物之盜。三盜既宜，三才既安。

前明天有五賊，是五行爲先天之盜，竊露其天機，與人物爲功用。此言三才相盜，以明後天生殺之功用。又爲先天默奪其權，而歸乎無聲無臭，既宜既安之表。天地萬物□□□〔一〕如春夏化工使物榮發發之□忽然有□□肅殺而收斂之。此收斂豈天地欲私其己而富其身哉？莫過爲萬物藏鋒斂鋭，爲來春生生不息之機。是天地爲萬物盜者，乃天道生殺之理所當然也。「萬物，人之盜」者，人有逆順憎愛之好樂，必就萬物取

〔一〕闕文因影印本模糊難辨導致。

著，而耗喪混沌至精之元氣。雖見逐日藉物以生，不知吾生者已爲物戕賊漸消，亦逐日以死矣。是萬物之盜人者，亦理之所當然也。「人，萬物之盜」者，鳶飛魚躍，各適其性，本不干人。而高射深鈎，一草一木，無不恣心盡法，以傷彼無涯之形命，而資吾有限之用度。豈非人盜萬物，亦道之理所當然乎？「三盜既宜」等者，凡不與而取曰盜。今萬物本不欲天地生殺，而天地生殺焉；人本不欲萬物戕賊，而萬物自然戕賊焉；萬物本不欲人成毁，而人自然害彼而成此焉。不如是，則三才失位而萬物無理矣。故天地萬物與人，宜乎其相盜而既且安矣。

故曰：食其時，百骸理。動其機，萬化安。

故者，引證之辭。曰者，説也。言古有如是之説話也。食者，眼耳鼻口取聲色臭味爲飲食也。時者，盈虚消長寒暑往來之時節也。百骸者，一身具四肢九竅脉絡骸骨也。機者，即前章「人心，機也」。萬化者，萬物出生入死轉禍爲福之變化也。此釋成上文「三盜既宜，三才既安」，必如是而後見「天生天殺，道之理也」。有時有機，非偶然耳。

人知其神而神，不知不神而所以神。

陰陽不測之謂神。人有一知半見之聰明者，但見其生殺相宜相安，功用之神妙，而不知惟是後天之神。此神乃有爲有象，猶屬於先天無爲無象之中。若夫無爲無象者，則生生者不生，化化者不化，是神雖神而不神，不神而所以神矣。人能知此，則知上天之載，無聲無臭，便爲聖人矣。故下文有「聖功生焉」之語。

日月有數，小大有定。聖功生焉，神明出焉。

前文所謂時者，時從日月周天之數得名。日月周天，各有小大之定分。聖人因凡民不知不神而所以神，故推步日月盈虛度數之時宜，詳審陰陽離合之定向，以判人物君臣父子之綱常、禮樂刑政之典誥，示民寒暑往來生殺變化之功用，使民得以敬天畏人，趣吉避凶，信天道福善，禍婬、休咎之神明而不敢欺，故曰「聖功」、「神明」等。前章結「知之修之，謂之聖人」，義見乎此。

其盜機也，天下莫能見，莫能知。君子得之固躬，小人得之輕命。

此明三才相盜，凡民不知，而聖人所以成功者，得其「天性，人也。人心，機也」之機權耳。是機在吾心，微妙玄通，本不遠人。而天下之人反不知不見者，以其太近故也。知機雖在我，則又有君子小人之分。惟君子得之重其事而修其身，戰戰兢兢，如履冰淵，躬行實踐，保固其身，水不能溺，火不能焚，參萬歲而一成純。惟小人得之，敢作敢爲，擔當天下之是非，逞英雄豪傑於一時，流惡名唾罵於千古，內不敬天，外不畏人，一切無有忌憚，非但身死國亡，亦且輕乎其自得本有之天命矣。然則盜機如水火，能生人亦能殺人，顧君子小人之得失如何耳。可不慎哉！

下篇

瞽者善聽，聾者善視。絶利一源，用師十倍。三返晝夜，用師萬倍。

此承上章末節，以明君子所以固躬。躬者，身也。身之所由，則耳目口爲三要。今試以世之患耳目者，喻視聽之精，則知固躬君子，返源以倍功也。瞽者因無目而善聽，則心合於耳。聾者因無耳而善視，則心合於目。是絶利於彼，而一源於此，比耳目俱用師心於物者有十倍之功。吾人宜將三要返歸本源天性，人心之機一晝夜之間於外境絶利，則比放心喪志用精於物者則萬倍其功。何則？彼利在情識而吾絶之，彼忘其性命而吾返之。是道不同不相爲謀，應天壤相懸，豈但萬倍哉！如是，豈肯弊弊焉以天下爲事，而不固我躬乎？有躬方有天下。今天下存而躬不固，何用乎？

心生於物，死於物，機在目。

三要爲心之門户，心爲三要之主人。三要有所利於物，則心隨物生。三要絶利於物，返於晝夜，則物死而心亦死。生死雖牵乎三要，而心之機實多在於目。孟子曰：「人之心莫良於眸子。」此又三返晝夜之捷徑也。

天之無恩，而大恩生。迅雷烈風，莫不蠢然。

心死於物，似乎物於我無恩。不妨物，不引心，心得返源。是物於我無恩，我於物無情。無恩不報，無情不染，神凝累釋，豈不如天之無恩？加風雷於物，似乎有傷，其實得生，則大恩生矣。老子曰：「天地不仁，以萬物爲芻狗。」

至樂性餘，至靜性廉。天之至私，用之至公。禽之制在氣。

至，極也。廉，察也，明也。凡人取樂在物，物有餘，而樂常不足。我之取樂，返其性則樂極而性有餘。凡人依動而察物，物廉明而性昏。我則歸靜於性，靜極而性常明。性者，至公之物，人人本有而無私。獨我得以樂以靜，有餘有廉者，如天不言，似乎私矣。不妨四時行焉，是又用之公矣。公私之道，豈特天之大者，即禽鳥之微物，將飛必先制氣，氣盛而飛，飛無夭遏。人之固躬，豈不以至樂之性爲私乎？老子曰：「非以其無私耶？故能成其私。」

生者，死之根。死者，生之根。恩生於害，害生於恩。

生死之道，互相爲根，非生無死，非死無生。人奚貪生而懼死哉？如有恩必害，害是恩根，何異焉？知生死恩害迭相來往，則吾取靜歸性，以私合公，豈不同禽之私制其氣，而公於勝人乎？莊子曰：「方生方死，方死方生。」賈子曰：「福兮禍所倚，禍兮福所伏。」

愚人以天地文理聖，我以時物文理哲。

此言愚而無智之夫，不知聖哲之在時與物，而務以高遠。惟我知天地文理即在我心動靜之時，萬物死生之理，故「食其時，百骸理。動其機，萬化安」。

人以愚虞聖，我以不愚虞聖。人以奇其聖，我以不奇其聖。沉水入火，自取滅亡。

虞，憂度也。奇，奇偶之「奇」。其，如詩「其雨」之「其」，冀望也。言人見聖人與人相反而爲聖人，過望焉。「我以」下二句，言惟聖人能知聖人也。人見衆人察察，聖獨悶悶似愚，而爲聖人憂慮卜度，恐聖人之愚於衆人；然我知聖人務天而保内，固氣以存神，惟恐聖人悶之不深，而愚之不甚也。人見衆人熙熙，如登春臺，如享太牢，聖獨若遺，頑且鄙，又以獨得出群，孤行絶侶，而冀望其聖人；然我知若遺且鄙者福生，熙熙太牢者禍至，尤恐聖人不孤之至而奇之極。所以然者，聖人如天之至私其靜，而行之至公，以固躬及物。而衆人放肆忘本，所以沉水入火，冰炭交心，直使形亡而心亦與之喪，自取滅亡耳。

自然之道靜，故天地萬物生。天地之道浸，故陰陽勝。陰陽相推，而變化順矣。聖人知自然之道不可違，因而制之。

此結成首篇先天後天體用動靜之妙，而制歸於聖人存養省察也。先天自然之道體，本無形象名言，律曆不能契，器象不能擬，八卦甲子不能推，神鬼不能機藏，陰陽不能勝負，故曰「靜」。惟靜，故天地於是乎生，萬物於是乎育。老子曰：「無名，天地之始；有名，萬物之母。」是自然之道不生，而天地萬物自生矣；自然之道無極，而天地萬物自極矣。天地生於道，則天司覆而地司載。兩儀相蕩，如水浸物漸漬，而陰陽五行勝負生剋於是乎出矣。陰陽五行一勝一負，則物之千變萬化，男女坎離，形器生而不敢違其命，故曰「順矣」。聖人知先天自然之道，靜無名象，極無言説，萬物變化，順之而不可違，則原始要終，歸根復命，而心亦制止乎於是中矣，故曰「因而制之」。制者，止也，謂聖人止於先天自然之道也。

至靜之道，律曆所不能契。爰有奇器，是生萬象。八卦甲子，神機鬼藏。陰陽相勝之術，昭昭乎進乎象矣。

此承上文先天無象，得成後天有象，昭聖神功，化之極也。形而上者謂之道；既形而上，則至靜以絶言象，故律不能合，曆不能載。形而下者謂之器；器曰奇者，太極之名也，天地之體也。獨往獨來，陶鑄萬物，主宰生殺，故曰奇器。既謂之器，器則有象。象非一二可數，故約大數，曰萬象有則。乾坤定位，山澤通氣，八卦可占，而甲子可推，或神而機發，或鬼而藏潛，干支於是乎配矣。干支既配，陰陽相勝相負之術，我得宇宙在乎手，以執而行之，豈不昭昭而明之乎？陰陽之道術既昭明而可衍，由是盈科而進乎萬象。象進則奇器可得而觀，器得則律曆可得而契。契得，則至靜之道，先天自然之體，巍巍乎離名絶象之中，我得歸根復命而制止焉，可謂默而識之，存乎其人。豈非陰符而暗合哉？

陰符經解〔一〕

古臨章世純大力父著

序

先王之解陰符也，先王之自有其獨也。致其練達，湛虚所明，百慮所清，吾不知明解之至止矣。然其理勝自寂，緣空本靈，夫亦情之所接也。以此驗之心力，尋思而悟不滅，求虚而疑不起。是所謂蔚於含蓄秉心，以識本原者乎？以故境深於尋常之所屢貌，聲靜於幽險之所獨絶。慘澹經營，江海不足以語其曠也。

與先王比屋而遊者，時則有若湯若士先生。若士之亹有今古，不可概述。而其解陰符

〔一〕作者章世純，字大力，臨川人。明末學者，明史和大清一統志有小傳。崇禎中任柳州知府時已七十歲。聞李自成攻陷京師，悲憤而卒。四庫全書收入其四書留書，傳世還有券易苞等。本書文字取自國家圖書館藏崇禎家刻本。標點參考了原書句讀。

也，一似宋注之確不可移。既以傳流而發朦極訓，行之彝矣！先生接其志，於書無所不用其心本，獨此一傳；又如先賢語録，出其道之所藏，進處其奥。無若士之疏通，不能以推人心而誦習於不衰。無先生之深法，又不能以盡己性而凝養於勿替。先生之解陰符也，先生之二跡於若士也。已而發響，皆結人心。約文必盈懷抱，原大意有其憑。故目以高而極，胸因惻而悵也。

時崇禎乙亥歲元日，豫章饒有政書於宜夕軒。

上　篇

觀天之道，執天之行，盡矣。

天者，所以本道，道之所定，天得而易之。道者，所以本事，事之所定，道得而易之。故道不定道，事無定事，皆在不盡之地。觀天之道而執之，則盡矣。

故天有五賊，見之者昌。

五氣之動，無德於人，豈賊於物？見其恩生，人謂之德；見其惡害人，謂之賊。見生則害，見害則生。東方之炁，害在中央。中央之炁，害在北方。北方之炁，害在南方。南方之炁，害在西方。相生者流，流順則竭。相害者止，止逆則立。人在天中，心在人中。物之居中，得轉其外。持少制多，以機用質。然則一心之動，施行於天，用其害機，制其成立矣。

天性，人也。人心，機也。立天之道，以定人也。

性者，發巧之物，含變之地。天無性，人爲之性，如心處身中，與身合形，然心爲身性也。機者，能動之主，妙動之才。乘於機者，未嘗可息心，第有質。質有其能，所能則其機也。措身不適，不名其心。厝天不適，不名其性。立天之道，人斯定矣。

天發殺機，移星易宿。地發殺機，龍蛇起陸。人發殺機，天地反覆。天人合發，萬變定基。

天以星宿爲面目，如人之怒面目必更。地以龍蛇爲氣血，如人之病氣血必騰。人在中央，爲天地腹。五臟有害，上徵下極，足頭皆亂。地合之於天，人獨與對。天應人事，必待其俱。一者不至，聖人不以舉事。人事至矣，天應復然，越際之取吴也。

五賊在乎心，施行乎天。宇宙在乎手，萬化生乎身。

賊者以不見之故，成於賊，見之則賊事亡矣。水火之害見，物因以爲利，所以昌也。天之五賊，人之五賊也。「五賊在心，施行於天」，天豈我所得施行哉？同其事而已。同彼之事，彼之爲者，是我爲矣。比於乘馬，乘馬者同於馬，馬所至而人至也。故千里之行，在於掌握。比燕南越，動於心意之御，而俱得至焉。

性有巧拙，可以伏藏。

物之有二惑，是以生姦，是以起性不一。性有巧有拙，假巧以爲牙距，拙得安焉？假拙爲形容，巧得行焉？此互爲伏藏者也。故物誠於致一，而詐於有二矣。二者虚實用之，遂可以爲無窮。

九竅之邪，在乎三要，可以動靜。

九竅皆以通靈，其愚者亦以通氣。八竅皆爲機巧道路，唯後陰無機巧。其並言邪者，從多者冒名也。然耳目口，邪僞爲甚，節制以役之，動靜而使之，可以養身，可以生謀矣。人皆病乎邪，邪獨爲聖人所寶。邪而甚者，聖人獨得制其機，動而陽之，靜而陰之，而神妙生矣。

火生於木，禍發必剋。姦生於國，時動必潰。知之修鍊，謂之聖人。

嗟夫！姦之所藏，藏於吾身。知姦之情，姦即良也。不知其情，姦爲姦矣。殺我者五行，生我者五行。修之去其多，鍊之去其粗也。

中　篇

天生天殺，道之理也。天地，萬物之盜。萬物，人之盜。人，萬物之盜。三盜既宜，三才

既安。

天地萬物，人皆以爲相生而立，聖人以爲相害而立。天地生物，今之生者，復將殺之。生其所殺，是徒有殺實無生也，故天地，萬物之盜。萬物養人而實危之，故萬物，人之盜。人造萬物而衣食使之，故人，萬物之盜。盜皆以不知，使但各見其爲生，不見爲害者，是三盜之得宜也，是三才之常位也。

故曰：食其時，百骸理。動其機，萬變安。

人之盜物，貴食其時。天地萬物之盜，貴感正其機。皆使不過，三盜宜也。

日月有數，大小有量。聖功出焉，神明生焉。

時有紀，聖人因之以立期。形有量，聖人因之以立程。朝夕辨其用，血氣正其量。天地之間，測時數之必至，用萬物以事宜。皆聖功神明之所以至深也。

其盜機也，天下莫能見，莫能知。君子得之固躬，小人得之輕命。

竊天地之機而用之，竊萬物之機而使之，竊吾身之機而制之。皆盜機也，然用之有然否，而利害生焉。故或以固躬，以我安我，以天下安我；或得之輕命，我返自殘，天下我殘。其所得遠矣。

下　篇

瞽者善聽，聾者善視。絶利一源，用師十倍。三反晝夜，用師萬倍。

心之神全也，分於三，其力不全矣。故視非聽也，視固陰分聽力；聽非視也，聽固陰分視力。何知其分？以瞽善聽聾善視知之。去其一而此得多有，以知兩之皆少也。故絶用之利，歸之一源，有十倍之力；於一源中，又多其功，則有百倍之力。用己之神亦然，用兵亦然。

心生於物，死於物，機在於目。

人無心也，以目爲心。目所見者心所有，目所不見心所無。目所見者物也，心之所知，知目所見之物也。生而瞽者，知何得乎？從人之目而知之。

天之無恩，而大恩生。迅雷烈風，莫不蠢然。

害物者所以利之，殺物者所以生之。知此道者，可以治身，可以治人。

至樂性餘，至靜性廉。

性非有餘不足也。樂則性有餘，多於其數矣。靜則其性如不足，寡於其數矣。一性之量，可使少多，吾知所以用之矣。

天之至私，用之至公。

天之於物處〔一〕，以不同，至私也。而不同者，從不同。同則用之，至公矣。物以私全，物私而用真，公者散也。私者，所以立己分而對天下。私者專，專者精。物皆自獨其氣，而精所以爲之，故不有其己。己非公之所可爲也。己所自遺，物不得而全之。地之大，猶有人，故出雨露而覆之，生草木禽獸，而受其壞亡。日月照而入其陽，一歲之中施固有也，受亦多矣。天未嘗有與者也，其所出亦不反也。故天爲至公。然人知天之公，莫知其以至私也。私其自足之分，懸於遠，外物不親，而用之嗇精吝氣，以餘及下，故能爲無窮。天之私甚於地，其公亦甚於地。天不自吝，竭絶可待，物焉得資之？故私者，道之至精。私者極，公者極矣。

禽之制在炁。

萬物以粗相加者，用形大則害小矣。用精相勝者，用氣小，或勝大矣。然後知大之勝小，亦用氣也。蔽於其形，以爲形能加耳。形實何能哉？

〔一〕此處依原書句讀。

生者，死之根。死者，生之根。息〔一〕**生於害，害生於恩。**

物無利而利者，盡以害利。無害而害者，盡以利害。微求遠考，可以得其然矣。冬之所以爲德於春，夏之所以起釁於秋也。

愚人以天地文理聖，我以時物文理哲。人以虞愚，我以不愚〔二〕**聖。人以其期聖，我以不期其聖。故曰：沉水火滅，自取滅亡。**

天地文理，細而察之足以知高深。時物文理，細而察之足以知精小。雖然，人取用於遠，我取用於近，亦足矣。遠者亦近所有也。故彼以聖者，吾猶以爲愚。若夫至至之道，則愚聖之名，皆非所用。故人有冀於愚，有期於聖。我無取於愚，亦不期於聖。聖愚不居，則哲亦非居矣。愚聖之外，以安其身。時物之中，以通其妙。彼天下之機豈可犯哉？一見其形，即受其害。愚固沉水，聖亦入火，無全者也。

自然之道靜，故天地萬物生。

自然者爲矣，而無爲者也，其氣嘿然。觀草木之長隱於深夜，旦起而視之，忽然有加

〔一〕「息」，疑作「恩」。
〔二〕「愚」，疑作「虞」。

矣。此知靜之生物，徵之夜之靜也。晝中亦有靜，其靜者微耳。大而推之，生天生地，何不用此？

天地之道浸，故陰陽勝。陰陽相推，變化順矣。是故聖人知自然之道不可違，因而制之。

寒或凝冰，熱火鎔金。二氣相反，然而相至者，浸也。浸之爲道，漸而久之。漸而久之，水爲火。漸而久之，冬爲夏。體道用謀之士，有靜有浸。有此兩者，事皆可立矣。因彼之有，加我之權。斧利成於木疏，帆行得之風駛。我之有力，彼所與也。我之有知，彼所錫也。浸之爲道，聖人用以變物，意反形容。靜之爲道，聖人用以御群，動深天機。陰之與陽逆事矣，今以浸而忘其逆。自陰入陽，自陽入陰，皆以爲其類也。此何哉？得之於天圓。天用依其體，天體圓。圓者妥於其形，循之者衰殺以往。相衰也，相順也，相殺也，相依也。往之所之，皆近其處。及疏而計之，已爲東西南北矣。彼其推而至者，則何不順哉？

淨〔一〕之道，律曆所不能契。爰有奇器，是生萬象。八卦甲子，神機鬼藏。陰陽相勝之術，昭昭乎進乎象矣。

〔一〕「淨」，似有誤，當作「靜」。

律曆所紀，紀於其行。不然，紀於其自然。自然者，靜之甚。所紀者，其動也。紀其動者，而靜愈隱矣。故靜者，天之奇器。靜生變化，故因而有氣，因而有數。數始虚危，而甲子生焉。日始此位，爲甲子日。歲起此位，爲甲子歲。月起此位，爲甲子月。時起此位，爲甲子時。甲子定，而六十之全數皆生。東西南北四時之氣皆立，萬有之物皆生。而其所生之本，一自然之靜也。豈不奇哉？名以奇猶不盡，故曰「神機鬼藏」也。神機者，神從此發而不盡。鬼藏者，鬼從此出而無止也。故知陰陽相勝之故，所自起者，知不在形象内也。已至之處，又復過之，謂之進也。陰陽相推，此現分也。其所由以自然，此過分也。

陰符經注〔一〕

蓬山逸叟還一喬中和著

觀天以察其機也，執天以决其致也。聖法天自古心傳，悉此矣。何謂五賊？金木水火土也。曰賊者何？遲疾伏逆，化彗變妖，殃及萬靈，如金主兵、火主熒惑之類。不見則我流行於五賊之中，見之則五賊流行於我之内。見之者聖人也，與天合道，而五星順則，故昌，非誕也。人天一機，呼吸相應。心賊纔生，天賊隨見，即咎徵祥，詎爽耶？夫人之手列十二文干支，生剋而六合，千古不能外。人之身具三百六十節，而萬物之生死恩害從此起。故曰「宇宙在手，萬化生身」。何以故？天之性即人之性，人心之機即天心之機。而立天之道，即以定人矣。生機殺機，一機也。不言生而言殺者，陰以操也，符也。陽順陰逆。命主順，符主逆。是故星宿之移易，龍蛇之起陸，天地之反覆，皆反常也，故曰殺機。順爲生，

〔一〕作者喬中和，字還一，内丘人，内丘縣志有小傳。四庫提要稱其崇禎中由拔貢生官至太原府通判。明末學者，曾在家鄉聚徒講學三十餘年，長於易學。四庫全書收録其著作五種。本文取自光緒年刻印的西郭草堂合刊本。

逆爲殺。此定理也。知此，則喜怒笑顰之顛倒，皆殺機也。天非人不因，人非天不成，故「天人合發，萬化定基」。自昔未有不合天而爲聖者。兵法長而示之短，短而示之長，所示在彼，所藏在此。藏吾巧可以制人，藏吾拙不制於人。惡乎藏？蔽其明，掩其聰，塞其兑。非不動也，動亦靜也。故曰可以動靜。動且靜，靜之至矣。靜無咎，動有悔。苟不善藏而至於動，生或兆死，恩或啓害。火剋木也，姦潰國也，誰則知之？誰及修之？其惟聖人乎！生乃殺，殺乃生，非愚非奇，其自致耳。故曰「天生天殺，道之理也」。竊取焉而不及覺，謂之盜。天地萬物，聖人交相取而無形，故曰盜。非彼無此，非此無彼。巧者有餘，拙者不足。拙者有餘，巧者不足。有餘不足，皆盜情也。性巧性拙，皆盜資也。三盜宜，則彼此不相害而有餘，不足之患消，故三才安。所謂盜，非真有所剽而奪也，語有之曰：「食其時，百骸理。動其機，萬化安。」聖人不能爲時，能不失時耳。日中必彗，操刀必割。時至機迫，如弩斯發。百骸之理，萬化之安，不知其然而然。所謂宇宙在手，萬化生身，立天定人，非神而何？乃神則何知之有？蓋正助兩忘，意必□化之域。或謂食時，如沆瀣朝霞，獻珠應潮之類。至理無二，非迂非幻。日月有數，小大有定，萬事該備。日月從「時」字生來，小大從「機」字生來。有數有定，算得真，拿得穩，非冥冥決，泛泛從也，内以治身，外以治人。一了百了，更無剩義。故曰「聖功生焉，神明出焉」。凡此者，盜機也。妙秘之極，天地且莫能見，莫能知，而況人耶？況物耶？此個機關，瞞天瞞地，瞞人瞞我，一毫差錯，萬化沉淪。故君子固躬，小人輕命，相去遠矣。固躬者，完滿堅確之義，非遍攝也。瞽者聾者，絶利一源。善聽善視，用師十倍。陰陽相勝，殺機也，故言用師。三返晝夜，言返還三晝夜也。絶一，專也。返三，純也。如承蜩必人惟蟬翼之知，如削鐻三月而若神是已。天地無心，萬物無知，故能絶一返三而善盜。人惟有心有知，故不能絶一返三而不善盜。非心之咎，而咎在目。目，賊之首也，要之要也。生於物，死於物，總是一物。死處即是生處，故曰「天之無恩，而大恩生」。迅雷烈風，無恩也。莫不蠢然，大恩也。恩生處爲至樂，無恩處爲至靜。性之爲言，自然之謂。餘，有餘也。廉，不足也。天性好生，而樂有餘靜不足，天之至私也。聖惟合天，而有餘者不使有餘，不足者不使不足，用之則至公也。何謂至公？人所同然，理所宜然，事所不得不然故也。陰陽相勝，如勍敵然，故言禽。禽不以力，故言制。「制在氣」三字，覿面真訣。鵲之中蜎，鼠之食牛，氣也。氣相制，則不知其然而然。故言養氣，言積氣，見依稀合哉。生死之互根，恩害之迭生。天地何心？時物何知？聖人亦何愚而何奇？水之溺，火之焚，自取也。此自然之道也。自然之道與至靜之道無兩，故曰「自然之道靜」。靜乃生，生則浸。浸不已，故陰之勝陽，陽之勝陰，皆始乎微而卒乎著。推者，讓之使前也。陰勝極則讓陽，陽勝極則讓陰，陰陽相讓，而變化不忒者，靜以爲之根也。

陰陽之往來不容已者，自然之道不可違也。陰陽之相生相死，而卒不偏枯者，至靜之道制之也。聖人知焉因焉，制靜在握，萬化合軌，故曰「律曆所不能契」。契者，符也。靜者，陰也。故曰陰符。天地之氣，先陰而後陽。聖人之權，先符而後命。符藏於陰，而命顯於陽，故曰「八卦甲子，神機鬼藏」。蓋圖書皆象也，遊於象先而制天地萬物之命者，符也，非道也，術也，法之巧者也，故曰奇器。怪而珍之之辭云爾。

陰符經注〔一〕

嵩陽子石和陽述

蜀中道人序

道非言傳，無言不顯。道本强名，無名弗著。所以歷來注集丹經者，如參同、悟真、藥鏡、南華諸家丹理，皆是發洩性命之學。衆人多障蔽，不肯盡心搜求，每每只在紙上尋訣，卻不能透入真宗。而陰符一籍乃崆峒君受之於廣成老人，盡性至命之秘言。而今學道之流多有棄性而言命者，禪宗之□〔二〕多有捨命而修性者，皆非長生之道，金玉之理。且注此書有發爲文字，有包括大意，有注而不明，解而不徹，種種不一，皆不得當日著此籍之深意

〔一〕作者石和陽，號嵩隱子，南陽人。明末道人。據説學道於楚地，後雲遊廣陵，有弟子多人。曾注釋黄庭經和道德經。本書文字取自道藏精華影印的乾隆刻本，略去李明徹的評述，校以民國掃葉山房本。原書有句讀。書法辨認得到張岩博士幫助。

〔二〕字跡潦草，難以辨識。下有一字同。

也。今嵩隱子體授□之深心，而述注師範之奥旨，説性痛快，講命透徹，秘之於笥，未曾梓行。今由廣陵授之於清虚庵弟子吴華陽、葛崊陽、盧皋陽、卞峻陽、秦襄陽等子，同闡真宗，廣宣至典，開啓迷城，提撕後學。因付刊刻，特求小叙，故書數言以寄其詞。

時康熙癸丑仲夏中浣之吉，蜀中道人撰，百子山樵書。

序

鼎湖神君，名曰黄帝軒轅者，昔拜廣成子於崆峒之山，得形神俱妙之理，陰陽消長之機。後修鍊於洞庭之野，張咸池之樂，九鳳來鳴，蛟龍起舞，而飛騰海島矣。功成之日，留以法言，名爲陰符。符者，符合廣成子之言也。予得師言，曾受講録，久聞其由，今筆之於書，以廣同志，非曰孤虚旺相，非曰六甲神機，非曰風后遁法，非曰兵家玄微，非曰治國之道，非曰安民之理，實乃切於身心，而關乎性命也。讀之者，當從身上思之，而勿視爲外來之物。應作是觀，則陰符矣，而毋曰陰符也哉。是以告之見者，而勿罪其述者。

嵩隱子石和陽撰。

觀天一章

觀天之道，執天之行，盡矣。天有五賊，見之者昌。五賊在心，施行於天。宇宙在乎手，萬物生乎身。

天者，萬物人之母也。靈明之性，在人成神，在天之中爲虚空，於穆不已，流行之理，得之則爲人，而守之則爲真。所以帝曰觀天之道，執天之行，則盡括諸理矣。觀天之道，是性學也。執天之行，是命學也。性命雙修，更有何術？觀者，體貼而迴觀之意也。執者，保守而不失之意也。喜怒哀樂，不睹不聞，非觀天之道而何？得一善，拳拳服膺，非執天之行而何？天道静而成性，天行運行不息以成命，動静得宜，則性命全矣。五賊者何也？天之金木水火土也。天乃太虚無象，太極無名，因有五行而泄天之機，分别寒暑，失其本原，所以謂五賊也。何以見之者昌？此五行在天，以日爲火，以月爲水，以星爲金，以風爲木，以雷霆爲土。若不得其時，晦明風雨，不謂其節，可不變乎？五賊在人，内藏於心，外發於眼耳鼻舌意。耳水，鼻金，眼木，口舌火，意土，皆從心而生，從心而滅，故曰「在心」。而「施行於天」者，原囟地一聲以前，二五交媾以後，復稟紅爐之中，無不受其宥者，所以曰「施行於天」也。人能静燮陰陽，調觀心意，則宇宙可在外乎？而五行可以掌之也。萬化豈在分乎？合一身，可以養之也，皆在乎性耳。

天性二章

天性，人也。人心，機也。立天之道，以定人也。天發殺機，星辰殞伏。地發殺機，龍蛇起陸。人發殺機，天地反覆。天人合發，萬物定基。

天之道也，深矣玄乎。以性賦人，故謂之人。性至人身，受之於心，故曰爲機。不得天之微而有性，不得性之微而有心，不得心之微而有機。機者，心之所之也，從之以索本，則得心；從心以索原，則得性；從性以至虛無，則得天。故言「天性，人也。人心，機也」。何以測心之機？惟「立天之道，以定人」者，則得之。立者，如萬仞直立，而一毫不偏不黨。子思議之「中庸」二字之象，以定其五官，安其不喜不怒，不驚不懼之際，皆得謂之人也。此機也，在天賊天，在地賊地，在人賊人。天地之理，陰陽伸屈，狀若張弓，形如橐籥，一元一會，陽氣發而治，陰氣凝而亂。伸爲治，而屈爲亂也。所以子輿曰：「天下之生久矣，一治一亂。」其陰極而陽生，否多而泰至。以其殺之機，伏於生之内也，但逢發而發焉。至於發也，星飛日蝕，月逆霜殞，種種以亂天也；石言蛇鬥，泉渴〔一〕山鳴，以亂地也。皆機之使然也。人若發此殺機，則天地反覆者。外而言之，四海不妥。内而言之，心身顛倒。天地之殺機，藏於於穆伸屈。聖人之殺機，藏於一心之中。安其心而天地定矣。天人合發者，天發其機，以性賦人也。人發其機，以心觀天也。天發以賦人，人發以觀天，而性之理自明，心之理自見。如是性明心見，萬物定基而不搖也。萬物者，一身是也。

性有三章

性有巧拙，可以伏藏。九竅之邪，在乎三要，可以動靜。火生於木，禍發必剋。姦生於國，時動必潰。知之修鍊，謂之聖人。

性之清濁也，而巧拙生焉。清者爲巧，濁者爲拙。孔子曰上智與下愚，即巧拙也。然而一天賦之，一心受之，何有〔二〕巧拙之有？天有清濁之於穆，則人有秉賦之善惡。

〔一〕「渴」，疑作「竭」。
〔二〕「有」，疑爲衍文。

在賦之者，全與偏。而受之者，近與習也。人性雖有巧拙，而本來俱是混沌，但習見習聞多，而巧拙愈廣，因識以迷真也。此二性皆可以伏藏。伏者，伏於心。藏者，藏於神也。「九竅之邪，在乎三要」者，凡人一身，因空而入者，皆是賊也。内有五賊，則九竅之邪，皆其支黨。惟有三要，則九邪不生。三要者，收機而心定，正心而性明，性見而得天。則一主正，而萬賊服矣。故曰「可以動静」者，言不得三要，則九邪自生，而得三要，則九竅自静也。此賊之邪也，由於心之賊引之焉。譬之火也，原生於木，木是火之父也。及火燎原而山林俱燼，豈非以子剋父乎？如心引賊而剋身，身亡而心何安之？豈非禍發必剋乎？譬之容姦於國也，始而賣國，及國滅而身隨之，豈非反自傷耶？惟有智者，知性之可修，心之可鍊，率性而不分巧拙，鍊心而使無邪賊，則五賊安，而九竅正，豈有剋本傷原之禍乎？知此道也，非聖人何以能此。故帝曰「知之修鍊，謂之聖人」，言其大而化之之謂聖，非比草木同朽之凡夫也。

天生四章

天生天殺，道之理也。天地，萬物之盜。萬物，人之盜。人，萬物之盜。三盜既宜，三才既安。食其時，百骸理。動其機，萬化安。人知其神之神，不知其不神之所以神。

生殺者，生死之機緘也。天之道，春夏生而秋冬滅，是生於天而殺於天也。如人得天之靈明而成人，復死於天之靈明而成鬼，又非天生天殺乎？惟天之道，而内有理存焉。天生天殺，天之道也。其生其殺，道之理也。能究此理，則得道矣。何故天地爲萬物之盜？天地覆載萬物，是生養萬物也。然而風雨之，雷霆之，霜雪之，水旱之，萬物之氣皆歸於天地，不是爲萬物之盜乎？然而不盜，天地又不有生殺之理也。「萬物，人之盜」者，人禀父精母血以成形，天命以成性，而飲食以成人。而幼之也，有良知良能存焉。及其長也，識欲多，而貪嗔癡愛起，縱耳目之觀，高安居之宇，五味以爽其口，五音以縱其聽，驕其妻妾，要其兒女，舟車所及，人力所通，觀山運海，爲利名而自役者，豈非萬物盜人之精神乎？「人，萬物之盜」者，人從習見習聞以逐名利，鑿其木，火其金，穿其江海池沼，改易其山川城廓，殺而六畜，令鳥獸不得胎孕之安，伐山渴〔一〕淵，令百蟲不得安逸之處，無窮伎倆，以竭精神，豈非人爲萬物之盜乎。此盜也，皆非正道也，盜之不以宜也。惟三盜得宜，而後三才可安矣。何爲三盜既宜？天地盜萬物，萬物盜人，人盜萬物，互盜之而相制於死。惟知其宜也，人盜萬物，人盜天地。不受天地

〔一〕「渴」，疑作「竭」。

之盜者，惟免風寒暑濕，勞神苦力。不受萬物之盜者，惟免酒色財氣，虛心靜慮。如是盜天地之精氣，而使天地不知。盜萬物之正氣，而飡金食髓，而萬物不知。不知其盜，則盜宜盜矣。三盜既宜，則天地不忌人，萬物不忌人。而人生天地之中，萬物之內，亦不相忌，而始可長生偷安矣。世人也，但知其神之神者，止知其萬物之盜天地，人之盜萬物，而不知天地之盜萬物，萬物之盜人也。若知其不神之所以神，則知盜萬物、盜天地，而又是聖人之一事也。

日月五章

日月有數，大小有定。聖功出焉，神明生焉。其盜機也，天下莫能見，莫能知。君子得之固窮，小人得之輕命。

日月者，陰陽之總名也。陰陽者，包諸男女在其内也。日往月來，相期於朔望，而後可以定其消息。日者，男是也。月者，女是也。清濁之理，懸乎朔望之中。月逢晦而成坤，甲到庚而成象。月受日光，而陰陽之氣自合，故曰〔一〕「有數」。大者，乾是也。小

〔一〕「曰」，原作「因」，據掃葉山房本改。

者，坤是也。靜而得之謂之大，動而得之謂之小。動靜相兼，剛柔相配，故曰「有定」。因日月之有數，大小之有定，而後聖功出焉，神明生焉。聖功者，聖人之功也。神明者，渺明之神也。功出於聖，故常無欲以觀其妙，有欲以觀其竅。虛極其心，靜篤其身。身靜而生水，心虛而神一。方君正國安，而後金來歸性，始得四個陰陽之術全也，謂之聖功。神明生者，冬至不在曆數，子午不在夜中。心中一陰，發自喜怒哀樂之所未來。身中一陽，起於心田百竅之所不到。眉間勾現，原非有意之生。虎顯神容，豈在有心之索。自然而發天機，理到而成造化。故曰：神明之生。此皆爲之盜機也，不是殺機也。殺機生於心，盜機生於身。機同而盜不同，此機也，爲盜方可以得之。天下之大也，人民之多也，誰是英雄丈夫，而得見之，得聞之哉？此盜機也。君子者，知日月有五千八百之數，有正己爲大，取彼爲小之有定。出其聖功，得其神明，以同我形神，而亘古長存。小人也，得此盜機，抗兵相加，驕而干，傲而戈，喪其至寶，豈不輕其命乎？

瞽者六章

瞽者善聽，聾者善視，一而專也。心生於物，死於物，機在目。天之無恩，而大恩生，迅雷烈

風，莫不蠢然。

人之心也，惟一以定也。得一則不失，而後可以行持。如瞽者無見之目，而耳善聽。如聾者無聞之耳，而目善視。以其心之出入門户少也。心少一門則少一事，善體心者，惟少其門而已。心之生死也，皆爲物所累，何以生於物？如一念不生之際，何等中和。及耳聞一音，則心忙聽。目見一物，則心忙視。是心原無心也，自物生而後有心，如見器而有器，不見有何器？無器又有何心？即此知之，非生於物乎。心如磬也，叩之則鳴。心如水也，觸之則動。心如虚空也，礙之則障。何以曰「死於物」也？如見一物而心留之，復見一物而心去之。聞一音而心聽之，復聞一音，而心又去之。得新忘舊，豈非死於物乎。心之門亦多也，從空而爲空竅之門，從實而爲實膚之關，皆其出入之門也。然而有正門焉，其機也，在目乎？心之殺機也，在乎目。身之盜機也，在乎目。故曰「機在目」，總全一機而言曰。子輿有晬子之言，亦此意也。殺機觀目而知心，盜機覩目而知炁。祖師有審眉間、行逆道之語，誠目爲測心之一鏡也。此機也，生人殺人，盜人人盜，皆是機也，如天之無恩於人同也。不言默默，不分是非，而生養覆載，何所不容？至於蠢動含靈，無不得沾天恩而動者。迅雷烈風，雖以驚人，而實乃惠人也。威中有德，刑中有恩，然耳。譬之機也，實爲無恩，而實爲長生之本。

如迅雷，如烈風，言其機之速也。其來也如雷，其去也如風，而萬物莫不蠢然而驚者。譬之一陽之中，無不動而蠢然也。機之理，微矣哉！

至樂七章

至樂性餘，至靜則廉。天之至私，用之至公。禽之制在氣。

性之爲理也，宜樂其身以養之。至樂其身，性有餘地而慧光生。性者，心之元也。性死則心死，心枯則性孤。故有道者，樂心以養性也。性之爲用也，宜廉。凡外務紛紜，皆移吾性體。惟安靜至極，則心之思索有盡，而五官進入有數，則用少而性自見矣。天之道與理也，於穆不已之理，流行於六合之中。賦稟於人，何嘗〔一〕有功之恃，名之成，言之侈乎？賦於人而人不知，即天賦。天亦不知，視之至私也。此性也，天之至私，而用之至公者，惟中和以養之，虛極靜篤以安之，不睹不聞以慎之，喜怒哀樂以測之。常如十目所視，十手所指，行一事，如人見其肺肝，天見其幽微，鬼神在其傍側；起一念，迴觀念從何起。目視，則從目以內觀。耳聽，則從耳以內聞。不使一念空起，

〔一〕「嘗」，原誤作「常」。

而使出乎無爲，方日用之至公。譬之二十八宿之禽也，懸象於天，而生食剋啖相制。其所以然者，亦氣而已。懸象於天共居一氣，而各有其私。譬之治世也，而曰蒞以天下，共佐蒼冥，又非至公乎？即象可以測天之公私。即廉與餘，可以養心之至道，性在寬而一也。

生者八章

生者，死之根。死者，生之根。恩生於害，害生於恩。

生死之來也，互相連環焉。生者，父精母血，媾而成形。天魂地魄，賦而成神。神形合一，五臟而生。何以曰「死之根」也？生而内勞其神氣，外苦其身心，爲嗜欲所役，中至而損，損時即死存焉。死者，四大委蜕，五官告逝，氣散於天，精歸於土，魂升魄降。何以曰「生之根」？死於土也，其精魂返之於天，而天地如洪爐焉。靈明之性，同一爐焉，屈久而伸，寒來暑往，安有逃天地之外乎？同在此槖籥之中，自有破囊之日，故曰生根。然而未知生，焉知死？孔子言之矣。生不知其來，則死不知其去。死未有其門，生安有其路？一屈一伸，則生死之根自明矣。然而善知生死者，知我生者，是我死之根也，我原從這處生，就在這處死；死者，我原從那處死，就從那處生。帝又曰：

「恩生於害，害生於恩。」言其愛中有殺，殺起於愛也。何以見之？如夫妻相愛，恩也。生於害者，原日因有孽而完業也。所以今劫成恩，不是恩生於害，何以害生於恩？今生爲愛，而彼此相守。盜失精神而至於死，不是今生之害，爲恩而生乎？恩害相隨，如生死相同。人之修鍊也，可不防刑中德、德中刑乎？

愚人九章

愚人以天地文理聖，我以時物文理哲。人以虞愚，我以不愚。聖人以其期聖，我以不期其聖。

道之理也，觀心而得性，觀性而得天矣。然而有賢者過之，不肖者不及也。性之學，生不得一毫聰明，用不得一分思想。愚人也，返以天地之理，得之爲聖。我也以時物之理，返得之而哲。天地者，不識不知之理也。時物者，格物致知之理也。道在無心，有思爲下。人以有虞爲愚，我以不愚而愚者。衆人以有心去防心而爲愚，我以無心去得心而作愚。聖人以其智慧自期其聖，生而知之也。我以不期其聖，學而知之也。性在觀心，以至於天。生知學知，皆可得道。有心無心，一造至極。性無分於賢愚不肖，在中庸有得之矣。

沉水十章

沉水入火，自取滅亡。自然之道靜，故天地萬物生。天地之道浸，故陰陽勝。陰陽相推，而變化順矣。

命之長生久視也，在調其精氣神而已。然而精氣神有重之者焉，帝推名之曰水火者，總兩重天地而言之也。是以故曰水宜升，火宜降，其理逆也。沉水而使之不升，入火而投之不切，是邪神氣不交，而妄以陰陽配合也。自取滅亡，不宜然乎？性命之道，純以自然得之，身靜而得藥，心靜而養火。身心交而坎離合，謂之性命雙修。水火既濟，因其自然而然。至於無所不靜，則一身之精氣，皆滋生而養矣。故曰「天地萬物生，是中和之極，天地位焉，萬物育」之旨也。天之道，純以性，加曰天地之道，則有陰陽之功焉。陰陽之氣，生於天地，地中陽而天中陰。地爲噓而天爲吸，則爲春夏。陰爲噓而陽爲吸，則爲秋冬。惟其陰陽之氣，相推上下，而變化順矣。何爲相推？沉水入火，是不相推〔一〕，而自損其身矣。惟以陰投陽，以精合神而氣相通。天地定位，山

〔一〕「推」，原誤作「惟」。

澤通氣，雷風相搏，水火不相射，而變化順。順者，地天泰而水火濟矣。譬之沉水，而養命者不同焉。

聖人十一章

是故聖人知自然之道不可違，因而制之。至静之至，律曆所不能契。

道之妙也，自然而然。觀心得道，止機成天，皆是自然之功也。聖人知之，故不可違，因而取盜機以養身，安殺機以養心。以身制心，以心制性，以性合天。此道之自然也，何有功焉？然而至静以爲功，心静而殺機自消，身静而盜機自滅。身心合静，而二機成土矣。至静至極，豈律法之所拘乎？豈曆數之可期乎？無以加之，皆不可測其端倪也。

奇器十二章

爰有奇器，是生萬象。八卦甲子，神機鬼藏。陰陽相勝之術，昭昭乎象矣。

性命之道，至於至静之極，久而爲器。配諸天地，何也？至誠無息，以造於悠久無疆，則是成諸奇貨也。道德經云大器晚成，是此器也。此器也，是性命之機所結也，名曰無名，視之不見，聽之不聞，迎之不見其首，隨之不見其後。豈空空一器也哉？然而萬象生焉。生天而爲天，生地而爲地，生人而爲人，生諸物而爲諸物，放之則彌六合，卷之則退藏於密，有象可象，無名可名，象帝之先，名曰赤子。至此階也，豈八卦之可測乎？甲子干支之可轄乎？不受天地六子之拘，安有輪迴花甲之管？出死入生，生生不滅，無聲無臭。上天之載，神機鬼藏，不其然乎？此功用也，是何故與？是何術與？陰陽相勝之術也，昭昭乎象矣，明明白白。有目者，咸可得而見之焉。道豈難聞乎？

跋

曾記真師曰：陰符經三百餘字，首言「觀天之道，執天之行，盡矣」，是性命雙修之意也。結言「陰陽相勝之術，昭昭乎象矣」，是命中有陰陽之術，以成觀天執天之道，故囑言曰「昭昭乎象矣」。中分性命之機，性以殺機，命以盜機，而後復分性有賢愚不肖之弊，命有沉水入火之失。復結之曰「聖人知自然不可違」，總以自然而得性命也。僕今得師言，故述而録之。不知陰符否？未陰符否？見者陰符之，則吾記師言而不謬矣。

嵩隱子再拜撰。

黄帝陰符經注〔一〕

蒼厓氏注

一陰一陽之謂道，得其全者曰純陽，返其根者惟陰符。

觀天之道，執天之行，盡矣。

天之爲道，上下周涵，精微蘊發。其行四時有序，寒暑不乖。萬事萬物，寧越於是？

天有五賊，見之者昌。

渾淪已界陰陽，陰陽即具五行。賊者相盜之義，其功最神。知而善用，寧有不昌？

五賊在心，施行於天。宇宙在乎手，萬化生乎身。

根本於無形，而施行極於造化。宇宙由我轉，萬化由我用矣。

天性，人也。人心，機也。立天之道，以定人也。

〔一〕作者蒼厓氏，身份不可考。此注釋亦無任何文獻記録。目前僅存道藏輯要本，經文和注釋都有闕文。原書僅題黄帝陰符經，現在題目爲本書所擬。

性不可滅，機不可失。機不失而人心聖矣，人心聖而天性不可滅矣。以聖人而盡天，亦天也，亦人也。

天發殺機，移星易宿。

殺而生之，此機之正也。若殺而殺焉，天地人之病也。移星易宿，天發殺機，而天賴人以成矣。

此天丹也。

地發殺機，龍蛇起陸。

龍蛇不能潛伏，而地發殺機。地賴人以成矣。

此地丹也。爐鼎鉛汞，沉者升，升者沉。起陸爲升也。

人發殺機，天地反覆。

運一心之機，遂分否泰。天地反覆之象也，人賴天以成矣。

此人丹也。金爲水母而隱於水，金氣上交，能伐木榮。木爲火母，而藏於火。木液下降，以發金華。陰陽交互，反覆道也。

天人合發，萬化定基。

人能有功於天地，然必以天合人，而後萬化藉以定基。

性有巧拙，可以伏藏。

性有巧拙。巧者固宜伏藏，則巧者益巧。拙者尤須伏藏，則拙者不拙。

此地丹合朔並沐浴象也。

九竅之邪，在乎三要，可以動靜。

九竅之邪，克治三要，則動不擾，靜不昏矣。

此人丹火候也。

火生於木，禍發必剋。姦生於國，時動必潰。

木能養人，火生則焚。國能治人，姦生則潰。方其得用，庇之覆之。及差毫忽，剋矣潰矣。

此火候必須沐浴也。

知之修鍊，謂之聖人。天生天殺，道之理也。

惟聖人知之，故能修鍊。即生天殺天，默藏之道。中之條理，本如是也。

萬物，人之盜〔一〕。

〔一〕此句前缺經文和注文。

人知萬物紛紜，莫不取之爲日用。而不知人之生死，皆因萬物之氣機以生之死之，而萬物實人之盜。

此地丹相盜之理。

人，萬物之盜。

人事勞攘，萬物因之以成敗。人見萬物之生死，而不知皆人之氣機生之死之，而人實萬物之盜。

此人丹相盜之理。

三盜既宜，三才既安。故曰：食其時，百骸理。動其機，萬化安。

天地人物，相資爲盜。既宜既安，在於聖人。知時知機以用之，則能盜之而不爲所盜矣。

此總言三丹之妙。

人知其神之神，不知不神之所以神。

變化之後，神妙不測。無爲之先，淡焉若忘，蕩乎難名。

言時至神化，不可躁妄以求神異，須識所以神者在於不神耳。

日月有數，小大有定。聖功生焉，神明出焉。

積之以日月，界之以小大。聖功無爲，神明自見。日月即藥物也，小大即鼎器也。聖功神明，即火候也。

其盜機也，天下莫能見，莫能知。君子得之固躬，小人得之輕命。

相盜之機甚密，誰得見知？君子深造以保厥躬，小人易視而喪其命。

瞽者善聽，聾者善視。絶利一源，用師十倍。三返晝夜，用師萬倍。

瞽者善聽，聾者善視。用志不分，庶幾有成。任利則絶源，絶利以一源，其利方普。晝夜之功，至於三返，則如用師萬倍也。

無牽引之失，其志方純。無纖微之間，其功方密。中言人丹地丹攢簇之法。

心生於物，死於物，機在目。

心爲物誘，目爲心標。其機甚捷，生死由之。

天之無恩，而大恩生。迅雷烈風，莫不蠢然。

天不示人以恩，而恩無不及。在無相之先。

至樂性餘，至靜性廉。

至樂者，無所不樂也。性餘者，自得之也。至靜者，無所不靜也。性廉者，不逾矩也。

天之至私，用之至公。禽之制在炁。

天機嘿運，人不得測，似乎至私。渾元之氣，充塞上下，無物不與，又極至公。即禽鳥飛騰，亦以翼動其氣故耳。

此形容採藥升鍊。《契》云：「二用無爻位，周流行六虚。往來既不定，上下亦無常。」

生者，死之根。死者，生之根。恩生於害，害生於恩。

生中有死之根，死中有生之根。毋因害而昧恩，毋恃恩以忘害。

此還丹也。有循環義，即子午卯酉也。

愚人以天地文理聖，我以時物文理哲。人以愚虞聖，我以不愚虞聖。人以奇期聖，我以不奇期聖。故曰：沉水入火，自取滅亡。

天地文物，外象森羅，内有所以然之理。若拘外象，亦何愚耶？時序勿失，物理勿昧，變易中有不易。悟此文理而哲矣。聖固若愚，豈可以虞聖？聖固有奇，豈可以期聖？道在不愚不奇，則凡不避水火之難測，而沉之入之，滅亡之禍自取之矣。

愚人但拘文執理以修鍊，不知時有推移，物有更易。功未純不可以愚虞，功有驗不可以奇期。要知水火之用不在水火之迹也。

自然之道静，故天地萬物生。

自然之道，無形無象，主宰其中。天地萬物之有形象者，俱藉以轉矣。

此以無制有，器用者空也。

天地之道浸，故陰陽勝。

浸者由漸以進，勝者迭爲消長。冬至之復，夏至之姤。浸也，相勝也。

此九轉遞禪之道也。

陰陽相推，而變化順矣。

燮理陰陽，知常達變，民安物阜矣。

此九轉大還丹變化時也。

是故聖人知自然之道不可違，因而制之。至靜之道，律曆所不能契。爰有奇器，是生萬象。八卦甲子，神機鬼藏。陰陽相勝之術，昭昭乎進於象矣。

聖人法自然之道，以制事物，一本至靜。即律曆最微，未克擬其妙矣。

聖人知宇宙在手，萬化生身，性可復天，命由人立。因奇器以鍊丹，觀萬象爲變化，准八卦爲火候，以甲子爲始初。無心之術，鬼神莫逃。負陰而升，抱陽而降。相吞相啖，相殺相生。昭昭之理，確乎可遵矣。

陰符經注〔一〕

李光地

上篇

觀天之道，執天之行，盡矣。

觀天之道，明其理也。執天之行，述其事也。

故天有五賊，見之者昌。五賊在心，施行於天。宇宙在乎手，萬化生乎身。

五賊，五行之相害者也。恩生於害，故見之者昌。見之者，觀天之道者也。若知其在心而施行之，則執天之行者也。

〔一〕此書見於清史稿著録。作者李光地（一六四二—一七一八），字晉卿，號厚菴，福建安溪人。清史稿有傳。康熙九年進士，官至文淵閣大學士。爲理學大家，曾注解參同契。本書文字取自道光本榕村全書，爲其玄孫李維迪重校本，參校四庫全書存目叢書影印的康熙五十八年清謹軒刻安溪李文貞公解義三種本。康熙本有句讀，本書基本遵用。

天性，人也。人心，機也。立天之道，以定人也。

此申五賊在心之意。天性存於人，而人心乘於機。故人心即天心。立天之道，所以定人。

天發殺機，移星易宿。地發殺機，龍蛇起陸。人發殺機，天地反覆。天人合發，萬化定基。

殺機者，賊之所爲也。天地人各有殺機，合發焉而萬變定矣。

性有巧拙，可以伏藏。九竅之邪，在乎三要，可以動靜。

九竅者，目二，耳二，鼻二，口一，大小便各一。三要者，耳目口也。性者，至靈而至虚。至靈是其巧也，至虚是其拙也。以至虚善靈之用，故可以伏藏也。九竅各有邪，而其感動之機，在乎三要。徇動則逐於邪矣，守靜則歸於性矣。

火生於木，禍發必剋。姦生於國，時動必潰。知之修鍊，謂之聖人。

木之生火，光焰發矣，而足以燼其木。國之用姦，使令順矣，而足以潰其國。此其相生者適以相剋也。反而觀之，則以殺爲生，見五賊者必昌矣。然非伏藏其性，靜其三要者，孰能察其機，握其機，以善用其機哉？故惟聖者能之。

中　篇

天生天殺，道之理也。

因上篇殺機而言天道有生有殺，故徒知生之爲生，而不知殺之爲生者，不明天道者也。

天地，萬物之盜。萬物，人之盜。人，萬物之盜。三盜既宜，三才既安。故曰：食其時，百骸理。動其機，萬化安。

自其精氣之相尅制，則名之曰賊。自其精氣之相挹取，則名之曰盜。彼爲我之賊，我爲彼之盜，其實一也。天地亦資萬物以自益者也。人與物互相資益者也。食其時，順而盜之也，以生爲尅者也。動其機，逆而盜之也，以尅爲生者也。

人知其神之神，不知不神之所以神。

人知性之巧，可以運用，是知神之神也。不知性之拙，可以伏藏，是不知不神之所以神也。

日月有數，大小有定。聖功生焉，神明出焉。

日月相推而明生，大以成大，小以成小，而物育。此所謂神之神，而人之所知者也。

其盜機也，天下莫能見，莫能知。君子得之固躬，小人得之輕命。

盜機則隱乎至無以生萬有，乃所謂不神之所以神者，故天下莫能見，莫能知。君子得之固躬，法修鍊之聖人也。小人不知此而輕命，則亦如木之以火自焚者而已。

下篇

瞽者善聽，聾者善視。絶利一源，用師十倍。三返晝夜，用師萬倍。

此又發明上兩篇之意。無所以生有，殺所以爲生者，以其精氣之源，一而不二。故其精氣之用，動而愈出也。如瞽聾者，有所廢，故有所專。人能絶利欲而一於源本，則其功也，比於用師十倍矣。精專之至，反復晝夜而不休，則其功也，比於用師萬倍矣。

心生於物，死於物，機在目。禽之制在氣。

三要之中，目之感物最速。其所見者則心生，所不見者則心死。是此心動静之機，目爲之也。是故以心制目，以目制心。如禽鳥之以氣相制，雖雄鷙者不敢動也。制者殺機也，然能制則聰明生而精神益。此所以有十倍萬倍之功也。

天之無恩，而大恩生。迅雷烈風，莫不蠢然。

此下又推生殺之類言之。迅雷烈風二者，天地之怒氣也。似乎無恩者然，而萬物生意蠢然發動，大恩於是生矣。

至樂性餘，至靜性廉。天之至私，用之至公。

人之至樂而無憂，至靜而無求，恬淡而自足，似乎至私也。然而性之餘裕，足以同物。性之廉潔，足以惠物。大公之道，於是行矣。

生者，死之根。死者，生之根。恩生於害，害生於恩。故曰：沉水入火，自取滅亡。

以殺生之理推之，可見生者死之根，死者生之根。以公私之理推之，可見恩生於害，害生於恩。水火者養生之具，而蹈而死亡者多矣。此所謂「生者，死之根」，而「害生於恩」也。

後　論

愚人以天地文理聖，我以時物文理哲。人以愚虞聖，我以不愚虞聖。人以奇期聖，我以不奇期聖。

人以爲聖人者，通天地之文理，推而高之也。我以爲哲人者，不過知事物之文理，引而近之也。我固不敢以愚虞聖，而亦不敢以奇期聖者此也。

自然之道靜，故天地萬物生。天地之道浸，故陰陽勝。陰陽相推，而變化順矣。

靜者，道之本也，殺機之所極，生機之所伏也；無所作爲，故曰自然。浸者，道之用也，殺機之所發，生機之所乘也；更迭而出，故曰勝。

是故聖人知自然之道不可違，因而制之。至靜之道，律曆所不能契。

聖人以靜爲本，是能制其心以體自然之道者也。洗心退藏於密，非律曆之所能契，言其無形也。

爰有奇器，是生萬象。八卦甲子，神機鬼藏。陰陽相勝之術，昭昭乎進乎象矣。

聖人以動爲用，是能妙其術以乘陰陽相勝之機者也。八卦甲子，與鬼神合其吉凶，皆聖人所用之奇器。視之律曆所不能契者，此則有象矣。

附　論〔一〕

此於學者不爲無益，然而號則不可。易道尊陽，豈曰陰哉？天地之大德曰生，豈曰殺哉？

〔一〕此題不見於康熙本。

書陰符經後〔一〕

陰符經亦衰世之書。大氏老氏之苗裔，知其意者爲之也。五賊三盜之云，語尤憸惡。然其本指，則老子所謂「反者道之動」云爾。通以儒者之言，則豢養者鴆毒也，患難者藥石也。逆制其性，所謂害我之賊，然而可以昌。順縱其心，所謂恩我之親，然而可以亡。德之昏明，命之融短，國之興衰，軍之勝敗，孰不由是？雖然，見此機者，必歸之於至靜，其故何也？靜雖天地之本，而自人觀之，則殺機也。魏伯陽云：「象彼仲冬節，竹木皆摧傷。」反本還寂，外則雕槁。非昊、羲、文王，孰能於此見天地之心哉？於是有得然後可以察虛盈之幾，語屈伸之感。萬象變滅，不以撓其志，亂其胸矣。故靜者心符也，見其機而順之者用符也；雖曰陰陽相勝，而道主於陰，故曰陰符也。

康熙五十四年乙未季夏既望清溪李光地書。

〔一〕此題不見於康熙本。

陰符經口義[一]

白朴子姜任修自芸著

觀天之道，執天之行，盡矣。一本此處多「故」字。天有五賊，見之者昌。五賊在心，施行於天。宇宙在乎手，萬化生乎身。天性，人也。人心，機也。立天之道，以定人也。天發殺機，移星易宿。地發殺機，龍蛇起陸。人發殺機，天地反覆。天人合發，萬化定基。一本作「萬變」。性有巧拙，可以伏藏。九竅之邪，在乎三要，可以動靜。火生於木，禍發必剋。姦生於國，時動必潰。知之修鍊，謂之聖人。

觀天生殺之道之施行也，聖人於以執持之，更無他道矣。蓋天之道在賊。賊者，殺機也。賊之數有五，唯觀者能見之，直如在我心而施行於天者然。斯天地古今在所執持

〔一〕此書見於清史稿藝文志拾遺著録。作者姜任修，字自芸，號白蒲子，如皋人。康熙六十年進士，任清苑縣知事，數月即以剛直罷官。學識淵博，長於詩文，存世有白蒲子詩編。阮元淮海英靈集有秦大士所作傳略。本書文字取自乾隆刻本，參考了原書句讀。校勘小字爲原書即有。

之中。而三才之發，千變萬化，根基一身，而從此生矣。何則？本天之性者人也，而動人之心者機也。立天生殺之道，乃所以成性而定人心之機也。試觀天之賊施行而發殺機也，星宿爲之移；地承天之賊施行而發殺機也，而龍蛇爲之起；人心之賊發殺機也，而天地遂因之而反覆焉。是人也而與天交贊合發，俾生於身之萬化定基於此。立天之道，豈非所以定人者乎？然聖人有妙用，有功夫。雖天性畀人不能無巧拙，而人可以伏而藏之，使不發見。雖人身九竅之邪，尤在於九竅中之耳目口三者爲要。人亦可以於其動而静之，使之不復動。如木能生火，火必伏藏於木；不藏而發，則焚木而有反剋之禍。如國能容姦，姦必安静於國；不静而動，則亂國而有潰敗之時。唯發殺機者，知乎此而得修鍊之道焉，乃謂之聖人。通篇道也，化也，賊也，性也，心也，機也，殺機也，皆本體；觀也，執也，施行也，立也，定也，合發也，伏藏也，動静也，修鍊也，皆作用。

天生天殺，道之理也。天地，萬物之盜。萬物，人之盜。人，萬物之盜。三盜既宜，三才既安。故曰：食其時，百骸理。動其機，萬化安。一本作「萬變」。人知其神而神，不知其神所以神也。一本作「人知其神之神，不知不神之所以神」。日月有數，大小有定。聖功生焉，神明出焉。其盜機也，天下莫能見，莫能知。君子得之固躬，小人得之輕命。

承上篇殺機而申之曰，天道有生即有殺，一定之理也。天之所以有五賊者，以天地生殺萬物，萬物生殺人，人生殺萬物，三者不啻盜竊然。此三盜既各相宜而不害，三才自相安而不悖。人之言曰，食當其時，則順養骸體而調理；動中其機，則唯變所適而安排。職是三盜宜三才安之故也。夫人但知其神變無方者，是從而神而化之，不知其陰陽不測之神之有所以神而明之也。但看日之晦朔，月之盈虧，其小大止有定數，此外莫能見而知之。而求其大故之利者，治曆明時之聖功生焉。即於此可知神明之出，有所以然者矣。彼其三盜殺機之神也，不使天下見而知之，而能觀其道執其行者，在君子可以得而修鍊之，保性而不失身；在小人可以得之而用命，而不重死焉。此天生天殺盡合乎道之理也。此篇大旨，衹言盜之神，以申明上篇五賊之殺機、「食其時」句。「日月有數」三句皆陪筆。

瞽者善聽，聾者善視。絶利一源，用師十倍。三返晝夜，用師萬倍。心生於物，死於物，機在目。一本「目」上有「於」字。**天之無恩，而大恩生，迅雷烈風，莫不蠢然。**一本有「制在氣」。**至樂性餘，至淨性廉。天之至私，用之至公。禽之制在氣。生者，死之根。死者，生之根。恩生於害，害生於恩。愚人以天地文理聖，我以時物文理哲。人以虞愚，我以不愚聖。**一本作「人以愚虞聖，我以不愚虞聖」。**人以其期**一本作「奇其」。**聖，我以不期**一作「不奇」。**其聖。**一本有「故」字。**沉水**

入火，自取滅亡。自然之道靜，故天地萬物生。天地之道浸，故陰陽勝。陰陽相推，而變化順矣。是故聖人知自然之道不可違，因而制之。至靜之道，律曆所不能契。爰有奇器，是生萬象。八卦甲子，神機鬼藏。陰陽相勝之術，昭昭乎進乎象矣。

從首篇九竅三要而申言之曰，瞽不見而一於聽，聾不聞而一於視，此絶利於一源者。絶利猶云絶順利，如孟子以利爲本之利，一可以當衆十也。由其絶利一源者，而反復其道三周晝夜焉，則通乎晝夜之道而知，一可以當衆萬矣。即以善視言之，人心之機，緣物而動，發此生幾，逐物而遷，落此死地，皆在三要中目之先見。不見可欲而心無生死，此所以絶利一源也。夫人心生者不生，而無生乃生。不死者死，而學死無死。如天心不謂有恩也，不知無恩，即所以爲恩。迅雷烈風，天不言恩；而蠢然動者，莫不誠懼致福，非即大恩所生乎？人性不謂餘廉也，而樂之至而無戚迫者，餘裕自生焉；靜之至而無沾擾者，廉潔自生焉。是天之大恩至私也，而無恩之心，以至公用之。人之至樂至靜，一味禽拿得定，以純氣之守制之，於此可知生死互爲其根。已生而殺生者不死，未死而求死者長生，庶不致恩害相生，而兩忘者絶利一源矣。然則無知之愚人，但見天有文地有理，以爲聖如是；我則以時之天物之理，而知天地所以聖。天文有時，地理有物。惟其時物也，時物皆自然之道。故人患其愚者非聖，我則以爲聖患不愚；人謂聖人以期必其聖而後聖，我則以爲不期其聖而自聖。一本作「奇不奇」，謂不以聖奇也，亦通。蓋以沉水入火，自取滅亡，非自然之道。自然之道在乎人生而靜之理，能主靜以動其生殺之機，則天地時物，萬變皆安。生生不息者，無生而無不生，不知其所以生而生矣。何以言之？所以爲生者，陰陽而已。今天地之道浸以自然，則生陰生陽相勝而代序，陽變陰合，化育流行，無不順從矣。不觀法天地之聖人乎？知此自然之道之不可違也，因而禽之，制之以氣。凡於自然至靜之道，凡律呂曆法所不能契合其浸妙者，爰作奇器，如璇璣齊政、黍管明時之類。以是則而象之，以生萬變，若伏羲之八卦，大撓之甲子，皆足以洩神之機而發鬼之藏。蓋聖人之道，秘之至陰，未始先動。是以乾宗無首，卦歸未濟，帝成於上下不與之艮，六十甲子要於人定之亥。亥也，艮也，未濟也，無首也，所謂至靜之道，機之殺也，鬼之藏也。故曰「瞽者善聽，聾者善視」。無聽無視，一念不分，神在其中矣。非所謂生之根乎？故曰「日月有數，小大有定，神功生焉，神明出焉」。凡其觀變於陰陽以神其相勝之術者，無不昭昭乎前進陳列焉，而懸象著明矣。此篇祇是一個自然。聽視，一自然也；心，一自然也；生死，一自然也；聖愚，一自然也；天地萬物陰陽，一自然也。聖人制器尚象，幽贊神明，無非一自然也。而自然之道，總在靜制做功夫。正應繳首篇伏藏動靜、修鍊以發殺機云。

一說，「天地之道浸」，浸者，滋潤融洽，亦自然之意。「陰陽勝」，「勝」應讀作「申」，各勝其任也，無偏倚過不及，故寒往暑來，暑往寒來，相推而順行。○「聖人以其期聖」二句，即上「人知其神」二句意。一作「奇不奇」，謂不以聖奇也，亦通。○「相推而順」，如推車下阪，自然順利。○從陰陽相推中而得坎離既濟之術，正首篇修鍊意。故李筌以爲此篇演術。○在愚人以知天文地理爲聖，我以識時之文物之理爲哲。哲亦聖也。在常人以愚爲虞，虞憂也。我以不愚爲虞。在聖人以其所期望爲聖，我以不期其聖爲聖。○或云絶其他而利於一源，猶云惟利也。亦通。○「三返」，「三」字讀去聲，言其再三返視内聽，歸於無視無聽。晝夜無間，純一不已，則通乎晝夜而貫乎幽明矣。豈不一以當萬？○「三反」或云「舉一返三」，即指下文目而言。返三，則三要皆可以動靜也。周公仰而思之，夜以繼日，正是三返晝夜。○三，三要也。反晝夜，謂晝而反乎夜。陰之靜，機之神也。○呂洞賓注作「瞽者善視，聾者善聽」。欲絶利一源，須用師十倍」，人一己百之意。○日月，人知其神也，而不知大小之定數有所以神者，聖功於此而生，可以證神明於此而出也。○性餘，必其樂之至。性廉，必其靜之至。天恩之至私者，必用以無恩之至公。皆視乎禽其機要而制之以氣。○律曆所不能契合，聖人修鍊之，秘之至陰中，而得奇器以生萬象。蓋靜生動，利生復，冬生春，陰之德斯昭昭之多。故從此生者，靈光一點，炯然中存，斯不亦昭昭乎進乎象耶？○「萬化定基」，呂洞賓作「定機」。

考亭謂李筌得陰符於嵩山。然褚登善有小字真草陰符，署貞觀六年九月二十八日臣遂良奉敕書。登善，唐初人。若筌始得於嵩山，文皇何已有此？古有是書，殆無疑也。明唐順之刻古八家注，載伊尹、吕望、王椽、范蠡、諸葛亮、張良、李筌、張果注，驪山老姥、陸龜蒙、皮日休、張商英、陳淵、高似孫評。別本又謂鬼谷子、李靖、韋弘、李淳風、李岩、李洽、李鑒、李鋭、楊晨等亦有注，非用談兵法，即資以養生，疑多贋托。惟沈津稱鄧雪蟾注爲快人意，詹景鳳稱張洪陽注殊勝，楊鎮崖注亦通，惜走皆未之見。近讀安溪李氏刊本，遵用朱義，其近道矣。顧似郭之注莊，翻似莊之注郭，恐初學入門者難以不求甚解也。因仿林希逸三子口義，就經釋經，如同兒説。且眉目圈清，一見便得要領。非敢以淺衷測至言，蓋以探賾索隱，窮高極邈，反致辭枝而理晦云爾。

乾隆甲子九秋，如皋姜任修書後。

讀陰符經[一]

婺源汪紱雙池釋

陳序

神仙感遇傳載唐少室書生李筌遊嵩山，得黄帝陰符經，遇驪山老母，指授秘要。或以爲即筌所僞託。今觀其書奥博精深，直抉黄老之精髓，决非唐人所能爲。婺源汪雙池先生於學無所不窺，發明經籍，每中窾竅。嘗謂是書沉隱伏匿，藏其意於不測，即老子知白守黑之意。於是有讀陰符經之作。其大旨以爲文辭簡奥，爲好古者所深喜，因轉爲好之者慮之而辨之，不敢不詳。先生之用心可不謂厚歟！既愛其文，又恐爲其所誤，爲之推闡及於無可伏匿，而讀是書之能事盡矣。同時吴江徐靈胎亦有陰符經釋文，謂爲贊易之書，則據下

[一] 此書見於清史稿著録。作者汪紱（一六九二——一七五九），初名烜，字燦人，號雙池。婺源人。清史稿有傳。乾隆時期學者，深諳宋學，兼通雜家，傳世著作甚多。本書文字取自叢書集成影印的汪雙池先生叢書。

論有「是生萬象八卦」。而言其精刻處，不及是本。考靈胎著書之年在先生既没之後。先生生平困苦篤學，其遺書至乾隆中葉始傳於世，爲靈胎所未見。今幸先生同鄉後學校刊遺集，是書亦遂得顯於世。其足以洩天地之秘已。

光緒二十有一年秋九月，鬱平後學陳璚謹敘並書於郡官廨。

劉　序

道家多依託於神仙。儒者既已洞知其僞，而往往爲之辭説，極力以表章之者，何哉？蓋六經之支派，惟大易流衍最廣，一切丹經灶訣實借爻象以爲之根。雖得粗遺精，而既卓然成一家言，亦自有一節足取。且其説半主於養晦以固斂精神，順時動息爲本。是以遁世無悶之君子多有取焉。

陰符經、參同契兩書皆古丹灶經訣攝生之術也。夏元鼎及葛洪論之甚詳，宋大儒如朱子者亦嘗三致意焉。夫朱子志在聖賢，功在經傳，豈旁騖於神仙之説？特喜其書之源流竊分大易之一脉。文之演明夷，孔之欲寡過，由此志也。朱子陰符、參同考異各一卷，撰於慶元三年，其時正群小側目張羅布網之日。遭時不偶，不得已而託於神仙之書以自娱。古之賢哲類然。雙池先生博極載籍，以朱子爲折衷，旁及天文、地輿、兵法、樂律、陰陽、讖緯之學，靡不精究。顧乃抱其著作没没無稱於時，其視昔賢爲何如耶？

□〔一〕余官浙，長安趙展如中丞惜其遺文之零落，謀剞劂，商於余。余亟竭貲慫恿之。陸續刻有戊笈談兵、參讀禮志疑、讀讀書録、讀問學録、讀困知記等書行世。今復謀刊是二書，郵寄於余。余受而讀，讀竟歎曰：此殆先生中年之作乎？於此見先生之學之至精且粹，以卜當日所遁之尤可悲矣！殆猶夫朱子之志歟？是爲序。

光緒二十一年歲次乙未仲冬，宣城後學劉樹堂撰並書。

吴序

嗚呼！陰符經與參同契皆古所謂道家言也。自先生推而衍之，乃不出於人倫日用之間。以爲氣以成形，理以成性，理氣相與爲體，其原皆出於天。理則健順五常之德，氣則陰陽五行之秀。是固有同符也。故内之爲修鍊，外之爲權謀，而舉不失其正。此其語非深有得於天人之際而抉其精奥，何能道一字也？又其文辭渾堅簡僻，驟不可解。乃今梳櫛而融通之，使讀者有文從字順之樂。吾知此編出而後之學者必不謬於軌物，而馳騖煩支以神

〔一〕字跡潦草，難以辨識。

奇其用矣。朱子晚年亦嘗留心於此，顧引而不發，若默有待於先生者。以是見賢者覺世之苦心正同，而其卓識宏議亦若合符節焉。因識此以抒欣慕云。

時在光緒乙未冬十月，後學吴引孫福茨甫謹識於甬江道署之葵向齋。

陰符者，沉隱伏匿，藏其用於不測，即老子清静無爲、知白守黑之意也。先儒謂老子之書雜，陰符經却不雜。蓋其書簡約，而前後一意，有以入老氏之閫奥而啜其精微，故不煩言而意已暢。内之爲修鍊，外之爲權謀，五千言之旨備矣。然其言古奥，觀者鮮得其解。故爲之録其全文，而頗爲梳櫛之。中有可喜之處，亦足以自娱。且於此發其藏焉，亦足以示人，知不爲所惑也。

上篇

觀天之道，執天之行，盡矣。

「觀天之道」，察其所以然者也。「執天之行」，守其自然之運也。「盡矣」，謂此外無餘事也。〇驟讀此三句，幾與吾儒之學無以别異。要其所謂天道天行，則見爲機械而已。以私自與，並以私智窺天道也。讀下文乃可知。

故天有五賊，見之者昌。五賊在心，施行於天。宇宙在乎手，萬化生乎身。

賊者，持相勝之機，而伏於隱微不可見之謂也。五行之迭禪，其相制之氣，皆伏於其氣方王之時。如木方盛而金氣已伏，火方炎而水氣已伏。方其伏也，不知其能相勝也，故謂之賊。「見之者昌」，謂觀天之道，而有以知之也。知乎此，則在我者沉隱不露，不與人以可覸，而自能御物於無窮。在人者，我知所以豫之，不爲物所亂，而物亦無能勝我矣，故曰「見之者昌」也。「五賊在心，施行於天」，謂默識乎五賊之道於心，有以察其相勝相伏之幾微，而有以守之，以待其自然而發，與天同道，所謂「執天之行」也。如是，則聰明不外炫，而精神有所專，幾不可測，神不可知，而宇宙在乎手，萬化生乎身矣，故曰「盡矣」也。

天性，人也。人心，機也。立天之道，以定人也。

「天性，人也」，謂人之有知覺運動，即天性然也。「人心，機也」，謂人心之有知覺運動，感而遂通，以應事接物，其由靜而動，如發機也。人有知覺運動，不能不炫其聰明於應事接物之間。而機之發也，不克自持，則不能有得而無失。浮躁淺露，而精神外鶩而不存事，所以多債而天年不永也。「立天之道，以定人」，立其所謂五賊者，以定人心之機，使之潛隱不露，則發而不妄也。上文「五賊在心，施行於天」，成功之事也；此言

「立天之道，以定人」，學者之事也。○此所謂天性，祇是言此心之神明，故承之曰「人心，機也」。下文言「性有巧拙」，則其以心之知覺運動言性，明矣。立天之道以定人，則强制其心，使不妄動之意。收視反聽，以固其精神。潛慮密謀，以操其權要。守之者固，則察之愈明。守之固，而發之力愈强。察之明，而發之機無或失矣，故下文言「發殺機」也。若以仁義禮智信言性，而立天道以定人，則仁義非老氏之言，而亦不謂之五賊矣。

天發殺機，移星易宿。地發殺機，龍蛇起陸。人發殺機，天地反覆。天人合發，萬化定基。

機，即人心機也。殺機云者，五賊之機也。自其隱伏於至微，而與人以不可窺言之，則謂之賊。自其發於人之所不及知，而有以反覆相勝言之，則謂之殺。蓋於其隱伏不可見之中，而已有自然而必勝之道，乃所謂殺機也。盛暑不知有寒，而微陰伏焉，寒已必勝暑矣。盛寒不知有暑，而微陽伏焉，暑已必勝寒矣。至於寒已勝暑，暑已勝寒，則殺機之已發，而人乃見其星移宿易。所謂五賊，天之道也。地道亦然。龍蛇蟄藏於淵陸之下，人不能窺；而啓蟄而升，乃莫之能禦也。人能立天之道以定其機，則淡泊無爲，觀時順化。而殺機之發，乃能使天地反覆。如大國事小國則取小國，小國事大國則取大國，即「天地反覆」之謂也。「天人合發，萬化定基」，時至事起，而後爲之。其爲之之機豫於早，而人不及測矣。是則亦「五賊在心，施行於天」，而「宇宙在乎手，萬化生乎身」者也。

性有巧拙，可以伏藏。九竅之邪，存乎三要，可以動靜。

天性，人也，而性有巧拙。人未有自安於拙，而不用其巧者。不知伏藏，故拙者人得而易之愚之，巧者人亦得而防之軋之。若是者，其機淺以妄也，惡能有爲？然而可以伏藏也。知伏藏，則巧者人不見其巧，拙者人亦不及知其拙。五賊在心若是者，其機密以深矣。人心，機也，而九竅之邪，存乎三要。九竅，謂耳二、目二、鼻二、口一、前後陰二。三要謂耳聽目視，口則以言以食也。色交於前而目逐之，聲交於前而耳逐之，味交於前而口嗜之，心有所觸而口言之。五聲耳聾，五色目盲，五味口爽，多言多害。動而不靜，精神日逐於外，非所以美厥靈根也。且也自多其聰，則人得以甘言惑之；自多其明，則人得以變詐眩之；自多其才智，則人得以機械窮之。動而不靜，尤非所以爲衆妙之門也，幾何不敝？然而，知其要則可以動靜也。知動靜，則常有欲以觀其徼，常無欲以觀其妙。收視反聽，藏心於淵。而玄之又玄者，即心而在矣。伏藏於靜，立天之道，以定人也。〇「九竅之邪，存乎三要」，語亦近儒，而實非也。天生烝民，有物有則，三要亦秉彝好德之所存而道心之用也，聖人曰「非禮勿視，非禮勿聽，非禮勿言，非禮勿動」而已。九竅豈必邪也？老氏曰「君子盛德若愚」，即此伏藏之説；又曰「不見可欲，使心不亂」，即此三要之説。伏藏之至，靜以待動。是乃所謂陰符。老氏任自然。夫何嘗自然也？善觀時變耳。朱子曰老子最陰毒，正此謂也。若於此看作閑邪存誠一般，則失老氏之旨，且以亂聖人之道矣。

火生於木，禍發必克。姦生於國，時動必潰。知之修鍊，謂之聖人。

此言不伏藏而妄動之害。且言殺機之必發，而五賊之不可不知也。火發而木焚，姦生而國潰。此其賊殺之機，皆伏於至微，而一發而遂不可救。人之逐動而不知靜，衒巧而忘其拙者，其必中於禍矣。知此而反其道矣。自處以拙，而與人以巧。自處以靜，而順人之動。默觀時變，藏心於淵。則五賊在心，而殺機自我矣；我不爲物所賊殺，而能賊殺。修鍊之道，誠不外是也。

中　篇

天生天殺，道之理也。

「道」字，大概言之。理，則道中之條理細密處也。有生則必有殺，天道固然。然於其生之之時，則殺機已於是而伏矣。此其所伏之機，則天道之有條理而不紊者，是不可不密觀而詳察之也。

天地，萬物之盜。萬物，人之盜。人，萬物之盜。三盜既宜，三才既安。故曰：食其時，百骸理。動其機，萬化安。

盜之猶言賊也。天地之殺物，乃以生物，而物不及知。天地之生物，即有以殺物，而物亦不及知。是天地，萬物之盜也。人、物亦然。聲色、臭味、禽獸、蟲魚、草木，皆所以養人，而即有以傷人於不覺。人之蕃畜鳥獸，長任草木，似乎被之以恩，而實將殺而用之。是以皆謂之盜。既，盡也。天生天殺，道之理也。得其條理而操之，資物以養，而不爲物所傷。順時養物，而時至則能有以殺物。如此，則三盜盡得其宜，而三才亦盡安矣。「安」之云者，盜伏而不知，殺之而無怨，則若其安於自然之理故也。順時以相養，則百骸無動作煩擾之勞；時至動殺機，則萬物亦安自然之化。此即所謂觀天之道，而執天之行者也。

人知其神之神，不知不神之所以神。

星移宿易，而知天之神。龍蛇起陸，而知地之神。天地反覆，而知人之神。殺機已發，其神之神，人所共知也。盛暑無寒，盛寒無暑；龍蛇之蟄，莫知其宅；大智若愚，大巧若拙。夫如是而神全，是不神之所以神則人所不及知也。殺機未發，五賊在心。人見爲不神，而不知不神之即其所以神，故曰賊，曰盜，曰陰符也。

日月有數，大小有定。聖功生焉，神明出焉。

日月有數，大小有定，人見爲不神也。聖功神明，神也。乃聖功之所由生，神明之所由出，即生出於日月有數、大小有定之中。不神正所以神也。

其盜機也，天下莫能見，莫能知。君子得之固躬，小人得之輕命。

不神之所以神，所謂盜機也。君子得之固躬，修錬是也。然以之保家保國，能自保則有以勝人。老氏之術，胥如是。顧此盜機也，庸衆所莫能見，莫能知耳。若才智之小人，則亦或能得之。但得之爲作姦犯科，以潰亂人家國，則亦終於輕命而已，如田氏其幸成也，新莽其終敗也。

下　篇

瞽者善聽，聾者善視。絶利一源，用師十倍。三返晝夜，用師萬倍。

不神之神，其神專也。精無旁洩，神不妄馳。是以盜機之存，人不及知；而殺機之發，人不能測。若旁有所洩，分有所馳，則其機竊而易之，其發輕而不力，無以神其神矣。

瞽者惟不紛於視，故聽聰。聾者惟不紛於聽，故視明。況能收視返聽，不逐於欲，以美厥靈根。專壹之至，持之以久，豈不積之愈厚，而發之愈神哉？此明不神之所以神也。○「絶利一源，三返晝夜」之言，可以爲凡學者之法。凡學之不能有得者，皆其志之不專不恒故也。

心生於物，死於物，機在目。禽之制在炁。

人心，機也。心以應物，而逐物忘返，利欲紛馳，則沉溺煩憊，精神雕敝。且不復能應物，是心死也。九竅之邪，在乎三要。而三者之中，目爲尤要。目者，心神之所注。心機之動，每因目爲動之，故又曰「機在目」。能於目制之，則心不妄馳，而機深以密矣。顧在人不能無目，目不能無見，而何以制之？禽之制在炁。禽之飛揚空闊，莫能夭閼。而迴風撓亂，則亦不敢高飛。是無形之氣乃足以制之。人之制其目也，亦制之以無形之氣而已。知外物之足以蕩吾心也，而過而不敢留，雖見如未見焉。心寂而無營，則目亦不能獨往。亦制在炁之説也。此復明伏藏動靜之意也。○耳聽目視，生人之用。而求所以制之，則亦可見其有事於强制，而非能自然矣。耳目之逐於邪，是亦不可不制。然主之以理，則視聽不妄，非可制之以收視返聽也。而今曰「禽之制在炁」，是不知有理以爲之主，而徒欲棄聰絶明，以同形智於槁木死灰也。不其難哉？佛氏之欲絶去六根六塵，而求獨見真性，其源固與老氏同也。

天之無恩，而大恩生焉。迅雷烈風，莫不蠢然。

天無恩而大恩生，不神而至神出也。隆冬盛寒，萬物蕭索。閉藏之密，生意若無復存。乃及夫啓蟄之時，迅雷烈風，以動之散之，則萬物無不蠢然，大恩於是乎見。何則？伏藏愈固，則機之蓄也愈力，而發之以愈神也。人能制其耳目，使精神不至於旁洩而外馳，則亦藏之者固，蓄之者力，而發之者神，有以收用師萬倍之效矣。

至樂性餘，至靜性廉。天之至私，用之至公。

餘者，寬裕不迫之意。廉，棱角也。言人之淡泊而自安者，外物不足以誘之，其性之寬裕而不迫也；人之寧靜而自守者，外物不足以摇之，其性之廉直而方正也。然非必性也，習則與性成矣。淡泊寧靜，見爲至私，以其無與於物也。然惟其不誘於物，則能有以用物矣。惟其不摇於物，則能有以御物矣。淡泊寧靜之人，正任重致遠之器也。是用之至公也。天性，人也，故以天言之。此復明拙之能巧，静之能動，不神之所以神也。

生者，死之根。死者，生之根。恩生於害，害生於恩。故曰：沉水入火，自取滅亡。

方其樂生也，而死之機伏矣；方其懼死也，而生之機伏矣。昵以爲恩，而害則於是生焉；怵以爲害，而恩實於此寓焉。故天有五賊，見之者昌也。是故生之乃所以死之，死之乃所以生之。恩之正所以害之，害之乃所以恩之。機藏於隱伏，人莫能見知，乃所謂陰符也。五賊在心，施行於天，宇宙在乎手，萬化生乎身矣。若不知此，而逐於耳目以爲樂，炫其聰明以爲巧，知生而不知死，知恩而不知害，動而不静，以自罹凶夭，是沉水入火，自取滅亡也。此通結三篇之意也。○此節之語，與孟子「生於憂患，死於安樂」亦相似。然其旨則玩弄一世於陰賊之中。故孫武、申、韓、蘇、張之術，實皆由是出焉。觀者不可以不明辨之也。

後　論

蓋愚人以天地文理聖，我以時物文理哲。人以愚虞聖，我以不愚虞聖。人以奇期聖，我以不奇期聖。

天地文理，天地之迹象也。聖，無不通也。時物文理，時行物生，自然之化也。哲，明之晰也。言愚人方求以迹象之無不知爲聖，我則以明於運化之自然者爲哲。蓋五行迭相爲賊，其殺機之發，盜機之伏，皆時物之文理，運化之自然，而不可不明晰之者也。虞，猶度也，期，望之也。聖人伏藏若拙，安静無爲。方其不神，人莫不以愚目之。我則虞其不神之有所以神，而必非愚也。蓋人之於聖，莫不以奇期之。是以見其無奇，而遂以愚虞之；而我之於聖，則以不奇期之。伏藏若拙，安靜無爲，正聖人之所以爲聖，有不神之所以神者存焉故也。

自然之道靜，故天地萬物生。天地之道浸，故陰陽勝。陰陽相推，而變化順矣。

謂自然之道安靜無爲，而天地萬物皆由此自然之道而生。故天地之運，萬物之生，皆莫能違此自然之化也。天地之道，則每以始於微而終於盛，如水之浸淫以漸而沁。其始也，隱伏於微，莫之或知，故謂之賊。其浸也，以漸而盛，及於其發，則星移宿易，天地反覆，而莫之能禦，則所謂殺機。故陰陽之迭相勝，皆如是也。陰陽相推，而變化順，則所謂「萬化定基」也。然變化之迹象，其易見者也。其浸之生於自然者，則至靜而不可見，至元而不可窺。是故愚人以天地文理聖，我以時物文理哲。觀於其浸，而知道之本於自然也。〇道誠自然。天地之道，即自然之道。今其言曰「自然之道靜，故天地萬物生」，是天地之道之上，又有個自然之道。此自然之道，實生天地。道竟在天地之外，另自一物。此所謂不知道，而道其所道也。道固以靜爲體。然爲之自然，則一動一靜，互爲其根，如循環之無端，乃見爲自然。故聖人曰：「一陰一陽之謂道。」今別之曰：「自然之道靜，天地之道浸。」是若靜乃自然，而浸非自然。則一於靜者，亦安見爲自然？蓋其所謂自然者，亦一無所爲而聽之云爾。抑知夫一動一靜，自然之運，乃正道之所以爲道。浸即其自然，非浸之上又有靜爲自然也。

是故聖人知自然之道不可違，因而制之。至靜之道，律曆所不能契。

浸生於靜，勝生於自然。則浸而相勝，不可違矣。故妄動而爲之，則違道，所以取滅亡也。聖人知自然之道不可違，故因而制之。制其耳目，不使逐於聲色。制其心思，不使見爲智巧。安靜無爲，伏藏若拙，以俟夫自然之化。待時之既至，而後發其機焉。是至靜之道，律曆所不能契也。道原於天地萬物未生之先，無象之可見，無數之可紀，無聲臭之可聞，玄之又玄，律曆其惡能契之？聖人之伏藏於至靜，潛心於淵也，亦若是矣。〇既曰自然，又曰制之。制之則非自然矣。耳目口體，心思之用，有物有則。自然之道，君子之有所制也。亦制其人欲之流，而使之順其自然之則已耳。是豈必伏藏若拙，而予人以不可窺乎？且夫耳目心思，日與物接，有是聰明知覺，則有必非盡能制之使伏藏，而亦無庸盡制之使伏藏者。是知彼所謂純任自然，非能使在己者皆順乎自然之則也。亦默以觀化，待物之自然而敝，而我乃安取之。是以弛然自放，禮教可以不設，强禦可以不較，是非可以不明，可否可以不辨。乃其所謂自然，而實則强制其心，矯揉其情，以閹然於世。而機械之存於心者，實已不可問矣。學者其安可以近似之言而惑之乎？

爰有奇器，是生萬象。八卦甲子，神機鬼藏。陰陽相勝之術，昭昭乎進乎象矣。

至靜之道，律曆所不能契，自然之道靜也。「爰有奇器，是生萬象」，謂天地萬物由自然之道而生也。八卦甲子，則陰陽相推之，著而有象者。此則律曆有可契。中篇之所謂「日月有數，大小有定」，然而神機鬼藏，則於此而存，「聖功生焉，神明出焉」。其在天則有五賊，在人則五賊在心。施行於天，而殺機合發，則萬化定基。其機之已發，有象可見。其盜機之伏，則陰陽相勝，若有術焉，所謂天地之道浸也。其象固昭昭乎，然已進乎象矣；進乎象，言不止於象，如莊周所云進乎技也。自然之道，不奇者也。爰有奇器，是生萬象，奇也。不奇則若愚。神機鬼藏，陰陽相勝之術，則不愚。是故「人以愚虞聖，我以不愚虞聖。人以奇期聖，我以不奇期聖」也。此篇蓋總叙三篇之意。○其是書之説，托原於天，附於聖人，而詭之曰修鍊，曰固躬。然其實則陰謀權術之書。其伏之，至於予人以不可見不可知。其心之險陂機械，爲已甚矣。讀者不辨於微，則徒喜其有宴安鴆毒，患難玉成之意，以爲有裨於身心。而抑知閉藏陰賊之意，一染著於身心，則已大害乎正大光明之概。其賊道有不止於鄉願者，固不但賊盜殺機之名爲不可爲訓而已也。顧其文辭之渾堅簡奥，往往爲好古之癖者所深喜。而愚亦不能不喜之，是亦猶癖焉。因轉爲好之者慮之，則辨之又不敢不詳也矣。

陰符經注〔一〕

徐大椿

序

陰符贊易之書也。其末章所云奇器，指八卦甲子言。則此書之秘，不外乎八卦甲子。前後所論，皆所以剖明之也。易之爲書，雖經四聖闡發，而其作用之秘妙未之及也。陰符則指而名之曰五賊，曰殺機，曰三要，曰三盜，曰機在於目，曰禽之制在氣。果能知此數端，真可以宇宙在手，萬化生心，而能執天之行矣。此乃天地之秘，聖人之所不輕言者，而陰符發之。然易之爲書，廣大悉備，隨人所見，而無不具足，所謂仁者見之謂之仁，智者見之謂

〔一〕此書見於清史稿著録。作者徐大椿（一六九三—一七七一），原名大業，字靈胎，晚號洄溪老人。江蘇吴江人。清史稿有傳，袁枚有徐靈胎先生傳。清代名醫，著述多屬醫學，又工文辭，通音律、水利等。四庫全書收録其醫學著作多種。本書文字取自中國國家圖書館藏徐靈胎先生雜著五種，校以四庫全書本。

之智。作陰符者所見之易如此，而易之全體又未必盡在乎此。陰符所見之易，適成其爲陰符之易而已。但陰符所見之易，又必善讀陰符者方可得其益。不善讀，則以爲易之道盡在陰符，又復誤解陰符之義，竟視爲奇邪險譎之書，而易之道遂亡。故中篇有云：「君子得之固躬，小人得之輕命。」此即爲不善讀陰符者之戒也。然則讀陰符者，能不視爲奇邪險譎之書，而以爲發明易理之書，通其微妙，並能推廣其義，以窮全易之理，則陰符明而易道亦明矣。故云陰符爲贊易之書也。至其書之所由來，或以爲本於黄帝，或以爲出自戰國，或以爲唐李筌所僞托，皆不可得而知。其博奥精深，非得黄老之精髓者不能撰。師其意者，養生保命，治國用兵，無所不通。必指爲何人所作，皆臆説也。

乾隆二十五年，歲在上章執徐如月下浣，泂溪徐大椿序。

上篇

觀天之道，

天道者，天之主宰，所以立乎形氣之先者也。觀者，推測而精察之，則天之體可明矣。

執天之行，

天行，天道之轉運，所以鼓動萬物者也。執者，操持而卷舒之，則天之用可握矣。

盡矣。

宇宙之大，皆天之所包。天之體用在我，尚有何事出於天之外者乎？

天有五賊，見之者昌。

五賊，五行也。五行雖循環相生，然必互相剋賊。使凡物必滅絶而後復生，則其用不在生而在剋，故謂之賊。我能灼見其理，則事功必能昌大也。

五賊在心，施行於天。

在心能知之明，藏之固，與心爲一也。施行，即易所謂裁成輔相之法。天下之事，皆天所爲，故不曰天下而曰天也。

宇宙在乎手，萬化在乎身。

宇宙包古今而言；在乎手，我得而操縱之。萬化兼人物而言；生乎身，我得而長育之也。

天性，人也。

人者，天之所生。天性無可見，生人而性即存乎人，故人性乃天性之所寄〔一〕也。

〔一〕「寄」，四庫全書本作「見」。

人心，機也。

人有心，當其未動，全無所見；一有感觸，而心即於此見端，所謂機也。蓋心既發之後，反有利害嗜欲以擾之，而本心或渝。惟方發之一念爲最真耳。

立天之道，以定人也。

人與天皆一氣之所生，本無二體。必能通乎天道，守之勿失，乃所以全乎人之所以爲人，而安固不摇矣。

天發殺機，移星易宿。

機不獨在人，天地皆有之，而機之中又有殺機焉。天之殺機動，則一定之星宿亦將紊亂失次而反其常位。

地發殺機，龍蛇起陸。

地之殺機動，則伏處之龍蛇亦將飛騰蜕化而不安其窟。

人發殺機，天地反覆。

人之殺機動，則欲建功立業，必旋乾轉坤，而宇宙爲之震蕩矣。

天人合發，萬變定基。

天人各發而不相應，則事勢不齊。或隨發隨息，或息而復發，紛紜擾攘，無所底止。若天人同時而發，則必動極思靜，亂極思治，萬事萬物各還其初，而根基從此定矣。

性有巧拙，可以伏藏。

凡人之性，各有偏長。有巧處必有拙處，雖聖人不能齊。一人當善用其性，或巧或拙，皆藏匿不露，使人不能窺，則機深而我可獨用其長矣。

九竅之邪，在乎三要。

眼耳口鼻二便，謂之九竅。其最要者，眼耳能見聞，口能議論，皆神明之所存。餘者不過血肉形氣出入之司而已。

可以動靜。

三者動則靈機四達，靜則精神内藏。欲動欲靜，可以自爲之主。

火生於木，禍發必剋。姦生於國，時至必潰。

木中必有火。當其未發，火無由見也。至木滋已槁，而火性無制，則其禍必起而木焚矣。國中必有姦。當其未露，姦無從知也。至國運將危，而權謀得肆，則其時已至而國亡矣。

知之修鍊，謂之聖人。

若能窺其理之必然，察其機之未動，以智防之，以法制之，使不及於喪敗，此真能立天之道以定人，非聖人不能也。

中篇

天生天殺，道之理也。

萬物皆天之所生，故曰天生。又有生必有死，其死亦天之所爲，故曰天殺。生之殺之，此之謂道。而生必有殺，殺必復生，乃自然之事，是乃所謂理也。

天地，萬物之盜，

能取而害之之謂盜。天地生萬物而旋殺之，豈非萬物之盜乎？

萬物，人之盜。

萬物之中，有人與物之分焉。人非萬物，無以資其飲食器用。然因之以長其嗜欲，而沉溺喪生，豈非人之盜乎？

人，萬物之盜。

萬物非人，無以遂其生育長茂。然供人之資取，則不免於戕害，豈非萬物之盜乎？

三盜既宜，三才既安。

三者之盜，無過時不及，乖戾錯誤之患，而各得其宜，則相剋之中即寓相生之理。循環無端，各安其位，而無不適之事，所謂天地位而萬物育也。

故曰：食其時，百骸理。動其機，萬安化。

此二句古語也，引之以証上文之義。言飲食若得其時，則人之精神和粹，而百體舒泰。動作若合乎機，則事理順序而萬物康寧，所謂三才既安者也。

人知其神之神，不知其神之所以神。

天下之人，但見體道者之功效以爲神妙，而不知其所由致神妙之術，全在知三盜生殺之理，而能錯置得宜，故無往而不安也。

日月有數，大小有定。聖功生焉，神明出焉。

日月之行必有常數，所以月之大小一定而不爽，而朔望可齊。聖人推而測之，觀其道而執其行，動不違時而事功易立，更神而明之，智無不周也。

其盜機也，天下莫能見，莫能知。

三盜之用，皆在將動未動之間。若一發之後，則不可復制矣。但此時形迹未露，孰能見之，孰能知之者乎？

君子得之固躬，小人得之輕命。

機雖不易知，而求知者各有其人；如其人而君子歟！修身俟命，待時而動，即明哲保身之術也；如其人而小人歟！則恃才妄作，違時而逞，適足以喪其身而已。是則君子之得乃爲真得；小人之得，自以爲得，而與道正相反也。

下　篇

瞽者善聽，聾者善視。

喪其一官，則一官反能勝人。

絶利一源，用師十倍。三反晝夜，用師萬倍。

絶利欲之一源，則心并於一而精明有加，其益勝於從師十倍。猶瞽者之精神并於聽，聾者之精神并於視也。若更能思之又思，再三反覆，至於晝夜無間，則專純之至，勝於從師萬倍矣，所謂能自得師者也。

心生於物，死於物。

天下無物，則人無所用其心。老子所謂「不見可欲，使心不亂」是也。故心必因物而生，然欲動情勝，事劇神勞，則心又因物而死。

機在於目。

心不能與物接，必見物之形而後心隨之而動。故物與心交之際，惟目爲最要也。

天之無恩，而大恩生。迅雷烈風，莫不蠢然。

天之生物，聽其自生自長，未嘗有意加恩。然萬物莫不各戴一天，而仰其德，非恩之至大者乎？即如迅雷烈風，乃天地陽氣所發，振蕩奮疾，豈欲加德於萬物而爲之？乃萬物當之者莫不恐懼動摇，而生長茂達之機更復蠢然而動，非大恩即在無恩中耶？

至樂性餘，至靜性廉。

一物有一物之性。凡人之至樂者，其性必寬裕優容，至靜者其性必縝密峻潔。此自然之情，不容勉强者也。

天之至私，用之至公。禽之制在炁。

天之與萬物，栽培傾覆，萬有不齊，似乎各有私焉。其實栽培傾覆之故，皆萬物自取之，天不過因物付物而已，其實則至公也。而其統御之法，則惟一氣爲之。如春生夏長，秋斂冬藏，不外乎一氣之轉旋也。「禽」與「擒」通。

生者，死之根。死者，生之根。

萬物生必有死，則生乃死之根也；死必有生，則死乃生之根也。上句指一物言，下句統衆物言。蓋生者無有不死，死者不可復生。所謂「生之根」者，謂此死而彼生也。

恩生於害，害生於恩。

人之相接，有恩必有害，有害必有恩。從未有一於恩害者，情勢然也。

愚人以天地文理聖，我以時物文理哲。

世之愚人，以爲能知天地之文理者其人必聖人。我以爲天地之文理不可得而見，天地運行之時物顯然可知，能知之者即爲哲人。哲即聖也。時物文理，即上文「天之至私」以下數句之義。

人以愚虞聖，我以不愚虞聖。人以奇期聖，我以不奇期聖。

天下之人各逞其私，毫無成見。或以聖人爲迂闊執滯，不免於愚；或以聖人爲神化機巧，不免於奇。我以爲聖人實能體察天地，成就萬物，不但不愚，並不奇也。

故曰：沉水入火，自取滅亡。

聖人不愚不奇，人則非愚即奇。蓋自恃其知，徇利縱欲以爲謀生之良法，實則喪身之禍根。猶之自投於水火之中，其滅亡爲可必也。

自然之道静，故天地萬物生。

萬物爲天地所生，而天地又爲道之所生。其道即所謂自然之道也。道之爲體，淵然莫測，寂然不動，乃至静而無爲者也。惟其至静，所以無所不包。而凡屬有形有氣者，皆從此出。盈天地之間，皆道之所充塞矣。

天地之道浸，故陰陽勝。

生天地之後，道即寓乎天地。而其運乎天地之中者，不過陰陽二端而已。二端在天地之間，無終歲兩平之理，必迭爲消長而後歲功成。而其消長之法，又非驟盛驟衰者也，必由微至著，漸次增積，至極盛而後嚮衰。如冬至一陽生，至四月而陽極；夏至一陰生，至十月而陰極。即此義也。

陰陽相摧，而變化順矣。

陰極陽生，陽極陰生，所謂相推〔一〕也。由此四時行，萬物生，所謂變化順也。

是故聖人知自然之道不可違，因而制之。

以上皆自然之道，聖人心通而神會之。知天下之事不能出其範圍，從而裁成輔相之。

至靜之道，律曆所不能契。

自然之道靜，故又名至靜之道。其體無形無象，雖至精至微，如律曆之法，尚不離乎器數之迹，終不能與道契合而無間也。

爰有奇器，是生萬象。八卦甲子，神機鬼藏。陰陽相勝之術，昭昭乎進乎象矣。

〔一〕「推」，四庫全書本作「摧」。

道不可契，然聖人必不肯不求契乎道，於是設爲契道之奇器焉。其操甚約，而萬物之象皆由此而生。其器維何？所謂「八卦甲子」是也。八卦立而天地五行不能外，甲子定而歲時日月不能違。雖靈妙隱晦如神鬼，變化不測若陰陽，而八卦甲子之中無理不包，無數不該。其義昭然明晰，使人若有象之可循。然後律曆所不能契者，已無微之弗彰矣。

陰符經淺顯解〔一〕

谷睿

序

孟子曰：「觀水有術，必觀其瀾。」蓋言天一地六，非陰陽二氣爲之激蕩，必不能成。故下遂接以「日月有明，容光必照」。陳希夷曰「倏爾火輪煎地脉，俄然神瀵湧山焦」，亦此意也。張果曰：「觀自然之道，無所觀也。不觀之以目，而觀之以心。心深微而無所見，故能照自然之性，其斯之謂陰。執自然之行，無所執也。不執之以手，而執之以機。機變通而無所繫，故能契自然之理，其斯之謂符。」鄭澣曰：「雷雨在上，典彝旁達。浚其粹精，流爲聰明。」之數子者，品詣雖有高下，行能雖有淺深，然而其達陰符則一也，因引之以爲序。

〔一〕作者谷睿，清代文人，生平待考。本書文字根據中國國家圖書館藏乾隆二十年淡永堂刻本。此注釋與參同契注合編，總稱參同陰符淺顯解。

上篇

觀天之道，執天之行，盡矣。天有五賊，見之者昌。五賊在心，施行於天。宇宙在乎手，萬化生乎身。天性，人也。人心，機也。立天之道，以定人也。天發殺機，龍蛇起陸。人發殺機，天地反覆。天人合發，萬化定基。性有巧拙，可以伏藏。九竅之邪，在乎三要，可以動靜。火生於木，禍發必克。姦生於國，時動必潰。知之修鍊，是謂聖人。

聞之師曰：天下古今，有一人不寓其内，不可謂之道。但有邪正之分耳，故孔子曰道二。陰符、參同，俱去邪而存正者也。然而但以天機言，非人事也。故雅奥難通，人多不得其解。今以理之發育萬物、峻極於天者言，庶事有頭緒，而自然無爲之理或可漸彰。抱一子曰：「天之數五千五百億，地之數二十四萬有奇。」邵康節曰：「天係有硬殼子的。其中之空虚如耳竅，故能發育萬物而包括萬事。」陳希夷曰：「天無寒暑，以日月之遠近爲寒暑。天無晝夜，以日月之出没爲晝夜。」蓋言一元之氣無不周遍，人育其中，未有不獲是氣而能自存者。故人當一落地時，此氣即盤據於内，發而爲六千六百七十五呼，六千六百七十五吸。每日十二時，得天地之氣九十六刻。此孟子所謂性善也。於是以食息分陰陽，以身心變形體。三年得天地之氣十萬八千，而識神力量由之而出，此識父認母，能爬能走之所由來也。至五六歲時，得天地之氣二十一萬六千，陰陽化而爲魂魄，於是晝有覺而夜有夢，此古人七歲入小學所由來也。迨至十二歲，得天地之氣四十三萬二千，魂魄化而爲精神，於是可以入則孝出則弟，此古人養正之功所由始也。至十八歲後，得天地之氣六十四萬八千，骨肉已完，而陰陽之舊路俱失，於是情竅開而邪機伏，欲念起而正氣亡，此孟子之「持志勿暴」所由因之而施也。蓋人當十八歲前，俱係天行，何用修澄？惟服食水食，金光漸息。倘非盡心知性，必不能存心養性。此觀天之道、執天之行所由，不可少也。蓋自情竇已開，五德變爲五賊，於是名利心起，道德心亡。倘不識此金木水火土，將聲色貨利未有不爲所陷者。故曰「天有五賊，見之者昌」。然此猶反言之也。若以午未申爲主，以伏此酉戌亥，因而得乎子丑寅，用以全乎卯辰巳，此盜天地、竊造化之事也，非賊而何？蓋五賊在心，施行於天，特患人不用工耳。果能用工，將見上下之宇，東西南北之宙，與在天之二十四氣、七十二候，無不歸於一身。非反身而誠何？故曰「宇宙在乎手，萬化生乎身」。何言之？天之所賦於我者，寂然至無，不可得而見也。惟以人之所秉者驗之，而其理自知。故曰「天性，人也」。人之所得於天者，自然而然，不知其何以然者也。惟以天之所化者言之，而其義自明。故曰「人心，機也」。此機在人，何所不至？爲聖賢，爲姦佞，同焉。是機惟立天之道以定之，則造化在我，庶不爲五行所亂。故曰「立天之道，以定人也」。何謂天發殺機？殺機者，機之過也。天地之氣一過，則變異見而龍蛇起陸矣。人之心一過，則意想生而天地反覆矣。然此猶反言之也。若正言之，則調息綿綿而神光自露，存神默默而正氣自復。非龍蛇起陸、天地反覆乎？是謂之「天人合發」。蓋天即心，人即身，合發即陰陽合德，剛柔不偏也。而青黄白赤黑猶有不足以戰勝，上〔一〕下南北中猶有不足以攻取者乎？蓋人之資質雖有厚薄，稟賦雖有高下，然恃其聰明，道必以浮露而亡。而任其愚魯，德必以昏怠而棄。故必伏其巧而藏其拙，而後可與言符。獨是巧拙可以伏藏，而人往往不能伏藏者，以有九竅之邪也。人知其爲邪，而不使之妄動，則邪去而正復矣。然而猶有三要者。以正復，則眼有異光，耳有異響，而口有異味也。邪固可驗之於三，正亦可求之於三，故曰「可以動靜」。動靜何以使工，其必也以水火爲體，以金木爲用乎！蓋火生於木，而火適足以焚木；此千思萬慮，所以神爲之耗也。水生於金，而水盛適足以喪金；此蹻念欲動，所以氣爲之失也。若知之修鍊，而猶不可謂之聖人乎？

〔一〕「上」，原作「土」。

中篇[一]

天生天殺，道之理也。天地，萬物之盜。萬物，人之盜。人，萬物之盜。三盜既宜，三才乃安。故曰：食其時，百骸理。動其機，萬化安。人知其神之神，不知不神之所以神。日月有數，大小有定。聖功生焉，神明出焉。其盜機也，天下莫能見，莫能知。君子得之固躬，小人得之輕命。

子午一殺而未生，丑未一殺而寅生，此金公所由來也；當恃以爲主，故爲初玄。卯酉一殺而辰生，辰戌一殺而亥生，此木母所由至也；當依以爲輔。至寅申一殺而卯生，巳亥一殺而午生，是薺麥芽蘖，兆乃滋彰矣也；名謂又玄，更當依之爲君。是何也？道有健順而後有不貳，有不貳而後有不測，是不測之物即渾成之物也。機雖不息而形實難見，非天地萬物之盜乎？然不但天地之生物能隱於亡知也，萬物之附於人也，以益爲損，以害爲利，亦藏其形於罔覺，非萬物人之盜乎？而今也返身而誠，將見皆備於我者，可以使之伏，可以使之顯，是人又爲萬物之盜矣。人特患不知三盜之理耳。

[一]「中篇」，二字原無，應是脱漏，據體例補。「下篇」題目亦是今補。

果能知之，而殺中用生，生中用殺，是誠正修之所由來，即身心意之所由伏也。非三盜既宜，三才乃安乎？故曰：「食其時，百骸理。動其機，萬化安。」蓋食即陰陽相飲食，交感道自然。機即壬癸配甲乙，乾坤括始終也。果能動觀卦節，靜因象詞，而百骸有不理？循環璇璣，升降上下，而萬化有不安者乎？蓋人見名利聲色，風花雪月，莫不俱曰「予聖」，而不知聰明必有由啓，才思必有由發。此固藏於不見不聞之地者也。故曰「人知其神之神，而不知不神之所以神」。蓋日之數五，發而爲甲乙丙丁；月之數六，育而爲子丑寅卯。此日月有數也。而眼耳鼻舌發而爲視聽言動，聰明聖知徵而爲仁義禮智。此大小有定也。而運用於無形之內，非聖功之所由生？徵發於身心之間，非神明之所由出乎？其運用於無形，徵發於身心，即盜機也。然而，既不恃乎資質，亦不賴乎聞見，即已亦不容一毫幫補，而謂天下有能見有能知者乎？此理非但聖人能也，賦畀之初，人人皆有，降衷之後，個個俱全。是君子小人固均得之者也。但君子依時而處中，固能全乎性命；小人反巧而弄拙，遂以壞其天良。爲可怪耳！故曰「君子得之固躬，小人得之輕命」。

下篇

瞽者善聽，聾者善視。絶利一源，用師十倍。三返晝夜，用師萬倍。心生於物，死於物，機在目。天之無恩，而大恩生。迅雷烈雨，莫不蠢然。至樂性餘，至靜性廉。天之至私，用之至公。禽之制在氣。生者，死之根。死者，生之根。恩生於害，害生於恩。愚人以天地文理聖，我以時物文理哲。人以愚虞聖，我以不愚虞聖。人以奇其聖，我以不奇其聖。沉水入火，自取滅亡。自然之道靜，故天地萬物生。天地之道浸，故陰陽盛。陰陽相推，而變化順矣。是故聖人知自然之道不可違，因而制之。至靜之道，律曆所不能契。爰有奇器，是生萬象。八卦甲子，神機鬼藏。陰陽相勝之術，昭昭乎進乎象矣。

此言用志不紛，乃凝於神也。人惟疑貳其志，二三其見，故事事無成。不觀之瞽者乎？彼固不能視者也，然而以耳爲目，而東西南北自可無不周知。聾固不能聽者也，然而以目爲用，而清濁高下自可無不俱曉。是何也？人惟二三其心，故有目反不能視，有耳反不能聽。今也絶其耳目之利，以一聰明之原，是神明之用也，而又焉有不能視聽之理？彼聾瞽且然，何況聖人之道熟而又熟？用子丑寅卯之法，以翻甲乙丙丁之數，是每三分爲損益之理也。而有不能知來藏往，聰明聖知者與？是神武而不殺之事也。故曰「用師萬倍」。是何也？七情六欲因物而見，是生於物也。而九還七返逐物而滅，是死於物也。然非顧諟天之明命，此理必不能知。非不見可欲，使心不亂之説也。故曰「機在目」。蓋必未死先學死，而後死可不懼。逢生須殺生，而後生可相安。故曰「天之無恩，而大恩生」。不觀之迅雷烈雨乎？震動摇撼，似與人以可懼，已而百卉反而以暢遂。非動心忍性，益以增其不能之理乎？蓋未發謂中，所性不存。性中本無不樂，又何有所謂樂？故曰至樂者性之餘棄。夭矯變化，端倪莫測。性中本無不靜，又何有所謂靜？故曰至靜者性之廉潔。樂靜若是，似爲一人之私己，而不知孝悌忠信，平地成天，無不賴此以赴。故曰「用之至公」。然此又爲外用言之也。若以陰陽一氣蒸伏我之神明，將見黑龜俱伏爐下，朱雀亦不飛揚，非禽之制在氣乎？蓋生者，死之根，聲色貨利俱足喪人性命；死者，生之根，混沌洪濛適足益人神知。恩生於害，害生於恩，理有自然，無足異也。是以愚人以識天之文知地之理，自謂古今莫及，是以天地文理聖；我也惟於子丑寅卯明其損益，甲乙丙丁識其自然，是我以時物文理哲也。人曰：「從來神聖無多事，祇是人間一味呆。」是人以愚虞聖也。而不知坐忘無非條理，緘默俱有法則；是我以不愚虞聖也。人曰「正己物正」，非盜竊天地不能；是人以奇期聖也。而不知全斯人所固有，浚天下所同秉；是我以不奇期〔一〕聖也。不然，用志於深微是謂沉水，留心於高妙是謂入火，特自取滅亡耳，何道之有！是知自然之道固淡，而不厭簡而文溫而理者也。何其靜乎！然而不惟健順之理得，而險阻之情，亦知非天地萬物生乎？健順之理，固與人以易知簡能者也。然而不可欲速，不可見小利也。惟浸灌滋潤，自然春溫變爲大暑，秋涼變爲大寒，而陰陽有不漸移，蕩摩有不漸盛者乎？聖人知自然之道人所俱有，我必不可違，因而制之。以闔户爲坤，以闢户爲乾。舉至靜之道，律曆所不能契者，使之無不備於我躬，於是有無可與并之。奇器即一元之炁也，是生兩儀，兩儀生四象，而八八六十四卦，三百八十四爻，無不運於我身，附於我體，而八卦甲子，其推行有不如神？其隱匿有不如鬼者乎？因而或興太平，或至兵革，陰陽相勝之術，有不昭昭進於象者乎？

〔一〕兩個「期」字與經文不同。

陰符經注疏〔一〕

西秦散人雷善長識一子注
古吴雲樵子范征謙宗一氏疏
毗陵眠霞孔昭璞啓璠氏校訂

弁言

原夫三教本係同源，仙佛初無二致。蓋命之與性，相爲表裏。性爲命之體，命爲性之用。敲爻歌云：「只修祖性不修丹，萬劫陰靈難入聖。達命宗，迷祖性，恰似鑒容無寶鏡。」故性非命不立，命非性不全。達磨已成正覺，安用遠遊東土？六祖既正法眼，奚必更參黄

〔一〕清史稿藝文志拾遺著録范征謙陰符經注疏，無卷數。作者雷善長、范征謙，生平待考。原書雷善長序言作於一七四〇年，范征謙弁言作於一七八九年。本書文字取自中國國家圖書館藏一七八九年范征謙畹香書屋刻本。本書標點參考了原書句讀，書法辨認得到張辛教授幫助。

梅？薛紫賢久經了悟，乃棄僧伽黎，幅巾逢掖，和光混俗。其故何也？釋所以欲證無生而歸於玄門者不知凡幾。達磨真經歌、紫賢復命篇，灼然具在，曷不審思而明辨之耶？世傳修養小乘三千六百門，固不足論。即還丹大道之文，不啻汗牛充棟。其言性命之學，陰陽之道，初無背於儒書。試觀易首乾坤，書垂釐降，詩詠關雎，禮重冠昏，大學、中庸及子輿氏之論性與命，概可見矣。

若參同契素號丹經王，準於連山、歸藏、陰符、道德、黄庭、悟真，並爲丹經之祖，皆慕道者所必講求。然性命雙修自入門而升堂，而入室，以至誕登道岸，揆之諸經，渾言其理，序次均未分晰，火候何能顯露？仙師云：「只爲丹經無口訣，教人何處結靈胎？」又曰：「聖人傳藥不傳火，從來火候少人知。」是以節次制度，火候細微，效法兩儀，攢簇五行，則水火而推坎離之盈虛，驗朔望而知乾坤之配合。觀天之道，執天之行，盡之矣。夫孤陰不生，獨陽不長，但真僞岐於彷彿，邪正分乎渺茫。毫釐千里，豈師心自用者所能測識哉！僕自童時聞道，考訂有年，奈以覓侶求鉛，緣慳分薄。雖未躬行實踐，亦必力索窮探。始知丹法七十二品，洵不誣也。蓋古聖仙真隨地制宜，因人設教，度其氣禀之清濁，性情之靜躁，血氣之盛衰，培養之豐嗇，於是所傳秘訣繁簡不齊，次第各別。要之殊途同歸，總不離於水中金一味。若舍此而他求，恐流入旁門曲徑，非金液還丹之大道已。

嘗讀陸西星氏、雷識一子諸先輩注本各數種，言言入妙，字字鈎玄，足啓發愚昧，昭示來兹。向擬並將道德、黄庭、南華、文始諸經，與參同、悟真及群仙珠玉中擇其疏解真確詳明者，彙集梓行。惟慚囊澀，故以識一子所注陰符經及陸西星所注百字碑，不揣鄙陋，謬爲箋疏，以授剞劂氏，聊作前茅嚆矢云爾。冀得高明者而質之，用誌數言以弁於首。

乾隆己酉歲一陽月月出庚日，古吴樵子范征謙棕艌氏書於畹香書屋。

原序

陰符經者，黄帝問道空同而著也。以陰制陽，沖舉之梁欆也。符之者甚寡矣。天生聖人，因天道而行，指人心九竅之要，皆自然之道。抑神邪？天以混元真一之氣生人生物。人能觀天之道，執天之行，不違乎天，不害於理，則宇宙在手，萬化生身矣。法三元之妙機，修五行之奇器，陰陽消長，恩害互用，合發八卦爻策，而乃所謂正術，而乃所謂大道。此廣成子之遺教，非後世權謀術數之可比也，因世薄人澆，不能達此。予謭劣作序，以示後學，曷敢曰自得也。乃未能超凡脱俗，遽達雲霄，愚人而已矣！幸感觸天機之清明，姑存之，以俟後之同志較正云爾。

時乾隆庚申歲陽月日，西秦識一子雷善長元音氏注於黔南之貴陽府並序。

陰符經

觀天之道，執天之行，盡矣。

注：天以日月運行鍊度，而有長生長明之道。觀其如是，而知其行持之度數，合璧之機關。執而行之，則丹道盡於此矣。且丹法有三，准天丹以鍊地丹，因地丹以修人丹，至矣極矣。

疏：人身一小天地，言道不遠人。天道之所最著而易於觀瞻者，莫若弦望晦朔，太陰所經行之度數，如三日震庚、八日兑丁、十五乾甲、十六巽辛、二十三艮丙、三十坤乙。苟能執而行之，與太陰若合符契，則金丹之能事盡之矣。

天有五賊，見之者昌。

注：「天」字作「人」字看。五賊者，耳目口鼻意也。言人天生以來有此五者，知而善用，寧有不昌乎？

疏：天有金木水火土之五行，既相生，復相剋。相賊而爲害，莫能逃其範圍。惟順則生人，逆則成聖。若窺見其底蘊，而善爲攢簇，則道自昌矣。

五賊在心，施行於天。宇宙在乎手，萬化生乎身。

注：五賊在人心，施行能依於天而自由，則宇宙由我轉，萬物由我用。至簡至易，丹道庶幾矣，則手任我之使，身任我之修而已。

疏：言人有耳目口鼻意之五賊，紛擾靡寧，皆由於天之所設施。天有五行，範圍造化。人有五官，分衡權變。若能知其賊之爲害，而善爲駕馭，則不受其磨折，而且多所利益，所謂天關在手，地軸由心。即宇宙之大，已盡歸我掌握之中；萬化之多，莫不自我而生之，爲我身之所固有矣。

天性，人也。人心，機也。立天之道，以定人也。

注：「天」字亦作「人」字看，言人與人，性皆同也。非同類乎？人心之機，正同類之人之機。人之一點妙心，是真機也。此言先立先天之人道，以治後天之人也。能知藥物，配合之，烹鍊之，自度度人，天人各得也。

疏：言天所賦之性，靈光獨照者，人也。人心之所具，隨感而應者，機也。天既立其道，以虛靈不昧之性畀之於人。而人即窺天之道，以千變萬化之機測之於天。因定人之表率也。

天發殺機，移星易宿。

注：此言天至秋而發殺機，星宿皆移易，不同於春夏也。正喻地天交泰，顛倒陰陽，逆

取造化之意，與平常順行之不同也。

疏：日月五星運行於天，旋轉如輪，靡不移易者，此天所發之殺機也。

地發殺機，龍蛇起陸。

注：如地震，龍蛇不能潛伏，皆起於陸地上矣。亦喻顛倒陰陽之意。

疏：龍蛇，一炁之謂。不行於水，而起於陸，可見反其性而逆施之也。龍蛇發生變化，上興雲雨，下潤田苗，此地所發之殺機也。

人發殺機，天地反覆。

注：人運一心之機，遂分否泰。則以天作地，以地作天，反覆不常。言金爲水母而隱於水，金炁上交，能伐木榮。木爲火母而藏於火，木液下降，以發金華。陰陽互交，反覆道也。

疏：以上殺機均當作生機講。言人身中自有天地，知其生機之流利，自然乾坤交合。反覆者，陰陽有逆施之用，害裏生恩，轉殺機而爲生機也。

天人合發，萬化定基。

注：相合而又發動，即三家相見之意。如此修持，則能定千變萬化之根基也。

疏：所謂「坎離交姤罷，一點落黄庭」。此爲定基，而萬化之玄妙，始基於此矣。

性有巧拙，可以伏藏。

注：言人性有清濁巧拙之分，伏藏而人不識，學道者當細心辨之，此立鼎之良法也。

疏：本來面目，初無巧拙，惟天之所賦有清濁，而人之所禀有巧拙。真陽之炁，追攝歸來，退藏於密則一也。

九竅之邪，在乎三要，可以動靜。

注：人有九竅之邪，克治在乎三要。三要者，耳目口也。耳目口三寶，閉塞勿發通，則九竅之邪不入也。乃可用動則動矣，乃可用靜則靜矣。

疏：邪妄生於九竅，而其統攝在於耳目口之三要。動則外邪莫擾，靜則元性來歸。其動靜操縱之權，惟三要可以主之。

火生於木，禍發必剋。姦生於國，時動必潰。

注：木能生火，火烈木焚。國能治姦，姦生國潰。此言用火當知防危慮險，毫髮差殊不可也。而其中沐浴尤爲緊要矣。

疏：火生於木，而能灼木。欲生於身，而能殺身。姦者欲也，國者身也。苟能防微杜漸，制馭有方，庶不受其剋而至於潰壞也。

知之修鍊，謂之聖人。

注：「之」字，指上文之火候而言也。知此火候修鍊之法，非聖人而何？

疏：前言天人合發，而地亦在其中矣。若知天地人三才之道，能與符合而修之鍊之，是即脱俗超凡，而謂之聖人矣。

以上上篇，正文一百廿八字，乃叙道之綱領。

天生天殺，道之理也。

注：生殺之機，即龍虎交姤與還丹之理也。

疏：自天生之，自天殺之，此世道自然之理也，所謂生我之門，死我之户。若求還丹之奥理，而逆施造化，顛倒乾坤，則我命由我，不由天也。

天地，萬物之盜。

注：天地渾元之炁，萬物無時不盜之爲始終。而天地任萬物之盜，故生萬物。

疏：天地孕育萬物，故萬物皆足以盜奪天地之真炁。

萬物，人之盜。

注：萬物紛紜，各自生植。人知其機而盜之，如財貨衣食之節，日用夜作之間，則萬物任人之盜也。

疏：人爲萬物之靈，故能盜奪萬物之真機，以參天地而爲三才。

人，萬物之盜。

注：人若不善盜萬物，則人爲萬物所盜矣。寧有長生者乎？

疏：言人四大假合，五藴皆空，無我無人，何色何相？苟鍊己之功不純，一有所觸，隨感而馳。則萬物皆足以爲我之盜矣，安能固守而不失哉？

三盜既宜，三才既安。故曰：食其時，百骸理。動其機，萬化安。

注：言天地人三才相盜，既宜且當，乃必得安然之久長矣。因此上説食丹及彼之時，我之百骸乃理也；動其彼之機，我之萬物皆安也。此非人元外藥服食而何哉？

疏：言天地之炁，有萬物以盜之。萬物之炁，有人以盜之。人之炁，又萬物以盜之。天地人三者互相爲盜，而各得其宜，則三才亦各得以奠安也。食者，吞也，盜也。言吞而盜之，適得其時，則百骸咸理而和暢，達於肢體。若窺測其將動，藉其可乘之機以盜之，則萬化生於身。寧有不奠安者耶？

人知其神之神，不知不神之所以神。

注：此言還丹變化之後，神妙不測。人皆知其己之神神，皆不知非己之神，所以神己也。

疏：言凡人但知其神之爲神，而不知不神之神，所以爲之神。經云：「但識無爲爲要妙，豈知有作是根基。」然其有作，不離於尋常日用，而無矯柔造作之功也。

日月有數，小大有定。聖功生焉，神明出焉。

注：日月者，靈父聖母也。有數者，三百八十四爻，銖兩合一斤之數也。亦五千四十八卷，藏經之數也。小大者，陰小陽大，言陰陽龍虎也。有定者，各有定數之期，聖丹自然而生焉，聖功自然而成焉，神明自然而出焉。神明者，外火候也。出者，出乎金丹之外也。

疏：日月者，陰陽也，有弦望晦朔，經行之度數。小大者，龍虎也，有盈虛消息，斤兩之銖分。若準繩墨，隨軌轍，前弦後，後弦前，遵而行之，則聖功於是而生，神明於此而出矣。

其盜機也，天下莫能見，莫能知。君子得之固躬，小人得之輕命。

注：言盜此真機，凡人之所莫能知見，蓋見之不可用也。修行人得此，保身固躬，以盡其九轉神化之妙。平常人得之，輕身妄作，鬧於朝市，必致其禍耳，所謂吾有其形，必有其咎也。

疏：承上文言聖功之所以生，神明之所以出者，此皆窺測其炁機而盜之，所以然也。然其可乘之機，當領略於杳冥恍惚之中，非天下之所可共見，所可共知也。故君子得其傳而慎修之，則可以固躬而長存；小人不得其理而妄行之，適足以輕生而喪命。噫！所謂「命寶不宜輕弄」，又云「生死原來隔一線」，可不慎歟！

以上中篇，正文一百字，乃下手之用工處。

瞽者善聽，聾者善視。絶利一原〔一〕，用師十倍。三返晝夜，用師萬倍。

注：夫盜機之法，如瞽聾之視聽，專心致志，無牽引之失。其志方純，無纖微之間，其功方密，乃克濟其事。再加絶利三返之功，豈不勝用師十萬倍乎？此乃臨爐採藥、鍊己還丹之秘旨也。「三返晝夜」，言絶欲也。

疏：三教聖人莫不以一爲指歸，故一者中也，太極也，天下之大本也。若屈其兩端，則爲圈，爲太極。引而伸之，則爲一，所謂「識得一，萬事畢」。如瞽之聽，聾之視，心專於一，而不外馳也。且至危至險，莫過於用師。採藥鍊己，其戒慎當十倍於用師；還丹温養，其恐懼尤當萬倍於用師。示此以警後學也。

心生於物，死於物，機在目。

注：一點靈明之心，皆愛物所生，亦愛物所死。皆因目，而有此機也。心爲物誘，目又

〔一〕「原」，疑作「源」。

爲心之標。其機甚捷，生死由之。可不懼哉！

疏：心爲三要之主宰，目爲五賊之先鋒。觸於目而動於心，若立竿見影，空谷傳聲。故欲寧心意，必先含眼光，以其機之在目也。

天之無恩，而大恩生。迅雷烈風，莫不蠢然。

注：此天者生道之天，甲龍是也。言天而地在其中矣。本無恩於人，而大恩生者，是人善用天而知天之行也。既迅雷烈風，而蠢然爲之，與我何涉耶？我端然待之還丹耳。故有大恩生焉。

疏：夫天初不見其恩加萬物，而萬物靡不蒙天之恩。以其大恩之生也，生於和煦之中，故雨露日沾，不自知其潤澤。非若迅雷烈風之大振，莫不蠢動而多所感格。師真所謂「地雷震動」、「坎電烹轟」，又云「這回大死今方活」，此其景象也。

至樂性餘，至靜性廉。

注：至樂者，無所不樂也。性餘者，自得之象也。乃言龍虎在極樂之鄉也。至靜者，無所不靜也。性廉者，不逾矩也。言我在至靜之中，而有規矩準則，不動心也。此正三家相見之的旨也。

疏：言真鉛歸舍，真汞乍逢，以貪以戀，如醉如癡。雖處至樂之鄉而性有餘閑，不自知其爲樂。當此至靜之時而性體廉明，不爲外物之所感觸，湛然常寂而靈光獨照矣。

天之至公，用之至私。禽之制在氣。

注：天地默運之情，在理至公。因人不測，似乎至私。其炁之用之於人，而大恩生，又極至公。此言真氣進用，上下無常，往來無定。如禽鳥之飛騰，豈能憑空而上？以翼鼓動其氣耳。人之運氣亦然。此預演之法也。獨取禽之制在氣，隨舉指點，即鳶飛魚躍之意。

疏：人人具足，個個圓成。天所賦者，本屬至公。參同云：「太陽流珠，常欲去人。卒得金華，轉而相因。」其爲用也有若至私，而非天之有所私也。蓋以陰陽得類，交感有時，伏藏有所，招攝有道。此師師相授、口口相傳之秘密藏也。

生者，死之根。死者，生之根。恩生於害，害生於恩。

注：生人者乃死人之根也。能從死人之根上，求出長生不死之根來，所以恩能生害，害又生恩。此金液還丹之秘旨也。

疏：凡人則有生有死，至人則無死無生。師真所謂：「休〔一〕將死户爲生户，莫執生門

〔一〕此句引自悟真篇。「休」字應作「但」。

當死門。」恩生於害，刑中有德。害生於恩，德中有刑。

愚人以天地文理聖，我以時物文理哲。人以愚虞聖，我以不愚虞聖。人以奇期聖，我以不奇期聖。故曰：沉水入火，自取滅亡。

注：世人皆執世上文理之精爲聖，先師以現成之物指示爲哲。世人以性愚率真爲極聖，先師以不愚聰明爲極聖。世人以作奇事爲最聖，先師以不作奇事爲最聖。不奇者，日用平常之事也。所謂：「百端扭捏俱是僞，大道祇在日用間。若言還丹非同類，沉水入火自滅亡。」

疏：凡人以天地文理之著於外，而執相泥文以爲聖。我以時物文理之所未兆，而知往察來以爲哲。人以至愚之見，虞測以爲聖。我以不愚之見，虞度以爲聖。人每居奇眩異，以曲徑爲可期於聖。我則尋常日用，以正道爲可期於聖。若非果得正傳，設或流於旁門，以盲引盲，猶見水而沉於水，見火而入於火，是自取其滅亡也。此深警後學，辨邪正，識真僞，不可不慎於始也。

以上下篇，正文一百三十六字，申明修道之功用。三共三百六十四字，故曰「陰符寶字逾三百」。

自然之道靜，故天地萬物生。

注：自然之道，無形無象。主宰有物，清靜而得。故天地萬物類中，能生此道也。故曰「人能常清靜，天地悉皆歸」是也。

疏：道必本於自然，至虚至靜。故天地萬物，有生生不息之機。

天地之道浸，故陰陽勝。

注：天地者，靈父聖母也。浸者，漸以進也。言此先天炁，非一朝一夕之所能成也。勝者，迭爲消長意。言日積月累而自生成也，非人力之所能爲也。

疏：天地之道，浸淫漸漬，故盈虚往復，陰陽互勝。

陰陽相推，而變化順矣。

注：承上言天地陰陽日改月化，而成變化之功，能行順行之道也。

疏：陰陽相爲推遷，而各順其變化。如箋注所謂「五六三十日，度竟復更始」，以月而言也。又云「節盡相禪與，繼體復生龍」，以年而論也。

是以聖人知自然之道不可違，因而制之。至靜之道，律曆所不能契。爰有奇器，是生萬物。八卦甲子，神機鬼藏。陰陽相勝之術，昭昭乎進於象矣。

注：聖人法自然之道，以制事物當然之行，本於至靜之中而得，即律曆最微，鮮克擬其妙。言律曆亦難契合也。奇器者，鼎爐也，萬象無不涵之。神鬼莫能測其機，蓍龜不

能神其算者，此陰陽出世之術，而爲後人昭昭之象矣。蓋聖人因奇器以鍊大丹，觀萬象爲變化，準八卦爲火候，用活子爲始功。相呑相啖，相殺相生。昭昭之理，確乎可遵。丹成九轉，脱凡爲聖，入水不溺，入火不焚，三島遊行，功滿上升。此歷聖先真已驗之事，豈謬語哉？

疏：聖人知自然之道有如此之不可違者，因以爲制而取則焉。夫至靜之道，何以形容其玄奥？律有六律六吕，曆有六陽六陰，亦有所不能與之契合。爰有至妙至奇之器，所謂「玄牝之門，天地之根」，是可以之而生萬物。八卦甲子，神機鬼藏，何莫不生於此？由是而陰陽相勝迭用之術，昭昭乎自無形而達乎有象矣。豈可習焉而不知，忽焉而不察耶？

此以上，正文八十四字，乃唐時神仙李筌所續也。

黄帝陰符經本義[一]

會稽四峰山人元真子董德寧注

陳序

夫書之有注解者，欲求其明。若不明，雖注何益也？故注書者當闡發其無所遺隱，足可爲學者之階梯，方爲盡善耳。至於道家之書，更難於解釋，以其皆喻言隱語及秘旨玄功，非尋常可以窺測，所以注之者甚少。苟得其指趣，即是誠意正心之功，修身治國之道。若失其真源，則儒不爲儒而道不爲道，二者胥失之矣。

如陰符經者，乃道書之最先者也。其文簡約，其旨玄微，儒道二宗，並行不悖。故學者

[一]此書見於清史稿著録。作者董德寧，字静遠，號元真子。清代道教學者。著作有參同契正義、悟真篇正義等多種存世。陰符經本義作於乾隆五十七年。本書文字取自中國國家圖書館藏集成樓乾隆年間刻本，標點參考原書句讀。

當深思熟玩，口誦心惟，庶可臻其奧也。乾隆壬子歲，長者元真先生注是經本義成，使僕閱而序之，乃茫乎未知其書之旨。及退而讀之，稍久略曉大義，然而捍格之處亦不爲少也。於是朝夕研窮，方得其頭緒。而此經爲儒道同源之書，造化合一之道。苟能精詳熟究，可以治國修身。若擴而充之，可以參贊化育。洵爲宇宙間之寶字，天壤中之大文。今又得先生之注，品節詳明，義理昭著，洗盡舊注之陋見，特開千古之真詮，誠有功於此經，非淺鮮也。僕之拙見如此，不知高明者以爲何如，幸有以教我。是爲序。

時乾隆五十八年歲在癸丑暮春望日，山陰眷晚生陳應龍文瀾氏拜手謹書於崇修齋。

自序

嘗考陰符之由，唐人李筌得於嵩山石室中，乃北魏時寇謙之之所藏也。再欲上窮根源，殊難確實。後世遂謂其爲李筌之僞書，或曰寇謙之之所假托。因此，不深究其義者有之，而從黄老之學者，力辯其爲軒轅手書者亦有之。以至紛紛議論不同，總皆臆度之説。唯邵子皇極經世書謂：「陰符、素問，七國時書也。」夫邵子内聖外王之學，通今博古，數往知來，必無妄語以惑人，其諒有所本焉。觀夫子删書，自堯舜始而不上推乎黄帝，贊易雖及伏羲、神農、黄帝，而但言伏羲作八卦以通神明之德，神農爲耒耜及日中之爲市，黄帝堯舜乃通其變化，垂衣裳而天下治。如斯而已矣，並未嘗言神農作本草，黄帝作陰符、素問等書。以此推之，是數書在疑信之間也。而陰符經者，陰，暗也，符，合也，言暗合乎道也。故其指趣，最爲簡奥，雖未必果爲軒帝手書，第其闡明天人合法之機，造化同根之妙，洵爲天壤之至文，學道之秘典。此又非後世庸筆之可擬焉。

余自乾隆壬辰年，獲遇至人，十年教訓，稔知性命之正學，數理之真機。曾注參同、悟真正義二書，又著元丹篇，俱已鋟梓行矣。及庚戌辛亥二年，復注道德經本義、黄庭經發微。今年奉師友命，寓東浦之集成樓，與諸同志討論性命之學。初夏時，積雨空濛，幽窗無事，因取陰符經閲之。雖有數家之注釋，均未能達經中之精微，甚至引入旁門邪徑者有焉。用是不揣譾陋，乃分是經爲十六章，逐一詳注，以暢達其義理，而亦顔之曰本義。誠知見淺識疏，恐未盡徹玄奥。然私心計之，或可爲升堂入室之助，是所深望也。將與道德、黄庭二經並梓之，用贅數語，附之簡端，以質諸有道云。

時乾隆五十七年歲次壬子六月望前二日，會稽元真子董德寧靜遠書於東浦之集成樓。

卷上

觀天之道章第一

觀天之道，執天之行，盡矣。

執者，守也。夫自然而然，誠一不貳者，天之道也。陰陽轉運，乾健不息者，天之行也。故謂人能觀法自然之天道，不假强爲，真實無妄，而執守健行不息之氣機，運化陰陽，裁成物我，則德修身修，乃至矣，盡矣，蔑以加矣。易曰：「天行健，君子以自强不息。」是此義也。

天有五賊，見之者昌。五賊在身，施行於天。宇宙在乎手，萬化生乎身。「見」音「現」。「在身」之「身」，一本作「心」。

賊，害也。五賊者，即五行也。蓋五行得其正，則萬物生成；而五行失其正，則萬物賊害。今即其反而言之，曰五賊也。

宇者，天地四方也。宙者，往古來今也。謂天之寒熱雨暘得其時，日月星辰合其度。此即五行之現其正，而萬物自然昌盛矣。其五行之在人也，苟能效法於天道之運化，而施行於身心以修持，則宇宙間之事物，如在於我手；萬化中之神機，乃生於吾身也。孟子所謂「萬物皆備於我」矣。邵堯夫曰「一身還有一乾坤」，此之謂也。

天性人也章第二

天性，人也。人心，機也，立天之道，以定人也。

性者，天命之理也。機者，發動所由也。禮曰：「人生而靜，天之性也。」夫天爲萬物之主宰，人爲萬物之最靈。而人之所得以生者，是天所賦之理也，即天之所爲性也。天道以斗爲機，而轉動其氣化。人身以心爲機，而運用其精神。是同一揆也。故曰：「天性，人也。人心，機也。」

易曰：「立天之道，曰陰與陽。」蓋天道建立於上，陰陽運行乎中，清靜高明，無爲自化。是以能發育萬物，亘古今而不變者也。而人能法天之道，不爲物欲所累，以安定其身心，默契乎造化，自然性定命立，成己成物，可參并於天矣。故曰：「立天之道，以定人也。」

天發殺機章第三

天發殺機，移星易宿。地發殺機，龍蛇起陸。人發殺機，天地反覆。天人合發，萬化定基。

發，動也。殺機者，即生機也。蓋天地之氣化，常以絶處逢生，參同契所謂「道窮則反」是也。故此反而言之，曰殺也。四時之序，發動之機，如斗柄建寅，而天下春；日躔娵訾之次，乃暢萬物以出。此之謂「天發殺機，移星易宿」也。

陸者，高平之地也。謂如春至，則魚上冰，蟄蟲始振，而草木萌動。此之謂「地發殺機，龍蛇起陸」也。夫學道修身之人，亦如天地運化之理，陽氣出於地而上升，陰氣出於天而下降，使上下反覆，如環無端，則水火既濟，生物不測。是謂之「人發殺機，天地反覆」也。

而人果能合發天地之神機，陰陽之消息，是三才之道備，則萬物化生，百骸俱理，以定其基址矣。故曰「天人合發，萬化定基」也。所謂「致中和，天地位焉，萬物育焉」，是此義耳。

性有巧拙章第四

性有巧拙，可以伏藏。九竅之邪，在乎三要，可以動靜。

伏者，伏其心也。藏者，藏其身也。孟子曰：「人皆可以爲堯舜。」又曰：「舜，何人也？予，何人也？有爲者亦若是。」故此謂人之氣質之性，自有巧拙之殊。而其天賦本初之性，是無不善焉。所以率性爲學之功，其致惟一。如果欲安伏其心不妄發，隱藏其身不放蕩者，此無不可也，所謂「我欲仁，斯仁至矣」是也。九竅者，上之七孔，下之二陰也。邪者，欲也。三要者，耳目口也。言人之學道，雖在乎心性，然亦關乎身形，如九竅之欲，其最切者，無如耳目口之三要也。蓋耳能聞聲，目能辨色，口能知味。而此三者之機，俱在我自主。如或妄動，則人欲勝而天理亡。如能真靜，則天理彰而人欲息。又躁動則精氣耗，清靜則心神安。故學者不可不慎之也。

火生於木章第五

火生於木，禍發必剋。姦生於國，時動必潰。知之修之，謂之聖人。「潰」音「會」。

夫五行之金生水，水生木，木生火，火生土，土生金；而金剋木，木剋土，土剋水，水剋火，火剋金。此相生相剋之道，乃循環無端，以成造化之功也。禍發者，喻火發也。謂如木能生火，而火未發時，乃安藏於木中，以養其靈明之性；及其既發，則反焚其木之質，而害於其生矣。故曰「火生於木，禍發必剋」也。

時動者，喻致用也。潰者，亂也。謂姦邪之徒，雖生於國中，其未用之時，不過爲邦域中之編氓，老死牖下，有何大害？苟致用於當路，則慢上殘下，欺天虐民，無不爲已，而天下始潰亂矣。故曰「姦生於國，時動必潰」也。然此二者之機，爲治國修身之要，而常人何能測識？是惟聖人者乃能知能行，且思患而預防之，則自然身修而國治矣。故曰「知之修之，謂之聖人」也。

天生天殺，道之理也。

二氣生殺之機，五行盛衰之理，天地人物，其揆一也。如天有春木之發生，即有秋金之肅殺；而人有少壯之强盛，即有老死之衰殘。至於萬物，亦復如是。此乃天地自然而然之道，是人物不得不然之理也。假使生而不殺，則人物無安頓之處；倘殺而不生，則天地成空空之物矣，何以爲造化哉？故曰「天生天殺，道之理也」。

天地萬物之盜章第六

天地，萬物之盜。萬物，人之盜。人，萬物之盜。三盜既宜，三才既安。

盜者，竊也。蓋天地有發育之德，而人物有互用之機。故謂萬物竊天地之陰陽，以生以成，此天地爲萬物之所盜也。人竊萬物之資質，以食以用，此萬物爲人之所盜也。萬物竊人之作養，以蕃以息，此人爲萬物之所盜也。是三盜者，俱合其宜制，即三才者，各得其安分矣。易所謂「天地絪緼，萬物化醇，男女構精，萬物化生」，是也。

故曰：食其時，百骸理。動其機，萬化安。「食」音「寺」。

食者，飼也。即孟子「食志」、「食功」之義也。謂人能知三才相盜之真機，陰陽運行之至理，而用之於身心，行之於神氣，得其時宜，合其法度，則百骸俱理，以證無爲之道矣。故曰「食其時，百骸理」也。

夫天動其生發之樞機，陰陽之運用，使萬物各安其性之自然，則生生不測，化化無窮矣。故曰「動其機，萬化安」也。

人知其神之神，不知不神之所以神。

易曰：「陰陽不測之謂神。」又曰：「神也者，妙萬物而爲言者也。」蓋神妙無方之道，唯天地行之，聖人法之。彼常人者，雖習見而不識焉。如天地之升降陰陽，其生長斂藏，以成造化之功；日月之運行精氣，其晦朔弦望，以成昏明之度。及五行之生成，三才之化育，此蓋不神之至神也。而世人反以爲尋常而忽之，□□〔一〕求奇詭怪異之事，豈不謬哉！此節承上文，以起下章之義。

〔一〕原書此處殘破，暫闕。

日月有數章第七

日月有數，大小有定。聖功生焉，神明出焉。

易曰：「懸象著明，莫大乎日月。」參同契曰：「陽神日魂，陰神月魄。魂之與魄，互爲室宅。」蓋天地積陽之精爲日，而謂之魂；積陰之精爲月，而謂之魄。而日中有雌烏之陰氣，以耀其光；月中有雄兔之陽氣，以生其明，乃成離坎之象，爲神明之宗也。其運行於天地之中，如晦庵朱子曰：「天體至圓，周圍三百六十五度四分度之一。繞地左旋，常一日一周而又過一度。日麗天而少遲，故日一日亦繞地一周，而在天爲不及一度；積三百六十五日有奇，而與天會，是一歲日行之數也。月麗天而尤遲，一日常不及天十三度有奇；積二十九日有奇，而與日會。一年十二會，通計得三百五十四日有奇，是一歲月行之數也。歲有十二月，月有三十日。三百六十日者，乃一歲之常數也。故日與天會，而多五日有奇，爲氣盈；月與日會，而少五日有奇，爲朔虚。合氣盈朔虚，而閏生焉。」是此之義，故謂之「日月有數」也。詳予注參同契正義，兹不具述。大者陽也，小者陰也。易泰卦所謂「小往大來」，否卦謂「大往小來」，是也。言陰陽之升降，寒暑之往來，是有一定之體，而不可變易者也。又每日亦有盈虚之理，而每月乃有大小之分。故謂之「大小有定」也。

而聖人治曆明時，用裁成輔相之道，以佐佑其民，乃範圍天地之化而不過，曲成萬物而不遺。故曰「聖功生焉，神明出焉」。易曰：「日往則月來，月往則日來，日月相推而明生焉。寒往則暑來，暑往則寒來，寒暑相推而歲成焉。」此之謂也。

其盜機也，天下莫能見，莫能知。君子得之固躬，小人得之輕命。

夫三才相盜之真機，日月運化之至理。此惟有道之上士，乃能知能行，以治國治身；而天下之常人，其何能見識之也！且此道至神至聖，非尋常可比。在君子得之，可以固躬立命，成己成物；苟小人得之，乃妄作胡爲，邪僞百出，適足以輕其命，殺其軀而已矣。所謂君子吉小人凶，是也。又悟真篇曰：「此道至神至聖，憂君分薄難消。」亦此意也。

瞽者善聽章第八

瞽者善聽，聾者善視。絶利一源，用師十倍。三返晝夜，用師萬倍。「瞽」音「古」。

瞽者，目無所見，而其耳善於聽。聾者，耳無所聞，而其目善於視。此二者之由，以人之精神有限。其損於此者，則益於彼，乃自然之理也。

絶，即損也。利，即益也。師者，法也。謂耳目之損益，總同出於一源之精氣。而聾瞽之與善聽視者，其用法之效，豈非有十倍之差乎！故曰「絶利一源，用師十倍」也。三返者，謂耳目口之三要，俱返於身中也。蓋學道之士，身心無妄動，五官勿妄用，所謂「非禮勿視，非禮勿聽，非禮勿言，非禮勿動」是也。而更能用志不分，使三要返於身中，晝夜如一，以養浩氣，自然清明在躬，氣志如神。則其用法之功，是又萬倍於衆矣。故曰「三返晝夜，用師萬倍」也。此喻學人當專心致志，黜其聰明，絶其嗜欲，反身而誠，庶幾可以升堂入室焉。

卷　下

心生於物章第九

心生於物，死於物，機在目。

上章言耳目口三要，俱返於身中，安在腔子之内。是三者之用，總在乎吾心使之然也。今言「心生於物」者，蓋緣外物之感觸，以内達於身心。而賢智者，心正意誠，不爲物欲所累，則自無妄動之弊。其庸常者，乃逐物意移，欲動情勝，則心引而去矣。然外物誘神以出者，則氣亦隨之而去。而神氣俱去，則心神竭矣，精氣敗矣，未有能生者也。故曰「死於物」也。

五官雖皆能誘掖心志，然逐物生情，遇境留意者，而惟目爲最切，故曰「機在目」也。孟子所謂「存乎人者，莫良於眸子」是也。

天之無恩章第十

天之無恩，而大恩生。迅雷烈風，莫不蠢然。「蠢」音「春」，上聲。

蠢者，動也，作也。蓋天地之於萬物，唯以二氣鼓動，任其自然之化育，各遂其性之所宜，並無矯揉之事，以助其生長。故視之若無恩，而不知大恩乃生乎其中矣。如迅雷烈風之作，其震感激蕩，雖似乎傷殘，而實爲陽氣暢發之候，一切蟄藏含蓄諸物，莫不蠢然以出。豈非無恩而大恩生乎？易所謂「雷以動之，風以散之，雨以潤之，日以烜之」是也。

至樂性余章第十一

至樂性餘，至靜性廉。「樂」音「洛」。

至，極也。樂者，氣之動也。餘者，饒足也。靜者，氣之定也。廉者，檢斂也。謂天人之氣化，陰陽之神機，如陽氣過動，則其性有餘饒，而陰來束之；陰氣過靜，則性乃檢斂，而陽來發之。素問所謂「亢則害，乘乃制」，是也。又天道之氣運盛衰，人心之情性動靜，其屈伸相爲循環，禍福互爲倚伏，是同一揆也。故曰「至樂性餘，至靜性廉」也。

天之至私，用之至公。禽之制在氣。「禽」與「擒」同。「之制」當作「制之」。

夫天地之於萬物，乃生之畜之，成之熟之，莫不各遂其性之自然。此似乎天之至私也。然四時之錯行，日月之代明，其生長斂藏，隨時而用之。此實天之至公也。而其所以然者，唯憑陰陽二氣，以擒制萬物，不使過與不及也。故曰「擒制之在氣」也。所謂「不動而變，無爲而成」，是也。

生者死之根章第十二

生者，死之根。死者，生之根。恩生於害，害生於恩。

俞全陽曰：「生謂萬物之動，動極則復靜；是『生者，死之根』也。死謂萬物之靜，靜極則復動；是『死者，生之根』也。恩謂天之生物，害謂天之殺物。有秋冬之收藏，則有春夏之生長。有春夏之敷榮，則有秋冬之凋落。」愚謂此章乃承上章而言之。蓋人物之生死，亦無非二氣使之然也。其氣聚則有恩而生，氣散則有害而死，或聚或散，互爲其根。又如有恩之中，未必能無禍害之出；而有害之内，不可謂無恩德之生。是生死恩害，常爲循環；吉凶消長，原無二致。如道德經所謂「禍兮福所倚，福兮禍所伏」，是此之義也。

愚人以天地文理聖章第十三

愚人以天地文理聖，我以時物文理哲。

文，天文也，又文章也。理，地理也，又條理也。時，四時也。物，萬物也。哲者，明哲也。蓋世之庸愚者，唯知有天地之文理造化爲不可思議測度之聖功。是雖固然也，然而有道之智士乃不必索之於高遠，但觀時物之文理變遷即爲日用常行之哲事，乃用之於身心，行之於家國，人人能知，個個可學，豈不更爲簡易乎？道德經所謂「不出户知天下，不窺牖見天道」是也。

人以愚虞聖，我以不愚虞聖。人以奇期聖，我以不奇期聖。故曰：沉水入火，自取滅亡。一本無「故曰」二字。

虞者，慮也，度也。期者，望也。謂人之禀賦有清濁，氣質有智愚，而識見有不同也。

如庸人之性，本是愚也，故以愚見而慮度其聖功；智士之性，本不愚也，故以明哲而慮度其聖功。此所謂惟聖人然後能知聖人也。庸人以奇詭異常之事而期望於聖人，智士以不奇平常之道而期望於聖人。彼庸愚者用私意窺聖人，猶以蠡測海，以管窺天。其徒費精神，自生顛倒，正如沉水入火，乃自取滅亡而已矣，於人何尤哉？此喻聖道高深難測，當尋真師指點，不可妄度胡爲，以自取其愆咎也。

自然之道靜章第十四

自然之道靜，故天地萬物生。天地之道浸，故陰陽勝。陰陽相推，而變化順矣。

自然者，不假强爲也。道德經曰：「人法地，地法天，天法道，道法自然。」蓋自然即道，道即自然，非謂道外復有自然也。靜者，動之對也。周子曰：「太極動而生陽，動極而靜。靜而生陰，靜極復動。」言一動一靜，互爲其根也。程子曰：「動靜無端，陰陽無始。」言陰陽動靜，無有終始也。今曰「自然之道靜」者，是謂太極未動之先也；「天地萬物生」者，是謂太極既動之後也。即道德經所謂「道生一，一生二，二生三，三生萬物」是也。

浸者，漸進也。勝者，勝負也。蓋陽勝則陰負，陰勝則陽負，喻陰陽消長之道也。相推者，如易謂「日月相推而明生，寒暑相推而歲成」是也。謂天地之氣運，不見而章，不動而變，浸浸漸進，默而成之。故陰陽自相勝負，以爲消長之機；而陰陽自相推移，以成變化之道。則四時乃順宜，而萬物乃并育矣。

聖人知自然之道不可違，因而制之。

夫聖人者，仰則觀象於天，俯則觀法於地，以通神明之德，以類萬物之情。故此知自然之道，而不可違者也，於是範圍天地之化而不過，曲成萬物而不遺，乃因而制之以中正，使無過與不及也。易所謂「夫大人者，與天地合其德，與日月合其明，與四時合其序，與鬼神合其吉凶」，即此之義也。

至靜之道章第十五

至靜之道，律曆所不能契。爰有奇器，是生萬象。

中庸曰：「不動而變，無爲而成。」道德經曰：「無爲而無不爲矣。」此即至靜之道也，亦即自然之道也。

律者，律呂也。律呂有十二管，陰陽各六，乃按其方位，均布於地，以候一年之節氣也。曆者，歲時氣節之數也。契者，合也。爰者，於是也。奇器者，喻天地也。夫自然至靜之道，不假一毫强爲。其陰陽迭更，消息相因，乃不知其然而然者。此豈因律曆之數所能契合而始如是哉？爰有神奇之大器者，乃萬象生於上，日月星辰行焉，而萬物成於下，禽獸草木育焉，無不持載，無不覆幬。此天地之所以爲大，以成自然之化育也。易曰：「形而上者謂之道，形而下者謂之器。」又曰：「法象莫大乎天地。」是此之義耳。

八卦甲子章第十六

八卦甲子，神機鬼藏。陰陽相勝之術，昭昭乎進於象矣。

八卦者，乾坎艮震爲陽，巽離坤兑爲陰，而八卦相重相合，以成六十四卦之理也。甲子者，十天干，十二地支，而干支相交相錯，以成六十甲子之數也。易曰：「人謀鬼謀，百姓與能。」又曰：「陰陽不測之謂神。」子曰：「鬼神之爲德，其盛矣乎！」蓋八卦之變化，甲子之交合，以推測吉凶消長之機緘，幽隱晦暗之藏匿，非天下之至神，其孰能與於此哉！故曰「八卦甲子，神機鬼藏」也。

相勝者，相爲勝負，喻陰陽之進退也。術者，道術也。昭昭者，明也。言陰陽之相進退，消息之相往來。此即是道術之學，而昭明在天地之間，可以進推其大象，占步其真機。若返之於吾身，乃效法而生造化，以成天人合發之道也。故曰：「陰陽相勝之術，昭昭乎進於象矣。」易曰：「觀天之神道，而四時不忒。」道德經曰：「執大象，天下往。」此之謂也。

後序

琦本寒素，且兼質弱而疢病恒存，故功名之念置之度外久矣。但光陰迅速，悠悠忽忽，將蹈四十，無聞之候。嘗聞明哲有言，人之無死，死而不亡。因思開此教者，其殆黄老之玄功乎？彼問道崆峒之語，著書函關之文，至今膾炙於人口，琦向慕之。下而陰求高士，匪朝伊夕矣。然久之卒不能得。

後至乾隆壬子歲，緣道不負人，率有良遇，聞會稽四峰山元真先生講求道德之學，研窮修養之宗。於乾隆辛亥年，爲師友所邀，乃至東浦之集成樓，與諸同志闡儒道同源之至理，性命合一之真機，以是琦亦得瞻道范，出先生之門下焉。幸蒙不吝珠玉，一一指示精微，並授丹功之真訣。又得先生向年所注參同、悟真諸道書讀之，自覺點昏蒙爲有知，化破甑爲全器。而琦雖駑劣，亦頗識之，豈非大幸歟！

今先生將近所注之陰符經本義與道德經本義、黄庭經發微並付諸梨棗，琦因不揣固陋，附數言於陰符經之末，以誌知遇之感並聞道之由焉。至是經出於何代之時，成於誰氏之手，以及其中之玄言奥義，則先生之書已一一辨之而明且詳矣，琦可勿贅。

時乾隆五十八年歲次癸丑純陽月純陽日，山陰門人思誠郭玉琦再拜謹跋。

陰符經注〔一〕

悟元子劉一明注

序

陰符經三百餘字，其言深奥，其理精微，鑿開混沌，剖析鴻濛，演造化之秘，闡性命之幽，爲古今來修道第一部真經。唐陸龜蒙謂黄帝所著，宋陳淵謂黄帝受於廣成子，朱文公亦謂黄帝著，邵堯夫謂戰國時書，程伊川又謂非商末即周末時書。其説紛紛，各述所知，究無定見。以予論之，世皆傳爲黄帝陰符經，丹經子書俱謂陰符經係黄帝所作。考之文字，始於黄帝，興於唐虞夏商。或者黄帝撰作，口口相傳，不記文字，後世成真仙侶，筆之於書，

〔一〕此書見於清史稿藝文志拾遺著録。作者劉一明（一七三四—一八二一），號悟元子，又號素樸子、被褐散人。平陽人。清代著名道士。生平見於其門人張陽全素樸師雲遊記。著述甚豐，涉及經典注釋、内修以及醫學，重要的有道書十二種等。本書文字取自藏外道書影印的光緒刻本道書十二種。原書有句讀，本書稍作改動。

流傳世間，亦未可定。就其世傳之説，丹書之載，謂黄帝著之，亦無不可。

但此書沿訛已久，苦無善本，字句差錯者極多，或借驪山老姥百言演道、百言演法、百言演術之説，紊亂聖道，以盲引盲。更有借伊、呂、張果、子房、孔明注語欺世惑人者。似此魚目混珠，指鹿爲馬，大失真經妙旨。予於乾隆四十四年歲次己亥，於南臺深處，取諸家注本，校正字句，細心斟酌，略釋數語，述其大意，掃邪救正，以破狂言亂語之弊，高明者自能辨之。

時大清嘉慶三年歲次戊午九月九日，棲雲山素樸散人悟元子劉一明叙於自在窩中。

陰符經

陰者，暗也，默也，人莫能見，莫能知，而己獨見獨知之謂。符者，契也，兩而相合，彼此如一之謂。經者，徑也，道也，常也，常行之道，經久不易之謂。陰符經即神明暗運，默契造化之道。默契造化，則人與天合，一動一静，皆是天機，人亦一天矣。上中下三篇，無非申明「陰符經」三字。會得「陰符經」三字，則三篇大意，可推而知矣。

上　篇

觀天之道，執天之行，盡矣。

性命之道，一天道也。天之道，陰陽之道耳。修道者能知天道之奥妙，而神明默運，竊陰陽之氣，奪造化之權，可以長生不死，可以無生無死，然其最要處，則在能觀能執耳。何謂觀？格物致知之爲觀，極深研幾之爲觀，心知神會之爲觀，迴光返照之爲觀，不隱不瞞之爲觀。何謂執？專心致志之爲執，身體力行之爲執，愈久愈力之爲執，無過不及之爲執，始終如一之爲執。觀天道，無爲之功，頓悟也，所以了性。執天行，有爲之學，漸修也，所以了命。能觀能執，用陰陽之道以脱陰陽，依世間法而出世間，性命俱了，心法兩忘，超出天地，永劫長存。祇此二句，即是成仙成佛之天梯，爲聖爲賢之大道。外此者，皆是旁門曲徑，邪説婬辭，故曰「盡矣」。

天有五賊，見之者昌。

天有五賊。一本「天」上有「故」字。

五賊者，金木水火土也。天以陰陽五行化生萬物，氣以成形，而人即受此氣以生以長。但自陽極生陰，先天入於後天，五行不能和合，自相賊害，各一其性。木以金爲賊，金以火爲賊，火以水爲賊，水以土爲賊，土以木爲賊，是所謂天之五賊也。惟此五賊，百姓日用而不知，順行其氣，以故生而死，死而生，生死不已。若有見之者，逆施造化，顛倒五行。金本剋木，木反因之而成器。木本剋土，土反因之而生榮。土本剋水，水反因之而不泛。水本剋火，火反因之而不燥。火本剋金，金反因之而生明。剋中有生，五賊轉而爲五寶，一氣渾然，還元返本，豈不昌乎！

五賊在心，施行於天。宇宙在乎手，萬化生乎身。

施行於天。一本「施行乎天」。

人秉五行之氣而生身，身中即具五行之氣。然心者身之主，身者心之室。五賊在身，實在心也。但心有人心道心之分。人心用事，則五賊發而爲喜怒哀樂欲之五物。道心用事，則五賊變而爲仁義禮智信之五德。若能觀天而明五行之消息，以道心爲運用，一步一趨，盡出於天而不由人，宇宙雖大，如在手掌之中；萬化雖多，不出一身之内。攢五行而合四象，以了性命，可不難矣。

天性，人也。人心，機也。立天之道，以定人也。

天性者，天賦之性，即真如之性，所謂真心，不識不知，順帝之則，而人得以爲人者是也。人心者，氣質之性，即知識之性，所謂機心，見景生情，隨風揚波，而人因之有生有死者是也。天性者，天機，即是天道。人心者，人機，即是人道。守天機者存，順人機者亡。惟大聖人，觀天道，執天行，中立不倚，寂然不動，感而遂通，修真性而化氣性，守天道而定人心，不使有一毫客氣雜於方寸之内也。

天發殺機，移星易宿。地發殺機，龍蛇起陸。人發殺機，天地反覆。天人合發，萬化定基。

萬化。一本「萬變」。

殺機者，陰肅之氣，所以傷物也。然無陰不能生陽，非殺無以衛生。故天之殺機一發，則周而復始，而星宿移轉，斗柄迴寅；地之殺機一發，則剥極而復，龍蛇起陸，静極又動。惟人也亦具一天地也，亦有此陰陽也。若能效天法地，運動殺機，則五行顛倒而地天交泰。何則？人心若與天心合，顛倒陰陽秖片時。天時人事合而一之，則萬物變化之根基即於此而定矣。中庸所謂「致中和，天地位焉，萬物育焉」者，即此也。

性有巧拙，可以伏藏。

人秉陰陽之氣以成形，具良知良能以爲性。性無不善，而氣有清濁。秉氣清者則爲巧，秉氣濁者則爲拙。性巧者多機謀，性拙者多貪癡。巧性拙性皆係氣質之性。人心主事，非本來之天性。修真之道，採先天，化後天，而一切巧拙之性，皆伏藏而不用矣。

九竅之邪，在乎三要，可以動静。

九竅者，人身上七竅，下二竅也。三要者，耳目口也。人身九竅皆受邪之處，而九竅之中，惟耳目口三者爲招邪之要口。耳聽聲則精摇，目視色則神馳，口多言則氣散。精氣神一傷，則全身衰敗，性命未有不喪者。人能收視，返聽，希言，閉其要口，委志虚無，内念不出，外念不入，精氣神三品大藥凝結不散，九竅可以動，可以静。動之静之，盡是天機，並無人機，更何有邪氣之不消滅哉！

火生於木，禍發必剋。姦生於國，時動必潰。知之修鍊，謂之聖人。

姦生。一本「奸生」。修鍊。一本「修之」。

火喻邪心，木喻性，姦譬陰惡，國譬身。木本生火，火發而禍及木，則木剋。邪生於心，邪發而禍及心，則性亂。國中有姦，姦動而潰其國，則國亡。陰藏於身，陰盛而敗其身，則命傾。身心受累，性命隨之。於此而知潛修密鍊，觀天道，執天行，降伏身心，保全性命，不爲後天五行所拘者，非聖人其誰與歸？

中　篇

天生天殺，道之理也。

天道，陰陽而已，陽主生，陰主殺，未有陽而不陰，生而不殺之理。故春生夏長，秋斂冬藏，四時成序，周而復始，循環不已，亘古如是也。

天地，萬物之盜。萬物，人之盜。人，萬物之盜。三盜既宜，三才既安。故曰：食其時，百骸理。動其機，萬化安。

萬化。一本「萬變」。

天以始萬物，地以生萬物。然既生之，則又殺之，是天地即萬物之盜耳。世有萬物，人即見景生情，恣情縱欲，耗散神氣，幼而壯，壯而老，老而死，是萬物即人之盜耳。人爲萬物之靈，萬物雖能盜人之氣，而人食萬物精華，借萬物之氣生之長之，是人即萬物之盜耳。大修行人，能奪萬物之氣爲我用，又能因萬物盜我之氣而盜之，並因天地盜萬物之氣而盜之，三盜歸於一盜，殺中有生，三盜皆得其宜矣。三盜既宜，人與天地合德，并行而不相悖，三才亦安矣。三才既安，道氣長存，萬物不能屈，造化不能拘矣。然此盜之秘密，有一時之功，須要不先不後，不將不迎，不可太過，不可不及。坎來則離受之，彼到而我待之，陽復以陰接之。大要不失其時，不錯其機，故曰「食其時，百骸理。動其機，萬化安」。食其時者，趁時而吞服先天之氣也。動其機者，隨機而扭轉生殺之柄也。食時則後天之氣化，百骸皆理，可以全形。動機則先天之氣復，萬化俱安，可以延年。時也，機也，難言也。要知此時即天時，此機即天機。苟非深明造化，洞達陰陽者，烏能知之？噫！八月十五玩蟾輝，正是金精壯盛時。若到一陽纔起處，便宜進火莫延遲。

人知其神而神，不知不神而所以神。

不知不神而所以神。一本「不知神所以神也」，一本「不知不神之神所以神也」。

古今學人，皆認昭昭靈靈之識神，以爲本來之元神，故著空執相，千奇百怪，到老無成，有死而已。殊不知此神乃後天之神，而非先天之神，乃神而實不神者。先天之神，非色非空，至無而含至有，至虛而含至實，乃不神之神，而實至神者。奈何世人祇知後天之神而神，甘入於輪迴，不知先天不神之神，能保乎性命。無怪乎萬物盜我之氣而罔覺也。

日月有數，大小有定。聖功生焉，神明出焉。其盜機也，天下莫能見，莫能知。君子得之固窮，小人得之輕命。

大小。一本「小大」。莫能知。一本有「也」字。固窮。一本「固躬」。

人之所以能盜天地萬物之氣者，以其天地萬物有定數焉。天地萬物不能盜人之氣者，以其聖道無形象焉。如日月雖高，而有度數可推。日則一年一周，天有春夏秋冬之可見。月則三十日一周，天有盈虛朔望之可窺。大爲陽，小爲陰。陽極則生陰，陰極則生陽，大往小來，小往大來，陰陽循環，乃一定不易之道。至人於此推陰陽造化之消息，用功於此一時辰內，採鴻濛未判之氣，以爲丹母，奪天地虧盈之數，以爲命基，先天而天弗違，後天而奉天時。聖功於此而生，神明即於此而出。此功此明，其盜機也。雖天地鬼神不可得而測度，而况於人乎！天下烏得而見，烏得而知？如其能見能知，安能盜之？此其所以爲聖，此其所以爲神。是道也，非忠臣孝子大賢大德之人不能知，非烈士丈夫俯視一切萬有皆空者不能行。果是真正修道君子，得意忘言，大智若愚，大巧若拙，不到了性了命之後，不肯洩漏圭角，固窮而如無知者也。至於薄福小人，偶嘗滋味，自滿自足，又不自重性命，無而爲有，虛而爲盈，約而爲泰，適以自造罪過，非徒無益，而又害之矣。

下　篇

瞽者善聽，聾者善視。絶利一源，用師十倍。三返晝夜，用師萬倍。

瞽者善於聽，非善聽也，以目無所見，而神藏於耳，故其聽也聰。聾者善於視，非善視也，以耳無所聞，而氣運於目，故其視也明。即此二者以觀，閉目而耳聰，塞耳而目明，况伏先天之氣，捨假修真，存誠去妄者，何患不能長生乎？清静經曰：「衆生所以不得真道者，爲有妄心。既有妄心，即驚其神。既驚其神，即著萬物。既著萬物，即生貪求，即是煩惱。煩惱妄想，憂苦身心。便遭濁辱，流浪生死，常沉苦海，永失真道。」妄想貪求，乃利之源也。人能絶此利之一源，則萬有皆空，諸慮俱息，勝於用師導引之功十倍。又能再三自返，存誠去妄，朝乾夕惕，晝夜殷勤，十二時中，無有間斷，漸歸於至善無惡之地，勝於用師導引之功萬倍。蓋師之功，能革其面，而不能革其心；能與人規矩，而不能使人巧。絶利自返，正心地下功，戒慎恐懼於不睹不聞之處，師力焉得而及之？至聖云：「一日克己復禮，天下歸仁焉。爲仁由己，而由人乎哉？」正此節妙諦。

心生於物，死於物，機在目。

機在目。一本「機在於目」。

心如主人，目如門户。本來真心，空空洞洞，無我無人無物，與太虚同體，焉有生死？其有生死者，後天肉團之心耳。心不可見，因物而見。見物便見心，無物心不現。是主人或生或死，物生之，物死之。其所以使物生死心者，皆由目之開門揖盜耳。蓋目有所見，心即受之，是心生死之機，實在目也。人能返觀内照，外物無由而受，生死從何而來？古人云：「滅皆可以却老。」此至言也。

天之無恩，而大恩生。迅雷烈風，莫不蠢然。至樂性餘，至静性廉。

天至高而萬物至卑，天與物相遠，似乎無恩於物矣。殊不知無恩之中，而實有大恩生焉。天之氣鼓而成雷，嘘而成風。迅雷震之，而萬物發生；烈風吹之，而萬物榮旺。

發生榮旺，萬物皆蠢然無知，出於自然。此無恩而生大恩，天何心哉？故至樂者，萬物難屈，無拘無束，性常有餘；至靜者，萬物難移，無貪無愛，性常廉潔。樂者無心於餘而自餘，靜者無心於廉而自廉，亦如天之無恩而有大恩。無心之用，神矣哉！

天之至私，用之至公。禽之制在氣。

天之道行於無象，運於無形，爲物不貳，其至私與？然其四時行而萬物生，其用又至公焉。推其奧妙，其一氣流行，禽制萬物乎？禽者，擒也，統攝之謂。制者，造作之謂。言統攝萬物，製造萬物者，在乎一氣也。一氣上升，萬物皆隨之生長；一氣下降，萬物皆隨之斂藏。生長斂藏，總是一氣擒制之。一本散而爲萬殊，萬殊歸而爲一本，私而公，公而私，非私非公，即私即公。一氣流行，循環無端，活活潑潑的也。

生者，死之根。死者，生之根。恩生於害，害生於恩。

天道生物，即是一氣。上下運用一氣，上爲陽，下爲陰。陽者，生也，恩也。陰者，死也，害也。然有生必有死，有死必有生，是生以死爲根，死以生爲根也。有恩必有害，有害必有恩，是恩在害生，害在恩生也。若人死裏求生，則長生而不死；人能害裏尋恩，則有恩而無害，出此入彼，可不慎乎！

愚人以天地文理聖，我以時物文理哲。

愚人不知生死恩害，是天地造化循還之秘密，直以天地文理爲聖矣。我則謂天文有象，地理有形，著之於外者，可見可知，未足爲天地之聖。若夫時物之文理，無象無形，乃神運之道，藏之於内者，不可見，不可知，正天地之所以爲哲也。蓋物有時而生，有時而死。當生之時，時生之，不得不生；當死之時，時死之，不得不死。生者，恩也。死者，害也。生而死，死而生。恩而害，害而恩。生死恩害，皆時運之，亦無非天地神道運之。天地神道不可見，因物以見之。觀於物之生死有時，而天地神道之明哲可知矣。

人以愚虞聖，我以不愚虞聖。人以其奇期聖，我以不奇期聖。

愚虞聖。一本無「聖」字。不愚虞聖。一本無「虞」字。奇期。一本「其期」，一本「奇其」。性命之道，始於有作人難見，及至無爲衆始知。故古來修真上聖，當有作之時，黜聰毀智，韜明養晦，斡天關，迴斗柄，採藥物於恍惚杳冥之鄉，行火候於無識無知之地，委志虛無，神明默運。雖天地鬼神，不可得而測度，而況於人乎？乃人不知其中奥妙，或以愚度聖人。彼豈知良賈深藏，若虛而實有，不愚之運用乎？當無爲之時，和光同塵，積功修德，極往知來，一叩百應，神通廣大，智慧無邊，而人或以奇期聖人。彼豈知真常應物，而實非奇異之行藏也？聖人不愚，亦如時物文理之哲；聖人不奇，亦如天地文理不聖。聖人也，所以參天地之化育，而德配天地者也。

沉水入火，自取滅亡。

人之慳貪恩愛，如水淵也；酒色財氣，如火坑也。一切常人，不窮天地造化之道，不究聖功性命之學，自暴自棄，以假爲真，以苦爲樂，沉於水淵而不知，入於火坑而不曉，自取滅亡，將誰咎乎？

自然之道靜，故天地萬物生。天地之道浸，故陰陽勝。陰陽相推，而變化順矣。

而變化。一本無「而」字。

大道無形，生育天地。大道無名，長養萬物。無形無名，自然至靜之道。然靜者動之基，靜極而動，天地萬物即於此而生焉。一生天地，而天地即得自然之道以爲道，故天地之道浸。浸者，浸潤漸入之謂，亦自然之義。惟其浸潤自然，動不離靜，靜不離動，一動一靜，互爲其根，故陰陽勝。動爲陽，靜爲陰。動極而靜，靜極而動。陰極生陽，陽極生陰。陰陽相推，四時成序，萬物生成，或變或化，無不順之，造物者豈有心於其間哉？蓋以自然之道無形，無形而能變化，是以變化無窮也。

聖人知自然之道不可違，因而制之。至靜之道，律曆所不能契。爰有奇器，是生萬象。八卦甲子，神機鬼藏。陰陽相勝之術，昭昭乎進於象矣。

聖人。一本上有「是故」二字。

聖人者，與天地合其德者也。惟與天地合德，故不違天地自然之道，因而裁制變通，與天地同功用。何則？自然之道，非色非空，至無而含至有，至虛而含至實，有無兼該，虛實並應者也。故以言其無，則虛空一氣，無聲無臭，其爲道也至靜。靜至於至，雖律曆之氣數，有所不能契。夫律曆能契有形，不能契無形。至靜則無形矣，律曆焉得而契之？毗陵〔一〕師所謂「有物先天地，無名本寂寥」者是也。以言其有，則造化不測，包羅一切，其爲器也最奇。器至於奇，是謂神器。神也者，妙萬物而爲言者也。故萬象森羅，八卦相蕩，甲子循環，神之伸機，鬼之屈藏，無不盡在包容之中。毗陵師所謂「能爲萬象主，不逐四時凋」者是也。靜道者無，名天地之始。神器者有，名萬物之母。老子所謂「無，欲以觀其妙」者，即觀其始也；「有，欲以觀其竅」者，即觀其母也。非有不能成無，非觀竅難以觀妙。觀妙之道，萬有皆空，無作無爲。觀竅之道，陰陽變化，有修有證。聖人不違自然之道，因而制之，觀天道，執天行，從後天中返先天，在殺機中盜生機，顛倒五行，逆施造化，以陰養陽，以陽化陰，陽健陰順，陰陽混合。由觀竅而至觀妙，由神器而入至靜，由勉强而抵自然。有無一致，功力悉化，陰陽相勝之術，昭

〔一〕「毗陵」爲薛道光別號。

昭乎進於色象之外矣。要知此術非尋常之術，乃竊陰陽奪造化之術，乃轉璇璣脱生死之術。昔黄帝修之，而乘龍上天；張、葛、許修之，而超凡入聖，以至拔宅者八百，飛升者三千，無非由此道而成之。吁！陰符經三百餘字，句句甘露，字字珠玉，示性命不死之方，開萬世修真之路，天機太露。後世丹經子書，雖譬喻千般，無非申明陰陽相勝之術。有志者若見此經，誠心敬閲，求師一訣，倘能直下承當，大悟大徹，勤而行之，以應八百之讖，有何不可？

陰符經注解跋

陰符經者，黄帝演道書也。而談兵之家視爲天時孤虚旺相之理，人事進退存亡之因。即緇黄之流淺窺聖經，謬爲注疏者亦不少。不幾誤璞爲鼠，以青作黄乎？我悟元老師造性命之精，證天人之奥。體古聖覺世之婆心，思發其覆。憫後學窮理而無門，詳爲之解。掃諸説之悖謬，詮陰符之肯綮。其中盡性至命之學，有爲無爲之理，靡不詳明且備。將數千年埋没之陰符，至今原旨畢露而無餘藴矣。經云：「觀天之道，執天之行，盡矣。」僕則曰：「聖經之精，聖道之微，盡矣。」

大清嘉慶三年歲次戊午九月九日，受業門人王附青雲峰甫沐手敬題。

陰符經類解[一]

李西月

序

陰符以三才之理，萬化之基，定修鍊之術，真似開闢以來應有文字，其所言者，皆自然也。或言是周末戰國時書。不過在盜機生殺間，疑其爲怪怪奇奇，而不知其理實平正也。或言是達觀子李筌所作。使筌能言此，吾即推之爲廣成。或言廣成是老子氣化前身，不應遽言夫此。殊不知古亦天地，今亦天地，古亦日月，今亦日月也。但其書得之嵩山虎口岩，自唐始出。黄帝以來，已隔數千餘歲，後人不免生疑。筌遇驪山老姥，授以陰符玄義，戒筌

[一] 作者李西月（一八〇六—一八五六），初名元植，字涵虚，號卷石山人、長乙山人等。樂山人。生平見於其門人李道山李涵虚真人小傳及今人霍克功内丹解碼——李西月西派内丹學研究。道光年間道教學者，創立内丹學西派。著述甚多，曾編輯張三豐全集。本書文字取自三洞拾遺影印的道光刻本道學十三經，遵用原書句讀。原書僅題爲陰符經，稱廣成子著，李西月「謹述」。本書據注解擬名陰符經類解。

曰：「陰符三百餘字，百言演道，百言演法，百言演術，參演其三，混而爲一，上有神仙抱一之道，中有富國安民之法，下有强兵戰勝之術。」非虚語也。夫上中下者，非言三篇之名，乃言三等之義耳。此三者參伍混淆於經内，反覆紬繹，隱躍篇中，正所謂「參演其三，混而爲一」也。仙家謂强兵戰勝，乃還丹向上之事，何又名爲下等？老子曰「佳兵者，不祥之器〔一〕」，不得已而用之者也。愚前注道德經，謬爲聖師許可。近讀陰符，又喜其文簡，其旨遠，字字切修鍊秘語，乃復澄心觀物，更爲注以發明之。

卷石山人李西月自序於大江上。

陰符經

陰符經者，修鍊之書也。陰符對陽火言，言陰不言陽，陽在其中矣。易翼曰「一陰一陽之謂道」，以陰爲先而陽爲後者。蓋天地萬物之理，無静不生動，剥所以居復之先也。陰符一卷，即陰陽交契機關。神之神滅於此，不神之神生於此。是乃殺與發隱顯之處，反與復出入之門，日與月消長之會，大與小往來之時，死與生制伏之根，恩與害

〔一〕「器」，原作「氣」。

相乘之地，水與火進退之鄉也。陰陽相制，則陰陽相勝，陰符操變化之神焉。但掌陰符者，須知身有奇器。藏器於身，待時而動，則卦象甲子，天地鬼神，無不合道，又何難富國安民、强兵戰勝、抱一全真哉？夾漈鄭氏藝文略載陰符經傳注凡三十八部，五十一卷。迄今數百年，其增注又不知幾何矣。余復合老、易、參同解之，名曰類解。

觀天之道，執天之行，盡矣。

「觀天之道」，開口便説陰符。老子曰：「功成名遂身退，天之道也。」「執天之行」，接口便補陽火。易象曰：「天行健，君子以自强不息。」夫觀天道者，觀其生成暢遂，至冬令而退藏；坤六道窮之義在其中矣。執天行者，執其潛見惕躍，至九五而飛龍在天；坤承天行之義乘其後矣。首二句暗將乾坤二卦包括在前，陰符即易道也。「盡矣」，歎觀止已。

天有五賊，見之者昌。五賊在心，施行於天。宇宙在乎手，萬化生乎身。

「賊」即下文「剋」字「盜」字之義。五賊，五行也。天有五行，相剋寓相生之妙，相盜藏相宜之機。人能洞見其理，則道氣昌隆。夫五行在人心中，倒行逆施，方能相剋相生，相盜相宜。觀此妙義，在天已然。人能體天施行，則宇宙在手，萬化生身矣。既曰「生身」，則五賊非賊也。

天性，人也。人心，機也。立天之道，以定人也。

性即理也。五賊者，天之理，即人之理也。在人則運於心，而使之剋中相生，盜中相宜，祇用一個「機」字。易翼曰「立天之道曰陰與陽」，言天而地在，言地而人在，故曰「立天之道，以定人也」。陰陽包五行在內，人豈能外陰陽哉？

天發殺機，星辰隱一作「隕」。**伏。地發殺機，龍蛇起陸。人發殺機，天地反覆。天人合發，萬化定基。**

發者，生機也。殺者，死機也。生死即動靜機括，藏生機於死機之中，靜而後動也。隱伏者，暗地轉移；以靜言，言靜而動在。起陸者，奮地飛出；以動言，言動而靜在。陰符句語，每每各吐半邊，使人隅反。「人發殺機，天地反覆」，人與天地爲三，其殺機亦自相類，易所謂「反復其道，七日來復」是也；反復者，轉生殺之柄，握消長之權也。「天人合發，萬化定基」，此機同，此理同也。○昔呂祖化身爲陳家傭，陳與一道者講「人發殺機，天地反覆」，未曉殺機之旨。呂祖從旁接聲曰：「生者不生，死者不死，已生而殺生，未死而學死，則長生矣。」今按呂祖此語，知殺機乃生死關頭。惜陳爲道士所迷，甫驚異而旋惑也。

性有巧拙，可以伏藏。九竅之邪，在乎三要，可以動靜。火生於木，禍發必剋。姦生於國，

時動必潰。知之修鍊，謂之聖人。

有氣質之性，有本來之性。氣質之性，似巧實拙。本來之性，似拙實巧。此二者，可以伏藏。伏藏則寂然不動，感而遂通。巧藏拙，拙藏巧矣。夫人之所以不能伏藏者，以其有九竅之邪耳。九竅之邪，又以耳目口爲三要。此三者可以動，可以靜。靜則含眼光，凝耳韵，緘舌氣，三要反爲三寶。動則色令人盲，音令人聾，味令人爽，三要適成三害。不見夫火乎？火生於木，而反剋木，猶之視生於目，而反傷目；聽生於耳，而反傷耳；味生於口，而反爽口。又如姦生於國，靜則邪伏，動則邪潰也。若知動靜之機，主靜修鍊，則可謂之聖人。

天生天殺，道之理也。天地，萬物之盜。萬物，人之盜。人，萬物之盜。三盜既宜，三才既安。故曰：食其時，百骸理。動其機，萬化安。

生殺者，天之妙理，即至道之妙理也。殺之者，先盜藏其生氣也。天地爲萬物之盜，故冬至春迴，生氣先藏於歸根之處。萬物爲人之盜，故勾萌甲坼，生氣先藏於媾精之中。人爲萬物之盜，故取多用宏，生氣先藏於存養之内。殺中有生，培元氣以待時，盜之謂也。夫一動一靜，兩儀之常，而并育并行，三盜相養。既相養，則天地人物互藏其用矣。三才者，天地人，不言物而物在；有一不安，必有不相宜者。三盜既宜，則三才亦安矣。三才既安，則發育萬物，因時而動也。「故曰」二字，承上文而引古語。時即生機初動之時；食時者，氣機初動，即時吞入我家，則百骸俱理。機乃殺機；大靜之後，初出生機，隨其時而服食之，則萬象太平。故曰「動其機，萬化安」云。

人知其神之神，不知不神之所以神。日月有數，大小有定。聖功生焉，神明出焉。

修鍊之功，莫妙於神。人知靈動者之爲神，而不知不用靈動者之所以神也。此神從靜極而生，時至神知，善審動機。其動機也，如日月之有數焉。參同云：「三日出爲爽，震庚受西方。八日兑受丁，上弦平如繩。十五乾體就，盛甲滿東方。」「十六轉受統，巽辛見平明。艮值於丙南，下弦二十三。坤乙三十日，東北喪其朋。」此日月消長之數也。夫六門大藥，聖人以日月之盈虛測之；而六候得丹，又當以陰陽之大小準之，參同曰「陰陽交接〔一〕，小往大來」是也。小往則前行短，二候求藥也。大來則後行長，四候合丹也。十二分火候，即在「日月有數，大小有定」之中，聖人之功於此生，神明之用於此出矣。

其盜機也，天下莫能見，莫能知。君子得之固躬，小人得之輕命。

〔一〕「接」，原作「結」。

盜機者，伐奪之機也。不但五行相剋、三才相襲爲盜機，即抱神守氣、取坎填離亦是盜機。至人默運神機，入水府，造金鄉，踵希夷，絶視聽，此中有莫能見，莫能知者。神之神於此死，不神之神於此生。故君子得此盜機，可以造命而固躬。小人得此盜機，必至損躬而輕命。所謂正人用之而正，邪人用之而邪者也。

瞽者善聽，聾者善視。絶利一源，用師十倍。三返晝夜，用師萬倍。

瞽以耳爲目，即聽以察人笑貌，故曰「瞽者善聽」。聾以目爲耳，即視以揣人聲情，故曰「聾者善視」。然吾身有無目之人而能曲聽者，又有無耳之人而能旋視者。善聽善視，在辨水源清濁耳。老子曰「水善利萬物」，以此知絶美之利，真一之源也。用師十倍者，易卦以地水爲師，土剋水而水不動，則其水愈覺澄清。用師者，用土剋水，行險而順。以此毒天下而民從之吉，又何咎矣。十以成數言。三返者，三數屬木也。夫離宫火精，木汞所生。木中藏火，同沉坤宫。坤實成坎而生水，水中真氣則爲金。木載金還之後，須用屯蒙抽添，故曰「三返晝夜」。「用師萬倍」者，萬以全數言。十月火符，乃能鍊寶成丹。七返九還，即三返也。

心生於物，死於物，機在目。天之無恩，而大恩生。迅雷烈風，莫不蠢然。

心因物而動，生於物也。逐物而亡，死於物也。夫九竅之邪，在乎三要。三要之邪，莫要於目焉。欲止其機，必用無恩。天無恩而大恩生，死中有生，靜中有動也。迅雷烈風，皆從蠢然之中，自然靈動。使天長用其風雷，則風雷之靈氣，有時而盡。何以於重陰之下，待地雷之復，而起申命之巽風乎？

至樂性餘，至靜性廉。天之至私，用之至公。樂音洛。

承上無恩之義推之。無恩者，猶之無爲，樂之至，靜之至也。至樂者，其性閑適而有餘。至靜者，其性清淨而廉潔。故天有時而無雷無風，似至私也。能從蠢然中發出號令，又即天之至公也。至私似無恩，至公則大恩生。

禽之制在氣。生者，死之根。死者，生之根。恩生於害，害生於恩。沉水入火，自取滅亡。

此二句，王鳳洲藏本接在「害生於恩」下，其意聯屬。今照其本。

白虎通：「禽，言爲人所禽制也。」「禽之制在氣」，氣以火言，禽以朱雀言。以氣制禽，以火制火也。參同云：「朱雀爲火精，執平調勝負。」蓋言土填水不起之候，必得朱雀之火，執其平衡，調其勝負。猛烹而極鍊之，火蒸水沸，其金自隨水而上騰。則朱雀之制，即在乎以火沉水，舉水制火也。其中有生死之機。水沸火升，入於離宮，離火反爲坎水所滅，生者死之根也。制伏拘鉗，不飛不走，鉛汞俱死，同歸厚土。這回大死今方活，死者生之根也。恩生於害，以火沉水也。害生於恩，引水入火也。沉水入火之妙，自生自死於其間，故曰「自取滅亡」。

愚人以天地文理聖，我以時物文理哲。人以愚虞疑也。**聖，我以不愚虞聖。人以奇其**「期」同。**聖，我以不奇其聖。**此六句，傳者謂岐伯贊詞。鳳洲藏本删去。今仍存之，移於「自取滅亡」之下。

愚人以通天文察地理爲聖。若秖如此，究於身心何益？我於天文中考其時行之妙，地理中玩其物生之機，盜天地而奪造化，方不愧爲明哲，所謂「觀天之道，執天之行，至矣」。「人以愚虞聖，我以不愚虞聖」，所謂「知之修錬，謂之聖人」也。「人以奇其聖，我以不奇其聖」，所謂「人知其神之神，不知不神之所以神」也。又況「日月有定，大小有數」、「三才相盜」，皆自然之聖功也，何奇之有？此六句，皆似申贊上文言。

自然之道靜，故天地萬物生。天地之道浸，故陰陽勝。陰陽相推，而變化順矣。

自然之道，一靜而已；靜中生動，動則天地萬物生。天地之道，一浸而已；浸即自然之象。陰浸浸而下降，陽浸浸而上升。陰陽升降，妙在相勝，不相勝則不相推。陰陽相推，而變化順其自然已；變化者，進退之象也。朱子曰：「『自然』四句，極説得好。」又曰：「『浸』字最下得妙。」

是故聖人知自然之道不可違，因而制之。至靜之道，律曆所不能契。爰有奇器，是生萬象。八卦甲子，神機鬼藏。陰陽相勝之術，昭昭乎進乎象矣。

「因而制之」者，因自然之道，制爲修鍊之法也。夫自然之道，實從至靜中發出。至靜之中，别有歲月乾坤，人間律曆不能契也。靜在何處？有奇器焉，玄關一竅是也。萬象生於中，八卦變於中，甲子運於中，神機難測，鬼藏莫曉。陰陽相勝之數，無不出乎其間。「昭昭乎」，人所共見之理，非隱怪難知之事也。「進乎象矣」，象即易象之象，象也者，像也。

達觀子曰：内出天機，外合人事。觀其精妙，黄庭八景不足以爲玄。察其至要，百家子史不足以爲學。任其智巧，孫、吴、韓子不足以爲奇。是以動植之性，成敗之數，死生之理，無非機也。

張果曰：觀自然之道，無所觀也。不觀之以目，而觀之以心。心深微而無所見，故能照自然之性。其斯之謂陰。執自然之行，無所執也。不執之以手，而執之以機。機變通而無所繫，故能契自然之理。其斯之謂符。

吕純陽曰：宋儒邵子，善讀陰符。「宇宙在乎手，萬化生乎身。」此陰符語也，擊壤篇襲用其句，默契者微矣。

間邱次孟曰：陰符經所謂：「自然之道靜，故天地萬物生。天地之道浸，故陰陽勝。陰陽相推，變化順矣。」此數語，雖六經之言無以加。

朱子曰：「自然之道靜」四句，極説得妙。靜能生動，便是漸漸恁地消去，又漸漸恁地長。天地之道，便是常恁地示人。又曰：天地之道浸。這句極好。陰陽之道，無日不相勝，祇管逐些子挨出。這個退一分，那個便進一分。又曰：若不是極靜，則天地萬物不生。「浸」字下得妙；浸者，漸也。天地之道，漸漸消長，故剛柔勝。此便是吉凶貞勝之理。陰符經此等處特然好。又曰：陰符「三返晝夜」之説，如修養家子午行持，今日如此，明日如此，做得愈熟，愈有效驗。

陰符考異曰：驪山老母注，往往後人僞托，語意殊淺。間引張果語，則知其出張後也。

歐陽巽齋曰：道術裂，能爲書者各爲書。正言者或駁不純。陰符獨用反言，而合於正。

魏鶴山曰：李嘉猷博通經子百氏，而深於易，晚得專氣致柔之説，以陰符、參同博考精玩，篤信不懈。然則知道者，固合是二書，與易同用云。

陸潛虚曰：陰符、道德，所言皆盜機逆用之事。至於治國用兵與取天下，及「爰有奇器，是生萬象。八卦甲子，神機鬼藏」等語，皆有深旨。世人不知，指陰符爲兵機，用老子以治國，失之遠矣。

黄帝陰符經直解〔一〕

番禺丁傑注

林序

陰符經一卷，切乎身心，關乎日用，而非外來之物也。世人視爲孤虚旺相、六甲神機，及風后遁法、太公金匱等書，均非也。陰符者，蓋謂修真之士行大小周天，事事與天心相符合。人身之坎離即天地之坎離，借言皆譬喻也。知此者方許解陰符經，知此者方許讀陰符經。質之仲文觀察，以爲何如？

壬申餞重陽日，侯官硃砬山人林昌彝書於五羊城之海天琴舫。

〔一〕作者丁傑（一八一〇—一八八一），原名丁宗楝，字子俊，號萍川。安慶人。道光二十九年鄉試中舉，後入曾國藩幕府，同治年間曾掌教韓山書院。生平可見丁邦昕據丁氏族譜和番禺縣志寫的文章。著作還有道德經直解。本書文字取自北京大學藏同治刻本。

序

陰符經三篇，世傳爲黄帝所著，歷時久遠，莫能考定。觀其詞約義豐，言近指遠，要非秦漢以下人所能爲。意必商周間隱君子，憂世憫俗，出其窮理盡性以至於命之旨，垂示無極。蓋服膺者有年矣。惜後人誤會「陰符」二字，創爲兵家天時孤虚旺相之説。又或假托古人，以逞其無稽之言。間有一二發揮，而時自牴牾，究莫能陰符古人立言之意。宜乎以愚虞聖，以奇期聖者，多自取滅亡而不覺也，遭時多艱，水深火熱。較之求道者沉水入火，爲禍尤甚。思出問世，少盡救焚援溺之心，爲學道根本。所如不合，而予年亦將老矣，歸卧故山，復理靜業，苟全性命。而又恐天下後世無以共全其性命也，爰取是經注解，芟其荆莽，掃其蕪穢，直舉養性立命之理著於篇，庶幾隱契經旨，啓牖蒙昧，且藉以就正乎世之窮理盡性以至於命者，匡其不逮。是則私心所厚望也夫。

同治九年歲次庚午三月穀旦，番禺丁傑撰。

上篇

觀天之道，執天之行，盡矣。

觀，常目在兹也。天道，至誠無息也。執，奉持勿失也。天行，自强不息也。盡者，包括無餘之謂。言性命之道，不外知行，非至明不能察其體，非至健不能致其用。故必格物致知，以察其理；誠意正心，以敦其行。知之精，斯行無誤行；行之力，斯知不虚知。以知引行，以行赴知，自能由不息以至於無息，而復完其天。則此二言不已盡全經之藴哉！

天有五賊，見之者昌。五賊在心，施行於天。宇宙在乎手，萬化生乎身。

賊，害也。五賊，五行也。言先天之炁，生而爲陰陽，化而爲五行。則五行者，天之所有也。順其五行，相生相剋，剋則傷其氣，傷盡必死，生則洩其氣，洩盡亦必死。是五行實五賊也。天有五賊，天能見之，而顛倒施行，故常昌而無息；人苟能見之，而顛倒施行，則人亦可常昌而不息。故曰「見之者昌」也。蓋人，一天也，天有五賊，人亦有五賊。其在心也，見其相生之機，而顛倒施行，如金生水，轉使金隱水胎，以爲坎内金精；木生火，轉使木隱火胎，以爲離中木液，和合四象，歸於厚土，斯有相生，無相洩矣。且見其相克之機，而顛倒施行，如金克木，而木反藉金以成材；火克金，而金反藉火以去礦；水克火，而火反藉水以生潤；土克水，而水反藉土以爲防；木克土，而土反藉木以播種，攢簇五行，歸於太虚，斯有相克，無相傷矣。於是收視反聽，閉氣寡言，懲忿窒欲，顛倒施行於心，如顛倒施行於天，使五賊不惟不能爲我害，而反爲我用矣。自後天而反先天，以完其固有之天，則宇宙雖大，在於掌握；萬化雖繁，生於一身。觀執之功用，效驗如此。

天性，人也。人心，機也。立天之道，以定人也。

天性者，良知良能也。人心者，虚靈不昧也。機者，運動之物也。立，植也，如立天下大本之立。定，常住也。言觀天道，執天行，端在乎人矣。夫人秉此良知良能之性以爲人，所以能觀所執者，要在此虚靈不昧之心。蓋心活潑流動，有機象焉。苟不見五賊而順用其機，即不能觀天道，執天行。故旋生旋死，則天道不立，而人亦爲無定之人矣。惟見五賊而逆用其機，由是觀天道，執天行。故無生無死，則天道立，而人乃有定之人矣。

天發殺機，移星易宿。地發殺機，龍蛇起陸。人發殺機，天地反覆。天人合發，萬化定基。

殺機者，動機也。星宿者，陽氣之發現者也。龍蛇者，陽物也。言不獨人有是機，天地亦有是機。天地人不能有生而無殺，猶機不能有静而無動。天地肅殺之氣，至坤已極，迨交子而一陽生，交丑而二陽生。故在天則星宿移易，斗柄漸指乎寅；在地則龍蛇起陸，有見龍在田之象；在人則虚極静篤，陰消陽長，至陽赫赫，來復於至陰肅肅之中。由是發動逆機，轉殺爲生，斯天地反覆而爲泰矣。是人機之發，合乎天機。萬化之根本，不從此而定哉？

性有巧拙，可以伏藏。九竅之邪，在乎三要，可以動靜。火生於木，禍發必克。姦生於國，時動必潰。知之修鍊，謂之聖人。

性，氣性也。九竅，上七下二也。三要，耳目口也。國，比身也。修，削也，剥膚存液也。鍊，鍛也，礦盡金純也，所謂「爲道日損」者是也。上言天人合發，觀執之功盡，性命之理全矣。然不先懲忿窒欲，必不能天人合發也。蓋人禀先天良知良能，以爲性初，無所謂巧拙也；入於後天，氣性用事，其巧者日肆其變詐，其拙者日縱其貪嗔，而先天良知良能之性，因以伏藏矣。得先天虚靈不昧以爲心，原無間於動靜也；入於後天，識神用事，九竅之邪，緣之以生，其尤害者，在乎耳目口三要。是以一動一靜，莫非群邪，而先天虚靈不昧之心息矣。蓋忿生於氣性，猶火生於木也，火灾之禍，必克其木；欲生於邪心，猶姦生於國也，姦動之時，必潰其國。惟知其克潰之由於氣性邪心，而修之鍊之，務絶其氣性，至於剥膚存液，而良知良能之真性復矣；務絶其邪心，至於礦盡金純，而虚靈不昧之真心見矣。由是觀天道，執天行，窮理盡性以至於命，得不謂之聖人哉？

中篇

天生天殺，道之理也。

上文言聖人知生殺之機，順則生生死死，逆則無生無死。而修鍊之，故天不能操其權。斯性由我盡，命由我立。彼凡人不知修鍊，是以天生人物，由稚而壯，而老而死，幾謂天生之天殺之也。抑知生之殺之乃順乎道之理也？

天地，萬物之盜。萬物，人之盜。人，萬物之盜。三盜既宜，三才乃安。故曰：食其時，百骸理。動其機，萬化安。

盜，賊也。三才，天地人也。言道之理，順則生殺之機由於天，逆則生殺之機由於我，故天地絪緼，萬物化生。及陽消陰長，萬物順其機，由生而死，靈魂復歸於天，體魄復歸於地。是天地者，萬物之盜也。萬物皆備，以資人生；乃玩物喪志，逐物生情，卒至耗散精神，以歸於澌滅。是萬物者，人之盜也。人爲萬物之靈，宜與萬物并育而不相害矣；乃縱情恣欲，或戕賊萬物以自奉，或暴殄萬物以自侈，使萬物不得遂其生。是人者，又萬物之盜也。此盜之不得其宜者也。惟仰觀乎天，俯察乎地，別具真知實行，扭轉乾坤，斡旋造化，使在上之天轉而在下，在下之地轉而在上，變否爲泰。是以天地不能盜，而我反盜乎天地矣。由是外觀乎物，物無其物；內觀乎心，心無其心。蓋盜能盜有，不能盜無。我既一切皆無，彼物與人，又安能取我之無而盜之哉？是物與人不能盜，而我乃可以神其盜之用矣。此三盜所以既宜也。三盜既宜，彼天地人三才不已各安其位哉？夫盜有盜之時，盜有盜之機。惟察其時於一陽來復之頃，審其機於無形攢簇之餘。不先不後，當其時之可而服食之，則性命修而百骸咸理矣；不疾不徐，俟其機之熟而發動之，則性命了而萬化胥安矣。三盜既宜之故，不因此言而益顯哉？

人知其神之神，不知其不神之所以神。

夫此三盜既宜者，乃至正至中，至平至常，不神之神，而非昭昭靈靈，歷劫輪迴，種子之識神也。世人不知，轉以此昭昭靈靈，歷劫輪迴，種子之識神爲神，而不知至正至中，至平至常，不神之所以神。此道之所以不明而不行也。

日月有數，大小有定。聖功生焉，神明出焉。其盜機也，天下莫能見，莫能知。君子得之固窮，小人得之輕命。

日月者，坎離也。數者，度數也。大小者，乾坤也。定者，定位也。聖功生者，修性修命也。神明出者，了性了命也。言此不神之所以神者，聖而神者也，即孟子所言「聖而不可知」之謂也。然神明之出，實由於聖功之生；而聖功之生，其要在乎坎離乾坤四卦。蓋坎離者，後天之乾坤也；乾坤者，先天之坎離也。自乾坤變爲坎離，而大小之位易矣。性命之學，從後天反先天，故超凡入聖之功，由此四卦而生。推離就坎，取坎填離。運周天之數而消息之，使離仍爲乾，坎仍爲坤，而先天大小之位乃有定矣。聖功從此而生，神明即從此而出。然其生其出之機，皆在於虚極靜篤，杳冥恍惚之中，即三盜之機也。鬼神且不能測，宜乎天下莫能見莫能知矣。是道也，聖神之道，不可傳之匪人也。惟君子被褐懷玉，衣錦尚絅，得其傳而有若無，實若虚，暗然固窮者也。能固窮，斯能載道矣。若小人喜於自炫，得其傳而適以輕命。道豈可妄傳乎哉？

下篇

瞽者善聽，聾者善視。絶利一源，用師十倍。三反晝夜，用師萬倍。

瞽，目無明也。聾，耳無聰也。利，欲也。源，心之源，至清者也。師，傳道之人也。三反，不息也。物至三而爲衆，故三反謂之不息也。言性命之道，固貴乎師傳矣。然非專一其心，以探幽而索隱，則不憤不悱，雖師亦無從啓發也。況大匠誨人，能與人規矩，不能使人巧乎！蓋以運用之妙，在乎一心。試觀瞽者聾者，乃知專一之爲用神矣。瞽者目無所見，遂專壹其心於耳，而聽倍聰焉。聾者耳無所聞，遂專壹其心於目，而視倍明焉。夫耳目有形之物，專壹用之，其功尚倍，況專壹其虛靈不昧之心乎？顧心之源至清也，爲利欲所汩，而清者濁矣。惟絶去利欲，使其源復乎至清，而一以用之，勝於用師之訓導，已十倍矣。更能朝乾夕惕，反覆勤求，無貳無雜，無斷無續，漸至純亦不已之境，豈不勝於用師訓導之功萬倍哉？

心生於物，死於物，機在目。

夫然學道者，固當專壹其心矣。然不見可欲，則心不亂。況後天識神用事，心尤易放者哉！故一見可欲之物，因靈生妄，留戀於中，而心遂生於物矣。又見一可欲之物，而逐境情遷，前所留者，今又去之，而心遂死於物矣。心之生死在於物，而物之所以能生死其心者，目爲之緣也。故曰「機在目」。

天之無恩，而大恩生。迅雷烈風，莫不蠢然。

迅，速也。烈，猛也。蠢然，動象。言虛靈不昧之心乃天心也，爲物所擾，而去天遠矣。修道必法天，法天必收其放心。故迴光返照，致虛守靜，以至虛無。其虛靜無其靜，而心亦無其心，仍然一無極之天矣。天何心哉？無心故無恩，而一點先天沖和之氣，乃於虛極靜篤之時生焉，是即天之大恩也。其象如迅雷，如烈風，所宜戒懼修省，以承天恩，而蠢然震動也。此修命之要也。

至樂性餘，至靜性廉。

樂者，樂道也。餘，裕也。廉，潔也。言心有其至樂，則廓然有其容，而性常餘矣。心處於至靜，故寂然其無求，而性常廉矣。蓋惟至樂而歸於至靜，斯不著於迹象。亦惟至靜而養其至樂，斯不落於頑空。此修性之要也。

天之至私，用之至公。

天至公而無私。法天者觀天道，執天行，專修一己之性命，則涉乎至私矣。抑知己欲立而立人，己欲達而達人？蓋必己之性修，而後可教人修其性；己之命修，而後可教人修其命。其用心之溥，一天之至公而已。

禽之制在炁。

禽，擒也。制，伏也。炁，先天之氣也。言教人修性修命，實教人伏此先天之氣而已。其氣也，生於鴻蒙未判之先，藏於杳冥不測之所，在聖不增，在凡不減，迨交後天，藏於彼家，莫爲擒之，必將往而不返，惟於寂然不動、感而遂通之候，設法追攝，如鷹攫兔，如猫捕鼠，乘其功而擒取之，斯炁復而性命可復矣。然無以制之，必將得而仍失。惟於金來歸性，美在其中之時，用意温養，如雞翼卵，如蚌孕珠，歸於靜以制伏之。斯炁完，而性命可完矣。此性命雙修之要也。

生者，死之根。死者，生之根。恩生於害，害生於恩。

夫禽制者，逆運造化也，故能死中求生，害中求恩。死中求生，則有生無死，馴至於無死無生。害中求恩，則有恩無害，馴至於無害無恩。若天道不觀，天行不執，順其造化，則生生死死，互爲其根，恩恩害害，環迭相生，歷劫輪迴，豈能免哉？

愚人以天地文理聖，我以時物文理哲。

言順其造化者，皆愚人也，非特不知所謂聖，亦不知所謂哲。故其見日月星辰懸象於上，山嶽江河分形於下，遂以爲天地之文理，即天地所以爲聖也。而不知天地之道誠一不貳，變化不測，在於無象無形中，默運其時，行物生之化。其文至隱，其理至密，天下莫能見，莫能知。是以上蟠下際，亘萬古而不息，乃其所以爲哲也。

人以愚虞聖，我以不愚虞聖。人以奇期聖，我以不奇期聖。

言惟聖能效天法地。世人當虛心誠意，勤求訓誨，庶幾得師指示，破其愚以全其性命。顧聖人始於有作，黜聰晦明，韜光匿迹，凝神恍惚，委志虛無，乃大知若愚也。而人反以愚虞之，抑知其不愚也？終於無爲，通天徹地，極往知來，應在無方，隱見莫測，乃真常無奇也，而人反以奇期之。抑知其不奇也？夫笑爲愚，則不肯奉以爲師；驚爲奇，則不敢奉以爲師。是以愚益其愚，至於滅亡而不覺也。

沉水入火，自取滅亡。

沉於水必滅，入於火必亡。人所共知也。乃不知聖，因不知天。順其造化，生生死死，恩恩害害，輪轉糾纏於塵壒之中，如沉於水而不知，入於火而不知，其滅亡也，非自取哉？此四節反復慨歎，所以儆動世人者至深切矣。

自然之道靜，故天地萬物生。天地之道浸，故陰陽勝。陰陽相推，而變化順矣。

浸，漸也。勝，克也。此承上文申明順其造化之説也。言自然之道即無極之道，沉沉悶悶，渾渾淪淪，杳杳冥冥，恍恍惚惚，其機至靜，靜極斯動；由無極而太極，遂生天生地，生萬物，所謂「道生一，一生二，二生三，三生萬物」，自先天而至後天也。天地既生，其道也浸。浸者，漸漬而不驟之意。如陰極生陽，故一陽復，二陽臨，三陽泰，四陽大壯，五陽夬，六陽乾；陽漸長則陰漸消，是陽克乎陰也。陽極生陰，故一陰姤，二陰遯，三陰否，四陰觀，五陰剥，六陰坤；陰漸長則陽漸消，是陰克乎陽也。陽勝則生，陰勝則死，由是大往小來，小往大來。陰陽相推，變而生，化而死，生生死死，循環不窮，所謂順也。

聖人知自然之道不可違，因而制之。至靜之道，律曆所不能契。

違，去也。律，測候之器也。曆，紀時之編也。契，符也。言自然之道，凡人不能知，故違而去之。斯順變而生，順化而死，惟聖人知其不可違。故由後天而逆反乎先天，因是禽而制之於至靜之道，以符合乎自然之道，無聲無臭，無始無終，固非氣數所能拘矣。夫律測天地之候，曆紀陰陽之時，器之至精者也。然律能測氣之有以爲候而與之符，至於道，無聲無臭，無氣之可測，固律所不能符也。曆能紀數之有以成時而與之符，至於道，無始無終，無數之可紀，固曆所不能符也。此性命之極功也。

爰有奇器，是生萬象。八卦甲子，神機鬼藏。陰陽相勝之術，昭昭乎進乎象矣。

上文言律曆不能契，則將何器可符乎是道，使學者得有所觀執而進於道也？爰有奇器焉。是器也，上不在天，下不在地，中不在人，懸於虛空，不著色象。其小無内，其大無外，包羅萬象，以及庖羲所畫之八卦，大撓所造之甲子。至於伸者神之機，屈者鬼之藏，皆生其中。是真非常之器也。觀執是器，而逆用其顛倒陰陽相勝之術，見其五賊，宜其三盜，化其殺機，轉其生機，聖功因之以生，神明因之以出。承天之大恩，葆天之正炁，由至靜之道而復歸於自然之道，不已昭昭乎進於法象之外哉？

跋

朱子陰符經考異謂出自唐李筌，晁公武讀書記引黄山谷跋謂李筌所僞托，後人幾奉爲定論。竊以爲過矣。考漢書曹參傳有蓋公善治黄老之言，注云黄帝、老子之言，則黄帝陰符經當時已與老子並稱。而漢藝文志無陰符經者，蓋漢學重師承，黄帝之書蓋公後無傳焉，故湮没不彰，志遂無由著録。至唐李筌得其本而注之，恐不足信。今傳後托之驪山老母怪誕不經之言，炫聳時俗之耳目，猶之宋夏元鼎以爐火注陰符，托之祝融峰頂至人之説也。筌注具在，其詞意蕪雜平庸，與經文判若天淵。豈可因筌之注而並誣其經哉？傑嘗謂太公、范蠡、鬼谷子、張良、諸葛孔明諸人注爲筌所僞托則可，謂經爲筌所僞撰則不可。蓋是經奇古深奧，雖不敢定爲黄帝自著，然斷非秦以後之人所能著，況李筌乎！今仍書爲黄帝陰符經者，亦沿唐志之舊云爾。

丁傑又跋。

陰符經釋義〔一〕

夫彝劉光才注釋

陰符經注釋序

陰符經一書，讀者絶少。或以爲怪誕之語，或以爲深險之文，將信將疑，非若老、莊之膾炙人口。不知是經名言奥旨，包括天人，内聖外王，實與道德經、南華經同一功用。唯好學深思之士，方能究其指歸。

余族華軒節鎮，性情忠直，志趣清高，軍政餘閒，博覽載籍。獨有契於陰符經顛倒陰陽，寓以調劑，警拔世俗，痛下針砭，而患庸耳俗目之無從索解也。乃取是經章句，爲之注

〔一〕作者劉光才（一八四〇—一九一八），字華軒，邵陽人。清末武將，一九〇〇年在井陘重創法國侵略軍，晚年在家鄉創辦書院和義莊。此注取自北京大學藏光緒刻本。該刻本經由陳炳炎、董增禄、江孝鈺校訂。本書參考了原書標點。

釋。逐字分晰，以啓後人之蒙；次第引申，以宣前賢之藴。勤勤焉，懇懇焉，探幽索隱，曲暢旁通，俾閲者曉然於經義所存。彌綸廣大，凡天道盈虚消長之數，人道順逆吉凶之機，莫不受其範圍。由是誦而習焉，從勉幾安，可以淑身心，可以贊化育，其有裨於世教，詎不遠哉！是爲序。

光緒庚子孟春，峴莊劉坤一序於兩江節署。

注釋陰符經總序

聞之太上曰：「道可道，非常道。名可名，非常名。」又曰：「微妙玄通，深不可識。」是故大造不言造，化工不言工。惟在善體乎造化之迹者，傳其道於天下後世。獨是代天以宣化者，聖人之功也。代聖人以立言者，賢者之事也。夫諸子百家，及一切稗官野史，非不足膾炙人口，第無當於身心性命之學，且皆一目了然，有不必旁通曲喻者，固莫若此書之急索解人也。

按是經幽深閎邃，光怪陸離，開上古文字之祖，爲萬世道學之宗，如宫牆萬仞，非流俗所能窺其一二也。其間鈎深索隱，奥義微言。顛倒陰陽，用五行逆取之法；别開蹊徑，探三才無始之源。字字玄珠，本無淺陋易明之旨；言言理窟，率皆幽奇深晦之文。驟讀之語覺不經，實按之言皆有物。具旋乾轉坤之手，反生爲剋，反順爲逆，反經爲權。運倒行逆施之功，剋以濟生，權以濟經，逆以濟順。卒之陰陽任其斡補，天地爲之彌縫。放之可充宇宙，約之不爽毫厘。一本雖散爲萬殊，陽違終歸於陰順。此經之所由以「陰符」得名焉。

然而軒轅者，古之元聖也。自盤古氏兩儀始奠，自伏羲氏八卦初分，而軒后以繼體之聖人闡羲經之秘旨，獨得太極真道，成此名世一書。洩造化之精奇，無微不入；握乾坤之橐鑰，有象皆融。特是赤符寶笈，獨愜心期；紫府靈文，誰精神識？作者雖獨開生面，讀者亦絶少真知。迨至崆峒訪道，廣成子注作丹經；渭水投竿，齊太公繹成兵法，乃係專家之事，殊非衆善之歸。

但是書包羅萬象，迥非一得，堪名會合三家，要使全神畢露。而才也公餘稍暇，敢矜鑄史鎔經；莊誦有年，自笑管窺蠡測。聊抒心得，有慚率爾操觚；務去陳言，差免落人窠臼。惟望窮經兀兀者，藉以爲他山之一助云爾。是爲序。

歲在己亥仲冬，夫彝劉光才序於金陵差次。

陰符經釋義

陰，幽隱也。幽深隱微，非淺顯易明之道，可予人一目了然也。然道雖至微且深，而能窮極其妙者，反覆辨認，體會入微，則與太極自然之真理，陽考陰證，若合符節。此即陰符經之旨也。蓋乾坤未判之先，陰孕乎陽，杳冥無形，寂靜無聲，乃太乙之真陰。無極之理，生天生地，生人生物之始也。符，吻合也。陰陽感召，交合施化，渾融抱一，信守之義也。經，常道也，通人物，達四海，塞天地，亘古今，無時不有，無物不具，無有或變，治國安民，濟人利物之法度也。

觀天之道，

觀，仰望也。道，理也。蓋天象渾容，至虚無極。自伏羲氏一畫開天，作陰陽之橐鑰，握造化之樞機，而軒后觀摩有得，以爲地道人道與夫萬物之道，皆不出乎天之範圍。大哉觀止！此明道之體也。

執天之行，

執，持守也。行，爲也。上言道之體，此言道之用。蓋天爲統宗，萬變不窮。古之聖王仰觀天象，見夫日往月來，不越其度，寒來暑往，不失其時，因而體天立極，以天之所爲而行之於身，於是乎以天下爲一家，萬物爲一體，法天之行，經綸邦國，宰制人物。以天之心爲心，以天之至性至理爲教。率自然之心性，教之以君臣之義，父子之親，夫婦之别，長幼之序，朋友之信，爲人倫之大本；訓之以孝弟忠信，禮義廉耻，爲修身齊家治國平天下之大道。此即天之所欲行，而聖人體天之行以爲行。是謂「執天之行」也。

盡矣。

盡，至極也，如大學所謂「止於至善」、「無所不用其極」，中庸所引「上天之載，無聲無臭，至矣」。此總承上兩句言。蓋謂聖人既觀天道而行之，則已究明太極之理，造化之功，天人合一之旨，存之於心，持而行之。雖宇宙之大，人物之衆，事務之繁，而理莫不寓乎其中矣。上二句爲一經之綱領，包括全經之旨者也。

天有五賊，見之者昌。

賊，害也。五賊，金木水火土，亦即仁義禮智信也。見，得也。昌，大也。蓋五行相生謂之德，相剋謂之賊。人第知德之爲德，不知剋亦爲德。人第知道之有常，不知變亦有道。何也？金多則害木，用火以剋之，而金乃相濟。木多則害土，用金以剋之，而木乃相濟。水多則害火，用土以剋之，而水乃相濟。火多則害金，用水以剋之，而火乃相濟。土多則害水，用木以剋之，而土乃相濟。是其用不在生，而在剋，剋即是生，所謂顛倒五行成妙用也。仁之過則害義，義之過則害禮，禮之過則害智，智之過則害信，信之過則又害智。交相爲害，五常亦若五賊矣。苟能變其仁以濟義，變其義以濟禮，變其禮以濟智，變其智以濟信，交相爲濟，各得其平，斯無不昌大其德業焉。中間一

「見」字最爲靈警。誠以五行之賊，五常之賊，順而行之，或能害道，逆以推之，轉能濟道。總之，體認斯道者必須見得到也。互相剋賊，仍自各遂其生，以成其顛倒之妙，變化之神，而大道有不昌明者乎？

五賊在心，施行於天。宇宙在乎手，萬化生乎身。

五賊，即五行相剋也。在，止也。心，仁也。施，布也。行，爲也。宇，覆也。宙，奠也。化，變也。蓋五行即五常之性，賦之於人，主之於心，存之以意。故心乃萬善之源，百行之所由出也，儒曰正心，道曰存心，釋曰明心。心正則不亂，心存則不放，心明則不蔽，三教一理。人能以仁存心，愛物同體；以義制事，各得其宜；以禮持身，謙遜是尚；以智鑒物，秋毫無爽；以信待人，言無欺僞。合仁義禮智信之德，修之於身，克除妄念，滌盡私欲，冥心内觀，行久功深，自然心明性見，彌綸廣大，包羅無遺，則天地位，萬物育，宇宙人物皆備於我矣。

天性，人也。人心，機也。立天之道，以定人也。

性，理也。機，動也。立，建也。定，止也。蓋性在天謂之命，賦之於人謂之性，主之於身謂之心。心者至誠無二，具衆理，運用乎中，神機感觸，以應萬事者也。立天之道者，謂天以陰陽五行之氣，周流六虛，生育萬物，天道既立，聖人得天命之理，體之於心，維持綱常，德教行於天下，聞風嚮化，於變時雍，則民心正，人事定矣。

天發殺機，移星易宿。地發殺機，龍蛇起陸。人發殺機，天地反覆。

殺，戮也。機，動也。移，遷也。宿，住也。易，更也。起，興也。反，覆也。覆，還也。蓋天地以仁慈好生爲心，有何殺機哉？此言在上者昏庸荒婬，不修其德，君子在野，小人在位，教化不興，刑法滋張，苛斂虐民，百姓思亂，人心惡極，戾氣上沖，結成殺機；蒼蒼垂象，蚩尤兵戈，月孛水厄，熒惑火災，太白經天，星移度换，非常之變，顯示昭戒；地裂山崩，蛟出龍現，種種灾異，警惕其心。如能誠心修省，痛自改悔，感格天心，挽迴造化，則灾劫可消。如若視爲故常，不知遷善，天心震怒，降灾於世，或瘟疫以殄之，洪水以溺之，巨火以焚之，旱蝗以灾之，兵戈以戮之，生靈塗炭，非天地殺之，乃人自殺之也。慘傷毒害，天昏地黯，有若反覆之象也。

天人合發，萬變定基。

合，會也。基，據也。言紛紜擾攘，變亂不已。殺戮慘傷，死亡頹敗。人心悔過，天心厭亂。聖人出而治之以慈惠之德，化及於民，以百姓之心爲心。上蒼眷佑，神明呵護，太和之氣布於宇宙，則民心正而天下定矣。

性有巧拙，可以伏藏。

性，解見前。巧，能也。拙，愚也。伏，偃也。藏，匿也。蓋性雖至善，然有清濁之分。得之清者，心明而巧，私欲自伏。得之濁者，心暗而拙，靈巧隱藏。若拙者能修養其心，久則陰邪消滅，性光顯而智慧出，轉愚爲能，以成才智之士。如巧者不修其德，内爲貪嗔癡愛所蔽，外爲聲色貨利所誘，日染月甚，心志昏迷，則聰明汩没，變巧爲拙矣。

九竅之邪，在乎三要，可以動靜。

竅，穴也。邪，不正也。要，會也。動，行也。靜，止也。九竅者，言人身眼耳口鼻大小便之九竅也。眼觀惡色，耳聽惡聲，口食惡味，鼻聞惡臭，便溺污穢，皆有以觸惡心神，故謂之邪。三要者，精氣神也，爲人身之至寶。精藏下宫，氣藏中宫，神藏上宫。凡修心之士，莫不固精養氣存神。精固則氣足，氣足則神旺，會合貫通，周流於身。動則爲陽，放之彌於六合；靜則爲陰，斂之藏於身心。

火生於木，禍發必剋。

禍，害也。剋，殺也。蓋人身五臟，心屬火，肝屬木，脾屬土，肺屬金，腎屬水。然金本生水，水多則金沉。木本生火，火多則木焚。水本生木，木多則水枯。火本生土，土多則火滅。土本生金，金多則土掩。乃生之太過，不合中道，有害於本，故反受其制也。五行相剋亦然，所謂一經受制，諸經皆病，有害身心也。「禍發必剋」者，則專指木火言之。蓋肝旺則性燥，瞋恚之火易發，烈焰一熾，勢如燎原，不可嚮邇。修士務行忍辱，以除瞋恚之火，則雖非義之加，横逆之來，皆坦然受之，而不與計，庶無傷於道，害於德也。

姦生於國，時動必潰。

姦，亂也。國，指心而言也。動，發也。潰，散也。言七情緣染於外，思慮紛擾於内，有以昏亂我之心神，故謂姦生於國也。「時動必潰」者，誠能整刷精神，頓除妄想，無論動静語默，時時念念，關照其心，勤恒無懈，日久群陰潰散，性光輝耀，則心得安寧矣。

知之修鍊，謂之聖人。

知之者，承上文而言。修，飭也。鍊，爍也。言人能知太極之理，陰陽五行之氣，生剋變化之機。所謂天之道即我心之理，無非一氣所生。執而行之，修而鍊之，鍊精歸氣，鍊氣歸神，鍊神還虚。爍盡群陰，智慧明通，隱顯自在。聖賢仙佛，不外是矣。

天生天殺，道之理也。

殺，戮也。言天地生物，生者聽其生，長者聽其長，死者聽其死，藏者聽其藏。天地本無心，隨其所得氣數之厚薄，生死之久暫。乃陰陽五行生剋變化，春生秋殺，夏長冬藏，自然之道理也。

天地，萬物之盜。萬物，人之盜。人，萬物之盜。三盜既宜，三才既安。

盜，陰私自利也。宜，所安也。三才，天地人也。安，定也。蓋萬物原無欲生之心，以天地自然之道，氤氲之氣，生育萬物。然地載天包，物無遺漏，爲其所有，陰私自利。豈非天地乃萬物之盜乎？萬物之中，有人與物之分焉。世之貪夫，見萬物之形形色色，華美豔麗，金銀珠玉，尊彝圭璧，私心自利，貪得無厭，惜之如命，寶而藏之。是人被物所用。豈非萬物乃人之盜乎？賢哲之士，清心寡欲，淡泊自如，包與爲懷，愛惜萬物，疏通培養，以遂其生，裁成保護，以全其命，樂善好施，以濟人急。是物被人所用，豈非人乃萬物之盜乎？是天地生物，人以惜物，物以養人。三者互濟，則三才自無不安矣。

故曰：食其時，百骸理。動其機，萬化安。

故，承上起下之謂也。食，茹也。骸，體也。動，作也。機，發也。安，静也。言人之飲食須有常度，無過時不及之患，自然六脉調和，百體舒泰，無傷饑失飽之病。體既暢適，心得安和，理欲分明。是以心爲萬化主宰，動作行爲，無不合乎機宜也。

人知其神之神，不知不神之所以神。

知，覺也。神，明也。言神之神者，乃性中命也。「不知不神之所以神」者，謂蕩蕩難名之道，威靈赫赫之神，非養性功深，悟澈一貫之理，不可得而名也。養性之要，斬斷情根，伐除愛欲，絶慮凝神，存養其心，迨陰盡陽生，七日來復，慧光發現，照耀無邊。性中得命，命合性空，神返真元，常含湛寂之體，空洞虚靈，變化莫測，乃不神之所以神也。論語云：「仰之彌高，鑽之彌堅。瞻之在前，忽焉在後。」即此意也。

日月有數，大小有定。聖功生焉，神明出焉。

日，陽也。月，陰也。數，度也。定，止也。聖，化也。功，績也。言一日十二時，一時八刻，一刻十五分，一分六十秒，三十日爲一月，十二月爲一年，十二年爲一紀，六十年爲一元，一百八十年爲三元，周而復始，循環不息。「大小有定」者，謂月有大建小建，年有歲差閏餘。聖人推而算之，忽微必判，絲毫不爽，筆之簡端，功垂後世。非全體是易，神而明之，不能也。

其盗機也，天下莫能見，莫能知。君子得之固躬，小人得之輕命。

其，助辭也。盗，陰私自利也。機，動也。莫，勿也。見，視也。固，守也。躬，身也。謂學人養性，須内觀調息，心機獨照，迨雲開霧散，乾元之體已得，包羅宇宙，萬物被我所有，惟我獨見獨知，天下之人無有見之知之者，所謂利盡天下，而人不以我爲貪也。我之全體大用既明，自宜保守固結，朝乾夕惕，謙恭遜讓，小心翼翼，如驪龍之抱珠，不可或離，以成仁德君子；如不檢束身心，自暴自棄，放縱自由，失其乾德之大體，自輕命寶，與草木同腐，何異庸愚之人也？

瞽者善聽，聾者善視。絶利一源，用師十倍。三返晝夜，用師萬倍。

瞽，盲也。善，良也。聽，聆也。聾，無聞也。絶，斷也。利，貪也。源，本也。師，衆也。倍，益也。返，復也。晝，日也。夜，宵也。言瞽者目既無明，耳得專一而善聽，聾者耳既無聞，目得專一而善視，絶利欲之私，搗無明之窟，神兵發動，精明有加，而我心本源之地，無貪嗔癡愛之賊。用一剿十，以寡滅衆，神效勝於從師十倍也。「三返」者，目返觀，耳返聽，心返照，合衆歸一，内觀其心，專精之至，晝夜無間，抖擻精神，單刀直入，將無始以來煩惱賊子追盡殺絶，剿除淨盡，而我一心之内，光明洞澈，萬里無雲，清静自在，勝似從師萬倍矣。昔賢有言：「運用之妙，存乎一心。」此之謂也。

心生於物，死於物，機在目。

心，主也。死，滅也。機，動也。目，視也。蓋心本光明空洞，無生無死，因心機在目，見物之形，情動而心隨物生。然欲動情勝，事劇神勞，物去則心又隨之而死也。楞嚴經云：「心生則種種法生，心滅則種種法滅。」蓋緣心因客塵而起，有生有滅，是爲妄心。妄心乃幻化無端，真心則常住不動也。

天之無恩，而大恩生。迅雷烈風，莫不蠢然。

恩，惠也。迅，速也。雷，震也。烈，猛也。蠢，動也。蓋天地之生育萬物，聽其自生自長，未嘗有意加恩於物。然物之得其生者，莫不各戴一天，仰其生育之德。非恩之至大者乎？即迅雷烈風，鼓蕩奮疾，乃天地之氣所發，豈欲施德於物而爲之也？而萬物當之，莫不震懼動揺，生長茂達，蠢然而動。非大恩即在無恩之中耶？

至樂性餘，至靜性廉。

至，極也。樂，快也。性，理也。餘，饒也。靜，安也。廉，清也。言養性有得，我心空空洞洞，浩浩蕩蕩，無有邊際，慧光所燭，萬里有歸懷之樂，遊神太虚，一心得衆理之全，乃性之餘，樂之極也。靜虚至寂，無染無著，圓湛精潔，即性之清，廉之至也。

天之至私，用之至公。

私，便也。公，平也。言天之包裹萬物，爲其所有，是至私也。然而澤及萬物，各遂其生，即至公也。

禽之制在氣。

禽，與「擒」通。制，限也。氣，息也。蓋人之賴以生者，精血液也，須節欲清心，禽制勿許漏洩，以養其氣，迨盈滿充足，氣無妄動之虞，則不制之制，自然氣得中和，而天心見矣，孟子所謂「持其志無暴其氣，以直養而無害，則塞乎天地間」者也。

生者，死之根。死者，生之根。

死，滅也。根，柢也。蓋人心惟危，道心惟微，人心生則道心死，道心生則人心死。是生死互爲根本也。如能去其嗜欲，斷絶妄心，養得中和，如如不動，則不生不滅矣。至萬物之生死亦然。物之生必有死，則生乃死之根也；物之死必有生，則死乃生之根也。

恩生於害，害生於恩。

恩，惠也。害，傷也。蓋性本光明完全，自落後天，入於胞胎，生長成立，而驕奢縱欲之人，精耗神喪，失其天命之真。是天既生之，人自喪之，所謂恩裏生害也。若知其非遷善改過，淡泊自如，清虚靜養，挽迴造化，復還天命之理，即害中生恩也。然恩害相倚，禍福同域，昔之賢哲所以晝勤三省，夜惕四知，戒慎恐懼於不睹不聞之地也。

愚人以天地文理聖，我以時物文理哲。

愚，拙也。聖，化也。哲，明也。蓋天以日月星辰風雲雷雨爲文，地以山川草木鳥獸人物爲文。天精地華，形象昭著，乃自然之文理也。愚拙之人，以爲能知天地文理者即是聖人。我者，黄帝自謂，言我時時存養其心，光被四表，克明峻德，觀天地之造化，察萬物之變遷，參伍錯綜，作爲文理，以爲致治之道，亦明哲之人也。

人以愚虞聖，我以不愚虞聖。人以奇期聖，我以不奇期聖。

虞，慮也。奇，異也。期，待也。蓋聖人之容，温恭儉讓，靜默自如，與常人無異。俗人以爲迂闊，慮其愚也；我知聖人之心明察秋毫，智周萬物，何愚之有？聖人誠意正心，化民成俗，講道論德，修仁行義，以爲世法。俗人以爲聖人奇巧異術，神化莫測；我知聖人參天位地，謙遜自守，常若不及，是中庸之行，無有奇異。然非聖莫能知聖也。

故曰：沉水入火，自取滅亡。

故曰，解見前。沉，溺也。取，索也。滅，没也。謂人不檢身克己，喪其天命之理，徒恃其能，徇利縱欲，以爲一己之私謀，實則喪身之禍胎，猶之自投於水火之中，其取滅亡必矣。

自然之道靜，故天地萬物生。

靜，息也。蓋自然之道，渾渾噩噩，渺冥寂靜，即無極之時也。有無極始生太極，太極生兩儀，兩儀生而天地位，遂發爲陰陽五行，以爲萬物也。

天地之道浸，故陰陽勝。

浸，漸也。勝，盛也。蓋天地之道，即自然之道，生於天地之前，運乎天地之中，乃陰陽二氣之理也。謂盈虚消長之氣，循序漸進，由微至著，是以陰盛則陽衰，陽盛則陰衰，即冬至陰極陽生，夏至陽極陰生之理也。

陰陽相推，而變化順矣。

相，交互也。推，遷移也。順，適也。言陰極陽生，陽極陰生，循環遞運，無有已時。萬物之生生化化，莫不順適也。

是故聖人知自然之道不可違，因而制之。

違，背也。制，限也。是故，承上文而言。蓋聖人之心參贊化育，通天澈〔一〕地，心領神會，知天之所以旋，地之所以轉，人物之得以生化，皆出於自然之道，不能違背，故利而行之，從而裁成之也。

至靜之道，律曆所不能契。

律，六律也。曆，數也。契，合也。蓋至靜之道，無形無象，靜極無爲之謂也，雖六律之和，曆數之精，總不能契合至道也。

爰有奇器，是生萬象。八卦甲子，神機鬼藏。

爰，因也。奇，異也。器，能也。卦，筮也。神，陽也。機，動也。鬼，陰也。藏，歸也。

〔一〕「澈」，疑作「徹」。

蓋奇器者，指心智而言也。謂聖人之心智，光明普照，包羅萬象，鑒兹在兹，無形影之可逃，知天地陰陽之運行，萬物之變化。是以畫八卦而天地五行不能外，定甲子而歲時日月不能違。故萬物之象由此而生，無窮法門亦由此而出，陽明之神機發動，陰暗之鬼昧〔一〕歸藏也。

陰陽相勝之術，昭昭乎進乎象矣。

術，數也。進，登也。言陰陽升降之理，八卦甲子之數，無理不包，無數不賅。登之簡編，其義昭然明顯，使人有象可見，有理可循，則無隱不發，無微弗彰矣。

陰符經總義

混元一氣，無名無迹，渾淪浩瀚，渺冥無際，大而莫外，小而靡遺，無始無終，周流不息。陰中之陽，靜中之寂。天得之而爲天，四時行，八節運，日以之升，月以之恒，雲行雨施，風動雷鳴。地得之而爲地，山爲之峙，水爲之流，載嶽不重，容海不洩。乾坤既闢，陰陽遞運，大化流行，人物資生，皆斯氣主之也。蓋是氣也，在天謂之命，賦之於人謂之性，主之於身

〔一〕「昧」，疑作「魅」。

謂之心。聖人得氣最清，生而靈異。心若太虚，智周萬物，真氣貫四時，聰明并日月，仰觀天象，俯察地理，以先天之妙，用後天之神，以後天之形，命先天之名。是以天地以之而立命，人物以之而安身，男女以之而分，夫婦以之而别。紀綱以之而立，尊卑以之而定。以天地自然之道，陰陽造化之理，會合貫通，立萬世人倫之極也。

蓋天人本一氣所生，人心即是天心。天有太極，人亦有太極。天有中和，人亦有中和。故人心外無道，道外無心。凡人修道，即修心也。修心，即修道也。人人有此一心，即人人各具一天。人人同此一心，即人人同此天，同此道也。而汩於嗜欲之人，自蔽其天，自昧其心，不能於聲臭俱泯中求取帝載之天，不知喜怒哀樂未發時，直與於穆之天呼吸相通。舍此一心之外，别無所謂道也，即儒謂天命之性，釋參本來面目，道究父母未生以前，皆指此心而言也。三教聖人修身立命，修此而已，著經垂世，明此而已。誠能祇畏敬謹，以義制事，以禮制心，戒殺盜婬，除貪嗔癡，諸惡莫作，衆善奉行，惟人自立，於自己心中細爲體認，窮究根源，務宜明澈，迨陰盡陽生，性天朗照，自然透底澄清。從此安邦定國，天下歸仁；而我之心神，貫通古今。乾坤在握，萬化生身，則事理通達，以爲致治之道。而省時察勢，運籌決策，戰克攻取，無不在其中矣。

光才再識。

陰符經發隱〔一〕

石埭楊文會仁山注

陰符經

隱微難見，故名爲陰。妙合大道，名之爲符。經者，萬古常法也。後人撰述如緯。

黄帝公孫軒轅著

考古之家稱陰符經廣成子授之黄帝，或稱黄帝所作，或稱玄女，或稱風后，莫綜一是。唐李筌得於嵩山石壁。一云驪山老姥授之李筌。後人疑爲李筌所爲，誠屬謬論。統觀經意，非大聖不能作。上古鴻荒未闢，文教之興，始於黄帝。故老列莊所引用者，多

〔一〕此書見於清史稿著録。作者楊文會（一八三七—一九一一），字仁山，安徽石埭人。中國近代著名佛學家，曾經隨曾紀澤出使歐洲。創辦金陵刻經處，印刷從日本尋迴的佛教典籍，培養佛學人才。本書文字取自光緒二十二年金陵刻經處刻本。原文有句讀，本書稍作改動。

黄帝之言。此經無論何人所傳，其微言奥義必出於黄帝。故以題黄帝作爲正。

上篇

觀天之道，執天之行，盡矣。天有五賊，見之者昌。五賊在心，施行於天。宇宙在乎手，萬化生乎身。天性，人也。人心，機也。立天之道，以定人也。天發殺機，移星易宿。地發殺機，龍蛇起陸。人發殺機，天地反覆。天人合發，萬變定基。性有巧拙，可以伏藏。九竅之邪，在乎三要，可以動静。火生於木，禍發必克。姦生於國，時動必潰。知之修鍊，謂之聖人。

中篇

天生天殺，道之理也。天地，萬物之盗。萬物，人之盗。人，萬物之盗。三盗既宜，三才既安。故曰：食其時，百骸理。動其機，萬化安。人知其神之神，不知不神之所以神。日月有數，大小有定。聖功生焉，神明出焉。其盗機也，天下莫能見，莫能知。君子得之固躬，小人得之輕命。

下篇

瞽者善聽，聾者善視。絶利一源，用師十倍。三返晝夜，用師萬倍。心生於物，死於物，機在目。天之無恩，而大恩生。迅雷烈風，莫不蠢然。至樂性餘，至靜性廉。天之至私，用之至公。禽之制在氣。生者，死之根。死者，生之根。恩生於害，害生於恩。愚人以天地文理聖，我以時物文理哲。人以愚虞聖，我以不愚虞聖。人以奇期聖，我以不奇期聖。沉水入火，自取滅亡。自然之道靜，故天地萬物生。天地之道浸，故陰陽勝。陰陽相推，而變化順矣。是故聖人知自然之道不可違，因而制之。至靜之道，律曆所不能契。爰有奇器，是生萬象。八卦甲子，神機鬼藏。陰陽相勝之術，昭昭乎進乎象矣。

此經四百十六言。向來稱三百言者誤也。閔氏刻本立三章名目，覈與經意不稱，顯係後人增置。今不用之，仍以上中下分篇。學者須將正文熟讀深思，體究古聖垂言之意，先後脉絡，一氣貫通。然後披閱後之注解，與自己見處，是同是別，方有意味。若於經文未嘗措心，即先閲發隱，恐墮依他作解之誚。想善讀書者，當不以予言爲河漢也。

陰符經發隱

予幼時喜讀奇書，凡道家兵家以及諸子莫不購置。所得注陰符者凡四家，又録其正文以爲讀本，而莫知其義趣所在也。後專意學佛，一切雜學典籍束之高閣，二十餘年矣。頃因查檢書笥，得抄本陰符經，流覽一周，覺立言甚奇，非超凡入聖者不能作。遂悉心體究，而後恍然於古聖垂教之深意，直與佛經相爲表裏，但隨方語言，文似各别，而義實相貫也。因略爲疏其大旨，令人知所措心。若夫深造玄微，是在當人妙契耳。

或曰：古今解此經者，非指爲兵機，即演成丹訣。子獨以佛法釋之，何也？予曰：聖言如摩尼寶，仁者見之謂之仁，智者見之謂之智。且此經之可貴，有如黄金。若作銅鐵用之，豈不可惜？故予直以甚深之義釋之也。

或曰：然則子之所釋者，亦有證據乎？予曰：有。夫論道之書，莫精於佛經。佛經多種，莫妙於華嚴。悟華嚴宗旨者，始可與談此道矣。古人有言：證入一真法界，真俗圓融，重重無盡，即世間離世間。豈有心契大道而猶生隔礙者哉？所以善財童子參訪知識，時而人間，時而天上，時而在神道，時而入毗盧樓閣。其傳授正法者，或爲天神，或爲人王，或爲比丘，或爲居士，或爲外道，或爲婦女，和光混俗，人莫之知。惟深入法界虚心尋覓，乃能見之。則謂作此經者，即華嚴法界善知識可也。有疑之者，以爲黄帝生於釋迦之前千數百年，何得指爲華嚴善知識耶？予曰：華嚴法界，無古無今。去來現在，佛佛道同。故曰唯此一事實，餘二即非真。若以世俗情見求之，則去道遠矣。

或曰：論道之書，與佛經相通者多矣。子獨高視陰符，何居？予曰：嘗觀關尹子而知非古書也，故於陰符而特尊之。關尹規仿釋老以文其説，顯係後人贋作，况不及關尹者乎？陰符無一語蹈襲佛經，而尋其意義，如出一轍。且字句險雋，脉絡超脱，豈後人所能摹仿耶？凡觀内外典籍，須具擇法眼，方不隨人脚跟轉耳。

上篇

觀天之道，真智顯照，法界緣起。**執天之行，**玄機在握，返本還源。**盡矣。**豎窮横遍，無欠無餘。

開章十字，爲全經綱領，中間出没變化，不離宗旨，至下篇「自然之道静」二十九字結成「觀天之道」一語，「是故聖人」至篇末一段文結成「執天之行」一語，而首尾圓足矣。「執」字即宇宙在手也，既能執天之行，則萬化自然生乎身矣。此即「先天而天勿違」者也。○周易説「先天」二字，最有深意。何謂先天？心超天地未生之先，禪宗所謂空劫以前一段光景。蓋一念起處，根身器界同時現前，此心已落後天矣。所以見不超色，聽不出聲，總在無明牢籠之内也。「先天而天勿違」者，即禪宗「我爲法王，於法自在」者也。

天有五賊，見之者昌。

「五賊」有二釋。一就五行釋，五行者，水火木金土。何以謂之五賊耶？蓋生剋相仍，乃流轉之道。今專就相剋而言，是以名之五賊。賊賊奪盡，即顯真空，實返本還源之要也，故「見之者昌」。二就五塵釋，五塵者，色聲香味觸，皆從外來，殘害性真，故曰「天有五賊」。若見其元，賊爲我用，故曰「見之者昌」。○釋氏曰：「六爲賊媒，自劫家寶。」此但云五賊者，以法塵不在於外，故非天所有也。

五賊在心，施行於天。三界唯心。

此的示賊之根元，以免向外馳求也。釋典云「内色如外現」，與此同意。體會此義，則知篇首天道天行皆不出一心，下文「宇宙」二句亦從此出，所謂百千法門，無量妙義，一時嚮一毛頭上會悟得去。

宇宙在乎手，統攝無遺。**萬化生乎身。**出生無盡。

大用現前，人莫能測。釋典所謂「身中現刹，刹中現身」，又云「轉得山河歸自己，轉得自己歸山河」者，皆此意也。

天性，法界體性。**人也。**在人言人，不必他求。**人心，**真妄和合。**機也。**無明不覺，一念妄動。**立天之道，以定人也。**以真性伏粗細二惑。

指示入道之方，何等直捷，何等精微！

天發殺機，移星易宿。地發殺機，龍蛇起陸。顯依報非常之變，以起下文。**人發殺機，**命根頓斷。**天地反覆。**迥異尋常。

天地不自發，以人發而發。但見人發，而不見天地發，是正報轉，而依報未轉，尚在信位。○禪宗問「如何是諸佛出身處」，答曰「東山水上行」。又云：「日午打三更，面南看北斗。」經云：「一人發真歸元，十方虚空盡皆銷殞。」何況天地依空建立耶？○孔子贊顔回曰「退而省其私，亦足以發」，同此「發」字。

天人合發，依正全轉。**萬變定基。**入初住位。

定者，住也。基者，初發心住爲四十二位之基也。

自開章至「萬化生乎身」，統論道妙，以啓信根。「天性」下，從信起修，是謂頓修。「天發」下，即修即斷，是謂頓斷。「天人」下，即斷即證，是謂頓證。上智之士，一超直入，所謂「初發心時便成正覺」，即與善財、龍女同流。

以上爲根器極利者説頓中之頓法門，下文爲根器稍遜者説頓中之漸法門，宣示身心邪正之别，以判逐妄歸真之路。觀兩「可以」字，易如反掌。故知與下篇接機有别也。

性有巧拙，可以伏藏。

此節屬心。妙智無住，名之爲巧。業識染著，名之爲拙。巧拙由心，而云性者，從其本也。智現，則業識伏。識生，則妙智藏。

九竅之邪，在乎三要，可以動靜。

此節屬身。三要者，目口陰也。此三竅最易起邪，動則隨流，靜則返本。

火生於木，喻心起惑。**禍發必剋。**焦灼性靈。**姦生於國，**喻身造業。**時動必潰。**流轉苦海。

上言逐妄之害，下言歸真之益。

知之修鍊，謂之聖人。

知之者，知其火與姦之爲害也。修者，修其身也，有轉邪歸正之功。鍊者，鍊其心也。以智慧火，銷煩惱垢，有鍊礦成金之效，可以超凡入聖矣。〇修鍊之法未曾説明，因上文「立天之道以定人」一語，足以概之。若欲詳悉其方，須閲釋典。以持戒修其身，以止觀鍊其心，循序而進，最易入道。

中篇

天生天殺，道之理也。

指現前共知共見者發端，爲下文張本。

天地，萬物之盜。承上起下。**萬物，人之盜。**牽引意識，處處貪著。**人，萬物之盜。**遍攬外境，以爲我所。

此云天地，即是陰陽造化之理。三句互相鈎鎖，而以末句爲主。下文返還，從此句出。

三盜既宜，三才既安。

愚人攬外五塵以爲己有，名之爲盜。智者知其唯心所現，用不離體，則盜得其宜而三才安矣。經云：「是法住法位，世間相常住。」既脱糾纏，而圓融無礙，涉入交參，是謂既宜既安。

故曰：食其時，百骸理。動其機，萬化安。

此引成語以釋上文之意也。先喻，後法。人之盜機吸取外塵，貪著不捨，如飲食無度，而通體成病矣。道者之心，如鏡鑒形，物來則現，物去無迹，猶食之以時，而百骸調適。又盜機沾滯，汩没性靈，動其機者，擺脱凡情，活潑無礙，猶金剛經「應無所住而生其心」之意。又經云：「衆生處處著，引之令得出。」蓋真性一顯，物我皆忘。此正申明

「三盜既宜，三才既安」之旨。上明證道，下明起用。

人知其神之神，業識流轉，隱含盜機。**不知不神之所以神。**般若無知，而無不知。

此明根本無分別智，非世人所認緣慮心也。蓋神之神者，有知而知者也，分别意識也。不神之所以神者，無知而無不知者也，根本無分別智也。此智現前，方能發起下文聖神之用。楞嚴經二種根本：一者無始生死輪迴根本，即神之神也；二者無始涅槃元清淨體，即不神之所以神也。孔子曰：「吾有知乎哉？無知也。」亦是此意。

日月有數，大小有定。聖功生焉，神明出焉。

日月有數，時也。大小有定，方也。盡人而知之。體至道者，即此尋常事理之中，顯出無窮妙用。於有數之中而能延促自由，後先互換，乃聖功所由生也。於有定之中而能大小相容，一多無礙，此神明所由出也。方山華嚴論云：「十世古今，始終不離於當念。無邊刹海，自他不隔於毫端。」非聖神，其孰能與於斯？○因日月有數，而作甲子，以參錯循環之法御之，所謂聖功生焉。因大小有定，而畫八卦，以交互變通之理統之，所謂神明出焉。容成氏曰「除日無歲，無內無外」，亦是此義。○上明修因，下明契果。

其盜機也，天下莫能見，莫能知。君子得之固躬，小人得之輕命。「得」字如「罪人斯得」之意。

此言盜機隱微難見，得之者獲益有別也。上篇人心之機，但是妄動，未曾對境。故上根一踏，便登聖位。此言盜機，乃是起念取境之機。從此入者，尚須升進，方登聖位，故以「君子」稱之。君子者，大乘種性，兼善天下者也，既得此機，則我執隨破，而證無生，即老子所謂「無死地」。是名「固躬」。小人者，獨善其身，不求利人者也，即獨覺種性，既得此機，見無生理，便欲捨分段身，入於寂滅，所謂「輕命」也。○盜機因何要得？得之將何所益？豈知盜機非盜機也，乃家珍也。能見能知則名爲得。得無所得，盜亦非盜，機亦非機。客夢初迴，歸家穩坐矣。○君子小人之稱，有三種不同。一者，正直謂之君子，邪癖謂之小人。此古今所通用也。二者，在上謂之君子，在下謂之小人，如「君子之德風，小人之德草」是也。三者，氣宇寬宏者謂之君子，心量狹〔一〕隘者謂之小人，如「硜硜然小人哉」之類。雖云小人，而不失爲有道之士。此與孔子貶樊遲之小人同意。蓋樊遲請學稼，亦是見世道無可爲，遂欲高蹈避世，學長沮、桀溺一流。殊不知孔子知其不可而爲，正是大乘菩薩攝化衆生之行，決不許門弟子捨大向小，作自了漢，入獨覺道也。

〔一〕「狹」，原作「愜」。

下　篇

瞽者善聽，聾者善視。絶利一源，用師十倍。三返晝夜，用師萬倍。南嶽思禪師説三番止觀，由淺至深，皆先觀而後止，恰合「三返晝夜」之意。

此言破妄顯真之力用也。前四句借言興起，後二句正明力用。搗無明窟，滅煩惱賊，非雄師不爲功。「三返晝夜」二語，最難體會。蓋晝者，光明洞達，喻如智慧；夜者，闃寂淵深，喻如禪定。學人鋭意精修，返流全一，六用不行，言思路絶，如同死人，忽而爆地迸裂，本智現前。爾時慶快平生，是謂一返晝夜。夫絶利一源者，已用師十倍。此一返晝夜者，則用師百倍。如是二返則千倍，三返則萬倍。蓋愈靜而愈明，愈明而愈利矣。禪宗謂之三關透徹，即此意也。

心生於物，死於物，機在目。

既言用師，必知賊之所在，方能禽之。機，即賊之出没也。上篇「人心，機也」，心之機難見，借物以顯之。物生心生，物滅心滅，生滅逐物，妄心無體。目之機，即心之機也。目見物而心隨之，人心之機不亦顯而可見乎？毗舍浮佛偈云「心本無生因境有」，與上句同意。禪宗云「我有一機，瞬目視伊」，亦示機在目也。

天之無恩，而大恩生。迅雷烈風，莫不蠢然。

既得其機，須觀天道執天行也。無恩者，斷除情愛也。大恩者，長養法身也。若就利他言之，即是無緣大慈。「迅雷烈風，莫不蠢然」，以喻顯威神力，起死迴生也。

至樂性餘，至靜性廉。

既行大道，須防其弊。若見殺活自由，以爲至樂，則名性餘；餘者，盈溢之象也。若捨樂而趣至靜，則名性廉；廉者，儉仄之義也。凡此二者，皆不稱法性也。

天之至私，用之至公。

直須與天合德，方稱妙道。會萬物爲自己，至私也。澤及萬物而不居功，至公也。

禽之制在氣。

上文所説修行法門，儻不能隨順趣入，須別設方便以漸導之。蓋人心之不能定者，以其放縱也。今欲收攝身心，以成大定，其要在於氣耳。禽之者，制心一緣也。氣者，息也，調息乃有多門。凡夫外道，大小三乘，所通用者，以數息爲先，極而至於獲無生忍。楞嚴經內，反息循空，即證圓通；又令觀鼻端白，亦得心開漏盡，成阿羅漢。氣之爲用大矣哉！

生者，死之根。死者，生之根。恩生於害，害生於恩。

既明制心之法，復示循環之理，令人知所厭求也。上文「心生於物，死於物」，妄心之生死，刹那不停也。以此調息爲門，息出曰生，息入曰死，生死輪迴，互爲其根也。斷生死，入涅槃，是謂「恩生於害」；戀情緣，淪生死，是謂「害生於恩」。古聖苦口誠言，婆心濟世，後之學者亦可以夢省矣。

前文爲第三等人開示修行法門竟。

向下呵斥庸愚，令其警悟。

愚人以天地文理聖，我以時物文理哲。

天地文理，形像昭明。愚人見以爲聖，是見大而不見小，與自己身心毫無交涉。時物文理者，生化之源，緣起無性。悟其義者，能於小中見大，大中見小，方知天地與我同根，萬物與我一體，可以謂之哲人矣。

人以愚虞聖，我以不愚虞聖。人以奇期聖，我以不奇期聖。

世俗之見，不達真理。見其體靜，妄以爲愚，而不知其性離暗鈍；見其用大，妄以爲奇，而不知其性德本具。

沉水入火，自取滅亡。

結前顯害。蓋以愚虞聖者，心趣昏昧，故喻沉水；以奇期聖者，心貪高舉，故喻入火。

自取滅亡者，汩性喪真也。○上來呵斥庸愚竟。下復統論世出世法，以結全經。

自然之道靜，故天地萬物生。天地之道浸，故陰陽勝。陰陽相推，而變化順矣。

此段暢言流轉之理，是世間法，爲下文返還張本。「自然之道靜，故天地萬物生」，本性清淨而有無明，不覺念起妄與法違。變現根身器界，爲流轉之本。案下文「不可違」之語，則知此中隱含「違」字之意。「天地之道浸，故陰陽勝」，浸者氤氳也，勝者興盛也，既有天地，則二氣流行，彌浸而彌勝矣。於是乎日往則月來，月往則日來，寒往則暑來，暑往則寒來。是之謂「陰陽相推，而變化順矣」。循此道者，後天而奉天時也。○凡夫心中最大者無如天地。天地既與萬物同生，必與萬物同滅。天地尚有生滅，世間何物得常住耶？學道人大須著眼。

此下直至篇末，詳演返還之道，是出世間法。

是故聖人知自然之道不可違，因而制之。

違自然之道，即成流轉門。聖人知其不可違，是以因而制之，使不起妄念也。制而至於無念，則會本體而爲至靜之道矣。○下文以三觀顯三諦理，證三如來藏，爲古今入道之正軌也。

至静之道，律曆所不能契。

此段以奢摩他顯真諦理，證空如來藏。壺子所謂「地文」、「杜德機」，均是此義。至静之道，即奢摩他，亦名體真止。律曆，法之至精者，猶不能契，而況於語言文字乎！

爰有奇器，是生萬象。八卦甲子，神機鬼藏。

此段以三摩鉢提顯俗諦理，證不空如來藏。壺子所謂「天壤」、「善者機」，均是此義。奇器，即是不空如來藏，老子比之橐籥，出生萬象而無窮盡。八卦以乾坤爲本，甲子以天干地支配之，皆壺子天壤之義也。神機鬼藏者，深妙難測，非淺見所能知也。

陰陽相勝之術，昭昭乎進乎象矣。

此段以禪那顯中諦理，證空不空如來藏。壺子所謂「太沖莫勝」、「衡氣機」，均是此義。壺子就果言，故曰「太沖莫勝」。此經就因言，故曰「陰陽相勝」。因果互舉，二名合成一義。衡氣機者，止觀平等也。何以名之？陰者即前「至静之道」也。陽者即前「生萬象」也。上文陰爲體，陽爲用。若謂陰陽均平，尚不足以顯圓融之妙，須以相勝顯之。然相勝則不平等矣。而不然也。蓋陰勝陽，則陰顯而陽隱。陽勝陰，則陽顯而陰隱。相勝，則兩奪互亡。不可言有，不可言無，即對待而成絶待。上文流轉門中，言陰陽勝而不言相勝，復言陰陽相推。相推有前後，相勝在同時。可見隨流與逆流迴别也。○上文言全體大用。此言體用俱泯，而非無體用，故以「昭昭乎進乎象矣」結之。蓋古聖垂教，至詳且盡，能令後人昭然若揭，如睹懸象。奈何千百年來，無人抉破，直令微言奥旨，湮没於丹訣兵法中耶？

全經以「天」字爲主。天即道之體也，内典所謂第一義天，亦云性天，非與地相對之天也。凡篇中天地并稱者，是有形象之天地，與單稱「天」字有别。以「機」字爲用。機即道之樞紐也。上篇曰心機，蓋指心源妄動之機，未分能所，屬第八識，即三細中之第一業相也，上等根器方能見之；此機一轉，立登聖位。中篇曰盗機，屬第七識，内執見分爲我，外執相分以爲我所，將心取境，故曰盗機。此機稍露，中等根器尚能見之；得此機者，趣大則入賢位，向小則取滅度。下篇曰目機，屬前五識，更顯露矣。所云「心生於物，死於物」者，第六意識也。專爲下等根器就目前可見者點示。此等根器，縱能悟入，多在信位；亦有未入信位者，作將來勝因。所以不説證道之相。又上篇直指人心之機，與達摩西來同意。中篇别指盗機，因慈悲之故，有落草之談。下篇言機在目，所謂借鏡觀心也。自微而著，法施乃普。

上篇開章十字，是總冒。下篇「自然之道静」至篇末，是總結。中間三篇，接引三等人。又各分二等，共爲六等，章法井然。

陰符經真詮〔一〕

無錫黄元炳箋釋

自序

吾國古所傳書，莫若陰符之精且奥也。其精也，義也。其奥也，文也。周秦書，人每苦於難讀，況周秦而上者哉！書既難讀矣，而又弗深思，則安能解其義理，知其歸趣？所以懸斷附會，紛然莫衷一是。邵子堯夫謂陰符七國時書也。程正叔或殷或周之。朱元晦直疑李筌所僞作。歐陽巽齋謂此書獨用反語而合於正，莫知何人作。胡應麟不知太公陰符鈐録是周書陰符，此是黄帝陰符，以爲一書，謂是蘇季子之所讀書。今載入四庫全書目録子部者，有解一卷。舊本題黄帝撰，太公、范蠡、鬼谷子、張良、諸葛亮、李筌六家爲之注，此

〔一〕作者黄元炳，字星若，無錫人。清末學者，有易學著作多種。本書文字取自藏外道書影印本。原書有標點，本書略加改動。

注蓋僞托也。其人殆亦胡應麟之流，以爲兵書而兼道語，故以善用兵者如太公等數人附會爲注，又疑爲捭闔家所尚，加鬼谷子之名也。唐李筌欲是書之傳也，詭言自至嵩山，得魏太武時道士寇謙之所藏陰符於虎頭岩石室中，讀千遍未曉，有驪山老姥授以陰符玄義云云。其説幾似齊東。其所藏者寇謙之，故非兵家也。乃李筌又述之云：「視其精微，黄庭内景不足以爲玄；鑒其至要，經傳子史不足以爲學；較其智巧，孫、吴、韓、白不足以爲奇。」蓋李筌者，有將相才，雖爲李林甫所排，入山修道，而故習未改歟？朱元晦疑筌之所自作而詭其傳，以今觀之，其義理之奇特，朱先生且不能自作，而況李筌？唐初，褚遂良嘗書陰符爲小楷，或謂此小楷出於文徵明家，石之真僞難必。以此齮齕之，務使古聖賢所傳之國粹盡絶而後快。然褚公固得太極丹真人注陰符於長孫趙國公無忌家焉，則又何以排之？而唐之張果，亦玄宗時人，曾謂陰符自黄帝有之，其文簡，其義玄。則陰符之傳也久矣。

丹真人與寇、張皆道家也，故陰符遂爲道書冠。同、光間，石埭楊仁山先生文會，篤好佛乘，以所好注陰符，陰符又通於佛家之言。宋魏了翁言李嘉猷博通百氏，深於易，篤好陰符參同不懈，可知與易同用云云。要之，理雖相通，而佛自佛，道自道，兵家自兵家，陰符自陰符。而佛家、道家、兵家亦未嘗不可讀陰符以自廣。陰符蓋黄帝所傳書也。其注此書者，李筌有太白陰符十卷，而其前丹真人亦早有注。是二種外，從來注陰符者，四庫全書目録所載，有陰符經解一卷，即六家注；陰符經考異一卷，即朱子所撰；陰符經講義四卷，宋夏元鼎撰。道藏輯要所載，有十真注，通玄先生注，王道淵注，沈亞夫注，蒼厓注，又有元陽子頌與玄解，俱見斗集；通玄先生即張果也，其言稍有近理者，然皆間多附會。鄭樵藝文略載陰符注之目，有三十八部五十一卷。可見文人學士好讀陰符，以爲吾嘗讀奇書，然文義之未必瞭解，可類推而知也。

朱子元晦所撰陰符考異，未見所長，就注言注，不如楊先生，立言雖未詳，猶可自圓其説。而通玄注亦道家之古注，楊氏、朱氏、張氏及魏氏數語，余間取之矣。其所以信服此經而爲之真詮者，憶昔丱角時，先祖蕚庭公授以褚書陰符。年事增，能屬文，又愛其文高古，千遍熟讀之，今二十餘年矣。試背誦，前後不相貫。不讀久，幾等忘却。適有友生因余道及陰符名，耳中未嘗聞，曰：「先生，吾國最古之書何書也？」余曰：「易象最古，次則陰符矣。」遂亦命之讀千遍。爲是起予，乃探索其義，條分縷析其文，又取古聖賢書一一爲之證明，俾道所道者，疑所疑者，誣所誣者，誕所誕者，攻所攻者，贊所贊者，一概而等之於鷇音，以靳昭明經旨，不負我古聖人黄帝有熊氏。且并以詔來者，解其惑，增其信，使知吾國上古之學有卓然如此，於以愛敬悽愴，追慕洛誦，而不敢訾非。庶幾道有所傳，即其下焉者，或不致如唐宋人之謬妄乎。有志者愛讀黄帝所傳書，推之黄帝之所遺斯民是愛，而又即以黄帝之道教斯民，安斯民，愛國心真，清淨不苟，此又區區之微意也。至其可與易象先後天相發明處，同文故來，聊見一二而已，猶有易象未全廢故也。

嗟夫！經文雖奥，言何嘗反？經義則實是純粹精也。乃於今四千餘年，謭陋如余，而顧有此真詮也夫？

庚申孟夏，無錫黄元炳自序於忘我齋。

引申篇

陰符本文，如上所載，誠古奥難讀，往往有如李筌之誦千遍而不知其意恉者。蓋精簡使之然耳。因不揣固陋，爲引申之，俾其文之面貌與今文不相懸遠。庶幾讀本文後得此引申文，略知其歸趣。接閲真詮，不徒事半功倍，而且妙緒環生，逢原左右。好而能樂，雖欲中輟，不能自已矣。至於仁者見仁，智者見智，固不可以此引申文爲究竟也。庚申孟夏，無錫黄元炳識。

觀天之道，執天之行，盡矣。蓋天有五賊，見之者必昌。夫五賊本在於心，而施行於天耳。及至宇宙且在乎手，自然五賊亡，而萬化生乎身矣。天性者，即人也。而人心者〔一〕，賊機也。殺賊機者，立天之道，以定人也。天發殺賊之機，則移星易宿。地發殺賊之機，則龍蛇起陸。人發殺賊之機，則天地反覆。天人合發殺賊之機，然後萬變乃能定基焉。性有巧拙者也，而皆可以使之伏藏不見。人之九竅之邪，在乎三要者也，而皆可以使之動靜咸宜。知之乎？火生於木，而火禍發則必克其木也。知之乎？姦生於國，而姦時動則必潰其國也。故知殺賊而以之爲修鍊者，謂之聖人。

天生之者天殺之，道之理也。天地，萬物之盜。萬物，人之盜。人，萬物之盜。然如天地人三盜既相宜，則三盜又爲三才。三才既安。故曰：食其時物，則百骸理；動其機心，則萬化安。然人每苦於知其神之神，不知不神之所以神。夫日月有曆數，大小有定體。人何嘗以爲神乎？而聖功生於是焉，神明出於是焉。豈非彰彰然？乃其盜機也，天下竟莫能見，莫能知。所以君子得此盜機，不知殺，僅以爲富貴之固躬，小人得此盜機，不知殺，且以之輕命而速禍也。

瞽者善聽，聾者善視。如能絶其便利於其一源之處，必有用師十倍之力量。及三反用功，使如晝夜之無間斷，自必有用師萬倍之力量也。聽與視，心也。心生於物，死於物，其機在目而爲賊。不思天之無恩，而大恩生乎？迅雷烈風之所加，物莫不蠢然而動。此正可取法，而殺吾在目之賊機，以活潑天機也。

〔一〕「者」，原書誤作大字。引申篇共有三字誤作大字，均依注釋經文改爲小字，不再注明。

今夫至樂性餘，至靜性廉。天之至私，用之至公云云，皆擬議之辭。真人不過禽之制在氣五字，而盜賊殲除無餘。試觀盜賊，彼以生者，爲死之根。死者，爲生之根。又以恩生於害，害生於恩。嗚張爾爾，何可不殺哉？乃愚人猶以逐天地之文理自以爲聖，是認賊作子也。我則不然，我以時物文理哲。又，人自愚不察，反以愚虞度聖人。我則不然，以不愚虞度於聖。又，人好奇心不去，反以奇期望聖人，我又不然，以不奇期望於聖。而彼迷人，不與我同心。故曰：沉水入火，自取滅亡於循環律也。豈知自然之道靜，故天地萬物生。天地之道浸，故陰陽勝。陰陽相推，而變化順之矣。是故聖人知此自然之道不可違，故因人欲逆動而制之使順也。夫吾所謂至靜之道自然矣，律曆所不能契。爰有奇器，是生萬象以契之，其奇器有六十四卦成先天大象總名八卦者，與六十干支總名甲子者之神機鬼藏焉。斯陰陽相勝之術，昭昭乎進乎象而知執行之矣。

陰符經

陰，默也，暗也。符，合也。國策：「齊秦之交陰合。」楊文會先生陰符經發隱：「妙合大道，名之爲符。」經，常也。文心雕龍：「三極彝訓，其書曰經。經也者，恒久之至道，不刊之鴻教也。」荀子：「夫學，始於誦經，終於習禮。」莊子天下篇：「苦獲、已齒、鄧陵子之屬，俱誦墨經。」老子、列子、莊子，後人尊奉爲道德經、沖虛經、南華經。

陰符稱經，由來已久，亦如道德、南華，學者尊奉而稱之。陰符經發隱：「經者，萬古常法也。」

默契大道之言，可爲學者終古之常法，故曰陰符經。

黄帝公孫軒轅著

黄帝以諸侯尊爲天子，代神農氏之後而爲帝。因有土德之瑞，故號黄帝。姓公孫。以生於軒轅之丘，故名軒轅。著，撰述也。唐張果陰符經注解序：「陰符自黄帝有之。」集仙傳：「陰符，一名爲黄帝天機之書。」陰符經發隱：「考古之家，稱陰符經廣成子授之黄帝，或稱黄帝所作，或稱玄女，或稱風后，莫綜一是。（中略）統觀經意，非大聖不能作。上古鴻荒未闢，文教之興，始於黄帝。故老、列、莊所引用者，多黄帝之言。此經無論何人所傳，其微言奥義，必出於黄帝。故以黄帝作爲正。」

老、列、莊祖述黄帝，每稱黄帝言，如無書，何從而祖述之？秦漢時多有治黄老之士，其所治黄帝書，蓋此類也歟？今以李筌、張果、楊先生之説斷之，故從同而爲黄帝公孫軒轅著。

觀天之道，執天之行，盡矣。

觀，視也。易觀卦之卦辭曰：「觀，盥〔一〕而不薦，有孚顒若。」常目在之，誠意未散，故顒若而觀。此「觀」字，即誠意未散而常目在之意也。易說卦傳「乾爲天」，指蒼蒼然有形質之天言也。詩大雅文王篇：「上天之載，無聲無臭。」指吾人之性天言也。以有形質之天，喻無聲無臭之天。如莊子消摇遊：「野馬也，塵埃也，生物之以息相吹也。天之蒼蒼，其正色邪？其遠而無所至極邪？其視下也，亦若是則已矣。」意謂有形質之天，在無聲無臭，遠而無所至極者之性天視之，亦同等於野馬塵埃。（日光中之微塵曰野馬。）雖未嘗言遠而無所至極者爲何物，而即以天混言之，然可以推知之也。莊子在宥篇：「聖人觀於天而不助。」又繕性篇：「道，理也。」易觀卦：「觀天之神道，而四時不忒。」「觀天之道」，即下文「見之者昌」。執，握持之於手也。論語堯曰篇：「允執其中。」易乾卦大象傳：「天行健，君子以自强不息。」君子執天之行以自行，勇猛精進而不止也。莊子齊物論：「是以聖人和之以是非而休乎天鈞，是之謂兩行。」「休乎天鈞」，亦即「執」之意也。行，行其所無事也。孟子：「禹之行水也，行其所無事也。如智者亦行其所無事，則智亦大矣。」「執天之行」之意也。執天之行，非執而不動，即下

〔一〕「盥」，原作「觀」，據通行本周易改。

文「施行於天」。盡，竭也，無餘剩之意。孔子曰：「古猶今也。」天無爲而物自化。觀天之道，所以致中也。執天之行，所以致和也。盡矣，無欠無餘也。謂常目在之於喜怒哀樂未發，無聲無臭之時，靜如是，動亦如是，物來而順應之，其肆應之用，操之在己，欲如何即如何，便是天行而吾執之使行也。儘其天行，主宰在我，爲執天之行，非執持而不使行也。如是而體用動靜一矣。既爲一，安有餘？故曰「盡」。此二句爲全書之綱要，下文更蔓衍之。

天有五賊，見之者昌。

賊，害也。孟子：「賊仁者謂之賊，賊義者謂之殘，殘賊之人謂之一夫。」書舜典：「寇賊姦宄。」今謂竊盜爲賊，强盜爲盜。此五賊，害人之意偏多，外來之意猶輕，故不言盜而言賊。目滯於色，則目生賊。耳滯於聲，則耳生賊。鼻滯於香，則鼻生賊。舌滯於味，則舌生賊。身滯於觸，則身生賊。是爲五賊。關尹子五鑑：「無一心，五識並馳，心不可一。無虛心，五行皆具，心不可虛。」易繫辭傳：「易曰：憧憧往來，朋從爾思。子曰：天下何思何慮。天下同歸而殊途，一致而百慮，天下何思何慮。」其憧憧往來於胸次者，即憧憧是此之賊也。朋從，即賊與賊爲朋而相從也。今該括其朋從曰五。天有五賊，就常人而言也。常人舉性天而生賊，故云天有五賊。朱元晦陰符經考異：

「五賊，五行也。」陰符經發隱：「五賊有二釋。一，就五行釋。五行者，水火木金土。何以謂之五賊邪？蓋生剋相仍，乃流轉之道。今專就相剋而言，是以名之五賊。賊賊奪盡，即顯真空，實返本還源之要也。故『見之者昌』。二，就五塵釋。五塵者，色聲香味觸，皆從外來，殘害性真，故曰『天有五賊』。若見其元，賊爲我用，故曰『見之者昌』。」見者，觀之先也。「見之者昌」，即上文「觀天之道」。關尹子五鑑篇：「識千年，俄可去。」又一宇篇：「一情冥，爲聖人。」冥而去之，故昌。

賊非美名也。聖人示人以大道，豈可用賊乎？若認賊爲子，則下文何必自相矛盾，而曰「姦生於國，時動必潰」？又曰「三盜既宜，三才既安」哉？則殺機之殺，又殺何物耶？如下文之殺機是殺賊機者，則此二句果何如解之？蓋就常人之舉性天而有賊者言，其所有之賊，即目見色，色成賊，而往來於胸次，以至身遇觸，觸成賊，而往來於胸次也。見其爲賊，賊迹滅。賊迹滅，則賊自然反本而天道立。泰定清明，吉祥止止。觀天之道，豈有不昌者哉？故云云也。案宋乾德六年（是年改元開寶，刻石在十一月，尚未改元也），袁正己所書陰符刻諸石者，「天」字上有一「故」字。

五賊在心，施行於天。

心，指人心。陰符經發隱：「三界唯心。」又云：「此的示賊之根元，以免向外馳求也。」

五賊在心，即大學所云：「心有所忿懥，則不得其正。有所恐懼，則不得其正。有所好樂，則不得其正。有所憂患，則不得其正。」五賊在心，則天有五賊。施者，與之也。有主宰，而後可云施行。易乾卦大象傳：「雲行雨施，品物流行。」又益大象傳：「天施地生，其益無方。」莊子天道篇：「雲行而雨施矣。」施者，執後而有事也。施行於天，即上文「執天之行」在。

五賊在心，亦就常人言之。心成機心，故天有五賊也。如見之者昌，見而執之，執而施之，天所有者，皆非五賊，而施行於天矣。目之賊施與於目，耳之賊施與於耳，乃至身之賊施與於觸，以目視目，以耳聽耳，以心復心（「以目」下句見莊子），無不捨却，而所施行之色聲味等與夫施之者物我渾忘，夫然後施行於天也。

宇宙在乎手，萬化生乎身。

上下四方爲宇，往來古今爲宙。言宇宙，即言三世十方。管子宙合篇注：「古往今來爲宙。」宙之云者，古者於焉而往，今者於焉而來，指地言之也。陰符經沈亞夫注：「君子曉達真源，譬天地在乎手。」此不通之注也。在乎手，斯在乎手矣，何云譬？然以宇宙作天地言可知。故採録之。上下四方爲宇，而地獨無上下四方乎？往古來今爲宙，而天獨無歲推月移乎？然上下四方，方所定，天之不動可知也。古往今來體質轉，於是有歲推月移，地之本動可知也。手，人手，爲執行之喻也。言宇言宙言手，天地人三才，人爲主。莊子天地篇：「天地雖大，其化鈞也。萬物雖多，其治一也。」天地在手則鈞，萬化生身則育物衆多。見之者昌，而施行於天，自然萬化生乎身。觀以目言，執以手言，化以身言。三才固同化也。下文云「機在目」，此云「宇宙在乎手，萬化生乎身」。下句重在人。莊子大宗師篇：「特犯人之形而猶喜之。若人之形者，萬化而未始有極也，其爲樂可勝計邪〔一〕，故聖人將遊於物之所不得遁而皆存。」同此「萬化生乎身」也。故尻輪神馬，一往化而不昧昭明。萬化生乎身，身外化身，萬物皆備。故孟子云：「萬物皆備於我矣。」陰符經發隱「宇宙」句下注云：「統攝無遺。」「萬化」句下注云：「出生無盡。」

此二句爲全書之歸束，亦即吾人修道者之歸束。若無此歸束，聖人亦不必垂教，而吾人亦不必修道矣，以其能窮今古，齊小大，一死生，執乎手，生乎身故也。

天性，人也。人心，機也。立天之道，以定人也。

中庸：「天命之謂性。」莊子天地篇：「形體保神，各有儀則，謂之性。」又庚桑楚：「萬

〔一〕「邪」，原作「也」，據通行本莊子改。

物出乎無有。有不能以有爲有，必出乎無有，而無有一無有，其人藏乎是。」孟子：「形色天性也，唯聖人然後可以踐行。」心之本體爲性。佛家云去凡夫妄我，則歸於如來之性我。性我，即此處所云「天性，人也」之「人」。陰符經發隱「天性」下小注：「法界體性。」通玄先生黄帝陰符經注：「傳曰：人謂天性，機謂人心。」「天性」二字，若爲幽玄，今揭破以示人，簡直指之，即此人而已。故無論動植飛潛，其本體之性，則皆人也。所以無論動植飛潛，不能修道，必至於人，乃能復性而成聖人也。常保此天性，則常爲人。及一落於人心，便入於機，漸爲非人矣。列子楊朱篇：「人肖天地之類，懷五常之性。有生之最靈者，人也。」人心者，明昧相兼，即是迷惑。論語：「既欲其生，又欲其死，是惑也。」忽欲其生，忽欲其死，愛惡無定，無有真宰，如彼機緘，湊拍而動，故曰「人心，機也」。陰符經發隱「機」字下小注：「無明不覺，一念妄動。」天道本漫然而行者，爲之立之，以唤醒其本原之真，故曰「立天之道」。易繫辭傳：「立天之道曰陰與陽。」其在於天曰陰陽，其在於地曰柔剛，其在於人曰仁義，此孔子舉先天之大道在有形之三才中言也。此之立天之道以定人，即先天而天勿違，俾人能復其常性，斷絶其人心，全體爲天性。孔子以三才直寫出一先天象，此亦如是。先天象者，爻爻人，爻爻天性。立天之道，是成天性。莊子大宗師：「不以心捐道，不以人助天，是之謂真人。」真人即道心，即天性，即既立之天道。立天之道，其立之之法爲觀。迷惑者，人心不定。欲人心定，難定，天道立，人心自定。心定人定，故曰「以定人也」。立天之道先用觀，執天之行且先定。立則不妄動，定則不妄動。如用動，則萬化生乎身耳。易曰：「天下何思何慮？」定也。

去其機，使機而未始出於非人者（「未始」句見莊子），還復於人，乃未始入於非人（見莊子）。則天道立，人遂定也。「定」字，豈徒就内而言？外亦如之。内外一定，無間也。内無間，故聖。外無間，故王。

天發殺機，移星易宿。地發殺機，龍蛇起陸。人發殺機，天地反覆。天人合發，萬變定基。

中庸：「發而皆中節謂之和。」論語：「亦足以發，回也不愚。」又：「不悱不發。」莊子養生主：「十九年而刀刃若新發於硎。」莊子養生主之庖丁解牛即明示殺機中節也。此「機」字指人心也。陰符經發隱「天發」、「地發」二句小注：「顯依報非常之變。」又注：「天地不自發，以人發而發。但見人發，而不見天地發，是正報轉，依報未轉。」又「天人合發」小注：「依正全轉。」此雖言天地，而重在人，人發則天地亦由之而發。中庸注：「吾之心正，則天地之心亦正。吾之氣順，則天地之氣亦順。」即此意也。孟子：「梏之反復，則其夜氣不足以存。夜氣不足以存，則其違禽獸不遠矣。」梏者，機械也，以殺機存夜氣。夜氣，平旦之氣，喻清明在躬，即所謂不惑者也。莊子至樂篇：「人又反入於機。萬物皆出於機，皆入於機。」明示輪迴之由於機心。又天地篇：「吾聞之吾師，有機械者，必有機事。有機事者，必有機心。機心存於胸中，則純白不備。純白不備，則神生不定。神生不定者，道之所不載也。」老子：「五色令人目盲，五音令人耳聾，五味令人口爽。馳騁田獵，令人心發狂。難得之貨，令人行妨。」所以必殺其賊機也。移星易宿，自有而反無也。龍蛇起陸，自下而反上也。天地反覆，申明内外兜底翻轉也。殺機之所用以殺者，是觀。天地反覆，是外物雖不足以惑其内，而内惑之根未盡。故天人合發，内外之惑全去，而後萬變之基定也。何謂萬變？死死生生，生生死死，人人禽禽，禽禽人人是也。基定，則常爲人。此人，是真人，即天性也。人基定矣，再進而後萬化生於身矣。莊子齊物論：「死生無變於己。」基定故也。

此言殺機爲立天之道以定人之法也。案朱元晦陰符經考異盧陵黄瑞節附録云：「唐褚遂良得太極丹真人所注陰符經，本於長孫趙國公室。以其書爲非一人之言。如首二句注云『聖母、歧伯言』，次四句注云『天皇真人言』，以下皆然。間有與諸本不同者，如云『天發殺機，移星易宿。地發殺機，龍蛇起陸。人發殺機，天地反覆。』諸本逸『移星易宿地發殺機』八字，當以褚氏本爲正。」可見陰符由來已久，非李筌所作明矣。如十真注、沈亞夫注、宋石刻(即袁正己所書者),皆無此八字,文義上便爾不通。而朱元晦既從驪山老姥注本與蔡氏本,亦缺八字。其「時物文理哲」以下,又從褚氏、張氏注本有二十一句百一十字,取此遺彼,何也?乃其序文曰:「此書爲鄖書,吾書爲燕説。」由今觀之,何嘗成燕説哉?

性有巧拙,可以伏藏。

史記貨殖傳:「故巧者有餘,而拙者不足。」老子:「大巧若拙。」關尹子三極篇:「能雖至神,不離巧拙。」陰符十真集解:「大巧莫巧於造化,而莫知所爲,豈不似拙?」蒼厓氏黄帝陰符經注:「性有巧拙。巧者固宜伏藏,則巧者益巧。拙者尤須伏藏,則拙者不拙。」陰符玄解:「拙實巧之作用也。」陰符經考異:「聖人之心,與天地參同。衆人不能者,以巧拙之不同也。惟知所以伏藏,則拙者可使巧矣。人之所以不能伏藏者,以有九竅之邪也。」「性有巧拙」有二解,一以巧之拙言,一以巧拙對言。陰符經發隱:「妙智無住,名之爲巧。業識染著,名之爲拙。巧拙由心,而云性者,從其本也。智現則業識伏,識生則妙智藏。」形體保神,各有儀則。其儀則有巧有拙,巧者才長,拙者才短。但無論性之爲巧爲拙,皆可以使之伏藏,而爲立天定人之始功也。或曰:性有巧反若拙之作用,故可使爲巧爲拙者,一齊退藏於密也。

上文云：「天人合發，萬變定基。」其發也，即「殺機」之「殺」。其「殺機」之「殺」，即「見賊」之「見」。「見賊」之「見」，是「觀天之道」之「觀」字也。其觀也，以性中有此巧反於拙之巧拙作用耳。即與之以一切皆忘，而此觀常明明不忘之謂。觀之時，一時無巧無拙，豈非「性有巧拙，可以伏藏」？即以其人之道，還治其人之身，妙用如此。

九竅之邪，在乎三要，可以動靜。

莊子齊物論：「百骸〔一〕九竅六臟，賅而存焉。吾誰與爲親？」又知北遊：「萬物以形相生。故九竅者胎生，八竅者卵生。」言九竅，指人也。儒家謂人爲萬物之靈，三才之一。佛家謂人身爲法界體性。今此書雖非佛典，而東西聖人先後一揆。九竅，兩目、兩鼻孔、兩耳孔、一口腔、前陰竅、後陰竅也。或云：人中上之竅雙，人中下之竅單。此天地交泰也。臍以上向前開宮，有機緘；臍以下向後，無機緘，不開宮。此天地定位也。邵子云：臍爲太極。又人禽之判也。九竅之邪，目口陰之用，不得其宜也。周禮疾醫：「兩之以九竅之變。」注云：「陽竅七，陰竅二。」其陽竅，眼耳鼻口也；陰竅，前後二陰也。宋玉賦：「九竅通鬱，精神察滯，延年益壽千萬歲。」邪者，不正也。因不

〔一〕「骸」，原作「骸」。

正而迷惑，故易復卦爻辭云：「迷復凶，有災眚。用行師，終有大敗。以其國君。凶。至於十年不克征。」喪天君也。陰符經發隱：「三要者，目口陰也。此三竅最易起邪，動則隨流，靜則返本。」三要非三竅也。目口陰如以竅言，則有四。故經文不言三竅，而言三要也。三要有二：一謂目口陰，是四竅之三要；一謂耳目口，是五竅之三要。陰符經十真注葛玄曰：「三要者，眼耳口也。」陰符考異：「竅雖九，而要者三，耳目口是也。知所以動靜，則三返而九竅可以無邪矣。目必視，耳必聽，口必言，是不可必靜。惟動而未嘗離靜，靜而非不動者，可以言動靜也。」董德寧陰符本義：耳目口三者之機，「俱在我自主。如或妄動，則人欲勝而天理亡。」易艮卦：「時止則止，時行則行。動靜不失其時，其道光明。」莊子刻意：「靜而與陰同德，動而與陽同波。」吾人用功，先使動返靜，次使可以動靜。其動使返靜者，當如莊子齊物論所云嗒然喪偶，及人間世所云心齋，與夫大宗師所云坐忘，端坐一室，一念不起。如起，隨起隨忘，以「齋」字忘之。久之，軀殼自軀殼，我自我矣。其使可以動靜者，順乎世，無意必固我，而非禮勿視，非禮勿聽，非禮勿言，非禮勿動。此即用之當而不邪也。如不於靜中養出端倪來，而曰吾能非禮不視聽言動，巧僞耳，城府耳。「齋」字以忘之，即是觀也。言從口，聽從耳，視從目，三要可動可靜，如邪不去，則無主觀；無主觀，則動靜二者不能云可以也。

火生於木，禍發必尅。姦生於國，時動必潰。

莊子外物：「木與木相摩則然。金與火相守則流。陰陽錯行，則天地大絯。於是乎有雷有霆，水中有火，乃焚大槐。」即此「火生於木，禍發必尅」之義也。火生於木，喻機心之動也。發殺機之發，是當發；此之發，火發，是不當發，故云「禍發」。陰符經發隱「火生於木」下小注：「喻心起惑。」「禍發必尅」下小注：「焦灼性靈。」又「姦」，作「奸」。「姦生於國」下小注：「喻身造業。」「時動必潰」下小注：「流轉苦海。」陰符經考異：「火生於木，有時而焚木。姦生於國，有時而必潰。五賊之機，亦猶是也。」陰符經十真解曹道沖頌曰：「木爲真性火爲情，欲火炎時礙性真。惟有聖人修鍊得，國無顛險木無焚。」「姦」，發隱作「奸」。五賊在心，賊機出則害心。故未復性之才，乃賊性之才。其人則國人之姦宄也。然則可以愚智同用，而皆有益者乎？曰：上文云「性有巧拙，可以伏藏」，是已。

木中生火，如國中生姦。合言之，以喻天有五賊，五賊在心也。故能時時守常，勿使有時不覺動而招潰敗，則幾矣。

知之修煉，謂之聖人。

知之，知殺機也，亦即知觀天之道，亦即知伏藏，亦即知動静，亦即知剋潰之可懼也。一「知」字收攝上文。修，修身修心。煉，煉身煉心。煉與鍊通，使之精熟也。陳琳賦：「百煉精剛。」莊子大宗師：「其名爲攖寧。攖寧者，攖而後成者也。」此「煉」字與「攖」字有同意，如俗所謂經歷也。宋史隱逸傳：「陳摶來朝。宋琪等問曰：『先生得玄默修養之道，可以教人乎？』對曰：『（中略）正君臣協心同德興化致治之秋，勤行修鍊，無出於此。』」真德秀題跋：「大忠大孝，不俟修鍊而得神仙。」此引陶弘景真誥中語也。通玄先生陰符經注：「『姦生於國，時動必潰』者，此言國猶身也，身隨幻變，眼因色媚，神領在心，情欲交蔽，陽即下奔，動之必潰，却不知坎内真精被姦，盡潰之矣。」陰符經發隱：「知之者，知其火與姦之爲害也。修者，修其身也，有轉邪歸正之功。鍊者，鍊其心也。以智慧火，銷煩惱垢，有鍊礦成金之效，可以超凡入聖矣。」孔子集語：「心之精神是謂聖。」修，修治。煉，鍛煉也。知之而内修其身，外煉其行，使外物接於我者，無論順逆，心泰定而不動，是之謂修煉。修煉之，可以執天之行而成爲聖人。若但知而不行，仍是常人耳。

右上篇

案唐李筌曰：「某入秦國，至驪山，逢一老母，授以陰符玄義。誡某曰：『黄帝陰符三百餘言，百言演道，百言演法，百言演術。參演其三，混而爲一。上有神仙抱一之道，中有富國安民之法，下有强兵戰勝之術。聖人學之得其道，賢人學之得其法，小人學之得其術。』」云云。以此語分爲三篇。又滯於上中下及聖人、賢人、小人與道法術等之辭，真以爲百言演道、百言演法、百言演術。如十真集解，竟以上篇爲神仙抱一演道章，中篇爲富國安民演法章，下篇爲强兵戰勝演術章。嗟夫！陰符固聖人平實之言，人徒知其爲奇書耳。而豈有隻眼識其歸趣者？然其所傳，全文自有三處結束。謂上中下三篇可，謂上篇説何事、中篇説何事、下篇又説何事，未可也。今從朱元晦先生、楊先生之例，仍分爲上中下三篇，又變通之而列篇名之上中下於右，以示此分篇或爲後人之所分，非黄帝以來原有此分篇也。

讀上篇，知又可分爲四節讀之：自起處至「萬化生乎身」爲第一節；自「天性，人也」至「萬變定基」爲第二節；自「性有巧拙」至「可以動静」爲第三節；自「火生於木」至「謂之聖人」爲第四節。前三節每以後節解前節，而第四節則設譬以爲儆誡也。

天生天殺，道之理也。

上文云「觀天之道」，又云「立天之道」，觀之即立之也。今「天生天殺」云云，則但言天道，未有觀也。蓋恐人不解天道，故再爲引申言之。易說卦傳：「帝出乎震，齊〔一〕乎巽，相見乎離，致役乎坤，説言乎兑，戰乎乾，勞乎坎，成言乎艮。」成乎艮，而又出乎震。此後天象之循環不止，生殺相尋，故有春生夏長，秋收冬藏也。易：「君子尚消息盈虚，天行也。」息即生，消即殺也。歐陽修賦：「物過盛而當殺。」易序卦傳：「有天地，然後萬物生焉。」曰有天地，非常存不變矣。故天生天殺，知天地萬物之無常。列子：「有生不生，有化不化。不生者能生生，不化者能化化。生者不能不生，化者不能不化，故常生常化。常生常化者，無時不生，無時不化，陰陽爾，四時爾。不生者疑獨，不化者往復。往復，其際不可終。疑獨，其道不可窮。」「故生物者不生，化物者不化。自生自化，自形自色，自智自力，自消自息。謂之生化形色智力消息者，非也。」天道自生自化，故天亦無常也。此天道，莊子以天籟示之曰：「吹萬不同，而使其自己也，咸其自取，怒者其誰邪？」天生天殺之道理如此。關尹子二柱篇：「天地雖大，有色有形，有數有方。吾有非色非形，非數非方，而天天地地者存。」蓋知其有而立之，則能出於生殺之機矣。道，天道也。道之理即天道之理。

〔一〕「齊」，原作「序」，據通行本周易改。

此使人知天道之不可從，而知生殺之當安定。雖未嘗有貶天道之言，然觀上文「立天之道」、「觀天之道」，與下文「天地，萬物之盜」等句，則天道之理之生殺，要當定之安之。定之安之，即執天之行也。此句乃下文之發凡耳。

天地，萬物之盜。萬物，人之盜。人，萬物之盜。

關尹子八籌篇：「鳥獸，俄呦呦，俄旬旬，俄逃逃。草木，俄茁茁，俄亭亭，俄蕭蕭。天地不能留。聖人不能繫。有運者存言〔一〕焉爾。」其天地不能留，直是天地盜之。盜，强劫而去也。怒生之草，交加之藤，夏與畏日爭，冬與嚴霜爭。畏日嚴霜，即天地以之盜萬物之具也。歐陽修賦：「豐草緑縟而爭茂，佳〔二〕木葱蘢而可悦。草拂之而色變，木遭之而葉脱。」即天地以四時爲盜之徵也。天生天殺，即天地爲萬物之盜。上文言天道，地兼在其中，於此言天地而可以推知。萬者，約衆多而爲言也。故物曰萬物，類曰萬類，事曰萬事。易乾卦象傳：「大哉乾元，萬物資始。」説文：「霆雷餘聲鈴鈴，所以挺出萬物。」隋書高祖紀：「五氣陶鑄，萬物流形。」莊子秋水：「號物之數曰萬。」關

〔一〕「言」字爲衍文。
〔二〕「佳」，原作「嘉」。

尹子二柱篇：「天地寓，萬物寓，我寓，道寓。」天地人物，皆物也。故莊子秋水曰：「道無終始，物有死生。」有死生，爲有盜機耳。陰符經發隱：「此言天地，即是陰陽造化之理。」此天地如以佛學斷，即是三界。其天地人物互相盜，即六道中之所以死此生彼也。陰符經發隱「萬物，人之盜」小注：「牽引意識，處處貪著。」又「人，萬物之盜」小注：「遍攬外境，以爲我所。」陰符經玄解：「萬物之榮枯，隨天地之運轉，故天地爲萬物之盜。人不能持守，被萬物殘賊其真性，故萬物爲人之盜。」陰符經十真集解劉玄英曰：「天地與萬物之生成，盜萬物以衰謝。萬物與人之服御，盜人以驕婬。人與萬物之工器，盜萬物以毀敗。」又許遜曰：「萬物盜天地而生成，不知天地反盜萬物而衰老。人盜萬物以資財而充富貴，不知萬物反盜人以勞役而致禍患。」關尹子一宇篇：「聖智造迷，鬼神不識。」以迷故，爲盜爲賊。天地不但爲萬物盜，亦能爲人盜。萬物與人不但相盜，亦能爲天地盜。天地人不但能互盜，且亦能自盜。莊子大宗師：「大塊載我以形，勞我以生，佚我以老，息我以死。故善吾生者，乃所以善吾死也。」如善生善死而行之矣，即立天之道以定人矣。天地雖盜我，其如我之真我何哉？是天地爲人之盜不必慮也。列子天瑞：「齊之國氏大富，宋之向氏大貧，自宋之齊，請其術。國氏告之曰：『吾善爲盜。（中略）吾聞天有時，地有利。吾盜天地之時利，雲雨之滂潤，山澤之産育，以生吾禾，植吾稼，築吾垣，建吾舍。』」人爲天地之盜，又不能不盜者也，不必慮也。而萬物之盜天地，亦於雲雨滂潤山澤産育者見之矣，即下文「食其時百骸理，動其機萬化安」也，未可云盜也。此互相盜，引申上文「天生天殺」，三才之不相安耳。天地人三者同爲物競天擇也，故易之序卦傳始於乾坤，終於既、未濟也。憂患之世，相生相殺，古今同概。所以聖人不肯以物爲事，心凝形釋，物我兩忘。莊子曰：「忘而復之。」遺世乎？乃救世也。若以爲天地非盜且曰備大德焉，順世之語耳，不可不察。案宋石刻「盜」字下皆有「也」字。

三盜既宜，三才既安。故曰：食其時，百骸理。動其機，萬化安。

三盜既彼此相宜，盜而非盜矣。列子天瑞：「知天地之德者，孰爲盜耶？孰爲不盜耶？」陰符經發隱：「愚人攬外五塵以爲己有，名之爲盜。智者知其唯心所現，用不離體，則盜得其宜而三才安矣。」陰符經注王道淵曰：「此承上云三盜之義。於此故云『三盜既宜』者，此所謂有道之人，一性覺照，萬理貫通，自能勘破一身四大是陰陽五行之氣假合而生，我則不被形縛。」邵堯夫先生擊壤集詩云：「既知萬物備於我，肯把三才別立根。」通玄先生陰符經注：「三盜玄合於人心，三才順動於天理。」天地，萬物之盜矣。人雖三才之一，言萬物，人亦在中。今立天之道以定人，是人能乘天地之正，御六氣之辨，以遊無窮也。育位於中和，不爲陰陽所盜者也。若夫爲寒暑之所銷爍，年事之所增益，幼而壯，壯而老，老而死，如禮記所云：「骨肉斃〔一〕於下，蔭爲野土。其氣發揚於上，爲昭明。」此形骸與生氣之爲天地盜，乃天地之所宜盜也。又，萬物，人之盜矣，天地雖大，亦各爲萬物之一，如中庸朱注所云：「動者誠能動物，變者物從而變。」天地萬物位育於吾，又安能爲吾盜？若夫莊子列禦寇所云，上爲鳥雀〔二〕食，下爲螻蟻食，不必厚葬者。此萬物盜屍骸而食，又萬物之所宜盜也。又人，萬物之盜矣，萬物無限，然各各爲萬物之一，如孟子云：「不違農時，穀不可勝食也。斧斤以時入山林，材木不可勝用也。」順其衰而盜之，又人之所宜盜也。三盜既宜，自然爲三才而安，是以云也。百骸，賅言身體之骨骼也。萬物之性，本互相愛，而靳向於一，能聚也，能散也。一落迷惑，互相愛者爲形體所囿，反成互相吞啖之大苦。試觀盈天地之萬物，大而獅象，小而螻蟻，飛者鷹雀，泳者魚鱉，何一而不具口以相吞啖者乎？人禽者，人之所當別者也。其別者在何？曰：在食其時，動其機。論語鄉黨：「不時不食。」時

〔一〕「斃」，原作「蔽」，據文意改。

〔二〕此處引文有誤。

也。動其機，即應物而不藏，取之以時也。宇宙在手，動機應物。非機心自動，而如上文所云之「人心，機也」。萬化者，如易繫辭傳所云：「斫木爲耜，揉木爲耒。（中略）日中爲市。」等等，所謂「神而化之，使民宜之」者是也。萬化安者，雖用機械以便民，而不用之以自相殺也。老子曰：「五色令人目盲，五音令人耳聾，五味令人口爽。馳騁田獵，令人心發狂。難得之貨，令人行妨。」此即利用五賊，起盜心，爲盜行，人盜萬物，萬物盜人，天地亦因之而爲盜，愈進化，愈相殺也。讀禮記之月令篇，擴而充之，斯知所以安之矣。陰符經考異：「天地萬物主於人。人能食天地之時，則百骸理矣；動天地之機，則萬化安矣。（中略）時者，春秋早晚也。機者，生殺長養也。」通玄先生陰符經注：「有若時然後食，終身無不愈；時然後動，庶績無不安。食不得其時，動不得其機，殆至滅亡。」列子楊朱篇：「人者，爪牙不足以供守衛，肌膚不足以自捍禦，趨走不足以逃利害，無毛羽以禦寒暑，必將資物以養性，任智而不恃力。故智之所貴，存我爲貴；力之所賤，侵物爲賤。然身非我有也，既生，不得不全之；物非我有也，既有，不得不去之。身固生之主，物亦養之主。雖全生身，不可有其身；雖不去物，不可有其物。有其物，有其身，是横私天下之身，横私天下之物〔一〕。其唯聖人乎！公天下之身，公天下之物，其唯至人矣！此之謂至至者也。」百骸理，萬化安，執天之行也。此篇本重在執天之行，故此處言立道定人後之事功也。修齊治平，舉不外之，而尤重在「理」與「安」之二字。讀者須知，古聖人愛人深至，先示之以改過去惑，出一「觀」字以爲修身之實用；又示之以勤體實腹，出一「執」字以爲治平之至要。俾知以道爲重，以身爲輕。人欲不肆，人人自治，而天下去爭也。老子曰：「使夫知者不敢爲也。爲無爲，則無不治。」深思之。

人知其神之神，不知不神之所以神。

人知其神之神者，如列子所載：「西極之國有化人來，入水火，貫金石，反山川，移城邑，乘虚不墜，觸實不硋，千變萬化，不可窮極，既已變物之形，又且易人之慮。穆王敬之若神。」及神巫季咸等等是也。不知不神之所以神者，如下文所云「日月有數，大小有定」是也。唯人亦然。人有臍而無尾。有臍故能言，無尾故無毛。毛也者，猶木之葉也。鳥獸有毛，故書之堯典云「鳥獸希革」、「鳥獸毛毨」。而人則以衣代之，别於禽

〔一〕此句下當有脱文「不横私天下之身，不横私天下之物者」。

獸矣。又如莊子所謂：「麋鹿食薦，蝍蛆甘帶，鴟鴉嗜鼠。」禽獸互相吞啖，强侵弱，衆暴寡，物競求存。而人則以芻豢代之，別於禽獸矣。又如易繫辭傳所謂：「古者穴居而野處，後世聖人易之以宫室，上棟下宇，以待風雨。」則吾人之居處，又別異於禽獸矣。又男女有別，婚媾以時，師資崇德，父子報功，孝悌親親，仁民愛物，日用尋常之間，無非使人自別於禽獸，而人未之察也。不神之神，莫神乎此，而昧者固不知也。列子力命篇：「北宫子既歸，衣其短褐，有狐貉之温。進其芄菽，有稻粱之味。庇其蓬室，若廣廈之蔭。垂其蓽輅，若文軒之飾。終身逌然，不知榮辱之在彼也，在我也。東郭子聞之，曰：『北宫子之寐久矣，一言而能悟，易怛也哉！』」此爲知不神之所以神者，宜東郭子之美之也。關尹子三極篇：「聖人之與衆人，飲食衣服同也，屋宇〔一〕舟車同也，貴賤貧富同也。衆人每同聖人，聖人每同衆人。」何嘗神？所以神也。

此句亦爲下文之發凡。下文即引申此句「不神之所以神」也，如列子所載「游金石，蹈水火」亦神矣，乃子夏言「夫子能之而不爲」。蓋所以神者在此不在彼也。案宋石刻作「人知其神而神，不知不神之所以神也」。

〔一〕「宇」，原作「輿」，據四庫全書本關尹子改。

日月有數，大小有定。聖功生焉，神明出焉。

數，曆數。定，界限之也。不能度其大小者，準之以曆數，則神明出焉。可以測其大小者，定之限量，則聖功生焉。陰符經十真集解劉玄英曰：「見乃謂之象，形乃謂之器（二句見易繫辭傳）。以象言者，日月也。以形言者，大小也。有象然後有數，故曰日月有數。有形然後有位，故曰大小有定。」陰符經發隱：「日月有數，時也。大小有定，方也。盡人而知之。體至道者，即此尋常事理之中，顯出無窮之妙用。於有數之中而能延促自由，後先互換，乃聖功所由生也。於有定之中而能大小相容，一多無礙，此神明所由出也。方山華嚴論云：『十世古今，始終不離於當念。無邊刹海，自他不隔於毫端。』非聖神，其孰能與於斯？」易繫辭傳：「古者庖犧氏之王天下也，仰則觀象於天，俯則觀法於地。觀鳥獸之文，與地之宜。近取諸身，遠取諸物。於是始作八卦（六十四卦成章之總名），以通神明之德，以類萬物之情。」類萬物之情，聖功也。孫子：「五行無常勝，四時無常位。日有短長，月有生死。」關尹子三極篇：「聖人師蜂立君臣，師蜘蛛立網罟，師拱鼠制禮，師戰蟻制〔一〕兵。（中略）聖人師萬物。唯聖人同物，所以無

〔一〕「制」，四庫全書本關尹子作「置」。

我。」又：「聖人曰道。觀天地萬物皆吾道倡和之，始終之，青黃之，卵翼之。不愛道，不棄物，不尊君子，不賤小人。」易繫辭傳：「備物致用，立成器以爲天下利，莫大乎聖人。」聖功神明，即由於上文之「三盜既宜，三才既安」而出生，先天而天勿違，後天而奉天時，一以貫之。日月有數，歲功成。大小有定，器用遂。莊子知北遊：「天地有大美而不言，四時有明法而不議，萬物有成理而不說。聖人者，原天地之美而達萬物之理。是故至人無爲，大聖不作，觀於天地之謂也。」聖人豈必居位者？見龍在田，群龍無首，皆聖人也。聖功亦豈徒言聖人之功？神明亦豈徒言聖人之神明乎？聖功神明，皆天地人所自有者也。能觀能執，能立能定。生之以時，用之以時，三盜既宜，三才既安，而能聖功生，神明出，要當於宜與安中深思也。故友沈祖藩云：「風花雪月天真佛，大地山河極樂邦。」言穢土即淨也。如莊子消摇遊鵬來北冥，化鯤圖南，聖功神明，莫大乎此。

其盜機也，天下莫能見，莫能知。君子得之固躬，小人得之輕命。

「盜」即上文「三盜既宜」之「盜」。「機」即上文「人心，機也」之「機」。盜機，盜心也，即吾人刻刻妄動之心也。陰符經十真集解葛玄云：「至道無形，故天下莫能見。妙機難數，故天下莫能知。理於賢人，故君子得之固躬。亂於不肖，故小人得之輕命。」又頌之曰：「賢人窮理合虚無，得悟乾坤造化爐。下士祇爭名與利，郊原邱塚是前途。」或曰：盗機爲有生以來所本有，即先世之積習也。（先世即佛家所云之前世前生。）君子小人所同有者也。但君子得此盗機，用之於大當，且知其爲盗機而觀之，觀之即見之者昌也；雖天下莫能見莫能知，然君子則反躬體己，求知求見，以之自修，復性成聖。小人者，不但莫能知莫能見，且以爲不必知不必見，一任其所得之盗機，殉名殉利，賊人賊物。孔子言：「災人者，人必反災之。」如輕其賦畀之命，以與世界競爭，殺身敗家亡國隨之矣。（此亦一説。）列子天瑞篇所載東郭子論盗事，其國氏之盗，適等於此君子，得盗機以固躬而大富者；其向氏之盗，適等於此小人，得盗機以輕命而大貧者。未入聖流，故不云聖賢，而云君子。此等君子，亦不知不見，故云「天下莫能知，莫能見」。蓋此不能知不能見者，尚爲盗機，未爲天命也。陰符經發隱：「盗機因何要得？得之將何所益？豈知盗機非盗機也，乃家珍也。能見能知則名爲得。得無所得，盗亦非盗，機亦非機。客夢初迴，歸家穩坐矣。」又：「君子小人之稱，有三種不同。一者，正直謂之君子，邪僻謂之小人。此古今所通用也。二者，在上謂之君子，在下謂之小人，如『君子之德風，小人之德草』是也。三者，氣宇寬宏者謂之君子，心量狹隘者謂之小人，如『硜硜然小人哉』之類。」是也。

固躬輕命，皆由於不知神之所以神故也。黄帝曾言曰：「精神入其門，百骸反其根，我尚何存（列子天瑞篇所引）？」夫無意必固我，故不神之所以神。其宇宙在手，萬化生身，育位天地萬物者，國則建德之國，人則藐姑神人，神往華胥，化來西極，倏然而往，倏然而來。豈有以富利爲固躬者乎？

案宋石刻作「天下莫不見，莫能知也」。宋高似孫子略所載作「君子得之固窮」。

右中篇

案讀中篇，知又可分爲兩節讀之，自「天生天殺」至「萬化安」爲第一節，自「人知其神之神」至「小人得之輕命」爲第二節。第一節以「天生天殺」句發其凡，以「天地，萬物之盜」以下三句引申之，而以「三盜既宜」四句揭示其宗旨也。第二節以「人知其神之神不知不神之所以神」句發其凡，以「日月」以下四句引申之，而以「其盜機也」三句示其愚惑，而爲「三盜既宜」四句之反也。夫此人間世，豈無可挽之使爲聖域乎？聖功生，神明出，即因其三盜宜三才安而來也。執天之行者，育位於内，亦能育位於外。莊子云：「忘足，履之適也。忘腰，帶之適也。知忘是非，心之適也。不内變，不外從，事會之適也。始乎適而未嘗不適者，忘適之適也。」而此言「動其機，萬化安」，蓋至人之用心若鏡，不將不迎，物來而順應，物去而不留，與物無終無始，無幾無時，日與化者，一不化者也，古猶今也，而不使三盜有盜焉。唯夫然，此人間世也，進化而益上矣。

瞽者善聽，聾者善視。絶利一源，用師十倍。三反晝夜，用師萬倍。

關尹子六匕篇：「目自觀，目無色。耳自聽，耳無聲。舌自嘗，舌無味。心自揆，心無物。衆人逐於外，賢人執於內。聖人皆僞之。」韓非子：「聖人之道，去智與巧。智巧不去，難以爲常。」通玄先生陰符經注：「瞽者善於聽，忘色審聲，所以致其聽。聾者善於視，遺耳專目，所以致其明。故能十衆之功。」王道淵陰符經注曰：「以世法言，人雖兩目皆瞽，耳却善能於聽；兩耳雖聾，眼却善能於視。此謂世人貪心不止，隨竅所漏，逐於外而失於內。（中略）夫視聽之妙，非在眼耳，而實在神機之視聽也。『絶利一源，用師十倍』者，此言以誠性爲體，絶去利欲，清心一源，自得其虛靈不昧。」瞽者不用目矣，又偏聽於耳。聾者不用耳矣，又偏明於目。此常人但各利一源，而一倍之功尚未有也，絶利一源矣，譬之以用師，有十倍其師之功夫也。關尹子云：「善若道者，亦不用耳，亦不用目，亦不用力，亦不用心。」陰符經發隱：「學人鋭意精修，返流全一。六用不行，言思致絶，如同死人，忽而爆地迸裂，本智現前。爾時慶快平生，是謂一返晝夜。夫絶利一源者，已用師十倍。此一返晝夜者，則用師百倍。如是二返則千倍，三返則萬倍。蓋愈靜而愈明，愈明而愈利矣。禪宗謂之三關透徹，即此意也。」又曰：

「晝者，光明洞達，喻如智慧。夜者，闃寂淵深，喻如禪定。」素問：「平旦至日中，天之陽，陽中之陽也。日中至黄昏，天之陽，陽中之陰也。合夜至雞鳴，天之陰，陰中之陰也。雞鳴至平旦，天之陰，陰中之陽也。」絶利一源者，知止而後有定也。目利於見，耳利於聞，鼻舌等皆然，各利於一源。而今能一概塗絶之，其功夫譬以用師，已有十倍其師之力量矣。如是定而後能静，則百倍其師；静而後能安，則千倍其師；安而後能慮，則萬倍其師也。定者，一念萬年，泰然自得。静者，并此泰然者而無之。安者，動静如一，并喪其一。慮者，智慧無滯，動之以天機也。定静安三者，皆由昏昧入於昭明，故云「三反晝夜」。三反之功夫，非止知使有定之功夫，故分説之也。如用佛家語判之，則絶利一源是前五識轉，三反晝夜是意識、末那識、阿賴耶三識轉，即所謂轉八識而成四智也。莊子德充符：「而況官天地，府萬物，直寓六骸，象耳目，一知之所知，而心未嘗死者乎！」象耳目，絶利一源也。其餘亦兼三反意。

「用師十倍，用師萬倍」，非真言兵機也。以用兵喻觀天之道之功夫，其力量比於常人勝過十倍，乃至萬倍也。如言有十倍其師之力量，百千萬倍其師之力量耳。用兵則有勢力，人皆知之，故以爲喻也。

心生於物，死於物，機在目。

佛家之言云：「三界唯心，萬法唯識。」物，物欲也。心爲物欲所牽引，則有生死大病，而忽生忽死。孟子：「物交物，則引而去之矣。」陰符經十真集解許遜曰：「道德之士，心不妄生，機不妄動。下愚之徒，貪婪萬物，欲資於身，反被萬物所盜，而傷正性。是心生於物，死於物也。」又葛玄曰：「愚人動生妄心加於萬物，皆因目睹而心生，故曰『機在目』。」老子：「不見可欲，使心不亂。」見物而亂，故生死之機在目也。陰符經考異：「心因物而見，是生於物也。逐物而喪，是死於物也。人之接於物者，其竅有九，而要有三。而目又要中之要者。」陰符經發隱：「既言用師，必知賊之所在，方能禽之。機，即賊之出没也。上篇「人心，機也」，心之機難見，借物以顯之。物生心生，物滅心滅，生滅逐物，妄心無體，目之機，即心之機也。目見物而心隨之，人心之機不亦顯而可見乎？毗舍浮佛偈云『心本無生因境有』，與上句同意。禪宗云『我有一機，瞬目視伊』，亦示機在目也。」

生生死死，爲物所累，不得自脱，皆因於目見而起惑，故云「機在目」。機，心機。上文云「人心，機也」，五賊之機也。有此賊機，與接爲構，日以心鬥，於是乎爲天地萬物之盜矣。是則人心者，非良心，賊心也。賊心宜殺也。

天之無恩，而大恩生。迅雷烈風，莫不蠢然。

此以蒼蒼之天之功用喻殺賊之功用也。論語鄉黨：「迅雷風烈必變。」注：「迅，疾也。烈，猛也。」書舜典：「烈風雷雨弗迷。」無恩，猶言無恩情。莊子德充符：「惠子謂莊子曰：『人故無情乎？』莊子曰：『然。』惠子曰：『人而無情，何以謂之人？』莊子曰：『道與之貌，天與之形，惡得不謂之人？（中略）吾所謂無情者，言人之不以好惡内傷其身，常因自然而不益生也。』」蓋此如迅雷烈風之發殺機，絶不用恩，要使之復於無情耳。（人與人周旋往來，有中節之禮，常人謂之情，智者謂之禮。）莊子：「蠢動而相使，不以爲賜。」注：「用其自動，故動而不謝。」言民之動作出於自然也。萬物皆然。風雷益，萬物群生。老子：「天地不仁，以萬物爲芻狗。聖人不仁，以百姓爲芻狗。」不仁，無恩也。至公無私，何有恩？言迅雷烈風云云，有殺機不仁，以賊爲芻狗之意焉。陰符經十真集解葛玄云：「自己天真謹守，無心即是無恩。」又許遜曰：「洊雷震，君子以恐懼修省。隨風巽，君子以申命行事（皆見易大象傳）。」陰符經發隱：「無恩者，斷除情愛也。大恩者，長養法身也。若就利他言之，即是無緣大慈，（中略）起死迴生也。」

「迅雷烈風」句，亦可作「執天之行」解。

上篇言「觀天之道，執天之行」。中篇言「天生天殺，道之理也」。今下篇言「天之無恩，而大恩生。迅雷烈風，莫不蠢然」。要之，不外觀執而每下愈況，且不必言立天定人，而立天定人自見乎其中。無心，無恩。無恩便是迅雷烈風，便是觀執，便是殺賊也。案褚氏本此下有「制在氣」三字，而無下文「禽之制在氣」五字。李本則有「禽之制在氣」五字，而無「制在氣」三字於此「蠢然」之下也。而褚氏本乃有上文「移星易宿地發殺機」八字。可知二本互有小小缺文，合之適成爲完璧也。傳世既久，秦漢後輾轉鈔録，遂致略有不同。今以彼補此，原文毫無缺漏。觀其章法之謹嚴，修辭之明純，可知可信。讀者宜深思力行而寶藏之也。

至樂性餘，至靜性廉。天之至私，用之至公。禽之制在氣。

殺賊之後，自在逍遥，形容之則曰樂曰餘。殺賊之後，專志精一，形容之則曰靜曰廉。樂也，餘也。靜也，廉也。本無動也，而亦本無靜，活潑潑之性也。天性，人也，即佛家所謂之真佛，道家所謂之真人。易繫辭傳云：「易，無思也，無爲也，寂然不動，感而遂通天下之故。非天下之至神，其孰能與於此？」然則能與此者，天下至神。性即易，易即性也。至靜性廉，寂然不動也。感而遂通，至樂性餘也。「天之無恩，而大恩生」，無恩性廉，大恩至樂也；「迅雷烈風，莫不蠢然」，迅疾性廉，蠢然至樂也。「天之無恩，而大恩生」，無恩至私，大恩至公也；「迅雷烈風，莫不蠢然」，迅疾至私之用，蠢然至公之驗也。執天之行者，風雷在握，可謂天之至私；而立天定人，又用之至公也。陰符經十真集解施肩吾曰：「至樂無如至靜。」又集解：「天地氤氳，是至私也。萬物化生，是至公也。」（「天地萬物」八字，見易繫辭傳。）禽，與「擒」同。如關尹子五鑑篇：「唯聖人能斂萬有於一息。」文子：「聖人内藏，不爲物唱，事來而制，物至而應。」韓非子：「制在己曰聖，不離位曰靜。」孟子：「我知言，我善養吾浩然之氣。」又：「其爲氣也，配義與道，無是餒也。」又：「其爲氣也，至大至剛，以直養而無害，則塞乎天地之間。」制氣之法即孟子所云：「必有事焉，而勿正心，勿忘，勿助長。」莊子人間世：「仲尼曰：『若一志，無聽之以耳而聽之以心，無聽之以心而聽之以氣。聽止於耳，心止於符。氣也者，虛而待物者也。唯道集虛。虛者，心齋也。』」於以可見黄帝之制在氣，即孔、顔、莊之「心齋」，即孟子之「養氣」，千古心傳在此矣。陰符經發隱：「會萬物爲自己，至私也。澤及萬物而不居功，至公也。」又：「禽之者，制心一緣也。」「禽之制在氣」者，以「禽」字引申「執」字，以「制在氣」引申「觀」字也。孟子云：「心之官則思。思則得之，不思則不得也。」此「思」字，豈「何思何慮」之「思」字乎？即以心思心之禽也。以心思心者，以心復心也。思即觀，觀即禽。思其無一念時之氣象，如夜氣之清明耳。

上文曾言「莫不蠢然」矣。蠢然，即活潑潑而長養者也。天性也。吾今更以莊子證之。莊子云：「吾以無爲誠樂矣，又俗之所大苦也。故曰至樂無樂。」（見至樂）又云：「全汝形，抱汝生，勿使汝思慮營營。」（見庚桑楚）又云：「謷乎大哉！獨成其天。」（見德充符）又云：「古之人，天而不人。」（見列禦寇）又云：「庸也者，用也。用也者，通也。」（見齊物論）又云：「用之者，假不用者也。」（見知北遊）然則此餘也，廉也，私也，公也，固方便言之，要在能擒其五賊，制而殺之於無終無始之一氣，而長養其活潑潑之天性而已。案陰符經考異，「至靜」作「至淨」。而注之云：「至淨者無染，故性廉潔。」

生者，死之根。死者，生之根。恩生於害，害生於恩。

「生死」句示迷惑之大病。「恩害」句示感應之妄作。感應，因果也。生死，輪迴也。有因果則有輪迴，無恩害則無生死。恩害與生死相須也。示此生死因果者，使人知此生死恩害，如水火然，當逃避之也。易繫辭傳：「原始反終，故知死生之説。精氣爲物，遊魂爲變，是故知鬼神之情狀。」中庸：「事死如事生，事亡如事存，孝之至也。」論語：「季路問事鬼神，子曰：『未能事人，焉能事鬼？』敢問死，子曰：『未知生，焉知死？』」言能事人，方能事鬼，知生則能知死也，而死後非無。莊子秋水：「道無終始，物有死生。」又大宗師：「子來曰：『父母於子，東西南北，唯命之從。陰陽於人，不翅於父母。彼近吾死而我不聽，我則捍矣，彼何罪焉？夫大塊載我以形，勞我以生，佚我以老，息我以死。故善吾生者，乃所以善吾死也。』」又：「已外生矣，而後能朝徹。朝徹，而後能見獨。見獨，而後能無古今。無古今，而後能入於不死不生。殺生者不死，生生者不生。其爲物，無不將也，無不迎也，無不毁也，無不成也。其名爲攖寧。攖寧者，攖而後成者也。」又：「彼方且與造物者爲人，而遊乎天地之一氣。彼以生爲附贅懸疣，以死爲决疣潰癰。夫若然者，又惡知死生先後之所在？」又：「彼且有骸形而無損心，有旦宅而無情死。」列子天瑞篇：「唯予與彼知而未嘗生未嘗死也。」又：「有生者，有生生者。有形者，有形形者。有聲者，有聲聲者。有色者，有色色者。有味者，有味味者。生之所生者死矣，而生生者未嘗終。形之所形者實矣，而形形者未嘗有。聲之所聲者聞矣，而聲聲者未嘗發。色之所色者彰矣，而色色者未嘗顯。味之所味者嘗矣，而味味者未嘗呈。皆無爲之職也。能陰能陽，能柔能剛，能短能長，能圓能方，能生能死，能暑能涼，能浮能沉，能宫能商，能出能没，能玄能黄，能甘能苦，能羶能香。無知也，無能也，而無不知也，而無不能也。」又：「黄帝書曰：『形動不生形而生影，聲動不生聲而生響，無動不生無而生有。』形，必終者也。天地終乎？與我偕終。」此「偕終」，即佛家所謂度盡衆生也。易説卦傳：「帝出乎震，齊乎巽，相見乎離，致役乎坤，説言乎兑，戰乎乾，勞乎坎，成言乎艮。」齊與相見則恩，致役則害生於恩；戰勞則害，成則恩生於害也。蓋爲物所役，身心受大苦，代謝者又不以毁爲謀，而成於艮也。是恩害相生無窮期也。陰符經本義引俞全陽曰：「恩謂天之生物，害謂天之殺物。」或曰：小懲大誡（見易），以訟受服（見易），皆恩生於害也。輿脱輹，夫妻反目（見易），婦子嘻嘻，終吝（見易），皆害生於恩也。無恩害，則去生死死生之根也。所謂無恩害者，物來順應之，未嘗於應物中有恩之或害之之心也。蓋恩害本非天性所固有也。莊子曰「參萬歲而一成純」（見齊物論），又曰「有旦宅而無情死」（見大宗師）、「死生無變於己」（見齊物論），而況恩害之端乎！此特爲人指破，而欲使人看破也。

愚人以天地文理聖，我以時物文理哲。

中庸：「知者過之，愚者不及也。」論語：「唯上智與下愚不移。」漢書古今人表第九等下下曰愚人，言「可與爲惡，不可與爲善」者也。關尹子九藥篇：「不信愚人易。」易繫辭傳：「仰以觀於天文，俯以察於地理。」中庸：「文理密察，足有以辨也。」莊子：「小夫之知，敝精神乎蹇淺。」此小夫，指愚人言也。大學：「人之彦聖，其心好之。」注：「聖，通明也。」通玄先生陰符注：「傳曰：觀天之運四時，察地之化萬物，無所不知，而蔽之以無知。小恩於人，以蒙自養之謂也。」又王道淵曰：「『愚人以天地文理聖』者，此言愚人，非是愚蠢之愚。蓋謂有等學人，因聰明所障，被文理所拘，竟不肯低下參訪至人，祇於外面尋紙上之文，億度天地文理，快説快道，他遂自以爲聖。吁，何其愚之甚也！以有道者觀之，反爲愚人也。」易繫辭傳：「六爻相雜，惟其時物也。」「時物文理」，如易繫辭所云「河出圖，洛出書，聖人則之」是也。時物文理，指八卦成章、六十四卦成先天象言之也。是時也，一時無二時。是物也，生物不測。文理，其種種之象、種種之聲等之理具也。於後天象地水火風同合而成之人間世。不過於動其機萬化安中，一時返成先天之時物文理，内聖外王，表裏如一也。關尹子八籌篇：「古之善揲蓍灼龜者，能於今中示古，古中示今；高中示下，下中示高；小中示大，大中示小；一中示多，多中示一；人中示物，物中示人；我中示彼，彼中示我。是道也，其來無今，其往無古；其高無蓋，其低無載；其大無外，其小無内；其本無一，其末無多；其外無物，其内無人；其近無我，其遠無彼。不可析，不可合，不可喻，不可思。唯其渾淪，所以爲道。」夫能體此聖功神明者，豈非哲人乎？哲，智也。對愚人言，故曰哲也。書：「浚哲文明。」又：「知人則哲。」禮記：「哲人其萎乎！」以天地文理聖者，逐外物以自多，如莊子天下篇後人評惠子云「惠施多方，其書五車」，

「逐物而不反，窮響以〔一〕聲，形與影競走者」是也。時物文理哲者，「宇宙在乎手，萬化生乎身」是也。「六爻相雜，惟其時物。」欲見此宇宙在手、萬化生身之聖哲乎？可於易之先後天象研究之。彼美人兮，固常在於先天大象中也。案陰符經考異盧陵黄瑞節附録云：「驪山老母注本與蔡氏本『我以時物文理哲』爲書之末句。褚氏本與張氏注本其下有二十一句，百一十四字。朱子所深取者政在此。今取褚氏本爲正。」其所以缺二十一句者，蓋緣歷來鈔散之訛，不足據也。

人以愚虞聖，我以不愚虞聖。人以奇期聖，我以不奇期聖。

上文言「愚人以天地文理聖」，以多知多能爲聖人矣。而聖人大智若愚（四字見老子），故又測度聖人爲愚也。古人不言愚人，是愚人上一等之中人也。關尹子九藥篇：「智之極者，知智果不足以周物，故愚。」又：「聖人言蒙蒙，所以使人聾。聖人言冥冥，所以使人盲。聖人言沉沉，所以使人瘖。唯聾則不聞聲，唯盲則不見色，唯瘖則不音言。不聞聲者，不聞道，不聞事，不聞我。不見色者，不見道，不見事，不見我。不音言者，不言道，不言事，不言我。」聖人，我與事與道且不以爲有，如愚人也，故人以愚度之。

〔一〕「以」，原作「其」，據通行本莊子改。

論語：「吾與回言，終日不違如愚。」莊子天運：「惑故愚，愚故道。」此亦如愚之旨，謂愚故近道也。聖人固有示人以愚者，故人以愚度之也。人以奇期聖者，不度聖人爲愚，又改度聖人，以奇怪期望之也。列子黄帝篇：「有神巫自齊來，處於鄭，命曰季咸。知人死生存亡禍福壽夭，期以歲月旬日，如神。鄭人見之，皆避而走。列子見之而心醉，而歸以告壺子，曰：『始吾以夫子之道爲至矣，則又有至焉者矣。』」此列子始學道，以奇期聖之據也。又，黄帝「放萬機，舍宫寢，去直侍，徹鐘懸，減厨膳，退而閑居大庭之館，齋心服形，三月不親政事。晝寢而夢，遊於華胥氏之國。（中略）黄帝既寤，怡然自得，召天老、力牧、太山稽，告之，曰：『（中略）今知至道不可以情求矣，朕知之矣！朕得之矣！而不能以告若矣。』又二十有八年，天下大治，幾若華胥氏之國」。黄帝未嘗以奇自居，人亦不以奇期之，即可知吾國古時已曾臻文明極點矣。如有志者能求之於古三皇五帝舊文明，可與古爲新也。又周穆王篇：化人「謁王同遊。（中略）化人之宫，構以金銀，絡以珠玉。（中略）王自以居數十年，不思其國也。（中略）所坐猶嚮者之處，侍御猶嚮者之人。視其前，則酒未清，肴未咈。王問所從來，左右曰：『王默存耳。』」此在佛家謂短劫攝長劫，延促任意；在回教（天方性理），謂之小中見大。人間世固幻。或謂「真即是幻，幻還有真」。事理本然，何嘗有奇？周穆王亦未嘗自以爲奇也。陰符經發隱：「世俗之見，不達真理。見其體静，妄以爲愚，而不知其性離暗鈍；見其用大，妄以爲奇，而不知其性德本具。」蒼厓氏陰符經注：「道在不愚不奇。」不愚不奇，中庸所謂「從容中道」之道是也。

惟聖人能知聖人。或愚之，或奇之，所以爲常人之見，乃妄爲揣測耳。聖人無揣測之心，所以能知聖人。案宋刻缺此二十二字。

故曰：沉水入火，自取滅亡。

莊子養生主：「吾生也有涯，而知也無涯。以有涯隨無涯，殆已。已而爲知者，殆而已矣。」陰符經發隱：「蓋以愚虞聖者，心趣昏昧，故喻沉水；以奇期聖者，心貪高舉，故喻入火。自取滅亡者，汩性喪真也。」或曰：如上種種推測聖人，不能實行聖人之道，而以天地文理自聖，則如自沉於水，自投於火，自殺其身也。寧殺己而不殺賊，是可哀也。故以此語警之。

以沉水入火譬生死恩害。滅亡者，銷鑠汩没，喪亡真性也。案黄瑞節陰符考異附録曰：「張氏注本云：人以虞愚，我以不虞聖。人以期其聖，我以不期其聖。故曰：沉水入火，自取滅亡。」今考道藏斗集所載張氏注本，未見脱書，而僅多「故曰」二字，於理爲長，特從之。至宋刻，則前文既缺，且并此十字亦缺之也。

自然之道靜，故天地萬物生。天地之道浸，故陰陽勝。陰陽相推，而變化順矣。

自然之道，非如佛家所斥之自然外道也。彼是一切放任之謂。此自然之道，即佛家所謂『本原自性天真佛』也。如如不動，故云自然之道靜耳。禮樂記：「人生而靜，天之性也。」上文云「天性，人也」，其人寂靜。天地位，萬物育，故云「天地萬物生」。易繫辭傳：「天尊地卑，乾坤定矣。卑高以陳，貴賤位矣。動靜有常，剛柔斷矣。方以類聚，物以群分，吉凶生矣。在天成象，在地成形，變化見矣。（上下皆天地，中含高卑貴賤，動靜剛柔，方物吉凶形象，而不外天地。）是故剛柔相摩，八卦相蕩。（剛柔相摩，一陰爻對一陽爻也。八卦相蕩者，成先天大象也。）鼓之以雷霆（震四離三），潤之以風雨（巽五坎六）。日月運行，一寒一暑。（乾坤坎離，顛倒不變，故重言之，而乾坤更詳。）乾道成男，坤道成女（艮七兑二）。乾知大始，坤作成物（天地）。乾以易知，坤以簡能（乾一坤八，先天大象成）。」此浸勝相推之事也。三反晝夜之後，自有此種景象。言雷霆風雨等，皆藉外言之以爲喻。「宇宙在乎手，萬化生乎身」者，造天地即天地之，化萬物即萬物之，莫非大順，故曰「變化順」也。又：「天地絪緼，萬物化醇。男女構精，萬物化生。」浸勝相推，化醇之事，非化生之事也。莊子天地：「泰初有無無，有無名。（中略）性修反德，德至同於初。同乃虛，虛乃大。合喙鳴，喙鳴合，與天地爲合。其合緡緡，若愚若昏，是謂玄德，同乎大順。」蒼厓氏陰符經注：「自然之道，無形無象，主宰其中。天地萬物之有形象者，俱藉以轉矣。浸者，由漸以進。勝者，迭爲消長。」通玄先生陰符經注：「傳曰：自然之道，無爲而無不爲。動靜皆得其性，靜之至也。靜故能立天地萬物，自然而然也。伊尹曰：靜之至，不知所以生也。」「傳曰：浸，徵也。天地之道，體著而用徵，變通莫不歸於正。徵之漸，故能分陰陽，成四時之至順也。」又曰：「聖人變化，順陰陽之機。天地之位自然，故因自然而冥之，利自然而用之，莫不得自然之道也。」莊子大宗師：「先天地生而不爲久。長於上古而不爲老。」故能生天地順變化也。

天真常在，故云「自然之道」。靜者，示其本靜。天地萬物皆其所本具，但吾人昏蔽逐妄，不能自覺。及反其本靜，而天地萬物生於靜中也。此中天地陰陽又是活潑潑地，故以「浸」字、「勝」字、「相推」字、「變化」字等形容之。順者，順相推也。道家言逆之成佛成仙，大非。細玩上文，有佛家所云之淨土在。

是故聖人知自然之道不可違，因而制之。

老子：「道法自然。」淮南子：「因天地之自然。」晉書裴秀傳：「生而岐嶷，長蹈自然。」

論語：「忠恕違道不遠。施諸己而勿願，亦勿施〔一〕於人。」以尚有揆度之心，故未免違道。但作彼己如一看之，道本如一，故云「不遠」也。違自然之道者，如「以己出經式義度」（「以己」句見莊子應帝王），使人從己是也。莊子在宥：「故舉天下以賞其善者不足，舉天下以罰其惡者不給。故天下之大，不足以賞罰。自三代以下者，匈匈焉終以賞罰爲事，彼何暇安其性命之情哉！而且說明邪？是婬於色也。說聰邪？是婬於聲也。說仁邪？是亂於德也。說義邪？是悖於理也。說禮邪？是相於技也。說樂邪？是相於婬也。說聖邪？是相於藝也。說知邪？是相於疵也。」此不安其性命之情，違自然之道也。又：「自而治天下，雲氣不待族而雨，草木不待黄而落，日月之光益以荒矣。而佞人之心翦翦者，又奚足以語至道？」此可見自然之道不可違。關尹子：「情生於心，心生於性。情，波也。心，流也。性，水也。來感我者如石火頃，以性受之。則心不生，物浮浮然。」其以性受之者，一無妄念受之也，即制即觀即執。又：「天下之理，小不制而至於大，大不制而至於不可制。故能制一情者，可以成德。能忘一情者，可以契道。」先制後忘，忘則不違。「因而制之」，莊子謂之「因是」。齊物

〔一〕「施」，原作「恕」，此句出於中庸而非論語，據改。

論：「是以聖人不由而照之於天，亦因是也。」又曰：「因是已。已而不知其然，謂之道。」又曰：「無適焉，因是已。」制之，止之也。上文「禽之制在氣」，此引申言之也。淮南子：「寂然無聲，漠然不動，引之不來，推之不去。」此可以形容「制」字。違自然之道，即逆自然之道也。制者，制違逆之行。案宋石刻缺此十六字。

至靜之道，律曆所不能契。爰有奇器，是生萬象，八卦甲子，神機鬼藏。

莊子天道：「聖人之靜也，非曰靜也，善故靜也。萬物不足以鐃其心者，故靜也。（中略）聖人之心靜乎？天地之鑒也，萬物鏡也。」又刻意：「一而不變，靜之至也。」又庚桑楚：「徹志之勃，解心之謬，去德之累，達道之塞。富貴顯嚴名利，六者勃志也。容動色理氣意，六者謬心也。惡欲喜怒哀樂，六者累德也。去就取與知能，六者塞道也。此四六者不蕩胸中，則正。正則靜，靜則明，明則虛，虛則無爲，無爲而無不爲也。」莊子寓言：「天有曆數，地有人據，吾惡乎求之？」不能求，猶不能契也。又徐無鬼：「不可以有崖，不可以無崖。頡滑有實，古今不代，而不可以虧。」此指道而言也。又則陽：「冉相氏得其環中以隨成。與物無終無始，無幾無時。日與物化者，一不化者也，闔嘗舍之？」此得道之後，成就後覺，不肯捨棄，與此示奇器使昭昭進乎象者，其心正相同也。

奇器，或以指人而言。老子：「天地之間其猶橐籥〔一〕乎！」此亦以器爲言也。丹家有鼎器之説，乃就有奇器而擬言之。莊子天地：「無爲而萬物化。」物各有象，是生萬象。又以又，奇器指八卦甲子而言。太極生兩儀，兩儀生四象，四象生八卦，内卦三爻備。又以八卦作太極觀，兩儀之，四象之，八卦之，外卦六爻備。内卦己也，外卦人也。爻爻太極兩儀四象八卦又重之也。序卦可圖也，雜卦可圖也，後天六十四卦不可圖也。欲圖之，去遊魂八歸魂八而圖之。後天象，先天大象之用也，而即在先天大象之内，莊子所謂「六合雖大，未離其内。秋毫爲小，待之成體。萬物莫不沉浮，終身不故。陰陽四時運行，各得其序」。此先天大象動而非動，動如靜；靜而非靜，靜如動。人己如一，彼此如一，内外如一，一亦非一也。非靜非動，故易言至動之健，而此言至靜之道也。至靜之道，律曆所不能契，今以奇器之六十四卦，總攝於八卦，而即名之曰先天八卦象者契之也。甲子，以甲乙丙丁戊己庚辛〔二〕壬癸十干，與子丑寅卯辰巳午未申酉戌亥十二支，相配以成六十干支，而總名甲子也。登龜灼荆，方弓異弓，老少奇耦，凶吉之兆，

〔一〕「籥」，原作「鑰」，據通行本老子改。
〔二〕「辛」，原作「申」。

於焉以判。而蓍之七七四十九，參伍以變，錯綜其數，掛之扐之歸奇之，何卦何象，而吉凶見也。至靜之道，律曆所不能契，今以器之蓍龜契之也。就其感而遂通言之，故曰神機。神機對感者言。被感者固未嘗動也。就其寂然不動言之，故曰鬼藏。鬼，歸也，遊魂之得歸者。鬼藏而寂然，恬定之至，固未嘗動也。至靜之道，器以契之，八卦蓍龜也。陶宏景鬼谷子注「私志於内，物應於外，若合符契」，是也。

陰陽相勝之術，昭昭乎進乎象矣。

上文言「天地之道浸，故陰陽勝」，今以先天大象釋之，自復而頤而屯而益而震，乃至大有而夬，夬而乾，陽漸增而陰漸消。自姤而大過而鼎，乃至於坤，陰漸增而陽漸消。此其一也。（對象而玩之，易知。）又或取六十四卦中任一卦如復，其第一爻變坤，數之以全象（先天大象），作兩儀觀矣。第二爻變臨，以全象作四象觀矣。第三爻變明夷，以全象作八卦觀矣。第四爻變震，以全象作十六觀矣。第五爻變屯，以全象作三十二觀矣。第六爻變頤，以全象作六十四觀矣。六十四，卦之全數也，合而爲太極。復亦太極也，頤亦太極也。卦數浸長，象數浸消（先天大象之分數）。象數浸長，卦數又浸消也。乃任一卦皆太極，皆兩儀，皆四象，皆八卦，以至皆六十四。此其二也。又取任一卦乾變之。第一爻變姤，姤於數爲三十二，於象爲二。第二爻變遁，於數爲十六，於象爲四。第三爻變否，否於數爲八，於象亦爲八。第四爻變觀，觀於數爲四，於象爲十六。第五爻變剥，剥於數爲二，於象爲三十二。第六爻變坤，坤於數爲一，於象爲太極。即六十四卦全也。（一、二、四、八、十六、三十二、六十四，對大象數之自知。）此其三也。復示遞變，乾示疊變，變不外乎此二者。而疊變爲後天在於先天中變也，遞變則先天自變也。先天一陰對一陽，而未嘗爲陰陽，相補而渾同之矣。是莊子所云：「樞始得其環中，以應無窮。是亦一無窮，非亦一無窮也。」（見齊物論）環中，中也。是非兩行，示以陰陽，寓諸庸而爲和也。故上文云「天地萬物生」。此至静之道，乃以卦象或蓍龜示之，是陰陽相勝之術之器也。「昭昭乎進乎象」者，以器契之，聖人之象，亦可得執持而觀之也。道器之别，在人之行不行判之耳。陰符經發隱以爲：「至静之道，律曆所不能契」，是空如來藏；「爰有奇器，是生萬象。八卦甲子，神機鬼藏」，是不空如來藏；「陰陽相勝之術，昭昭乎進乎象矣」，是空不空如來藏。其云空不空如來藏者，直顯中道，與吾所示之遞變相準。餘之二者，亦一一相準。特於「器」之一字、「神機鬼藏」四字，未能確切而已。如吾之説，聖人即道，道寓於器，即器而見聖人，下學之，可以上達矣。

右下篇

案高氏緯略曰：「蔡端明云：『柳書陰符經，書之最精者，善藏筆鋒。』余觀此書，非唯柳氏筆法遒結，不類他書，而此序乃鄭澣之作，尤爲奇絶。其曰『雷雨在上，典彝旁達，浚其粹精，流爲聰明』，四句精絶，不似唐人辭章。」以此斷之，陰符之久傳，又一證也（見考異〔一〕附録）。

讀下篇，知又可分爲五節讀之，自「瞽者善聽」至「用師萬倍」爲第一節，自「心生於物」至「禽之制在氣」爲第二節，自「生者，死之根」至「自取滅亡」爲第三節，自「自然之道靜」至「因而制之」爲〔二〕四節，自「至靜之道」至「進乎象矣」爲第五節。第一節以用師爲喻，第二節以風雷爲喻，皆示其賊機之當殺。而第二節兼示賊之所在，及禽制於何處。第三節明言逐物之可懼。第四節明言育位之自然。第五節言八卦、甲子、奇器之可以契道。「觀」、「執」二字，乃詳盡無餘藴矣。

〔一〕「考異」，原作「異考」。

〔二〕「爲」，該字下應脱一「第」字。

補過齋讀陰符經日記〔一〕

蒙自楊增新鼎臣

上篇

觀天之道，執天之行，盡矣。

天之道，即所謂自然之道靜也。執天之行，即所謂聖人知自然之道不可違，因而制之也。觀天之道，則有以知道之自然。執天之行，則有以體道之自然。聖人之能事畢矣。

一陰一陽之謂道，天之道靜而已。自然之道靜，故天地萬物生。天之行，浸而已。天地之道浸，故陰陽勝。天之道何以觀？以靜觀之。天之行何以執？以浸執之。

〔一〕作者楊增新（一八六四——一九二八），字鼎臣，雲南蒙自人。光緒十五年進士，清末在新疆任職。民國元年以後長期擔任新疆政府首腦。勤於著述，有補過齋文牘、補過齋日記等。本書文字取自藏外道書影印本。

觀天之道，知其理也。執天之行，履其事也。知行並進，道在是矣，故曰盡。必如瞽者善聽，聾者善視，然後可以觀天之道。必能宇宙在手，萬化生身，然後可謂執天之行。觀者確有所見也，執者確有把握也。見之者昌，則五賊非賊，所謂觀天之道者如此。三盜既宜，則三盜非盜，所謂執天之行者如此。

天有五賊，見之者昌。

五賊，五行也。天生五材，民並用之。而人皆知五行之有利，不知五行之有害，故曰五賊。如土地所以利人，有殺身以爭土地者；貨財所以利人，有忘身以殉貨財者；民非水火不生活，有蹈水火而死者。是皆以利人者害人也。能知其所以爲害，而後能得其所以爲利，雖有天賊，可無人賊矣。故曰「見之者昌」，即「知之修鍊，謂之聖人」之意。天地，萬物之盜，是天地盜萬物也。天有五賊，是萬物盜天地也。萬物盜天地之氣以生，而天地之元氣即以此洩。今日之天地不及太古之天地，年漸老，氣漸衰也。物雖有萬，不離五行，故曰天有五賊。五賊者，五行之相克者也。土不能克水，則世界成澤國矣。水不能克火，則世界成火坑矣。陰陽不相勝，則不成天道。尊卑不相攝，則不成人道。能知五賊之所以賊，即知五賊之所以昌矣。

五行相克曰賊。賊者，殺機也。土克水，故無水患；水克火，故無火災。是生機即寓於殺機也。君臣上下，相制相維。君不能制臣，而受制於臣，何以爲國？父不能制子，而受制於子，何以爲家？能知五賊之不能相無，則賊之以道，而賊所當賊，三盜宜，三才安矣。故曰「見之者昌」也。

「天有五賊，見之者昌」，祇是一陰一陽迭爲消長，不使之有所偏勝。天道有偏勝，便成天災。人事有偏勝，便成人禍。毒藏於藥，良醫必有以制其毒；姦生於國，聖人必有以防其姦。惟其能相克，是以能相生也。

不獨五行有相克也，天下之物無以制之，未有不爲害者。牛之角，犬之牙，馬之蹄，皆能傷人，況虎狼乎！聖人有以制之，故萬物並育而不相害。今虎狼遍天下，而制之無其道，是我無以賊彼，而彼反得以賊我也。能知五賊之所以相賊，乃出於天理之自然而不可無，則不至以姑息養姦矣。

多子之母，其體必羸。再實之木，其根必傷。子盜母氣故也。生五行者天也，盜天之氣者五行也。故曰「天有五賊」。

人非五行不生，非五行不殺，故曰「天有五賊」。人非萬物不生，非萬物不殺，故曰「萬物，人之盜」。天下之物，凡有利於人者，即有害於人。愚者見其利，不見其害。智者見其利，即見其害。故曰「見之者昌」。

五賊在心，施行於天。

五賊謂五德也。因自然之道，則五德即爲道。失自然之道，則五德亦爲賊。能行其所無事，斯可矣。

天地一大機器也，有五賊以賊之；在天之元氣發洩太盡，則天地必有毁時。人身一小機器也，有五賊以賊之；在人之元氣發洩太盡，則人身必有毁時。知其爲賊而制之不使過焉，則能盡己性，盡人性，盡物性，可以贊天地之化育矣。

五賊在心，與荀子性惡之説相似。不第欲不可縱，即性亦不可縱。不第欲不可不節，即性亦不可不節。總欲人省察此心，不使性情之在心者有所妄動，以爲此心之害耳。心不可妄動。知五德爲心之賊，則當制之而不使竊發矣。五德如此，況七情乎？乃任其一發而不可遏乎？

五賊在心，五賊即五性也。在天爲五行，在心爲五性。仁之過爲愚，義之過爲刻，禮之過爲僞，智之過爲詐，信之過爲固。七情失中則爲惡，五性失中亦不可謂之善。書曰「節性」，謂節之而不使過也。孟子曰「忍性」，亦謂忍之而不使過也。知五性爲心之賊，則必有以節之忍之矣。

天地一渾沌也；自有五行，而天地之渾沌鑿矣。故曰天有五賊。人心一渾沌也；自有五性，而人心之渾沌鑿矣。故曰「五賊在心」。

天有五賊，其流極必害於人。五賊在心，其施行必本於天。此天人相因之理。

「五賊在心，施行於天。」天者，自然之謂。五賊之在心者，能率其天性之自然，施之於政，行之於事，而不使有過不及之差焉，則五賊不能爲心害，而反爲心用矣。所謂執天之行者如此。

「天有五賊，見之者昌」，是盡人事以彌天地之憾也；不任乎天，則五賊之在天者不能爲害於人矣。「五賊在心，施行於天」，是本天道以救人性之失也；不任乎人，則五賊之在心者不至有違乎天矣。故陰符爲天人合一之書。

天之五賊，即虞書之六府：水火金木土穀；惟修知五行之爲利，而思有以修之也。天有五賊，見之者昌；恐五行之爲害，而思有以防之也。心之五賊，即孟子之四端。四端在我，擴而充之，所以期道心之發見也。五賊在心，逆而制之，所以遏人欲之横流也。

宇宙在乎手，萬化生乎身。

宇宙在手是行政，而政無不行。萬化生身是立法，而法無不立。非聖人，其誰能與於斯？

宇宙在手，自有天地以來，祇有伏羲一人。萬化生身，自有天地以來，祇有周公一人。兼而有之者，其孔子乎？

宇宙在手，是要撮合得攏，見聖人統一萬國之才。萬化生身，是要展布得開，見聖人因應萬事之妙。而其要在執天之行，陰謀武力都不濟事。

宇宙在手，是對於萬國可以操縱自如。萬化生身，是對於萬事可以指揮如意。非大一統之聖人，其孰能之？

羲、文之易，黄帝之靈樞、素問，孔子之六經，周公之官禮，康節之皇極經世，皆可謂宇宙在手，萬化生身。

天性，人也。人心，機也。立天之道，以定人也。

天性，人也。天之性不可見，於人之性見之。人之性即天之性。聖人與天同其性，故能與天合其德。自賊其性者，自棄其天者也。性即周子所謂太極。

中庸云「天命之謂性」，尚夾氣質之性在内。陰符經云「天性，人也」，是天之性即人之性，人之性即天之性。知天人之性合一，而孟子性善之説乃明。

「人心，機也。」人心之動有善有惡，故曰機。機者，發動之所由。聖凡之胚胎，人禽之界限，皆判乎此。於此不講，則天性漓，而不可以爲人矣。周子曰「幾善惡」，即太極圖説之所謂陰陽。機之所動，若決江河，沛然莫之能禦也。機動於善，天下之善皆歸焉。機動於惡，天下之惡皆歸焉。故君子慎動。

心之生機一動，則萬物以之生；曹彬伐江南，宋祖戒之曰「城陷之日，慎勿殺戮」，是也。心之殺機一動，則萬物以之死；項羽坑秦降卒是也。

人心，機也，機有藏於心者，「其盜機也，天下莫能見，莫能知」是也。機有發於事者，「人發殺機，天地反覆」是也。藏於心而不可測，故謂之陰；發於事而有可據，故謂之符。

陰符經屢言「機」字。「人心，機也」，是動静之機在於心。「心生於物，死於物，機在目」，是動静之機在於目。人能使心不妄動，目不妄動，其於道亦庶幾矣。

「天性，人也」，是言天之所賦爲性，心之本體也。「人心，機也」，是言性之發爲情，心之大用也。「天性，人也」，是未發之性。「人心，機也」，是將發而未發之情。「立天之道」，是立此天性而使無偏倚，以致未發之中。「以定人也」，是定此人心而使無妄動，以致已發之和。有未發之中，而後有已發之和。故曰「立天之道，以定人也」。

「立天之道」，是就「天性，人也」的「天」字説。「以定人也」，是就「人心，機也」的「心」字説。立是立此性，定是定此心。天性渾然，大中至正。如植臬，如建塔，既不偏東，又不倚西。無外物之誘，無人欲之私，便是未發之中。此之謂能自立其性。人心如機器。然器機不循其軌而妄動，則機壞；心機不中其節而妄動，則機死。心不能不動，而又能使之不妄動，便是已發之和。此之謂能自定其心。天之道雖有陰陽，然陰常爲陽之主。心之機雖有動静，然静常爲動之主。天以無爲立天之極，人以主静立人之極。周子云：「聖人定之以中正仁義而主静，立人極焉。」知此則能使人心之機不至於妄動，而天性之在人者，亦可常存而無失矣。

天發殺機，移星易宿。地發殺機，龍蛇起陸。人發殺機，天地反覆。天人合發，萬化定基。

天發殺機，如水旱、疫癘、凶荒之類。庶民惟星，故移星易宿，世之亂也；箕風畢雨，咎應狂蒙，其象猶是也。地發殺機，如地震、山崩、水竭之類。滄海桑田，故龍蛇起陸，世之亂也；大龍小蛇，爭相飛躍，其象亦猶是也。人發殺機，如盜賊、兵戈之類，小則爲一方之割據，大則爲全國之競爭，近則伏蕭牆之憂，遠則構强鄰之釁。天地反覆，言其禍亂之極，而乾坤或幾乎息。天地猶言上下。子不知有父，臣不知有君，兵不知有將，民不知有官，三綱盡廢，四維不張，而人類亦將滅絶。孟子曰「無禮義則上下亂」。上下亂，即天地反覆之謂。「人發殺機，天地反覆」者，人不中和，則犯上作亂，勢必冠履倒置，天地何由而位？生靈塗炭，萬物何由而育？殺機由人發之，不能由人收之。非順天應人之聖人，不能平天下之亂而使之定。將死之人，不遇良醫，無以獲生也。大亂之世，不生聖人，無以圖治也。聖人一戎衣而天下定，如日出而爝火自息。故曰天人合發，萬變定基。

老子不忍殺人，黄帝則有時而殺人。老子云：「殺人者不可以得志於天下。」又云：「代司殺者殺，是謂代大匠斫，稀有不傷其手者。」是老子不忍殺人也。陰符經則云「天生天殺，道之理也」，謂殺人而合乎天道，非我殺之，乃天殺之。又云天人殺機合發，則萬化定基，謂殺人而合乎天機，非人殺之，乃天殺之。是黄帝有時而殺人也。可見黄老所操之術有不同矣。

性有巧拙，可以伏藏。

伏謂入之極深，如龍之潛，蛇之蟄，伏於下而不飛躍也。藏謂緘之極固，如珠在淵，玉在山，藏於中而不漏洩也。性無論巧拙，可以使之伏，使之藏，非智深勇沉者不能。若巧者使人知其巧，拙者使人知其拙，則淺浮而已。故能伏能藏，則大巧若拙；不伏不藏，則弄巧反拙。

可以伏藏，則巧拙皆予人以不測。德以陰爲大，兵以奇爲神。事以密成，謀以洩敗。伏而後能起，藏而後能發。鸇捕雀，獺捕魚，猫捕鼠，皆先匿其形，然後一擊，而期其必獲。巧者不示人以巧，故能成其巧；拙者不示人以拙，故不終於拙。能藏其巧，則實者虚。能藏其拙，則虚者實。故曰兵者詭道也。

此承上文「天性，人也」言之，即中庸所謂未發之中也。天有四時，惟冬主伏藏。春之生，夏之長，秋之成，雖足以見天之性，而不足以見天性之本體。惟冬令伏藏，萬象蕭然，而天之真性見焉。萬物芸芸，各歸其根，歸根曰静，静曰復命。草木之命歸根，故當春而發。蟄物之命歸根，故當春而動。宋翁森詩云：「木落水淨千岩枯，迥然吾亦見真吾。」天不收藏，天性之本體不可得而見。人不收藏，人性之本體不可得而見。其要在於主静。

金能藏則不缺，木能藏則不絶，水能藏則不竭，火能藏則不滅，土能藏則不裂。其於人也，精能藏則不竭，氣能藏則不洩，神能藏則不滅。善於藏神者，其人必壽，否則夭。善於藏貨者，其家必富，否則貧。藏之爲用大矣哉！

此是孔門心法，非獨陰符之言也。中庸云：「潛雖伏矣，亦孔之昭。故君子内省不疚，無惡於志。」非子思之所謂伏乎！繫辭云：「聖人以此洗心，退藏於密。」非孔子之所謂藏乎！今人秖在放之則彌六合上用功，不在斂之則退藏於密上用功。不能立天下之大本，故不能行天下之達道。所以功名事業雖小有成就，秖是血氣用事，不似聖賢規模。

「性有巧拙，可以伏藏」，是欲使人不得視，不得聽也。「瞽者善聽，聾者善視」，又欲使已善於視，善於聽也。此兵機之要。

九竅之邪，在乎三要，可以動靜。

人生而有竅，邪即隨竅而生。未有竅而無邪者。三要，口耳目也。邪之自外入者，目受之，耳受之。邪之自内出者，口傳之。故三要者，又九竅中之至邪者也。目不妄視，耳不妄聽，口不妄言，則可以動而常主於静矣。

耳目口鼻，謂之七竅，兼二便而言，則竅九也。有一竅則有一邪。老子云：「塞其兑，閉其門，終身不勤。」塞之閉之，邪安從生？三要，耳目口也。九竅雖各有邪，而三要尤爲引邪之媒，叢邪之府，又邪中之至邪也。三要可以動，可以静。其動静之機則在心，故曰「人心，機也」。心主於静，則三要亦與之俱静，而安其常矣。心苟亂動，則三要亦與之俱動，而入於邪矣。

火生於木，禍發必剋。姦生於國，時動必潰。知之修鍊，謂之聖人。

小火滅，則大火不作。大姦除，則小姦不生。太公之誅華士，孔子之誅聞人，其以此夫！

火生於木，焚木者火也。姦生於國，潰國者姦也。木盡而火與之俱盡，國亡而姦與之偕亡。火不生則木終其天年，姦不生則國不虞短命。

木中本有火，木老則火發而自焚，不待火之外來以焚之也。國中自有姦，國衰則姦起而内潰，不待姦之外來以潰之也。外來之患易防，内生之患難防。知之修鍊，則防微杜漸。能消患於未萌，而使之不發，非知幾之聖人，孰能語此？

火生於木，不在大也；一星之火，可以燎原。姦生於國，不在多也；一夫作難，而七廟隳。非知幾者不能防之於早，見之於微。故曰：「知之修鍊，謂之聖人。」

姦生於國，昧者不及覺也。及時有可乘，而凶焰乃大肆矣，如水之潰而不可壅遏，如癰之潰而不可救療。故曰「時動必潰」。聖人知其然也，防於未潰之先，姦者無所售其姦，潰者亦不至於潰矣。所謂知之修鍊者如此。

中篇

天生天殺，道之理也。

萬物受天地之氣以生，仍以受之天地者還之天地。氣盡則死，是天地者，萬物之盜也。然冬之殺，所以爲春之生，無冬則不能有春，無殺則不能有生。故曰：「天生天殺，道之理也。」

天地之生氣，萬物受之以生。天地之殺氣，萬物受之以殺。是生萬物者天地也，殺萬物者亦天地也。此理勢之自然而不可易者也，故爲道之理。

機當生，天必生之，故春花必發。機當殺，天必殺之，故秋葉必凋。非天生之，道生之也。非天殺之，道殺之也。然又曰道之理，何也？天之生物以漸，殺物亦以漸，故曰：「天地之道浸，故陰陽勝。」浸者，漸漬而不遽之謂。陽生陰殺。陽以漸而長，陰以漸而消，則萬物以之生。陰以漸而長，陽以漸而消，則萬物以之殺。陰陽之氣各據其偏勝，而萬物之生殺莫能遁焉。故曰「道之理也」。理謂條理，即陰陽消長之秩然有序者。

生不遽生，由殺而生，生之極則爲殺。殺不遽殺，由生而殺，殺之極則爲生。故曰：

「生者，死之根。死者，生之根。」當生而生，非我生之，乃天生之。當殺而殺，非我殺之，乃天殺之。生殺在天，我無與焉，可謂「用之至公」矣。生如天生，則生而不以爲恩。殺如天殺，則殺而不以爲怨。天地之大德曰生，生而已矣，焉用殺？天之殺，非絶其生機而使之死，乃蓄其生機而使之生。萬物芸芸，各歸其根，歸根曰靜，靜曰復命。殺之正所以生之也。無冬則不能有春，無殺則不能有生。嚴霜大雪，草木爲凋，天之殺機，即物之生機也。可以見天地之心矣。

天地以生物爲心，生之爲生，殺之亦爲生。元亨，誠之通，以生之者生之也。利貞，誠之復，以殺之者生之也。天道不能有生而無殺，聖道不能有賞而無罰。故曰：「天生天殺，道之理也。」

天地，萬物之盜。萬物，人之盜。人，萬物之盜。三盜既宜，三才既安。

生萬物者天地，殺萬物者亦天地。故曰「天地，萬物之盜」。養人者萬物，害人者亦萬物。故曰「萬物，人之盜」。萬物爲人所用，萬物即爲人所戕。故曰「人，萬物之盜」。天地，萬物之盜，生機中有殺機焉，萬物不知也。萬物，人之盜，生機中有殺機焉，人不知也。人，萬物之盜，生機中有殺機焉，萬物不知也。雖殺之而不使之知，故曰盜。

天地，萬物之盜，天地無心也。萬物，人之盜，萬物無心也。人，萬物之盜，則有心。心得其正，則天地位，萬物育，是有功於天地萬物也，盜中之聖也。心失其正，則天地不位，萬物不育，是有害於天地萬物也，盜中之蠹也。

萬物，人之盜，非萬物有心於盜人，人自招之使盜爾。人之視萬物者重，則萬物之盜人也不輕。人之求萬物者多，則萬物之盜人也不少。老子云：「民之輕死，以其求生之厚，是以輕死。」人知非萬物無以養人之生，不知非萬物無以速人之死。故智者貴己而賤物，愚者忘身以殉物。

天地以萬物爲芻狗。人亦萬物中之一物，天地視之亦芻狗耳。自人妄自尊大，謂天生萬物皆以爲人，於是戕賊萬物而不恤，非天地生人之心矣。故人爲萬物之盜。

萬物之中以人爲最靈，亦以人爲最毒。天地閉，萬物絶，祇在人一念之私。天地位，萬物育，祇在人一念之公。

主張性善之説者，見得全世界皆是聖人。主張性惡之説者，見得全世界皆是盜跖。陰符經云「人，萬物之盜」，與荀子性惡之説將毋同。

天有五賊，見得天之性已有不善，與孔子「繼之者善」之説異矣。五賊在心，見得人之性已有不善，與孟子性善之説異矣。蓋反覆天地，戕害萬物，其罪祇在於人。故一言以蔽之曰：「人，萬物之盜。」其詞激，其心苦矣。既云「天有五賊」，又云「萬物，人之盜」，可見人生斯世，無一日不與萬物爲敵，亦無一物不與人爲敵。以一敵萬，其勢常處於不勝。危乎危乎！惟知幾之士，有以防患於未萌，身處萬物之内，神遊萬物之外，庶可全身而遠害。人知人爲萬物之靈，不知人爲萬物之盜。不獨下愚爲盜，即上智亦未始非盜。舉天下之爲君爲相，爲官爲長，爲士爲農，爲工爲商之人，無一而不有盜心，有盜行。天地者，盜藪也。萬物者，盜贓也。有小才則爲小盜，有大才則爲大盜。自天地生人，而天地爲之不位，如子之盜其父母也。自人與萬物並生，而萬物爲之不育，如兄弟之相盜也。三盜之中，以人盜之害爲最巨。自非大聖，烏能跳出盜圈，與萬物並育而不相害哉？雖然，盜亦有道。人於萬物，苟能取以義，用以禮，則盜得其宜，而無害其爲盜矣。故曰：「三盜既宜，三才既安。」

萬物盜天地之氣以生，天地又盜萬物之氣而使之殺。是天地者，萬物之盜也。萬物之生，自然而生；非天生之，道生之也。萬物之殺，自然而殺；非天殺之，道殺之也。天之盜萬物未有不宜者，然亦有宜有不宜。故曰「天地之大也，人猶有所憾」。聖人參贊位育，則天地之盜，萬物之盜，皆得其宜。故曰：「三盜既宜，三才既安。」

故曰：食其時，百骸理。動其機，萬化安。

食有其時，非其時而食則病。動維厥時，非其時而動則危。先時者，如婦人半產。後時者，如孤客夜行。智者因時，愚者背時。時哉，弗可失也。

萬物所以養人，然失其時，則以養人者害人。是萬物者人之盜也。不時不食，則百骸得其養，而萬物不能爲人害矣。故曰：「食其時，百骸理。」

陰符經多說「機」字。人心，機也，是機之動於心者。機在於目，是機之動於目者。天發殺機，是機之動於天者。人發殺機，是機之動於人者。君子得之固躬，是君子善盜此機。小人得之輕命，是小人不善盜此機。「動其機，萬化安」，非知幾其神者，不足以語此。

人知其神之神，不知不神之所以神。

制天下之巧者拙，困天下之智者愚，勝天下之勇者怯。故曰：「人知其神之神，不知不神之所以神。」

通達萬變，大人之心也。神之神也，純一無僞，赤子之心也。不神之神也，不失其赤子之心，爲大人。此之謂不神之所以神。

神之神，至變者也，所謂生物不測者也。不神之神，不變者也，所謂其爲物不貳者也。

見而民莫不敬，言而民莫不信，行而民莫不説，此神之神也。不動而敬，不言而信，不賞而勸，不怒而威，此不神之所以神也。人知之者，便是神之神。人不知者，便是不神之神。上天之載，無聲無臭，至矣！百戰百勝，神之神也。不戰而屈人之兵，不神之神也。

日月有數，大小有定。聖功生焉，神明出焉。

大小謂陰陽。易小往大來爲泰，大往小來爲否。日，陽之屬也，大也。月，陰之屬也，小也。陽主生，陰主殺。月往則日來，寒往則暑來，以生之者生之，陽之爲也。日往則月來，暑往則寒來，以殺之者生之，陰之爲也。日月相推而明生，日月有數也。寒暑相推而歲成，大小有定也。聖人與日月合其明，與陰陽合其德，生之而人不以爲恩，殺之而人不以爲怨。聖功於此生，神明於此出矣。

其盗機也，天下莫能見，莫能知。君子得之固躬，小人得之輕命。

萬物不知天地之何以能盗萬物，而萬物竟爲天地所盗。人不知萬物之何以能盗人，而人竟爲萬物所盗。萬物不知人之何以能盗萬物，而萬物竟爲人所盗。此皆出於理勢之自然。盗者不自知，爲其所盗者亦不自知。故曰：「其盗機也，天下莫能見，莫能知。」君子知天地之能盗萬物也，則以爲天地所盗者，轉而盗之天地，則天地能生我，而不能殺我矣。君子知萬物之能盜人也，則以爲萬物所盜者，轉而盜之萬物，則萬物能養人，而不能害人矣。故曰「君子得之固躬」。小人雖欲盜天地，盜萬物，而盜之不以其道，是以爲天地萬物所盜，不免於妄作之凶。故曰「小人得之輕命」。

將爲善，必有可以爲善之機。君子陰竊此機以爲善，天下莫能見莫能知，不動聲色而措天下於泰山之安。故曰「君子得之固躬」。將爲惡，必有可以爲惡之機。小人陰竊此機以爲惡，天下莫能見莫能知，閑居爲不善，無所不至，雖陷於刑辟而不自覺。故曰「小人得之輕命」。

君子竊爲善之機以爲善，如時雨潤苗，欣欣然向榮也。故固躬。小人竊爲惡之機以爲惡，如飛蛾撲火，自速其死也。故輕命。

孟子曰：「雖有智慧，不如乘勢。雖有鎡基，不如待時。」故作好事要審機，作壞事亦要審機。君子盜其機以爲善，靜靜悄悄，不令人知，便將好事做成。小人盜其機以爲惡，靜靜悄悄，不令人知，便將壞事做成。故曰：「其盜機也，天下莫能見，莫能知。」君子得此爲善之機，不特有益於人，且有益於己，故曰「君子得之固躬」。小人得此爲惡之機，不特有害於人，且有害於己，故曰「小人得之輕命」。「得之」謂得機也。

天下祇有君子小人之兩途，君子居官則利民，小人居官則害民。君子典兵則衛民，小人典兵則擾民。君子小人，無一事不相反。及其終也，利人者恒自利，故君子得之固躬；害人者恒自害，故小人得之輕命。

君子得其機，足以自固其躬，更足以固萬姓之躬。小人得其機，足以自輕其命，更足以輕衆人之命。君子得之，其利如此。小人得之，其害如彼。用人者慎諸。

小盜盜貨，大盜盜國。拙盜盜人，巧盜盜天。

兵機爲君子所盜，則伐暴救民。不特自固其躬，並可以固人之躬。兵機爲小人所盜，則殘民以逞。不特自輕其命，並可以輕人之命。

兵機爲小人所盜，雖禍機未發，而國家之隱患已伏，天下莫能見莫能知也。及其覩釁而動，一夫作亂，響應者遍全國焉，而國之大命傾矣。秦之命不革於劉、項，而革於陳涉。明之命不革於滿清，而革於獻、闖。故曰「小人得之輕命」。

小人陰竊爲惡之機以爲惡。色緣湊巧，便思鑽穴逾牆。財緣湊巧，便思探囊胠篋。如潰堤之水，遇物而必溺。如乘風之火，遇物而必焚。在小人方自以爲得計，不知始害於人，終害於己。貿貿然入於死地而不自覺，故曰「小人得之輕命」。

小人盜此機以殺人，其終歸於自殺。自古未有不知命，不安命，而不死於非命者。

下篇

瞽者善聽，聾者善視。絶利一源，用師十倍。三反晝夜，用師萬倍。

有所短者，必有所長。有所棄者，必有所營。博而寡要，不如專而能精。五官並用，必無一官得用。萬竅皆通，必至一竅不通。老子云：「少則得，多則惑。」不瞽者善聽，用心於聽也。聾者善視，用心於視也。不用心於聽，瞽者亦聽而不聞。不用心於視，聾者亦視而不見。聽在耳，視在目，而所以視聽者在心。心之思不精，則耳目之用不靈。

瞽者絶目之利，以專於聽，故善聽。聾者絶耳之利，以專於視，故善視。精誠所至，有感斯通。瞽者能聽人之所不能聽，聽於無聲。聾者能視人之所不能視，視於無形。絶利一源，則一人之聰明足以敵十人，故曰「用師十倍」。三反晝夜，則一人之聰明足以敵萬人，故曰「用師萬倍」。「三反晝夜」，即朝於斯夕於斯之謂。

獨學無偶，不聾之聾。日日讀書，庶聾而不瞽乎？深居簡出，不瞽之瞽。日日見客，庶瞽而不聾乎？

「絶利一源，三反晝夜」，祇是要人專心致志，夜以繼日，功夫自然長進。祇在浸，不在猛。猛者進鋭退速，浸者日變月化，亦如「天地之道浸，故陰陽勝」也。用師十倍，是能收十倍之效。用師萬倍，是能收萬倍之效。

一人之力，不能敵十人。一人之智，足以敵萬人，故曰吾能鬥智，不能鬥力。用師十倍，是一人之智足以敵十人也。用師萬倍，是一人之智足以敵萬人也。蓋聰明之爲用大矣。

心生於物，死於物，機在目。

生是善念之生，死是良心之死。見孺子入井，有怵惕惻隱之心；當呼蹴弗受，有羞惡之心，此善念之觸於物而生者也。見色而起婬心，見財而起盜心，此良心之溺於物而死者也。其機之發，則皆在於目。孔子所以非禮勿視，老子所以不見可欲也。

心因物而生，亦逐物而死。心生於物者，心機之動也；動而不得其正，則入於死地而死於物矣。心生於物，謂妄心之生；死於物，謂良心之死。其生其死雖出於心，而其機則在於目。

心要生，又要死。無必無固，魚躍鳶飛，心之生也。無意無我，鑑空衡平，心之死也。「問渠那得清如許，爲有源頭活水來」，心之生也。「禪心已作粘泥絮，不逐東風上下狂」，心之死也。存天理，心要生。去人欲，心要死。大學「能慮」、「能得」，是心生；

「能定」、「能靜」、「能安」，是心死。道心生則人心死，人心死則道心生。必能將貪心、忮心、婬心、癡心、妄心一齊死盡，然後道心乃有發見之時。張三丰云：「欲使神活心先死，死心漢即是神仙種子。」道家之修養如此，儒家之存養亦如此。莊子云「哀莫哀於心死」，是言良心不可以死也。張三丰云「欲使神活心先死」，是言妄心不可不死也。

天之無恩，而大恩生。迅雷烈風，莫不蠢然。

天之無恩，天之殺機也。冬之殺，所以爲春之生。是生機即寓於殺機也，故無恩而大恩生。聖人辟以止辟，刑期無刑，亦若是而已。

老子云：「天地不仁，以萬物爲芻狗。聖人不仁，以百姓爲芻狗。」天地無心於仁萬物，故萬物無不被天地之仁。聖人無心於仁萬民，故萬民無不被聖人之仁。若有心於爲仁，則其仁有不遍矣。故曰：「天之無恩，而大恩生。」

天有時和風甘雨，亦有時迅雷烈風。天威所及，則萬物向榮。國威所及，則萬民向化。有生無殺，不足以爲天道。有賞無罰，不足以成治功。

「天之無恩，而大恩生」，是天有大恩於萬物，而天不自知也。「迅雷烈風，莫不蠢然」，是萬物受大恩於天，而萬物不自知也。熙熙哉！

「迅雷烈風」，天之無恩也。「莫不蠢然」，大恩生矣。殺一人而億萬人免於殺，刑一人而億萬人免於刑，殺機即生機也。故陰符不獨爲兵家之書，亦爲法家之書。

至樂性餘，至靜性廉。

「性」即仁義禮智之性。陰符之「性餘」，即中庸之「盡性」。能盡其性，盡人性，盡物性，則可以參贊化育。仰不愧，俯不怍，樂可知矣。

餘於性則樂，餘於情則苦矣。性而廉則靜，性而貪則動矣。

凡性情狹隘之人，事稍拂意，便憂悶欲死，烏能樂？性餘者，此心空空洞洞，綽有餘裕。是性之樂由於性之餘也。凡性情貪鄙之人，如蠅慕羶，如犬逐臭，雖忘身殉欲而不辭，烏能靜？性廉者，此心乾乾淨淨，淡然無欲。是性之靜由於性之廉也。

自然之道靜，至靜則道得矣。何以能至靜？由於性之廉也。所取之數多，則性貪而好動。所取之數寡，則性廉而至靜。廉靜無欲，身以此修，國以此治。其於用兵也何有？

廉靜無欲，而後可以用兵。廉則公，貪則私也。因爭城爭地，爭權爭利，以殺人，則私而已矣。其終，未有不自殺者。

廉者無求，無求故靜。廉者無欲，無欲故靜。好貨好勇好色，豈得爲廉，豈得爲靜乎？

爭權爭利，爭地爭城，豈得爲廉，豈得爲靜乎？

天之至私，用之至公。

大哉乾元，天之所以爲私也；萬物資始，則以所私者公之於物，而天之用著矣。乾道變化，天之所以爲私也；各正性命，則以所私者公之於物，而天之用彰矣。譬如父祖之精神，私也；傳精神於子孫，則私而公。父祖之財産，私也；均財産於子孫，則私而公。人之生，各得天地之理以成性，各得天地之氣以成形，亦猶是而已。以天之賦於物者言之，天之至私，物之至公也，萬物各有一太極也。以物之受於天者言之，物之至私，天之至公也，萬物體統一太極也。以天之私，成萬物之公，天之所以爲天也。以己之私，成天下之公，聖之所以爲聖也。未有無私德而能有公德者，故無私則無以成爲公。

藏之身者爲私，由身而推之家，推之國與天下者，爲公。宰之天者爲私，由天而運行四時，變化萬物者，爲公。猶今人所云私德公德是也。無私則無以成公，故曰：「天之至私，用之至公。」

「天之至私，用之至公。」以儒家之學説解之，則一言以蔽之曰「自天子以至於庶人，壹是皆以修身爲本」而已。藏諸身者，私也。推而及於家國天下者，公也。

天無私，所私者萬物而已，然福善禍婬則至公。聖人無私，所私者萬民而已，然賞善罰惡則至公。非公無以善其用，非公亦無以神其用也。

「天生天殺，道之理也。」天於萬物有生即有殺，於生殺見天之至公。聖人於萬民有賞即有罰，於賞罰見聖人之至公。若有生而無殺，天之用窮矣。有賞而無罰，聖人之用窮矣。

天以生物爲心，亦似有私於物者，然福善禍婬則公。聖人以愛人爲心，亦似有私於人者，然彰善癉惡則公。譬之用兵，與士卒同甘苦，視部曲如手足，私也。而功必賞，罪必罰，則公。私者生機，仁也。公者殺機，義也。

天有不測之風雷，聖人有不測之喜怒。有春無冬，則無歲功。有賞無罰，則無國法。

天之宰萬物者惟公，聖人之宰萬事者亦惟公。故曰：「用之至公。」

「樂只君子，民之父母」，天之至私也。「屏諸四夷，不與同中國」，用之至公也。平天下之要，盡此矣。

天之至私，是愛物之仁，生機之所發也。用之至公，是成物之義，殺機之所伏也。堯、舜不禪朱、均，周公之誅管、蔡，非至私而用之至公乎？

禽之制在氣。

制人者以氣，自制者亦以氣。制人者，養浩然之正氣，直爲壯，曲爲老也。自制者，除一身之客氣，志宜持，氣勿暴也。制目之氣，則不妄視。制耳之氣，則不妄聽。制口之氣，則不妄言。制身之氣，則不妄動。曰克己以克之者，制之也。曰寡欲以寡之者，制之也。曰忍性以忍之者，制之也。曰操心以操之者，制之也。人之所以制人者氣，所以自制者亦氣。故曰「禽之制在氣」。

禽之制在氣，何謂也？禽之所以能制禽者，氣之盛也。禽之所以受制於禽者，氣之衰也。氣盛則小能制大，氣衰則大見制於小。賈誼云：「竊料匈奴之衆不過漢一大縣。以天下之大，困於一縣之衆，甚爲執事者羞之。」法之大不過中國一大省，越南之役，中國乃敗於法。日本之大亦不過中國一大省，朝鮮之役，中國乃敗於日。鼷鼠殺象，蜈蚣殺龍。豈在大哉？亦在乎氣而已矣。

鷹隼之擊，非制物以氣乎？龍蛇之蟄，非自制其氣乎？故曰：「禽之制在氣。」

餘於性則樂，役於氣則苦，故曰「至樂性餘」。廉於性則靜，擾於氣則動，故曰「至靜性廉」。所以淆吾之性而使之不樂者，氣也。所以攖吾之性而使之不靜者，氣也。欲養其性，先制其氣。故曰「禽之制在氣」。

生者，死之根。死者，生之根。

心之生死，物之生死，行軍之生死，未有不互爲其根者。心之爲物也，不翼以飛，不脛而走，倏出於九天之上，倏入於九地之下。此之謂神之神，人之所得而知也。聖人洗心，退藏於密，如龍之潛而勿用，如灰之死而弗然，如冬日之木，生氣歸根，花葉不可得而見，如卵中之雛，生機内斂，羽毛不可得而窺。此之謂不神之神，人之所不得而知也。心生於物，於神之神見之，而生即爲死之根。心死於物，於不神之神見之，而死即爲生之根。

縱一人而千萬人不免於死，是生者，死之根。殺一人而千萬人得遂其生，是死者，生之根。故渠魁在所當誅，而元惡不宜輕縱。

老子云：「人之輕死，以其求生之厚，是以輕死。」凡人謀生之念過切，往往入於死地而不自覺。是其所以求生者，乃其所以速死也。故曰「生者，死之根。」

列子天瑞篇云：「死之與生，一往一返。死於是者，安知不生於彼。」莊子齊物論篇云：「方生方死，方死方生。」又知北遊篇云：「生也死之徒，死也生之徒。孰知其絶。」又云：「臭腐化爲神奇，神奇復化爲臭腐。故曰通天下一氣耳。」此皆言生死互根，與佛氏輪迴之説相似。

列子云：「生之所生者死矣，而生生者未嘗終。」生之所生者物也，生生者所以生物者也。物雖死，而所以生物者不死。故物已死，尚能使之復生，如腐草之爲螢也，朽瓜之爲魚也，久竹之爲青寧也。夫草木猶能變化，而況有血氣知覺之靈者乎？由是以觀天下之物，其生者無不死，其死者亦無不生，可知矣。

雖然，腐草之爲螢也，不得謂草爲未死也。朽瓜之爲魚也，不能謂瓜爲未死也。久竹之爲青寧也，不得謂竹爲未死也。譬之人死而生蟲蛆，不得以有蟲蛆而遂謂人爲未死也。然則死而不亡者，固別有在矣。

臨敵畏死，何以得生？故曰「生者，死之根」。置之死地而後生，置之亡地而後存，故曰「死者，生之根」。善用兵者，當於死中求生，不當於生中求死。

恩生於害，害生於恩。

昔日爲恩，今日爲怨，此張、陳所以凶終也。昔日爲怨，今日爲恩，此平、勃所以交歡也。以利交者，恩轉爲怨。以義合者，怨化爲恩。

有罪者誅，則無罪者知所懲，是恩生於害也。無功而賞，則有功者無以勸，是害生於恩也。

除稂莠以安苗，是恩生於害。縱虎狼以食人，是害生於恩。

父師之教嚴，則能約束子弟。將帥之教嚴，則能約束兵丁。長吏之教嚴，則能約束僚友。恩生於害也。過於寬縱，則姑息養姦矣。是害生於恩也。昔日芙蓉花，今成斷腸草。此以夫婦言之，而知其害生於恩也。狡兔死，走狗烹。飛鳥盡，良弓藏。敵國破，謀臣亡。此以君臣言之，而知其害生於恩也。害不足畏，化之則害轉爲恩，故恩生於害。恩不可恃，狃之則恩轉爲害，故害生於恩。知恩生於害，則當受辱而不怨。知害生於恩，則當受寵而若驚。齊桓之有霸心，生於莒。勾踐之有霸心，生於會稽。晉文之有霸心，生於驪氏。恩生於害也。沃土之民多不材，世祿之家鮮由禮。害生於恩也。

知恩生於害，則受一分害，即受一分恩，何怨之有？知害生於恩，則受一分恩，即有一分害，何喜之有？知害生於恩，即不可受人之恩。知恩生於害，即不妨受人之害。知恩之可以生害，不獨不可受小人之恩，並不可受君子之恩。寧使人受我之恩，勿使我受人之恩。吃虧處便是占便宜處，故曰「恩生於害」。占便宜處便是吃虧處，故曰「害生於恩」。

老子云：「將欲歙之，必固張之。將欲弱之，必固强之。將欲廢之，必固興之。將欲奪之，必固與之。」張之强之，興之與之，所以爲恩也。由張而歙，由强而弱，由興而廢，由與而奪，則以恩之者害之矣。此之謂「害生於恩」。

生於憂患，是恩生於害。死於安樂，是害生於恩。

「季孫之愛我疾疢也」，是害生於恩。「孟孫之惡我藥石也」，是恩生於害。

愚人以天地文理聖，我以時物文理哲。

天地文理是有定，時物文理是無定。天地文理是死數，時物文理是活機。故愚人以天地文理爲聖，我以時物文理爲哲也。

孟子云：「天時不如地利，地利不如人和。」得人和者，夏不知其爲熱，冬不知其爲寒，山不知其爲高，水不知其爲深。萬衆一心，戰必勝，攻必克。故不以知天地之文理爲聖，而以察時物之文理爲哲也。

以兵法言之，知天地之陰陽，識山川之險易，是知天地之文理也。知敵情之强弱，識民心之向背，是知時物之文理也。知天知地易，知己知彼難。

今有人於此神遊九天之上，九地之下，而於一身一家之事未能措置，謂之爲哲，可乎？又有人於此具世界之知識，而於本國之國情，反如水底撈月，霧裏看花，謂之爲哲，可乎？故不以天地文理爲聖，而以時物文理爲哲也。

天有躔度，地有方域，皆可推測而知。惟時物文理，則變化靡窮，非知幾者不能燭於事先，非知道者不能時措咸宜。識時爲俊傑，時中爲君子。同一物也，而時有不同，則所以處此物者亦不同。故曰時物，易所謂「六爻相雜，唯其時物」是也。知物之各有其時，即知處物之各當其時，先天而天弗違，後天而奉天時。於時物文理能豁然貫通者，必於天地之文理亦有默契矣。故不以天地文理爲聖，而以時物文理爲哲。讀書辦事有一定規則，是之謂文，有一定次序，是之謂理。若雜亂無章，便是文理工夫尚有欠缺，不得謂之哲。

知時物之文理，便是萬化生身。知天地之文理，便是宇宙在手。仲尼惟能祖述憲章，然後能上律下襲。聖人既有得於時物文理，則天地之文理不在天地而在我矣，故能與天地參。

無文則糊塗矣，無理則淩亂矣。能將「時物文理」四字做到，便是絕世聰明。故曰：「我以時物文理哲。」

以一國言，天子當陽，諸侯用命，官舉其職，士修其學，農工商賈勸其業，則一國之文理彰矣；是爲國之哲。以一家言，家法嚴明，家業振興，父父子子，兄兄弟弟，夫夫婦婦，則一家之文理彰矣；是爲家之哲。以一身言，仁義禮智，根心生色，内外本末，交修並進，則一身之文理彰矣；是爲身之哲。

文是辦事之規則，理是辦事之手續。顏子爲邦，法乎四朝。成周制禮，監於二代。此時物之文也。知先後之序，識輕重之宜。如梳亂髮，其結自開。如治亂絲，其棼自解。此時物之理也。「文理」二字，非明哲何能做到？

「文理」二字，可以「光明正大」四字釋之。以光明之心，行光明之事，一切陰謀詭計都用不著。以正大之心，行正大之事，一切犯上作亂都用不著。如此則事事皆文明，事事有條理，謂之哲也亦宜。

人以愚虞聖，我以不愚虞聖。人以奇期聖，我以不奇期聖。沉水入火，自取滅亡。

以愚虞聖，是以聖爲土人木偶也。智爲三達德之一，又居三達德之首。不智則無以爲仁，無以爲勇。孔子以大智稱舜，乃真智也；以如愚稱回，非真愚也。故曰：「人以愚虞聖，我以不愚虞聖。」

以愚虞聖，如老子之「絶聖棄智」是也。不知君子盛德，容貌若愚，而於時物文理，未嘗不用吾察焉。一物不知，不得謂之文矣。一物失所，不得謂之理矣。中庸云：「雖愚必明，雖柔必强。」必先能明，而後能强。一身如此，一國亦然。老子云：「非以明民，將以愚之。」是以愚民爲政策也。陰符經云「我以不愚虞聖」，是以開通民智爲政策也。黄老之所見固各别矣。

老子尚柔，陰符用剛；「禽之制在氣」，便是用剛。老子尚愚，陰符用明；「我以不愚虞聖」，便是用明。然剛與明皆自靜中養出，則又與老子同。故曰：「自然之道靜。」兵不厭詐，有正有奇。奇可暫不可常。以正爲常，而偶出於奇者勝。以奇爲常，而不軌於正者敗。故曰：「人以奇期聖，我以不奇期聖。」

索隱行怪，聖人弗爲。庸言庸行，外無學問；達道達德，外無事功。故曰：「人以奇期聖，我以不奇期聖。」

其神之神，索隱行怪也。不神之神，依乎中庸也，愈腐朽愈神奇。故曰：「人以奇期聖，我以不奇期聖。」

奇之病亦生於愚，惟其愚是以奇。總因見理不明耳。好奇是賢知之過，其終則歸於愚。

皇古之治，其病在愚。雜霸之治，其病在奇。皆不宜於今之世，故聖人弗取。愚者無用，奇者難用。愚者如馬勃牛溲，奇者如巴豆砒霜。修己者不得已，寧爲其愚，勿爲其奇。用人者必不得已，寧用其愚，勿用其奇。

今中國愚人多，而奇人亦不少。有一奇人，則百千萬億之愚人皆爲其所惑，而爭趨於行險僥幸之一途。聖人治天下，使愚者不愚，則奇人無所施其技矣。使奇者不奇，則愚人皆得遂其生矣。

愚是不及，奇是太過。以時物文理哲，便是君子而時中。

人生大病，曰愚曰奇。不通文字，不讀詩書，農工商賈無一營，耳目心思無所用，蠢蠢而居，嬉嬉而遊，謂之渾沌之民。言不衷諸聖，行不准乎法，厭稻粱而餐玉屑，趨蠶叢而棄康莊，人面有豺狼之心，白晝現魑魅之形，此之謂奇邪之民。民之愚者，往往受害於人。民之奇者，亦往往自害其身。故曰：「沉水入火，自取滅亡。」子弟不讀書，不悦學，便不免愚之病。捨正路，好異説，便不免奇之病。沉水入火，自取滅亡。

今中國西北之人，其病在愚；東南之人，其病在奇。總之，沉水入火，自取滅亡而已。今中國之人，蒙、藏自治，其病在愚；南北分裂，其病在奇。長此不改，所謂沉水入火，自取滅亡而已。

陰符經説一「愚」字，是爲天分低的人指出病根；説一「奇」字，是爲天分高的人指出病根。能去「愚」字之病，而後可以言守舊；能去「奇」字之病，而後可以言維新。否則，沉水入火，自取滅亡而已。

今中國之人，頑固者其病在愚，開通者其病在奇。此兩種人皆足以亡國，所謂沉水入火，自取滅亡也。

自然之道靜，故天地萬物生。

日日辦事，而心不爲事所動。日日接物，而心不爲物所動。始是真靜。固非遺棄事物以爲靜也。

「自然之道靜」，户雖動而樞常靜，車雖動而軸常靜，衆星動而北辰常靜，萬象八卦甲子動而道常靜，事有萬變而聖人之心常靜。暗室屋漏中固靜，千軍萬馬中亦靜。知靜之所以爲道，則知陰之所以爲符矣。

心不可妄動，身不可妄動，事不可妄動，兵不可妄動，如此而後合於至靜之道。

天以自然者生萬物。萬物得春以生，得秋以成，萬物芸芸，天之元氣洩矣，是五行爲天之賊也；非冬令閉藏，則天氣之既洩者不得少息，而天之氣有時而竭。朝而修業，晝而講貫，萬慮憧憧，心之元氣耗矣，是五德爲心之賊也；非夜氣之養，則心氣之既耗者不得少息，而心之氣有時而竭。故曰：「自然之道靜。」

天地以自然者生萬物，萬物自靜中生，而不知其所以生。聖人以自然者成萬事，萬事自靜中成，而不知其所以成。雖宇宙在乎手，萬化生乎身，亦祇是從無聲無臭中做出。中庸末章全是發明此意。「於乎不顯！文王之德之純。」「不顯維德，百辟其刑之。」明明謂之「不顯」，不必解爲「豈不顯」也。不賞而勸，不怒而威。掀天揭地，事功皆從無聲無臭做出。此之謂聖功，此之謂王道。

天地之道浸，故陰陽勝。

陰勝陽以浸，陽勝陰亦以浸。易姤之象曰：「勿用取女，不可與長也。」至遁之象則曰「小利貞，浸而長也」，謂二陰長於下而漸進也。二陰長於下則三陰之否，四陰之觀，五陰之剥，六陰之坤，皆以漸而進也，浸也。易復之象曰：「利有攸往，剛長也。」至臨之象則曰「剛浸而長」，謂二陽長於下而漸進也。二陽長於下，則三陽之泰，四陽之大壯，五陽之夬，六陽之乾，皆以漸而進也，浸也。易中祇臨遁二卦聖人説出兩「浸」字，與陰符經所説「浸」字可以互相發明。

家中有一壞人，便漸漸教出許多壞人，家事必因之而壞。國中有一壞人，便漸漸引用許多壞人，國事必因之而壞。其禍根祇在浸。

生者，死之根，非遽死也，死於浸。死者，生之根，非遽生也，生於浸。非一朝一夕之故也，其所由來者漸矣。家之興替，國之强弱，天下之治亂，亦無不由於浸。

老子云：「飄風不終朝，驟雨不終日。」急則敗矣。陰符經云：「天地之道浸，故陰陽勝。」浸則勝矣。速成者不堅，急走者多顛，故大器晚成。

凡事要徐徐進行。今日如此，明日如此，久之自有效驗。磨鐵可以成針，覆土可以爲山。其工夫衹在浸。

不論如何難辦之事，從容措置，無有措置不了的。不論如何難處之人，和緩對待，無有對待不了的。其工夫全在一「浸」字。故曰：「天地之道浸，故陰陽勝。」陽勝陰，陰勝陽，衹是浸。

君子幹好事，小人幹壞事，都不外一「浸」字。乾之初，復也，潛龍勿用，陽之浸也。坤之初，姤也，履霜堅冰，陰之浸也。

易道尊陽，而黄帝則用陰。孔子云「吾未見剛」，而老子則用柔。天地間道理無窮，不可執一而論。

「天地之道浸，故陰陽勝。」譬如一鍋涼水置之火上，漸有熱氣，又漸漸而熱，漸漸而大熱，漸漸而極熱，而陽勝乎陰矣。又如一鍋熱水置之地上，漸有寒氣，又漸漸而寒，漸漸而大寒，漸漸而極寒，而陰勝乎陽矣。其所以能相勝之故，衹是浸。

「火生於木，禍發必剋。姦生於國，時動必潰。」亦衹是浸。「知之修鍊，謂之聖人。」衹是防之於早，辨之於微。

陰陽相推，而變化順矣。

日往則月來，月往則日來。寒往則暑來，暑往則寒來。此陰陽之相推也。變者化之始，化者變之終。變者化之漸，化者變之成。變者化之一端，化者變之全體。自然而變，自然而化，變所當變，化所當化，故曰順。若有一毫安排，一毫勉强，則不順矣。

是故聖人知自然之道不可違，因而制之。

瓜熟蒂落，自然之道也。有一分安排，一分勉强，則非道矣。掀天揭地，事功從無聲無臭中做出。今人遇事，不是安排，便是勉强，全與自然之道相違。譬如婦人胎産，誤投催生之藥，往往倒養横生，發生危險。「因而制之」者，制勉强之心而因其自然，制躁動之心而歸於鎮靜。中庸末篇，莊子應帝王篇，無非發明此旨。

自然之道，即至靜之道也。因而制之者，制之而不使妄動也。制一己之心使不妄動，則一身太平矣。制一家之心使不妄動，則一家太平矣。制天下人之心使不妄動，則天下太平矣。有以制之則靜，無以制之則動。安能取放任主義，而毫無限制也哉！能製藥之毒者，醫之良也。能治馬之劣者，御之良也。能制木之曲者，工之良也。聖人能以一靜制萬動，而使之歸於靜，故殺機無從而生。若官不能制民，將不能制兵，中央不能制四旁，號令不出國門，天下未有不亂者。然所謂因而制之者，制之以道，非制之以術也。若違自然之道，則專制矣。

五行以相制而後能相生，萬物以相制而後能相存，萬事以相制而後能相維。制之者，殺機也。制之而因於自然之道，三盜宜，三才安矣。「因而制之」，以「制剋」之「制」言，則能除萬世之害；以「制作」之「制」言，則能興萬世之利。如此則宇宙在手，萬化生身矣。

此「制」字即商書「以禮制心」之「制」。商書之所謂「禮」，即論語之所謂「矩」。以禮制心，則心不妄動；及其動也，從心所欲而不逾矩矣。所謂因而制之者，因自然之道以制此心，而使之不動也。不動心有道乎？一「制」字即不動心之訣。始則强制之而使之不動，終則不待强制而自然不動。心不死則不生，先求此心之死，而後能妙此心之生，寂然不動，自能感而遂通。而萬象八卦甲子皆從此生矣。

以己之靜，制己之動，是自制之法。以己之靜，制人之動，是制人之法。所謂因而制之者如此。

至靜之道，律曆所不能契。

聖人之心常靜，靜之極，則神不能測其機，鬼不能窺其藏，律曆所不能契，而況於人乎！

聲之動而後有律，氣之動而後有曆。造律者因人之聲以推之，治曆者因天之氣以推之。雖有師曠，不能造無聲之律。雖有羲和，不能治無時之曆。道無聲，故律不能契。道無氣，故曆不能契。微乎微乎！

制人易，自制難。「因而制之」者，即制此心，使不妄動而歸於靜也。靜之至，則有以極夫無聲無臭之妙，而爲律曆所不能契矣。

爰有奇器，是生萬象八卦甲子，神機鬼藏。陰陽相勝之術，昭昭乎進乎象矣。

「爰有奇器」數句，是說聖人用陰符之妙。奇器者，即至靜之心也。心一團血肉耳，而萬象八卦甲子、鬼神陰陽皆從此生。有天地之萬象，有人心之萬象。有天地之八卦甲子，有人心之八卦甲子。有天地之鬼神陰陽，有人心之鬼神陰陽。器之奇，莫奇於此矣。

奇器者天地，萬物之母也。萬象八卦甲子，皆不外乎陰陽。陽勝陰爲神，陰勝陽爲鬼。能察神之機而謹之又謹，能法鬼之藏而密之又密，則至靜之道，律曆所不能契者，而吾心乃與之默契矣。此之謂陰符。

「爰有奇器」，有儒家之奇器，有道家之奇器，有兵家之奇器。器不一器，讀者當自得之。

奇器非他，即道之至靜者也。道有陰陽，而此器爲陰。道有動靜，而此器爲靜。非陰無以爲陽，非靜無以爲動。至靜則至陰矣。萬化皆從此生，故曰奇器。易云：「形而上者謂之道，形而下者謂之器。」道謂太極，器謂兩儀。易形下之器，合陰陽言之。陰符之奇器，專以陰言之。「爰有奇器」，即中庸之所謂「隱」。「是生萬象八卦」，神鬼陰陽，即中庸之所謂「費」。陰陽雖相勝，然必以陰爲主，以陽爲客。常處於至靜而不妄動，則所謂奇器者，不在天地鬼神，而在我矣。

有此器，則千器萬器皆從此生。譬如有一最大機器，便能造出無數小機器。是此器者，衆器之母也，故曰奇。天地有此奇器，故能生萬物。聖人有此奇器，故能應萬變。老子以兵爲凶器，聖人用之則無凶非吉。黄帝以兵爲奇器，聖人用之則無奇非正。「我以不奇期聖。」聖人無奇也，而用兵則未嘗不奇。假令黄帝生於今日，不能以弓矢破蚩尤；湯、武生於今日，不能以戈矛勝桀、紂。世運愈變而愈奇，機械亦愈出而愈奇。快槍快炮，飛艇潛艇之屬，今日之所謂奇，安知他日不更有奇於此者？故曰「爰有奇器」。

「爰有奇器」，乃天然之奇器，非人爲之奇器。人爲之奇器，所謂人知其神之神也，形下之器也。天然之奇器，所謂不知不神之所以神也，形上之道也。

天然之器，奇人爲之。器有奇有不奇。以人身言，九竅之邪，九竅之奇也。望遠之鏡非奇，而目爲奇。留聲之機非奇，而口爲奇。以萬物言，鳥獸之一羽一毛，草木之一花一葉，無一非奇。人爲之器之奇，所謂人知其神之神也。天然之器之奇，所謂不知不神之所以神也。

八卦亦器之奇者。在天之八卦固奇，在人之八卦尤奇。自强不息，乾之奇器在我矣。厚德載物，坤之奇器在我矣。思不出位，艮之奇器在我矣。朋友講習，兑之奇器在我矣。恐懼修省，震之奇器不在我乎？申命行事，巽之奇器不在我乎？常德行，習教事，坎之奇器不在我乎？以繼明照於四方，離之奇器不在我乎？所謂有人心之八卦者如此。

八卦不外乎陰陽。對待之八卦，是陰陽之相勝。流行之八卦，是陰陽之相推。神者陽之動，故曰機。鬼者陰之静，故曰藏。陰符經七「機」字，所以制陽之動也。兩「藏」字，所以葆陰之静也。聖人以此洗心，退藏於密，是藏其心。性有巧拙，可以伏藏，是藏其性。皆欲陰之勝陽，而不欲陽之勝陰。此之謂陰符。

顯諸仁是神機，藏諸用是鬼藏。惟其能藏，是以能顯。惟其能鬼，是以能神。神機鬼藏，陰陽相勝之術。其術維何？浸而已。人往往喜動而厭静。動多一分，則静少一分。今日制此心而不使妄動，明日制此心而使不妄動。日日如此，此心自有静時。神有機而吾不輕發之，鬼有藏而吾能謹守之。寧爲陰不爲陽，寧爲靜不爲動，則陰常勝陽，靜常勝動矣。

今人黨派林立。其黨綱則是，而黨見則非。此皆有神機鬼藏，竊陰符之機以爲惡，所謂小人得之輕命者也。愼勿爲其所愚。

天發殺機，地發殺機，人發殺機，機之動者，神爲之也。其盜機也，天下莫能見，莫能知，藏之密者，鬼爲之也。不能爲鬼之藏，必無以妙神之機。故貴乎陰符。陰符者，以陰爲符也。符乎陰，則符乎至靜之道矣。

天之道，陰陽盡之矣。萬象，一陰陽也。八卦，一陰陽也。甲子，一陰陽也。鬼神，一陰陽也。知陰陽相勝之術，則有以默契夫至靜之道。而萬象八卦甲子神機鬼藏不在天地，而在我矣。故陰符爲天人合一之書。

一陰一陽之謂道。觀萬象八卦，則知無物非道，無物非陰陽。觀甲子，則知無時非道，無時非陰陽。陽之所以爲陽者，謂之神。陰之所以爲陰者，謂之鬼。「昭昭乎進乎象」者，言道之用雖顯著於象，而道之體仍寓於至靜，而無象之可名也。夫是之謂陰符。

陰符經詳解〔一〕

太昭尹昌衡著

上篇

觀天之道，執天之行，盡矣。

太昭曰：以智慧觀天之正理，而知必由之道路；以身心執天之軌則，而端畢生之行止；則盡性矣。實指之欲觀天者須知天。不知吾將何以觀之哉？古者釋天不詳，而談天亦混，人是以炫。今剖解而明之。有以在上昭昭之象爲天者。如古曰「今夫天，斯昭昭之多，日月星辰繫焉」，天文家指星列圖即本此，吾今假名之曰天象。有以地外

〔一〕作者尹昌衡（一八八四—一九五三），字碩權，號太昭，别號止園，四川彭州人。四川武備學堂畢業後，留學日本期間加入同盟會。辛亥後任四川都督府大都督，一九一四年被袁世凱監禁。出獄後主要從事著述。作品很多，曾彙編爲止園叢書。近年有新編尹昌衡集問世。本書文字取自成都探源公司一九二三年出版的道德經陰符經詳解合編本，參考了尹昌衡集。原書有句讀，本書稍作改動。

赫赫之靈爲天者，如古曰天神地祇，禮制民俗祭祀祈禱即本此，吾今假名之曰天靈。有以與地對待之陽氣爲天者，如古曰乾天稱父，坤地稱母也，周易乾坤對應即本此，吾今假名之曰我天。有以自然理氣數象爲天者，如古曰天法道，道法自然也，世人聽天安命即本此，吾今假名之曰天然。有以惟一真宰爲天者，如古曰一大爲天也，學者謂天古之極，天無二上即本此，吾今假名之曰真天。假名者，以便於言文也。天象、天靈、我天、天然、真天，五者之假名既立。第一觀乃觀天象。知日月諸星有大於吾地者，即有小於吾地者；有淨於吾地者，即有穢於吾地者。吾地如湖，日月諸星如沼澤洋海江河也。湖中有魚，則沼澤洋海江河必皆有魚。吾地有人，則日月諸星皆有人。清而大者魚亦靈而大，則知清而大者人亦靈而大。濁而小者魚亦愚而小，則知濁而小者人亦愚而小。湖與〔一〕沼澤江河洋海同在地上，順流即至，去障即到。則知我天我地，與日月諸星同在太空，順理即至，去蔽即到。形爲地隔，即知覺爲識隔，於是乃信佛氏淨土之説爲不誣。遂執淨行爲第一執，注心淨刹，望生淨土。路以形往，空以覺往也。第二觀乃觀天靈。知人與空中塵合，能入氣不涸。魚與水中塵合，能入水不

〔一〕「與」，原作「興」，據尹昌衡集改。

溺；神與空中塵合，能居空不墮。人不見神，因眼根不合神光，如眼根不合梟光犬光也。塵外有塵，困於根者不明，如目接管，管外不見。神外有神，如魚外有魚也。遂執敬行爲第二執。知神照臨，左右前後，心上腦中，莫不皆有。而無邪心，不欺暗室。第三觀乃觀我天。而知天與地殆如卵白之於卵黄也。以太空無外之度比之，不如一塵埃耳。則知天外有天，其數無量。更見地能吸形，本牛頓萍果落地之説，而知本夫地者親下。天必吸覺，本耶穌天靈來感之説，而知本夫天者親上。則識吾人乃地上蟲，如糞上蛆。地卑而污且賤，天尊而潔且貴，於是貴覺賤形。又見人能直立以通於天，於是去邪存正。又見輕清上浮，重濁下凝，於是貴虚賤實。遂執高行爲第三執。不溺於小，不惑於有相。一毛孔中藏諸天地。第四觀乃觀天然。而知木根得土，花實自然。人根得天，神妙自然。一蟲一草，不可以强爲其生機。萬行萬法，不可以稍益於自性。蛋壽一月，不撼摇必孵。人壽百年，不傷仁必佛。不可助長，不可矯僞。乃執安行爲第四執。安輕順至無爲而成，故觀於天象以執淨行，觀於天靈以執敬行，觀於我天以執高行，觀於天然以執安行。以此體陰符之訓，則言有物而行有恒矣。然而猶未造夫其極，洞徹本源也。古倉頡之造字也，一大惟天。則是惟一至大者，方得真稱爲天也。既已惟一至大，必且彌滿太空，充塞八虚，無頭無尾。其大無外，其小無内。

吾何以觀之哉？內徹性空以合小無內，外致弘仁以合大無外。是無極太極，合而爲一也。乃視宇宙萬類如心腦，視本身八識如微埃，而執空行。此第五真觀，與第五真執也。於是合於天，合於道，即合於仁，合於大同。玄牝谷神，千名萬字，一以納之。性反本源，先諸天而爲聖佛，則盡矣，盡性矣。盡性則聖佛矣。禾三月盡性而成實，蟲一月盡性而化蝶。中間不傷，自有神妙。人可以不如物，勉茲百年乎！然後收用四觀四執，以爲因地法行。明者靜思觀執之法，能逃此乎？若空語空解，豈不誣乎？然空觀神化，則又在言文外矣。明者至此，自悟可也。若加一言，則更重聲聞緣覺者一重魔。吾不敢言，亦不能言。至此猶不悟，吾惟垂涕漣漣。

天有五賊，見之者昌。

太昭曰：五賊乃十賊。自我以外言，爲色聲香味觸。自我以內言，爲眼耳鼻舌身。此塵根因緣，天之賊也。如謂五行，五行固在此五賊中也。且迴增氣，而稱六行尤備。吾將增電，增以太，爲七行，八行，九行，十行，亦可。五行安得全賊天之物哉！色可以見天象，而不能得無量數分之一。聲不聞千里，香不嗅百仞，味不常咫尺，觸不接一步以外。人以此五賊自困，則不能觀天象矣。天象且不能觀，而況天靈我天哉！至於天然，吾人就五賊以爲天然。饑必食龜，然乎哉？倦必眠馬，然乎哉？五賊中之天然且不能同驅馬，非天然也。加以色有，而眼又不盡能見，不如梟猫魚鱉。而聞聲不如狼，嗅香不如犬，知味不如蠅，觸遠不如鳥，人更困於小矣。故六根六塵之自然非舍利自在、入水不溺、入火不焚之自然也。況五賊本爲五奴，聽命於心者也。安可以奴役主？又五賊乃一時假用，入色用眼，入聲用耳〔一〕，入香用鼻，入味用舌，入觸用身，如入水用舟，入路用車，入雨用蓋，入泥用橇也。安可因用而殺體，如割頭易冠，剖腹易飯哉？以天之賊在吾地吾人而言，以色聲香味觸。以人之賊而言，則眼耳鼻舌身也。此尤並五賊且不能盡見，然實不僅五賊也。凡有相而使人呈我相以塞通太空真人之道者，皆賊也。賊外有賊，本老子希、夷、微不必究詰之訓，吾一以統之曰諸相諸賊。若見諸相非相，即見真天。如此認之，則陰符乃合金剛之旨趣。故知海内海外古今聖哲同見此五賊者也。

五賊在心，施行於天。

太昭曰：五賊皆由心而發，中有所謂意者，並五賊而爲賊君，以備六根，以接六塵。且心統意識，與第七識第八識及淨識正覺而言。凡八識皆屬於天，六根六塵皆屬於地。

〔一〕「耳」，原作「眼」，據尹昌衡集改。

故智者與天通而受吸於天者也，凡人皆與木相反對而立者也。木有命根在地中，人有命根在天中。人之命根其在天中也，如莫娘藤遠繫於土中也，一念之邪則拔矣。由天而來以司五官之動，故曰施行於天也。既知施行於天，則人心與天合，如木根之與水土合也。木根合水土，木自榮茂。人心合天理，神自智靈。木根以靜定而合，人心亦以靜定而合。木根以同氣而感，人心亦以同人〔一〕而感。故讀書思辨，毫無所得，而靜定空仁，乃得大明。木之榮茂，非以學他木爲功。人心智靈，亦非以學他人爲功也。然此天指前之所謂我天而言，非悟徹空性，不能歸玄牝之門而抱太極之精。顛倒乾坤中，終亦無成也。

宇宙在乎手，

太昭曰：宇宙者，統萬有之成象成形者也。凡萬有之依於道而成象成形也，洽如人手之依於心而成器也。縱觀日之所用，人之所作，如書如畫，如室如器，如食如衣，雖心能思之，而耳目口鼻身意皆不能使之成器，非手無以收功。且手之應心而生也，非若魚之鰭，蝶之翅，鳥之爪，獸之蹄，拙然無所成也。苟凡心有所發手即能應，方知楞嚴

〔一〕「人」，尹昌衡集作「仁」。

「因心成體」之語爲不誣。人如失正覺而悖於天，將亦如魚之生鰭，蝶之生翅，鳥之生爪，獸之生蹄，而不能成器矣。宇宙萬有之假像假形以成象成形，一如心之假手也，應其靈覺而順成之，所謂「成器之謂乾，效法之謂坤」也。坤，形也。手，雖坤成，全應於乾，直謂之乾使可也。乾使非宇宙成形成象之母乎？是矣。故觀於五指而知五行之巧。凡物至少必須一點四面乃能成體積。一拇四指象之，治宇宙其如視諸掌乎！山河大地，幻想所成。諸器之成，自内言之，非手也，心也；自外言之，非心也，手也。

萬化生乎身。

太昭曰：天如禽也，地如巢也，人身如卵也。此未成究竟必變而進之物，故生萬化。夫三才用中以呈變化者也。而人身八識，又即人之天也；四大，又即人之地也；仁性，人之中也；則又自備三才矣。觀卵之變化，忽骨忽肉，忽毛忽彩，忽爪忽嘴，妙哉妙哉！而今人之不變者，其性亂也，失天矣。失天則失其煦嫗，何以變化哉？不變化是毈卵也，負此身矣。若常守空仁，如卵有生機，忽一通，忽二通，忽三通，忽四通，忽五通，忽六通，亦如卵之忽骨忽肉，忽毛忽彩，忽爪忽嘴也。自然之運又何怪哉？

不然血液〔一〕之循環，氣脉之不滯，豈虚運哉？離塵現覺人也，離殼現形卵也。人能知此而不好徑，斯無不成者矣。

天性，人也。

太昭曰：此天兼前所謂我天真天而言。人之真仁通真天，八識通我天，如溝洫之通海也。故曰溝洫之水即海水可也，謂人即天性亦可也。萬有本一體，奈何以分小異而迷之？

人心，機也。

太昭曰：此心統思府而言。思府以腦、心、此心以肉心言。腎爲械，如電機之兩電瓶一中鈕也。血流如電流也。電機成電流轉動，則發電應萬里之同氣。思府成血液循環，則發覺應天中之正靈。人心機感時與天通，奈何以私欲而絶之？

立天之道，以定人也。

太昭曰：天道本以定萬物。然他物得天薄，不能直立而通天，不能同形而近天，因而仁智亦弱。惟人也形則直立，衆亦同形。仁智之强，遠秩品類。譬之萬物與人皆如水

〔一〕「液」，原作「腋」。

也。然而金石如水晶，草木如西山石穴冰，蟲魚如園池濁淖，禽鳥如溝洫細流，走獸如溪澮清波，人如長江直瀉，天如海洋納川。今言立海洋之道以定長江也，親之也。長江通而後他無壅塞，以起百殃也。

天發殺機，移星易宿。地發殺機，龍蛇起陸。

太昭曰：人既如長江直瀉，豈不有合天者哉？惟因數千年，僞事大作，充塞仁智，萬人而萬廢。夫萬人而萬廢，如萬卵而萬毈也。既毈矣，天地皆棄之，而殺機起矣。殺機者，天地之「夏楚」也。殺機之自天而來也，三辰告祲，風雨失調，旱〔一〕潦時作，兵戈滿地，人心昏暴。殺機之自地而起也，瘴瘧不清，草木毒刺。蟲豸有蛛蠍虺蛇，魚鱉有鱷鯱獺蟹，禽鳥有鷹鸇鵂鶹，走獸有豺狼獅虎，人有貪婬暴戾。嗚呼哀哉！青天白日，妖孽横行，豈不悲哉？比之兩大之間如一身也，氣相通脉相聯也。倘自中塞之，則頭目暈腫，手足潰爛，千瘡萬疥，蟣蝨磷磷，豈其常哉？不和故也。歐西哲者不悟及此，乃誤以爲優勝劣敗，弱肉强食，是益加毒也。夫陰陽相和，則翕而成覆載頤育之功。陰陽相逆，則背而啓悖亂邪虐之事。易曰「亢龍有悔」，天之殺機也；「龍戰於

〔一〕「旱」，原作「早」，據尹昌衡集改。

野」，地之殺機也。

人發殺機，天地反覆。

太昭曰：人心機也。和氣由此發，厲氣亦由此發。苟發機心，可以司三才之命。何也？人，三才之中也，居中者命左命右，徹上徹下。今觀人形與草木洽相顛倒，貴食空氣，不貴食金銀。貴保靈覺，不貴保肉塊。以覺性奴使六根，不以六根奴使覺性。直立通天，不倒植通地。事事宜與天合也，乃大怪極奇。事事使天地反覆，貴得金銀，濁心戀地，不貴食空氣，貴保肉塊。穢志帖地，不貴保靈覺。以六根奴使覺性，不以覺性奴使六根。鮮食美居，自矜污垢。倒植通地，不直立通天。據土若命，不知必死，事事盡與天反矣。然則殺機實不由天地發，乃人發之也。人在三才之中，反逆天地之常，如長江之水倒流萬里。山河溪澗，橫波相擊，濁穢滿溢，豈海與山之罪哉？試亦詳思，人心何一不反覆常理，拂亂大經？則當仰而號咷，俯而錐心矣。嗚呼哀哉，可勝痛哭！

天人合發，萬變定機。

太昭曰：吾觀大仁在天，大智在天，何以知之？近天者，仁智過於違天者也。木親地，人親天。今欲通天地之順，將先使地木合發歟？抑亦使天人合發耳。如使地木合發者，將先使草木不爭，互助極親，遂無毒莰。和氣及蟲魚，蟲魚不相食。和氣及禽鳥，禽鳥無搏鷙。和氣及走獸，走獸無攫噬。和氣及於人，乃人沾萬物之恩，乞蔭於豸蠕胯下，以睦其倫，寧不愧死？亦負得天之靈矣，況決不能。常人見殺機既盛於草木，因及於蟲魚，因及於禽鳥，因及於走獸，因及於人。以爲不能絶殺機於豸蠕，即決不能絶殺機於人群。胡亦不即其道而思之也？豸蠕不能教，人亦不能教乎？豸蠕不能轉殺機，人亦不能轉殺機乎？乃天人合發則何如？天人合發，仁智下降。人不相爭，互相極親，則和氣及於走獸。走獸無攫噬，則和氣及於禽鳥。禽鳥無攫鷙，則和氣及於蟲魚。蟲魚不相食，則和氣及於草木。草木無毒莰，則萬類定基矣。嗟夫！聖哲之量，將使有想無想盡若清虛，順序而來易如反掌。鳥獸魚鱉咸若，豈虛語哉！天人合發，則萬物之基定，而仁智所以普被也。易以復見天地之心，人心復善，天人應而萬類定矣。如曰不能，是夏蟲不可以語冰，未見玄元真理也。以萬歲孩子之目光而可以測宇宙哉？陰陽相消長，由復而臨，由臨而泰，由泰而大壯，由大壯而夬，由夬而乾，是天人合發也，萬物乃安。由姤而遁，由遁而否，由否而觀，由觀而剥，由剥而坤，是地人合發也，萬物乃亂。易象昭昭，亦不知耶？

性有巧拙，可以藏伏。

太昭曰：巧者性相近也，近故巧。拙者習相遠也，遠故拙。性生機之靈，自然之順則也。人有二性，不明晰而究之，則自誤矣。何也？一曰巧性，二曰拙性。何謂巧性？以應道合天而生，自然神妙不測。如草自知花，如蠶自能織。今吾假名之曰本智。二曰拙性。何謂拙性？以應塵合地而生，强加贅疣。如木縛而曲，如雞久不飛。今吾假名之曰染智。此大别也。自然神妙故巧，强加贅疣故拙。故通天達道神化聖佛，無人不能，聖聖同轍，何也？順其巧也。學問文章，世事藝能，無人不難，人人異趣，何也？成其拙也。故秉懿必同，良知必同，大形必同，巧合大同也，自然也。言語必異，文字必異，容態必異，拙分小異也，矯僞也。故學問文章，世事藝能，雖天慧有所不知，避拙不與人較也，冗也。通天達道，神化聖佛，則庸衆無不至極，任巧所以自誠也，真也。然大約本智强者染智鋭，如根深而葉茂也。雖然，鋭亦冗，不如全真。亦多有去染智而後本智增者，如若剪藤而後根碩也。此正理也，學道之軌也。知盡巧則豚魚可以成佛，若入拙則天慧或且喪明。故孔重生知，老欲絶學，佛貴無師智除前塵。然無論巧拙，皆當藏伏。藏巧則天門開而雌伏之，尤靈。藏拙則洩竇塞而精日凝，巧甚。若炫則失，所謂鑿樸開竇，終身不救也。慎之哉！遠道之路，毋自塞也。

九竅之邪，在乎三要，可以動静。

太昭曰：人有九竅，司視二，司聽二，司吸二，司飲食語言一，司洩溲妒精一，司去穢一。若毛孔膚穴，不可勝數者略之。總而爲身，住於宇宙，以攝物精而呈萬化。與天與道合發則正，與地與塵合發則邪，皆三要司之也。三要者，腦心腎也。腦上徹天而心腎應之成道，神用不通竅也〔一〕。惟塵通故用竅，用竅則邪矣。然動以行仁，合天則尤正而靈增；靜以閉固，藏拙則精專而自化。一動一靜所宜慎也。若腎動而腦心應之，毒之極也。他七竅動而腦心腎應之，自殺而已矣。

火生於木，禍作必剋。姦生於國，時動必潰。

太昭曰：禍根未盡除，發時害必巨。三代以來，所以無百年之治，欲伏而外防之也。夫欲伏而外防之，雖禮法兩嚴，而根本不立。瓶中之枝，能持幾何？木不遇火，謂其不燃，不如石之終不燃也。姦不遇時，謂其無害，不如賢之絕無害也。故至聖治國，見一人有我相之著，一事有啓欲之門，則立化而盡消之。衣食不加於飽暖，宮室器用不染於物樂，乃至忘仁義，忘善美，則性安而清快萬倍。時時與天合發，雖終古無禍可也。

〔一〕「神用不通竅也」，尹昌衡集作「神通不用竅也」。

知之修鍊，謂之聖人。

太昭曰：知此道也以修，觀天執天，五賊不作，成真成象，萬化自妙。天人合發，而又絶禍於心王八識之先。萬人萬成，千人千成，人人皆成，無人不成，乃澤萬物。長江直瀉，恩覃無外，己亦聖佛，永古無死，豈不至美而極大哉！嗚呼哀哉！人奈何自害乃耳？縱爭得兆年皇帝，億地百寶，曾糞蛆之不如。悲乎！

中　篇

天生天殺，道之理也。

太昭曰：天地不仁，以萬物爲芻狗哉！何不留之地上，生而不死也？夫地上非究竟，借過百年，入塵增生，脱塵全生，生死則何哉？全道乃長生，雜塵半死也。今設數而究之。覺一形九礦也，覺二形八土也，覺三形七水也，覺四形六植也，覺五形五魚也，覺六形四蟲也，覺七形三禽也，覺八形二獸也，覺九形一人也，覺十形無神也。形外諸形，塵外諸塵，盡脱佛也。天本促進生機，故自世間視之如有生死耳。如設世爲橋，自橋南上，人謂之生；自橋北下，人謂之死。橋上有雨有泥，頂笠著屐而上，人謂之生；舍笠脱屐而下，人謂之死。自我視之，假根用塵，過去不留，實無生死，道之理也。道由路也，路中可以留乎？

天地，萬物之盜。萬物，人之盜〔一〕。三盜既宜，三財既安。

太昭曰：取於他謂之盜。天地真盜，茲不言，不敢言也，但言其略。草木食水土，盜水土之精。蟲魚食草木，盜草木之精也。禽獸食蟲魚，盜蟲魚之精也。人皆食之奴之，盡盜其精也。然而糞溲以外，盜而得保之者安在？復洩於色聲香味，是又被盜於萬物矣。萬物屍腐以肥地，靈騰以獻天，盜在兩大也。何以宜之？畎流入澮，澮流入洫，洫流入溝，溝流入河，河流入海可也。水土，畎也；草木，澮也；蟲魚，洫也；烏〔二〕獸，溝也；人，河也；天，海也；順而不阻，則皆安矣。不言天地爲人之盜者，明謂天地人之與也，且贊人而愛護作育之，天地不負人，人何自負也？進而論之，顛倒輪迴何時得了？人不超出玄元，越乾坤圈套之外，亦可惜也。慎之哉！

故曰：食以時，百骸理。動其機，萬化安。

太昭曰：此分養形養覺成己成物而言。食者，取於外以養形也。不言衣者，古本無

〔一〕與通行經文相比，此處有脱文，似非無意。
〔二〕「烏」，尹昌衡集作「鳥」。

衣。性中有毛，不取於外也。時者，不過也。古者吸氣受食極少，因不知時而節之。至今腹膨而寬，需食乃多，如毒癮之癖染也。苟能愈積而愈少，以復其初，則雖不食可也。食愈少則百骸愈理，性之則也。五味亦癖毒也，味無味，斯復素矣。動者應天靈而發，如草根自行，木稍自伸，種根合天，自能得之。若口動而言，手動而作，足動而行，腦動而思，皆宜純發於空慈。非空非慈，絶不妄動。如此養形極儉，養覺以順，自動他動，皆成己成物之事也。應塵順流，萬化皆安。

人知其神之神，不知神之所以神也。

太昭曰：木知花之發，不知其花之所以發也。禽知卵之孵，不知卵之所以孵也。種樹伏卵，盡其能事而已矣。不必求知，亦不須求知也。天且法道，我何必違道？道且法自然，我何必違自然？知與不知，同一效也。悶悶以俟之斯可矣。一語至要，無傷空慈，無動於忿欲，以拔天根。

日月有度，大小有數。聖功生焉，神明出焉。

太昭曰：數度不須計。曆記未出，而有三皇、密犧之聖焉。我性物性，各抱數度。禾有四月之壽，不能三月而催之，使速華實。而及時華及時實，是其聖功神明也。卵有二旬之壽，不能一旬而熱之，使速雛化。而至時雛至時化，是其聖功神明也。螽斯蜉蝣不效黽，寒梅秋菊不羡荷，千歲之日至，可坐而待也。催者夭之，熱者折之。人必二十而後地門開，必四十而後天門開，必百年而實成神化。聖功神明，不行而至，無爲而成。時守空慈，一息不間，斯足矣。推之治亂昏明亦如是焉。天運自然，吾以順盡。

其盜機也，天下莫能知，莫能見。君子得之固躬，小人得之輕命。

太昭曰：同一得盜機也，君子以固躬，小人以輕命，何哉？至此機微，雖讀破瑜伽恐未得也。淺言之，復簾萬重，誰知鐘之是懸是置？疊鏡千屏，誰知相之在内在外？明者反而深察之。夫得盜機，則知天道破私而汰濁。乃觀如幻，幾矣。既觀如幻，則君子以淡營利而安身，小人以忘四體而輕命。然而孰輕孰重，誠者自照，又奚能强辯哉！善破相者，自淨欲而外身，自外身而忘家，自忘家而棄國，自棄國而捨天下，不亂序，不躐等。不善破相者，未淨欲而先外身，是亡命也；未忘家而先棄國，是國賊也。君子小人之分，以此爲定論。慎之哉！

下　篇

瞽者善聽，聾者善視。絶利一源，用師十倍。三反晝夜，用師萬倍。

太昭曰：吾痛惡後學動引陰符以談兵。兵，不祥之物，聖人豈屑語之？至於有道勝無道，自然之事也。豈可因勝人而學道？本念起於盜心哉！師，衆也，治民用衆之事皆是也。善用衆者專其精而一其志，如師曠瞽以養聰，離婁聾以明目。此機械家獨孔洩氣以轉重之術也。財散則貧，氣散則潰，心散則昏，精散則拙。故回祖一民心以信天，武王一民志以忠主，用衆之法如斯而已矣。今之民不復可愚矣。失於彼未得於此，故心雜而亂，不能一之以道，收之以誠，不可用也。絶利一源，塞發散之竇也。三反晝夜，專思慮之精也。外塞内專，何事不克？

心生於物，死於物，機在目。

太昭曰：老子曰：「聖人爲腹不爲目。」凡心之因物而生，溺物而死者，非目爲之偵耶？目見財而生貪心，遂死於貪。目見美而生婬心，遂死於婬。彼耳鼻舌身，不如目之長且肆也。惟長故恃有昭昭者在前，而不知冥冥者在側也。夫色以合光而顯。日光之與人目合，猶夜光之與梟目合也。不能合於帝寂光而恃長反短，失鬼神於咫尺，認骷髏於當前，豈不哀哉！故爲六根之首，其賊魁乎！杜此則洩精之大竇塞矣。然當自根斷，勿以瞼封。乃視瓊花如腐草，是謂寂明。機本在心，與天合發，若一從目與塵合發悖矣。悖而不警者，殺而已矣。

天之無恩，而大恩生。迅雷烈風，莫不蠢然。

太昭曰：易曰：「震來虩虩，恐致福也。」震可以致福，是天怒之益人多矣。夫慈母之恩不如嚴父，天之明威利於地之博厚也。老子曰「天之道利而不害」，豈虚語哉！人自負天，亦可哀哉。

至樂性餘，至靜性廉。

太昭曰：樂者性之餘也，靜者性之廉也。無欲而樂，其性乃活。物無而靜，其性乃正。至於樂則知性之餘緒發於内矣。夫聖佛衆人，草木蟲魚禽獸，莫不趨樂而避苦。此同性也，同之謂玄。則樂者，太玄之真，無可疑矣。然衆人不知性中之有樂，乃尋於外。譬如木然，接火而燃，遂謂燃性在火，不知其自具也。人接塵而得樂，遂謂樂性在塵，亦不知其自具也。於是木赴火而燼，遂永爲死灰，不復燃矣。人赴樂而亡，遂永陷苦趣，不復樂矣。樂中之伏巨苦，衆人不見，未復性也。若一復性，不見五色，樂於春臺；不聞五聲，樂於韶、武；不嗅香，樂於芝蘭；不嘗味，樂於太牢。不有一芥樂於萬物皆備，此樂不死。非若得色而瞽，得音而聾，得香而鼻窒，得味而口病，得富貴榮譽而心死也。然非先有絶欲之工夫，終不能得真樂於至性。於是衆人一刻不得其惢癖之物則不樂。博者必親樗蒲，學者必親詩書，濁者必爲官，穢者必計財，愈引而愈遠，終爲死灰，亦可哀矣。至無物而樂自生，乃性中本真遊然順顯之效也。手舞足蹈，不可名狀，則得道之證也。非真修有得，何以及此？且未得真樂之先，以靜爲修養之本。能靜者己如方形之有廉，不易爲物欲所淆矣。仁者先難而後獲。先難者强學定靜以養性也，後獲者獲真樂也。此二者真修之要，不可不三致意焉。

天之至私，用之至公。

太昭曰：以天而言之，則聖人至私也。以用而言之，則聖人至公也。故聖賢仙佛，占盡宇宙之便宜而不勞。惡人衆生，吃盡宇宙之大虧而不悟。天道無親，常與善人。聖人承之，備受其福。又獲至樂於性，而浩澤偉勳大名建於外。然則聖人實克自成其大私者也，至於用事，純以利物濟人爲心，而未嘗計天之福之也，至公哉！以公成私之福，因私失私之禍，非至誠不能辯。而貪天賊道者，又欲以假公濟私，竊上帝之心，反而致禍。此中幾微，惟真躋聖域者知之耳，其何能説？

禽之制在氣。

太昭曰：或云「元黿食蟒，鸇隼擊鵠，黄腰啖虎，大狨攝猴」，而以解「禽之制在氣」，謂禽獸各有所畏之氣可以制之。吾以爲此義短矣。夫上以上而言〔一〕，氣至廣者也，惟

〔一〕「夫上以上而言」，尹昌衡集作「夫以地上而言」。

禽能遊之。而禽亦僅能遊於氣之中，終亦被制於氣，以其有所恃而廣也。夫恃有以廣者，必受制於所恃，又豈若無有之恃，無恃之廣哉？莊子不羡御風，蓋以列子雖廣，猶有所待。禽雖廣，不又同於列子乎？魚之制在水，木之制在土。聖人無制，故無念無處，蕩蕩乎不可得矣。

生者，死之根。死者，生之根。恩生於害，害生於恩。

太昭曰：不生不死，自是真常。一死一生，混塵脱塵之分耳。死生之理，雖不可與俗人告，然假根用塵，離塵棄根之説，則明明可指者也。譬如人之欲過大湖也，湖有水焉，則備一舟；舟必用橈，則備數橈；舟中採藻，則備一籃；舟中夜暗，則備一燈；既濟湖則棄之，不棄不足以登岸。今也世上有光，則備兩眼；世上有聲，則備兩耳；世上有食，則備一腹；世上有路，則備兩脚；既出世則棄之，不棄不足以至道。其用器皆備於未來之先，是有心來者也，中必有主使之者。於戲噫嘻，吾知之矣！此地蓋真宰之試場也，試畢則出之。生死之理，既入必出之理也。至此而人不悟，吾亦莫可再如何矣。誰死汝？誰生汝？誰恩汝？誰害汝？荷桎梏以入獄謂之生，卸桎梏以出獄謂之死。吾以爲如此如此。吾將仰獄吏而長笑矣。人則呼之以爲天，此乃我天。

愚人以天地文理聖，我以時物文理哲。

太昭曰：夷、希、微，老子之所不答詰者也。而愚人必探天説怪以自惑而惑人，悖矣。或言前知，或言幻相，吾以是迸之。吾見人之六根適足以用六塵，吾即知假根用塵，離塵棄根。吾見草木與人適爲倒置，吾即知草木托根於地，人托根於天。吾見人腦近天，投石墮地，吾即知天吸覺，地吸形。吾見直立通天之人，仁智過於禽獸之横邪，吾即知近天仁智，合天尤仁智。如是諸相，以益吾學者不可勝數，而吾皆以忠恕納之於正而用之。吾何必上天入地親觀外境哉？吾更不與聾言音，與瞽言色。時物皆吾師，吾是以達。時物皆人師，吾是以以此達人。

人以愚虞聖，我以不愚虞聖。人以奇期聖，我以不奇期聖。

太昭曰：如此而性命之情安矣。人惟性命之情不安，故爲邪妄所愚。乃以其愚蠢妄慮聖心，以其奇怪妄期聖域。嗚呼哀哉！已[一]是大聖，彼尚不知盡去害人害物之心，力黜私己厚家之念。百年卵殼中，一脱即成佛。如猶有疑，是未信也。如猶有求，是未安也。聖道至近至易，至簡至常，奈何他求以自誤也？

故曰：沉水入火，自取滅亡。

〔一〕「已」，尹昌衡集作「己」。

太昭曰：自塞其天，不由正道。道惟空仁誠，養而久之即妙。如萬仞懸崔〔一〕，兩傍深潭，衹此一橋，更無他路。好徑者左投則陷左潭，好徑者右投則陷右潭。前聖言僅此橋，吾不敢違。吾言僅此橋，後聖亦不敢違，天帝亦不敢違，真宰亦不敢違。奈何人必違之？凶邪小人，如有蠅頭之利，吾亦願爲之矣。如無極大之禍，吾亦願爲之矣。且陰符本常道，行之易於反掌，而人亦以怪尋之，可勝哀哉！

自然之道靜，故天地萬物生。

太昭曰：歸根曰靜，靜曰復命。既復命已，亦無他道，惟有自然不可道之道。如此則天地萬物同歸於玄牝之門，而不生不滅，不垢不淨，不增不減矣。此乃謂之長生，此乃謂之真帝。

天地之道浸，故陰陽勝。

太昭曰：因天地之道滲透玄元而後生陰陽，所謂玄牝開門而天地有根矣。嗚呼！吾身失常而蟣蝨疥癬生焉。吾乃乾坤中之蟣蝨也。山河天地，一疥癬耳。

陰陽相推，而變化順矣。

〔一〕「崔」，疑作「崖」。

太昭曰：陰陽既已相雜，而分小異之禍起矣。其推如何？吾已注之於易，兹不復贅。其言雖長，要以君子順陽氣而定行藏，終全其道。小人順陰氣而趨近利，以陷於凶。萬物順陽氣而升，順陰氣而伏，此一定不移之正則也。

是故聖人知自然之道不可爲，因而制之。

太昭曰：聖人之制制度，非好事也，順天地陰陽之則也。故道之所進亦進之，道之所退亦退之。道之所生亦生之，道之所殺亦殺之。衆人好事以制叛道，則不可爲矣。

至靜之道，律曆所不能契。

太昭曰：至靜之道常道也。常道不可道不可名，安有律曆？吾已於老子注中詳言之，兹不贅。

爰有奇器，是生萬象。八卦甲子，神機鬼藏。

太昭曰：奇非正也，失中和矣。器者，形而下之物也，山河大地幻想所成。宇宙奇器，弄此小祟〔一〕，吾以爲真，則太愚矣。八卦順陰陽交雜之序而象之，以定萬物之彝倫。甲子順陰陽旋轉之序而推之，以定吾地之演進。吾已於易注中言之，兹不贅。

〔一〕「祟」，疑作「祟」。

陰陽相勝之象〔一〕，昭昭乎進乎象矣。

太昭曰：比陰爲形，比陽爲覺，比陰爲惡，比陽爲善，而觀其相勝。草卉食水土，陽勝陰也。地必生木以害草卉，又生蟲魚以食之，陰勝陽也。天又生禽鳥以食蟲魚，陽勝陰也。地必生梟鸇以害飛禽，又生走獸以食之，陰勝陽也。天又生人以獵役走獸，陽勝陰也。地又生小人，假器以賊君子，陰勝陽也。天又生聖哲大仁以伏小人，陽勝陰也。故自姤至剥爲陰勝陽，自復至夬爲陽勝陰。佛氏天與修羅相戰之説，决不誣也。總之，近地則陰勝，觀於地而起優勝劣敗、弱肉强食之論；近天則陽勝，觀於天而起福善禍婬、貴道賤器之説。然而天爲榮趣，地爲苦趣，天可親，地不可親也。惟至人忘善忘惡，出陰離陽，絶坤棄乾，而性命乃正，不生不滅，永歸至靜。

〔一〕「象」，疑作「術」。

陰符經解義〔一〕

湘潭尹乾秀和白遺稿

序

尹子既博通造化之源，而尤察於地理。知天地之所以流行，而病世之泥於跡。思古聖之經，粲而彰者人既昧之，隱而顯者人又怪之。故不著青囊之書，而傳陰符之篇。言陰之符於陽，即蘇秦言天下地形而曰得陰符者也。是篇雖傳自唐時，要有粲有隱。其後以人我對言，發明本旨。文似老子，而尤簡要。引孔證之，至平易矣。其注文亦無枝言，但明大意，視之若隨文解義而包舉萬端。用功數十年，吾雖讀之不憚其難，亦心知其非易也。以陰符言地理，自周以來舊説。人鮮知者，故爲題耑以告學人。

〔一〕作者尹乾秀（一八三六—一九一九），名金陽，字和白，湘潭人。清末畫家。生平可見楊鈞外舅尹府君墓志銘。此文作爲作者遺稿，發表於一九三三年的船山學報。原文有句讀，本書稍加改動。

壬寅正月既望王闓運叙。

上篇

觀天之道，執天之行，盡矣。

一大曰天，顛而上也。一大之物目天，觀其道也。天道運行而因時，乾乾不息也。陰陽之理，動靜之幾，始終循環，本乎混元正一之氣。承其德而法之，元於首而行之，道斯至矣。

孔子曰：「在天成象，在地成形，變化見矣。」「範圍天下之化而不過，曲成萬物而不遺。」

天有五賊，見之者昌。五賊在心，施行於天。宇宙在乎手，萬化生乎身。

天運於氣，迭生五行。行之以道，生爲榮，剋而成。行於非道，生取敗，克去害。五常不守，五氣失在。宗星暗攝，故謂五賊。燭厥情，應其生，故可以興。彼生化之，此生制之。化而爲三，歸而成一。制化之權本乎心，施行之候應乎天。宇宙之理，掌握司焉。萬化之幾，主身具焉。

孔子曰：「化而裁之存乎變，推而行之存乎通。」

天性，人也。人心，機也。立天之道，以定人也。

天清人純，天定人順。雜然無判，仕民階亂。天之性徵於人，人之心兆於幾。知天心正運，明陰陽動靜。神幾合道，鬼神莫測。故立法於天，而人道定矣。

孔子曰：「繼之者善也，成之者性也。」「是以明於天之道，而察於民之故。」

天發殺幾，移星易宿。地發殺幾，龍蛇起陸。人發殺幾，天地反覆。天人合發，萬化定基。

天道運行，星宿次舍，移宫易位而司令；殺幾之發，在時在運。地道應行，龍象陽，蛇象陰，上下交征，起於大陸，君子小人道不并行；殺幾之發，在時在方。人道時行，陽位天而行姤，陰位地而來復，地天交泰，反復在道；太乙真氣，反陰爲陽。殺幾之發，在時在法。殺者湮，幾者萌。殺中有生，生中有殺。殺幾死生，朕於彼此之間。順天應人，德及於時。一氣渾含歸真土，萬神和合於中宫。資生萬化之基，定於此矣。

孔子曰：「遂知來物。非天下之至精，其孰能與於此！」

性有巧拙，可以伏藏。九竅之邪，在乎三要，可以動靜。

賦命自天，而生於心者，性也。伏藏巧拙，人孰知之？九竅者，生邪之門户。耳目口，是謂三要，發乎天地人，本乎精氣神。故三要露，大識生，閉關握固以熏烝。混而爲一，伏知藏神。潄金吞玉，養晦待明。靜則靜於心意，動則動於神幾。古聖所云，知守三要者，彼此間而動静之理得。

孔子曰："言行君子之樞機。樞機之發，榮辱之主也。言行君子之所以動天地也，可不慎乎！"

火生於木，禍發必剋。姦生於國，時動必潰。知之修鍊，謂之聖人。

木王生火，候應於風，亢極爲禍，自相剋矣。人生惡性，如木而被火，神散火離，灾至必亡。國權資姦，亂原於政，變生以時，至期潰矣。身存邪念，如國之有姦，情牽欲炙，及時必死。陽氣歸天而消，陰質歸地而滅。可不畏乎？以柔制剛，火息於水。以正制邪，姦除在王。明其法，慎其防，退身固本以修之，聖人之道也。

孔子曰："天下之理得，而成位乎其中矣。"

中篇

天生天殺，道之理也。

萬物生殺，莫不因時而得，氣至而生，數盡而没。理有固然，天實司之。洞明聖幾，悉察陰陽，盗天地，奪造化，固可長久。昧於心者，興亡天理，樂亡天良，傷生害命，死亡可期。天之所生，天之所殺，陰陽消長，循環之道。隨於氣運流行，時之所主，理自然也。

孔子曰：「變通者，趨時者也。」

天地，萬物之盜。萬物，人之盜。人，萬物之盜。三盜既宜，三才乃安。

天地生萬物，宗萬物之精氣，而成天地。萬物，人之所用，得人之精氣，而成萬物。人爲萬物之所使，取萬物之精氣，而成人道。謂之盜者，不期然而然也。盜以時，有斯得；時不盜，無可存。適然而來，適然而去，如燈之續光，光之相映。物象也，時氣也，却之無益，取之無損。法乎天地人物之理，契合參同，盜其所宜爲道。能盜自然之精氣，三才大道，得安且固。知而修之，可以超凡入聖。

孔子曰：「聖人有以見天下之動，而觀其會通，以行其典禮。」

下篇

故曰：食其時，百骸理〔一〕。動其機，萬化安。

故曰者，舊説如此也。時至幾萌，得幾而動。時，及其時也；幾，相其幾也。人服太和

〔一〕「理」，原作「里」，依注文改。

真氣，理五運，透百骸，内應神幾，外司造化。内外通會，至大至純之道，所謂中理五氣，混合百神，無中生有，萬化齊生。候生而動，成之幾也。得成而定，安之幾也。生則自成，成則自安，壽同天地也。

孔子曰：「精義入神，以致用也。利用安身，以崇德也。」

人知其神之神，而不知不神之所以神。

神於心，應於用，神之神也。誠於中，明於虛，不神之神也。人所知者，實其神，而神之於心。所不知者，虛其神而神明焉。實者質，識性著；虛者明，真性見。實而虛之，虛而實之，陰陽虛實，先後之理。至神之道，聖而不可知之謂神也。丹書云：貴在湛然方寸，無所營營。神仙之道，乃可長生。

孔子曰：「窮神知化，德之盛也。」

日月有數，大小有定。聖功生焉，神明出焉。

日至陽之精，月至陰之精。月受日光而生明，隨地所見，其光皆有虧盈。此遠近遲速，運數相推而成。周天大小，朔望二弦之定理也。知日月之往來，察陰陽之消長，中有至道之氣。明自西南，易曰：「西南得朋，乃與類行。」知而法之，聖也。法而行之，神而明也。

孔子曰：「成性存存，道義之門。」

其盜幾也，天下莫能見，莫能知。君子得之固窮，小人得之輕命。

盜，道也；道，盜也。盜之爲者，幾也。知盜者其知幾乎！幾麗於密，故天下不可見，不可知。君子之盜陽也，氣也，以虛而受之。小人之盜陰也，質也，以實而致之。君子義於幾，得以仁行，盡性抒神，固窮全命。小人利於幾，得以妄行，恣情縱欲，輕命殞身。

孔子曰：「天下之故，非天下之至神，其孰能與於此？」

聾者善視，瞽者善聽。絶利一源，用師十倍。三返晝夜，用師萬倍。

聾者窒於耳，氣歸於精，故善視。瞽者暗於目，精專於氣，故善聽。法於聲色，杜絶耗源，凝一以持之，利於行師則十倍矣。收視返聽味於中，晝夜三返恒於一，利於行師則萬倍矣。耳勿他聽，内觀我靈明虛無之境。目勿他視，内聽我天籟虛無之聲。口勿他出，内服我太和真氣。精化氣，氣化神，虛神合道，法三全一，體用大備，一本於無，玄之又玄。

孔子曰：「神以知來，知以藏往，其孰能與於此哉！」

心生於物，死於物，幾在目。

道心因物生，人心因物死。生之由，神明於物。死之由，神象於物。幾之動，徵於目。其道幾者，遠則大包天地，近則細入眉睫。是云神幾内動，目睫鉛輝，正心誠意，以守候。有諸内，必形諸外。目之所至，神斯至焉。故聖人近取諸身，遠取諸物，以明道。

孔子曰：「仁者見之謂之仁，知者見之謂之知。百姓日用而不知。」

天之無恩，而大恩生。迅雷烈風，莫不蠢然。至樂性餘，至靜性廉。天之至私，用之至公。

天道自然，萬物得自然之氣而生。逆之者亡，順之者昌。此無恩而生大恩也。逆極而成迅雷，塞極而生烈風，蠢然而至，氣之所撼而動也。至人之樂亡嗜欲，性清自餘，神氣内交，常樂天真也。至人之靜亡思慮，性明自廉，正心誠意，抱一無爲也。專氣至柔能嬰兒，恬神大定無腦熱。至靜至樂，已是清涼極樂世界。天無爲而自然，私之至矣。法而用之，萬物得而生焉，公之至矣。

孔子曰：「與天地相似，故不違。知周乎萬物而道濟天下，故不過。」

禽之制在氣。

禽，南方之神，火也。知於氣，故輔以翼。神生於氣，氣化於形。道包天地，化生萬物，莫非其氣也。靜極生動，陰中之陽，來自虛無。氣以制之，法以行之，鵬鳥圖南之幾也。

孔子曰：「制而用之謂之法。利用出入，民咸用之，謂之神。」

生者，死之根。死者，生之根。恩生於害，害生於恩。

精氣得神，信會而生。神奇離形，幾滯而死。成之爲恩，敗之爲害。背義貪生者至死，義不畏死者至生。得生而行剋，故生者死之根。被剋而承生，故死者生之根。至人恩生於道，曰損也。棄名利，絶繁華，堅心苦志而成道。損而益，害中生恩也。凡人恩生於情，致愛也。貪名利，好聲色，恣情縱欲而喪命。愛而悲，恩中生害也。遇害就恩，其害自除，故恩生於害。受恩興害，其恩自絶，故害生於恩。知恩害之由，明死生之幾，精一執中之道也。

孔子曰：「知變化之道者，其知神之所爲乎！」

愚人以天地文理聖，我以時物文理哲。

愚，坤申之象，西方之人也。類陰而候陽，應天地之象數。見於文理而功聖，文在象也，理在數也。我觀時象，知物類，因氣法道，察文理，而明造化之幾。文在氣也，理在道也。月現庚方符火象，神州赤縣藥苗新。至道之幾，至聖之源。地天交泰，陰陽合德。神視氣聽，象罔〔一〕得珠。一貫之大道，包含乎天地造化，全在我也。

〔一〕「罔」，原作「岡」，據莊子改。

孔子曰：「是故天生神物，聖人則之。天地變化，聖人效之。」

後篇

人以愚虞聖，我以不愚虞聖。人以奇期聖，我以不奇期聖。沉水入火，自取滅亡。

處靜無爲，顧守冲漠。此人之虞聖，實自愚也。知陰陽，明動靜，理剛柔，固重土，調水火，配金木，由有爲而至無爲。乃我之虞聖，而不以愚也。作用神異，知慮萬變，此人之期聖，以自奇也。不外中庸，學皆能及，道一以貫之，乃我之期聖，而不以奇也。性原於靜，徹爾無爲，靜之偏也；限於陰，故如沉水。命工於動，孑然有爲，動之偏也；謬於陽，故如入火。二者滅亡，自固取之。定慧調水火，中和得温養，以證斯道。

孔子曰：「顯諸仁，藏諸用，鼓萬物而不與聖人同憂，聖德大業，至矣哉！」

自然之道靜，故天地萬物生。天地之道浸，故陰陽勝。陰陽相推，而變化順矣。

至道無爲，靜以體之。德全天地，故生萬物。天地之道，潛漸通，因候得，故知陰陽各有權勝。勝在神我也，靈在幾同也。契云：「同類易施工，非種難爲巧。」測其運數，推而法之。乘其時，位其權，盡其性，曲其誠，應時而變化，順乎道矣。

孔子曰：「是故聖人以通天下之志，以定天下之業，以斷天下之疑。」

是以聖人知自然之道不可違，因而制之。至靜之道，律曆所不能契。爰有奇器，是生萬物。八卦甲子，神幾鬼藏。陰陽相勝之術，昭昭乎進乎象矣。

順時應天，道之自然也，無爲之爲。故聖人知而不違，成其象而制之，效其法而行之。至靜之道，在上德者能之，先天之理也。故上德無爲而無以爲，律曆所不能契。後天之象，陰陽氣更，乾坤體易，故不能以至靜及之。在下德爲之，而有以爲也。奇陽上也，是形而上者謂之道。器陰下也，是形而下者謂之器。不奇之奇，不器之器，實人道也。易曰：「天地絪縕，萬物化醇。男女媾精，萬物化生。」是故法象莫大乎天地，陰陽莫大乎男女，懸象著明莫大乎日月。聖人畫八卦，定天地之方位，以法陰陽之化氣；配甲子，符天地之運數，以準日月之時候。明化氣，應時候。神其機，而人不測。鬼其藏，而人不知。陰陽妙用，故以術而勝之。孟子曰：「是乃仁術也。」此法理之昭昭。進斯道者，取象焉可矣。

孔子曰：「天地設位，聖人成能。人謀鬼謀，百姓與能。」

後叙

陰符經，天書也。黄帝戰蚩尤於涿鹿，感天神而授此書，凡三百三十有三言。求真於洞天，問道於崆峒，得明經義。分爲上中下三篇，帝後續一篇百一十有四言。苞符露顯，闡後世性命之大道也。聖聖心傳，書甚隱秘。唐貞觀中，褚遂良奉敕書一百二十部，題黄帝陰符經。後李筌托爲五家注，或謂經亦筌爲之。筌注膚末，少言理法，庸經之能作耶！隋志以前未見著録，故爲後世所疑。然其書旨宏義奥，悉合三才之大道，出於古聖無疑。先秦之書不見於漢志者自夥，彼遺其藴而迹是求者，幾何其不泥也。宋以後注者數十家，傳本互異，發揮各殊，不可殫述。輒以己意爲之解義而叙之。夫陰者暗也，符者合也，經中正也，言暗合中正之大道也。天有月，月符日光而生明。地有水，水符月象而應潮。人有女，女符潮信而屬坤。物有器，器符虚象而應用。體有實，實符仁信而含利。用有虚，虚符真氣而滋化。數有偶，偶符動義而成奇。理有逆，逆符陽義而大順。法有體，體符至用而道真。行有法，法符至候而道成。天地化氣，萬物類生，莫不有陰符之義存。夫是以上符天道，以觀象義；下符地道，以應方位；中符人道，以通造化。上焉者，盡性至命，守中抱一，可以得仙成聖。中下者，興邦治世，可以富國安民，强兵戰勝。上通千古，下準萬世，而一以貫之。黄帝得之，以成上聖。吕尚得之，以佐周王。張良得之，以興漢室。諸葛亮得之，以輔蜀主。其所就者殊，其所資者一也。世治尚之以德，世亂尚之以法。知微知彰，知柔知剛，持安扶危，陰符其至矣乎！昔之爲注説者，微言玄旨蓋未盡宣焉。陰符之書，有兵法、謀算、地理。善讀者可與大易相表裏，包含乎象數，以適造化之源，未可以常測淺議也。

夫陰陽闔闢之機，事物恒變之理，通其隱滯者，世蓋無幾。指陳歧而玄言微，衍説繁而本義晦。余之未敢苟同於前人，亦有以也。斯理之顯著，乃索之微茫。坱軋混濛，孰知其極？玄覽終始，妙契無間。是在會之而已。

光緒九年秋七月，尹乾秀後叙。

陰符經初解〔一〕

新建蔡可權述

上篇

觀天之道，執天之行，盡矣。天有五賊，見之者昌。五賊在心，施行於天。宇宙在乎手，萬化生乎身。

天道者，生於無極，行於自然，常識窺測，鮮得其真觀。隨時體察，執輔自然，以執一也。天道變化，不主故常。體察之，而輔相裁成之，是亦足矣，故曰盡矣。五賊，反乎天之道者也。識由智生也，無明熏習真如也。覺而修之，使復其初，則見之者昌也。

〔一〕作者蔡可權（一八八二—一九五三），號公湛，江西新建人。清秀才，後畢業於江西心遠學堂。曾任北洋政府交通部秘書。一九五一年任中央文史館館員。生平見中央文史研究館館員傳略和中國國家圖書館藏葉恭綽所作墓表拓片。著作有陰符經初解、道德玄贊、墨子淺説等。本書文字取自中國國家圖書館藏民國鉛印本，爲作者一九四七年捐贈北平圖書館。

人心出入無時，操則存，捨則亡。萬象悉唯心造，自誠而明，天人無間，故曰「宇宙在乎手，萬化生乎身」。

天性，人也。人心，機也。立天之道，以定人也。

天性，天命也。人也，仁也。人人同此真我，真我即仁也，即天性也。人心，機也，機則僻，僻則亂，一切諸妄之所生也。非立天道，何以定之？

天發殺機，移星易宿。地發殺機，龍蛇起陸。人發殺機，天地反覆。

失其自然，而後殺機啓。移星易宿，天變也。龍蛇起陸，地變也。强而假之以人爲，致使天地反覆斯變，而失其常矣。

天人合發，萬變定基。

故善變者，輔其自然。執天之行以爲行，而天之道以立，萬變之基以定。

性有巧拙，可以伏藏。九竅之邪，在乎三要，可以動靜。火生於木，禍發必剋。姦生於國，時動必潰。知之修鍊，謂之聖人。

性者，心之體。體無巧拙，用有巧拙。所云三要，猶乎卦畫。初爲地道，二爲人道，三爲天道。地在下，人居中，天在上。保其三要，以杜九竅之邪。火生於木，姦生於國，必剋必潰。且即生之者當之，伊可懼也。修之鍊之，挫鋭解紛也，和光同塵也。觀天道之自然，而執天行以輔之也。

中篇

天生天殺，道之理也。天地，萬物之盜。萬物，人之盜。人，萬物之道。三盜既宜，三才既安。故曰：食其時，百骸理。動其機，萬化安。

萬物自生，曰天生之。萬物自殺，曰天殺之。天以栽培傾覆之權，曲成萬物。故天行與人治，相摩相蕩，相反相成。天與人同體，人與萬物同體。自爲芻狗，而相芻狗。焉所不宜？焉所不安？淵淵似宗，沖而不盈，自無剋而且潰之時矣。

人知其神之神，不知不神之所以神。日月有數，大小有定。聖功生焉，神明出焉。

日月有數，大小有定，似不神矣。然而四時行，百物生，其所以神者至矣。玄之又玄，衆妙之門，固非常識之所能及，是所謂「可道非常道，可名非常名」也。

其盜機也，天下莫能見，莫能知。君子得之固躬，小人得之輕命。

老氏謂：「智慧出，有大僞。」盜機動也，君子得之可以固躬。爲無爲者，用之不窮。事無事者，守其中也。小人攖心以逐物，玩物以喪志，輕其命，失其機矣。可知性之用有巧拙。天下之人未之見，未之知，烏能與夫橐籥之神哉？

下篇

瞽者善聽，聾者善視。絶利一源，用師十倍。三返晝夜，用師萬倍。心生於物，死於物，機在目。天之無恩，而大恩生，迅雷烈風，莫不蠢然。至樂性餘，至靜性廉。天之至私，用之至公。禽之制在氣。生者，死之根。死者，生之根。恩生於害，害生於恩。

五音令人耳聾，善聽者惟瞽，致心專也。五色令人目盲，善視者惟聾，亦致心專也。「絶利一源，用師十倍，三返晝夜，用師萬倍」者，守中者罔有窮也。無心即無物，更何有生死？於物而有生死者，心爲之，目見之。機之未動，存於心。機之動也，起於心。機之既動，出於心，而察以目視思明，存乎機之未動之中也。非禮勿視，視機之發於心者，宜察其中節否也。「天之無恩，而大恩生，迅雷烈風，莫不蠢然」者，神之所以神，即不神之所以神之所自生也。性以至樂而餘，以至靜而廉。聖人務收斂，不得已而後發散之。其發散之際，自綽綽其有餘裕。餘生於至樂，廉生於至靜。過與不及，皆不得爲性耳。天至私而用至公，即以其無私而成其私也。精氣爲物，惟不自生者乃能長生。故生死互爲其根，恩害互生。而事事無礙，物物無礙，蓋理本無礙也。不神之神，孰得而見之，孰得而知之耶？

愚人以天地文理聖，我以時物文理哲。人以愚虞聖，我以不愚虞聖。人以奇期聖，我以不奇期聖。沉水入火，自取滅亡。

天地文理，時物文理，一也。升高必自卑，行遠必自邇。務高遠者，卑邇且將失之矣。大巧常若拙，大智常若愚。虞其愚而期以奇者，不知聖者也。不知聖，則重人爲而不知輔自然。沉水而昧其所以不濡，入火而昧其所以不爇，非自取滅亡而何？

自然之道靜，故天地萬物生。天地之道浸，故陰陽勝。陰陽相推，而變化順矣。

天長而地久，靜之至也。其靜翕，其動闢，一陰一陽之道也。不見而章，不動而變，無爲而成，自然之道淵兮！莫測其所由來者，漸也。浸，漸也。復歸於無物而已，故言順。

是故聖人知自然之道不可違，因而制之。至靜之道，律曆所不能契。爰有奇器，是生萬象，八卦甲子，神機鬼藏。陰陽相勝之術，昭昭乎進乎象矣。

自然之道，玄之又玄，不可見，不可名。聖人因之垂言，以詔天下後世，不得已而制器尚象，寓道於中；八卦甲子，顯呈其象。奥賾之義，實在無言。苟循其象以求之，可漸著豁然之效。若徒泥於其象，斯恐妙微難尋，執中無權，比於執一。聖人所以引爲戒詞也。

附録　對李筌和袁淑真陰符經注疏關係的考察

學術界比較流行的意見認爲，目前保存在正統道藏内署名李筌的黄帝陰符經疏抄襲了署名袁淑真的黄帝陰符經集解。陳進國先生研究了張果注解中對李筌的批評，發現張果轉述的李筌言論見於署名李筌的黄帝陰符經疏〔一〕。陳博士的論文給了我很大的啓發。由於目前我們不能斷定張果的注本年代晚於袁淑真注本，陳進國舉出的例證能夠否定李筌本抄録袁淑真本的結論。我仔細閲讀了這兩個本子，感覺很難得出一個確切的結論説它們各自的作者是何許人。本文僅僅就文字反映的若干問題作一番描述，期望引起同行的注意和參與，能夠對經典傳承的現象作探討，而不是追求原作者。本文的寫作過程中得到了山田俊先生惠賜的論文。特别是他對比兩個注本的自用資料給我提供了很大方便〔二〕。

〔一〕陳進國李筌黄帝陰符經疏的真僞考略，中國道教二〇〇二年第四期。陳茉陸續發表了論文和專著，討論到和這兩個經典有關的問題。

〔二〕山田教授還送給我他最新的研究報告中國近世期陰符經諸注の總合的研究。限於語言能力，我没有能參考以前其他日本學者的研究。我也感謝德國漢學家常志靜（F. Reiter）先生把他早年的研究成果送給我。

一、如何看待兩個本子的異同

主張李筌本抄録了袁淑真本的持論者自然會看到兩個本子的相同之處。不過，他們認爲李筌本抄襲袁淑真本的理由大概主要還是不相信集注本以外的李筌文字，於是就把著作權歸於袁淑真。本文希望能細緻考察一下兩個本子的異同，做一些其他可能的推測。

我們先來考察兩個本子的不同。我要舉出的第一個例子是兩個本子的體裁。袁淑真本在序言裏説這部著作分爲注和疏兩部分，但是正文没有這個區分。李筌本是有這個區分的〔一〕。我們對照李筌本就可以看出，袁淑真本把注和疏合併在一起了。既然袁淑真本的序言明確談到文本應該有注、疏兩個部分，那麼，目前這個文本顯然是經過改動的本子。李筌本的三卷末尾分别附有贊語。袁淑真本子没有贊語，但玉海記載它是有的。從這些信息來看，這兩個本子在體裁上本來是相同的。目前暫時不考慮序言的差别和末尾部分經文的差别。李筌本在體裁上還保留著原初的面貌，而袁淑真本在流傳過程中發生了很大的改變。所以，後人没有充足的證據説李筌本來自袁淑真本。

〔一〕李筌本「愚人以天地文理」經文下注疏没有分列。

我要舉出的第二個例子是兩個本子在經文和注文方面的不同。李筌本有一句經文和通行本不同，即「其盜機也，天下莫不能見，莫不能知」，通行本寫作「其盜機也，天下莫能見，莫能知」，袁淑真本寫作「其盜機也，天下莫不見，莫能知」。它們的注文是相同的，云：「言天下之人咸共見此盜機，而莫能知其深理。」李筌本在這裏出現了經文和注文不諧調的麻煩。這說明，李筌本的經文在傳承中有改動。另一處重要的不同是對於經文「三才既安」的注解。袁淑真本兩次說到「安其位」，不同於李筌本的「安其任」。如果根據兩個本子後面對「萬化安」的解釋都說到「三才盡安其任」來看，我們就可以認爲，「安其任」應該是原始的文字。袁淑真注文裏「安其位」的解釋不是原初的文字。

兩個注本的不同是很多的，不勝枚舉。我認爲可以把這些不同歸納爲兩種：一種是傳抄失誤，一種是有意改寫。由於兩個本子的不同文字錯綜了抄寫筆誤、遺漏、改寫幾個情況，我們很難還原出文字的本來面貌。我在此只是利用這些文字說明我們目前見到的本子不是原初的文字。傳抄失誤證明現存本子是殘破的，改寫就會給我們提出新的問題。改寫的文字也有兩種情況。一是個別文字的改動。例如，袁淑真注文的「澤及昆蟲」在李筌本裏寫作「仁及昆蟲」，「寰宇寧泰」寫作「寰宇清泰」。兩種表述都没有瑕疵。我們無法確定哪個是原初文字。二是增補性質的改寫。經細緻對比會發現，很多地方有增補嫌疑。

由於我們的目的不是還原出一個原初的文本，所以，我只舉出幾個例子來分析增補文字的負面效果。一種負面效果是畫蛇添足。兩個文本在增補的時候都引用了經典的文字。李筌本在「死者生之根」的注文末尾增加了莊子的文字。此前的末句已經是明顯的結語，增補的這句莊子的話似乎要進一步舉證。袁淑真本在「不知不神所以神」的注文裏兩處援引老子也有蛇足之嫌。另一種負面效果是增補文字造成文氣不通。袁淑真本對於「禽之制在氣」的解釋文字比李筌本多出幾句，云：「禽鳥運動，皆以翅鼓氣，以心進退，翱翔雲霄，人不如也。言鳥在空中，尚能乘制元和之氣，心動翅鼓，無所不之，上下由己。況人言最靈，不能善用天地道德之氣，固躬養命，以至長生久視乎？」如果分析上下文，作者没有人不如鳥的意思，反而在下文裏强調人要超過鳥的。因此，劃綫部分屬於衍文。袁淑真本「瞽者善聽」一段的注文裏比李筌本多出「敵者賊也」，也是屬於衍文。

下面我們來看看兩個本子的共同性。我先舉出兩個本子的同一個錯誤——它們都援引了一段論述「盜亦有道」的文字，都説是引自列子，實際上這段文字出於莊子。兩個本子這段文字完全相同，説明這是原初的文字，不是後人修改的結果。所以，我認爲兩個本子在來源上有密切的關係，基本上可以説他們有一個共同的祖本。第一個例子是關於經文斷句的。「愚人以天地文理聖，我以時物文理哲」這句話的斷句，是通行的文句和讀斷。但是，李筌本和袁淑真本的注解裏分别都三次出現「聖我」這個詞，顯然把「聖」字讀在下句〔一〕。這是歷代陰符經的注釋裏都曾有的。由於目前我還没有看到其他存世注本有「聖我」這個讀法，所以，我把這兩個本子看作來源於同一個祖本。這個例子告訴我們，這個祖本在陰符經傳播的歷史上是一個比較有獨立性的注釋。第三個例子是兩個本子都有驪山老母的話。這條信息很重要。它告訴我們，這個祖本和李筌傳説（或者是驪山老母傳説）有關係。我不認爲李筌是這個文本的作者。如果這個注釋的原作者果真是袁淑真，爲什麽這些文字還需要以李筌的名義流傳呢？目前主張它是袁淑真作品的觀點主要是排除李筌的可能性，而不是依賴袁淑真的可靠性。我認爲李筌這個署名可以理解。古人爲什麽把這個注釋本看作是李筌的作品？可能是由於這個文本裏面的李筌傳説。我没有根據否定袁淑真實有其人。那麽，别的信息能否給我們一點説明判斷這兩個本子之間的關係呢？

〔一〕李筌本除了三個「聖我」詞和袁淑真本相同以外，還有一處文字把「聖」字斷在上句。我認爲，這個例外可以看作是後人修改的結果。我們會看到袁淑真的注文裏面寫作「聖我以時物文理」，没有「哲」字。我懷疑這個本子的經文原本也可能是没有「哲」字的。本人希望能有機會追尋不同於流行經文的綫索。

二、對目録信息的考察

我下面按照年代順序分別排列一下兩個本子的信息。

李筌：陰符天機經一卷（崇文總目[一]），驪山母傳陰符玄義一卷（崇文總目[二]、新唐志[三]、玉海。後兩書有注曰：筌號少室山達觀子，於嵩山虎口岩石壁得黄帝陰符本，題云魏道士寇謙之傳諸名山，筌至驪山，老母傳其説），陰符經注一卷（通志略[四]），驪山母傳陰符妙義一卷（通志略），李筌傳陰符經序一卷（通志略、秘省目[五]），李筌妙義（子略[六]），驪

〔一〕崇文總目，一〇四一年成書。

〔二〕張固也古代目録學研究，華中師範大學出版社二〇一四年版。四庫全書本崇文總目没有注明這部著作的作者，本文根據錢侗崇文總目輯釋。根據張固也的研究，這是錢侗增補的撰人。本文僅作爲信息列出供同行參考，不表示我認爲這一定是李筌所作。

〔三〕新唐書藝文志，一〇六〇年成書。

〔四〕通志藝文略，一一六一年成書。

〔五〕龍彼得（Piet van der Loon）宋代收藏道書考導言，李豐楙翻譯，張風雷主編宗教研究二〇一四年號，宗教文化出版社二〇一五年版。張固也古代目録學研究，第一五四頁。秘書省續編到四庫闕書目成書於一一四五年。

〔六〕子略作者爲高似孫（一一五八—一二三一）。

山母傳)，陰符序一卷(子略)，陰符元機(文獻通考引自崇文總目)，陰符經一卷(袁本郡齋讀書志〔一〕，衢本作李筌注陰符經)。黄帝陰符經一卷(宋志〔二〕，舊目云驪山老母注，李筌撰)，陰符經疏一卷(宋志)。

袁淑真：陰符經注一卷(通志略、宋史藝文志)，陰符經疏三卷(通志略、宋史藝文志)，陰符經三卷(秘省目)，陰符經疏一卷(子略，玉海曰並序有贊〔三〕)，陰符集解五卷(宋史藝文志)。

劉師培曾考察過這些記録，後人大多也是循著他的思路探索。他的結論有幾點值得我們注意。(一)「李注有二種。一稱自注，即七家注本所採是也。一托之驪山母所傳，此本之注是也」，「唐志所云玄義，亦即此書」。(二)李筌只有注，没有疏。道藏本袁淑真集解序言云：「唐隴西李筌，尤加詳釋，亦不立章疏，何以光倡玄文?」劉師培據此做出結論説「是爲經作疏，僅袁氏耳」。(三)署名李筌的黄帝陰符經疏「乃後人取袁疏附李注，因以疏

〔一〕龍彼得指出袁州本和衢州本著録不同。現存郡齋讀書志的文本一二四九年初刊於衢州。參見龍彼得宋代收藏道書考目録部分。

〔二〕宋史藝文志，一三四六年成書。小注云：「驪山老母注，李筌撰。」

〔三〕龍彼得認爲玉海引用了一一七八年成書的中興館閣書目。

文爲李作，强加改竄，致失袁疏舊名。並移袁贊爲李贊」。（四）「今袁本有疏無注，遂弗克考」。

劉師培的考察很細密周備，後人還没有新的材料徹底改變這個視角。我認爲，劉師培的論述有一個環節是把注文歸在李筌名下，把疏歸在袁淑真名下。他對李筌本的認識來自於目録學的記録，我們也没有李筌作疏的證據。但是，劉師培没有解釋袁淑真本的注文是否屬於李筌。由於現存袁淑真本有注有疏，所以，我們還不能斷定注、疏原本是否分開。不過，我們倒是可以按照劉師培的思路做這樣一個考察——注文是否有可能獨立於疏呢？「禽之制在氣」的疏文有「禽鳥不足比」的説法。這也可以看作對注文的發揮，也可以看作和注文的立場不同。然而，在其他的地方很難找出注疏對立的痕跡。而且，我們可以在「天之無恩，而大恩生」的注文和疏文都看到「覆育」這個詞。這個詞也不見於其他注釋，没有可能是沿用他人的成説。「聖我」的斷句也似乎在注疏兩部分裏都有〔一〕。目前還找不到根據説注疏是拼合起來的。我們的困難或許是要解釋這些文字怎麼會區分爲注、疏兩部分。

〔一〕李筌本的這段經文注疏没有分開，而且有改動。我們可以從袁淑真本的文字裏看到注、疏兩部分的痕跡。

我的考察角度是偏向於把兩個本子看作來源於同一個祖本，而這兩個本子的現存文字都是被修改過的。在第一節的基礎上，我認爲以上記録有三點值得提請讀者注意：第一，李筌的記録比較早，袁淑真的記録要到南宋初年；第二，李筌記録比較複雜，總是和驪山老母的故事結合在一起；第三，袁淑真的記録比較簡單，重要的信息是它有序言和贊語。

我們如何了解袁淑真的信息？現存本子没有贊語，顯然不是宋代的本子。爲什麽没有贊語？這個序言是否也是宋代那個序言呢？序言末句説：「非厠前賢之廣達，聊申後學之寡文耳。」這是作者的謙辭。劉師培很看重序言中的話。那麽，序言指出的李筌「説釋」是什麽文字呢？我不認爲劉師培鄙視的李筌「説釋」是他主張的注文部分，因爲這兩個文本的注文是同一個文本。我也没有根據斷定這個「説釋」是集注本的李筌文字。我的意見是：序言作者可能没有見到李筌本子。劉師培没有解釋爲什麽袁淑真本有這個注文。這是他結論的一個大矛盾。追隨劉師培的後來者或許注意到這個矛盾，於是把注、疏兩部分文字都看作是袁淑真所作〔一〕。目前的處理辦法是，認爲序言爲李筌所作，其餘文

〔一〕例見中華道藏本李筌黄帝陰符經疏解題。

字模糊地被認爲是袁淑真的，而不解釋爲什麽袁淑真本没有贊語。作爲後學，人們似乎不考慮劉師培的理論是否踏實，而把問題變成是否有根據推翻劉師培。如果我們回到劉師培的結論之前，是否有新的考慮呢？

道藏本告訴我們袁淑真是朝散郎潭州長沙縣主簿，没有人提出懷疑。我在這裏只是想提出袁淑真是否可能還有别的來歷？署名唐淳的黄帝陰符經注裏面兩次引用到「袁叔真人」的話，至少第二段顯然是對陰符經的注解。既然成爲了「真人」，顯然是託名。我們在文獻裏面也能找到别的「袁淑真」或者「袁叔真」。如歐陽詢藝文類聚引録過「袁淑真隱傳」，這個袁淑真在太平御覽又被記録成「袁叔真」。唐淳注本告訴我們，世上可能流傳過署名袁叔真人關於陰符經的論述。那麽，我們不必一定把袁淑真看成是某個注本的真實作者。

三、驪山老母的影響

現在我們看李筌的記録。他的記録比較複雜。能够和我們的議題有關係的作品有三種：序言、注、疏。由於崇文總目的文字都是後世輯佚文字，所以我只是把信息列出，不做確鑿證據用。這樣，關於李筌的記録最早見於新唐書。劉師培認爲，新唐書内驪山母傳陰符玄義的解題文字就是我們今天看到的序言部分，是李筌所作。不過，這部著作的題目是驪山母傳陰符玄義。如何看待這個題目和新唐書的注文？這段注文很短，和李筌黄帝陰符經疏的序言没有不吻合的地方。由於很短，難以根據它做進一步的推論。晚一點的資料是文獻通考援引崇文總目的小注，比新唐書要多一些，而且不同於神仙感遇傳和墉城集仙録的文字。我認爲，這段文字來自現存的李筌黄帝陰符經疏〔一〕，然而，在崇文總目和文獻通考裏面，都是在陰符玄機題下。

大約和文獻通考同時，由黄瑞節編輯的朱子成書把蔡元定和朱熹關於陰符經的論述編輯在一起，增加了一些傳世資料。這個本子後來被流傳爲朱熹名下的陰符經考異〔二〕。這個本子的開篇有一段文字和李筌本序言很相近，却也有區别，云：

唐李筌曰：「某至嵩山，得黄帝陰符經。後魏太武帝太平真君二年，上清道士寇謙之藏諸名山，用傳同好。後入秦國，至驪山，逢一老母，授以陰符玄義，誡某曰：『黄帝陰符三百餘言，百言演道，百言演法，百言演術。參演其三，混而爲一。上有神仙抱一

〔一〕不同處在於李筌本序言説「雖略抄記」，其他兩個仙傳都説「抄讀數千遍」。

〔二〕王宗昱對朱熹「陰符經考異」的再考察，世界宗教研究二〇一五年第三期。

之道，中有富國安民之法，下有强兵戰勝之術。聖人學之得其道，賢人學之得其訣〔一〕，小人學之得其術。聖賢愚智，識分不同，皆内出天機，外合人事，若巨海之朝百谷，止水之涵萬象。其機張，則包宇宙，括九夷，不足以爲大。其機弛，則隱微塵，藏芥子，不足以爲小。視其精微，黄庭八景不足以爲玄。察其至要，百家子史不足以爲學。任其智巧，孫、吴、韓子不足以爲奇。是以動植之性，成敗之數，死生之理，無非機者也。』」

世人討論李筌神話時候習慣使用的資料是神仙感遇傳和墉城集仙録，黄帝陰符經疏的文字基本不作爲李筌事蹟來使用。我認爲，李筌神話是一個不斷被改寫的神話，神仙感遇傳和墉城集仙録就有區别。李筌本的序言可以被看作是一個專門爲後面的注釋準備的新的李筌神話。這個文本也可能不斷被改寫，朱子成書和黄帝陰符經疏也有不同。我們先來看黄帝陰符經疏序言和通行的兩個仙傳的區别：（一）「筌略抄記」，仙傳説「抄數千遍」；（二）老母説「陰符玄義」，仙傳説「陰符之義」；（三）「聖賢智愚，各量其分，得而學之矣」，仙傳無此句。李筌本的序言和仙傳有很密切的關係，我没有能力深入研究。或許，序言就是

〔一〕「訣」，朱子遺書本作「術」。

在仙傳基礎上加工的〔一〕。上舉第一點只是證明版本區别。第二點很重要。後世文獻中多次出現陰符玄義這部著作，我們没有能力斷定它的内容是什麽。我要提出一個問題，「陰符玄義」這幾個字在序言裏一定是書名嗎？「陰符玄義」和「陰符之義」放在仙傳的上下文裏閲讀没有根本區别。墉城集仙録的故事説：「筌稽首載拜，具告得符之所，因請問玄義。」〔二〕這裏的「玄義」當然不是書名。「陰符玄義」和「陰符之義」也可以是不同的表述，没有根據説「陰符玄義」一定是書名。

「陰符玄義」的確成爲了流傳後世的一個書名，至少在新唐書就有這個書名了。不過，我們還要看到和這個傳説故事相聯繫的還有别的書名。四庫全書本的崇文總目有陰符天機經，小注引用的仙傳説筌「雖略抄記」，應該是出於黄帝陰符經疏的序言。這個書名顯然不是指的現存天機經。它是否來自仙傳裏面説到的「黄帝陰符天機之書」呢？我要提出的問題是：文獻記録這些書名是根據了版本調查的記録，還是根據仙傳的叙述？如果它們是根據了仙傳的叙述，那麽這些文獻的記載就有可疑之處。我們還會在目録裏面看到

〔一〕例如，李筌「得陰符本」的「本」字如何斷句，可以作爲證據。

〔二〕羅争鳴杜光庭記傳十種輯校，中華書局二〇一三年版，第七二二頁。

和驪山老母有關係的書名：陰符太丹經（通志略）、驪山老母傳陰符妙義（通志略）、李筌妙義（子略）、陰符丹經（子略）。後人認爲「妙義」是「玄義」的筆誤或者别名。這些觀點是根據了實際存世的圖書，還是根據了仙傳的叙述？至於宋史記録的驪山母黄帝陰符大丹經解則是來自驪山老母的另一個神話版本，和另一個人物房山長聯繫。已經有學者對此做出了探討〔一〕。三洞群仙録引録北宋的實賓録裏房山長的故事，明確説道：「傳以驪山母所注，即神仙抱一之道見焉。」既然是「傳以驪山老母所注」，顯然不是轉述那個神話故事，而是講注釋的内容。這意味著人們認爲有一本以驪山老母的名義流傳的注釋。

被後人認作朱熹作品的陰符經考異裏面有兩句話證明世上的確存在過驪山老母注本，云：

又有驪山老母注，往往後之人之托，語意殊淺。間引張解，則知其又出張後也。今悉不敢引之以入附録云。

驪山老母注本與蔡氏本「我以時物文理哲」爲書之末句。褚氏本與張氏注本其下有二十一句，百一十四字。朱子所深取者，政在此内。今取褚氏本爲正。

〔一〕張固也唐代文獻研究，中州古籍出版社二〇一四年版，第一六一頁。

這兩段話是編者黄瑞節的按語。黄瑞節是南宋末年的人。這兩段話表明，黄瑞節是把驪山老母注本看作重要參考的，但他很不滿這個注本的内容。他還明確指出，這個驪山老母注本援引了張果注文。我在李筌黄帝陰符經疏裏找不到「間引張解」的痕跡。陳進國指出了李筌本被張果注本批評過，所以這個注本不可能是我們見到的李筌本。我認爲朱子成書的文字應該是從類似李筌本的書裏面援引這段文字的，因爲「聖賢愚智」、「巨海之朝百谷」等文句不見於别的仙傳。這段話和黄瑞節看到的驪山老母注本是什麽關係呢？

黄瑞節告訴我們，世上的確存在過一本驪山老母注本。明代的王文禄（一五〇三年生）説自己參考了「驪山義」，並且告訴我們「驪山老姥本」止於「我以時物文理哲」一句。我還没有見到歷代注本裏面提到李筌的黄帝陰符經疏。我不敢斷定「驪山老母本」就是李筌本，因爲或許有别的驪山老母的本子。唐淳的黄帝陰符經注引用了七段「老母」的話。這七段話至少有三段是針對陰符經經文的，但未能在李筌本或袁淑真本中找到痕跡，可以看作來自另外一個注本。而且，元代三元延壽參贊書援引陰符經的時候出現了唐淳本的句子「婬聲美色，破骨之斧鋸」〔一〕。那麽，三元延壽參贊書使用的是唐淳的作品，還是唐淳使

〔一〕此句見於唐淳本標題「富國安民演法章中」的注文。

用的那個本子呢？當然，唐淳的引用已經足夠證明世上存在過一個和我們目前面對的文本不同的本子。

黄瑞節援引的李筌故事和其他仙傳有一個根本的不同。這段文字是以李筌自述的口氣寫的，兩次稱「某」。前面舉出的歷代目録，或者稱「驪山老母傳」，或者稱「李筌傳」，或者稱「驪山老母注，李筌撰」。這些著録都相信了驪山老母向李筌傳授玄義的神話，即使可能没有看到書本。黄瑞節引用的這段文字是最接近這些神話的版本。現存道藏内的李筌本黄帝陰符經疏的序言仍然還是一個仙傳體裁，是第三人稱。從本質上説，黄瑞節引用的文字也是在這類仙傳基礎上改寫的。那麽，爲什麽要採用自述體裁呢？

前面指出陰符經考異引用的文字和李筌本有不同。這個不同也是很重要的。陰符經考異的文字是「聖人學之得其道，賢人學之得其法，小人學之得其術」，比較接近神仙感遇傳和墉城集仙録，是比照著三百字經文來説的。李筌本的序言則説「聖人學之得其道，賢人學之得其法，智人學之得其術，小人學之受其殃」，是對應著「聖賢智愚各量其分，得而學之矣」一句來説的。「得其殃」的説法見於神仙感遇傳和墉城集仙録，所以也可以説，李筌本序言是對以前仙傳的發揮。不過，「聖賢智愚」的説法不同於前人仙傳的三章架構，是李筌本的創新。這個創新在李筌本的注疏中完美地體現出來，該注疏對四種人做了進一步的闡述。這段文字在經文「謂之聖人」注疏的末尾，而且開首稱「驪山母云」。在論述了四種人之後，李筌本又有一個結語，再次申明：「聖母又言『此文深奥，若巨海之朝百谷』，含弘萬象，妙義靈也。」〔一〕李筌本的以上文字基本是完整的，而且兩次申明出於老母的教義，顯示了注疏和序言的密切聯繫。由於這些文字的大部分也保留在袁淑真本子裏，所以，我們可以認爲，這段文字是原始的。不過，我們也要注意這一大段文字也有相對的獨立性，因爲它似乎不是在解釋第一章末段的經文。這是需要進一步探討的。

這段文字在袁淑真本子裏面改動比較大。我們從它保留著「聖母又言」知道它原來應該和李筌本是一致乃至相同的。於是，我可以推測，「聖人學之得其道」一段話是經過修改才成爲今天這個樣子。餘下三種人的論述都多出了「淑真曰」三字。和李筌本相比，這幾個字顯然是修改的痕跡。我要問，爲什麽會有「淑真曰」這三個字呢？修改者顯然不認爲這大段文字都是驪山老母的話。那麽，修改者或者是看到李筌本的序言文字，或者看到其他仙傳的文字，知道驪山老母没有那麽多的闡述。袁淑真本這段文字的開首部分稱「諸葛孔明云」，是看出李筌本文字「黄帝得之以登雲天」出自集注本，於是再次使用集注本文字

〔一〕對照序言，我們能看出「含弘萬象，妙義靈也」一句是後來改寫的。

修改，並且删除了「驪山母云」等文字，造成這段文字的殘損。這個修改者顯然和增補「淑真曰」的修改者不是同一個人。我認爲這段文字經過了兩次修改。

四、經文問題

我希望再就一些瑣碎問題做些補充。所謂經文問題，第一是經文形式，第二是經文數目，第三是多餘經文及其注文。兩篇注疏的經文形式是不同的。袁淑真本子的每段經文前面都加上「經曰」。其餘的部分大致相同，偶然會有虚字的不同，例如李筌本的「人，萬物之盜也」一句；也有排序的錯誤，如李筌本將「死者，生之根」一句排在前面。我們在其他的陰符經注釋中會看到某些經文是後人刊刻時主觀安排經文，造成經注不諧的問題。李筌本和袁淑真本經文形式的不同可以看作此類現象。它們也未必一定是原始面貌。前面提到的「聖我」斷句在經文上體現不出來，説明這段經文不是原初的樣子。

我們能看到這兩個本子在每章的結尾處都有一段結語，袁淑真本缺少贊語。這三段結語分别告訴各章經文的數字，合計三百。如果我們核對經文就會發現，經文數字和結語給出的數字不吻合，如第一章居然相差十五個字。由於我們目前不能辨認出第一章中的注疏有增補的可能，那麽，我們只能解釋這個結語另外有來源。第三章的經文數少於結語給出的一百零五字，也是一個不解之謎。

前面兩個因素都告訴我們，這兩個文本遠非原初面貌，不僅有經文和注疏的修改，而且還有來源不同的文字的拼合。我下面要談的附録問題也是一個顯而易見的拼合。兩個本子的注疏都結束於對「聖我以時物文理」的解釋。李筌本的附録有經文和注文。由於我們認定他們的注疏是針對三百字本的，所以一般也不予考慮。附録的經文有八十多字，相應的注釋文字如與集注本陰符經張良和諸葛亮的注釋對照一下，就可以發現，顯然是從後者抄來的。當然，也有無名氏的文字。最後的一條注釋云「此七十言理不盡疏也」，與經文數字不符合，説明附録經文不是一次形成爲今天的面貌，可能經過了補充。如果這樣來看，附録並不是一個没有參考價值的部分，它告訴我們李筌文本的歷史很複雜。

袁淑真本後面附録了一段没有注疏的經文。由於它没有注疏，我們自然不予考慮。這段經文六十八字，倒是很接近所謂「七十言」。我不敢把「七十言」作爲確認文本早晚的根據。不過，我可以考察一下經文演變的歷史。既然有所謂三百字和四百字兩個系統的經文，那麽，經文的確有一個演變的歷史。就文句而言，袁淑真本比李筌本少了「是故聖人知自然之道不可違，因而制之」一句。目前除了袁淑真本，我還没有看到别處有缺少此句的記録。我不能斷定這個短缺是經文演變的一個證據。然而，兩個本子的附録也都缺少

「沉水入火，自取滅亡」一句。我看到元陽子黄帝陰符經頌也缺少此句。儘管我目前不能根據這個現象判斷兩個文本的歷史，但這個缺失可以作爲以後考察四百字本經文演變歷史的一個證據。我對於北宋時代陰符經流傳的情況還不能做出結論，但增補附録的人或者是没有看到過「沉水入火」的句子，或者是不承認那是經文。附録告訴我們，不同的團體對經文有不同的認可。

附録的注文裏有一句「鳥獸之謂也」。這句話在其他陰符經注疏裏還出現過三次。最早的記録是張果注文，此外還見於元陽子的黄帝陰符經頌和夏元鼎的黄帝陰符經講義經文部分。由於此外的陰符經注釋没有類似的論題，所以，我認爲，不能把現存的李筌文本放到很晚的時代。

李筌本附録的注文裏還有一句話「六癸，即玄女符也」。「六癸」這個詞出現在張良注，玄女應該是來自黄帝神話。這句話繼承了集注本，又糅合了黄帝神話。皮日休和陸龜蒙的唱和裏面出現了黄帝和陰符經的關係。墉城集仙録講到玄女授予黄帝「陰符之機」。李筌故事裏面没有玄女的因素。既然附録抄録了别人的注釋，「六癸，即玄女符也」一句也可能是抄録來的。談玄性質的抄録顯示不出信仰背景，但「玄女符」這幾個字表達的黄帝信仰顯然和注疏内容的黄帝形象截然不同。就目前的材料而言，這只能是唐末以後的事情〔一〕。由於我們目前找不出晚於北宋的因素，我認爲李筌本的現狀應該保持著北宋時期的面貌。

在本文末尾，我要介紹山田俊教授的研究。他發表的報告詳細對勘了十真注本〔二〕和袁、李兩個本子的異同〔三〕，將會給我們很多啓發。他列舉了十條材料比照三個本子，給我們很大方便。我認爲，十真注解和袁、李二本有同有異，所以不是參考這兩個本子的。十真注解的這些類似文字也不會是直接來自我假定存在過的祖本，它根據的應該是一個在性質上和袁淑真、李筌兩個修改本相同的演出本。山田教授給我們提供了很好的資料，讓我們看到袁淑真本和李筌本根據的祖本在宋代還是頗有影響的。

〔一〕王宗昱關於陰符經的幾個問題，收入樊光春主編和諧發展天下有道——「二〇〇九驪山問道」文集，三秦出版社二〇一〇年版。

〔二〕本文用簡稱。正統道藏本題爲「黄帝陰符經集解」，道藏輯要本題爲「黄帝陰符經十真集解」。

〔三〕山田俊中國近世期陰符經諸注の總合的研究，熊本縣立大學二〇一六年版。